Der Staatshaushalt
und
die Finanzen Preussens.

Unter Benutzung amtlicher Quellen

bearbeitet von

O. Schwarz,
Geheimer Ober-Finanzrath
u. vortragender Rath im Finanzministerium.

und

Dr. jur. G. Strutz,
Geheimer Ober-Finanzrath
u. vortragender Rath im Finanzministerium.

Band II.

Die Zuschussverwaltungen.

Berlin, 1902.
J. Guttentag, Verlagsbuchhandlung,
G. m. b. H.

Der Staatshaushalt

und

die Finanzen Preussens.

Band II.

Die Zuschussverwaltungen.

Von

O. Schwarz,

Geheimer Ober-Finanzrath und vortragender Rath im Finanzministerium.

Lieferung 2.

II. u. III. Buch: **Landwirthschaftliche Verwaltung und Gestütsverwaltung.**

Berlin, 1902.

J. Guttentag, Verlagsbuchhandlung,

G. m. b. H.

Vorwort.

Die einen Theil des Landwirthschaftsministeriums (2. und 3. Abtheilung) bildende Domänen- und Forstverwaltung hat, da sie sich als Ueberschussverwaltung darstellt, mit Ausnahme der hier zu behandelnden Centralverwaltung dieses Ressorts, bereits in dem ersten und zweiten Buche des ersten Bandes Erörterung gefunden. Es bleibt daher nur das Ressort der ersten Abtheilung des Landwirthschaftsministeriums (Landwirthschaft und Gestütwesen) in der vorliegenden Lieferung (zweites und drittes Buch des zweiten Bandes) zu behandeln.

Bei der Eintheilung der verschiedenen Zweige der landwirthschaftlichen Verwaltung kann man von verschiedenen Gesichtspunkten ausgehen. Der Immediatbericht des Landwirthschaftsministers über Preussens landwirthschaftliche Verwaltung in den Jahren 1875 bis 1877 (Berlin 1878, Wiegandt, Hempel und Parey) stellt folgende Gruppirung der Geschäftszweige auf:

Die erste Gruppe begreift diejenigen Geschäftszweige, in welchen eine unmittelbare Einwirkung, eine wirklich verwaltende Thätigkeit durch besondere Staatsbeamte stattfindet (Auseinandersetzungssachen, Veterinärwesen, Gestütwesen, landwirthschaftliche Hochschulen, Binnendünenkultur).

In der zweiten Gruppe beschränkt sich die Einwirkung der Verwaltung im Wesentlichen auf staatshoheitsrechtliche Beaufsichtigung, wozu Meliorations- und Fischereisachen, Jagd- und Forstpolizei, Dismembrationssachen etc. gerechnet werden.

Als dritte Gruppe werden diejenigen Aufgaben betrachtet, welche die landwirthschaftliche Verwaltung als Trägerin des Gedankens der Landeskultur überhaupt und als Pflegerin aller volkswirthschaftlichen Beziehungen der Bodenwirthschaft ohne besondere

Administrations- und Aufsichtsbefugnisse zu verfolgen hat, indem sie alles, was dem Gedeihen der Landeskultur und der Landwirthschaft treibenden Bevölkerung förderlich ist, zu hegen und zu pflegen, dagegen schädliche Einflüsse zu beseitigen sucht (landwirthschaftliche Statistik, Pflege des Ackerbaues und der Viehzucht, Arbeiterverhältnisse u. s. w.).

Der Etat des Landwirthschaftsministeriums schliesst sich dieser Eintheilung zum Theil, aber nicht streng an. Auch für unsere Zwecke ist die Gruppirung nicht recht brauchbar. Da bei vielen Verwaltungsgebieten der Staat zum Theil eine verwaltende, zum Theil eine beaufsichtigende, zum Theil eine nur fördernde Thätigkeit ausübt, wie beim Meliorationswesen, Fischerei, und da ferner bei der gedachten Gruppirung ganz heterogene Gebiete z. B. Veterinärwesen und Generalkommissionen, in einem Abschnitt behandelt werden müssen, während andererseits verwandte Gebiete, z. B. Veterinärpolizei und landwirthschaftliche Polizei, auseinandergerissen werden, so würde die Einheitlichkeit der Darstellung erschwert werden. Es ist daher die folgende Gruppeneintheilung gewählt worden:

I. Ministerium (Zusammensetzung u. s. w.).

II. Die Aufgaben der landwirthschaftlichen Verwaltung, welche zum Ziel haben die Meliorirung der Bodenverhältnisse im Allgemeinen und zwar a) durch Beseitigung der auf dem Boden ruhenden, aus der alten Agrarverfassung und Wirthschaftsweise hervorgegangenen Verpflichtungen und Berechtigungen mittelst der Auseinandersetzungsbehörden, b) durch Bodenmeliorirung im engeren Sinne, d. h. Verbesserung der Wasserverhältnisse, Schutz gegen Versandungen, Waldverwüstung u. s. w.

III. Die Aufgaben der landwirthschaftlichen Verwaltung in Bezug auf unterrichtliche Bildung der landwirthschaftlichen Bevölkerung, sowie der in der landwirthschaftlichen Verwaltung beschäftigten Beamten, soweit sie nicht auf Bildungsanstalten im Gebiete des Kultusministeriums ihre Ausbildung finden. Dahin gehören also auch Ausbildungsstätten für Thierärzte, Geometer, Wiesenbauwärter, nicht dagegen diejenigen für Meliorationsbaubeamte (Universitäten und Technische Hochschulen).

IV. Die Aufgaben auf dem Gebiete der direkten Pflege der Landwirthschaft, d. h. Förderung und Pflege von Ackerbau, Viehzucht, Fischerei und verwandten Gebieten.

V. Polizeiliche Angelegenheiten (Allgemeine landwirthschaftliche Polizei und Veterinärwesen).

VI. Sonstige Aufgaben allgemeiner Natur.

Als **Anhang** des ersten Buches werden besonders zu behandeln sein die Ansiedelungskommission und die Centralgenossenschaftskasse.

Das dritte Buch enthält lediglich die Gestütsverwaltung.

Der Darstellung zu Grunde gelegt sind die neusten Etatsziffern (1901). Zur Erleichterung des Gebrauches ist auch diesem Bande noch ein Inhaltsverzeichniss B beigegeben, welches die einzelnen Etatstitel und die Seiten, auf denen sie behandelt sind, namhaft macht.

Ich kann das Vorwort nicht schliessen, ohne des schweren Verlustes zu gedenken, welchen der preussische Staat, sein Haushalt und seine Finanzen durch das Hinscheiden unseres bisherigen hochverdienten Herrn Chefs, des Finanzministers Dr. v. Miquel, im vergangenen Jahre erfahren hat. Die Behandlung des vorliegenden Stoffes erfordert vielfach ein Zurückgehen auf die parlamentarischen Verhandlungen früherer Jahrzehnte. Da giebt es wohl kein Gebiet, auf welchem man nicht Reden und Ausführungen des Parlamentariers oder Ministers v. Miquel vorfindet, die von seinem durchdringenden Verstande und seiner ausgebreiteten Sachkenntniss auf dem gesammten Gebiete der öffentlichen Verwaltung Zeugniss ablegen. Sein Dichten und Trachten ging von früh bis spät und in die wachen Stunden der Nacht hinein auf die Förderung des Staats- und öffentlichen Wohles. Er war ein Diener des Staates im buchstäblichsten Sinne des Wortes.

Die volle Würdigung dessen, was Preussen und seine Finanzen dem Verstorbenen verdanken, ist Aufgabe der Geschichte.

Die Landwirthschaft, welche den Gegenstand der vorliegenden Abhandlung bildet, hat sich seines hervorragenden Interesses vor Allem während seiner ministeriellen Thätigkeit zu erfreuen gehabt. Manche Zahlen und Veranstaltungen, die in diesem Buche erwähnt sind, werden lauter als lange Lobeserhebungen von seinem eindringenden Verständnisse und der weitsichtigen Fürsorge, die er diesem wichtigen Zweige unserer vaterländischen Volkswirthschaft hat zu Theil werden lassen, zu erzählen wissen.

Berlin, im Januar 1902.

Otto Schwarz.

Inhaltsverzeichniss A.

III. Hauptstück.

Extraordinarium der landwirthschaftl. Verwaltung.

Anhang I.

Anhang II.

Drittes Buch.

Gestütsverwaltung.

Inhaltsverzeichniss B.

II. Buch. Landwirthschaftliche Verwaltung.

III. Buch. Gestütsverwaltung.

Abkürzungen.

Lette u. v. Rönne = Die Landeskulturgesetzgebung des Preussischen Staates. Berlin, 1853 und 1854.

Meitzen = Der Boden und die landwirthschaftlichen Verhältnisse Preussens. Bis jetzt 6 Bände. Berlin, Paul Parey.

Sterneberg u. Glatzel = Das Verfahren in Auseinandersetzungsangelegenheiten. Berlin, Paul Parey. 2. Auflage.

Zweites Buch.

Landwirthschaftliche Verwaltung

nebst Anhang:

Ansiedelungskommission (I)

und Centralgenossenschaftskasse (II).

Einleitung.

Boden- und klimatische Verhältnisse Preussens.

§ 1. Preussen gehört nicht zu den bevorzugten Ländern der Erde, in welchen besonders günstige Bodengestaltung und glückliches Klima auch bei geringem Aufwande von landwirthschaftlicher Arbeit und Intelligenz hohe Bodenerträge sichern. Wir haben in Bezug auf Bodenbeschaffenheit und Terraingestaltung (nach Meitzen) folgende natürliche Abschnitte zu unterscheiden:

1. Das Gebirgsland im Süden und Südosten mit etwa 1570 Quadratmeilen.

2. Daran anschliessend ein schmaler, nur 400 Quadratmeilen grosser Streifen hügeligen Vorlandes von äusserst fruchtbarer Bodenbeschaffenheit, welcher sich in der industriereichen Landschaft längs des Nordrandes des mitteldeutschen Gebirgszuges von der Provinz Schlesien durch die Provinzen Sachsen, Hannover, Westfalen und das Rheinland bis zur belgischen Grenze erstreckt.

3. Auf dieses Vorland folgt die weite dürftige Sandebene des diluvialen Flachlandes vom nördlichen Schlesien und von der Provinz Posen durch die Provinz Brandenburg, den nördlichen Theil der Provinz Sachsen und durch die Provinzen Hannover und Schleswig-Holstein — zusammen 2200 Quadratmeilen.

Zwischen den unteren Flussläufen der Nordsee- und Ostseeströme hauptsächlich liegen die etwa 395 Quadratmeilen umfassenden Moore.

4. Daran schliesst sich nach Norden längs der Ostsee die diluviale Hügellandschaft des baltischen Höhenzuges von 1800 Quadratmeilen.

5. An der Nordseeküste breiten sich etwa 81 Quadratmeilen reiche Marschen aus.

Die Fruchtbarkeit dieser verschiedenen Gebietsabschnitte drückt sich etwa in den Verhältnisszahlen 38 : 97 : 21 : 24 : 120 aus. Die von der Natur besonders begünstigten Bodenarten (2 und 5) finden sich hiernach nur auf einem Gebiete von 481 Quadratmeilen vor, d. i. auf 7,5 Proz. der Gesammtfläche (6441 Quadratmeilen), während der ungünstige Sand- und Moorboden (3) 40,2 Proz. der Gesammtfläche und die im grossen Durchschnitt nicht erheblich bessere diluviale Hügellandschaft (4) fast 30 Proz. der Gesammtfläche bildet. Fast Dreiviertel des Gebietes gehört also der weniger günstigen Bodenlage an und erfordert für Erzielung angemessener Erträge und Bodenrente viel landwirthschaftliche Arbeit, Kapital und Intelligenz.

§ 2. In den einzelnen Provinzen entfallen nach den Meitzen'schen Angaben, die allerdings nicht in allen Einzelheiten zutreffen dürften (s. § 181) aber doch im Allgemeinen einen guten Ueberblick gewähren, von der Gesammtfläche [1]) an: a) □Meilen, b) Prozente auf:

		Günstiger Lehmboden	Grauer Lehm und kalter Thon	Sandig. Lehm u. lehmiger Sand	Sand	Moor	Wasser	Kalklager unter den Böden
Ostpreussen . . .	a)	79,46	32,94	343,47	154,75	34,67	26,26	0,53
	b)	11,3	4,8	52,0	23,0	5,1	3,8	0,1
Westpreussen . .	a)	65,97	12,08	168,43	184,36	15,58	16,01	0,45
	b)	14,3	2,6	36,4	39,9	3,4	3,4	0,0
Brandenburg . .	a)	34,36	40,01	257,06	307,64	63,05	22,01	0,17
	b)	4,8	5,5	35,5	42,5	8,7	3,0	0,0
Pommern	a)	35,49	1,08	245,38	193,42	55,48	16,31	7,86
	b)	6,4	0,2	44,8	35,4	10,2	3,0	1,4
Posen	a)	34,91	14,52	252,30	176,45	36,83	10,43	0,12
	b)	6,7	2,7	48,0	33,6	7,0	2,0	0,02
Schlesien	a)	201,48	67,66	208,37	228,90	15,83	8,96	16,51
	b)	27,5	9,3	28,5	31,3	2,2	1,2	2,3
Sachsen	a)	161,97	70,83	89,35	114,91	15,16	5,97	19,13
	b)	35,4	15,4	19,5	25,1	3,3	1,3	4,2
Schleswig-Holstein	a)	62,82	41,33	75,26	119,92	31,85	11,22	0,05
	b)	18,32	12,1	22,0	35,0	9,3	3,3	0,01
Hannover	a)	109,38	71,00	119,07	286,34	102,30	11,15	14,31
	b)	15,6	10,2	17,0	41,0	14,6	1,6	2,0
Westfalen . . .	a)	172,34	49,57	38,42	90,29	15,79	0,22	43,19
	b)	47,0	13,5	10,5	24,6	4,3	0,1	11,8
Hessen-Nassau . .	a)	111,92	69,84	85,74	15,71	0,23	1,91	24,30
	b)	39,2	24,4	30,1	5,5	0,1	0,7	8,5
Rheinland . . .	a)	136,14	192,33	105,80	42,81	8,24	1,31	28,94
	b)	28,0	39,5	21,7	8,8	1,7	0,3	5,9
Summe . .	**a)**	**1 206,24**	**663,19**	**1 988,65**	**1 915,50**	**395,01**	**131,76**	**155,56**
	b)	**18,7**	**9,9**	**32,2**	**30,8**	**6,3**	**2,1**	**2,4**

Die grössten zusammenhängenden Sandflächen finden sich hiernach in den Provinzen Brandenburg und Hannover, die Moore haben ihre grösste Ausdehnung in Hannover, der sandige Lehmboden hat in Ostpreussen die absolut und relativ grösste Verbreitung. Der günstige Lehmboden auf der Höhe ist in Schlesien, Sachsen, Westfalen und Rheinland am ausgedehntesten, der günstige Lehm in den Flussniederungen nimmt in Sachsen und Schleswig-Holstein die relativ grössten Flächen ein. Der strenge kalte Thonboden herrscht in den Gebirgslagen der Provinz Hessen-Nassau und Rheinland vor.

Der verschiedenen Güte des Bodens entsprechend, gestaltete sich der Reinertrag der landwirthschaftlich benutzten Fläche in den verschiedenen Provinzen sehr manigfaltig. Bei den ländlichen Privatbesitzungen beträgt der durchschnittliche Grundsteuerreinertrag vom Hektar, der allerdings hinter dem wirthschaftlichen Reinertrag zurückbleibt (s. § 19) in den einzelnen Provinzen:

Ostpreussen . . .	8,0 M.	Brandenburg . .	10,5 M.	Hessen-Nassau . .	19,5 M.
Westpreussen . .	8,8 „	Hannover	13,9 „	Schleswig-Holstein	21,3 „
Posen	8,8 „	Schlesien	14,8 „	Sachsen	23,2 „
Pommern	9,9 „	Westfalen . . .	15,3 „	Rheinprovinz . .	23,8 „

[1]) Hohenzollern und Meisenheim mussten unberücksichtigt bleiben.

Neben der Bodenqualität sind für die höheren Reinerträge in den westlichen Provinzen auch die Verkehrs- und Wirthschaftsverhältnisse (Ueberwiegen des kleinen und mittleren Besitzes) massgebend.

§ 3. Was die klimatischen Verhältnisse Preussens anbetrifft, so liegt das gesammte Gebiet in der kälteren gemässigten Zone (45. bis 58. Breitegrad), welche im Winter eine Temperaturerniedrigung und einen Stillstand der Vegetation zur Folge hat und hierin den tropischen Gegenden nachsteht, aber auch von manchen Gefahren jenes Klimas (Dürre) verschont bleibt. Ein ausreichendes Mass von Feuchtigkeit wird nur ausnahmsweise vermisst. Anderseits sind auch lange Regenperioden selten. Abwechselung zwischen Regen und offenem Sonnenschein ist der Durchschnittszustand. Auch sonst bietet das Klima für das animale und vegetative Leben im Allgemeinen keine besonders ungesunden oder gefährlichen Erscheinungen. Ein gedeihlicher Bau der Getreidearten ist in keinem Theile des Staatsgebietes ausgeschlossen.

Die Ostsee und noch mehr die Nordsee (mit ihrem Golfstrom) geben dem Lande auf gewisse Entfernungen ein gemässigtes Inselklima.

Sind die durchschnittlichen klimatischen Verhältnisse hiernach auch günstige, so ist doch im einzelnen der Gang der Witterung in Folge des steten Wechsels zwischen Regen und Sonnenschein ein höchst veränderlicher und vibrirender und fordert dadurch für Landbestellung und Ernte ein grosses Mass von Aufmerksamkeit in der Beobachtung und richtigen Ausnutzung der klimatischen Erscheinungen.

Aufblühen der Landwirthschaft seit Beginn des 19. Jahrhunderts. Produktionssteigerung.

§ 4. Auf diesem, von der Natur nicht übermässig begünstigten Gebiete war bis Ende des 18. Jahrhunderts eine wenig rationelle, gänzlich extensive Landwirthschaft getrieben worden. Die alte feudale Agrarverfassung war es hauptsächlich, welche jeden Fortschritt verhinderte. Ganz allgemein war die Dreifelderwirthschaft (Winterfeld, Sommerfeld, Brache) üblich. Die Düngung der Felder war unzureichend, die Viehhaltung nach Menge und Qualität mangelhaft, die Ernteerträge waren mässige.

Die politischen Umwälzungen und kriegerischen Ereignisse Ende des 18. und Anfang des 19. Jahrhunderts waren indirekt auch für die Entwickelung des landwirthschaftlichen Gewerbes von grosser Tragweite und hatten ein neues Aufblühen desselben zur Folge. Sie gaben mit den Anstoss zu der Argrargesetzgebung der ersten Hälfte des 19. Jahrhunderts, welche durch die Beseitigung der alten, aus der feudalistischen Zeit überkommenen, immer mehr verknöcherten und von den Gutsherren in einseitigster Weise für ihre Interessen ausgenutzten Befugnisse und Rechte über Leib und Gut ihrer Unterthanen mit einem Male neue Bahn für den Aufschwung auf dem Gebiete der Landwirthschaft schuf, wofür einsichtige Männer wie Thaer durch ihre Lehren und ihren Vorgang günstigen Boden bereitet hatten. Landwirthschaftliche Schulen, landwirthschaftliche Vereine wurden zahlreich gegründet. Die späterhin namentlich von Liebig geförderte Erkenntniss der naturgesetzlichen Grundlagen und Ursachen aller Erscheinungen und Wirkungen im landwirthschaftlichen Betriebe führte zu grundlegenden Aenderungen in der Düngung — Anwendung künstlichen Düngers — und Bearbeitung des Bodens, in der Wahl und Aufeinanderfolge der Kulturarten, Verdrängung der Brache durch angemessenen Fruchtwechsel (Hackfrüchte) wie in der Ernährung und Haltung der Thiere (Stallfütterung). Die durch die Erfindung der Eisenbahnen vermittelte Herausbildung eines vielgegliederten Verkehrswesens befreite die landwirthschaftliche Bevölkerung mehr und mehr aus ihrer Isolirung. Das Vereinswesen nahm einen weiteren ausserordentlichen Aufschwung. Durch dieses wurden den Landwirthen die reichen Schätze der Wissenschaft und Technik vermittelt, Versuchsstationen wurden gegründet, landwirthschaftliche Maschinen mehr und mehr eingeführt. Die Ausbreitung wirthschaftlicher Genossenschaften eröffnete auch den kleineren Wirthschaften die Möglichkeit, sich mit Vortheil an dem allgemeinen wirthschaftlichen Verkehr und seinen Einrichtungen zu betheiligen. Endlich hat die Entfaltung der landwirthschaftlichen Nebenindustrieen (Brennereien, Stärke-, Rübenzuckerfabrikation) als eine weitere Errungenschaft des 19. Jahrhunderts auf die Fortentwickelung der Landwirthschaft einen hervorragenden Einfluss ausgeübt.

§ 5. Alle diese Fortschritte machten sich in einer im Laufe des 19. Jahrhunderts eingetretenen ausserordentlichen Steigerung der einheimischen landwirthschaftlichen Produktion geltend. Nach Zahlen von Dieterici und seit 1879 nach den amtlichen veröffentlichten statistischen Ergebnissen wies die Getreide- und Viehproduktion in Preussen im Laufe des 19. Jahrhunderts folgende Fortschritte auf:

	1802—1804	1843	1878	1900
Bevölkerung	[1]) 10 023 900	15 471 765	26 664 427	34 468 307
Flächeninhalt . . . . ha	[1]) 30 890 343	27 794 216	34 751 238	34 863 725
Ernteertrag (To. = 1000 kg):				
Roggen	[2]) 1 760 000 (Roggen und Weizen)	[3]) 2 043 360	5 106 021	6 370 989
Weizen		[3]) 718 960	1 562 963	2 390 578
Gerste	?	?	1 343 074	1 649 982
Hafer			3 395 483	4 631 648
Kartoffeln			17 154 802	27 564 406

[1]) Im Jahre 1804. — [2]) exkl. Aussaat, der Scheffel zu durchschnittlich 40 kg gerechnet.
[3]) exkl. Aussaat, der Scheffel Roggen zu 39,6 kg, Weizen zu 41,8 kg gerechnet.

		1802—1804	1843		1878	1900
Viehstand: (Stückzahl)						
Pferde	[1]	1 544 189	1 564 554	[2]	2 282 435	2 913 003
Rinder	[1]	4 856 068	5 042 010	[2]	8 639 514	10 865 296
Schafe	[1]	10 394 428	16 235 880	[2]	19 666 794	6 989 430
Schweine	[1]	2 447 044	2 115 212	[2]	4 294 926	10 954 002
Ziegen		?	?	[2]	1 481 461	1 918 692

Die Getreideproduktion hat sich hiernach verfünffacht und also die Bevölkerungszunahme verhältnissmässig sogar noch übertroffen. Von der Viehhaltung lässt sich Gleiches nicht behaupten, doch ist hier zu berücksichtigen, dass sich die Qualität des Viehes besonders seit Beginn der 70er Jahre ausserordentlich verbessert hat.

§ 6. Vergleiche über die Vermehrung der landwirthschaftlichen Produktion in Preussen im 19. Jahrhundert enthalten auch die interessanten Ausführungen Dr. M. Delbrücks in „Die landwirthschaftliche Hochschule in der Zukunft", Berlin, Paul Parey, 1900.

Wenn man die Geschichte einzelner Gutswirthschaften zum Vergleich heranzieht,[3]) so ist die Annahme gerechtfertigt, dass sich die Erzeugung von Getreide auf dem Morgen im Laufe des Jahrhunderts mindestens verdoppelt hat, nicht durch Vergrösserung der Arbeitsfläche, sondern durch verbesserte Kultur. Dazu kommt die ganze Ernte der Hackfrüchte, vor allem die Rüben und Kartoffeln, deren Anbau in Folge verbesserter Wirthschaftssysteme u. s. w. ermöglicht werden konnte ohne wesentliche Veränderung des Areals für Körnerbau, da ihnen die Flächen zufielen, welche durch Ueberwindung der Brachwirthschaft frei wurden.

Stellt man die Trockensubstanz, welche durch Hackfruchtbau dem Felde abgewonnen wird, der Menge des Stoffes gegenüber, welche der Getreideanbau liefert, so sind die Summen (nach Delbrück) fast gleich. Jede der beiden Grössen liefert ziemlich die gleiche Nährsubstanz. Hat also die Körnerernte sich verdoppelt, wird neu hinzugefügt der an Nährwerth ihr gleichkommende Hackfruchtbau, beide zusammen die Hauptmasse des Pflanzenbaues darstellend, so ist das Ergebniss, dass sich die landwirthschaftliche Produktion im Pflanzenbau im 19. Jahrhundert in Preussen vervierfacht hat.

Die Durchschnittsernteerträge (vom Hektar in Kilogr.) der preussischen Landwirthschaft in der ganzen Monarchie steigerten sich allein im zehnjährigen Durchschnitt von 1879/88 bis 1889/98 wie folgt:

	Winterweizen	Winterroggen	Sommergerste	Hafer	Kartoffeln	Kleeheu	Wiesenheu
1879/88	1 265	896	1 160	1 029	7 393	2 403	2 081
1889/98	1 452	1 051	1 268	1 138	8 918	25 961	2 315

Auch die Thierproduktion weist grosse Erfolge nach. Der Rindvieh- und Pferdebestand hat sich verdoppelt, der Schweinebestand vervier- bis verfünffacht, nur der Schafbestand ist zurückgegangen. Alles in allem genommen und auf Haupt Grossvieh berechnet, hat sich der Viehzuwachs im Laufe des Jahrhunderts mehr als verdoppelt; daneben hat aber eine ausserordentliche Qualitätsverbesserung stattgefunden, die mit 20 Proz. wohl noch zu niedrig bemessen wird. (Delbrück.)

Endlich können die Neuwerthe, welche in den mit der Landwirthschaft verbundenen Nebengewerben erzeugt werden (die Müllerei, die Rübenzucker-, Brennerei-, Brauerei-, Stärkeindustrie), nicht unerwähnt bleiben, welche gegenwärtig an landwirthschaftlichen Rohstoffen Mengen verarbeiten, deren Werth (nach Delbrück) etwa $^2/_3$ der Brotkornerzeugung der Deutschen Landwirthschaft ausmacht.

---

[1]) Im Jahre 1802. — [2]) Im Jahre 1873. (1878 hat keine Viehzählung stattgefunden.)

[3]) z. B. der Domäne Schlanstedt in der Provinz Sachsen, vergl. Mentzel u. Lengerke Landw. Kalender 1900.

§ 7. Trotz dieser starken und der Vermehrung der Bevölkerungskopfzahl mindestens gleichkommenden Vermehrung der Eigenproduktion an landwirthschaftlichen Erzeugnissen, vor Allem an Getreide und Hackfrüchten, ist seit Mitte des 19. Jahrhunderts und besonders seit den letzten 3 Dezennien desselben eine steigende Mehreinfuhr von landwirthschaftlichen Produkten gegenüber einem Rückgange der Ausfuhrziffern zu verzeichnen. Erst in den allerletzten Jahren hat sich ein gewisser Umschwung vollzogen. Im Anfange des 19. Jahrhunderts wurde trotz der unrationellen landwirthschaftlichen Betriebsweise Getreide noch in grösseren Mengen aus- wie eingeführt. 1795/96 betrug im Jahresdurchschnitt der Werth der Einfuhr (nach Dieterici, Volkswohlstand) im damaligen preussischen Staat 5 248 203 M. für Weizen und 2 384 289 M. für Roggen, während für 8 491 104 M. Weizen und für 2 597 787 M. Roggen ausgeführt wurden. 1837/40 stellte sich der Jahresdurchschnitt der Mehrausfuhr noch günstiger. Es wurden um jene Zeit im Deutschen Zollverein[1])

	eingeführt		ausgeführt	
	Gewicht (1000 kg[2])	Werth (Mark)	Gewicht (1000 kg)	Werth (Mark)
Roggen	30 307	4 209 171	71 852	9 979 503
Weizen	12 859	2 307 240	273 792	49 124 685

Diese Verhältnisse änderten sich aber seit Anfang der 70er Jahre vollkommen. Während im Jahre 1861 im Zollgebiet 351 000 Tonnen (= 1000 kg oder 20 Ctr.) Weizen ein- und 630 000 To. ausgeführt wurden und beim Roggen einer Einfuhr von 136 000 To. eine Ausfuhr von 131 000 To. gegenüberstand, gestalteten sich die Ziffern in der späteren Zeit wie folgt:

	in Tonnen			
	Weizen		Roggen	
	Einfuhr	Ausfuhr	Einfuhr	Ausfuhr
1866	206 000	548 000	166 000	114 000
1871	439 000	536 000	418 000	157 000
1876	685 000	388 000	1 110 000	100 000

In Folge der Zollschutzgesetzgebung (1879) trat 1880 ein starkes Sinken sowohl der Einfuhr- wie der Ausfuhrziffern ein.

1879	915 061	603 162	1 467 227	145 472
1880	227 553	178 170	689 563	26 587

Seitdem stellten sich die Zahlen von 5 zu 5 Jahren wie folgt:

	in Tonnen			
	Weizen		Roggen	
	Einfuhr	Ausfuhr	Einfuhr	Ausfuhr
1885	572 423	14 080	769 701	4 021
1890	672 587	206	879 903	119
1895	1 338 178	69 911	964 802	35 992

[1]) Für Preussen lassen sich die Ziffern seit jener Zeit nicht mehr feststellen. — [2]) Der Scheffel Roggen zu 39,6, Weizen zu 41,8 kg gerechnet.

Die folgenden Jahre wiesen auf:

1896	1 652 705	75 214	1 030 670	38 322
1897	1 179 521	171 380	856 832	106 435
1898	1 477 455	134 820	914 072	129 706
1899	1 370 851	197 402	561 251	123 458
1900	1 293 864	295 080	893 333	76 092

Wenn sich hiernach seit 1899 die Verhältnisse etwas gebessert haben, steht gegenwärtig doch die Ausfuhr von Roggen und Weizen in Deutschland hinter der Einfuhr weit zurück und beträgt nur noch 16 Proz. der letzteren.

Der Gesammterntеertrag in Deutschland im Jahre 1900 betrug 8 550 659 To. Roggen und 3 841 165 To. Weizen, zusammen 12 391 824 To., wovon das eingeführte Quantum mit 2 187 197 To. fast 18 Proz. ausmachte, während im Jahre 1880 die Einfuhr beider Getreidearten (917 116 To.) nur 12—13 Proz. des Ernteertrages (7 297 803 To.) darstellte.

Die starke Steigerung der eigenen Getreideproduktion in jenen 20 Jahren von 7,2 auf 12,3 Mill. To. oder um rund 70 Proz. bei einer Bevölkerungsvermehrung von 45,2 auf 56,3 Mill., also nur rund 25 Proz., hat hiernach nicht ausgereicht, den durch die erhöhten Bedürfnisse in der Lebenshaltung des Volkes entstandenen Mehrkonsum zu decken.

§ 8. Wie sehr sich der Verbrauch der Bevölkerung an Getreide und Fleisch im Laufe des 19. Jahrhunderts gesteigert hat, lässt sich aus folgenden Vergleichszahlen ersehen. Dieterici berechnet für 1831 den Verbrauch der Bevölkerung (pro Kopf) an Brotgetreide (Weizen und Roggen) zu 4 Scheffel, also etwa 160 kg, während nach der amtlichen Reichsstatistik — unter Zugrundelegung einer ähnlichen Rechnungsweise — für das Jahr 1898/99 an Verbrauch pro Kopf der Bevölkerung im Deutschen Reiche allein an Roggen 155,7 kg und dazu an Weizen 86,4 kg gerechnet werden. Den Konsum an Fleisch aller Art berechnet Dieterici für 1831 auf 34¾ Pfd. = 18,5 kg, während ihn Scherzer für 1880 auf 35 kg, der deutsche Landwirthschaftsrath für Ende der 90er Jahre auf 46 kg bemisst.

Die Zunahme des Ueberschusses der Einfuhr an Brotgetreide und Fleisch über die Ausfuhr ist hiernach im Wesentlichen nicht in dem Rückgange der einheimischen landwirthschaftlichen Produktion zu suchen, sondern vor Allem in der gesteigerten Konsumfähigkeit des Volkes, welche besonders mit der Vermehrung der industriellen und gewerblichen Bevölkerung und deren Zusammenströmen an den grossen Verkehrszentren im Zusammenhang steht.

§ 8a. Wenn in dieser Steigerung der Konsumfähigkeit an sich ein günstiges Moment liegt, so bleibt andererseits doch die zunehmende Abhängigkeit des Inlandes vom Auslande im Bezuge der nothwendigsten

Lebensmittel nicht ohne Bedenken und es sind für die einheimische Landwirthschaft im 20. Jahrhundert noch grosse Aufgaben zu erfüllen, es müssen noch grosse Fortschritte in technischer und wissenschaftlicher Beziehung gemacht und zum Gemeingut aller Landwirthe werden, wenn jene Abhängigkeit vom Auslande nicht weitere Dimensionen annehmen soll.

Vielfach wird die bisherige Handelsvertragspolitik des Reiches für die Zunahme des Ueberschusses der Getreide-Einfuhr über die -Ausfuhr verantwortlich gemacht. Dass dies nicht ganz zutreffend ist, ergiebt sich schon daraus, dass in den letzten Jahren unter der Herrschaft dieser Verträge die Ausfuhr gestiegen, die Einfuhr nicht unerheblich zurückgegangen ist. Ist auch ein angemessener Schutzzoll bei der gegenwärtigen Nothlage der Landwirthschaft wohl nicht zu entbehren, so ist doch für letztere, wenn sie die ihr für die Zukunft obliegenden Ziele erfüllen will, ungleich wichtiger die Vermehrung und Verbesserung ihrer Produkte durch sorgfältige und rationelle Bodenbewirthschaftung, was wiederum nur durch zweckmässige Ausbildung der ländlichen Bevölkerung zum landwirthschaftlichen Berufe, Förderung des Vereins-, Genossenschafts-, landwirthschaftlichen Versuchswesens, der Viehzuchtbestrebungen u. s. w., kurz durch die — zu Unrecht vielfach als kleine Mittel bezeichneten — Massnahmen geschehen kann, deren Förderung sich die preussische Landwirthschaftsverwaltung zum Ziel gesetzt hat und wozu der Staat von Jahr zu Jahr steigende eigene Mittel aufwendet.

Landwirthschaftliche Bevölkerung, Wirthschaftsbetriebe.

§ 9. Um einen ungefähren Ueberblick über die Bedeutung der Landwirthschaft und des landwirthschaftlichen Berufes für den preussischen Staat der Gegenwart zu erhalten, mag man sich zunächst folgende Zahlen der offiziellen Statistik vergegenwärtigen:

In der Landwirthschaft (einschliesslich Gärtnerei, Thierzucht, Forstwirthschaft und Fischerei) waren im Jahre 1895 in Preussen 4 782 255 Erwerbsthätige im Hauptberuf beschäftigt, während in Bergbau und Industrie 4 755 855 und in Handel und Verkehr 1 355 740 im Hauptberuf thätig waren.

Besonders seit Beginn der 70er Jahre hat sich von Jahr zu Jahr ein immer grösserer Theil der Bevölkerung der lohnenderen, schneller Geldwerthe erzeugenden und zudem meist an grossen Verkehrszentren mit ihren grossstädtischen Reizen sich entwickelnden industriellen und gewerblichen Thätigkeit zugewendet. Während Mitte der 70er Jahre[1]) in Preussen von der Landwirthschaft 11 527 440 Menschen lebten, was fast 50 Proz. der Gesammtbevölkerung ausmachte, war der Prozent-

[1]) Konrad, Jahrbücher, Jena 1879, 34. Bd. S. 317.

satz der landwirthschaftlichen Bevölkerung 1882 nach den Veröffentlichungen des statistischen Amts bereits auf 43,63 Proz. und 1895 weiter bis auf 36,12 Proz. gesunken, während der industriellen, Handels- und Verkehrsbevölkerung 1882 44,41 Proz., 1895 aber bereits 50,12 Proz. angehörten[1]). Bei der in Landwirthschaft und Thierzucht erwerbsthätigen Bevölkerung (1882: 4 588 919, 1895: 4 633 055) betrug die Zahl bezw. der Antheil der Tagelöhnerklasse 1882 1 613 217 oder 35,16 Proz., 1895 nur noch 1 362 333 oder 29,40 Proz., während der Prozentantheil aller übrigen Klassen (Selbständige, Betriebsleiter, Aufsichtspersonal, Familienangehörige, Knechte und Mägde) gestiegen war von 2 975 702 (64,84 Proz.) auf 3 270 722 (70,60 Proz.). Die landwirthschaftlichen Knechte und Mägde zählten 1882: 849 432, 1895: 894 221, sind also an Zahl auch noch etwas gestiegen. Sie machten 1882 18,51 Proz., 1895 19,30 Proz. der Gesammterwerbsthätigen aus. Knechte, Mägde und Tagelöhner zusammen stellten 1882 53,67 Proz. 1895 nur noch 48,70 Proz. der Erwerbsthätigen in Landwirthschaft und Thierzucht dar.

In diesen Zahlen tritt deutlich die fortschreitende Verminderung der Zahl der Arbeitskräfte auf dem Lande zu Tage, welche der Industrie zu Gute gekommen ist.

§ 9a. Stellt man die drei oben genannten Hauptberufsgruppen für die Monarchie einander gegenüber, so entfielen von der Gesammtzahl der in diesen Hauptberufen thätigen Personen auf die Landwirthschaftsgruppe 1895 43,90 Proz. als Durchschnitt, während 43,66 Proz. auf Bergbau und Industrie, 12,44 Proz. auf Handel und Verkehr kamen.

Vergleicht man dieses Prozentverhältniss der landwirthschaftlichen Berufsgruppe in den einzelnen Provinzen, so steht am höchsten mit 71,75 Proz. Hohenzollern. Es folgen mit über 60 Proz. landwirthschaftlicher Bevölkerung Posen, Ostpreussen, Westpreussen (69,67, 69,56 und 65,23 Proz.), mit über 50 Proz. Pommern und Hannover (58,96 und 51,49 Proz.). Ueber dem Durchschnitt für die Monarchie — wenn auch nur in geringem Masse — bleiben noch Schlesien (46,99 Proz.), Schleswig-Holstein (45,53 Proz.), Brandenburg (44,61 Proz.). Dann kommen mit wenig über 40 Proz. Sachsen und Hessen-Nassau (42,51 und 42,10 Proz.), Westfalen und Rheinland zeigen dagegen nur 30,95 bezw. 30,64 Proz., Berlin 0,73 Proz. In den einzelnen Regierungsbezirken sind die Extreme noch grösser. Ueber 70 Proz. landwirthschaftliche Bevölkerung haben Gumbinnen, Marienwerder, Cöslin,

---

[1]) Preussen und Deutschland deshalb als einen Industriestaat zu bezeichnen, ist aber nicht berechtigt. Dass die von der Landwirthschaft geschaffenen Werthe denjenigen, welche die Industrie schafft, auch heute noch ziemlich gleichkommen, sucht Müller*) nachzuweisen. Er berechnet auf S. 78 ff. die Jahreswertherzeugung der deutschen Landwirthschaft auf 7986 Mill. M. und die der Gesammtzahl der Hauptindustrieen auf 8091 Mill. M.

*) Müller über Deutschlands Landwirthschaft im 19. Jahrhundert in dem Buche: Die deutsche Landwirthschaft auf der Weltausstellung in Paris 1900. Bonn, Carl Georgi.

Posen und Sigmaringen. Zwischen 60 und 70 Proz. Königsberg, Bromberg, Osnabrück. Nahezu 60 Proz. Stralsund, Lüneburg, Stade und Aurich.

Auf der anderen Seite zeigen (abgesehen von Berlin mit 0,73 Proz.) nur 16,03 bezw. 17,60 Proz. landwirthschaftliche Bevölkerung Düsseldorf und Arnsberg, 29,99 Proz. Cöln, 34,30 Proz. Wiesbaden, 36,80 Proz. Aachen, 37,75 Proz. Potsdam, 38,42 Proz. Hannover.

§ 10. Diese landwirthschaftliche Bevölkerung war (nach der landwirthschaftlichen Betriebsstatistik) thätig auf einer in 3 308 126 Haupt- und Nebenbetrieben landwirthschaftlich benutzten Gesammtfläche von 28 479 739 ha (etwa 81 Proz. der Gesammtfläche des Landes überhaupt).[1])

Nach der Grösse der Betriebe und ihrer Antheilnahme an der Gesammtfläche ergiebt sich folgende Zusammenstellung (1895):

	Zahl	Proz.	Fläche (ha)	Proz.
I. Tagelöhner- etc. Betriebe:				
Kleinste Betriebe mit weniger als 2 ha Land	2 048 113	61,92	1 334 537	4,69
II. Bäuerliche Betriebe:				
a) kleine (2—5 ha Land) . .	522 780	15,80	2 131 134	7,48
b) mittlere (5—20 ha Land) .	528 729	15,98	6 667 483	23,42
c) grössere (20—100 ha Land)	188 114	5,69	9 014 964	31,66
	1 239 623	37,47	17 813 581	**62,56**
III. Grossbetriebe:				
Betriebe mit 100 ha und mehr	20 390	0,61	9 331 621	32,75
Summa I—III . .	3 308 126	100,00	28 479 739[1])	100,00

Die Preussische Landwirthschaft ist hiernach im Wesentlichen eine bäuerliche.

Von 1878 bis 1893 hat der Kleingrundbesitz (unter 90 M. Grundsteuerreinertrag) erheblich zugenommen (von 66,1 auf 67,8 Proz. der Zahl und von 12,8 auf 13,8 Proz. der Fläche nach), der mittlere Besitz (90—1500 M. Grundsteuerreinertrag) abgenommen (von 31,8 Proz. auf 30,2 Proz. der Zahl nach und von 48,8 auf 48,2 Proz. der Fläche nach), der Grossgrundbesitz (über 1500 M. Grundsteuerreinertrag) ist der Zahl nach von 2,1 Proz. auf 2,0 Proz., der Fläche nach von 38,4 Proz. auf 38,0 Proz. zurückgegangen (Meitzen, Bd. VI S. 518).

---

[1]) Die rein landwirthschaftlich genutzte Fläche beträgt 21 122 332 ha. Rechnet man die gärtnerisch benutzte Fläche (224 624 ha) und die als Weinberge benutzte Fläche (25 069 ha) hinzu, so ergeben sich im Ganzen 21 372 025 ha. Dazu kommen dann noch forstwirthschaftlich benutzte Flächen: 4 635 525 ha, Oed- und Unland 1 820 399 ha, Hofräume, Geräthe etc. 651 790, in Summa 28 479 739 ha.

Von den 3 308 126 Betrieben haben forstwirthschaftlich benutztes Land 400 864 Betriebe. Ausserdem giebt es 7335 reine Forstbetriebe mit 3 680 241 ha, die land- und forstwirthschaftlich benutzten Betriebe betragen zusammen also an Zahl 3 315 461 mit 32 159 980 ha Wirthschaftsfläche (92 Proz. der Gesammtfläche)

Von den obengedachten 3 680 241 ha Wirthschaftsfläche der reinen Forstbetriebe sind forstwirthschaftlich genutzte nur 3 584 432 ha. Das forstwirthschaftlich benutzte Land der 400 864 + 7355 = 408 199 mit Forstbetrieb verbundenen Wirthschaften überhaupt macht also 4 635 525 ha + 3 584 432 ha = 8 219 957 ha aus.

Der Thatsache des Ueberwiegens des bäuerlichen Besitzes in Preussen entsprechend ist auch der Eigenbetrieb im Lande die weitaus überwiegende Wirthschaftsform.

Von den Haupt- und Nebenbetrieben wurden bewirthschaftet:

	Zahl der Betriebe	Wirthschaftsfläche ha
als Eigenland	1 232 796	19 137 590
1/2 oder weniger Pachtland .	594 456	3 736 169
mehr als 1/2 Pachtland . . .	325 817	
lediglich Pachtland	702 534	
Deputatland, Dienstland etc. .	456 699	362 738

§ 11. Das Ueberwiegen des mittleren und kleineren Besitzes ist um so bemerkenswerther, als in Preussen ein verhältnissmässig grosser Theil des landwirthschaftlichen Besitzes sich in fester Hand (todter Hand) befindet, wobei es sich meist um Grossgrundbesitz handelt. Von 33 270 623 ha ertragsfähiger Liegenschaften (nach der Gebäudesteuerveranlagung) sind 7 803 188 ha oder 23,45 Proz. in festem Besitz. An diesen 7 803 188 ha partizipiren der Staat (und Reich) mit 41,56 Proz., Lehn- und Fideikommissgüter mit 25,02 Proz., Kommunalvermögen mit 21,81 Proz., kirchliches mit 6,31 Proz., Schulvermögen mit 1,33 Proz., fromme Stiftungen mit 2,05 Proz. Am niedrigsten ist der Antheil des festen Besitzes in Posen (11,52 Proz.), am höchsten in Hessen-Nassau mit seinen grossen Staatswaldungen, wo 46,68 Proz. aller ertragsfähigen Liegenschaften auf festen Besitz entfallen. Dann folgen Pommern mit 32,25 Proz., also mit beinahe einem Drittel festen Besitz, Brandenburg (28,48 Proz.), Rheinland (27,14 Proz.), Sachsen (25,07 Proz.), Ostpreussen, Westpreussen, Schlesien, Hannover (20—22 Proz.), Schleswig-Holstein und Westfalen mit 14—16 Proz. Fideikommissarischer Besitz ist fast in allen Kreisen der Monarchie vorhanden, nimmt aber einen erheblicheren Bruchtheil der Fläche (über 20 Proz.) nur in 33 hauptsächlich in Schlesien gelegenen Kreisen ein.

§ 12. Was die Vertheilung der Betriebe nach Zahl und Flächengrösse auf die einzelnen Provinzen anbelangt, so herrscht im Osten der Monarchie der Grossgrundbesitz, im Nordwesten der mittlere Besitz, im Südwesten der Kleingrundbesitz vor.

Theilt man (mit Meitzen Bd. VI S. 561) die Monarchie — von Hohenzollern abgesehen — ein in folgende 3 Gruppen: I. Oestliche Provinzen, d. h. Ost- und Westpreussen, Brandenburg, Pommern, Posen, Schlesien und von Sachsen die Regierungsbezirke Magdeburg und Merseburg; II. die nordwestlichen Provinzen Hannover, Schleswig-Holstein, Westfalen, die Regierungsbezirke Cassel und Düsseldorf; III. die südwestlichen Regierungsbezirke Erfurt, Wiesbaden, Coblenz, Cöln, Trier, Aachen, so ergeben sich folgende Zahlen für 1895:

Im Ganzen entfielen von rein landwirthschaftlich, gärtnerisch und als Weinberge benutzten Anbauflächen der landwirthschaftlichen Betriebe auf Gruppe I 14 675 659 ha, II 5 136 055, III 1 496 244 ha, zusammen 21 307 958 ha.

Davon entfielen auf Betriebe

	unter 5 ha		5—100 ha		100 ha und mehr	
	Zahl	Proz.	Zahl	Proz.	Zahl	Proz.
Gruppe I . .	1 317 555	8,98	7 303 113	49,76	6 054 991	41,26
„ II . .	854 872	16,65	3 806 042	74,10	475 141	9,25
„ III . .	535 109	35,76	880 206	58,83	80 929	5,41
Summa .	2 707 536	12,71	11 989 361	56,27	6 611 061	31,02

Anbaufläche.

§ 13. Geht man auf die wirthschaftliche Nutzung der Gesammtfläche des Landes ein, so entfällt nach den Ergebnissen der Grundsteuerveranlagung der grösste Prozentsatz (48,1 Proz.) auf Ackerland. Sodann kommen Holzungen mit 23,1 Proz., Weiden mit 10,7, Wiesen mit 9,6 Proz., zusammen 20,3 Proz., Hausstellen und ertraglose Flächen mit 6,5 Proz., Wasserflächen (1,4 Proz.) und Gärten 0,6 Proz.

In den einzelnen Provinzen finden sich theilweise sehr erhebliche Abweichungen von diesem Durchschnitte. Besonders hoch ist der Prozentsatz für Ackerland in Posen und Sachsen (59 Proz.), in Schlesien (54 Proz.), Westpreussen, Pommern und Schleswig-Holstein (51—52 Proz.), für Gärten in Hessen-Nassau (1,2 Proz.), für Wiesen in Ostpreussen (31,0 Proz.), für Weiden in Hannover (34,2 Proz.) und Westfalen (17,3 Proz.), Schleswig-Holstein (14 Proz.), für Holzungen in Hessen-Nassau (40,2 Proz.), Brandenburg, Schlesien, Rheinland (30—32 Proz.), für Wasserstücke in Ostpreussen (3,2 Proz.) und für Hausstellen etc. in Schleswig-Holstein (17,4 Proz.), Ostpreussen (9,6 Proz.).

Besonders tief unter dem Durchschnitte steht für Ackerland: Hannover (31,4 Proz.), Hessen-Nassau (38,6 Proz.), für Weiden: Schlesien (1,9 Proz.), Posen, Sachsen, Brandenburg, Hessen-Nassau (4—5 Proz.), für Holzungen Schleswig-Holstein (5,1 Proz.), Hannover (15,3 Proz.), Ostpreussen (17,7 Proz.), für Wasserstücke Hessen-Nassau (0,0 Proz.), Westfalen und Rheinland (0,1 Proz.), Hannover (0,2 Proz.), Schleswig-Holstein (0,3 Proz.), Hausstellen etc. Posen (3,7 Proz.).

§ 14. Setzt man das Ackerland in Vergleich mit der übrigen rein landwirthschaftlich genutzten Fläche, wie sie sich aus den Materialien der Grundsteuerveranlagung ergiebt (23,1 Mill. ha),[1] so stellt sich die Betheiligung des Ackerlandes an dieser Fläche auf etwa Dreiviertel. Es kommen auf:

	1000 ha	Proz.
Ackerland	17 349	75,08
Gartenland	257	1,11
Wiesen	3 273	14,16
Weiden	2 208	9,56
Weinberge	20	0,09

[1]) Die Zahl weicht etwas ab von der auf S. 570 gegebenen, bei Gelegenheit der landwirthschaftlichen Betriebsstatistik ermittelten Ziffer.

Der grösste Theil des Ackerlandes ist dem Getreidebau gewidmet, auf welchen die vaterländische Landwirthschaft nach Lage ihrer allgemeinen wirthschaftlichen Bedingungen und besonders durch die klimatischen, Boden- und Absatzverhältnisse vorzugsweise angewiesen ist.

Von dem Gesammt-Acker- und Gartenland (17 596 000 ha) werden bebaut mit:

	1000 ha	Proz.
Hauptgetreidearten	9 425	53,5
Andere Getreidearten und Hülsenfrüchte	1 382	7,8
Hackfrüchte und Gemüse	2 842	16,1
Handelsgewächse	141	0,8
Futterpflanzen	1 544	8,8
Brache	980	5,6
Ackerweide	1 026	5,8
Haus- und Obstgärten	257	1,5

An den 9 425 000 ha mit Hauptgetreidearten bebauten Flächen wiederum sind betheiligt (1901):

	1000 ha	Proz. vom Acker- u. Gartenland	Einheitsertrag (kg pro ha)
Wintergetreide:			
Weizen	1 201	6,8	1 410
Roggen	4 562	25,9	1 000
Sommergetreide:			
Gerste	856	4,9	1 230
Hafer	2 576	14,6	1 100
Summa	9 195[1]	52,1[1]	

Sogenanntes Wintergetreide überwiegt also bedeutend. Die Zunahme in den Anbauflächen der wichtigeren Fruchtarten seit den letzten Jahrzehnten tritt in folgenden Zahlenreihen hervor:

	1873	1883	1893	1899
	in 1000 ha			
Winterweizen	975	1 013	1 101	1 112
Sommerweizen	51,7	86,5	100,0	64,6
Winterroggen	4 356	4 308	4 480	4 412
Sommerroggen	114,8	114,6	82,5	52,7
Sommergerste	824	907	840	865
Hafer	2 465	2 454	2 576	2 607
Kartoffeln	1 880	1 987	2 075	2 136
Klee	1 168	1 062	1 102	1 144
Wiesengewächse	—	—	3 273	3 231

Nur bei Sommerroggen zeigt sich hiernach eine gleichmässige Abnahme der Anbaufläche.

[1]) Der Rest ist sonstiges Getreide.

§ 14. Neben der steigenden Zunahme der Anbauflächen und der Ernteerträge tritt die kräftige Fortentwickelung der einheimischen Landwirthschaft besonders seit den letzten drei Dezennien auch auf dem Gebiete der Viehzucht hervor, worüber in dem besonderen, dies Gebiet betreffenden Abschnitte später Näheres gesagt werden wird.

§ 15. Zeigen somit schon die gegebenen Zahlen und Ausführungen, was der weitere Inhalt dieses Buches bestätigen wird, dass die Preussische Landwirthschaft trotz der Nothlage, in welcher sie sich — infolge des Zusammentreffens einer Reihe von ungünstigen Momenten — seit dem letzten Dezennium unzweifelhaft befindet, nichtsdestoweniger auf einer gesunden Grundlage ruht und dass sich allenthalben Fortschritte und Ansätze zu weiteren Verbesserungen erkennen lassen. Man darf daher mit Recht von der einheimischen Landwirthschaft hoffen, dass sie auch im 20. Jahrhundert die grossen an sie zu stellenden Aufgaben voll erfüllen wird.

Rückgang der Getreidepreise.

§ 16. Während Umfang und Ertrag des Getreidebaues fortwährend gestiegen sind, zeigen leider die Getreidepreise seit Ende der 70er Jahre eine stark sinkende Teudenz. Da die Rentabilität des Getreidebaues massgebend für die Rente der meisten einheimischen Landwirthschaftsbetriebe ist, so war es natürlich, dass besonders der starke Preisrückgang im letzten Jahrzehnt auf die Landwirthschaft einen unheilvollen Einfluss ausgeübt hat.

Die mittleren Marktpreise in Preussen gestalteten sich nach den Veröffentlichungen des Statistischen Amtes in den 20 Jahren von 1881 bis 1900 wie folgt:

	Weizen	Roggen	Gerste	Hafer
	1000 kg in Mark			
1881 . . .	220	202	166	159
1882 . . .	208	161	154	146
1883 . . .	185	147	146	137
1884 . . .	173	147	149	144
1885 . . .	162	143	143	143
1886 . . .	157	134	135	133
1887 . . .	164	125	128	113
1888 . . .	174	135	135	130
1889 . . .	183	156	151	151
1890 . . .	192	170	165	160
1891 . . .	222	208	171	162
1892 . . .	189	178	156	149
1893 . . .	152	135	143	158

	Weizen	Roggen	Gerste	Hafer
		1000 kg in Mark		
1894 . . .	135	118	132	139
1895 . . .	140	121	125	121
1896 . . .	153	122	130	126
1897 . . .	165	126	135	134
1898 . . .	186	145	149	148
1899 . . .	155	143	144	137
1900 . . .	150	143	143	137

Von Anfang der 80er Jahre ist hiernach bis gegen Ende derselben ein allmählicher Rückgang der Preise eingetreten, dem von 1887/88 bis 1891 wieder eine Steigerung folgte. Von 1892 ab findet aber ein zum Theil wohl mit den Handelsverträgen in Zusammenhang stehender sehr erheblicher Preisrückgang statt. Seit 1896 ist wieder eine kleine Steigerung bemerkbar, woraus ersichtlich ist, dass die Handelsverträge nicht der alleinige Faktor des Preisrückganges gewesen sind.

Uebrigens haben auch in früheren Zeitläuften zum Theil noch stärkere Preisrückgänge stattgefunden, wie die folgende, dem Jahresberichte des landwirthschaftlichen Instituts zu Königsberg, Bd V, entnommene Tabelle der Preise landwirthschaftlicher Produkte in Preussen im 19 Jahrhundert ergiebt

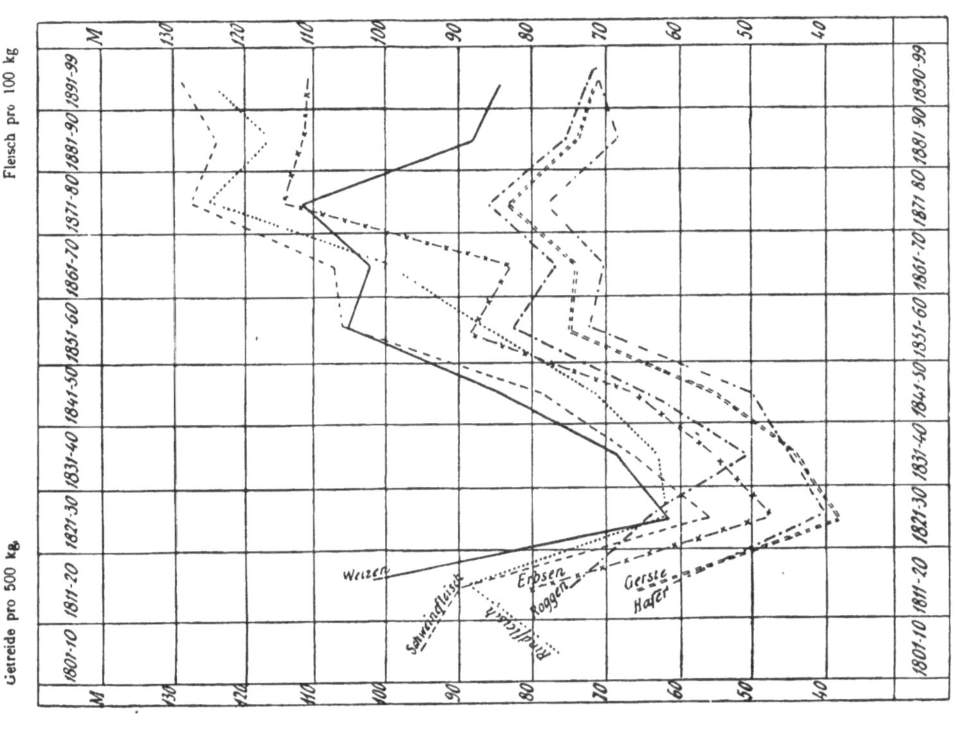

Verschuldung des ländlichen Grundbesitzes.

§ 17. Dass gegenwärtig eine Nothlage der Landwirthschaft vorhanden ist, tritt am stärksten in der zunehmenden Verschuldung des ländlichen Grundbesitzes hervor, wie sie durch die Erhebungen des statistischen Bureaus über die Hypothekenbewegung in Preussen seit den letzten Jahrzehnten deutlich erwiesen ist.

Der Ueberschuss der Hypothekeneintragungen über die Löschungen betrug nach der Zeitschrift dieses amtlichen Bureaus 1899 S. 145 in den Jahren rund Mill. M.:

1886	133	1889	179	1892	209	1895	265
1887	88	1890	156	1893	228	1896	278
1888	117	1891	207	1894	237	1897	321

ist also in fortwährender erheblicher Steigerung begriffen. Als Gesammtergebniss der 12 Berichtsjahre erscheinen in den ländlichen Bezirken 8087 Mill. M. an Eintragungen und 5670 Mill. M. an Löschungen (davon 417 Mill. M. bei Zwangsversteigerungen), sodass sich an Eintragungen ein Mehr von fast 1½ Milliarden M. ergiebt. Bei rund 406 Mill. M. Grundsteuerreinertrag des ländlichen Grundbesitzes stellt sich also die Mehrverschuldung in den gedachten 12 Jahren auf das Sechsfache dieses Grundsteuerreinertrags. Der Verkaufswerth des ländlichen Grundbesitzes ohne das bewegliche Inventar wurde in den Jahren 1871 bis 1881 bekanntlich durchschnittlich auf das 63,3fache, 1884 bis 1893 auf das 74,3fache des Grundsteuerreinertrags festgestellt. Berücksichtigt man auch eine seit 1893 erfolgte weitere Bodensteigerung, so würde nach dieser Statistik doch der ländliche Grundbesitz in den 12 Berichtsjahren wenigstens ein Zwölftel seines Werthes an die Gläubiger haben abtreten müssen.

Zu einer genauen Feststellung dessen, wie hoch die Verschuldung des ländlichen Grundbesitzes thatsächlich heute ist und in welchem Verhältnisse sie zu dem Werthe desselben steht, fehlt leider zuverlässiges statistisches Material. Meitzen (VI S. 470) schätzt den Gesammtwerth die Verschuldung auf 11,8 Milliarden.

§ 18. Auf den bäuerlichen Besitz mit einem Grundsteuerreinertrage von rund 260 Mill. M. werden von einer Gesammt-Schuldenlast von 11 Milliarden etwa 6 Milliarden M. entfallen. Die Belastung wird nach amtlichen Materialien bei dem mittel- und kleinbäuerlichen Besitze auf das annähernd 22fache, bei dem allodialen grösseren Grundbesitze auf das 32fache des Grundsteuerreinertrages geschätzt. Nimmt man an, dass im grossen Durchschnitt etwa der 60—70fache Grundsteuerreinertrag dem Verkehrswerthe entspricht und dass eine Verschuldung zur Hälfte, also zum 30—35fachen Ertrage, schon bedenklich ist, so ergiebt sich aus Vorstehendem, dass das erste und beste Werthsdrittel des bäuerlichen Grundbesitzes bereits verschuldet ist, der grössere Grundbesitz aber die Verschuldungsgrenze überschritten hat, innerhalb deren der Grundbesitzer noch den Rückschlägen, wie sie das Schwanken der landwirthschaftlichen Produktionsbedingungen mit sich bringt, gegenüber Stand zu halten vermag.

Dass die Verschuldung im Osten eine stärkere ist als im Westen, ergeben alle Statistiken. Der Grossgrundbesitz des Ostens nimmt eine besonders ungünstige Stellung in dieser Hinsicht ein. Nach den Ergebnissen der Ergänzungssteuerveranlagung für 1899/1901 gestaltete sich die Verschuldung bei den Censiten mit über 3000 M. Einkommen auf dem platten Lande in Hunderttheilen des:

	gesammten (Brutto-)	Grund-	Kapital-
		Vermögens 1899	
in den Provinzen:			
Ostpreussen	39,90	51,38	229,38
Westpreussen	44,13	58,23	215,05
Brandenburg	27,34	46,16	81,30
Pommern	39,75	52,50	186,09
Posen	40,73	50,74	231,85
Schlesien	24,19	41,57	79,52
östliche Provinzen zusammen	31,37	47,71	115,82
Sachsen	18,04	25,74	76,04
Schleswig-Holstein	19,76	30,09	64,89
Hannover	13,35	20,68	48,88
Westfalen	12,50	22,42	40,89
Hessen-Nassau	11,82	26,50	28,06
Rheinland	11,50	24,84	28,96
westliche Provinzen zusammen	14,69	24,75	47,40

Hieraus ergiebt sich, dass die Schuldenlast der wohlhabenderen Censiten des Ostens, wo der Grossgrundbesitz vorherrscht, in Hunderttheilen des Gesammt- wie des Grundvermögens etwa doppelt, des Kapitalvermögens sogar rund zweieinhalb mal so hoch ist wie im Westen, wo der bäuerliche Besitz überwiegt, und dass die niedrigste prozentuale Verschuldung in den östlichen die grösste in den westlichen Provinzen noch übertraf.

Da ferner nach obiger Zusammenstellung in den Provinzen Ostpreussen, Pommern und Posen die durchschnittliche Verschuldung nahe und in Westpreussen sogar sehr nahe an das zweite Drittel des Grundvermögenswerthes heranreicht, so ist der Schluss gerechtfertigt, dass dort ein beträchtlicher Theil der grösseren Grundbesitzer über 60 v. H., also recht hoch verschuldet ist. Sehr niedrig ist zudem in den gedachten vier Landestheilen der Stand des Kapitalvermögens, das in Pommern nur etwas mehr als die Hälfte, in den übrigen drei gedachten Provinzen sogar nur rund zwei Fünftel der Schuldenlast betrug.

Ländliches Grundvermögen und Einkommen aus ländlichem Grundbesitz.

§ 19. Ebenso wenig wie für den Werth des ländlichen Grundbesitzes und für die Höhe seiner Verschuldung bietet die Statistik sichere Anhaltspunkte für die Ermittelung des ländlichen Grundvermögens und des aus ländlichem Grundbesitze fliessenden Einkommens. Meitzen schätzt (ausgehend von der Grundsteuerveranlagung) den Werth des ländlichen Grundvermögens auf rund 30 Milliarden[1]) (a. a. O. S. 470). Hinsichtlich des Einkommens lassen sich, soweit die amtlich veröffentlichten Ergebnisse der Grundsteuer- und der Einkommensteuerveranlagung Anhaltspunkte bieten, etwa folgende Schätzungen vornehmen, die natürlich nur ein rohes und ungefähres Bild geben können.

Nach den im Jahre 1893 angestellten amtlichen Ermittelungen wurden von dem auf dem platten Lande (ausschl. der Hohenzollernschen Lande) vorhandenen Grundbesitz von zusammen 31 514 866 ha 2 950 515 ha, d. h. 1/10,7 auf die unselbständigen Besitzungen, d. h. solche, deren Inhaber sich aus den Erträgen der Besitzung allein nicht ernähren können, sondern noch Nebenverdienst suchen müssen, gerechnet. Nach diesem Verhältnisse würden von 406 725 000 M. Grundsteuerreinertrag aller ländlichen Besitzungen

a) auf die unselbständigen rund 38 013 000 M.,
b) „ „ selbständigen „ 368 712 000 M.

Grundsteuerreinertrag entfallen.

Da nun für die Veranlagung der Hauptwohngebäude ländlicher Besitzungen zur Gebäudesteuer der wirthschaftliche Reinertrag der dazu gehörenden nutzbaren Grundstücke mitbestimmend ist, so war bei Durchführung der Gebäudesteuerrevision in den Jahren 1893/94 auf Grund eingehender Untersuchungen ermittelt worden, dass bei den auf der untersten Stufe der Selbständigkeit stehenden ländlichen Besitzungen der wirthschaftliche Reinertrag durchschnittlich etwa das Vierfache des Grundsteuerreinertrages beträgt. Je grösser die Besitzungen sind, um so mehr nimmt der wirthschaftliche Reinertrag im Vergleiche zum Grundsteuerreinertrage ab, da der in dem wirthschaftlichen, nicht aber in dem Grundsteuerreinertrage mitenthaltene Werth der persönlichen Arbeit des Besitzers und seiner Familienangehörigen bei kleinen Besitzungen verhältnissmässig grösser ist als bei grossen Besitzungen.

---

[1]) Neuerdings hat Geh. Oberregierungsrath Müller in Mentzels u. v. Lengerkes landwirthschaftlichem Kalender (1902) auf anderer Grundlage für Deutschland den Werth der gesammten landwirthschaftlichen Fläche, Oedland und Forstfläche nebst Bestand auf zusammen rund 60 Milliarden geschätzt; wendet man die dort benutzten Faktoren auf Preussen an, so würde man hier zu einem ländlichen Gesammtgrundvermögen von etwa 34—35 Milliarden Werth kommen.

Bei sehr grossen Besitzungen wird der wirthschaftliche Reinertrag nur noch auf das Anderthalbfache bis Zweifache des Grundsteuer-Reinertrages zu schätzen sein. Im Durchschnitte aller selbständigen Besitzungen mag das Dreifache als Mittelsatz angenommen werden.

Aus denselben Gründen wird für die unselbständigen Besitzungen, bei denen der Werth der persönlichen Wirthschaftsarbeit des Besitzers und seiner Familienangehörigen einen verhältnissmässig sehr grossen Theil des wirthschaftlichen Reinertrages bildet, im grossen Durchschnitte mindestens das Fünffache anzunehmen sein.

Der wirthschaftliche Reinertrag aller selbständigen und unselbständigen Besitzungen des platten Landes würde nach dieser Rechnung also sein:

38 013 000 M. × 5 =	190 065 000 M.
368 712 000 M. × 3 =	1 106 136 000 M.
Summa:	1 296 201 000 M.

Die Anhaltspunkte, welche die Einkommensteuer-Veranlagung darbietet, sind folgende: Bei den Censiten mit über 3000 M. Einkommen auf dem Lande entfiel von diesem auf Grundvermögen 1899 ein Betrag von rund 363 000 000 M. Das hier zu Grunde liegende Grundvermögen war nach den für die Regierungsbezirke aufgestellten Nachweisungen mit einem Grundsteuerreinertrage von zusammen 131 932 734 M. bei der Grundsteuerveranlagung bewerthet.

Bei den Censiten mit über 3000 M. kam also die Multiplikation des Grundsteuerreinertrages mit 2,75 dem Einkommen aus Grundvermögen gleich.

Der Grundsteuerreinertrag für die Censiten auf dem Lande mit weniger als 3000 M. Einkommen sowie der Steuerfreien beträgt nach der amtlichen Statistik[1]) zusammen 274 790 754 M. Da unter diesen Personen die meisten Besitzer von unselbständigen Gütern sind, aber auch eine grosse Anzahl von Besitzern der Klasse der selbständigen Güter sich darunter befindet, so würde man zur Ermittelung des Einkommens aus Grundvermögen auf dem Wege eines Vielfachen des Grundsteuerreinertrages einen höheren Multiplikator als für die Censiten von mehr als 3000 M., etwa 4, anzuwenden haben. Dann ergiebt sich für die in Rede stehende Klasse ein Einkommen aus Grundbesitz von

274 790 754 M. × 4 =	1 099 163 016 M.,
dazu (Censiten über 3 000 M.):	131 932 734 M.
Summa:	1 231 095 750 M.

was sich mit dem Ergebnisse der ersten Rechnung ziemlich decken würde.

[1]) Mittheilungen aus der Verwaltung der direkten Steuern über die Ergebnisse der Einkommen- und Ergänzungssteuerveranlagung. Berlin, Verlag des Königl. Statistischen Bureaus. 1899.

Bei beiden Berechnungsarten sind die zu zahlenden Schuldenzinsen und die auf den Grundstücken ruhenden dauernden Lasten und Abgaben nicht berücksichtigt.

Bei Annahme eines Schuldkapitals von 11,8 Milliarden (s. § 17) ergiebt sich, zu 4 Proz. gerechnet, ein jährlicher Zinsenbetrag von 472 Mill. M. Die dauernden auf den Grundstücken ruhenden Lasten im Sinne des § 9 I 3 des Einkommensteuergesetzes betrugen (1899) bei den Censiten des platten Landes mit über 3000 M. 17,5 Mill. M., für alle Censiten des platten Landes wird man etwa das Dreifache mit 52,5 Mill. M. rechnen können. Zieht man die so gewonnene Gesammtsumme von 524,5 Mill. von einem Gesammteinkommen aus Grundbesitz in Höhe von rund 1,3 Milliarden ab, so würde sich das Nettoeinkommen des ländlichen Grundbesitzes auf rund 800 Mill. M. stellen, was bei Annahme eines Grundwerthes von 30 Milliarden einer Verzinsung von nur 2,7 Proz. gleichkommen würde. Rechnet man zu jenen 800 Mill. M. Grundeinkommen indessen noch den bei der Einkommensteuer ermittelten Werth der selbstständigen Rechte und Gerechtigkeiten, welche auf dem Lande zum grössten Theile aus Grundgerechtigkeiten bestehen werden und die bei den Censiten mit über 3000 M. rund 55,5 Mill. betragen (1899), mit etwa 150 Mill. für das ganze platte Land hinzu, so würde das gesammte Reineinkommen aus Grundbesitz und Grundwerthen auf dem platten Lande etwa 950 Mill. M. betragen und somit 3,2 Proz. des Grundwerthes darstellen.

Dass es sich hierbei nur um sehr approximative Schätzungen handelt, sei nochmals betont, doch sollen die gewonnenen Ziffern auch nur dazu dienen, dem Leser ein dem Gedächtniss leichter anhaftendes Bild, eine gewisse Anschauung über Werth und Ertrag des ländlichen Grundbesitzes in Preussen zu bieten.

Vorbemerkung für Einnahmen und Ausgaben gemeinsam.

§ 20. Da die landwirthschaftliche Verwaltung eine Zuschussverwaltung ist, so spiegelt sich naturgemäss ihr Entwickelungsgang mehr bei den Ausgaben wie bei den — verhältnissmässig nur geringen — Einnahmen ab. Gleichwohl wird im Anschluss an die Disposition im Etat auch hier zuerst kurz von den Einnahmen gehandelt, an welche sich die Erörterungen über Ausgaben im Ordinarium wie Extraordinarium anschliessen.

In Anl. XXIX sind, um einen übersichtlichen Vergleich der Höhe der einzelnen Etatspositionen des gegenwärtigen Etats mit denen der früheren Jahre zu geben, die Zahlen der Jahre 1849, 1859, 1867 (gesondert nach alten und neuen Provinzen), 1873, 1876, 1879/80, 1883/84, 1887/88, 1890/91, 1892/93 und von da der alljährlichen Etats nebeneinandergestellt. Dabei mussten, um einen richtigen Vergleich zu ermöglichen, für diejenigen Jahre, in denen die heute mit der landwirthschaftlichen Centralverwaltung verschmolzene Centralverwaltung der Domänen und Forsten noch einen besonderen Etat hatte, die Zahlen dieses Etats bei Einnahmen und Ausgaben hinzugerechnet werden.[1]) Bis zum Jahre 1873 stand ferner das Veterinärwesen auf dem Etat des Kultusministeriums. Auch die Ausgaben hierfür mussten daher den Zahlen des landwirthschaftlichen Etats für die Jahre vor 1873 zugerechnet werden. Einnahmen kamen hierbei nicht in Frage, da die Thierarzneischulen zu Berlin und Hannover damals noch nicht wie reine Staatsanstalten, sondern wie selbstständige Anstalten, die nur einen Zuschuss vom Staate erhielten, behandelt wurden.

[1]) Nur für die Jahre 1867 bis 1881/82 war diese Zurechnung nicht möglich, da in dieser Zeit die Beamten der Centralverwaltung der Domänen und Forsten dem Finanzministerium zugehörten

I. Hauptstück.

Einnahmen.

(Kap. 32 des Einnahmeetats.)

§ 21. Die Einnahmen des landwirthschaftlichen Etats machten für 1900 bei 1 791 776 M. 10,4 Proz. der dauernden Ausgaben (17 101 172 M.) aus.

Im Jahre 1849 war der Prozentsatz ein bei weitem höherer, nämlich 68 Proz. (bei 2 764 356 M. Einnahmen und 4 047 739 M. Ausgaben). Der Grund hiervon lag darin, dass damals der bei weitem grösste Theil der dauernden Ausgaben, nämlich 3 217 064 M., welche für Auseinandersetzungsbehörden ausgegeben wurden, zum grössten Theile in den von den Betheiligten zu erstattenden Regulirungskosten und Gebühren in Höhe von insgesammt 2 759 067 M. seine Deckung fand.

Im Jahre 1873 hatte sich dies günstige Verhältniss bereits auf annähernd 36 Proz. herabgemindert (2 084 401 M. Einnahmen bei 5 821 933 M.[1]) dauernden Ausgaben). Die damaligen Kosten für Auseinandersetzungsbehörden, welche allerdings immer noch ihre Deckung zum grössten Theile in eigenen Einnahmen fanden, machten nämlich mit 2 958 347 M. nur noch etwa die Hälfte aller Ausgaben aus; den neu hinzugekommenen sonstigen Kosten standen entsprechende Einnahmen nicht gegenüber.

Je mehr der Staat später dazu überging, zur positiven Förderung der Landkultur (s. § 24) Mittel in den Etat einzustellen, ferner je mehr bei den Auseinandersetzungsbehörden die Geschäfte sich auf ärmere Bezirke ausdehnten, deren Bevölkerung man wenige Opfer an Regulirungskosten und Gebühren zumuthen konnte, um so geringer wurde der aus eigenen Einnahmen zu deckende Betrag der landwirthschaftlichen Verwaltung.

Von 1879/80 bis 1900 sanken die Gesammteinnahmen der landwirthschaftlichen Verwaltung von 2 498 000 M. auf 1 791 776 M., während die laufenden Ausgaben im gleichen Zeitraume von 7 429 442 M. auf 17 101 172 M. stiegen. Der Prozentsatz der Einnahmen zu letzteren sank also in dieser Zeit von 33,3 Proz. auf 10,4 Proz. Auf den Bereich der Auseinandersetzungsbehörden entfielen 1879/80 3 550 508 M., wovon 2 034 685, also immer noch weit

---

[1]) Wobei allerdings die Kosten der Centralverwaltung der Domänen und Forsten ausser Ansatz geblieben sind, s. § 20 Anmerkung 1.

über die Hälfte in den Einnahmen in Auseinandersetzungssachen Deckung fand. 1900 entfielen an Ausgaben auf die Auseinandersetzungsbehörden rund 8 575 000 M., also die Hälfte aller Ausgaben, Deckung fand von diesen Ausgaben aber aus den Beiträgen der Interessenten nur noch ein kleiner Bruchtheil (6,4 Proz.). Dabei sind eine ganze Reihe weiterer, auf positive Förderung der landwirthschaftlichen Kreise gerichteter Ausgabegruppen hinzugekommen, die nur zu geringen Theilen ihre Deckung in eigenen Einnahmen finden. Es finden heutzutage (1900) von den Hauptausgabegruppen der landwirthschaftlichen Verwaltung in eigenen Einnahmen ihre Deckung:

1.	2. Ausgaben M.	3. Einnahmen M.	4. (Sp. 3 in Proz. von Sp. 2)	5. Aus allgemeinen Staatsmitteln werden also aufgebracht (Sp. 2—3) M.
Ministerium	1 181 980	—	—	1 181 980
Auseinandersetzungs-Behörden u. -Angelegenheiten	8 575 300	549 743	6,4	8 025 557
Landwirthschaftl. Lehranstalten und sonstige wissenschaftl. u. Lehrzwecke	1 571 099	226 012	14,3	1 345 087
Thierärztl. Hochschulen u. Veterinärwesen . . .	1 264 569[1])	653 556	51,7	611 013[1])
Förderung der Viehzucht	848 420	—	0,0	848 420
„ „ Fischerei	390 506	—	0,0	390 506
Landesmeliorationen, Moor-, Deich-, Ufer- u. Dünenwesen	2 284 298	291 074	12,7	1 993 224
Allgemeines	985 000	71 391	7,2	913 609
Summa . .	17 101 172	1 791 776	10,4	15 309 396

§ 22. Die Einnahmen im Gebiete der Landwirthschaftsverwaltung werden in Kap. 32 in 7 Titeln aufgeführt. Sie beliefen sich im Jahre 1900 auf:

Kap.	Tit.			M.
32.	1.	Kosten und andere Einnahmen bei den Generalkommissionen	495 700	549 743
	2.	Beiträge fremder Regierungen zu den Generalkosten der Auseinandersetzungsbehörden .	54 043	
	3.	Einnahmen bei den landwirthschaftl. Lehranstalten		226 012

[1]) Darunter sind aber die Diäten und Reisekosten der Thierärzte nicht mit enthalten. Siehe den besonderen Abschnitt über „Veterinärwesen“.

		M.
4.	Einnahmen bei den thierärztlichen Hochschulen und bei der Veterinärverwaltung	653 556
5.	Rückzahlungen und Zinsen von den aus den früheren Meliorationsfonds gewährten Darlehnen	278 514
6.	Einnahmen bei der Deichverwaltung	12 560
7.	Sonstige Einnahmen, einschl. aus besonderen Fonds	71 391
	Summe der Einnahmen . .	1 791 776 [1])

Der zusammenhängenden Behandlung wegen und zur Vermeidung von Wiederholungen werden die Einnahmegruppen 1 bis 6 ihre Behandlung bei den entsprechenden Ausgabegruppen finden.

Nur Titel 7 (Sonstige Einnahmen) ist an dieser Stelle kurz zu behandeln.

§ 23. Tit. 7 „Sonstige Einnahmen, einschliesslich aus besonderen Fonds“, 71 391 M., kommt als Titel „Insgemein“ zum ersten Male im Etat 1872 vor, wo 1823 M. mit der Bemerkung aufgenommen werden, dass die meist zufälligen oder extraordinären Einnahmen in der landwirthschaftlichen Verwaltung, die bisher bei der Centralkasse ausseretatsmässig gebucht wurden, nunmehr nach dem letzten 3jährigen Durchschnitte eingestellt werden sollten.

Der Fonds hat im Laufe der Zeit verschiedene Höhen gehabt, im Allgemeinen aber eine Zunahme erfahren. 1876 betrug er 3100 M., 1879/80 14 394 M., 1881/82 39 355 M., stieg bis 1892/93 auf 59 500 M. und fiel seitdem bis 1899 auf 48 000 M. Für 1900 trat eine Erhöhung auf 71 391 M. ein, wovon 5791 M. auf in Gemässheit des § 2 No. 4 des Gesetzes betreffend den Staatshaushalt vom 11. Mai 1898 (s. Bd. II Lief. 1 § 6) eingestellte Fonds entfallen, nämlich auf den Landmesser-Unterstützungsfonds der Generalkommission in Merseburg (3000 M.), den Dünen-Unterhaltungsfonds der Regierung in Stralsund (391 M.) und den Fehnmeliorationsfonds in Aurich (2400 M.)[2]). 10 900 M. des gegenwärtigen Fonds enthalten Beiträge der unter Staatsaufsicht stehenden privaten Grundkreditinstitute zur Besoldung eines banktechnischen Revisors (s. § 37). 6500 M. Einnahmen beruhen auf § 4 des Hypothekenbankgesetzes v. 13. Juli 1899 (R.-G.-Bl. S. 375). Es handelt sich hiernach bei dem Fonds nicht nur um zufällige und extraordinäre, sondern auch um solche Ausgaben, die unter einen der Titel 1—6 nicht gut rubrizirt werden konnten. 1901 betrug der Fonds 64 241 M. 6150 M. wurden nach Titel 6a übertragen s. Anm. 1.

---

[1]) Für 1901 kommt ein neuer Titel 6a (aus fiskalischen Mooren) mit 51 670 M. hinzu. Näheres bei Abschnitt „Moorwesen“ § 178 ff.

[2]) Zweck und Charakter dieser Fonds ist näher erläutert in Beil. A des landwirthschaftlichen Etats für 1900 S. 33.

II. Hauptstück.

Ordentliche Staatsausgaben im Gebiete der landwirthschaftlichen Verwaltung.

Allgemeines.

§ 24. Stellt man die ordentlichen Ausgaben der landwirthschaftlichen Verwaltung für 1849 denjenigen für die Gegenwart gegenüber, so ergiebt sich bei Zurechnung derjenigen für die Veterinärverwaltung und für die Centralverwaltung für Domänen und Forsten im Jahre 1849 die Gesammtsumme von 3 677 020 M. + 111 669 M. + 259 050 M. = 4 047 739 M. Für 1900 stellt sich das Ordinarium des landwirthschaftlichen Etats auf 17 101 172 M., die Steigerung beträgt also gegen 1849: 13 053 433 M. oder rund 318 Proz.

Ein richtiges Bild darüber, in wieviel höherem Grade der Staat heute, als vor 50 Jahren, Ausgaben aus allgemeinen Staatsmitteln zu Aufgaben im Gebietsbereiche des landwirthschaftlichen Etats zur Verfügung stellt, erhält man indessen aus den obigen Zahlen noch nicht. Im Jahre 1849 wurden 68 Proz., 1900 nur 10,4 Proz. aller Ausgaben aus den in den fraglichen Verwaltungsbereichen aufkommenden eigenen Einnahmen, Gebühren, Regulirungskosten u. s. w. gedeckt. Zieht man diese eigenen Einnahmen von den laufenden Ausgaben ab, so stellt sich der Vergleich wie folgt:

1849: 4 047 739 M. — 2 764 356 M. = 1 283 383 M.,
1900: 17 101 172 M. — 1 791 776 M. = 15 309 396 M.

Die Mehrausgabe für Zwecke der landwirthschaftlichen Verwaltung aus allgemeinen Staatsmitteln zeigt also seit 1849 die ausserordentliche Steigerung um 1092 Proz.

Der eine Grund dieser enormen Steigerung ist die für den Staat durch Verminderung der Einnahmen sehr vertheuerte Unterhaltung der Auseinandersetzungsbehörden. Ein noch wichtigerer Faktor ist aber die im Laufe der Jahre stattgehabte Zunahme der Verwendung allgemeiner Staatsmittel zu einer direkten Pflege und Förderung der Landwirthschaft, für Landesmeliorirung, Viehzucht, Fischerei und ähnliche Zwecken, durch Anregung und Anreizung des Ehrgeizes mittelst Prämiirung, Unterstützungen u. s. w. In der ersten Hälfte des 19. Jahrhunderts fanden zu diesen Zwecken nur in ganz geringem Masse Staatsbeihülfen Verwendung, weil man infolge der damals herrschenden nationalökonomischen Theorien davon ausging, das erleuchtete Selbstinteresse der einzelnen Gewerbetreibenden genüge schon, Fortschritte hervorzurufen, man brauche dafür keine besonderen Staatsmittel aufzuwenden, ein Standpunkt, den man erst in den letzten drei Jahrzehnten des 19. Jahrhunderts zu verlassen angefangen hat.

§ 25. Dieser Entwickelungsgang der staatlichen Fürsorge für die Landwirthschaft drückt sich am besten aus, wenn man die Zahlen der landwirthschaftlichen Etats von 1849, 1875, 1876 und 1900 einander gegenüberstellt. Es ergiebt sich dann folgende Gruppirung:

Ausgaben.	1849		1875		1876		1900	
	M.	Proz.	M.	Proz.	M.	Proz.	M.	Proz.
1. Ministerium	115 020	3,1	338 550	4,9	339 960	5,1	1 181 980	6,9
2. Auseinandersetzungs-Behörden	3 217 064	86,5	3 186 352	46,7	3 481 007	52,4	8 575 300	50,4
3. Belehrung der Landwirthe	206 635	5,5	1 176 625	17,3	1 034 003	15,5	1 921 099	11,2
davon:								
a) praktische (Vereine, Musterwirthschaften)	94 125	—	240 000	—	237 500	—	350 000	—
b) theoretische (Lehr-Anstalten etc.)	112 510	—	936 625	—	796 503	—	1 571 099	—
4. Landesmeliorationen, Moor-, Deich- etc. Wesen	65 700	1,8	1 043 311	15,3	496 267	7,4	2 284 298	13,3
5. Viehzucht			498 163	7,3	618 163	9,3	848 420	4,9
6. Fischerei			26 100	0,4	60 801	0,9	390 506	2,3
7. Obst-, Wein- u. Gartenbau	—	—	—	—	—	—	155 000	0,9
8. Landwirthschaftl. Polizei	—	—	—	—	—	—	350 000	2,0
9. Sonstiges	—	—	42 600	0,6	50 000	0,8	130 000	0,7
10. Veterinärwesen u. Thierarznei-Hochschulen	111 669	3,1	515 348	7,5	572 316	8,6	1 264 569	7,4
Summa . . .	3 716 088	100	6 827 049	100	6 652 517	100	17 101 172	100

Während hiernach 1849 86,5 Proz. aller ordentlichen Ausgaben auf Auseinandersetzungsbehörden entfielen, ist dieser Prozentsatz bis 1900 auf 50,4 zurückgegangen. 1875 war er bereits auf 46,7 Proz. gefallen. Die Steigerung für 1876 auf 52,4 Proz. beruht darauf, dass damals in Folge der Provinzialdotationsgesetzgebung ein Theil der zur Förderung der Landwirthschaft bestimmten Mittel als dauernde Rente an die Provinzen überwiesen wurde, wodurch z. B. die Ausgaben für theoretische Belehrung der Landwirthe von 936 625 M. auf 796 505 M. und für Landesmeliorationen von 1 043 311 M. auf 496 267 M. sanken.

Stellt man die Steigerung der Ausgaben für die Auseinandersetzungsbehörden (Ziffer 2) denjenigen für direkte Förderung der Landwirthschaft gegenüber, so ergiebt sich eine Steigerung in 1000 M. von

	1849	1875	1876	1900
1) für erstere	3217	3186	3481	8575
2) für letztere (Ziffer 3—7) .	272	2744	2209	5599

Die Steigerung ist hiernach bei der zweiten Ausgabenkategorie eine bei weitem höhere als in der ersteren. Seit 1876 hat allerdings bei den Auseinandersetzungsbehörden die Ausgabevermehrung ziemlich gleichen Schritt mit der Ausgabegruppe 2 gehalten. Indessen ist zu berücksichtigen, dass ein grosser Theil der Geschäftsthätigkeit jener Behörden heutzutage ebenfalls in einer direkten Förderung der Landeskultur durch Anlegung von Rentengütern, Moorkolonisationen, Meliorirungen u. s. w. besteht. Endlich ist bei der Bewerthung obiger Zahlengruppen nicht ausser Acht zu lassen, dass seit Beginn der 90er Jahre alljährlich steigende sehr erhebliche Vermehrungen der laufenden Fonds zur direkten Förderung der Landeskultur aus dem Extraordinarium gemacht worden sind; würde man für 1900 die hier in Betracht kommenden Summen den oben angegebenen 5 599 000 M. zuzählen, so würde sich dieser Betrag auf nicht weniger als 15,5 Mill. M. steigern.

§ 26. Vergleicht man grössere Perioden innerhalb des Zeitraumes von 1849 bis Ende des Jahrhunderts miteinander, so zeigt sich die bei weitem grösste Ausgabevermehrung für landwirthschaftliche Zwecke seit dem Jahre 1891/92, also seit dem Beginne des Amtsantritts des Finanzministers Dr. von Miquel. Von 1849 bis 1867 haben sich die laufenden Ausgaben[1]) in den alten Provinzen nur von 3 788 689 M. auf 3 895 362 M. vermehrt. Von 1867 an bis 1879/80 stieg das Ordinarium für die ganze Monarchie von 4 424 167 M. auf 7 044 672 M.[1]) Von 1879/80 stiegen die laufenden Ausgaben (einschliesslich Ausgaben der Centralverwaltung für Domänen und Forsten) von 7 429 352 M. auf 11 041 245 M., von da bis 1901 auf 18 142 032 M. Rechnet man aber die einmaligen Ausgaben noch hinzu, so ergaben sich folgende Summen der Steigerung

	M.		M.
1849 (alte Provinzen)	4 428 397	1879/80	9 792 362
1867 („ „)	[1]) 3 726 947	1890/91	11 660 105
1867 (Monarchie) . .	[1]) 4 319 952	1901	31 675 939

In den 30 Jahren von 1849 bis 1879/80 bedeutete dies eine Steigerung von etwas über das Doppelte, von da bis 1890/91 etwa um ein Fünftel, von da bis 1901 auf fast den dreifachen Betrag — Zahlen, die deutlich genug beweisen, wie sehr die Staatsregierung bemüht gewesen ist, den günstigen Stand der Finanzlage in den letzten Jahren der Hebung und Förderung des landwirthschaftlichen Gewerbes zu Gute kommen zu lassen.

Erster Hauptabschnitt.

Ministerium (Centralverwaltung).

(Kap. 99 des Ausgabeetats.)

1. Entwicklung und Geschäftskreis.

§ 27. Die landwirthschaftliche Verwaltung bildet erst seit einigen 50 Jahren ein eigenes Ressort in Preussen.

Bei den Behördenorganisationen der Jahre 1808 bis 1810 waren die landwirthschaftlichen Angelegenheiten gleich allen gewerblichen An-

[1]) Von den Ausgaben der Centralverwaltung für Domänen und Forsten abgesehen.

gelegenheiten dem Ministerium des Innern übertragen worden. Als durch Allerh. Erlass vom 17. April 1848 das Ministerium für Handel, Gewerbe und öffentliche Arbeiten errichtet wurde, gingen sie auf dieses über, wurden aber bereits am 25. Juni dess. Js. wieder abgezweigt und einem eigenen Ministerium für die landwirthschaftlichen Angelegenheiten übertragen.

Als Gegenstand der landwirthschaftlichen Verwaltung kam dabei in Frage die gesammte landwirthschaftliche Polizei, insbesondere:

1. die obere Leitung aller Regulirungs-, Gemeinheits-, Theilungs- und Ablösungsangelegenheiten,
2. der Landeskulturangelegenheiten einschl. Vorfluthssachen,
3. Fischereipolizeisachen,
4. landwirthschaftliche Lehranstalten,
5. Konkurrenz bei Gestütsachen.

Hierzu traten späterhin:

a) durch Allerh. Erlass vom 11. Aug. 1848: die Leitung des Gestütswesens unter Loslösung desselben vom Ober-Marstallamte;
b) durch Allerh. Erlass v. 26. Nov. 1849: die Eindeichungs- und Deichsozietätsangelegenheiten mit Vorbehalt der Mitwirkung des bisher allein zuständig gewesenen Handelsministeriums in Fällen, in denen das Schifffahrts- und Strompolizei-Interesse betheiligt ist;
c) durch die Anordnungen zur Ausführung des Rentenbankgesetzes v. 2. März 1850: die Oberaufsicht über die Rentenbankdirektionen gemeinsam mit dem Finanzminister;
d) durch § 31 des Jagdpolizeigesetzes v. 7. März 1850: die Jagdpolizeisachen;
e) durch Ges. v. 31. Mai 1858: die Regulirung des Abdeckereiwesens in Gemeinschaft mit dem Ministerium für Handel und Gewerbe;
f) durch § 7 des Ges. v. 1. Juli 1861 (G.-S. S. 749 und Ges. v. 26. Juli 1876, § 127): die höhere Entscheidung bei der Genehmigung von Stauanlagen, sofern dabei Landeskulturinteressen in Frage kommen;
g) durch Allerh. Erlass v. 27. April 1872: das Veterinärwesen;
h) vom Ministerium des Innern ging auf das Landwirthschaftliche Ministerium über: die Beaufsichtigung und die Mitwirkung bei der Beaufsichtigung über nicht landschaftliche Grundkretitanstalten (Allerh. Erlass v. 10. Sept. 1874, G.-S. S. 310 und v. 13. Aug. 1876, G.-S. S. 397);
i) vom Finanzministerium: die Verwaltung der Domänen und Forsten (Allerh. Erlass v. 7. Aug. 1878, G.-S. S. 25 und Ges. v. 13. März 1879, G.-S. S. 123);

k) vom Handelsministerium: das ländliche Fortbildungswesen (Allerh. Erlass v. 24. Jan. 1895, G.-S. S. 77).

Endlich werden die Angelegenheiten der Ansiedelungskommission für Ost- und Westpreussen, wenn auch das Staatsministerium als Aufsichtssbehörde gemäss § 11 des Ges. v. 21. Juni 1886 (G.-S. S. 159) bestellt ist und nach § 15 die Ausführungsverordnungen zu erlassen hat, hauptsächlich im Landwirthschaftlichen Ministerium vorbereitet, da dieses nach Beschluss des Staatsministeriums die Feder in diesen Sachen zu führen hat.

2. Zusammensetzung des Ministeriums.

§ 28. Das Ministerium besteht gegenwärtig aus 3 Abtheilungen: I. für die Verwaltung der landwirthschaftlichen und Gestütsangelegenheiten, II. der Domänen und III. der Staatsforsten.

(Während der Geschäftskreis der Abtheilungen II und III im Uebrigen in Lieferung I des I. Bandes zur Erörterung gekommen ist, sind die Verhältnisse der Centralleitung dieser Ressortzweige im Folgenden mit zu behandeln).

An der Spitze des Ministeriums steht ein nach Artikel 61 der Verfassungsurkunde vom 31. Januar 1850 verantwortlicher Minister. Namen und Amtsdauer der bisherigen Minister für die landwirthschaftlichen Angelegenheiten bezw. (seit dem 14. März 1879) für Landwirthschaft, Domänen und Forsten sind folgende:

Vom 25. Juni bis 21. September 1848: Gierke, vom 21. September bis 8. November 1848: interimistisch Eichmann, Minister des Innern, vom 8. November 1848 bis 19. Dezember 1850: interimistisch Freiherr von Manteuffel, Minister des Innern, vom 19. Dezember 1850 bis 16. Oktober 1854: interimistisch von Westphalen, Minister des Innern, vom 16. Oktober 1854 bis 6. November 1858: Freiherr von Manteuffel, Wirkl. Geh. Rath, Chef des Ministeriums, vom 6. November 1858 bis 17. März 1862: Graf von Pückler, vom 17. März bis 8. Dezember 1862: Graf von Itzenplitz, vom 8. Dezember 1862 bis 14. Januar 1873: von Selchow, vom 14. Januar bis 8. Dezember 1873: Graf von Königsmarck, vom 8. Dezember 1873 bis 19. September 1874: interimistisch Dr. Achenbach, Handelsminister, vom 19. September 1874 bis 14. Juli 1879: Dr. Friedenthal, vom 14. Juli 1879 bis 14. November 1890: Dr. Freihr. Lucius von Ballhausen, vom 14. November 1890 bis 9. November 1894: von Heyden-Cadow, vom 9. November 1894 bis 5. Mai 1901: Freihr. von Hammerstein-Loxten, vom 5. Mai 1901: von Podbielski.

Dem Minister zur Seite steht ein Unterstaatssekretär, der auch Vorsitzender der Central-Moorkommission und der technischen Deputation für das Veterinärwesen ist und zugleich in Gemeinschaft mit einem Ministerialdirektor die Direktorialgeschäfte der I. Abtheilung führt, soweit sie nicht den Ministerialdirektoren der II. und III. Abtheilung übertragen sind. An der Spitze der II. Abtheilung steht ein Direktor, der z. Zt. zugleich Mitglied des Kuratoriums der landwirthschaftlichen Hochschule in Berlin ist. Die III. Abtheilung wird von einem höheren Oberforstbeamten als Direktor geleitet, der den Titel Oberlandforstmeister führt und gegenwärtig zugleich Vorsitzender der statistischen Centralkommission ist.

Die Zahl der vortragenden Räthe der I. Abtheilung beträgt gegenwärtig 16, von denen 2 Meliorationstechniker und 1 Bautechniker und als solche auch in der II. und III. Abtheilung beschäftigt sind. Ein vortragender Rath ist Vermessungstechniker. Zu den vortragenden Räthen dieser Abtheilung gehört auch der Oberlandstallmeister. Die Zahl der Hülfsarbeiter beträgt zur Zeit 7, darunter 2 Meliorationstechniker, 1 landw. Techniker und 1 Veterinärbeamter.

In der II. Abtheilung sind ausser den auch in der I. und III. Abtheilung beschäftigten 2 Meliorationstechnikern und 1 Bautechniker 4 vortragende Räthe und 2 bautechnische Hülfsarbeiter beschäftigt.

In der III. Abtheilung sind ausser den vorgedachten Meliorations- und Bautechnikern thätig 4 höhere Forstbeamte, welche als Oberforstmeister mit dem Rang der Räthe III. Klasse den Geheimen Regierungsräthen und als Landforstmeister den Geheimen Oberregierungsräthen gleichgestellt sind, und 1 höherer Verwaltungsbeamter, sowie 3 forsttechnische Hülfsarbeiter.

Zu dieser Abtheilung gehört ferner noch ein besonderes Forsteinrichtungsbureau, an dessen Spitze 1 Regierungs- und Forstrath steht.

Einige der Hülfsarbeiterstellen sind ständige, d. h. im Etat besonders (Kap. 99 Tit. 2) ausgeworfene, während die übrigen Hülfsarbeiter aus Tit. 7 remunerirt werden.

Die Stellen der ständigen Hülfsarbeiter sind diejenige des Vorstehers des Forsteinrichtungsbureaus, 3 bau- bezw. meliorationstechnische, 1 forsttechnische, 1 landwirthschaftlich-technische und eine veterinärtechnische Stelle.

Die Scheidung der übrigen Beamten erfolgt wie in allen Ministerien in Bureau-, Kanzlei- und Unterbeamte. Als Bureaubeamte sind vorhanden: 1 Vorsteher des Centralbureaus, 59 Kalkulatoren, Expedienten, Registratoren und Beamte des Forsteinrichtungsbureaus, von denen 2 auf das Centralbureau, 28 auf die I. Abtheilung, 13 auf die II., 16 auf die III. (einschliesslich Forsteinrichtungsbureau) entfallen. Dazu kommt ein dieser Klasse gleichstehender Kanzleidirektor und 1 bautechnischer Revisor. Ausserdem werden z. Zt. 10 Büreau-Hülfsarbeiter beschäftigt.

Die Klasse der mittleren Beamten, der Kanzleibeamten, besteht aus 1 Kanzlei-Inspektor, 25 Kanzleisekretären und 2 Hülfsarbeitern, diejenige der Unterbeamten aus 1 Botenmeister, 1 Kastellan und 29 Kanzleidienern und sonstigen Unterbeamten sowie 5 Hülfsdienern.

Zur Kanzlei gehört die Druckerei, welche mit 2 Umdruckpressen ausgestattet ist. Zur Zeit werden in ihr 2 Drucker und 2 weitere Personen im Arbeiterverhältnisse beschäftigt.

3. Ausgaben.

(Kap. 99 des Etats).

§ 29. Wenn man die Ausgaben des Ministeriums in der Gegenwart mit denen der früheren Jahre vergleichen will, so muss man in Rücksicht auf die Ausführungen in §§ 20 und 24 aus den landwirthschaftlichen Etats der Zeit vor 1893/94 hinzurechnen die Ausgaben für die Centralleitung der Domänen und Forsten. Diese sind indess nur bekannt für die Jahre 1849 bis 1866 einschliesslich, sowie für die Zeit von 1879/80 bis 1892/93 einschliesslich, weil nur in dieser Zeit ein besonderer Etat für die Centralverwaltung der Domänen und Forsten bestand, während in der Zwischenzeit die Ausgaben auf dem Etat des Finanzministeriums geführt wurden und dort besonders für die Unter- und Bureaubeamten eine Trennung der Domänen- und Forstverwaltung von den sonstigen Zweigen der Verwaltung nicht stattfand.

Unter Berücksichtigung dieses Gesichtspunktes ist die Tabelle auf S. 592 aufgestellt, welche die Zahl der im Ministerium thätigen Beamten nach den Hauptkategorien und die Höhe der in Betracht kommenden persönlichen und sächlichen Ausgaben für die Jahre 1849, 1867, 1868 (nach Hinzutritt der neuen Provinzen), 1881/82, 1892/93, 1893/94 und 1900 gegenübergestellt.

Von 1849 bis 1900 ist hiernach bei einer Steigerung der Beamtenzahl von 72 auf 155 (16 auf 37 höhere und 56 auf 118 niedere) also bei einer Verdoppelung derselben die Gesammtausgabe gestiegen von 374 070 M. auf 1 181 920 M., also auf das Dreifache, die persönlichen Kosten stiegen von 300 630 M. auf 963 160 M., die sächlichen von 73 440 M. auf 218 820 M., die Steigerung war also eine verhältnissmässig gleichmässige. Die Gehälter (Wohnungsgelder) der höheren Beamten — abgesehen vom Minister — stiegen von 120 600 M. auf 332 000 M., der niederen von 141 030 auf 388 280 M., stiegen also auch verhältnissmässig in ziemlich gleicher Weise.

Eine unverhältnissmässig starke Steigerung findet sich hiernach nur bei den Ausgaben IIIa, Remunerationen für Hülfsarbeiter, auf welche in § 37 näher eingegangen werden wird.

§ 30. Geht man auf die einzelnen Titel des Kap. 99 ein, so kommen in Frage zunächst:

„Tit. 1 bis 5. Besoldungen, zusammen 756 280 M.“ (1901: 775 640 M.).

Hiervon entfallen 36 000 M. auf den Minister.

Die Besoldungen der vortragenden Räthe stimmen mit denen der übrigen Ministerien überein. Sie betrugen bis 1872 6600 bis 9000 M.,

	1849		1867*)		1868**)		1881/82		1892/93		1893/94		1900	
	Zahl der Beamten	Ausgaben M	Zahl der Beamten	Ausgaben M	Zahl der Beamten	Ausgaben M	Zahl der Beamten	Ausgaben M	Zahl der Beamten	Ausgaben M	Zahl der Beamten	Ausgaben M	Zahl der Beamten	Ausgaben M
I. Besoldungen		81 420		133 200		166 650		231 750		283 100		602 780		756 280
		210 210						*303 600*		*307 200*				
a) Minister	1	30 000	1	30 000	1	36 000	1	36 000	1	36 000	1	36 000	1	36 000
b) Räthe und ständige Hülfsarbeiter	3	22 200	7	[1]) 48 000	[1]) 8	[1]) 63 600	9	87 600	12	110 700	28	256 800	36	332 000
	[2]) *12*	*98 400*					*16*	*145 200*	*16*	*145 500*				
c) Subalternbeamte	7		11	39 300	13	46 800	17	72 600	20	86 400	51	215 400	61	268 700
	27	*82 950*					*30*	*126 000*	*30*	*126 000*				
d) Mittlere Beamte	2	26 700	4	8 400	5	10 500	8	20 400	11	30 800	23	61 400	26	71 700
	8	*21 000*					*9*	*22 950*	*9*	*25 200*				
e) Unterbeamte	3	2 520	6	7 500	7	9 750	11	15 150	13	19 200	22	33 180	31	47 880
	9	*7 860*					*7*	*9 450*	*7*	*10 500*				
II. Wohnungsgeldzuschüsse		—		—		—		32 640		40 080		91 140		113 880
								48 060		*48 060*				
III. Andere persönliche Ausgaben		5 400		14 400		17 100		43 750		42 150		69 300		93 000
		3 600						*26 300*		*42 300*				
a) Hülfsarbeiter etc.		2 400		12 900		15 000		41 650		38 950		62 800		86 500
								15 000		*31 000*				
b) Ausserordentliche Remunerationen und Unterstützungen		3 000		1 500		2 100		2 100		3 200		6 500		6 500
								11 300		*11 300*				
IV. Sächliche Ausgaben		28 200		26 510		31 800		94 150		96 200		156 100		218 820
		45 240						*39 500*		*55 400*				
a) Bureaubedürfnisse		19 200		15 000		18 600		40 000		49 200		77 400		120 000
		21 240						*25 000*		*24 000*				
b) Tagegelder, Reisekosten		9 000		8 910		9 600		45 750		37 000		62 000		80 000
		21 600						*11 000*		*25 000*				
c) Zur Unterhaltung d. Dienstgebäude		—		3 600		3 600		8 400		10 000		16 700		18 820
		2 400						*3 500*		*6 400*				
Summa	**16**	**115 020**	**29**	**179 910**	**34**	**215 550**	**46**	**402 290**	**57**	**461 530**	**125**	[3]) **919 320**	**155**	**1 181 980**
	56	*259 050*					*62*	*417 460*	*62*	*452 960*				
	72	**374 070**					**108**	**819 750**	**119**	**914 490**				

*) ausschliesslich der neuen Provinzen. — **) einschliesslich der neuen Provinzen.

[1]) Dazu noch 1 Generalsekretär des Landes- u. Oekonomiekolleg. mit 6600 M. (1867 nur 4800 M.) (die neue Stelle für Gestütssachen Beil. C d. Etats).

[2]) Die schrägen Zahlen enthalten die Zahl und Ausgaben für die auf dem besonderen Etat der Centralverwaltung der Domänen u. Forsten stehenden Beamten. Für 1867 u. 1868 liessen sich dieselben nicht angeben, da in diesen Jahren die Ausgaben jener Centralverwaltung nicht ge-

seitdem 7500 bis 9900 M. und stellen sich seit 1897/98 auf 7500 bis 11 000 M. (7500, 8400, 9300, 10 200, 11 000 M. Höchstgehalt in 12 Jahren). Die Gehälter der ständigen Hülfsarbeiter sind verschieden bemessen: 4200 bis 7200 M. (wie bei Regierungsräthen) für den Vorsteher des Forsteinrichtungsbureaus, 2 Regierungs- und Bauräthe und den forsttechnischen Hülfsarbeiter, ein Fixum von 6600 M. für den landwirthschaftlich-technischen Hülfsarbeiter. Ein weiterer bautechnischer Hülfsarbeiter (Bauinspektor) erhält 3600 bis 5700 M., der veterinärtechnische Hülfsarbeiter 3600 bis 4500 M.

Von den höheren Beamten haben 3 Dienstwohnung in einem dem Fiskus gehörigen Hause (Berlin, Tempelhofer Ufer 25).

§ 31. Die Nebenämter, welche von höheren Beamten bekleidet werden, sind in den Bemerkungen zu Tit. 2 nach Art und Remuneration einzeln aufgeführt. Der Höchstsatz ist 1600 M.

Zu Tit. 2. Aus Nebenämtern beziehen: 1 Unterstaatssekretär als Vorsitzender der technischen Deputation für das Veterinärwesen 900 M. jährlich, 1 Ministerialdirektor als Mitglied des Kuratoriums der landwirthschaftlichen Hochschule in Berlin 450 M. jährlich und für die Herausgabe der landwirthschaftlichen Jahrbücher 900 M. jährlich, 1 Ministerialdirektor als Mitglied des Gerichtshofes zur Entscheidung der Kompetenzkonflikte eine pensionsfähige Besoldung von jährlich 600 M., je 1 vortragender Rath als Mitglied des Disziplinarhofes für nichtrichterliche Beamte 600 M. jährlich, als Mitglied der Prüfungskommission für höhere Verwaltungsbeamte 1200 M. jährlich, als Mitglied der Oberprüfungskommission für Landmesser 400 M. jährlich, als Kurator der Moorversuchsstation in Bremen 1600 M. jährlich und für eine 2stündige Vorlesung an der landwirthschaftlichen Hochschule in Berlin für die Wochenstunde und das Semester 150 M., 2 vortragende Räthe als Treuhänder bei Hypothekenbanken je 3000 M. und 1 vortragender Rath als Stellvertreter des Treuhänders 1500 M. jährlich.

§ 32. *Tit. 3.* Die Subalternbeamten bezogen bis 1872: 2400 bis 4800 M. Seit 1873: 3000 bis 5400 M., seit 1897/98: 3000 bis 6000 M. (3000, 3500, 4000, 4500, 5000, 5500, 6000 M. Höchstgehalt in 18 Jahren). Der Vorsteher des Centralbureaus erhält ein Fixum von 7200 M. (Höchstgehalt der Regierungsräthe) und hat Dienstwohnung. Nebenämter existiren nicht.

§ 33. *Tit. 4.* Die Kanzleisekretäre bezogen bis 1872 1500 bis 2700, seit 1873 1800 bis 3300 M., seit 1891/92 1800 bis 3800 M. (1800, 2100, 2400, 2700, 3000, 3300, 3600, 3800 M. Höchstgehalt in 21 Jahren).

§ 34. *Tit. 5.* Die Unterbeamten erhielten bis 1872 1050 bis 1350 M., seitdem 1200 bis 1500 M., seit 1891/92 1200 bis 1800 M. (1200, 1300, 1400, 1500, 1575, 1650, 1725, 1800 M. Höchstgehalt in 21 Jahren). Seit dieser Zeit steht auch das Gehalt des Botenmeisters, welcher früher ein Fixum in Höhe des Maximalgehaltes bezog, dem der übrigen Unterbeamten gleich. — 6 Unterbeamte haben Dienstwohnung.

§ 35. *Wohnungsgeldzuschüsse Tit. 6 = 113 880 M.*

Andere persönliche Ausgaben.

§ 36. *Tit. 7.* Remunerirung von Hülfsarbeitern: 86 500 M.

Der Fonds betrug 1873: 20 700 M., stieg allmählich bis 1892/93 auf 38 950 M. hat sich dann durch Uebergang der Centralverwaltung der Domänen und Forsten für 1893/94 auf 62 800 M. vermehrt. Eine weitere erhebliche Steigerung fand von 1898/99 auf 1899 von 56 500 M. auf 94 000 M. statt. 1901 stieg der Fonds infolge der Uebernahme des Forsteinrichtungsbureaus auf 118 800 M.

Aus diesem Titel werden die Remunerationen für nicht ständige Hülfsarbeiter gewährt.

Im Jahre 1900 waren thätig an höheren Hülfsarbeitern:

in Rathsgeschäften (4)	19 592 M.
Bautechnische (2)	5 430 „
Forsttechnische (3)	9 140 „
Summa . .	34 162 M.

An niederen Hülfskräften:

Bureauhülfsarbeiter (12)	29 654 M.
Kanzleihülfsarbeiter (3)	4 893 „
Unterbeamte (7)	6 093 „
Summa . .	40 640 M.

Aus dem Fonds werden ferner eine Reihe von nichtpensionsfähigen Zulagen (1000 bis 1200 M.) gezahlt an die aus Tit. 2 besoldeten technischen Hülfsarbeiter, ferner 600 M. Remuneration an einen Bureaubeamten für Verwaltung der Bureaukasse.

Endlich werden seit 1900 die Vergütungen an den nach § 4, letzter Absatz, des Hypothekenbankgesetzes v. 13. Juli 1899 (R.-G.-Bl. S. 375) als Staatskommissar für die Preussische Centralbodenkredit-Aktiengesellschaft bestellten Beamten und dessen Stellvertreter in Höhe von 5000 M. (seit 1901 4000 M.) und bezw. 1500 M. aus dem Fonds bezahlt. Da diese Vergütungen von der genannten Gesellschaft der Staatskasse erstattet werden müssen, so findet sich seit 1900 eine der Ausgabe entsprechende Einnahme in Kap. 32 Tit. 7 des Einnahmeetats vor.

§ 37. Zu *Tit. 8 bis 8b* vgl. Bd. I Lieferung I S. 97 des Buches.

Sächliche Ausgaben.

§ 38. Zu den sächlichen Ausgaben (*Tit. 9—11*) ist nichts Besonderes zu bemerken.

Zweiter Hauptabschnitt.
Auseinandersetzungsangelegenheiten.

A. Allgemeines.

Bedeutung der Auseinandersetzungsangelegenheiten. Aufgabenkreis und Geschäftsthätigkeit der Auseinandersetzungsbehörden.

§ 39. Mit dem gewaltigen Aufschwunge, welchen die Landwirthschaft Preussens im Laufe des 19. Jahrhunderts genommen hat, ist das Institut der Auseinandersetzungsbehörden untrennbar verbunden. Ihre Thätigkeit, die in ihre Hände gelegte, in sachkundigster Weise von ihr vollzogene Ausführung der Regulirungs-, Ablösungs- und Gemeinheitstheilungsgesetzgebung, hat die landwirthschaftliche Bevölkerung von den Fesseln befreit, in welche sie durch die aus alter Zeit überkommene, im Laufe der Jahrhunderte immer rücksichtsloser von dem Landadel ausgebeutete feudalistische Agrarverfassung geschmiedet worden war.

Fünf Haupthemmnisse waren es, welche sich zu Anfang des 19. Jahrhunderts der durch die Vermehrung der Bevölkerung gebotenen intensiveren und planmässigen Landbebauung und Bodennutzung entgegenstellten:

1. Die in der Person der Landwirthe liegenden Beschränkungen. Der Besitz der Rittergüter einerseits, der Bauerngüter andererseits war Monopol jedes dieser Stände. Der Bürger war von dem landwirthschaftlichen Gewerbe ganz ausgeschlossen. Andere Beschränkungen brachten den grössten Theil der Bauern in ein persönliches, drückendes Abhängigkeitsverhältniss zu den Grundherren.

2. Die beschränkenden Bestimmungen über das Eigenthumsrecht, welche dem das Land bebauenden Bauern ein volles (echtes) Eigenthum nur selten zuerkannten, ihn vielmehr entweder in Bezug auf Vertauschung, Veräusserung, Theilung und Vererbung einschränkten oder ihm nur eine erbpachtweise Benutzung des Landes liessen.

3. Die Reallasten, d. h. die auf den Grundstücken ruhenden Verpflichtungen zur Leistung von Material- und Geldabgaben, Hand- und Spanndiensten, Laudemien, Zehnten u. s. w., und endlich

4. die zahlreichen, den Grundstücken aufliegenden Grundgerechtigkeiten und gemeinschaftlichen Nutzungsrechte (Gemeinheiten).

5. Die vermengte und zersplitterte Lage des Grundbesitzes und der Mangel an geeigneten Zugangswegen.

Dass sich unter all diesen Fesseln eine intensive, Intelligenz, Arbeitskraft und Kapital erfordernde Landbebauung nicht entwickeln konnte, liegt auf der Hand. Die Standesmonopole schlossen jede freie Konkurrenz aus. Nicht die Tüchtigsten, sondern die Privilegirten betrieben Landwirthschaft. Die Beschränkungen des Eigenthumsrechtes lähmten das Interesse an dauernden Verbesserungen der Güter, verhinderten den Uebergang zu neuen Wirthschaftsformen; die Reallasten und Frohndienste entzogen dem bäuerlichen Besitze die besten Arbeitskräfte und brachten den Grundherren widerwillige und daher schlechte Arbeiter; die Weide- und ähnliche Servituten, die gemeinschaftliche Nutzung der Grundstücke, der damit verbundene Flurzwang, die ungünstige Lage der Grundstücke u. s. w. machten eine rationelle Bewirthschaftung, den Uebergang von der Dreifelderwirthschaft zum Fruchtwechselbau u. A. vollends unmöglich.

§ 40. Das scharf blickende landesväterliche Auge Friedrichs des Grossen erkannte wohl die Schäden der bestehenden Agrarverfassung. Er fand (nach seinen Denkwürdigkeiten) „bei aufmerksamer Prüfung im Allgemeinen Alles, was man Gemeinheiten nennt, dem öffentlichen Wohle nachtheilig“, und urtheilte: „es sei gewiss, dass der Zustand, nach welchem die Bauern dem Acker angehören und Knechte ihrer Edelleute sind, unter allen der unglücklichste und ein solcher sei, wogegen sich der Mensch am meisten empöre“. Während er aber in letzter Hinsicht resignirt einräumt, „dass sich eine solche Einrichtung nicht auf einmal abschaffen lasse“, begann er, durch die grossen Erfolge der seit 1689 in England unternommenen Separationen ermuthigt, wenigstens Gemeinheitstheilungen an verschiedenen Stellen des Landes in die Wege zu leiten. Nach einigen vorbereitenden Verfügungen aus den 50er und 60er Jahren folgte am 21. Okt. 1769 eine ausführlichere Verordnung für Preussen, die Marken, Pommern, Magdeburg und Halberstadt, wonach in jedem Kreise einige Landwirthe als Kommissarien der Staatsregierung von Amtswegen an passenden Orten das Gemeinheitstheilungsverfahren in Anregung und zur endgültigen Entscheidung vor die Justizkollegien bringen sollten. Später folgte, allerdings zunächst nur für eine Provinz der Monarchie, die erste vollständige, für das Allg. Landrecht Th. II Tit. 17 und die Gemeinheitstheilungsordnung v. 7. Juni 1821 vorbildlich gewordene Instruktion für das Gemeinheitstheilungsverfahren in dem Reglement vom 14. April 1771 wegen Auseinandersetzung und Aufhebung der Gemeinheiten und Gemeinhutungen in Schlesien. Auch hier erfolgte die Einleitung des Verfahrens durch Kreiskommissionen und Kommissare. Die Bestätigung der Rezesse fand durch die Regierungen statt, während Rechtsstreitigkeiten vor den Justizkollegien zur Entscheidung kamen. Besondere Auseinandersetzungsbehörden gab es noch nicht.

Der Nutzen jener Gemeinheitstheilungsordnung kam hauptsächlich den Ritter- und Freigütern zu Statten, von denen sich ein grosser

Theil mit seinen Aeckern aus dem Gemenge der bäuerlichen Gemeinden ausscheiden liess und die freie Ueberweisung ihrer bisherigen Theilnahmerechte an den bisherigen Gemeinhutungen in Land erhielt. Für den bäuerlichen Besitz waren die Ergebnisse dagegen geringere; bei dem Abhängigkeitsverhältniss und den Eigenthumsbeschränkungen dieser Klasse war es nur zu begreiflich, dass die Bauerngemeinden sich der für eine extensive Bewirthschaftungsmethode oft gar nicht günstigen Aufhebung der gemeinschaftlichen Grundnutzung widersetzten und es bei den bestehenden Zuständen und dem Flurzwang beliessen.

Ehe nicht der Stand der bäuerlichen Besitzer politisch und wirthschaftlich von den drückenden Fesseln der feudalen Agrarverfassung befreit wurde, war an eine allgemeine erfolgreiche Gemeinheitstheilung und an eine Aufhebung der kulturschädlichen Grundgerechtigkeiten eben nicht zu denken.

Die Versuche Friedrichs des Grossen und seiner königlichen Vorgänger, die Leibeigenschaft zunächst auf den Königlichen Domänen aufzuheben, scheiterten an dem Widerstande der landesherrlichen Aemter, sowie daran, dass die Aufhebung meist nur gegen Erstattung der Aussaat, Hofwehr und der für die Aufbauung der Höfe aufgewendeten Kosten verheissen wurde. Bei den nicht landesherrlichen Gütern beschränkte sich die Regierung in Erkenntniss ihrer Ohnmacht von vornherein darauf, durch gesetzliche Bestimmungen wenigstens ein erträgliches Mass von Diensten und Abgaben festzustellen und damit einer missbräuchlichen Ausdehnung der gutsherrlichen Rechte entgegenzutreten.

Den Gutsherren in Ost- und Westpreussen wurde durch eine Verordn. v. 8. Nov. 1773 die kontraktliche Feststellung der Dienste mit den Unterthanen binnen Jahresfrist bei Vermeidung der Fixation auf das für Domänen gültige Mass zur Pflicht gemacht. In demselben Sinne ordnete die Kab.-Ord. v. 11. Sept. 1784 eine Revision der Urbarien im ganzen Lande an. Auch wurde von Friedrich dem Grossen im Sinne einer schon unter Friedrich Wilhelm I. erlassenen Verordn. v. 14. März 1739 mit Strenge gefordert, dass die Gutsherren für die richtige Besetzung aller Höfe auf ihren Dörfern Sorge trügen, bei Strafe keinen eingehen liessen, oder seine Aecker mit ihren Gütern vereinigten, und dass alle seit gewissen Normaljahren eingezogene Stellen mit ebensoviel Grundstücken wieder versehen und neu besetzt werden sollten.

§ 41. Die langersehnte Befreiung von der grundherrlichen Gewalt der Edelleute brachte dem Bauernstande erst das infolge des wirthschaftlichen und politischen Niedergangs Preussens nach dem Tilsiter Frieden erlassene Edikt vom 9. Okt. 1807:

„Mit dem Martinitage 1810 hört alle Gutsunterthänigkeit in unseren sämmtlichen Staaten auf; nach diesem Tage giebt es nur freie Leute, bei denen aber, wie sich von selbst versteht, alle Verbindlichkeiten, die ihnen als freien Leuten vermöge des Besitzes eines Grundstückes oder vermöge eines besonderen Vertrages obliegen, in Kraft bleiben."

Mit diesen verheissungsvollen Worten wurde die neue Agrarverfassung in Preussen eingeleitet.

Das Edikt von 1807 hob nicht nur alle Gutsunterthänigkeit mit einem Schlage auf; es fielen auch alle Beschränkungen einerseits des Adels und der Bauern in der Wahl bürgerlicher Gewerbe, andererseits der Städter und Bauern in dem Erwerbe von Bauern- bezw. Rittergütern fort. Ferner wurde die *Theilbarkeit* aller an sich veräusserbaren städtischen und ländlichen Grundstücke und bisher „geschlossenen" Güter, sogar die stückweise Vererbpachtung von Lehn- und Fideikommissgrundstücken, wie die beliebige Abänderung oder gänzliche Aufhebung von Lehnsverbindungen und Fideikommissstiftungen durch Familienschlüsse gestattet. Ausserdem wurde das Einziehen und Zusammenschlagen von Bauerngütern eingeschränkt und unter Aufsicht gestellt, weil bei der damals steigenden Grundrente die Neigung der grossen Besitzer, die Bauernstellen aufzukaufen, weit verbreitet war.

§ 42. Mit dieser Massnahme allein war es aber freilich noch nicht gethan. Es galt nunmehr auch, die in der *Nutzung des Grundeigenthums* bestehenden Beschränkungen zu beseitigen, um eine freie und nützliche Verwendung der von der Gutsunterthänigkeit befreiten bäuerlichen Kräfte zu ermöglichen.

Aus der Feder des von Hardenberg in das Ministerium berufenen Albrecht Thaer flossen die beiden Edikte vom 14. Sept. 1811[1]): „Zur Regulirung der gutsherrlichen und bäuerlichen Verhältnisse" und „Zur Beförderung der Landeskultur".

Im ersteren Gesetze wurde die Verleihung des *vollen und reinen* Eigenthums der erblichen wie nichterblichen Höfe an die bäuerlichen Besitzer, unter Wegfall der bäuerlichen Leistungen wie der gutsherrlichen Gegenleistungen, mit Ausschluss etwaiger unentbehrlicher Waldservituten, gegen Entschädigung der Gutsherren durch Rente oder Land angeordnet. Die Normalentschädigung betrug ein Drittel bei erblichen und die Hälfte bei nicht erblichen Lassbesitzern. Mit der Regulirung wurde die Separation der gutsherrlichen Ländereien von denen der Bauern und häufig auch schon die der einzelnen Bauernhöfe untereinander mit Aufhebung aller gegenseitigen Servituten verbunden.

Infolge vieler Immediateingaben von Gutsbesitzern und ständischen Deputationen fand später allerdings zu Ungunsten zahlreicher kleinerer

---

1) Die Edikte vom 14. Sept. 1811 galten zunächst nur für den Umfang der damaligen Monarchie, späterhin aber überall da, wo das A. L.-R. eingeführt worden ist (Reskr. des Justizministers v. 13. April 1832, Lette und v. Rönne I. S. 99/100). Auf das Grossherzogthum Posen wurde das Edikt mit einigen Verbesserungen durch das Ges. v. $\frac{\text{8. April 1823}}{\text{10. Juli 1836}}$ $\frac{\text{(G.-S. S. 49)}}{\text{(G.-S. S. 204)}}$ ausgedehnt. Für einzelne Theile der Provinzen Preussen und Schlesien u. s. w. fanden noch mancherlei Aenderungen statt. (Näheres bei Lette und v. Rönne.)

Besitzer eine Einschränkung der regulirungsfähigen Stellen auf die als „selbstständige Ackernahrungen" geeigneten grösseren Höfe durch die Deklaration vom 29. Mai 1816 (G.-S. S. 154) statt, — eine Vorschrift, die erst durch das auf die Vorschriften des Edikts von 1811 zurückgreifende Ges. v. 2. März 1850 (G.-S. S. 139) wieder beseitigt wurde, inzwischen aber leider zu der Einziehung einer grossen Anzahl kleiner bäuerlicher Stellen seitens der Grossgrundbesitzer geführt hat.[1])

Das zweite Edikt vom 14. Sept. 1811: „Zur Beförderung der Landkultur" legte jedem Grundbesitzer ohne Ausnahme die Befugniss bei, über die in seinem Eigenthum stehenden Grundstücke insofern frei zu verfügen, als dadurch nicht Rechte Dritter verletzt würden.

Als weitere auf die Befreiung und wirthschaftliche Ausnutzung des Eigenthums abzielende Kulturmassregeln ertheilte es u. A. die Befugniss zur Hutfreilegung des dritten Theiles der Aecker einer Feldmark, zur Beschränkung einzelner besonders schädlicher Servituten, besonders Waldservituten, endlich Vorschriften über Ablösung einzelner Reallasten (Erbpachtskanon, Laudemien u. s. w.).

§ 43. Diese einzelnen Massnahmen sollten aber nur eine einheitliche planmässige Auseinandersetzungs-Gesetzgebung vorbereiten.

Das Landeskultur-Edikt wies selbst auf den demnächstigen Erlass einer allgemeinen Gemeinheitstheilungs-Gesetzgebung hin.

Nach den Verheissungen des Landeskultur-Edikts sollte die beabsichtigte Gemeinheitstheilungsordnung gleichzeitig auch die Reallastenablösungen und das Auseinandersetzungsverfahren mit umfassen. Der erste alle diese Gegenstände gemeinsam behandelnde Entwurf von 1818 wurde aber wieder fallen gelassen, dagegen wurden unterm 7. Juni 1821 drei getrennte Gesetze erlassen, von denen das eine die Reallastenablösungen, das andere die Gemeinheitstheilungen behandelte und das dritte sich mit der Kompetenz der Auseinandersetzungsbehörden befasste.

§ 44. I. Reallastenablösungen und gutsherrlich-bäuerliche Regulirungen. Dem für gutsherrliche Regulirungen geltenden Grundsatze entsprechend hatte die Ablösungsordnung vom 7. Juni 1821 die Ablösungsbefugniss hinsichtlich der Hand- und Spanndienste auf solche Güter beschränkt, welche im Sinne des Ges. v. 29. Mai 1816 als „Ackernahrungen" zu betrachten waren, schloss dagegen die auf

---

[1]) Immerhin hat diese Gesetzgebung bis 1816 bewirkt, dass in dem überwiegenden Theile Preussens sich ein zahlreicher selbstständiger Bauernstand erhalten hat, während z. B. in dem von 1648 bis 1816 unter schwedischer Herrschaft stehenden Neuvorpommern die 1806 eingeführte Aufhebung der Leibeigenschaft und Befreiung des Bauernstandes mangels einer ähnlichen Regulirungs-Gesetzgebung wie in Preussen zu einer vollständigen Einziehung der Bauernstellen führte.

„Dienstfamilienstellen" haftenden Handdienste von der Ablösbarkeit aus. Die Ablösungsrenten konnten nur auf Antrag des Belasteten zum 25fachen Betrage in Kapital und in Theilzahlungen von mindestens 300 M. abgelöst werden.

Durch die beiden Gesetze v. 18. Juli 1845 (G.-S. S. 502 u. 682) wurden — allerdings nur für Sachsen und Schlesien — alle Arten Hand- und Spanndienste ohne Unterschied zwischen Ackernahrungen und Dienstfamilienstellen für ablöslich erklärt und damit auch den kleinen Eigenthümern die Befreiung von Frohndiensten möglich gemacht.

Beim Eintritt der Ereignisse des Jahres 1848 waren infolge dessen zwar eine grosse Anzahl von gutsherrlich-bäuerlichen Regulirungen erfolgt und ein gut Theil von Dienst-, Natural- und Geldabgaben bereits abgelöst. Indessen hatten die Beschränkungen der Ablösbarkeit auf Ackernahrungsstellen, vor Allem aber die Unfähigkeit der Verpflichteten, die erforderlichen Ablösungskapitalien aus eigenen Mitteln aufzubringen, bewirkt, dass noch ein grosser Theil gutsherrlich-bäuerlicher Regulirungen ausstand und viele Lasten unabgelöst geblieben waren. An vielen Orten kam es deshalb zu Unruhen unter der Landbevölkerung. Die Staatsregierung bereitete daher Gesetzentwürfe über die Beschleunigung und Erleichterung der Ablösung aller lehn- und grundherrlichen Dienste und Abgaben sowie der gutsherrlich-bäuerlichen Regulirungen vor; durch das Ges. v. 19. Nov. 1849 (G.-S. S. 413) wurden Bestimmungen über die Feststellung der Normalpreise und Normalmarktorte gegeben, welche bei der Feststellung des Geldwerthes der Reallasten zu Grunde gelegt werden sollten.

Im Art. 42 der Verf.-Urk. wurde die Ablöslichkeit aller Reallasten verfassungsmässig gewährleistet. Ohne Entschädigung wurde zugleich die Aufhebung der aus dem gerichts- und schutzherrlichen Verbande, der früheren Erbunterthänigkeit und der früheren Steuer- und Gewerbeverfassung herstammenden Verpflichtungen und mit den aufgehobenen Rechten auch die Gegenleistungen und Lasten, welche den bisher Berechtigten dafür oblagen, verfassungsmässig garantirt.

Die nähere Ausführung dieser Bestimmung erfolgte durch das Ges. v. 2. März 1850, betreffend die Ablösung der Reallasten und die Regulirung der gutsherrlich bäuerlichen Verhältnisse, welches den Unterschied zwischen grösseren und kleineren Bauernstellen hinsichtlich der Regulirung und Ablösbarkeit allgemein fallen liess und auf alle damaligen Preussischen Landestheile (seit 1860 einschl. Hohenzollern), mit alleiniger Ausnahme des linken Rheinufers, wo die Ablösung im Wesentlichen bereits durch die französische Gesetzgebung erreicht war, Geltung fand.[1])

---

[1]) Für Neuvorpommern, wo sich seit Anfang dieses Jahrhunderts nur noch verhältnissmässig wenig Bauernstellen befanden, hat die gutsherrlich-bäuerliche Regulirung erst infolge des Ges. v. 12. Juni 1892 (G.-S. S. 127) stattgefunden. Für das rechtsrheinische

Ohne Entschädigung fiel nach diesem Gesetze fort alles Obereigenthum — ausser bei Thronlehnen —, das Eigenthumsrecht des Erbverpächters, Vorkaufs-, Näher- und Retraktsrechte, soweit sie nicht privatrechtliche Grundlage hatten, die auf Grundstücken haftende Verpflichtung, gegen das in der Gegend übliche Tagelohn zu arbeiten, und einige andere Dienste und Lasten von geringerer Bedeutung. Ferner fielen eine Anzahl von Verpflichtungen (15 Arten, in § 3 aufgeführt) ohne Entschädigung fort, soweit sie nicht für die Verleihung oder Veräusserung eines Grundstücks ausdrücklich übernommen sind, sondern aus den früheren gutsherrlichen Verhältnissen hervorgingen: wie z. B. das Recht, einen Theil der Hinterlassenschaft (Todesfall, Besthaupt etc.) zu fordern, steuerartige Abgaben, Jagd- und Bewachungsdienste, Abgaben bei Taufen und Ausstattungen der Herrschaft u. s. w.

Die übrigen Reallasten waren ablösbar. Sie wurden zunächst rentifizirt, d. h. es wurde ihr Geldwerth ermittelt, wobei besondere Grundsätze für die verschiedenen Arten der Reallasten (Dienste, feste Abgaben in Körnern, in sonstigen Naturalien, Besitzveränderungsabgaben, feste Geldabgaben u. s. w.) gelten. Der Geldwerth wurde ermittelt nach Normalpreisen, Martinimarktpreisen für eine längere Durchschnittsperiode (bei festen Körnerabgaben) oder nach sachverständigen Schätzungen u. s. w. Dabei wird in Rücksicht gezogen, dass Zinsabgaben und Frohndienste in der Regel minderwerthiger sind als Leistungen und Dienste gleicher Art im freien Verkehr.

Von der Summe des ermittelten jährlichen Geldwerthes sämmtlicher ablösbarer Leistungen wurde der Geldwerth der Gegenleistungen in Abzug gebracht, der Ueberschuss der einen oder der anderen bildete die Ablösungsrente.

Gebiet (früheres Königreich Westfalen, Grossherzogthum Berg, sowie die französischen Departements, das französisch-hanseatische und das Lippe-Departement) ergingen besondere Gesetze vom 21. April 1825 (G.-S. S. 74, 94 u. 112), vom 13. Juli 1829 (G.-S. S. 65), vom 18. Juni 1840 (G.-S. S. 153), welche auch auf das Siegener Land, die Stadt Wetzlar und Grafschaft Wittgenstein ausgedehnt wurden. Bei der Annexion der neuen Provinzen fand sich überall eine ältere Ablösungsgesetzgebung vor, die aber mehrfach durch preussische Gesetze abgeändert wurde, vor Allem in Hessen-Nassau und Schleswig-Holstein, weniger in Hannover. Vergl. hierzu Ges. v. 23. Juli 1876 (G.-S. S. 369) für den Regierungsbezirk Cassel, v. $\frac{\text{5. April 1869 (G.-S. S. 517)}}{\text{15. Febr. 1872 (G.-S. S. 165)}}$ und vom 16. Juni 1876 (G.-S. S. 369) sowie vom 8. Juni 1874 (Wasserlaufabgaben für den Regierungsbezirk Wiesbaden. Ges. v. 3. Jan. 1873 (G.-S. S. 3) für die Provinz Schleswig-Holstein. Für Hannover kommen an neuen Gesetzen in Betracht die Verordn. v. $\frac{\text{28. Sept. 1867 (G.-S. S. 1670)}}{\text{3. April 1869 (G.-S. S. 544)}}$, betreffend Ablösung von Reallasten, welche dem Domänenfiskus zustehen, und v. 15. Febr. 1874 (G.-S. S. 21), betreffend Ablösung der den geistl. Instituten u. s. w. zustehenden Realberechtigungen, v. 2. Juli 1876 (G.-S. S. 261), betreffend Ablösbarkeit der Erbzins- und Erbpachtsverhältnisse in den Moor- und Vehnkolonien.

Der Besitzer jeder Stelle konnte dabei verlangen, dass ein Drittheil des schiedsrichterlich zu ermittelnden Reinertrags der Stelle frei bleibe.

§ 45. Da sich herausgestellt hatte, dass die Ablösungsbefugniss meist deshalb nicht ausgeübt worden war, weil den Ablösenden die Mittel fehlten, um die Ablösungssummen aufzubringen, so entschloss sich der Staat, zur Erleichterung der Ablösung der sonach festgestellten Renten durch Ges. v. 2. März 1850 auf Staatskosten Rentenbanken einzurichten, welche die Zahlung der Ablösungssummen an den Berechtigten vermittelten.

Vorbildlich für diese Banken waren die in den 30er und 40er Jahren in einigen Kreisen des Regierungsbezirks Minden (Paderborn, Büren, Marburg, Höxter), der Grafschaften Wittgenstein und auf dem sogenannten Eichsfelde (Kreis Heiligenstadt, Mülhausen und Worbis) gegründeten Tilgungskassen (vergl. G.-S. 1836 S. 235, 1840 S. 6 und 1845 S. 410).

Der Verpflichtete kann nach dem Ges. v. 1850 entweder den achtzehnfachen Betrag der Rente in baar zahlen oder die Vermittelung der Rentenbank zur Zahlung des zwanzigfachen Betrages in vierprozentigen Rentenbriefen in Anspruch nehmen. In letzterem Falle muss der Verpflichtete an die Rentenbank eine Amortisationsrente je nach seiner Wahl von $4^1/_2$ oder 5 Proz. des Ablösungskapitals entrichten. Ersterenfalls tritt die Amortisation in $56^1/_2$ Jahren, letzterenfalls in $41^1/_{12}$ Jahren ein.

Ist der Domänenfiskus der Berechtigte, so erhält er keine Rentenbriefe, sondern entnimmt den an ihn in derselben Weise wie an die Rentenbanken zu zahlenden Amortisationsrenten 4 Proz. als Zinsen und tilgt mit dem Reste Staatsschulden. Die Rentenbanken zahlen 4 Proz. als Zinsen für die Rentenbriefe. Der Rest dient zur Tilgung durch Ausloosung. (Näheres über die Rentenbanken siehe bei „Finanzministerium“, auf dessen Etat dieselben stehen.)

§ 46. Ein Spezialgesetz ist über die Ablösung der Reallasten bei Mühlengrundstücken unterm 11. März 1850 (G.-S. S. 146) erlassen worden. Darnach wird die Vorfrage, ob die Mühlenabgaben als gewerbliche Abgaben aufgehoben oder als Grundabgaben ablösbar sind, durch das Ober-Landeskulturgericht entschieden.

Eine besondere Regelung durch Spezialgesetz haben auch die Abgaben an geistliche und Schulinstitute, fromme und milde Stiftungen gefunden. Durch Verordn. v. 31. Mai 1816 war bestimmt worden, dass Erbpachtzinsen, welche von Erbpächtern an dergleichen Institute zu bezahlen sind, nicht anders als im Wege des Vertrages mit Einwilligung der Oberen und Vorsteher der Institute abgelöst werden sollten, weil in Gemässheit der eigenen Grundsätze der

Administration dieser Institute ein grosser Theil ihres Grundeigenthums in Erbpacht ausgethan worden war.

§ 5 der Ablösungsordn. v. 7. Juni 1821 entzog „Dienste, welche die Natur der öffentlichen Lasten haben oder aus dem Gemeinde- oder Kirchenverhältniss entspringen", der Aufhebung gänzlich.

§ 6 des Ges. v. 2. März 1850 schloss Abgaben und Leistungen zur Erbauung und Unterhaltung der Kirchen-, Pfarr- und Schulgebäude, wenn sie sich nicht etwa als Gegenleistungen einer ablösbaren Reallast darstellen, von der Ablösbarkeit aus.

Aber auch, soweit die Ablösung gestattet war, wurde keine definitive Ablösung zugelassen, sondern nur eine Verwandlung in Rente, gleichviel ob die Reallast auf öffentlichem oder privatem Rechte beruhte.

Erst durch Ges. v. 27. April 1872 (G.-S. S. 417), v. 11. Juni 1873 (G.-S. S. 356), v. 15. März 1879 (a. a. O. S. 123) und § 6 des Ges. v. 17. Juni 1881 (G.-S. S. 5) wurde bestimmt, dass die Reallasten, welche geistlichen Instituten und Stiftungen, kirchlichen Beamten, öffentlichen Schulen und deren Lehrern, milden Anstalten u. s. w., sowie den zur Unterhaltung derartiger Anstalten bestimmten Fonds zustehen, nach den Normalpreisen in Roggenrenten zu verwandeln sind, welche abgelöst werden können, zu welchem Behufe sie in Geldrenten umzurechnen sind. Diese Geldrenten wieder können im 25fachen (bei Antrag durch den Berechtigten im $22^2/_9$fachen) Betrage abgelöst oder nach dem jährlichen Marktpreise in Geld weiter gezahlt werden. Auch hierbei traten die Rentenbanken vermittelnd ein.

Die bereits 1859 geschlossenen Rentenbanken wurden daher aus letzterem Grunde durch Ges. v. 1. Jan. 1881 wieder bis zum 31. Dezember 1883 zu Ablösungszwecken geöffnet. Durch § 14 des Rentengutsgesetzes v. 7. Juli 1891 ist die Wiedereröffnung auf für später anhängig gemachte Ablösungen ohne Zeitgrenze erfolgt.

§ 47. II. Gemeinheitstheilungs-Ordnung.[1]) Unter „Gemeinheit" ist nicht gemeinschaftliches Eigenthum als solches, sondern die gemeinschaftliche Nutzung eines Grundstücks zu verstehen. Die

---

[1]) Die Gem.Theil.O. v. 7. Juni 1821 galt — nebst den Abänderungen v. 2. März 1850 (G.-S S. 139) zunächst nur in allen Landestheilen, in welchen das Allg. Landrecht eingeführt worden ist; durch die Gem.Theil.O. v. 19. Mai 1851 (G.-S. S 371) sind indessen ähnliche Vorschriften — in der Rheinprovinz mit Ausschluss derjenigen über die Umlegung von Grundstücken, welche nur im ehemaligen Justizsenatsbezirk Ehrenbreitstein galten (G.-S. 1869 S. 514) — auch auf die dem A L-R. nicht unterworfene Rheinprovinz mit Ausnahme der Kreise Rees und Duisburg und für Neuvorpommern — Zusammenlegungs-Verordn. v. 18 Nov. 1775 — ausgedehnt.

Bei Annexion der neuen Provinzen fand Preussen hier schon theilweise gesetzliche auf die Gemeinheitstheilungen bezügliche Vorschriften vor und liess es bei denselben, soweit möglich, bewenden.

In Hannover waren nach Lehzen, Staatshaushalt von 1803—1851 bereits 1844 Theilungen und Verkoppelungen (Zusammenlegungen) ausgeführt, wobei in Privatbesitz der

Ablösung dieser Gemeinheiten fand nach der Gem.Theil.O. v. 1821 nur statt bei Weideberechtigungen auf Acker-, Wiese-, Forst-, Weideland, bei Forstberechtigungen zur Mast, zum Mitgenuss des Holzes und zum Streuholen, und bei Berechtigungen zum Plaggen, Heide- und Bültenhieb. Durch das Ges. v. 2. März 1850 wurde die Ablösungsbefugniss auf eine Anzahl weiterer Grundgerechtigkeiten ausgedehnt (Gräserei, Schilf-, Binsen-, Rohrnutzung, Kurutzpflücken, Nachrechen, Ackernutzung gegen Düngerhergabe, Deputatbeete, Harzscharren, Fischerei in stehenden oder Privatgewässern, Torfnutzung). Bei den erstgenannten Gerechtsamen findet die Ablösung auch statt, wenn sie auf gemeinschaftlichem oder Gesammteigenthum, bei den durch das Ges. v. 2. März 1850 hinzugekommenen nur, soweit sie auf einer Grundgerechtigkeit (Servitut) beruhen. Städtisches Kämmereivermögen sowie das sog. Gemeinde- oder Bürgervermögen, dessen Nutzung den Gemeindeangehörigen in dieser Eigenschaft zusteht, unterliegt der Theilung jedoch nicht. Dekl. v. 26. Juni 1847 (G.-S. S. 327).

Die durch die Gemeinheitstheilungs-Ordnung eingeführte Ablösbarkeit gilt nicht nur für die bestehenden, sondern auch für neubegründete Grundgerechtigkeiten. Solche können aber nicht mehr durch Verjährung erworben werden, bedürfen vielmehr eines schriftlichen Vertrages und unterliegen der Beschränkung, dass, falls ein solcher Vertrag die Gemeinheitstheilung ausschliessen sollte, diese Bestimmungen in Rücksicht der Aecker und der damit in Verbindung stehenden Nutzungen nur auf so lange Zeit verbindlich ist, als nach der bestehenden Fruchtfolge und Schlageintheilung der gemeinschaftlich benutzten Grundstücke zur zweimaligen Abnutzung aller Schläge erforderlich ist, sonst 10 Jahre.

Theilenden 1,3 Mill. Morgen übergingen. Zu den alten hannöverschen Bestimmungen (s. v. Rönne, Staatsrecht und Lehzen, Staatshaushalt) ergingen noch einige ergänzende Vorschriften unter dem 8. Juni 1873 (G.-S. S. 353) betr. Weideberechtigung, v. 13. April 1885 (G.-S. S. 109) betr. Plaggen, Rasen und Bültenhieb, v. 13. Juni 1873 (G.-S. S. 357) betr. Forstberechtigungen und Ges. v. 26. Juni 1897 betr. Fischerei der Ufereigenthümer und Koppelfischerei (G-S. S. 196).

In Hessen-Cassel und Kreis Biedenkopf nebst den 1866 zugeschlagenen bayerischen und darmhessischen Gebietstheilen wurden die vorgefundenen Gemeinheitstheilungsgesetze durch die Verordn. v. $\frac{\text{13. Mai und 2 Sept 1867 (G.-S. S. 716 und 2463)}}{\text{25. Juli 1876 (G.-S. S. 366).}}$ ersetzt, deren Bestimmungen den altpreussischen nachgebildet waren.

Im Regierungsbezirk Wiesbaden (ausser dem Kreis Biedenkopf) wurde eine Gem.Theil.O. v. 5. April 1869 (G.-S. S. 526) erlassen, während die Consolidation (Zusammenlegung) der Grundstücke nach einer alten Verordn. v. 12. Sept. 1829 und der ergänzenden Verordn v. 2. Sept. 1867 (G.-S. S. 1462) sowie dem Ges. v. 21. März 1887 (G.-S. S. 61) erfolgte.

Für Schleswig-Holstein wurde eine Gemeinheitstheilungs-Ordnung unterm 17. Aug. 1876 (G.-S. S. 377) neu erlassen, auf Lauenburg ausgedehnt 1878 (G.-S. S. 97).

Für Hohenzollerns. Ges. v. 23. Mai 1885 (G.-S. S. 143). Für das von Preussen mitverwaltete Waldeck und Pyrmont Ges. v. 25. Jan. 1869 (G.-S. S. 291).

§ 47a. Die Aufhebung der Gemeinheiten erfolgt in der Weise, dass alle zum Verfahren gezogenen Grundstücke als eine Masse betrachtet werden, deren Theilung auf die für die Kultur förderlichste Art vorzunehmen ist. (Eingehenderes über das Verfahren siehe in §§ 87—90.)

Die Gemeinheitstheilung erfolgt nur 1) wenn sie im Landeskulturinteresse förderlich ist — was aber vermuthet wird — und 2) nur auf Provokation. Zur Provokation war zunächst jeder Betheiligte berechtigt. Wenn aber die Theilung zugleich die wirthschaftliche Um- und Zusammenlegung der betheiligten Grundstücke im Gefolge hat, — was allerdings meist der Fall ist – so wurde durch Verordn. v. 28. Juli 1838 (G.-S. S. 429) die Provokation nur zugelassen, wenn die Besitzer des vierten Theils der von dem Umtausch betroffenen Ackergrundstücke einverstanden sind. (S. aber jetzt § 47c.)

Auch durfte innerhalb 12 Jahren nach dieser Zusammenlegung von denjenigen Interessenten, welche zu ihrer Auseinandersetzung keinen Gebrauch davon gemacht, vielmehr die Gemeinschaft unter sich fortgesetzt haben, auf eine neue mit Ackerumtausch verbundene Gemeinheitstheilung nur bei Einverständniss der Mehrzahl der Interessenten angetragen werden.

§ 47b. Auf Grund der Provokation sind nun zunächst die Anrechte des Einzelnen (Theilnahmerechte) nach dem vorhandenen Rechtstitel, statutarischen oder gesetzlichen Bestimmungen zu ermitteln.

Für den Werth der Grundgerechtigkeiten sind dabei mangels derartiger Anhaltspunkte gewisse subsidiäre Bestimmungen (Besitzstand in den letztvorangegangenen 10 bezw. 30 Jahren; besondere Unglücksjahre abgerechnet, Mass des Bedürfnisses des Berechtigten nach sachverständigem Gutachten u. s. w.) ergangen.

Nach Massgabe der ermittelten Theilnahmerechte erfolgt die Entschädigung und zwar in der Regel in Landabfindung in möglichst zweckmässiger wirthschaftlicher Lage (event. unter Anlegung von Abbauten auf gemeinschaftliche Kosten). Eine Entschädigung in Kapital oder einer festen ablösbaren Rente findet als Aushülfe und bei gewissen Arten von Grundgerechtigkeiten (Mast, Harzscharren, Fischereiberechtigungen) statt. Bei der ersten auf einer Dorffeldmark eintretenden Gemeinheitstheilung soll auch eine angemessene Dotirung der Schullehrerstelle stattfinden.

Die Land- oder Rentenabfindung ist Surrogat der früheren Rechte und behält die Eigenschaften (als öffentliche Lasten u. s. w.) der in die Masse einbezogenen Besitzstücke. Bei Kapitalzahlungen müssen die Gläubiger zur Wahrung ihrer Rechte zeitig benachrichtigt werden.

§ 47c. Nach der Gem.Theil.O. v. 1821 und dem Ergänzungsgesetz v. 2. März 1850 bildete die vermengte Lage der Grundstücke an und für sich, wenn sie nicht mit einer gemeinschaftlichen Nutzung d. h.

mit einer Gemeinheit verbunden war, keinen Grund zur Auseinandersetzung. Hierin schaffte erst das Ges. v. 2. April 1872 (G.-S. S. 329) Wandel, wonach eine wirthschaftliche Zusammenlegung (Separation im Osten, Verkoppelung und Konsolidation im Westen genannt) auch ausserhalb der Gemeinheitstheilung zulässig sein soll, sobald die Eigenthümer der mehr als die Hälfte der Fläche und des Grundsteuer-Reinertrags darstellenden Grundstücke auf dieselbe antragen und der Kreistag sie für zulässig erklärt.

§ 48. III. Auseinandersetzungsbehörden. Es war von vornherein klar, dass die Ausführung all' dieser gesetzlichen Bestimmungen grosse Schwierigkeiten verursachen würde. Die Entscheidung der Frage, ob die bestehenden Lasten auf privatem oder öffentlichem Rechtsgrunde beruhen, wie über den Umfang und Geldwerth der Berechtigungen und Verpflichtungen bot in rechtlicher Beziehung so viele Schwierigkeiten dar, wie die Neuvertheilung der Theilungsmasse nach der technischen und wirthschaftlichen Seite.

Gleichwohl wurde Anfangs versucht, der Schwierigkeiten durch die ordentlichen, damals eben neu organisirten Verwaltungs- und Gerichtsbehörden Herr zu werden. Schon bei Ausführung des Regulirungsedikts v. 14. Sept. 1811 ergab sich indessen die Unzulänglichkeit dieser Einrichtung. Es stellte sich bald die Nothwendigkeit eines Verfahrens heraus, welches geeignet war, eine Einigung der widerstrebenden Interessen möglichst auf gütlichem Wege, durch Verhandlungen und Feststellungen an Ort und Stelle unter Zuziehung der Betheiligten zu vermitteln und durch eine nicht zu formalistische Rechtsprechung die vielfachen im Laufe des Verfahrens hervortretenden Streitpunkte mit möglichster Beschleunigung zur Erledigung zu bringen.

Aus diesen Gründen, sowie ferner wegen der Zahl und des Umfanges der abzuwickelnden Geschäfte, und endlich, weil es für die zweckmässige Erledigung derselben vielfach auf technische Kenntnisse ankommt, welche bei den gewöhnlichen richterlichen und Verwaltungsbehörden in dem erforderlichen Masse nicht vorauszusetzen sind, richtete man bald besondere Auseinandersetzungsbehörden ein (s. §§ 82 ff.).

§ 49. Die Einrichtung dieser Sonderbehörden (der Generalkommissionen, in höherer Instanz des Oberlandeskulturgerichts, siehe §§ 77ff.), hat sich in vollkommenstem Masse bewährt. Was die Auseinandersetzungsbehörden seit der Zeit ihres Entstehens (1817) für den Preussischen Staat und speziell für die landwirthschaftliche Bevölkerung Segensreiches geleistet haben, kann sich den grössten Erfolgen anderer Staatskonstitutionen vollwerthig an die Seite stellen, wie aus Folgendem hervorgeht.

Die 7 alten Provinzen (Ost- und Westpreussen, Brandenburg, Pommern, Posen, Schlesien, Sachsen) und Westfalen einschl. des rechtsrheinischen Theiles der Rheinprovinz.

Hier hatten bereits bis 1848 70582, bis 1865 83288 Eigenthumsregulirungen stattgefunden. Die Fläche der Grundstücke dieser regulirten Eigenthümer machten 1865 5 511 132 Morgen aus. Von da bis Ende 1900 fanden nur noch 600 weitere Regulirungen statt. 1900 waren im Ganzen regulirt: 1 408 222,7 ha Fläche.

§ 50. An Separationen hatten bis zum Jahre 1848 in diesen Provinzen stattgefunden:

Von 985 636 Besitzern 42 819 769 Morgen, also fast die Hälfte des damaligen Flächeninhalts dieser Provinzen (4550,3 qkm).

Ende 1865 waren in denselben Provinzen separirt bezw. von allen Holz-, Streu- und Hutungsservituten befreit 1 577 113 Besitzer mit 15 220 819 ha. Die Zahl der separirten Besitzer war somit um 76 Proz., der separirten Flächen nur um 39 Proz. gestiegen. Es waren also in dieser Zeit verhältnissmässig kleinere Besitzungen der Separation unterworfen worden.

Ende 1900 waren in den vorgenannten Provinzen im Ganzen separirt bezw. von allen Holz-, Streu- und Hutungsservituten befreit 1 902 841 Besitzer mit 17 260 770 ha. Bei einem Gesammtflächeninhalt der betheiligten Provinzen von rd. 25 Mill. ha waren dies fast 70 Proz. der gesammten Fläche.

In den sieben älteren Provinzen sowie in Westfalen und dem rechtsrheinischen Theile der Rheinprovinz war hiernach die Hauptaufgabe der Auseinandersetzungsthätigkeit der Generalkommissionen sowohl hinsichtlich der gutsherrlich bäuerlichen Regulirungen zur Zeit der Annexion der neuen Provinzen bereits erfüllt, als auch der grösste Theil der Gemeinheitstheilungen in jenen Landestheilen schon vor 1865 seine Erledigung gefunden hatte. Wenn sich in diesen Provinzen seitdem die Zahl der bearbeiteten Gemeinheitstheilungssachen nicht entfernt in dem Verhältnisse wie in dem vorhergehenden Zeitraume vermehrt hat, so haben dagegen die Generalkommissionen von vielen dieser Separationen erheblich mehr Arbeit gehabt. Vielfach handelte es sich um Spezialseparationen, die sich aus früheren grösseren Separationen entwickelt hatten und bei der ersten Separation oftmals wegen der in der Sache liegenden Schwierigkeiten zurückgestellt waren.

Der Schwerpunkt in Gemeinheitstheilungssachen (Separationen) verlegte sich aber mit Annexion der neuen Provinzen in diese (siehe § 52).

§ 51. Auf dem Gebiete der Reallastenablösung war in den sieben alten Provinzen bis 1865 ebenfalls schon viel geschehen.

Es waren bis 1848 abgelöst 282 662 Pflichtige mit 5 978 295 Spann- und 16 869 824 Handdiensttagen. An Entschädigungen waren dafür festgestellt 18 544 766 M. in Kapital, 1 599 992 M. in Geldrente, 249 436 Scheffel Roggenrente (dazu 10 633 Scheffel in Hafer, Gerste und Weizen) und 1 533 050 Morgen in Land.

Von 1848 bis 1865 war die Zahl der abgelösten Pflichtigen in den gedachten Landestheilen gestiegen auf 1 227 060 mit 6 344 569 Spann- und 23 540 331 Handdiensttagen. Die festgestellten Entschädigungen betrugen bis 1865 nunmehr 35 140 648 M. in Kapital, 5 447 168 M. in Geld-, 314 920 Scheffel Roggenrente und 1 646 121 ha in Landabfindung.

Aber auch nach 1865 ist die Zahl und Bedeutung der Ablösungen von Reallasten noch eine grosse gewesen, wobei unter Anderem der Umstand mitgewirkt hat, dass durch das Ges. v. 27. April 1872 (G.-S. S. 417) die Ablösung der den geistlichen Instituten zustehenden Realberechtigungen zugelassen wurde (§ 470).

Ende 1900 waren in den älteren Provinzen abgelöst 2 513 497 Pflichtige mit 6 357 246 Spann- und 23 599 771 Handdiensttagen. Die bis zu diesem Zeitraume festgestellten Entschädigungen beliefen sich nunmehr auf 182 120 020 M. in Kapital, 25 626 893 M. in Geld- und 422 484 in Neuscheffel Roggenrente und 425 777 ha Landabfindung.

§ 52a. Nur in der Rheinprovinz (linksrheinisch) finden auch heute noch viele Auseinandersetzungen im sogenannten Konsolidationsverfahren statt.

Auf der linken Seite des Rheinufers hatten nämlich die Ablösungen bereits unter der Herrschaft der französischen Gesetzgebung fast überall stattgefunden, sodass vor 1865 auf Grund der preussischen Gesetzgebung nur unbedeutende Ablösungen und Gemeinheitstheilungen stattfanden.

Erst durch die Zulassung von Zusammenlegungen auch ohne Gemeinheitstheilungen (Ges. v. 24. Mai 1885 G.-S. S. 156) wurde auch für die Rheinprovinz die Errichtung besonderer Auseinandersetzungsbehörden nothwendig (Düsseldorf).

Von dieser Generalkommission sind bis zum Jahre 1900 separirt worden:

	Besitzer	Grundstücke (ha)
a) Rheinprovinz	68 832	112 303
b) Hohenzollern	2 616	8 000

Dazu kamen die von der Generalkommission zu Düsseldorf vorgenommenen Ablösungen von 60 206 Pflichtigen für die Rheinprovinz und 26 308 für Hohenzollern mit einen Handdienstag und folgenden Entschädigungen

	Kapital M.	Geldrente M.	Roggenrente (Neuscheffel)	Landabfindung ha
Rheinprovinz . . .	1 857 016	143 652	738	0,255
Hohenzollern . . .	8 541 442	—	—	—
zusammen . .	10 398 458	143 652	738	0,255

Die neuen Provinzen.

§ 52b. In den neuen Provinzen hatten alte Ablösungs- und Gemeinheitstheilungsordnungen allerdings auch schon vor der Annexion bestanden (s. Anmerk. zu §§ 44 u. 47). In der Provinz Hannover waren vor dem Jahre 1868 bei Regulirungen und Ablösungen festgestellt 39 141 183 M. in Kapital, 229 395 M. Geldrenten, 79 Neuscheffel Roggenrenten und 183,471 ha Landabfindung. Ausserdem waren bereits 2 409 631 ha separirt bezw. von allen Servituten befreit. Von 1868 bis 1900 wurden aber bei 86 628 Pflichtigen noch weitere 17 416 788 M. Kapital, 249 855 M. Geld- und 119 Neuscheffel Roggenrente sowie 232,140 ha Landabfindung festgestellt, dabei wurden 7345 Spann- und 20 576 Handdiensttage aufgehoben. Ferner wurden die Grundstücke von 98 282 Besitzern mit zusammen 572 871 ha Land separirt bezw. von allen Servituten befreit.

In Schleswig-Holstein wurden von 1868 bis 1900 81 249 Dienst- und Abgabepflichtige abgelöst, wobei an Diensten aufgehoben wurden 7022 Spann- und 13 949 Handdiensttage. Als Entschädigungen wurden festgestellt 15 953 037 M. Kapital, 1 439 116 M. Geldrente und 15,220 ha Landabfindung. Separirt wurden 3427 Besitzer mit 32 066,243 ha.

In den Regierungsbezirken Cassel und Wiesbaden, wo die eigentlichen Ablösungen schon grossentheils stattgefunden hatten, wurden in dem gleichen Zeitraume abgelöst 67 818 bezw. 6821 Dienst- und Abgabepflichtige mit 102 Spann- und 475 Handdiensttagen (in Wiesbaden nur 2 Handdiensttagen). Die festgestellten Entschädigungen betrugen 1 946 229 M. bezw. 1 401 413 M. Kapital, 181 683 M. bezw. 51 797 M. Geldrente und 1,731 bezw. 19,415 ha Landabfindung. Die Separationen (Konsolidationen) nahmen einen bei weitem grösseren Raum ein. Es wurden von 1868 bis 1900 separirt 117 016 bezw. 56 393 Besitzer mit 384 470,242 bezw. 83 733,057 ha.

§ 53. Das bisherige Gesammtergebniss der Auseinandersetzungsarbeiten für die Monarchie war bis 1900 (wenn man von den Auseinandersetzungen, die in den neuen Provinzen vor 1868 erfolgten, absieht):

A) Gutsherrlich-bäuerliche Regulirungen: 83 988 Eigenthümer mit 1 408 223 ha,

B) Ablösungen von Reallasten: 2 842 527 Pflichtige mit 6 371 715 Spann- und 23 634 774 Handdiensttagen.

Die Entschädigung betrug:

229 235 945 M. in Kapital,
27 692 996 „ „ Geldrente,
423 341 Roggenrente (Neuscheffel)
und 426 048 ha in Land,

C) Gemeinheitstheilungen mit Separation und Servitutenablösungen:

Zahl der Besitzer 2 251 178

Fläche ihrer Grundstücke . 18 466 887 ha d. i. über 53 Proz. der Gesammtfläche. Vermessene Fläche 15 855 840 ha.

Was diese letzteren Zahlen besagen wollen, wird man sich veranschaulichen können, wenn man erwägt, dass sich nach den gemachten Erfahrungen infolge der Separationen der Werth der Grundstücke der separirten Flur, wenn auch nicht sofort in den ersten Jahren nach der Ausführung, so doch weiterhin dauernd um 25 bis 30 Proz. steigert und nach einem ferneren Erfahrungssatze die Zahl der bisherigen Flurparzellen bei wirthschaftlichen Zusammenlegungen im Durchschnitt auf den vierten, neuerdings aber auch bis auf den dritten Theil oder bis auf die Hälfte der Parzellenzahl zurückgeführt wird.

§ 54. Diese Zahlen legen gewiss ein rühmliches Zeugniss für die Wirksamkeit der Auseinandersetzungsbehörden ab. Aber sie lassen allein doch noch nicht die hervorragende Thätigkeit dieser Behörden für die Landeskulturinteressen in ihrem vollen Lichte erscheinen. Ueberwog in den ersten Jahrzehnten ihres Bestehens mehr die Seite der Auseinandersetzung von wirthschaftlichen Besitz- und Grundrechtsverhältnissen, beschränkten sich die Behörden anfänglich darauf, die Sachen bis zum Rezess vorzubereiten, allenfalls noch die Theilungspläne abzustecken, so nahm mit der Zeit ihre Thätigkeit immer mehr einen wirklich kulturfördernden Charakter an. Sie zogen meliorations-wassergenossenschaftliche Unternehmungen mit in das Verfahren hinein und richteten ihr Augenmerk nicht nur auf eine zweckmässige Grundstücksvertheilung, sondern auch auf die Herbeiführung aller möglichen Einrichtungen zu wirthschaftlich intensiver Ausnutzung der neu zugewiesenen Grundstücke.

Im heutigen Auseinandersetzungsverfahren findet nicht nur vor Feststellung der Pläne bereits eine ausgedehnte und minutiöse Flächenvermessung statt, werden nicht nur die Wasser- und Meliorationsverhältnisse in ausgiebigster Weise bei der Auseinandersetzung in Betracht gezogen, sondern es sind auch nach Beendigung des eigentlichen Auseinandersetzungsverfahrens die Generalkommissionen und ihre Beamten die Seele der zur wirksamen Ausführung der Rezesse und der zur Erhaltung der dadurch geschaffenen Vortheile nothwendigen Arbeiten. Wieviel in dieser Richtung geleistet wird, zeigt schon die fortwährende ausserordentliche Vermehrung der bei den Auseinandersetzungsbehörden thätigen Vermessungs- und Meliorationsbeamten, die Höhe der zu Folgeeinrichtungen oder zu Meliorirungs-, Flussregulirungs-, zu Obstbaumzuchts-, Viehzuchts- und ähnlichen Zwecken aus staatlichen Fonds durch die Generalkommissionen verwendeten Mittel. (S. das Nähere bei den betreffenden Fonds.)

Der Ansatz zu dieser Entwickelung war bereits in den §§ 7 und 8 der Verordn. v. 30. Juni 1834 (G.-S. S. 96) gegeben. § 7 schreibt vor, dass die Generalkommission ausser dem Hauptgegenstand der Auseinandersetzung alle Rechtsverhältnisse zu reguliren hat, welche bei vorschriftsmässiger Ausführung der Auseinandersetzung nicht in ihrer bisherigen Lage verbleiben können. Besonders aber ist § 8 cit. von Bedeutung geworden, welcher den Generalkommissionen die Befugniss giebt, über den Rahmen des § 7 hinaus ihre Vermittelung auch auf solche Geschäfte auszudehnen, deren Regulirung zwar in keinem nothwendigen Zusammenhange mit dem Hauptgegenstande steht, welche aber zu seiner Förderung gereichen, z. B. Verbesserung der Planlagen bei Landtheilungen durch den Zutritt eines Nachbarn, zur Darstellung besserer Grenzzüge, zur Erleichterung der Entwässerungs- und Bewässerungsanlagen u. s. w. Die Generalkommissionen haben diesen bei der Errichtung gegebenen Aufgabenkreis in so produktiver und weitsichtiger Weise ausgebildet und erweitert, dass sie sich in der That von eigentlichen Auseinandersetzungsbehörden zu wichtigen kolonisatorischen und Landeskulturbehörden ausgewachsen haben.

§ 55. In ihrem Bestreben, ihre Fürsorge bei den Auseinandersetzungen auf eine Förderung aller in Frage kommenden kulturellen und meliorationstechnischen Gesichtspunkte auszudehnen, sind die Generalkommissionen auch gesetzlich mehrfach unterstützt worden.

In allen denjenigen Auseinandersetzungssachen, bei denen die Abfindung durch Land erfolgt, pflegen auch nach beendigter Auseinandersetzung (§ 20 der Verordn. v. 20. Juni 1817) noch gemeinschaftliche Anlagen (Lehm-, Sand-, Mergel-, Kalkgruben, Steinbrüche u. s. w.) fortzubestehen; theilweise werden sie durch die Auseinandersetzung direkt begründet (Wege, Gräben u. s. w.), Da au diesen gemeinsamen Anlagen die Betheiligten nur Privatrechte haben, auf sie also die Grundsätze über das Miteigenthum, Vollmacht u. s. w. Anwendung finden, so war eine ordnungsmässige Vertretung derartiger Gemeinschaften, wie auch die Verwaltung ihrer Angelegenheiten besonders da, wo die Zahl der Betheiligten eine sehr grosse war, oft ungeheuer schwierig und führte zu den verschiedensten Missständen. Durch Ges. v. 2. April 1887 (G.-S. S. 105) sind daher die Generalkommissionen ermächtigt worden, auf Antrag der Betheiligten die Vertretung und Verwaltung dem in Frage kommenden Gemeindevorstande zu übertragen, welcher sodann die Gemeinschaften nach aussen vertritt und zugleich zur zwangsweisen Beitreibung erforderlicher gemeinsamer Kosten ermächtigt ist. Zur Verfügung über die Substanz des Vermögens muss aber die Generalkommission ihre Zustimmung aussprechen. Ist zufolge einer solchen Verfügung eine Geldentschädigung festgestellt, so hat die Generalkommission nicht bloss die im Interesse der eingetragenen Gläubiger etc. erforderliche Verwendung, sondern auch die Vertheilung der Geldentschädigung unter die Betheiligten zu reguliren bezw. deren Verwendung im gemeinsamen Interesse der letzteren anzuordnen.

§ 56. Da ferner die Generalkommissionen nach der Verordn. v. 20. Juni 1817, § 3 No. 3, und v. 30. Juni 1834, § 7, zur Regulirung aller derjenigen Rechtsverhältnisse ermächtigt sind, „welche bei vorschriftsmässiger Ausführung der Auseinandersetzung in ihrer jetzigen Lage nicht verbleiben können“, so können sie auch Wasserstau-, Ent- und Bewässerungsanlagen reguliren, deren Erledigung für den Auseinandersetzungsplan von Einfluss

39*

ist. Auch können sie gelegentlich des Verfahrens die Herbeiführung einer Wassergenossenschaft in die Wege leiten, wenn eine Regulirung der Wasserverhältnisse nicht auf dem Wege einer Gemeinschaft im Sinne des Ges. v. 2. April 1887 möglich ist.

Nach § 77 Abs. 1 des Wassergenossenschaftsgesetzes v. 1. April 1879 in Verbindung mit § 94 des Zuständigkeitsgesetzes v. 1. Aug. 1883 kann der Oberpräsident aber auch ausserhalb eines Auseinandersetzungsverfahrens einer Generalkommission die Leitung des Verfahrens anvertrauen.

§ 57. Ferner ist in den zur Beförderung der Landeskultur ergangenen Landeskultur-Rentenbanken, Ges. v. 13. Mai 1879 (G.-S. S. 367), bestimmt, dass Renten für Darlehne, welche von den Banken zur Ausführung von Drainirungsanlagen, die das Grundstück dauernd verbessern, gegeben werden, mit Zustimmung der Auseinandersetzungsbehörden das Vorzugsrecht vor allen anderen auf privatrechtlichen Titeln beruhenden Belastungen des Grundstücks gewährt wird.

Die Auseinandersetzungsbehörden haben auf Antrag der Darlehnssucher ein besonderes Verfahren einzuleiten, in welchem sachverständige Provinzial- (Bezirks-, Kommunal-) kommissionen gutachtlich gehört, Widersprüche der Realberechtigten erörtert werden, und welches mit der Abfassung eines begründeten, nicht anfechtbaren Beschlusses der Generalkommission abschliesst.

§ 58. Von geringerer Bedeutung ist die Vorschrift des § 98 der Land-Gemeindeordnung für die östlichen Provinzen vom 3. Juli 1891 (G.-S. S. 233), durch welche den Generalkommissionen das Auseinandersetzungsverfahren aus Anlass der in diesem Gesetze ausgesprochenen Aufhebung der mit dem Besitze gewisser Grundstücke verbundenen Berechtigung und Verpflichtung zur Verwaltung des Schulzenamtes übertragen worden ist. Sie tritt ein, wenn entstehende Streitigkeiten über das Vorhandensein derartiger Schulzengüter, über die Rückgewährung gewisser Grundstücke oder Vorrechte u. s. w., nicht durch den Kreisausschuss und dessen Kommissar ihre Erledigung finden können. Es ist ein besonderer Rezess aufzunehmen. Beschwerden gegen die Generalkommission entscheidet dabei das Oberlandeskulturgericht.

§ 59. Am deutlichsten ist die Anerkennung der kulturfördernden, ja kolonisatorischen Qualifikation der Auseinandersetzungsbehörden seitens des Staates zum Ausdrucke gelangt in der durch die staatliche Gesetzgebung und Verwaltungspraxis der 90er Jahre erfolgten Uebertragung der schwierigen, aber sozial und wirthschaftlich hochbedeutsamen Aufgabe der Durchführung der Rentengutsgesetzgebung, deren Ziel ist, einmal die Sesshaftmachung ländlicher Arbeiter, besonders im Osten, zu fördern, andererseits in den ausgedehnten, noch unkultivirten Hochmoor- und Haideflächen der Provinzen Hannover, Schleswig-Holstein und Ostpreussen kapitalarme Kolonisten anzusiedeln zwecks Beförderung der Urbarmachung dieser Moore.

Die Beförderung der Gründung kleinerer Stellen auf dem Lande war schon in den 50er Jahren versucht worden. Durch Ges. v. 3. März 1850 (G.-S. S. 145) wurden den Auseinandersetzungsbehörden (für landwirthschaftlich beliehene Güter der Kreditdirektion) das Recht verliehen, bei entgeltlicher Abveräusserung kleinerer Trennstücke von grösseren Grundstücken die Bescheinigung auszustellen, dass die Veräusserung für die Interessen der vorhandenen Hypothekengläubiger oder für die Lehens- oder Fideikommissberechtigten „unschädlich“ sei.

Auf Grund eines solchen Attestes scheidet das Trennstück aus dem Realverbande des Hauptgutes aus, auch ohne dass die oben genannten Berechtigten ihre Zustimmung ertheilt haben. Der gleiche Grundsatz findet für den erleichterten Austausch einzelner Grundstücksparzellen statt (Ges. v. 27. Juni 1860, G.-S. S. 384). Durch Ges. v. 15. Juli 1890 (G.-S. S. 226) wurde auch die unentgeltliche Abveräusserung, wenn sie zu öffentlichen Zwecken (z. B. Eisenbahnen, Kanalanlagen u. s. w.) erfolgt, gleichen Grundsätzen unterworfen. In allen Fällen darf das Attest nur ertheilt werden, wenn der Werth des Trennstücks im Verhältnisse zum Hauptgut nur ein geringer ist, auch muss das bezogene Entgelt zu Gunsten des Hauptgutes verwendet werden.[1])

§ 60. Diese Dismembrationsgesetzgebung hatte aber die grossen Auswanderungen der ländlichen Arbeiter nach dem Auslande, wie nach den Industriecentren nicht im Geringsten verhindern können. In den betheiligten Kreisen machte sich die Ueberzeugung immer mehr geltend, dass nur durch Bildung sog. Rentengüter sich die Möglichkeit schaffen liesse, einen sesshaften Arbeiterstamm auf dem Lande zu gewinnen. Die §§ 91 und 92 des Ablösungsgesetzes v. 2. März 1850, welche Reallasten überhaupt und feste Geldrenten nur unter sehr einschränkenden Bestimmungen zuliessen, erwiesen sich vom Standpunkte einer gesunden Agrarpolitik als nicht haltbar.

Nachdem zunächst durch das Ansiedelungsgesetz von 1886 für die Provinzen Posen und Westpreussen ein Ansiedelungsversuch aus wesentlich nationalpolitischen Gründen im grossen Stil gemacht worden war und sich gut bewährt hatte,[2]) wurde nunmehr aus rein wirthschaftlichen Erwägungen heraus durch das Ges. v. 27. Juni 1890 (G.-S. S. 209) unter Aenderung der bestehenden Ablösungsgesetzgebung[3]) allgemein gestattet, das Eigenthum von Grundstücken an Dritte gegen Uebernahme einer festen Geldrente (oder Körnerabgabe) zu übertragen und dabei die Ablösbarkeit von der Zustimmung beider Theile abhängig zu machen. Die Höhe des Ablösungsbetrages und der Kündigungsfrist unterliegt ebenfalls der freien Vereinbarung. Nur der Rentenverpflichtete hat hinsichtlich der Höhe des Ablösungsbetrags eine gesetzliche Vergünstigung, wenn die Ablösung nicht auf seinen Antrag, sondern auf den des Berechtigten erfolgt. Ersterer kann nämlich in diesem Falle nicht mehr als den 25fachen Betrag der Rente fordern. Sind in den Vereinbarungen Beschränkungen des Erwerbers des Rentengutes hinsichtlich der Veräusserung, Theilung, Erhaltung bestimmter Gebäude oder des Inventars getroffen, so kann letzterer bei überwiegendem ge-

---

[1]) In Hannover eingeführt durch Ges. v. 25. Mai 1889 (G.-S. S. 65), in Waldeck-Pyrmont v. 14. Dez. 1896 (G.-S. S. 263).

[2]) Siehe Näheres in Anhang I Ansiedelungskommission.

[3]) Siehe Näheres in H.-H. 1890 Drucks. Nr. 25.

meinwirthschaftlichem Interesse durch richterliche Entscheidung der Auseinandersetzungsbehörde davon befreit werden.

Nachdem sodann durch Ges. v. 7. Juli 1891 (G.-S. S. 279) den Rentenbanken für „Rentengüter von mittlerem und kleinerem Umfange" die Vermittelung zwischen dem Rentenberechtigten und dem Rentengutserwerber übertragen worden war, um den kapitalschwachen Elementen die Uebernahme von derartigen Rentengütern zu erleichtern, wurden den Generalkommissionen nach Analogie der Bestimmungen des Rentenbank-Gesetzes v. 2. März 1850 und der Gemeinheitstheilungs-Ordnung auch die Festsetzung der Geldrenten, Verhandlungen zwischen den Parteien wegen Ueberweisung dieser Renten an die Rentenbanken, über die Höhe der an den Berechtigten zu zahlenden Abfindungssumme u. s. w. übertragen.

Im Verwaltungswege wurde sodann den Generalkommissionen auch die Gründung von Rentengütern auf staatlichen Grundstücken, vor Allem auf den fiskalischen Hochmooren übertragen, worüber die §§ 178 ff. das Nähere enthalten.

Auch die Erwerbung von Oedländereien bei Gelegenheit der Auseinandersetzungsthätigkeit ist im Verwaltungswege den Generalkommissionen übertragen worden. In Ost- und Westpreussen finden sich vielfach grosse als gemeinsame Viehweiden benutzte Oedländereien, deren Auftheilung im Gemeinheitstheilungsverfahren mit Rücksicht auf ihre Minderwerthigkeit wirthschaftlich nicht empfehlenswerth ist. Die Auseinandersetzungsbehörden sind daher ermächtigt worden, in geeigneten Fällen derartige Flächen zu erwerben und dieselben dann entweder an den Forstfiskus zum Zwecke der Aufforstung weiter zu veräussern oder, soweit es sich um geeignete Flächen handelt, Rentengüter aufzuthun. Die erforderlichen Mittel werden ebenfalls aus dem extraordinären Fonds „zur Errichtung von ländlichen Stellen" etc. gedeckt (s. § 188, auch § 65).

§ 61. Ueber die bisherige Wirksamkeit der Generalkommission auf dem Gebiete der Rentengutsgesetzgebung sind folgende Daten von Interesse:

Die Rentengüter sind zum Theil als vollständige Neuansiedelungen ausgethan, zum Theil sind zu vorhandenen, zu selbstständigen Rentengütern noch nicht geeigneten Grundstücken aus den zur Rentengutsbildung zu verwendenden Gütern Absplisse zugegeben worden, um die Bildung selbstständiger Rentengüter zu ermöglichen.

In den ersten Jahren nach Erlass des Rentengutsgesetzes war die Gründung von Rentengütern eine sehr zahlreiche. Von 1895 ist aber wieder ein Rückgang eingetreten. Zum Theil lag dies darin, dass bei den zuerst erfolgten Rentengutsgründungen von den Generalkommissionen bezw. ihren Kommissarien nicht immer mit der nöthigen Vorsicht und

Sachkenntniss verfahren worden ist.[1]) Theilweise war aber auch daran schuld, dass die Rentengutsbesitzer die Verpflichtung, das zu Rentengutszwecken herzugebende Grundstück vorher lastenfrei zu stellen, meist nicht erfüllen konnten, ohne das hierzu erforderliche Kapital gegen hohe Zinsen (7—8 Proz.) leihen zu müssen. Letzterem Uebelstande soll nunmehr das Ges. v. 12. Juli 1900 (G.-S. S. 300) abhelfen.

Nach diesem Gesetz kann, soweit für die Errichtung von Rentengütern die Vermittelung der Generalkommissionen eintritt, aus den Beständen des Reservefonds der Rentenbanken ein Betrag bis zu 10 Mill. M. als Zwischenkredit zur Schulden- und Lastenabstossung und zur erstmaligen Besetzung mit Wohn- und Wirthschaftsgebäuden gewährt werden.

Es betrug die Zahl der ausgelegten Rentengüter

1891 und 1892 . . .	392	1897 . . .	916
1893 . . .	1490	1898 . . .	720
1894 . . .	1902	1899 . . .	651
1895 . . .	1237	1900 . . .	322
1896 . . .	1167		

Im Ganzen waren bis zum Schlusse des Jahres 1900 8797 Rentengüter ausgelegt worden,[2]) davon 6358 in Folge von Neuansiedelungen und 2439 in Folge von Zukäufen. Die durch Zukäufe gebildeten Rentengüter sind verhältnissmässig am zahlreichsten unter den kleineren Gütern. Von den unter $2^1/_2$ ha grossen Rentengütern in Höhe von zusammen 623 sind 303 Neuansiedelungen und 320 Zukäufe.[3]) Von den 1733 $2^1/_2$—5 ha grossen Rentengütern waren 993 Neuansiedelungen und 740 durch Zukäufe entstanden. Von den 2895 5—10 ha grossen Gütern entfielen auf Neuansiedelungen 2017, auf Zukäufe 878, von den 2766 10—25 ha grossen 2326 auf Neuansiedelungen und nur 440 auf Zukäufe, von den 780 über 25 ha grossen 719 auf Neuansiedelungen und nur 61 auf Zukäufe.

Zur Rentengutsbildung verwendet worden waren bis zum Schlusse des Jahres 1900 im Ganzen 973 Güter mit 225 778 ha. Davon waren

---

[1]) Die Folge davon war, dass später von den damals ausgegebenen Gütern sich nicht alle in der Hand der Erwerber gehalten haben. Nach dem Stande v. 30. Sept. 1899 waren 206 Rentengüter zur Versteigerung gekommen d. h. $2^2/_3$ Proz. der ausgegebenen. Die Verluste des Staates (endgültige und mögliche) bezifferten sich auf rund 450 000 M. Rechnet man dazu etwa je einen ebenso hohen Verlust der Rentengutsausgeber und der Erwerber, so würden das zusammen 1 350 000 M. ausmachen. Der Gesammtbetrag der jährlich an die Rentenbanken zu zahlenden Renten betrug am 30. Sept. 1899 2 050 696 M., zu 25 Proz. kapitalisirt 51 267 400 M. Der Gesammtverlust des Staates im Verhältniss zu dieser Summe macht daher immer nur $^9/_{10}$ Proz., der aller Betheiligten etwa $2^1/_2$ Proz. aus. Rechnet man aber den 51,2 Mill. M. noch die Anzahlungen, Restkaufgelder etc. hinzu, so stellt sich der Prozentsatz des Gesammtverlustes nur auf etwa 1,9 Proz.

[2]) Davon 5041 in evangelischer, 3739 in katholischer Hand und 5703 in deutscher, 2619 in polnischer Hand.

[3]) Es ist dabei nicht nur die zugekaufte, sondern auch die schon vorhanden gewesene Fläche berücksichtigt.

zur Auftheilung gelangt 98790 ha und zwar 972 ha Hofraum und Garten, 74274 ha Acker, 15883 ha Wiese und Hutung, 5953 ha Wald und 1708 ha Wege, Gewässer und Unland.

Der Taxwerth der Rentengüter betrug 73621544 M.[1]) Der Kaufpreis, zu dem die Güter ausgegeben waren, stellte sich auf 2280695 M. in Rente und daneben 16763207 M. in Kapital. Kapitalisirt man die Rente mit dem 25fachen, so ergiebt sich ein Gesammtkaufpreis von 73780582 M.

Der Betrag der ausgegebenen Rentenbriefe stellte sich im Ganzen auf 54590969 M., wovon 50540929 an die Veräusserer der Grundstücke und 4050040 als Darlehne an die Rentengutserwerber für die erstmalige Einrichtung gegeben waren. Dafür hatte der Staat zu beanspruchen 2201237 M. Rentenbankrenten (2039052 + 162185).

Die Veräusserer hatten ausser den obigen Rentenbriefen erhalten 12074804 M. Anzahlungen, 197280 M. an nicht von der Rentenbank übernommenen Renten (darunter 41345 M. Domänen-Amortisationsrenten) und 5033155 M. Restkaufgelder in Form von Hypotheken.

Der bei Weitem grösste Theil der Rentengutsbildungen hat im Osten der Monarchie stattgefunden.

Es entfielen 1900:

	an verwendeten Gütern	mit einer Gesammtfläche von ha	davon aufgetheilt ha	Taxwerth der ausgegebenen Güter M.
Auf die Generalkommission:				
Bromberg	371	101090	51513	34703948
Königsberg	141	26580	14132	8624327
Frankfurt a. O.	110	61558	22404	17092268
I. **Zusammen** in den Provinzen Ost-, Westpreussen, Posen, Pommern, Brandenburg	**622**	**189228**	**88049**	**60420543**
Auf die Generalkommission:				
Breslau	91	23754	6682	7408326
Merseburg	3	376	96	131734
Cassel	7	1362	390	612042
Hannover	88	4901	1825	2275799
Münster	162	6157	1748	2733100
II. **Zusammen** in den westl. Provinzen einschl. Schlesien	**351**	**36550**	**10741**	**13161001**

§ 62. Eine weitere Mitwirkung von grosser kultureller Bedeutung ist den Generalkommissionen bei der Anerbengesetzgebung[2]) der Jahre 1896 und 1898 zugetheilt worden.

[1]) Einige Rentengüter sind nicht taxirt.

[2]) Auch bei der Eintragung von Landgütern in die sogenannten Höferollen werden die Generalkommissionen in etwas betheiligt (Ges. v. 11. 7. 91, G.-S. S. 303).

Nach dem Ges. v. 8. Juni 1896 (G.-S. S. 124), durch welches die Anerbengutseigenschaft, d. h. die Eigenschaft eines Gutes, Mangels testamentarischer anderweitiger Bestimmung an einen einzigen Erben (Anerben) überzugehen, zunächst für Rentengüter (Ges. v. 27. Juni 1890 und v. 7. Juli 1891) und Ansiedelungsgüter (Ges. v. 26. April 1886) eingeführt wurde, ist die Generalkommission zuständig,[1]) sowohl die Eintragung eines auf Grund des Ges. v. 7. Juli 1891 gegründeten Rentengutes als Anerbengut als die Löschung eines eingetragenen Gutes im Grundbuche herbeizuführen. Zertheilungen und Abverkäufe kann der Anerbengutsbesitzer sodann weder durch Verfügung unter Lebenden noch von Todeswegen, ebenso Veräusserungen des ganzen Gutes an andere als die nächsten Verwandten nur mit Genehmigung der Generalkommission vornehmen, welche dabei die Erhaltung der wirthschaftlichen Selbstständigkeit als Hauptgesichtspunkt ins Auge zu fassen hat. Höhere Instanz ist hier der Landwirthschaftsminister.

Ferner wirkt die Generalkommission nach dem Gesetze insofern mit, als sie bei der Erbtheilung auf Antrag eines Erben eine gütliche Vereinbarung zu versuchen hat. Auch hierbei hat sie auf die Erhaltung der Einheit und Leistungsfähigkeit des Anerbengutes hinzuwirken. Sie leitet dann ein besonderes Einigungsverfahren ein. Die Höhe, in welcher dabei dem Anerben der Werth des Gutes angerechnet werden muss, wird durch Sachverständige festgestellt, welche von den Parteien gewählt und bei mangelnder Einigung von der Generalkommission ernannt werden. Die Grundsätze, nach welchen der Anrechnungswerth festzustellen ist, sind im Gesetze fixirt und so gehalten, dass der Anerbe durch die Auszahlungen nicht zu stark wirthschaftlich belastet wird. Wenn eine Einigung über eine Kapitalabfindung nicht zu erzielen ist, so können die Miterben nur eine ihrerseits unkündbare — von dem Anerben nach dreimonatlicher Kündigung durch Kapitalzahlung (25fache der Rente) ablösbare — Geldrente (Erbabfindungsrente) beanspruchen, welche dem 25fachen des den Erbantheil ausmachenden Kapitals entspricht.

Um die Miterben in die Lage zu setzen, in den Kapitalbesitz zu gelangen, ohne dass der Anerbe zu stark auf einmal belastet wird, treten die staatlichen Rentenbanken wie bei der Ablösungsgesetzgebung auch hier vermittelnd ein.

Auf Antrag eines Betheiligten erhält der Rentenberechtigte den $24\frac{1}{2}$fachen Betrag der Rente in $3\frac{1}{2}$prozentigen oder den 26fachen Betrag in 3prozentigen Rentenbriefen, wogegen der Anerbe an die Rentenbank eine jährliche, Zins- und Tilgungsbetrag umfassende Rente zu entrichten hat (5 Proz. bei $3\frac{1}{2}$ und $4\frac{1}{2}$ Proz. bei 3prozentigen Rentenbriefen). Die Rente ist 35 bezw. $37\frac{2}{12}$ Jahre lang zu entrichten.

Auch die Uebernahme der Erbabfindungsrente auf die Rentenbank erfolgt in einem besonderen vor der Generalkommission stattfindenden Verfahren, welches sich, abgesehen von einigen in § 23 vorgesehenen Vorschriften dem bei Ablösungen stattfindenden Verfahren anschliesst. Die Generalkommission hat dabei vor Allem zu prüfen, ob die Rentenbank bei der Rentenübernahme ausreichend gesichert sein würde. Die Eintragung und Löschung der Anerbengutsqualität erfolgt kostenfrei. Im Uebrigen gelten für die Kosten im wesentlichen die in Auseinandersetzungssachen zur Anwendung kommenden Vorschriften.

Bei der durch das Gesetz v. 2. Juli 1898 (G.-S. S. 139) erfolgten Ausdehnung des gesetzlichen Anerbenrechtes auf alle Landgüter der Provinz Westfalen und der Kreise Rees, Essen (Stadt und Land), Duisburg, Ruhrort und Mülheim a. d. Ruhr ist die Mitwirkung der Generalkommissionen in etwas geringerem Masse in Anspruch genommen Einmal findet eine Rentenübernahme auf die Rentenbank hier überhaupt nicht statt, ferner ist das gütliche Einigungsverfahren bei der Erbauseinandersetzung in die Hände des Nachlassgerichtes gelegt. Endlich hat die Eintragung und Löschung der Anerbengutsqualität nicht durch die Generalkommission selbst, sondern durch deren örtliche Beauftragte, die Spezialkommissar, zu erfolgen. Nur auf Beschwerden kommt in erster Instanz eine aus den Spezialkommission als Vorsitzenden und zwei vom Kreistag gewählten Beisitzern gebildete Anerbenkommission und in zweiter Instanz eine bei der Generalkommission zu Münster ge-

---

[1]) Für Ansiedelungsgüter die Ansiedelungskommission, für vom Forstfiskus gegründete Rentengüter der Forstfiskus etc.

bildete Berufungskommission in Betracht, welche besteht aus zwei vom Minister bestellten Mitgliedern dieser Behörde — von denen eins den Vorsitz führt — und 3 von der westfälischen Landwirthschaftskammer gewählten Sachverständigen.

§ 63. Dass sich durch diese vielfachen neuen Aufgaben die Geschäftsthätigkeit der Generalkommissionen trotz Rückganges der Zahl der eigentlichen Regulirungen und Ablösungen in den letzten Jahren wieder erheblich gesteigert hat, kann nicht Wunder nehmen. Die in dem statistischen Ergänzungshefte zu den landwirthschaftlichen Jahrbüchern enthaltenen Tabellen geben über die Geschäftszunahme alljährlich Aufschluss. Allerdings enthielten diese Tabellen bisher nur die Hauptkategorien der Geschäfte, nämlich die Regulirungen, Ablösungen, Gemeinheitstheilungen und Rentengutssachen und auch diese nur bis zu dem Augenblick der Rezessbestätigung.

§ 64. Nach dieser Tabelle stellt sich für 1900 die Geschäftsthätigkeit der einzelnen Generalkommissionen wie nebenstehend (S. 619) folgt.

§ 65. Da aber infolge der neueren gesetzlichen und Verwaltungsbestimmungen die anderweitigen sowie die nach der Rezessbestätigung noch erforderlich werdenden Arbeiten einen immer breiteren Raum einnehmen (§§ 54 ff.), so wurde neuerdings eine weitere Vervollständigung der Tabellen erforderlich. Die aus diesen anderweitigen, den Generalkommissionen erwachsenden Arbeiten, die sogenannten neuen Aufgaben, veranschaulicht die als Anlage XXX abgedruckte Tabelle. Darnach sind z. B. nach Spalte 9 im Jahre 1899 allein 3299 Unschädlichkeitsbescheinigungen ausgestellt worden, die vielfach eingehende örtliche Prüfungen, besonders bei Fideikommissen, erfordern. Nach Spalte 11 und 15 blieben Ende 1899 nicht weniger als 186 Verfahren auf Wassergenossenschaftsbildungen mit und ohne Flussregulirungen anhängig. Die Oedlandserwerbungen zwecks Aufforstungen, bestehend aus Hunderten von Einzelankäufen, machten über 20621 ha aus (Spalte 16). Die Thätigkeit auf dem Gebiete der Moorkulturen, bestehend in Ausführung der Nivellements, Aufstellung und Prüfung der Kulturpläne, Beaufsichtigung und Leitung der Meliorationsarbeiten, Vorbereitung und Durchführung der Besiedelung, Massnahmen zur Befestigung und Hebung der wirthschaftlichen Verhältnisse in den neuen Siedelungen erstreckte sich (Spalte 17) 1899 auf 8514 ha. (s. §§ 178 ff.)

Von den nach der Rezessbestätigung den Generalkommissionen noch obliegenden Geschäften sind hervorzuheben die auf Grund des Ges. v. 2. April 1887 verbleibenden gemeinschaftlichen Angelegenheiten (Spalte 4) mit 273 Sachen und vor Allem die 8377 zu beaufsichtigenden Rentengüter (Spalte 3), eine Aufgabe, die dauernder Natur ist und zweifellos in der nächsten Zeit sich von Jahr zu Jahr steigern wird. An den Aufgaben letzterer Art sind wesentlich nur die vier östlichen Generalkommissionen betheiligt. Oedlandserwerbungen kommen nur

	Zahl aller anhängig gewesenen Auseinandersetzungen				Davon sind erledigt				Von den verbleibenden sind: rezess- bezw. adjudikationsreif oder in der Rezessarbeit begriffen bezw. reif zur Bestätigung des Vertrages				dem Hauptgegenstande nach ausgeführt, aber noch nicht rezessreif				in der Vorbereitung begriffen				Bestätigt sind		Zahl der Prozesse	Davon sind beendigt
	Regulirungen	Ablösungen	Gemeinheitstheilungen	Rentengutssachen	Regulirungen	Ablösungen	Gemeinheitstheilungen	Rentengutssachen	Regulirungen	Ablösungen	Gemeinheitstheilungen	Rentengutsachen	Regulirungen	Ablösungen	Gemeinheitstheilungen	Rentengutssachen	Regulirungen	Ablösungen	Gemeinheitstheilungen	Rentengutssachen	Rezesse, Adjudikationen	Rentengutsverträge		
1. Breslau	—	158	111	20	—	67	14	5	—	36	39	7	—	1	24	3	—	54	34	5	126	2	38	22
2. Bromberg	2	241	229	61	—	106	118	26	2	61	32	16	—	5	31	8	—	69	48	11	204	100	96	37
3. Cassel																								
im Reg.-Bez. Cassel	—	7	345	1	—	1	39	—	—	4	120	—	—	—	55	—	—	2	131	1	32	—	77	24
„ „ „ Wiesbaden	—	7	45	—	—	5	6	—	—	2	8	—	—	—	13	—	—	—	18	—	4	—	14	12
in Waldeck-Pyrmont	—	—	54	—	—	—	6	—	—	—	19	—	—	—	13	—	—	—	16	—	4	—	14	2
„ Schaumburg-Lippe	—	—	8	—	—	—	1	—	—	—	2	—	—	—	—	—	—	—	5	—	1	—	2	—
4. Düsseldorf																								
in der Rheinprovinz	—	3	224	—	—	3	24	—	—	—	64	—	—	—	26	—	—	—	110	—	20	—	26	13
„ Hohenzollern	—	—	17	—	—	—	1	—	—	—	6	—	—	—	—	—	—	—	10	—	1	—	4	4
5. Frankfurt a. O.	1	419	179	33	—	173	43	11	—	89	52	5	1	6	17	4	—	151	67	13	367	71	93	32
6. Hannover																								
in der Provinz Hannover	—	392	411	10	—	291	64	2	—	42	97	—	—	—	55	—	—	59	195	8	339	1	99	63
„ Schleswig-Holstein	—	52	14	31	—	18	2	16	—	14	1	—	—	3	3	14	—	17	8	1	77	7	9	3
7. Königsberg i. Pr.	—	445	237	55	—	183	64	19	—	103	66	8	—	5	20	6	—	154	87	22	253	12	187	95
8. Merseburg																								
in der Provinz Sachsen	—	132	99	—	—	54	9	—	—	20	28	—	—	5	35	—	—	53	27	—	86	—	29	11
„ Sachsen-Meiningen	—	—	44	—	—	—	2	—	—	—	15	—	—	—	11	—	—	—	16	—	2	—	22	14
„ Anhalt	—	2	—	—	—	1	—	—	—	—	—	—	—	—	—	—	—	1	—	—	1	—	—	—
„ Schwarzb.-Sondersh.	—	—	6	—	—	—	—	—	—	—	3	—	—	—	1	—	—	—	2	—	—	—	3	—
„ Schwarzb.-Rudolstadt	—	1	5	—	—	—	—	—	—	—	1	—	—	—	—	—	—	1	4	—	—	—	2	—
9. Münster i. W.	—	363	370	48	—	163	21	26	—	92	114	3	—	8	71	1	—	100	164	18	323	—	196	78
Ueberhaupt	**3**	**2222**	**2398**	**259**	—	**1065**	**414**	**105**	**2**	**463**	**667**	**39**	**1**	**33**	**375**	**36**		**661**	**942**	**79**	**1850**	**193**	**911**	**410**
und zwar in Preussen	3	2219	2281	259	—	1064	405	105	2	463	627	39	1	33	350	36	—	659	899	79	1842	193	868	394
ausserhalb Preussens	—	3	117	—	—	1	9	—	—	—	40	—	—	—	25	—	—	2	43	—	8	—	43	16

in Bromberg und Königsberg, Moorsachen nur in Königsberg, Frankfurt a. O., Hannover und Münster vor (vergl. auch § 60).

§ 66. Der Umstand, dass neben den alten, den eigentlichen Auseinandersetzungsangelegenheiten, in neuerer Zeit immer mehr die neuen kolonisatorischen und kulturfördernden Aufgaben der General-Kommissionen in den Vordergrund getreten sind, hat im Abgeordnetenhause zur lebhaften Erwägung der Frage geführt, ob nicht die Organisation dieser Behörden einer durchgreifenden Umgestaltung zu unterziehen sei.

Infolge eines Antrages Herold:

„Das Haus der Abgeordneten wolle beschliessen: die Königliche Staatsregierung zu ersuchen, eine Umgestaltung der Generalkommissionen nach der Richtung herbeizuführen, dass dem Laienelement bei der Beschlussfassung in den verschiedenen Instanzen eine angemessene Mitwirkung zugewiesen und die Zuständigkeit den allgemeinen Staatsverwaltungsbehörden gegenüber anderweit geregelt wird, sowie eine Ausbildung der Generalkommissionen zu Agrargerichten in Erwägung zu nehmen"

hat die XI. Kommission (Drucks. No. 146) dem Abgeordnetenhause vorgeschlagen, zu beschliessen:

die Königliche Staatsregierung zu ersuchen, die Organisation und das Verfahren der Generalkommissionen auf folgenden Grundlagen anderweit zu gestalten:

I. Zur Herbeiführung eines festeren Zusammenhanges der Generalkommissionen mit der allgemeinen Landesverwaltung sind die Generalkommissionen, unter Abänderung der Instruktion für die Oberpräsidenten vom 31. Dezember 1825, den Oberpräsidenten in der Weise zu unterstellen, dass diesen ein massgebender Einfluss auf den Gang der Geschäfte gesichert wird.

II. Es ist für die Bearbeitung der den Generalkommissionen auf dem Gebiete der inneren Kolonisation und der Landesmelioration bereits überwiesenen und der ihnen auf diesem und ähnlichen Gebieten der Landeskultur noch weiter zu überweisenden Aufgaben eine diesen Aufgaben entsprechende Vermehrung der meliorations-technisch gebildeten Beamten sowie eine Mitwirkung gewählter Laien mit entscheidender Stimme in den Kollegien vorzusehen.

III. Im Uebrigen bewendet es bei dem bisherigen Verfahren mit der Massgabe, dass den unter Zuziehung von Laien kollegialisch auszubildenden Spezialkommissionen eine grössere Selbstständigkeit beizulegen und ihnen in möglichst weitem Umfange die auf mündliche Verhandlung zu treffende Entscheidung erster Instanz zu übertragen ist.

Man war in der Kommission allseitig davon durchdrungen, dass den Generalkommissionen u. s. w. in Zukunft ein wichtiges, fruchtbares Feld der Thätigkeit auf den verschiedenen Gebieten der Landeskultur eröffnet werden müsse, und dass sie zu eigentlichen Trägern des Landesmeliorations- und Genossenschaftswesens, sowie des Ansiedelungs- und Fideikommisswesens als Landeskulturbehörden auszugestalten seien. Es harrten auf diesen Gebieten eine grosse Anzahl von Fragen ihrer endlichen Inangriffnahme und Lösung, und keine anderen Behörden seien zur Aufnahme und Durchführung dieser bedeutsamen Landeskulturaufgaben ähnlich geeignet als die Generalkommissionen, sofern ihnen die Bahnen hierzu eröffnet würden.

Den Bezirksregierungen, in deren Händen diese Angelegenheiten bisher gelegen hätten, fehle die ausreichende Uebersicht für die Förderung der Landeskultur nach einheitlichen Gesichtspunkten, auch verfügten sie nicht in genügendem Masse über die hierzu vorgebildeten Beamten.

Da die Staatsregierung zu den aus dem Abgeordnetenhause hervorgegangenen Anregungen eine wohlwollende Haltung eingenommen hat, so lässt sich erhoffen, dass eine entsprechende Neuorganisation bald erfolgen und sodann die Generalkommissionen auf dem Gebiete der Förderung der Landeskultur sich in gleichem Masse bewähren werden wie bei der Lösung der ihnen früher gestellten Aufgaben.

B. Ordentliche Einnahmen bei den Auseinandersetzungsbehörden.

(Kap. 32 Tit. 1 u. 2 der Einnahme, s. Anl. XXIX.)

I. Kapitel 32 Titel 1.

1. Allgemeines über Auseinandersetzungskosten.

§ 67. Die finanzielle Betheiligung des Staates bei den durch die Auseinandersetzungen entstehenden Kosten beschränkte sich ursprünglich und abgesehen davon, dass er zur Beschaffung der Ablösungskapitalien seinen Staatskredit zur Verfügung stellte (Rentenbanken), lediglich auf die Bezahlung der Gehälter der Auseinandersetzungsbehörden.

Die Kosten des Auseinandersetzungsverfahrens selbst mussten dagegen die Parteien tragen.

Nach § 213 der Verordn. v. 20. Juni 1817 (G.-S. S. 161) sollten die Interessenten die Diäten der Kommissarien und die zu den baaren Auslagen (Reisekosten und sonstige Entschädigungen der Kommissarien und Sachverständigen) gerechneten Kosten bezahlen; dagegen wurde den Interessenten Sportel- und Stempelfreiheit zugesichert.

Ferner blieb es dem Ministerium vorbehalten, auf Antrag die Auseinandersetzungskosten bei Bedürftigkeit der Gutsherrschaften oder Gemeinden ganz oder theilweise zu erlassen.

Die Höhe der von den Kommissarien, Feldmessern u. s. w. zu liquidirenden Beträge regelte ein besonderes Kostenreglement vom 20. Juni 1817 (G.-S. S. 197).

Ein neues Kostenregulativ nebst Instruktion erging unter dem 25. April 1836 (G.-S. S. 181), nach welchem bis Mitte der 70er Jahre verfahren worden ist.

Auch nach diesen Vorschriften hatten Kommissare und Sachverständige Diäten für den Zeitverbrauch zu liquidiren und erhielten ausserdem Erstattung der baaren Auslagen an Reisekosten, Wohnungsmiethe, Protokollführergebühren, Kapitalien, Porto, Emballage u. s. w.

Ferner wurden Urtheils- und Expeditionsgebühren, Quoten für die Kassenverwaltung und Kopialien erhoben.

Dagegen kam man den Interessenten schon insoweit entgegen, als bei Objekten bis zu 1500 M. Pauschsätze von 3 bis 150 M. in Ansatz gebracht werden konnten. Wurden dadurch die Kommissare u. s. w. benachtheiligt, so wurde ihnen der Schaden aus der Staatskasse vergütet; auch wurden staatliche Gratifikationsfonds für besonders tüchtige Beamte bei den Auseinandersetzungsbehörden ausgeworfen (§§ 6, 9, 10, 13, 14 und 15 der Instruktion v. 16. Juni 1836, G.-S. S. 187). Endlich wurde ein Kostenerlass auch in den Fällen gestattet, wo die Kosten zu dem Werthe des Objekts ausser Verhältniss standen (vergl. § 16 a. a. O.).

Die von den Beamten aufgestellten Liquidationen wurden von den Generalkommissionen geprüft und festgesetzt. Die Zahlungen erfolgten auf Anweisung dieser Behörden, deren Ermessen es überlassen blieb, zu bestimmen, ob die Zahlung unmittelbar an den Empfänger oder — was späterhin immer mehr die Regel wurde — an die Kasse der Generalkommissionen zu leisten war.

§ 68. Mit der Zeit musste aber der Staat, besonders nachdem die Auseinandersetzungen von den wohlhabenderen nach den ärmeren Gegenden sich hinzogen, sich bei der Kostentragung stärker engagiren.

Einmal übernahm die Staatskasse alle die Kosten, welche bei den Ablösungen von kirchlichen und Schulinstituten entstehen.

Die bei Auseinandersetzungssachen betheiligten Kirchen- und Schulinstitute brauchen Pauschsätze nur zu bezahlen, soweit nach Abzug der zur ordnungsmässigen Unterhaltung erforderlichen Ausgaben ein verfügungsfreier Ueberschuss verbleibt und dieser nicht etwa dem amtlichen Niessbrauche der Beamten unterliegt. Die sogenannten Nebenkosten (Terminlokal, Stangen, Pfähle u. s. w.) werden auf den Etat der landwirthschaftlichen Verwaltung übernommen (Kap. 101 Tit. 12a Ministerialbl. d. i. Verw. 1877 S. 296). Nur zu den Kosten für Wege und Geräthe müssen sie beitragen (Ministerialbl. d. i. Verw. 1842 S. 226 und 346, R.-G.-E II S. 329).

Aber auch bei den übrigen Auseinandersetzungen erwies sich eine anderweitige Regelung der Kostenfrage zu Gunsten der Interessenten als unumgänglich nöthig. Infolge des Kostenregulativs v. 1836 wurde vielfach Unzufriedenheit und Misstrauen dadurch hervorgerufen, dass gerade die im schliesslichen Resultat am wenigsten gelungenen, von weniger tüchtigen Kommissaren geleiteten und infolge dessen oft sich lange hinziehenden Separationen den Interessenten am theuersten zu stehen kamen. Auch für die Wirksamkeit der Beamten war es nachtheilig, dass dieselben in ihren Bezügen auf Liquidationen gegenüber den Parteien angewiesen waren.

Schon im Jahre 1850 hatte die Regierung daher zwei neue Gesetzentwürfe über die Kosten und die Besoldungsverhältnisse in Auseinandersetzungssachen ausgearbeitet, aber nicht dem Landtage vorgelegt, weil die Aenderung Ausfälle für die Staatskasse besorgen liess, welche man bei der damaligen Finanzlage des Staates vermeiden zu müssen glaubte.

Sodann wurde in der Sitzung des Abgeordnetenhauses v. 8. Febr. 1871 eine auf Aenderung der Kostenvorschriften abzielende Resolution angenommen.

Endlich kam unterm 24. Juni 1875 (G.-S. S. 395)[1]) ein Gesetz über die Neuregelung des Kostenwesens zu Stande. Durch dieses Gesetz wurde die Bezahlung der Kosten nach bestimmten zu dem Objekte der Auseinandersetzung in einem angemessenen Verhältnisse stehenden festen Pauschsätzen allgemein eingeführt. Dies hatte zur Folge, dass nunmehr die entstehenden Kosten vor Beginn des Verfahrens überschlagen werden und keine unverhältnissmässige Höhe erreichen können. Durch die Einführung von festen Pauschsätzen übernahm der Staat gleichsam die Versicherung dafür, dass die Kosten der Sache einen gewissen Höchstbetrag nicht übersteigen, dass somit die Interessenten nicht wegen eines untüchtigen Beamten besorgen müssen, jahrelang mit unabsehbaren Kostenliquidationen besteuert zu werden.

Ausserdem wurden im Ges. v. 1875 die Einnahmeverhältnisse der dauernd beschäftigten Kommissarien verbessert und hinsichtlich der dauernd und ausschliesslich beschäftigten Vermessungsbeamten Abänderungen der früheren Entschädigungssätze in Aussicht gestellt (Reglement v. 4. Jan. 1877), beides, um die Heranziehung tüchtiger Arbeitskräfte für die Auseinandersetzungssachen zu erleichtern (s. § 100).

Es findet seit 1875 keine Liquidation der Beamten gegenüber den Parteien, sondern nur gegenüber der Staatskasse statt, was für das persönliche Verhältniss beider Theile zweifellos von grosser Bedeutung ist.[2])

---

[1]) Das Gesetz gilt für das Geltungsgebiet des Regul. v. 1836. Dieses erstreckte sich zunächst auf die älteren Landestheile, späterhin auf alle Landestheile, in den Landestheilen des linken Rheinufers allerdings nur auf das sogenannte Vorverfahren.

[2]) Welcher Vortheil für die betheiligten Grundbesitzer aus der Einführung des Kostengesetzes entsteht, ergiebt sich aus folgenden einzelnen Fällen:

In nachbenannten Servitutablösungen sind die wirklich entstandenen Verfahrenskosten den in Klammern angegebenen Pauschsätzen gegenübergestellt. Crimmensen: 229,80 M. (22,50 M.), Doerrigsen: 600 M. (257,50 M.), Mackensen: 1318 M. (608,75 M.), Hoernecke: 477 M. (64 M.), Hardegsen: 6482,70 M (2226,75 M.), Wunstorfer Moor: 2619 M. (832,50 M.), Hermannsburg: 31 192 M. (21 000 M.), Bergen: 42 692 M. (22 000 M.), Scheuerbruch: 20 302 M. (11 000 M.).

Gemeinheitstheilungen mit Verkoppelung: Das Durchschnittspauschquantum beträgt 12 M. pro Hektar. Es sind an Kosten entstanden in der Sache von: Bovenden (485½ ha) 62 M. pro Hektar, Düther Esch (58½ ha) 38 M. pro Hektar, Sehlde (829 ha) reichlich 20 M. pro Hektar, Münder (1430 ha) 39 M. pro Hektar, Lachem (330 ha) 28,37 M. pro Hektar, Bodenwerder 35,3 M. pro Hektar, Bishausen (391 ha) mehr als 60 M. pro Hektar, Grossenrode (277¼ ha) 50 M. pro Hektar, Uessinghausen (408 ha) 40 M. pro Hektar, Trögen (483 ha) 53 M. pro Hektar, Hardegsen (857½ ha) 40 M. pro Hektar, Behrensen (329 ha) 40 M. pro Hektar, Offenwarden (46 ha) 112 M. pro Hektar, Elbingerode (528 ha)

§ 69. Im Einzelnen ist zu bemerken: Die Pauschsätze, welche von den Parteien entrichtet werden müssen, sind besondere für das Regulirungsverfahren und besonders für ein im Laufe derselben etwa entstehendes Streitverfahren (siehe §§ 87 ff.).

In diejenigen Geschäften, welche in neuerer Zeit den Auseinandersetzungsbehörden übertragen sind und die vorwiegend kulturfördernden und kolonisatorischen Charakter tragen, werden meist von den Parteien Kosten nicht erhoben, sie bringen also dem Staate nennenswerthe Einnahmen nicht ein.

Im Regulirungsverfahren betragen die Sätze: bei Reallasten und fixirten Renten 0,20 bis 0,50 M. für je 1 M. des Jahreswerthes der Leistungen und Gegenleistungen, für Servitutablösungen bei Landabfindung 1,50 bis 2 M. von 1 M., in anderen Fällen 1 bis 1,50 M. des festgestellten Jahrwerthes, bei Theilungen und Zusammenlegungen 12 M. pro Hektar der Fläche. Bei besonderen Verhältnissen (aussergewöhnlich viel oder wenig Arbeit, besonders guten oder schlechten Vermögensverhältnissen der Gegend u. s. w.) können obige Sätze bis auf das $1^1/_2$fache erhöht oder auf $^1/_4$ ermässigt werden, bei Theilungen und Separationen pro Hektar auf 3 M. ermässigt oder auf 27 M. erhöht werden.

Nur in gewissen, im Gesetze besonders namhaft gemachten Fällen ist der Pauschsatz kein fester, sondern wird unter Berücksichtigung der wirklich entstandenen Kosten festgesetzt (§ 2 Ziff. 4 bis 6 des Gesetzes).

Die an Stelle der Prozesskosten im Streitverfahren zu entrichtenden Pauschsätze betragen: 1. Wenn auf Grund voraufgegangener kontradiktorischer Verhandlung erkannt wird für die I. und II. Instanz[1]) je besonders: bei einem Betrage des Streitobjektes von:

0 bis 150 M.		5 Pf. pro M.,	aber nicht unter	0,50 M.
von dem Mehrbetrage bis zu 450 M.	von je	30 M.,	aber nicht unter	1,00 M.
1500 M.	„ „	150 „	„ „ „	3,00 „
3000 „	„ „	300 „	„ „ „	3,00 „
60 000 „ in I. Inst.	„ „	600 „	„ „ „	3,00 „
„ II. „	„ „	1500 „	„ „ „	3,00 „
Darüber „ I. „	„ „	3000 „	„ „ „	3,00 „
„ II. „	„ „	6000 „	„ „ „	3,00 „

49 M. pro Hektar, Wollershausen (652 ha) 38 M. pro Hektar, Varlosen (722 ha) 29 M. pro Hektar, Ellershausen (290 ha) 39 M. pro Hektar, Landwehrhagen (676 ha) 30 M. pro Hektar.

Gemeinheitstheilungen ohne Verkoppelung (Durchschnittspauschquantum 12 M.). Es sind an Kosten entstanden in der Sache von: Schepsdorf-Lohne (1404 ha) 31,6 M. pro Hektar, Veldhausen ($53^1/_2$ ha) 47 M. pro Hektar, Hardingen ($317^1/_5$ ha) 21,3 M. pro Hektar.

[1]) Wird ein in II. Instanz schwebender Prozess durch Vergleich oder Entsagung des Rechtsmittels beendet, so wird nur $^1/_2$ bezw. $^3/_4$ des vollen Satzes erhoben. Kommt es zu einer Entscheidung in erster Instanz überhaupt nicht oder wird eine solche ohne kontradiktorische Verhandlung getroffen, so wird der Pauschsatz arbiträr bestimmt.

Im Prozessverfahren werden neben den allgemeinen Pauschsätzen noch Nebenkosten (zu unterscheiden von den Nebenkosten in § 70), die auf den Prozess fallenden Reisekosten und Reisezulagen der Kommissare und Protokollführer, sowie die Gebühren und Auslagen der Feldmesser, Sachverständigen, Dolmetscher und Zeugen erhoben.

Die Kosten für die III. Instanz (Reichsgericht) regeln sich nach dem Deutschen Gerichtskostengesetz vom 18. Juni 1878 (R.-G.-Bl. S. 141)/17. Mai 1898 (R.-G.-Bl. S. 659).

Die endgültige Festsetzung und Erhebung der Kosten erfolgt bei Beendigung des Regulirungsverfahrens, in Prozesssachen bei Beendigung der Instanz. Bedürftigen Parteien kann Stundung gewährt werden.

Sowohl im Regulirungs- wie im Prozessverfahren können indessen von den Parteien Vorschüsse eingezogen werden (§ 7 des Ges. v. 1875).

Die formelle Behandlung der Kostensachen ist geregelt durch die Anweisung des Finanz- und Landwirthschaftsministers vom 24. März 1892.

§ 70. Von den Parteien müssen endlich noch getragen werden die sog. Nebenkosten des Auseinandersetzungsverfahrens, welche besonders bei Gemeinheitstheilungen und Umlegungen von Bedeutung sind. Dies sind einmal Kosten für Ausführung der Pläne (Wege, Gräben u. s. w.), sodann sächliche Vermessungskosten (Pfähle, Steine, Arbeitslöhne). Da diese Kosten neben den Pauschsätzen von den Parteien getragen werden müssen, erscheinen sie auch nicht in Kap. 32 Tit. 1 des Staatshaushaltsetats in Einnahme.

Diese Kosten werden aus einer besonders gebildeten sog. Nebenkostenkasse gedeckt, welche unter Aufsicht des Spezialkommissars und des Deputirten der Interessenten steht. Auch wählen die Interessenten einen besonderen Rechner für die Nebenkasse. Die Einnahmen dieser Kasse fliessen aus Beiträgen der Interessenten, deren Höhe die Generalkommission festsetzt und die event. zwangsweise eingetrieben werden können.

Auf die Staatskasse sind diese Nebenkosten nur in einem Ausnahmefalle zu übernehmen (auf Kap. 101 Tit. 12 d. Etats), wenn es sich nämlich um unvermögende geistliche und Schulinstitute handelt (§ 115).

2. Entwickelung des Kap. 32 Tit. 1 seit dem Etatsjahre 1849.

§ 71. Die in Frage kommenden Einnahmen sind im wesentlichen solche, welche aus Anlass eines Auseinandersetzungsverfahrens von den Parteien erhoben werden (§ 67 ff.). Im Jahre 1849 sah der Etat an Einnahmen bei den Generalkommissionen 2 759 067 M.

vor. In den nächsten Jahren fanden erhebliche Steigerungen statt. Sie erreichten ihren Höhepunkt Ende der 50er Jahre, wo sie (1859) sich auf 3 124 164 M. beliefen. Seitdem verminminderten sie sich infolge der allgemeinen Abnahme der Zahl der Geschäfte bei den Auseinandersetzungsbehörden und auch deshalb, weil ein grosser Theil der Spezialkommissarien und Feldmesser seit dem Jahre 1861 bei der Grundsteuerregulirung beschäftigt wurde. Im Laufe der 60er Jahre gingen die Einnahmen fast auf die Hälfte zurück. Anfang der 70er Jahre stiegen sie dann wieder, indem besonders bei der neuen Generalkommission in Cassel und Hannover sowie bei den landwirthschaftlichen Abtheilungen der Regierung zu Schleswig und Wiesbaden eine Vermehrung der Thätigkeit in Auseinandersetzungsangelegenheiten hervortrat.

Infolge des neuen Kostengesetzes vom 24. Juni 1875 wurden die Spezialetats sämmtlicher Auseinandersetzungsbehörden revidirt, und es wurden darnach die Einnahmen des Tit. 1 für die Generalkommissionen zu Cassel, Münster, Stargard, und die Regierungen zu Schleswig und Wiesbaden mit zusammen 133 890 M. mehr, und für die übrigen Generalkommissionen des Ostens (Breslau, Frankfurt, Merseburg) und die dortigen Regierungen (Gumbinnen, Danzig, Marienwerder) mit zusammen 102 050 M. weniger ausgebracht. Insgesammt wurden 1876 eingestellt 1 706 925 M.

Seitdem fanden erhebliche Herabsetzungen des Titels, besonders 1884/85 und 1885/86, statt von zusammen 342 847 M. gegen 1883/84. Davon kamen auf Bromberg 52 457 M., Merseburg 99 900 M., Breslau 70 000 M., Cassel 30 000 M., Frankfurt a. O. 90 400 M.

Allmählich sanken dann die Einnahmen bis 1889/90 auf 1 006 800 M. Im Jahre 1890/91 wurde der Fonds um 296 800 M. vermindert auf 710 000 M.

Der Grund dieser Thatsache lag hauptsächlich in folgenden Umständen:

Die Reallastenablösungen sind für die Staatskasse die lukrativsten, da für sie, ohne erhebliche Arbeiten zu verursachen, ein verhältnissmässig hohes Pauschquantum festgestellt ist, so dass letzteres die wirklich entstandenen Kosten übersteigt und für die Staatskasse also ein Ueberschuss sich herausstellt. Daran schliessen sich die Servitutablösungen, bei welchen sich das Pauschquantum und die wirklich entstandenen Kosten ungefähr decken. Ganz anders verhält es sich aber mit den Grundstückszusammenlegungen, bei welchen die wirklich erwachsenen Kosten durch das Pauschquantum auch nicht annähernd gedeckt werden und nach der dem Kostengesetz vom 24. Juni 1875 zu Grunde liegenden Absicht auch nicht gedeckt werden sollen, so dass für diese Sachen von Anfang an ein erheblicher Zuschuss aus der Staatskasse erforderlich gewesen ist.

Nach der Entwickelung der Auseinandersetzungsgeschäfte hatten nun diejenigen Angelegenheiten, welche der Staatskasse vortheilhaft sind, ab-, die anderen Geschäfte dagegen erheblich zugenommen. Die Reallastenablösungssachen waren Ende der 80er Jahre, nachdem durch das Ges. v. 17. Jan. 1881 die Rentenbanken mit dem 31. Dez. 1883 geschlossen und später neue Sachen nur vereinzelt anhängig wurden, fast sämmtlich beendigt und das Kostenwesen in denselben war schon seit Mitte der 80er Jahre fast vollständig abgewickelt, so dass für die sich daran anschliessende Zeit ein Ausfall an Kosteneinnahmen nothwendiger Weise entstehen musste. Die Servitutablösungssachen hatten ebenfalls, wenn auch nicht in gleichem Masse abgenommen und einen Ausfall herbeigeführt. Die Grundstückszusammenlegungen (Separationen, Verkoppelungen, Konsolidationen) hatten dagegen der Zahl als auch dem Umfange und der Wichtigkeit nach erheblich zugenommen. Während aber früher hauptsächlich die wohlhabenderen Gegenden sich den Zusammenlegungen zuwandten, hatten in den letzten Jahren auch die Grundbesitzer ärmerer Gegenden in grösserem Umfange begonnen, sich die genannte Kulturmassregel zu Nutzen zu machen. So erfreulich dieser Umstand auch an sich ist, so hatte er doch für die Staatskasse einen Ausfall an Kosteneinnahmen zur Folge. Denn in den wohlhabenderen Gegenden konnte nicht allein der regelmässige Pauschsatz von 12 M. pro Hektar innegehalten, sondern auch sehr häufig gemäss § 3 Abs. 2 a. a. O. bis auf 27 M. pro Hektar erhöht werden; in den ärmeren Gegenden dagegen konnte der Satz von 12 M. pro Hektar nicht festgehalten, musste vielmehr ermässigt werden, und zwar nicht selten bis zum niedrigsten Satze von 3 M. Dazu kam noch die ungünstige Lage der Landwirthschaft, welche nicht allein die Ermässigung der Pauschsätze, sondern auch die nach dem Kostengesetze § 7 Nr. 1 zulässige möglichst ausgedehnte Regulirung von Terminalzahlungen erforderte, so dass in den einzelnen Jahren geringere Beträge zur Vereinnahmung gelangten.

1892/93 trat eine kleine Erhöhung von 35 000 M. bei der Generalkommission zu Münster ein, welcher 1893/94 eine Verminderung von 29 500 M. bei derjenigen zu Merseburg, 1895/96 von 13 800 M. bei derjenigen zu Hannover folgte.

Die letzte erhebliche Herabsetzung des Fonds von 687 700 M. auf 495 700 M. erfolgte durch den Etat 1900 und wurde wiederum damit begründet, dass das Auseinandersetzungsverfahren in den letzten Jahren besonders in den ärmeren Gegenden (Eichsfeld, Eifelgebiet, Westerwald, Sauerland) Eingang gefunden habe, die Regulirungskosten-Pauschsätze daher im Allgemeinen niedriger bemessen worden seien als früher.

§ 72. Vergleicht man hiernach die Höhe der gegenwärtigen Einnahmen aus Kap. 32 Tit. 1 mit denen früherer Jahre, so ergiebt sich eine Verminderung gegen das Jahr 1859 (mit 3 124 164 M.) um 530 Proz. und gegen das Jahr 1876 (mit 1 706 925 M.) um 244 Proz.

Vergleicht man aber das Verhältniss der Einnahmen zu den Ausgaben von jetzt gegen früher, so ist die Verminderung des Prozentsatzes noch eine ganz erheblich grössere.

Während in dem Etat der 50er Jahre noch der bei weitem grösste Theil der Ausgaben für die Auseinandersetzungsbehörden in den Einnahmen seine Deckung fand, ist der Prozentsatz der durch eigene Einnahmen gedeckten Ausgaben besonders seit dem neuen Kostengesetz von 1875 ständig gesunken. Es wurden von den ordentlichen Ausgaben durch eigene Einnahmen gedeckt: 1849: 85 Proz., 1876: 49 Proz., 1885/86: 34 Proz., 1890/91: 13 Proz., 1895/96: 11 Proz., 1900: 0,6 Proz.

Vom rein finanziellen Standpunkt ist dies gewiss ein höchst ungünstiges Resultat. Vom volkswirthschaftlichen Standpunkt aus aber legen diese Zahlen in Verbindung mit dem, was von den Auseinandersetzungsbehörden im Laufe des 19. Jahrhunderts geleistet worden ist, ein glänzendes Zeugniss dafür ab, wieviel die landwirthschaftliche Bevölkerung, besonders in ihren mittleren und unteren Stufen den Auseinandersetzungsbehörden und der vom Staate in reichlichster Weise erfolgten Bereitstellung von Staatsmitteln für deren Zwecke zu danken hat.[1])

[1]) In dem Immediatberichte des Landwirthschaftsministers über die Jahre 1881/83 werden die Folgen einer Gemeinheitstheilung für den Aufschwung einer Gemeinde anschaulich geschildert: Die Grundbesitzer von Neuenheerse, Kreis Warburg, Regierungsbezirk Minden, haben sich die im Jahre 1878 eingeleitete und trotz der bedeutenden Schwierigkeiten des gebirgigen Terrains im Jahre 1882 ausgeführte Separation der dortigen Feldmark zur Grösse von 1189 ha sehr zu Nutzen gemacht. Sie haben Raine ausgegraben, Gestrüpp ausgerodet, zahlreiche Wege gebaut und Gräben gezogen, Oedländer und versumpfte Flächen kultivirt, Steinhaufen, Vertiefungen und die überflüssigen Wege und dergleichen beseitigt, Weidekämpe für das Nutzvieh angelegt a. a. m. Die planlos herumgeführten Bewässerungsgräben, welche zwar für die alten zerstückelten Parzellen passten, nicht aber für die neuen grossen Wiesen geeignet sind, haben sie zu systematischen Bewässerungsanlagen umgewandelt. Die zahlreichen Verbesserungen der neuen Wirthschaft haben frei und ohne durch Rücksicht auf den Nachbar beschränkt zu sein, ausgeführt werden können. Das Gefühl der Freiheit von den Fesseln der früheren Gemengwirthschaft hat einen regen Eifer nach Verbesserungen erweckt, welche, keine Anstrengungen und Kosten scheuend, in kurzer Zeit mit ungeahnter Kraft den neu gewonnenen Besitz gänzlich umgestaltet hat. Auch die Bauern sehen dort ein, dass erst die mit der Servitutbefreiung verbundenen Grundstückszusammenlegungen sie zu vollständigen Herren ihres Grund und Bodens gemacht und in ihrer Wirthschaft von dem Betriebe ihrer Nachbarn unabhängig gestellt hat. Von den landwirthschaftlichen Maschinen, deren Anwendung nun wesentlich erleichtert ist, wird ein weit grösserer Gebrauch gemacht. Der Feldschutz ist erheblich erleichtert. Durch Feststellung der Eigenthumsgrenzen und der Rechtssphäre jedes Einzelnen hat die Rechtssicherheit gewonnen, das Rechtsbewusstsein und die Sittlichkeit eine unverkennbare Stärkung erhalten und sind die früher zahlreichen Eigenthums-, Besitz-, Servitut- und dergleichen Streitigkeiten und Prozesse fast gänzlich beseitigt. Winkelkonsulenten wie Güterschlächter finden dort nicht mehr wie ehedem ihre Nahrung. Es ist ein harmloser Geist in die Gemeinde eingezogen. Ein Jeder bethätigt den Trieb nach Bereicherung nur innerhalb seines Besitzthums durch intensivere Bewirthschaftung, Einführung einer besseren Feldeintheilung und einer geregelteren Fruchtfolge.

§ 73. Die Einnahmen aus dem Titel 1 betrugen bei den einzelnen Generalkommissionen bezw. Regierungen

	1876	1885/86	1895/96	1899/1900
Generalkommissionen:	M.	M.	M.	M.
Breslau	221 200	81 200	70 000	37 500
Cassel	310 250	276 000	167 000	81 000
Frankfurt	230 400	200 500	79 000	52 500
Hannover	600	279 430	101 800	97 800
Merseburg	450 900	301 000	60 500	27 500
Münster	165 600	98 600	97 400	71 400
Stargard	170 800	—	—	—
Bromberg	—	131 208	94 500	71 500
Düsseldorf	—	—	17 500	26 500
Königsberg	—	—	—	30 000
Regierungen:				
Königsberg	42 030	—	—	—
Gumbinnen	20 030	—	—	—
Danzig	13 050	—	—	—
Marienwerder	28 015	—	—	—
Schleswig	50 150	—	—	—
Wiesbaden	3 600	3 600	—	—
Summa	1 706 925	1 371 538	687 700	495 700

Ueberall tritt der Rückgang der Einnahmen eklatant hervor. Eine Gegenüberstellung der Einnahmen und Ausgaben (1901) bei den einzelnen Generalkommissionen ergiebt folgende Zahlen:

	Einnahmen (Kap. 32 Tit. 1) M.	Ausgaben (Kap. 101) M.	Verhältniss von 1 : 2 in Proz.
Breslau	37 500	559 260	6,7
Bromberg	71 000	536 727	13,2
Cassel	81 000	1 739 941	4,1
Düsseldorf	26 500	1 007 413	2,6
Frankfurt a. O.	52 500	615 630	8,5
Hannover	97 800	900 587	10,8
Königsberg	30 000	451 920	6,6
Merseburg	27 500	409 346	6,7
Münster	71 400	1 659 617	4,3
Summa	495 700	7 880 441	6,2
		+ 1 139 354 Centralfonds	
Summa		9 019 795 Gesammtausgabe aus Kap. 101	

Der hohe Prozentsatz in Bromberg liegt wohl daran, dass hier noch viel Ablösungen stattfinden, auch Nebeneinnahmen aus Nebengeschäften im Sinne des § 65 häufig vorkommen. Endlich sind hier im letzten Jahre besonders viel Sachen erledigt, wo Kosten eingezogen wurden.

Bei Düsseldorf hat der niedrige Prozentsatz hauptsächlich darin seinen Grund, dass die Verhältnisse der Interessenten meist sehr ärmliche sind (Eifel). Auch wird hier der Grundsatz durchgeführt, dass in den einzelnen Kreisen meist die ersten Zusammenlegungen kostenlos als Vorbild und Anregung für andere Gemeinden ausgeführt werden.

II. Kapitel 32 Titel 2.

§ 74. Dieser Titel ist im Verhältniss zu Tit. 1 von geringerer Bedeutung (54 043 M. im Jahre 1901).

Die Zuständigkeit einzelner Generalkommissionen sowie des Ober-Landeskulturgerichts erstreckt sich auch auf die Auseinandersetzungssachen in nicht preussischen Staatsgebieten, nachdem mit den betreffenden Staaten entsprechende Verträge geschlossen sind.

1. Die Generalkommission zu Merseburg ist zuständig zur Bearbeitung der in den Fürstenthümern Schwarzburg-Sondershausen und Schwarzburg-Rudolstadt, sowie in den Herzogthümern Meiningen und Anhalt vorkommenden Gemeinheitstheilungen bezw. Ablösungen — Staatsverträge v. 9. Okt. 1854 (G.-S. S. 571), v. 10. Dez. 1855 (G.-S. 1856 S. 6), v. 18. Juni 1868 (G.-S. S. 873) und v. 18. Sept. 1874 (G.-S. S. 359). Die Verträge sind kündbar (1jährige Kündigungsfrist).

Das Verfahren richtet sich nach den in diesen Staaten geltenden Verfahrensbestimmungen. Die Spezialkommissionen, Landmesser u. s. w. sind theils nicht preussische Beamte, stehen aber alle unter der geschäftlichen Disziplin der Generalkommissionen.

Die fremdländischen Regierungen sind zur Zahlung jährlicher Beiträge verpflichtet, die für die ersten Jahre auf 3000 bezw. bei Anhalt und Meiningen 4500 M. festgesetzt und für die spätere Zeit besonderer Verabredung vorbehalten waren.

2. Die Generalkommission zu Cassel ist zuständig für Servitutenablösungen, Gemeinheitstheilungen und Grundstückszusammenlegungen erstens in den Fürstenthümern Waldeck-Pyrmont, Ges. v. 25. Jan. 1869 (G.-S. S. 291), durch welches die preussische Verordn. v. 13. Mai 1867 betreffend die obengenannten Gegenstände für Kurhessen auf Waldeck-Pyrmont ausgedehnt wurde auf Grund des Staatsvertrages v. 18. Juli 1867 (G.-S. 1868 S. 1), zweitens Schaumburg-Lippe v. 20. Okt. 1872 (G.-S. 1873 S. 18) und v. 27. April 1874 (G.-S. S. 245). Nach Art. 4 dieses Vertrages bezieht Preussen die Landeseinnahmen und leistet die entstehenden Verwaltungsausgaben für die Fürstenthümer. Die für die an Ort und Stelle fungirenden Beamten (Spezialkommissionen, Feldmesser) entstehenden Ausgaben wurden anfänglich in einer Summe mit den sonstigen Ausgaben für Waldeck-Pyrmont (Kap. 43 Tit. 8 Allgemeine Finanzverwaltung) ausgeworfen. Im Interesse der Beamten, ihrer Pensions- und Reliktenansprüche u. s. w. sind dieselben aber seit dem Jahre 1885/86 ausdrücklich als preussische Beamte anerkannt worden und ihre Gehälter im Einzelnen auf den preussischen Staatshaushaltsetat (Kap. 101) genommen worden.

§ 74a. Im Jahre 1885/86 betrug die Einnahme in Kap. 32 Tit. 2 zusammen 20 100 M. (Schwarzburg-Sondershausen 3000 M., Rudolstadt 600 M., Sachsen-Meiningen 7500 M., Schaumburg-Lippe und Anhalt je 4500 M.), 1886/87 und 1887/88 kamen für Waldeck-Pyrmont (1 Spezialkommissar, 3 Vermessungsbeamte) hinzu 29 230 M., welchen gleiche Vermehrungen der Ausgabetitel Kap. 101 (Tit. 4, 5, 7, 11) entsprachen.

Bis 1891/92 und 1892/93 steigerten sich die Einnahmen des Tit. 2 bis auf 57 980 M., seitdem trat infolge Geschäftsverminderung bis 1898/99 eine Verminderung auf 47 808 M. ein (Schaumburg-Sondershausen 3000 M., Rudolstadt 400 M., Sachsen-Meiningen 7500 M., Schaumburg-Lippe 100 M., Anhalt 500 M., Waldeck-Pyrmont 36 308 M.). Seit 1899 hat eine Vermehrung bei Schaumburg-Lippe auf 750 M. und in Waldeck-Pyrmont auf 41 893 M. stattgefunden, sodass der Gesammtbetrag nunmehr 54 043 M. ausmachte.

§ 74b. Die Thätigkeit der preussischen Staatsbehörden in den genannten Staaten ergiebt sich aus folgender Uebersicht:

Es wurden bis Ende 1899 separirt

	Besitzer	separirte Fläche	vermessene Fläche
durch die Generalkommission Cassel:			
Waldeck-Pyrmont	10 795	54 192	1 098
Fürstenthum Lippe	7 060	34 444	—
durch die Generalkommission Merseburg:			
Herzogthum Sachsen-Meiningen	21 059	63 491	7 281
„ Anhalt	876	5 904	25
Fürstenthum Schwarzburg-Sondershausen	20 483	56 900	12 592
„ Rudolstadt	12 678	39 549	34 572
Summa	72 951	254 481	55 569

Ausserdem wurden von der Generalkommission Merseburg für die genannten vier Staaten zusammen 7968 Pflichtige gegen 456 019 M. Kapital, 23 829 Geld-, 8 Neuscheffel Roggenrente und 5,07 ha Land abgelöst.

C. Ordentliche Ausgaben.

(Kap. 100 u. 101 der Ausgabe.)

I. Allgemeines.

§ 75. Während die Einnahmen in Auseinandersetzungssachen absolut und relativ im Laufe des 19. Jahrhunderts erheblich abgenommen haben, ist bei den laufenden Ausgaben für die Auseinandersetzungsangelegenheiten eine sehr erhebliche Steigerung zu verzeichnen.

Im Staatshaushaltsetat sind diese Ausgaben in Kap. 100 (Oberlandeskulturgericht) und 101 (Generalkommissionen) enthalten.

Die Ausgabe des ersten Kapitels fällt weniger ins Gewicht. Sie betrug im Jahre 1849 73 500 M. und ist seitdem bis 1900 gestiegen auf 157 460 M.

Hauptsächlich machte sich die Steigung bei Kap. 101 geltend, welches die Ausgaben für die Generalkommissionen und Spezialkommissionen umfasst. Hier betrugen die Ausgaben 1849: 3 143 564 M., 1860: 3 437 604, 1867 alte Provinzen: 2 406 780 M., neue Provinzen 129 485 M., zusammen 2 536 265 M.[1]), 1870: 2 909 535 M., 1876: 3 351 887 M., 1881/82: 3 545 900 M., 1885/86: 3 971 929 M., 1890/91: 5 150 494 M., 1895/96: 6 215 719 M., 1900: 8 406 940 M.

Gegen das Jahr 1876 mit 3 351 887 M. hat hiernach die Steigerung der Ausgaben bei den Generalkommissionen betragen 5 055 053 M. oder 158 Proz., verglichen mit 1867 sogar 5 870 675 oder 231 Proz. Besonders auffallend ist die Zunahme der Ausgaben seit 1885/86. Sie ist einmal durch die grosse Vermehrung des Vermessungs- und sonstigen Personals, sowie auch durch mehrfache, den Generalkommissionen neu übertragene Geschäfte herbeigeführt worden.

Seit 1876 haben folgende Vermehrungen an Beamtenstellen bei den Auseinandersetzungsbehörden stattgefunden:

	1876	1900
Dirigenten (Präsidenten)	7	9
Räthe bei den Generalkommissionen	56	67
Sekretariatsbeamte der Generalkommissionen	72	131
Kassenbeamte	7	—
Vermessungsinspektoren	—	11
Kanzlisten	29	58
Boten	17	28
Spezial-(Oekonomie-)Kommissare	100[2])	89
Spezialkommissare aus der Klasse der Reg.-Räthe und Assessoren	31	57
Sekretäre der Spezialkommissionen	—[3])	182
Etatsmässige Vermessungsbeamte (bei General- und Spezialkommissionen)	49	450
Etatsmässige Meliorationstechniker	—	9
Etatsmässige Zeichner	—	76

Neben dieser erheblichen Vermehrung der etatsmässigen Stellen sind auch die Fonds für Remunerirung von Hülfsarbeitern im höheren

[1]) Der starke Rückgang erklärt sich zum Theil aus der Uebertragung der Ausgaben für die Rentenbanken, die sich von 1851—1859 von 150 000 M. auf 489 147 M. gesteigert hatten, auf den Etat des Finanzministeriums.

[2]) Von den im Etat 1876 genannten 85 „Oekonomiekommissaren und Feldmessern in Hannover" waren 36 Oekonomiekommissare und 49 Vermessungsbeamte. No. 116 Drucks. Abg.-H. 1882/83.

[3]) Waren Privatbeamte der Spezialkommissare.

und niederen Dienste (Kap. 101 Tit. 8—11 c) noch von 1 086 580 M. auf 1 272 870 M. gestiegen.

Besonders die Vermehrung des vermessungs- und meliorationstechnischen Personals weist deutlich darauf hin, in welcher Richtung sich die Thätigkeit der Generalkommissionen in den letzten Dezennien besonders ausgebildet hat und wie der Gesichtspunkt der direkten Förderung der Landeskultur in der Thätigkeit dieser Behörde immer stärker in den Vordergrund tritt (s. oben § 54 ff.).

§ 76. Um wieviel grössere Anforderungen an Arbeit die einzelne Sache an die Auseinandersetzungsbehörden stellt, geht daraus hervor, dass im Durchschnitt der Jahre 1875—1877 bei den Auseinandersetzungsbehörden jährlich erledigt wurden an Regulirungen 3, Ablösungen 4666, Gemeinheitstheilungen 638, in Summa 5307 Sachen (Rezessbestätigungen 7055). Dagegen wurden im Durchschnitt der Jahre 1897—1899 bei ganz erheblich gewachsenem Personal nur jährlich erledigt 11 Regulirungen, 1089 Ablösungen, 310 Gemeinheitstheilungen, wozu noch 159 Rentengutssachen traten, in Summa also 1569 Sachen (Rezessbestätigungen 1920). Berücksichtigt man dabei die starke Einnahmeverminderung, sowie die grosse Vermehrung der Ausgaben, so ergiebt sich allerdings, dass die durchschnittlichen Zuschüsse zu der einzelnen Sache aus allgemeinen Staatsmitteln sich im Laufe der Zeit ganz ausserordentlich erhöht haben.

II. Oberlandeskulturgericht.

(Kap. 100 des Ausgabeetats.)

1. Geschichte.

§ 77. In Verfolg der Anordnungen des Landeskulturedikts v. 14. Sept. 1811 und der Deklaration v. 29. Mai 1816 wurden auf Grund der Allerh. Kab.-O. v. 10. April 1817 5 besondere Revisionskollegien zur instanzlichen Entscheidung der zur Zuständigkeit der Generalkommissionen (§§ 82, 83) gehörigen Streitigkeiten eingerichtet und durch § 29 der Verordn. v. 20. Juni 1817 (G.-S. S. 161) bestätigt (Berlin, Breslau, Stettin, Marienwerder und Königsberg). Später kamen, als sich infolge der Gesetzgebung von 1821 die Geschäfte vermehrten, noch diejenigen zu Münster, Magdeburg und Stendal hinzu.

Allmählich gelangte man aber zu der Ueberzeugung, dass die Zwecke dieser Behörden nur durch ein Centralkollegium ordnungsmässig erfüllt werden könnten. Einmal war die Erwägung massgebend, dass die Stellen bei den Revisionskollegien nur nebenamtlich von Richtern und Verwaltungsbeamten versehen wurden, sodann, dass die vielfache Anwendung praktischer Fälle aus allen Landestheilen in einem Centralkollegium für die bei den Fortschritten der Landwirthschaft nicht ausbleibende Entwickelung der Landeskulturgesetzgebung, besonders aber für die Erhaltung und Fortbildung gleichförmiger allgemeiner Rechtsgrundsätze von Wichtigkeit sei, und dass damit auch für die Verwaltung der Landeskultur und Auseinandersetzungsangelegenheiten an Einheit, Uebersicht und Kraft, und hierdurch für die Beschleunigung und bessere Bearbeitung der Sachen, dadurch aber für die Entwickelung der Landeskultur überhaupt Gewinn zu erwarten sei.

Das „Revisionskollegium für Landeskultursachen" ist demnächst laut Min.-Bekanntm. v. 31. Juli 1845 (M.-Bl. d. i. Verw. S. 241) mit dem 1. Okt. 1845 in Wirksamkeit getreten und führt seit dem 1. April 1880 auf Grund des § 2 des Ges. v. 18. Febr. 1880 (G.-S. S. 59) den Namen „Oberlandeskulturgericht".

2. Zuständigkeit.

§ 78. Das Oberlandeskulturgericht ist zuständig für die Berufung und Beschwerden gegen Entscheidungen der Generalkommissionen.[1]) Ihm steht in derselben Art und Ausdehnung wie der Generalkommission über alle zu seiner Entscheidung gelangenden landwirthschaftlichen Gegenstände ein selbstständiges Urtheil zu. In Ansehung der Wahrnehmung der landespolizeilichen und staatswirthschaftlichen Interessen hat es gleiche Befugnisse und Verpflichtungen wie die Generalkommissionen. Dagegen hat es die auf das Vermögen der Korporationen und öffentlichen Anstalten sich beziehenden Rechte, desgleichen die dem Staate zustehenden Patronatsrechte nicht von Oberaufsichtswegen wahrzunehmen, sondern dieses den betreffenden Verwaltungsbehörden zu überlassen und ihnen nur rechtzeitig Nachricht zu geben.

3. Verfassung, Zusammensetzung.

§ 79. Das Oberlandeskulturgericht steht unter der gemeinschaftlichen Leitung des Justizministers und des Ministers für Landwirthschaft etc., hat seinen Sitz in Berlin und besteht aus einem Präsidenten, sowie mindestens 8 Mitgliedern, welche sämmtlich mit der landwirthschaftlichen Grundlehre vertraut sein und zur Hälfte Richterqualität haben müssen. In den letzten Jahren ist wegen der Steigerung der Geschäfte die Zahl der Räthe auf 10 vermehrt.

Sowohl der Präsident wie die Mitglieder werden vom König ernannt, ersterer auf Vorschlag des Staatsministeriums, letztere auf Vorschlag der genannten beiden Minister, welche auch nöthigenfalls Hülfskräfte von gleicher Qualifikation wie die Mitglieder ernennen.

Das Gericht entscheidet in der Besetzung von wenigstens fünf Richtern einschliesslich des Vorsitzenden. Sämmtliche Mitglieder und Hülfsarbeiter (gegenwärtig 2) haben Stimmrecht; bei Stimmengleichheit giebt der Vorsitzende den Ausschlag.

---

[1]) Siehe im Einzelnen die Zusammenstellung im Staatshandbuch für 1900 S. 180.

Auf den Präsidenten und die Mitglieder findet das richterliche Disziplinargesetz v. 7. Mai 1851 (G.-S. S. 218 §§ 65—69)/9. April 1879 (G.-S. S. 345) Anwendung. Vom Schöffen- und Geschworenendienste sind sie frei.

Der Präsident hat den Rang der Räthe II. Klasse, die Mitglieder (Oberlandeskulturgerichtsräthe) der Räthe III. Klasse.

4. Staatsausgaben.

§ 80. Die Ausgaben für das Oberlandeskulturgericht und ihre Entwickelung weisen keine Besonderheiten und keine ungewöhnliche Steigerung gegenüber der früheren Zeit auf. Sie betrugen insgesammt im Jahre 1849: 73 500 M., 1867: 91 620 M., wuchsen hauptsächlich infolge der Besoldungserhöhungen im Jahre 1872, sowie durch Einführung der Wohnungsgeldzuschüsse bis 1876 auf 129 120 M. Davon kamen auf Besoldungen 96 900 M., Wohnungsgeldzuschüsse 16 380 M. Andere persönliche Kosten (Remunerirung von Hülfsarbeitern etc.) 9600 M. Sächliche Kosten, einschliesslich Tagegelder und Reisekosten 6240 M.

Von 1881/82 zu 1882/83 stieg der Fonds zur Remunerirung von Hülfsarbeiten von 6000 auf 14 000 M. Die Besoldungserhöhungen im Jahre 1897/98 brachten eine Steigerung der Besoldungen. Auch hatte inzwischen eine Vermehrung der Zahl der Beamten um 2 neue Rathsstellen stattgefunden.

Bei den sächlichen Ausgaben trat von 1898/99 auf 1899 eine Steigerung von 7400 M. auf 13 400 M. ein, indem der Reisekostenfonds um 6000 M. erhöht wurde. Da in neuerer Zeit die technischen Fragen der Landeskultur immer breiteren Raum in den Streitfragen einnehmen, auch vielfach dem Oberlandeskulturgericht auf Grund gesetzlicher Befugniss (Ges. v. 18. Febr. 1880, G.-S. S. 59 § 2 und 3. Jan. 1899, G.-S. S. 403 § 2) Entscheidungen im Regulirungsverfahren übertragen werden, die sich auf dem weiten Gebiete des Bodenmeliorations- und Kolonisationswesens bewegen, sollte den Mitgliedern öfters Gelegenheit gegeben werden, durch örtliche Inaugenscheinnahme ein richtiges Urtheil und mehr Erfahrung zu gewinnen.

a) Besoldungen.

§ 81. Die Gesammtausgabe für 1900 beträgt für 1 Präsident 12 000 M., 10 Räthe je 7500—9300 M., 2 Sekretäre je 3000—5000 M., 2 Kanzlisten je 1800—2800 M., 2 Boten je 1200—1600 M., zusammen an Besoldungen 111 800 M.

Der Präsident erhält ein Fixum von 12 000 M. (bis 1872: 10 500 M., seitdem 11 400 M., seit 1897/98 12 000 M.).

Die Räthe sind nur im Mindestgehalt den vortragenden Räthen der Ministerien gleichgestellt, da sie erst in höherem Dienstalter in ihre Stellung zu kommen pflegen. Das Höchstgehalt der ersteren erhalten sie nicht, weil ihre Behörde keine Centralbehörde ist. Sie bezogen vor 1872 5400–6600 M., seitdem 6300—7500 M., seit 1875 6000–7800 M., seit 1897/98 7500—9300 M. (7500, 8100, 8700, 8300 M. Höchstgehalt in 9 Jahren).

Auch die Sekretäre sind geringer besoldet als die der Centralbehörden. Sie erhielten bis 1872: 2700—3300 M., 1873: 3300—3900 M., seit 1874: 3600—4200 M., seit 1897/98: 3000—5000 M.

1 Bureaubeamter hat Dienstwohnung.

Kanzlisten vor 1872: 1500—2100 M., seitdem 1800—2400 M., seit 1890/91 1800—2800 M. (Höchstgehalt in 15 Jahren).

Die Boten, von denen 1 Dienstwohnung hat, erhielten vor 1872: 990–1110 M., seit 1873: 1140–1260 M., seit 1891/92: 1100–1500 M., 1897/98: 1200—1600 M. (Höchstgehalt in 21 Jahren).

b) Nebenämter.

Der Präsident bezieht nebenamtlich als Vorsitzender der Prüfungskommission für höhere Verwaltungsbeamte 1200 M., je 1 Rath als Direktor bezw. zweites Mitglied der Rentenbank je 900 M. bezw. 750 M. Jahresremuneration.

c) Die Wohnungsgeldzuschüsse

betrugen 1900: 15 060 M., sonstige persönliche Kosten 17 200 M.

d) Sächliche Ausgaben

13 400 M., im Ganzen Kap. 100: 157 460 M.

III. Generalkommissionen.

1. Geschichte.

§ 82. In der Mitte des zweiten Dezenniums des 19. Jahrhunderts[1]) wurden zur Bearbeitung der Auseinandersetzungssachen eingerichtet und durch die Verordn. v. 20. Juni 1817 bestätigt 6 Generalkommissionen (zu Berlin für den Bezirk der kurmärkischen Regierung, einschliesslich der Magdeburgischen Landestheile rechts der Elbe, zu Soldin für die Neumark, zu Stargard für Pommern, zu Königsberg für Ostpreussen und Litthauen, zu Marienwerder für Westpreussen, zu Gross-Strehlitz für Oberschlesien).

In der Folge haben die Generalkommissionen mit der fortschreitenden Agrargesetzgebung mannigfache Aenderungen erfahren. Zahl und Sitz, sowie Geschäftskreise der Generalkommissionen haben je nach den örtlich hervortretenden Bedürfnissen gewechselt, einzelne derselben wurden aufgehoben und mit den Regierungen vereinigt, neue traten theils zufolge Reorganisation der Verwaltungsbehörden, bei der jenen

[1]) Vgl. § 41 des Landeskulturedikts v. 1811, § 10 d. Verordn. v. 30. April 1815, G.-S. S. 85, § 59 des Regulirungsedikts v. 14. Sept. 1811, Art. 108 der Dekl. v. 19. Mai 1816 (G.-S. S. 154).

Regierungen die Auseinandersetzungsgeschäfte wieder abgenommen wurden, theils mit der Ausdehnung des Staatsgebietes hinzu.

Anfang der 50er Jahre gab es 7 Generalkommissionen: zu Berlin (Kurmark), Stargard (Pommern), Breslau (Schlesien und Oberlausitz), Posen, Stendal (für den Regierungsbezirk Magdeburg), Merseburg (Regierungsbezirke Merseburg und Erfurt), Münster (Westfalen und einige Theile der Rheinprovinz). Ausserdem fungirten für Auseinandersetzungssachen die landwirthschaftlichen Abtheilungen der Regierungen zu Frankfurt a. O. (Neumark und Niederlausitz nebst dem Amte Senftenberg), zu Königsberg und Gumbinnen für Ostpreussen, zu Marienwerder und Danzig für Westpreussen, sowie die rheinischen Regierungen für die Rheinprovinz. Für die im Laufe des Verfahrens entstehenden Streitigkeiten wurden da, wo die Regierungen die Sachen bearbeiteten, besondere Spruchkollegien (5 Mitglieder, davon 3 mit richterlicher und 2 mit technischer Qualifikation) eingerichtet.

Infolge der Annexion der neuen Provinzen kamen hinzu die Generalkommission zu Hannover (G.-S. 1867 S. 1522), zu Cassel (G.-S. 1867 S. 716, 1869 S. 514 u. 517 u. 1876 S. 357). In Wiesbaden und Schleswig fungirten dagegen die Regierungen mit besonderen Spruchkollegien als Auseinandersetzungsbehörden (G.-S. 1869 S. 517, 526, 1873 S. 3, 1879 S. 14, 1876 S. 69).

Im Jahre 1873 wurden sodann die Generalkommissionen zu Posen und Stargard vereinigt, die Berliner Generalkommission mit der landwirthschaftlichen Abtheilung zu Frankfurt a. O. zu einer dort domizilirten Generalkommission vereinigt (G.-S. 1873 S. 189). 1880 wurde durch § 15 des Ges. v. 26. Juli 1880 (G.-S. S. 291) die Generalkommission zu Stargard mit der zu Frankfurt a. O. vereinigt, für Ost- und Westpreussen und Posen eine Generalkommission zu Bromberg gegründet und bestimmt, dass die Generalkommission zu Hannover auch für Schleswig-Holstein fungiren solle. Dafür wurden die entsprechenden landwirthschaftlichen Abtheilungen und Spruchkollegien aufgehoben, da sich deren Einrichtung auf die Dauer doch nicht bewährt hatte. Nur die Regierung zu Wiesbaden fungirte als Auseinandersetzungsbehörde weiter (§ 22 a. a. O.), ist aber jetzt auch ausser Thätigkeit gesetzt.

Im Jahre 1883 gab es hiernach 7 Generalkommissionen: zu Frankfurt a. O. (Brandenburg, Pommern, Berlin), Breslau (Schlesien), Bromberg (Ost- und Westpreussen und Posen), Merseburg (Sachsen), Münster (Westfalen und rechtsrheinischer Theil der Rheinprovinz ausser Kreis Wetzlar), Cassel (Regierungsbezirk Cassel, die Kreise Biedekopf und Wetzlar und das Amt Vöhl), Hannover (Hannover und Schleswig-Holstein).

Im Jahre 1885 (§ 24 des Ges. v. 24. Mai 1885, G.-S. S. 156) kam infolge der Einführung der Zusammenlegungsvorschriften im

Geltungsgebiete des Rheinischen Rechts hinzu die Generalkommission zu Düsseldorf (für das Geltungsgebiet des Rheinischen Rechts der Bezirk des vormaligen Justizsenats zu Ehrenbreitstein und die Hohenzollernschen Lande). Zugleich wurden die von der Regierung zu Wiesbaden versehenen Geschäfte den Generalkommissionen zu Düsseldorf bezw. Cassel überwiesen.

1896 wurde eine besondere Generalkommission für die Provinz Ostpreussen zu Königsberg gebildet, welcher auch Theile der Provinz Westpreussen zugelegt werden können (Ges. v. 23. März 1896, M.-Bl. d. i. Verw. 1896 S. 59). Dazu gab vor Allem die vermehrte Arbeit bei der Generalkommission zu Bromberg bei Rentengutsangelegenheiten infolge des Ges. v. 7. Juli 1891 (G.-S. S. 279) Veranlassung (H.-H. 1896 Aktenstück 5).[1]

Die Zahl der Generalkommissionen ist demnach gegenwärtig auf 9 gestiegen. Es sind dies die Generalkommission Königsberg (Ostpreussen), Bromberg (Westpreussen und Posen), Frankfurt a. O. (Brandenburg und Pommern), Breslau (Schlesien), Merseburg (Sachsen), Münster (Westfalen), Cassel (Hessen-Nassau), Hannover (Hannover, Schleswig-Holstein), Düsseldorf (Rheinprovinz und Hohenzollern).

2. Zuständigkeit, Organisation, Zusammensetzung.

§ 83. Die Zuständigkeit der Generalkommissionen erstreckt sich im Allgemeinen auf gutsherrlich-bäuerliche Regulirungen, Reallastenablösungen, welche beiden Geschäfte aber gegenwärtig im Wesentlichen erledigt sind, ferner auf Servitutablösungen, Gemeinheitstheilungen, Zusammenlegungen, Rentengutsablösungen. Näheres siehe in den §§ 49 ff.

Die Generalkommissionen stehen unter Leitung des Landwirthschaftsministers und unter Aufsicht des Oberpräsidenten,[2] während sie dem Oberlandeskulturgerichte koordinirt sind Die Unterbehörden der Regierungen und Gerichte müssen von den Generalkommissionen in Gegenständen ihrer Zuständigkeit Aufträge annehmen.

Jede Generalkommission besteht einschliesslich des Vorsitzenden aus mindestens 5 Mitgliedern, von denen die Mehrzahl Richterqualität haben muss. Der Vorsitzende wird auf den Vorschlag des Staatsministeriums vom König, die Mitglieder und Hülfsarbeiter werden vom Landwirthschaftsminister ernannt. Die Verfassung ist kollegialisch. Die Entscheidungen erfolgen in der Besetzung von mindestens drei Richtern mit Einschluss des Vorsitzenden. Hülfsarbeiter haben be-

[1]) Seit Inkrafttreten dieses Gesetzes bis zum 31. Dez. 1894 waren in den 3 zu Bromberg gehörigen Provinzen Ost- und Westpreussen und Posen 2690 Rentengüter mit 29 135 ha endgültig und 2458 Rentengüter mit 26 562 ha vorläufig begründet worden.

[2]) ausser, soweit sie richterlich zu entscheiden haben.

schränktes Stimmrecht. Als höhere Techniker fungiren Meliorationsbaubeamte und Vermessungsinspektoren.

Die Mitglieder führen den Titel „Regierungsrath", die technischen Mitglieder den eines „Regierungs- und Landesökonomieraths". Ein Mitglied (Oberregierungsrath) ist mit der ständigen Vertretung des Präsidenten betraut. (In Bromberg ist seit 1894/95 eine zweite Oberregierungsrathstelle geschaffen.)

§ 84. Um die Verhandlungen in Auseinandersetzungsangelegenheiten an Ort und Stelle zu führen, sind besondere, meist ständige Kommissare (Spezialkommissare) angestellt, welche ihre Aufträge von der Generalkommission erhalten; doch können die Generalkommissionen im Einzelfall auch ihre Mitglieder — bei verwickelten Sachen u. s. w. — sowie jeden geeigneten sonstigen Staats- und Gemeindebeamten mit Auseinandersetzungssachen betrauen.

Die ständigen Kommissare sind theils besonders ausgebildete landwirthschaftliche Techniker (sogenannte Oekonomiekommissare), theils Gerichts-, Verwaltungs- oder Forstassessoren. Dieselben müssen sich die erforderliche Qualifikation ökonomischer Sachverständiger während ihrer kommissarischen Thätigkeit erwerben und erhalten dann „die technische Qualifikation" beigelegt. Bis dahin müssen sie bei Erörterung ökonomischer Fragen einen mit solcher Qualifikation versehenen Departementsrath oder von der Generalkommission zu bestimmenden Kommissar zuziehen.

Die Kommissare sind in Betreff der Disziplin, Dienstentlassung und Pensionirung den Bestimmungen für nicht richterliche Beamte unterworfen.

Oekonomiekommissare.

Was Vorbildung und Anstellung der Spezialkommissare anbetrifft, so werden die Techniker vom Generalkommissionspräsidenten mit Genehmigung des Landwirthschaftsministers angenommen und müssen ihre Qualifikation entweder durch eine durch Zeugnisse nachgewiesene Vorbildung oder durch eine Prüfung darthun. Zum Nachweise der Vorbildung gehört 4jährige praktische Thätigkeit und Ablegung der Abgangsprüfung auf einem landwirthschaftlichen Institut, einer Universität oder auf einer technischen Hochschule. Nach Annahme sind sie 1—2 Jahre bei einer Spezialkommission thätig, werden dann auf Grund der gelieferten Arbeit oder einer Prüfung Oekonomiekommissionsgehülfen und als solche 1—2 Jahre beim Kollegium beschäftigt. Dann folgt eine schriftliche und mündliche Prüfung, auf Grund deren Ernennung zum Oekonomiekommissar und Anstellung erfolgt.

Die Oekonomiekommissare sind Räthe V. Klasse und können zum Theil den Titel Oekonomieräthe erhalten. Einem Theil der letzteren kann als „Landesökonomieräthe" nach 12jähriger Dienstzeit der Rang der Räthe IV. Klasse verliehen werden.[1])

Die Kommissare aus der Klasse der Assessoren.[2])

Die Assessoren werden zur Ausbildung angenommen durch die Generalkommission mit Genehmigung des Ministers und erhalten, wenn sie Gerichtsassessoren sind, nach endgültiger Uebernahme den Titel Regierungsassessoren. Als Spezialkommissare angestellt werden sie durch den Minister.

Zuvor müssen sie zu ihrer Ausbildung bei der Generalkommission und Spezialkommissionen thätig gewesen sein. Auch müssen sie in der Regel praktisch sich einige Zeit auf Staatsdomänen ausbilden lassen.

Endlich müssen sie sich im Laufe der Zeit die sogenannte technische Qualifikation als landwirthschaftliche Sachverständige erwerben (I. Grades durch den Ressort-Minister — nach 3 Jahren —, II. Grades [volle Qualifikation] nach 3 weiteren Jahren durch die Generalkommission).

Für die Ernennung zu Regierungsräthen (IV. Klasse) gelten die allgemeinen Bestimmungen.

Während in früherer Zeit die Zahl der technischen Spezialkommissare diejenige der juristisch vorgebildeten erheblich überwog, hat sich das Verhältniss im Laufe der Jahre für die Stellen der Assessorenklasse bei weitem günstiger gestaltet.

Noch im Jahre 1874 waren von den 133 ständigen Kommissaren nur 26 aus der Assessorenklasse. Aber schon damals machte sich eine starke Zunahme dieser Beamten geltend. Während von 1872 bis 1874 nur 8 Assessoren aus dem Justizdienst übernommen wurden, stieg die Zahl in den nächsten 3 Jahren bereits auf 27. 1886/87 standen 89 technischen Kommissaren bereits 39 aus der Assessorenklasse gegenüber. Während die Zahl der ersteren Stellen seitdem dieselbe geblieben ist, hat sich die Zahl der aus der Assessorenklasse besetzten Stellen auf 57 gesteigert.

§ 85. Im Jahre 1900 gab es nach dem Staatshandbuch an Spezialkommissaren im Bezirk der Generalkommission zu Königsberg 12, davon 3 in Allenstein, je 2 in Königsberg und Tilsit, je 1 in Bartenstein, Insterburg, Johannisburg, Lyk, Ortelsburg. Bromberg 16, davon je 3 in Danzig und Konitz, 2 in Bromberg, je 1 in Elbing, Gnesen, Graudenz, Lissa, Ostrowo, Posen, Schneidemühl, Thorn. Frankfurt a. O. 16, davon 3 in Stettin, je 2 in Frankfurt und Cöslin, je 1 in Berlin, Eberswalde, Greifswald, Guben, Kolberg, Neuruppin, Rummelsburg, Stolp, Wittenberge. Breslau 12, davon 3 in Breslau, 2 in Ratibor, je 1 in Gleiwitz, Glogau, Görlitz, Kreuzburg, Leobschütz, Neisse, Oppeln. Merseburg 9, davon je 2 in Erfurt, Halle, Hildburghausen, je 1 in Meiningen, Naumburg,

---

[1]) Vgl. K.-A. Bd. XX S. 93 ff. M.-Bl. d. i. Verw. 1841 S. 81, 1878 S. 24, 1896 S. 152.

[2]) Vgl. K.-A. XX. S. 65, XXI S. 63, XXII S. 331, XXIII S. 82, M.-Bl. d. i. Verw. 1841 S. 81, 1842 S. 131, 1843 S. 240, 1844 S. 291, 1845 S. 303, 1847 S. 53 und L.-M.-Erl. v. 26. Febr. 1896, 3. März 1898.

Nordhausen. Hannover 19, davon 2 in Verden, je 1 in Aurich, Duderstadt, Einbeck, Hameln, Hannover, Hildesheim, Lingen, Lüneburg, Münden, Neumünster, Niemburg, Northeim, Osnabrück, Osterode, Stolzenau, Sulingen, Uslar. Münster 24, davon je 2 in Arnsberg, Brilon, Höxter, Lippstadt, Minden, Münster, Paderborn, Siegen, je 1 in Bünde, Dortmund, Herford, Meschede, Olpe, Soest, Unna, Wesel. Cassel 21, davon 3 in Cassel, 2 in Marburg, je 1 in Arolsen, Eschwege, Fulda, Hanau, Hersfeld, Homburg, Karlshafen, Limburg, Niederwildungen, Rinteln, Rotenburg, Schmalkalden, Treysa, Wiesbaden, Witzenhausen, Wolfhagen. Düsseldorf 13, davon je 2 in Trier und Altenkirchen, je 1 in Dierdorf, Düren, Düsseldorf, Eitorf, Euskirchen, Neuwied, Remagen, Sigmaringen, Wetzlar.

§ 86. Den Kommissaren stehen für die geometrischen Arbeiten Vermessungsbeamte (Landmesser) zur Verfügung, welche ihnen zwar nicht disziplinarisch untergeordnet sind, aber ihren dienstlichen Weisungen folgen müssen. Die Dienstrechte und Pflichten der letzteren sind im Allgemeinen durch das Landmesserreglement vom 2. März 1871 G.-S. S. 101/26. Aug. 1885 G.-S. S. 319 geregelt (Kosten und Gebühren s. in §§ 100 u. 105). Daneben kommen seit den letzten Dezennien noch besondere Kultur(Meliorations)techniker in Betracht (s. § 103).

Ueber die gegenwärtige Zahl der Vermessungsbeamten und der Meliorationstechniker s. § 105 a. E.

Zur Beförderung gütlicher Vereinbarungen in Auseinandersetzungsangelegenheiten werden nach der Verordn. v. 30. Juni 1834 (G.-S. S. 96) Kreisvermittelungsbehörden gebildet, die für jeden Kreis aus 2—6 sachkundigen vom Kreistag zu wählenden und von der Generalkommission zu bestätigenden Kreiseingesessenen sich zusammensetzen. Zu eigentlichen Vergleichen werden diese Kreisverordneten kaum noch in Anspruch genommen, wohl aber zu Gutachten und Schiedssprüchen.

§ 87. Das Verfahren der Auseinandersetzung bei den gegenwärtig wichtigsten Sachen, den Gemeinheitssachen, nimmt etwa folgenden Gang: Gehen bei der Generalkommission Anträge auf Auseinandersetzungen bezw. Zusammenlegungen ein, so werden von dieser zunächst die Spezialkommissarien mit der weiteren Behandlung der Sache beauftragt. Damit beginnt das sogenannte Regulirungsverfahren.

Dieses Verfahren wird unterbrochen, sobald über irgend einen Punkt ein Streit entsteht, dessen Erledigung für den weiteren Fortgang des Verfahrens von wesentlicher Bedeutung ist; tritt ein Streitverfahren über nebensächlichere Punkte ein, so kann das Regulirungsverfahren einstweilen doch seinen Fortgang nehmen. Vor Aufstellung des Rezesses müssen aber in der Regel alle Streitfragen erledigt sein.

Da das Streitverfahren[1] auf den Fortgang der Sache in der Regel hemmend einwirkt, auch den Parteien Kosten verursacht, so wird das Streben der Auseinandersetzungsbehörden in erster Linie auf Herbeiführung gütlicher Einigungen gehen müssen. Das Geschick und die Umsicht des Spezialkommissars muss hierbei eine bedeutende Rolle spielen.

Die Spezialkommissare haben zunächst die Formalien und die Legitimation zu prüfen, nöthigenfalls für Stellung von Bevollmächtigten (von Korporationen u. s. w.) zu sorgen und

---

[1]) Das Streitverfahren bewegt sich in bestimmten Formen, welche sich in vielen Punkten an die Civilprozessordnung anschliessen, aber insofern grundsätzliche Verschiedenheit von dieser aufweisen, als das Verfahren vor den Auseinandersetzungsbehörden wegen der Besonderheit des Zweckes auf der Offizialmaxime und auf der Schriftlichkeit beruht.

über die Gesammtheit der vorgefundenen Verhältnisse, der thatsächlichen wie rechtlichen, eine Generalverhandlung aufzunehmen und der Generalkommission einzureichen.

Streitfragen, welche den Fortgang des Verfahrens überhaupt in Zweifel stellen, müssen dabei sofort instruirt und zur Entscheidung vorgelegt werden. Andere Streitpunkte (über Theilnehmerrechte, Zugehörigkeit gewisser Grundstücke zur Auseinandersetzung u. dergl.) werden einstweilen vertagt, doch kann der Kommissar über gewisse leitende Grundsätze bei der weiteren Behandlung dieser Fragen einen bindenden Beschluss der Generalkommission herbeiführen. Auch kann er durch ein sogenanntes Interimisticum bei der Generalkommission die Ausübung von in der Auseinandersetzung begriffenen Rechten gegen Entschädigung vorläufig aufheben oder einschränken.

§ 88. Ist die Generalverhandlung erfolgt und hat die Generalkommission darauf hin ihre Direktiven gegeben, so kommt es nun vor Allem darauf an, den bisherigen Zustand nach der rechtlichen und thatsächlichen Seite zu fixiren. Es findet eine besondere Berechnung statt, welche erkennen lässt, wie hoch bei Gemeinheitstheilungen der gegenwärtige Gesammtwerth der Auseinandersetzungsmasse ist, was jeder eingeworfen und welchen Werth er wiederzuerhalten hat, bei Reallastenablösungen, was jeder nach den einzelnen Arten der Leistung in Rente zahlen oder erhalten soll.

Bei dieser Werthberechnung sollen Streitfragen möglichst im Wege des Vergleichs erledigt werden. Im Uebrigen findet die Feststellung der Werthe zunächst durch besondere Sachverständige statt. Den Kommissaren liegt dabei nur die Leitung und die rechnungsmässige Feststellung aus den durch Messung, Schätzung u. s. w. gewonnenen Faktoren ob. Nur die Klasseneintheilung des Bodens nimmt der Kommissar vor, wenn er die technische Qualifikation nachgewiesen hat.

Den Interessenten wird Gelegenheit gegeben, sich über die Berechnung zu orientiren und event. Einwendungen geltend zu machen.

Sind diese erledigt, so hat nunmehr der Kommissar zur Aufstellung des die zukünftige Gestaltung enthaltenden Auseinandersetzungsplanes, zu dem schwierigsten Theile des Geschäftes, zu schreiten.

Für die Reallastenablösungen wird dieser Plan durch einen einfachen Abschluss der Werthberechnung und eine Erläuterung, aus welchen Gründen die Streitfragen in dem einen oder anderen Sinne erledigt sind, erreicht. Für die Gemeinheitstheilungen gehört ausser einem solchen Abschlusse die Berechnung der zu gewährenden Landabfindungen oder der entstehenden neuen Flureintheilung mit den Projekten der etwa erforderlichen neuen Wege, Gräben, Meliorationsanlagen und dergl. dazu.

Nach ertheilter Genehmigung wird der Auseinandersetzungsplan den Parteien schriftlich zur Ueberlegung mitgetheilt und in einem Termin zur Erklärung vorgelegt. Vorher muss die vollständige Absteckung der Landpläne erfolgt sein und der Vermessungsbeamte hat die Pflicht, jeden einzelnen Betheiligten mit genauer Anweisung des ihm zugedachten Planstückes zu versehen.

Jedem Betheiligten steht der Antrag auf Revision der Karte zu, welche dann durch einen Vermessungsrevisor, wenn Fehler gefunden werden, auf Kosten des Feldmessers, wenn keine gefunden werden, des Antragenden vorgenommen wird. Ebenso ist Jedem der Antrag auf Bonitirungsrevision gestattet Diese findet in einem schiedsrichterlichen Verfahren statt. Es sind die einzelnen Beschwerdepunkte anzugeben, jede der Parteien wählt einen Schiedsrichter, im Fall sie sich nicht anderweitig einigen, aus den Kreisverordneten. Die mit der Leitung der Kreisvermittelungsbehörden beauftragten Landräthe oder von ihnen substituirte Sachverständige treten als Obmänner ein

§ 89. Mit allen weiteren Einwendungen und Auslassungen der Parteien sowie einem Gutachten des Kommissars werden sodann die Akten der Generalkommission zur Spruchentscheidung vorgelegt. Diese kann die Sache weiter instruiren, Sachverständige und Schiedsrichter hören u. s. w. und entscheidet schliesslich nöthigenfalls durch Erkenntniss über den Plan. Gleiches gilt von der zweiten Instanz, dem Oberlandeskulturgericht, vor welches die Sache durch Berufung gebracht werden kann.

Als Regel ist nach dem Gesetze die Ausführung des Planes erst nach endgültiger Rechtskraft des Planes gedacht.

Mit Rücksicht auf die grossen Nachtheile, welche anderenfalls den Interessenten entstehen, erfolgt aber die ausnahmsweise zugelassene Ausführung des Auseinandersetzungsplanes in der Regel sofort nach dem erstinstanzlichen Erkenntnisse unter Sicherstellung der Entschädigungen für die im Streit befangenen Punkte.

Die Ausführung des Planes erfolgt durch ausdrückliche Ueberweisung der Landpläne an die neuen Besitzer unter erneuter Aufmessung und Grenzversteinung.

Die Ausführung leitet der Kommissar. Die technischen Bausachen (Anlegung neuer Wege, Gräben, Brücken) leitet der an der Generalkommission angestellte Vermessungs- bezw. Baubeamte.

§ 89a. Nach der Ausführung wird der Rezess errichtet. Er enthält die kurze Angabe der aufgehobenen Rechte und Verhältnisse, eine genaue Nachweisung der neuen Berechtigungen und Besitzstände, welche die Betheiligten als Abfindung erhalten u. s. w. und eine Klausel, nach welcher die Interessenten nicht nur mit keinen weiteren Einwendungen wegen der im Rezesse bestimmten Gegenstände, sondern auch mit keinen Nachforderungen auf Rechte, welche ihnen etwa übergangen sind, weiter gehört werden. Vorbehaltene Gegenstände (Meliorationen, Abbauten u. s. w.) sollen durch Nachtragsrezess geordnet werden. Thatsächlich kommt dies heute aber nur selten vor.

Auch ohne ausdrücklichen Vorbehalt finden wegen der gegenseitig zu gestattenden Wege, Ent- und Bewässerungsgräben, Viehtränken, Lehm-, Sand- und Mergelgruben, Einhegungen, Vergütung des Düngungszustandes und wegen der Kosten, wenn der Rezess hierüber nichts enthält, binnen Jahresfrist Nachverhandlungen statt.

Auch hat die Generalkommission jederzeit noch die über Zahlung und Aushändigung von Abfindungskapitalien etwa entstehenden Streitigkeiten zu entscheiden und für die gehörige Eintragung der Rezesse Sorge zu tragen.

§ 90. Vor Aufstellung des Rezesses erfolgt die katastermässige Umtragung. Die Karten auf Grund der Neumessungen werden von den technischen Vermessungsbureaus der Generalkommissionen angefertigt. Auch die Berichtigung im Grundbuch erfolgte in der Regel schon vor Bestätigung des Rezesses (Ges. v. 26. Juni 1875, G.-S. S. 325).

Der Rezess wird den Interessenten zur Vollziehung vorgelegt. Auch hier werden Streitpunkte, verweigerte Unterschrift u. s. w. im Wege von Erkenntnissen der Generalkommissionen erledigt.

Berufungen und Beschwerden entscheidet das Oberlandeskulturgericht.

§ 91. Die Gerichtsbarkeit dritter Instanz in bürgerlichen Rechtsstreitigkeiten wird vom Reichsgericht ausgeübt, welches aber nur zuständig ist, wenn die Rechtsstreitigkeiten auch ausserhalb eines Auseinandersetzungsverfahrens Gegenstand eines Rechtsstreites hätten werden können.

3. Staatsausgaben.

(Kap. 101 des Ausgabeetats.)

Vorbemerkung.

§ 92. In dem die Kosten der Auseinandersetzungsbehörden enthaltenden Etatskapitel 101 werden zwar in einzelnen Titeln die Beamten der Spezialkommissionen gesondert von denen der Generalkommissionen aufgeführt (Tit. 1 bis 2a, 4 u. 6); in der Mehrzahl ist dies jedoch nicht der Fall, sodass sich ein genaues Bild über die Ausgaben für die lokalen im Gegensatze zu denen der provinziellen Behörden aus dem Etat nicht gewinnen lässt. Dies liegt zum Theil darin begründet, dass gewisse Beamte, vor Allem das vermessungstechnische Personal, abwechselnd bei den Generalkommissionen und bei den Spezialkommissionen zur Verwendung gelangen, sodass sich oft im Sommer die doppelte Zahl derartiger Beamten wie im Winter bei den Lokalbehörden befindet. Auch werden je nach Lage des Falles mehr technische oder mehr juristische Beamte in der Lokalinstanz verwendet.

Die Eintheilung des Kap. 101 unterscheidet Besoldungen (Tit. 1 bis 6), Wohnungsgeldzuschüsse (Tit. 7), andere persönliche Ausgaben (Tit. 8 bis 11c), sächliche Ausgaben (Tit. 12 bis 14) und sonstige Ausgaben (Tit. 15 bis 16). Unter letzteren sind ebenfalls sächliche Fonds verstanden, die aber nicht für die Behörden, sondern für die Interessenten Verwendung finden.[1])

Vergleicht man das Antheilsverhältniss dieser einzelnen Ausgabegruppen miteinander, so zeigt sich, dass sich dasselbe seit Anfang der 70er Jahre ganz ausserordentlich verschoben hat.

Im Jahre 1873 betrugen die persönlichen Kosten bei den Behörden 1 117 902 M. oder rd. 39 Proz., die sächlichen 1 708 545 M. oder rund 60 Proz., während die sogenannten sonstigen Ausgaben (Folgeeinrichtungskosten u. s. w.) mit 21 750 M. noch nicht 1 Proz. der Gesammtausgabe (2 848 217 M.) darstellten. Im Jahre 1900 beliefen sich dagegen die persönlichen Ausgaben bei den Behörden auf 5 455 216 M. oder 65 Proz., die sächlichen auf 2 352 774 M. oder 28 Proz., die sonstigen Kosten auf 598 950 M. oder 7 Proz. der Gesammtsumme von 8 406 940 M.

Die starke Verschiebung des Verhältnisses der persönlichen zu den sächlichen Kosten hatte ihren Grund in erster Linie in der Einwirkung des Kostengesetzes vom 24. Juni 1875, durch welches die bisher unter den sächlichen Kosten erscheinenden Diäten der Spezialkommissare zum grössten Theile dort fortfielen, wogegen sich die persönlichen Ausgaben um die Gehälter und fixirten Remunerationen, welche diese Beamten und die Feldmesser von nun an erhielten, vermehrten. Weiterhin ist innerhalb der Gruppe „persönliche Ausgaben" bemerkenswerth die Veränderung des Verhältnisses zwischen den Besoldungen (einschl. Wohnungsgeldzuschüssen) einerseits und den anderen persönlichen Kosten (Remunerirungsfonds etc.) andererseits seit dem Jahre 1876. Es betrugen die persönlichen Kosten:

	1876 M.	1900 M.	Steigerung Proz.
Besoldungen und Wohnungsgeldzuschüsse	1 217 253	4 182 346	243
Andere persönliche Ausgaben	1 086 580	1 272 870	27

Hierin spiegelt sich deutlich die Fürsorge wieder, welche die landwirthschaftliche Verwaltung den Beamten der Auseinandersetzungsbehörden im Laufe der letzten Dezennien hat zu Theil werden lassen, indem sie eine grosse Anzahl mittlerer Beamten, vor Allem von Ver-

[1]) Abgesehen von Tit. 16, welcher aber finanziell von untergeordneter Bedeutung ist.

messungsbeamten und von Bureaubeamten der Spezialkommissionen entweder neu schuf oder aus dem diätarischen Verhältnisse in etatsmässige Stellen gebracht hat. Besonders in die Augen springend ist in dieser Beziehung die Entwickelung seit dem Jahre 1890/91.

In diesem Jahre war die Gruppe „Besoldungen einschl. Wohnungsgeldzuschüsse“ mit 1 892 513 M., die Gruppe „Andere persönliche Ausgaben“ mit 1 630 050 M. dotirt; erstere nahm also von der Gesammtsumme 53 Proz., letztere 47 Proz. in Anspruch. 1900 hatte sich das Verhältniss auf 4 182 346 M. bezw. 1 272 870 M. oder auf 76 Proz. gegen 24 Proz. der Gesammtsumme verschoben. Allerdings war inzwischen auch die Zahl der etatsmässigen Beamtenstellen bei den Generalkommissionen von 630 auf 1167 gestiegen, darunter allein die der Vermessungsbeamten etc. von 200 auf 450 (s. § 75).

a) Persönliche Ausgaben.

α) *Besoldungen* (Kap. 101 Tit. 1 bis 6.)

αα) Höhere Beamte (Tit. 1, 2a, 4 u. 6.)

§ 93. Als solche kommen bei den Generalkommissionen die Präsidenten, Oberregierungsräthe, Räthe und Vermessungsinspektoren (Hülfsarbeiter s. §§ 109, 110) in Betracht.

Die Gehälter der Präsidenten (Räthe III. Kl.) sind (seit 1897) mit je 10 000 M. bemessen. Sie betrugen bis 1872 6000 bis 8100 M., wurden bei der allgemeinen Gehaltsaufbesserung 1872 auf 9300 M. erhöht und sind bei der weiteren Gehaltsaufbesserung 1897/98 auf 10 000 M. gesteigert worden.

Die Räthe rangiren in ihren Gehaltsverhältnissen erst seit 1872 gleich den Regierungsräthen der allgemeinen Verwaltung. Die die Präsidenten vertretenden Räthe (Oberregierungsräthe) erhalten je eine Zulage von 900 M. (die sog. Dirigentenzulage der allgemeinen Verwaltung), die Rathsgehälter betrugen bis 1872 3600 bis 5400 M., wurden von da ab den Räthen der allgemeinen Verwaltung entsprechend auf 4200 bis 6000 M. erhöht und mit diesen 1897/98 im Höchstgehalt bis 7200 M. gesteigert.

Mehrere Räthe sind im Nebenamt Mitglieder der Rentenbanken und beziehen als solche 600 bis 750 M. Jahresremunerationen.

Die Vermessungsinspektoren (Räthe V. Kl.) sind technische Hülfsarbeiter der Generalkommissionen und haben dieselbe Stellung und denselben Rang wie die Katasterinspektoren an den Regierungen. Ihre Ernennung erfolgt durch den Landwirthschaftsminister. Stellung und Obliegenheiten regelt der Erlass des Landwirthschaftsministers v. 22. März 1883. Die Vermessungsinspektoren haben darnach die auf den technischen Betrieb des Vermessungswesens sich beziehenden Angelegenheiten zu bearbeiten, darauf bezügliche Konzepte mitzuzeichnen, das geodätisch-technische Bureau zu leiten, die Amtsführung und Arbeiten der lokalen Vermessungsbeamten zu prüfen und zu revidiren.

Zunächst wurden durch den Etat 1883/84 derartige Beamte für Münster und Cassel mit je 4200 M. Besoldung angestellt. Nach und nach wurden bei allen Generalkommissionen solche Stellen eingerichtet; seit 1900 ist für die meist beschäftigten dieser Behörden (Münster und Cassel) je eine zweite Vermessungsinspektorstelle eingerichtet worden.

Die Gehälter wurden später auf 3600 bis 6000 M. normirt und 1897/98 auf 4000 bis 6600 M. erhöht. Die Bezahlung erfolgt aus Kap. 101 Tit. 2a.

§ 94. Bei den Lokalbehörden sind die höheren Beamten die sogenannten Spezialkommissare, welche entweder landwirthschaftlich-technische oder juristische Vorbildung haben (s. Kap. 100 Tit. 4 u. 6). Nach der Instruktion von 1836 bezogen die landwirthschaftlich-technisch vorgebildeten Oekonomiekommissare (s. § 84) zum Theil fixirte und daneben unfixirte Diäten, zum Theil nur unfixirte. Letztere wurden für die Tage ihrer Beschäftigung mit 6—7,50 M. remunerirt: erstere, die tüchtigeren und dauernd beschäftigten durften an fixirten und unfixirten Diäten zusammen nicht unter 7,50 M. und nicht über 12 M. erhalten. Der Durchschnitt für sie betrug hiernach 9,76 M. Infolge der allgemeinen Aufbesserung der Beamtengehälter im Anfang der 70er Jahre fand eine Erhöhung dieser Sätze auf 9—13,50 M., im Durchschnitt 11,26 M. statt. Die gleichen Grundsätze galten bei Erlass des Gesetzes von 1875.

Durch dieses Gesetz sollte vermittelst Fixirung aller ständigen Spezialkommissarien einer der erheblichsten Uebelstände des bisherigen Auseinandersetzungsverfahrens beseitigt werden (s. § 68).

Dabei wurde für die grosse Mehrzahl der Kommissare aus der Klasse der Techniker (Oekonomiekommissare) die Fixirung durch Anstellung mit festem Gehalte und Pensionsberechtigung vorgesehen,[1]) weil sie in der Regel in ihren Stellen verbleiben und nur ausnahmsweise, sofern sie als Techniker Mitglieder der Kollegien werden, in etatsmässige Stellen einrückten.

Die Kommissarien aus der Klasse der Assessoren und Regierungsräthe erhielten dagegen nach dem Gesetze nur fixirte Remunerationen,

---

[1]) Mit täglichen (temporären) Diäten angestellt wurden seitdem nur noch die nicht etatsmässig angestellten Oekonomiekommissare, die Oekonomiekommissionsgehülfen (§§ 58, 59 der Verordn v. 20. Juni 1817 und § 2 der Instr. vom 25. April 1836).

Eine gewisse Zahl bewährter Kommissare (und Feldmesser) erhielt nach der K.-O. v. 7. Juni 1834, Erl. v. 26. Dez. 1835 und K.-O. v. 14. Febr. 1845 Pensionsberechtigung nach einem Diensteinkommen von 1800—3000 M. bezw. 1200—1800 M. (seit dem Etat 1873 2400 bis 4500 bezw. 2100 bis 3000 M.). Die nicht pensionsberechtigten Beamten konnten jederzeit entlassen werden.

weil sie doch früher oder später in die Kollegien der Generalkommissionen einrücken und dort etatsmässige Stellen erhalten.

Die Zahl der Kommissare und ihre Besoldungen werden alljährlich durch den Staatshaushaltsetat festgestellt.

Im Mindestsatze sind die Besoldungen beider Kategorien von Spezialkommissaren die gleichen. Im Höchstsatze steigen die Oekonomiekommissare etwas höher, weil sie — nur in geringer Zahl — in Regierungsrathsstellen einrücken können. Die Gehälter der Oekonomiekommissare (gegenwärtig 89) betrugen vor 1897/98 2400 bis 4500 M., seitdem sind sie auf 2700—5700 M. erhöht worden (Kap. 100 Tit. 4). Die (57) Spezialkommissare aus der Klasse der Regierungsräthe und Assessoren beziehen seit 1897/98 2700—5000 M. (vorher 2400—4200 M.) aus Kap. 100 Tit. 6.

Für beide Titel gilt der Vermerk, dass innerhalb der etatsmässigen Stellenzahl beider Kategorien Assessoren bezw. technische Kommissare aus vakanten Gehältern resp. Remunerationen remunerirt werden können.

ββ) Bureaubeamte.
(Tit. 2).

§ 95. Im Tit. 2 werden zusammenbehandelt Generalkommissionssekretäre und -Kanzleibeamten auf der einen Seite und Spezialkommissionssekretäre auf der andern Seite. Die Rechengehülfen und Schreiber bei den Spezialkommissaren sind keine staatlichen Kanzleibeamten, sondern werden vom Spezialkommissar angenommen und aus dessen Büreaukosten-Entschädigung bezahlt.

In der gemeinsamen Behandlung der General- und Spezialkommissions - Bureaubeamten in einem Titel kommt zum Ausdruck, dass die Bureaubeamten der Generalkommissionen ausschliesslich aus den bei den Spezialkommissionen beschäftigten Beamten hervorgehen, beide also eine gemeinsame Beamtenkategorie bilden. Alle Anwärter müssen erst für den Spezialkommissionsdienst angenommen werden. Dort legen sie nach 1jähriger Beschäftigung die Prüfung zum Spezialkommissionssekretär und nach weiteren 2 Jahren diejenige zum Generalkommissionssekretär ab (Gl. u. Sterneb. I. S. 19 ff.).

Den höheren Anforderungen entsprechend ist die Besoldung für die Generalkommissionssekretäre eine höhere.

1. Generalkommissionssekretäre und -Kanzleibeamte.

§ 96. a) Die Besoldung der Generalkommissionssekretäre hat seit 1872 mit denen der Regierungssekretäre der allgemeinen Verwaltung Schritt gehalten.

Im Jahre 1849 waren die Besoldungen an den einzelnen Generalkommissionen verschieden normirt. 1872 betrugen sie überall 1500 bis 3600 M. und wurden damals auf 2100 M. im Mindestgehalt erhöht und damit denen der Regierungssekretäre gleichgestellt, die in jenen

Jahren von 1800—3000 M. auf 2100—3600 M. stiegen. 1896/97 wurde das Mindestgehalt infolge der allgemein durchgeführten Vereinigung der Bureaubeamten I. und II. Klasse auf 1800 M. ermässigt (vgl. Denkschr. zu Kap. 58 Tit. 2 des Etats des Fin.-Min. 1896/97). 1897/98 erfolgte für beide Beamtenkategorien die Erhöhung des Maximalgehalts auf 4200 M., sodass das Gehalt jetzt 1800—4200 M. (Höchstgehalt erreichbar in 21 Jahren) beträgt.

b) Generalkommissionskanzlisten. Bis 1874 wurden an den Generalkommissionen Kanzleibeamte nur diätarisch beschäftigt. In diesem Jahre wurden von 39 Diätenstellen 29 zu etatsmässige Kanzlistenstellen umgewandelt. Dies günstige Verhältniss hatte sich aber im Laufe der Zeit bald verschoben. 1891/92 standen 37 etatsmässigen Kanzlisten 30 Diätare gegenüber, während nach den allgemeinen Grundsätzen[1]) das Verhältniss $^4/_5 : ^1/_5$ angestrebt werden soll. Seit 1891/92 ist man nunmehr durch Neucreirung von Stellen diesem Verhältniss insoweit näher gekommen, als jetzt 16 diätarisch beschäftigten 58 etatsmässige Kanzlistenstellen gegenüberstehen.

1874 betrugen die etatsmässigen Gehälter 1650—2250 M. 1891/92 fand eine Gehaltserhöhung der Kanzlisten, soweit sie etatsmässig sind, von 1650—2250 M. auf 1650—2700 M. statt (Höchstgehalt in 21 Jahren).

2. Spezialkommissionssekretäre.

§ 97. Die Klasse dieser Beamten ist erst durch den Staatshaushaltsetat für 1889/90 eingeführt worden. Bis dahin waren bei den Spezialkommissionen nur Gehülfen angestellt, welche aus der fixirten Bureaukosten-Entschädigung des Spezialkommissars remunerirt werden. Sie waren keine Staatsbeamten, auch eine Pensionsberechtigung konnte ihnen daher nicht verliehen werden. Das brachte verschiedene Unzuträglichkeiten mit sich. Die immer vielseitiger gewordene Thätigkeit der Spezialkommissionen machte ein längeres Verbleiben brauchbarer Bureaukräfte in ihren Stellungen immer dringender wünschenswerth.

Man ging daher im Etat 1889/90 dazu über, wenigstens den grössten Theil der von den Spezialkommissionen beschäftigten sogenannten Protokollführer und Bureauvorsteher als Staatsbeamte dauernd anzustellen, während die blossen Rechengehülfen, Schreiber und Boten nach wie vor im Privatdienste des Spezialkommissars verblieben.

Die bis dahin von den Spezialkommissaren gezahlten Remunerationen betrugen etwa 1800 M. für die Bureauvorsteher (damals 93) und 1440 M. für die Protokollführer (damals 107).

---

[1]) Entwurf zum Staatshaushaltsetat für 1874 (Anl. Bd. II Nr. 3 Beil. A.) $^3/_4 : ^1/_4$. Seit 1893: $^4/_5 : ^1/_5$.

Für die Folge wurden nun als staatliche Beamte 1. 80 Spezialkommissionssekretäre mit 1500 bis 2250 M. und 2. 120 Bureauhülfsarbeiter mit fixirten Remunerationen von durchschnittlich 1200 M. angestellt. Bei der allgemeinen Besoldungserhöhung 1897/98 trat eine Erhöhung der Besoldungen auf 1500 bis 3000 M. ein, während die Remunerationen dieselben blieben. Die Zahl der etatsmässigen Stellen war bis 1900 allmählich auf 182 gestiegen.

§ 98. Für die Bureaudiätarstellen bei den General- und Spezialkommissionen, welche von den Generalkommissionspräsidenten verliehen werden, sind die Remunerationen nach bestimmten Regeln festzusetzen (M.-Erl. v. 6. Aug. 1898 I S. 999).

Danach erhalten:

a) Spezialkommissions-Bureaudiätare:

α) Civilanwärter:

nach Ablauf einer dreijährigen unentgeltlichen Beschäftigung .	1100 M.
vom Beginn des 2. Diätarjahres ab	1300 „
„ „ „ 3. „ „	1500 „

β) Militäranwärter:

nach Ablauf der Probedienstzeit	1350 „
vom Beginn des 2. Diätarjahres ab	1500 „

b) Generalkommissions-Bureaudiätare:

α) Civilsupernumerare:

nach Ablauf einer dreijährigen unentgeltlichen Beschäftigung .	1100 M.
vom Beginn des 2. Diätarjahres ab	1300 „
„ „ „ 3. „ „	1500 „
„ „ „ 4. „ „	1650 „
„ „ „ 5. „ „	1800 „

β) Militäranwärter:

nach Ablauf der Probedienstzeit	1350 M.
vom Beginn des 2. Diätarjahres ab	1500 „
„ „ „ 3. „ „	1600 „
„ „ „ 4. „ „	1700 „
„ „ „ 5. „ „	1800 „

γγ) Niedere Vermessungsbeamte und Meliorationstechniker (Wiesenbaumeister). (Kap. 101 Tit. 5.)

§ 99. Die grosse Bedeutung, welche zuverlässige Messungen und Nivellirungen der Grundstücke für den einzelnen Besitzer wie für die Allgemeinheit haben, ist erst seit Anfang des 19. Jahrhunderts in Preussen richtig gewürdigt worden. Zur Ausbildung geeigneter Feldmesser wurde 1799 die Bauakademie eingerichtet (s. Bd. II Lief. 1 § 176). Nach § 118 des Edikts über die polizeilichen Verhältnisse der Gewerbe wurde sodann unterm 29. April 1813 (K.-A. XI S. 783) ein Feldmesserreglement erlassen, wonach die Feldmesskunst nur von solchen Personen als Gewerbe betrieben werden konnte, welche von den Regierungen auf Grund von Befähigungszeugnissen der Oberbaudeputation angestellt sind.

In staatlichem Dienste kamen derartig vorgebildete Feldmesser in umfangreicherer Weise zuerst bei der Ausführung der Auseinandersetzungsgesetzgebung zur Geltung, während in der Grundsteuerverwaltung bis zu den 60er Jahren feldmesserisch vorgebildete Beamte nur im Westen fungirten.

Bei den Auseinandersetzungsbehörden (Generalkommissionen und Regierungen) waren im Jahre 1849 bereits 93 Feldmesser, allerdings nur gegen Gebühren, aber theils mit Pensionsberechtigung angestellt.

Als in den 60er Jahren die Grundsteuerregulirung durchgeführt wurde, zeigten sich die wohlthätigen Folgen der bei den Auseinandersetzungen stattgehabten Vermessungen darin, dass ein umfassendes Material an Spezialkarten für die neuen Grundsteuerkataster benutzt werden konnte, sodass neue geometrische Aufnahmen nur für 15,7 Proz. der zu katastirenden Fläche erforderlich waren. Das damals bei den Auseinandersetzungsbehörden vorhandene geometrisch vorgebildete Beamtenmaterial wurde bei den Vermessungsarbeiten für das Grundsteuerkataster in starkem Masse in Anspruch genommen.

Seit jener Zeit hat die Bedeutung und Thätigkeit der staatlichen Vermessungsbeamten immer mehr zugenommen.

§ 100. Je genauer aber die Vermessungsarbeiten ausgeführt wurden, je mehr ein gut vorbereitetes Beamtenmaterial Bedürfniss wurde, um so nothwendiger erwiesen sich einmal Veranstaltungen für eine bessere Vorbildung der Feldmesser, andererseits eine fachdienlichere Regelung ihrer Besoldungsverhältnisse.

In erster Linie war hier die Einrichtung der geodätischen Kurse an den landwirthschaftlichen Hochschulen und die damit in Verbindung stehende Neuregelung des Prüfungswesens (s. Abschnitt „Landwirthschaftliche Hochschule“) von Bedeutung.

Was die Gehaltsverhältnisse anbetrifft, so bezogen die Feldmesser, wie schon angedeutet, bei den Auseinandersetzungsbehörden Mitte des Jahrhunderts noch keine fixirten Diäten, sondern Gebühren, (6 Pfennige bis 1 Groschen für den aufgenommenen Morgen unter Erhöhung bei schwierigerem Terrain und bei grösserem Kartenmassstab als 1:5000) und gewisse Reisediäten. 1857 wurden die Sätze etwas erhöht durch das infolge des Erlasses d. Preuss. Gew.-Ordn. von 1845 ergangene Reglement v. 1. Dez. 1857 (G.-S. S. 234). Das Reglement v. 2. März 1871 (G.-S. S. 101 ff.) stellte die Gebühren — mangels besonderer Vereinbarungen — auf 5 bezw. 6 Sgr. pro ha, bei grösseren Flächen auf einen geringeren Satz fest.

Aber schon das Gesetz über das Kostenwesen in Auseinandersetzungssachen (§ 14 des Ges. v. 24. Juni 1875, G.-S. S. 395) brachte eine weitere Aenderung für diejenigen Feldmesser, welche ausschliesslich und dauernd bei den Auseinandersetzungsbehörden beschäftigt werden. Sie erhielten Diätensätze von 7,50, 9, 10,50 und

12 M. pro Tag, je nach Dienstalter und Tüchtigkeit, ausserdem konnte nach wie vor einem Theile Pensionsberechtigung nach einem fingirten Gehalt von 2100 bis 3000 M. verliehen werden.[1]) Auch wurden für alle Feldmesser feste Feld- und Reisezulagen von 4,50 M., bei mehrtägiger Abwesenheit von 6 M. eingeführt.

Mit festen Gehältern angestellt waren damals nur eine geringe Zahl Feldmesser an der Auseinandersetzungsbehörde zu Hannover, welche auf Grund der aus Hannöverscher Zeit stammenden Gesetzgebung fixirte Remunerationen aus der Staatskasse bezogen.

Es gab hiernach Anfang der 80er Jahre unter den damals bei den Auseinandersetzungsbehörden vorhandenen etwa 250 Vermessungsbeamten erstlich solche mit Gehalt und Pensionsberechtigung, sodann solche mit Gehalt, aber ohne Pensionsberechtigung, und endlich solche ohne beides. Nur die zwei erstgenannten Kategorien waren als unmittelbare Staatsbeamte anzusehen, die anderen waren auf Grund des § 56 der Gewerbeordnung lediglich in einem privatrechtlichen Dienstverhältnisse zur Behörde stehende technische Arbeiter.

Um hier eine einheitliche Regelung zu schaffen und zugleich den älteren und erfahreneren Landmessern einen regelmässigeren Bezug ihres Einkommens zu sichern, wurden durch den Etat 1884/85 180 Beamten feste Gehaltssätze von 600, 800 und 1000 M. neben 6, 7,50 und 9 M. Tagesdiäten bewilligt, während die übrigen (125) sämmtlich einen einheitlichen Tagesdiätensatz von 7,50 M. zu liquidiren hatten. 1885/86 fand eine Umwandlung auf 1200 bis 2000 M. Gehalt (d. i. 1600 M.) und ein einheitlicher Satz von 5 M. Diäten pro Tag bezw. 175 M. pro Monat statt.

§ 101. Seit Mitte der 80er Jahre machte sich ein besonders starkes Bedürfniss nach Vermehrung des vermessungs- und meliorationstechnischen Personals geltend.

Der Grund hiervon lag einmal in der Erweiterung des Geschäftsgebietes durch die Errichtung einer neuen Generalkommission für die Rheinprovinz zu Düsseldorf (Ges. v. 23. und 24. Mai 1885). Gleichzeitig nahm auch das Auseinandersetzungsverfahren in verschiedenen Gebietstheilen der älteren Bezirke wieder zu, die Rentengütergesetzgebung trat in Kraft, vor Allem aber nahmen die geometrischen Geschäfte der Generalkommissionen durch Veränderungen in der Bearbeitung der Zusammenlegungssachen, welche auf eine erhöhte Richtigkeit und Zuverlässigkeit der Landmesserarbeiten abzielten, einen grösseren Umfang an. Insbesondere wurden seit jener Zeit die

---

[1]) Vgl. K.-A. 11 S. 795 und Lette- v. Rönne I S. 774. Für die dauernd und ausschliesslich von der Generalkommission beschäftigten Vermessungsbeamten sollten besondere Bestimmungen durch den Landwirthschaftsminister nach Einverständniss mit dem Finanzminister aufgestellt werden. Diese sind enthalten in den Erl. v. 10. Juni 1891 (I 5450) u. v. 17. Juni 1891 (I 11 103). S. auch § 94 Anm. 1.

behufs Uebernahme der Auseinandersetzungsergebnisse in das Grundsteuerkataster erforderlichen Kartirungs- und Berechnungsarbeiten bei den grösseren Generalkommissionen in deren geodätisch-technischen Bureaus, anstatt, wie früher, in den Katasterbureaus der Regierungen ausgeführt.

Im Jahre 1884[1]) betrug die Zahl der Vermessungsbeamten 305 und der Zeichner 4. Von diesen waren aber nur 180 Stellen etatsmässig. Bis 1888/89 wurde die Zahl letzterer Stellen auf 200 erhöht.

§ 102. Zugleich wurden verstärkte Anforderungen an die Ausbildung der Landmesser gestellt.

Die staatlich geprüften Feld-(Land-)messer, welche in der landwirthschaftlichen Verwaltung beschäftigt werden wollen, müssen nach den neueren Vorschriften noch mehrere besondere Nachweise erbringen, nämlich Nachweis eines bestimmten Studienganges und das Prüfungsprädikat „befriedigend“ in der Kulturtechnik. Die Bestallung stellen die Generalkommissionen aus.[2]) Bis zur Ausstellung der Bestallung gelten die Landmesser als Rechengehülfen (3,50 M. Tagesdiäten).

Zur Ausfüllung der etatsmässigen Stelle eines selbstständigen Vermessungsbeamten in Auseinandersetzungs- und Meliorationssachen werden sie erst zugelassen nach Ablegung einer besonderen Prüfung über ihre praktische Befähigung (kulturtechnische Prüfung). Die Prüfungskommission (1 Vorsitzender, 2 Mitglieder) ernennt der Landwirthschaftsminister.

Für die Rechte und Pflichten der Landmesser ist das Feld-(Land-)messer-Reglement vom 2. März 1871 (G.-S. S. 101)/26. August 1895 (G.-S. S. 319) massgebend Von den Spezialkommissionen müssen sie Aufträge und Anweisungen entgegennehmen, stehen aber in disziplinarer Beziehung unter der Generalkommission.

§ 103. Einige der obengenannten 200 Stellen wurden mit theoretisch und praktisch geschulten und erfahrenen Meliorationstechnikern bezw. Wiesenbaumeistern besetzt und deshalb die Titelbezeichnung durch Hinzufügung dieser letzteren Beamtenkategorien erweitert. Man brauchte solche Beamte hauptsächlich zur Projektirung der sogenannten Folgeeinrichtungen, zur Anfertigung der dazu erforderlichen Kostenanschläge, zur Beaufsichtigung der Meliorationsarbeiter u. s. w. Ueber die Ausbildung dieser Beamtenkategorien s. den IV. Hauptabschnitt unter „Wiesenbauschulen“.[3]) Die von den Wiesenbauschulen abgehenden Prüflinge werden von dem Minister auf die Generalkommissionen vertheilt. Vergl. auch L.-M.-Erl. v. 22. Aug. 1891, I. 16414.

§ 104. Seit 1890 wurden besondere etatsmässige „Zeichnerstellen“ eingeführt (vgl. M.-Bl. d. i. Verw. 1891 S. 129, 1892 S. 39, 1893

---

[1]) Denkschrift als Beil. 13 des landwirthschaftlichen Etats 1891/92.

[2]) Vgl. „Ausbildung und Prüfung der preussischen Landmesser und Kulturtechniker“. Berlin. Paul Parey. 1893

[3]) Den Vermessungsbeamten kann gestattet oder aufgegeben werden, zur Erledigung von Arbeiten mehr mechanischer Art und ohne Erforderniss geometrischen Verständnisses Hülfsarbeiter, sogenannte „Rechengehülfen“, anzustellen, die aber nicht mit örtlichen Arbeiten beschäftigt werden dürfen. Sie sind keine Beamte (daher gegen Alter und Invalidität zu versichern).

S. 72, 1898 u. s.w.). Dies sind ursprünglich als Rechengehülfen von der Generalkommission selbst angestellte Beamte, die eine besondere Zeichnerprüfung abgelegt haben und als Beamte vereidigt sind. Nach der Prüfungsablegung werden sie dauernd angestellt und heissen bis zur etatsmässigen Anstellung „Hülfszeichner".

Weitere Vermehrung des niederen Vermessungspersonals seit Anfang der 90er Jahre.

§ 105. Bis 1891/92 vermehrte sich das gesammte Vermessungspersonal auf 524 Vermessungsbeamte und 57 Zeichner bezw. Meliorationstechniker. 424 der Vermessungsbeamten waren bei den Spezialkommissionen, 6 als Assistenten an den landwirthschaftlichen Lehranstalten Poppelsdorf und Berlin und 94 bei den Generalkommissionen selbst thätig. Hier wurden auch die 57 Zeichner bezw. Meliorationstechniker beschäftigt. Fast Zweidrittel der Beamten waren nicht etatsmässig und bezogen nur 5 bis 8 M. Tagesdiäten oder 175 bis 210 M. Monatsdiäten.

Dieser Zustand war ohne Schädigung der Sache nicht haltbar.

Nachdem durch die Staatshaushaltsetats 1888/89 und 1890/91 für die gleichartigen Beamten der Katasterverwaltung eine Neuregelung der Gehaltsverhältnisse eingetreten war (s. das Nähere in dem Bande über „Direkte Steuern"), erfolgte eine solche auch für die Auseinandersetzungsbehörden, um dort das immer noch steigende Bedürfniss nach tüchtigen Vermessungskräften zu befriedigen.

Da bei den dauernd erforderlichen Bureaubeamten und den diesen gleichstehenden Beamtenkategorien der Grundsatz zur Durchführung kommen soll, dass thunlichst Vierfünftel der Stellen mit etatsmässig und Einfünftel mit nicht etatsmässig angestellten Beamten zu besetzen sind, so wurde der jetzigen Gesammtzahl entsprechend im Etat für 1891/92 die Zahl der etatsmässigen Vermessungsbeamten auf 350, der etatsmässigen Zeichner bezw. Meliorationstechniker auf 38 erhöht.

Gleichzeitig fand für beide Beamtenkategorien eine anderweitige Gehaltsregelung statt. Für die etatsmässigen Vermessungsbeamten wurde das Nebeneinanderstehen von Gehalt und Diäten aufgegeben. Sie erhielten ebenso wie die Katasterkontroleure und Sekretäre ein festes Gehalt von 2400 bis 3900 M., während die Zeichner etc. wie die Kanzleibeamten an den Regierungen auf 1650 bis 2700 M. erhöht wurden.

Für die nicht etatsmässigen Beamten wurden die Diätensätze beibehalten. Bei diesen erschien die Einzelliquidirung schon wegen des darin liegenden Antriebes zum Arbeiten und sodann wegen der mit der Liquidationsprüfung verbundenen Kontrole der gelieferten Arbeiten unentbehrlich (entweder Tagesdiäten von 5 M., und von Jahr zu Jahr aufsteigend 5,50 M., 6 M., 6,50 M., vom fünften Jahre ab 7,50 M., ausnahmsweise 8 M. Monatsdiäten, durchschnittlich 175 M., höchstens 200 M.).

Zugleich wurden die Amtskostenentschädigungen der Vermessungsbeamten auf 450 M. erhöht, wobei berücksichtigt wurde, dass die dienstlichen Gebrauchsgegenstände der Vermessungsbeamten vielseitiger und kostspieliger sind als für sonstige Bureaubeamte.

Für die nicht etatsmässigen Zeichner etc. wurden fixirte Monatsdiäten bis 1650 M., i. D. 1440 M. festgesetzt.

Die gesammte Mehrausgabe infolge dieser Neuregelung (einschl. Erhöhung des Gehaltes der Vermessungsinspektoren von 3600 bis 4800 auf 3600 bis 6000 M.) belief sich auf 295 620 M.

1897/98 trat eine weitere Erhöhung der Gehälter der Vermessungsbeamten auf 2400 bis 4500 M. und der Wiesenbaumeister auf 1650 bis 3000 M. ein.

Die Zahl der geometrischen Kräfte im Allgemeinen betrug 1900: 1083, davon 430 etatsmässige und 515 diätarische Vermessungsbeamte, 70 etatsmässige und 54 diätarische Zeichner, 7 etatsmässige und 7 diätarische Wiesenbaumeister.

ββ) Unterbeamte.

§ 105a. Hinsichtlich der Unterbeamten (Tit. 3) ist nichts Besonderes zu bemerken.

β) *Wohnungsgeldzuschüsse* (Kap. 101 Tit. 7).

§ 106. Für die Wohnungsgeldzuschüsse sind die allgemeinen gesetzlichen Bestimmungen massgebend (Ges. v. 12. Mai 1873, G.-S. S. 209). Siehe das Nähere beim Etat des Finanzministeriums.

Hier sei nur hervorgehoben, dass die Generalkommissionssekretäre gleichstehen den Regierungssekretären, Spezialkommissionssekretären und Kanzlisten, ebenso die Boten den Regierungsboten.

Feldmesser und Meliorationstechniker stehen den Sekretären ebenfalls gleich.

Die Steigerung des Titels folgt der entsprechenden Vermehrung der etatsmässigen Stellen. Im Jahre 1876 betrug die Ausgabe des Titels 164 568 M., steigerte sich sodann besonders stark von Mitte der 80er Jahre bis Anfang der 90er Jahre (von 1883/84 bis 1893/94 von 169 512 auf 389 510 M.), 1901 hatte sie sich auf 467 076 M. vermehrt.

γ) *Andere persönliche Ausgaben* (Kap. 101 Tit. 8 bis 11c).

§ 107. Unter diesem Abschnitte sind zu unterscheiden:

1. eigentliche Remunerirungsfonds für Hülfskräfte (Tit. 8 bis 10),
2. Remunerirungsfonds, die mehr den Charakter von Unterstützungsfonds tragen (Tit. 11 bis 11c).

An eigentlichen Remunerirungsfonds kommen in Betracht:

§ 108. a) *Tit. 8.* Zur Remunerirung von ausseretatsmässigen Mitgliedern und Hülfsarbeitern der Kollegien: 42000 M.

Der Fonds ist hauptsächlich Centralfonds (37 000 M.), nur 5000 M. feststehende Ausgaben sind auf die einzelnen Generalkommissionen vertheilt.

Der Unterschied dieses Titels von den folgenden Titeln 9 und 10 lässt sich nicht ganz scharf präzisiren. Charakteristisch ist ihm einmal, dass er nur für die Kollegien der Generalkommissionen, also nicht für die Spezialkommissionen, Anwendung findet. Ferner kommt er in der Regel dann in Betracht, wenn die Heranziehung ausseretatsmässiger Hülfen in Sachen erforderlich wird, die nicht zu den eigentlichen Auseinandersetzungsangelegenheiten gehören, für die also auch der Staat keine Pauschsätze erhebt (vgl. M.-Erl. v. 9. Jan. 1897 I C. 200). Dagegen macht es keinen Unterschied, ob es sich um ständige oder nicht ständige Hülfskräfte, um Beamte oder Nichtbeamte, um höhere oder niedere Beamte handelt. In Frage kommen z. B. zur Aushülfe herangezogene Meliorationsbaubeamte, Hochbaubeamte, juristische Beistände, Sachverständige für Aufforstungen u. s. w.

§ 109. b) *Tit. 9.* Zur Remunerirung von nicht dauernd beschäftigten Spezialkommissaren, von Assessoren und Landwirthen etc., welche sich für die Funktionen eines Spezialkommissars vorbereiten, von Vermessungsbeamten, von Hülfszeichnern bezw. Meliorationstechnikern und Wiesenbaumeistern — auch denjenigen, welche bei der landwirthschaftlichen Hochschule in Berlin und bei der landwirthschaftlichen Akademie in Poppelsdorf zur praktischen Ausbildung der studirenden Geodäten beschäftigt werden — sowie von Sachverständigen, ferner 31 000 M. zur Wahrnehmung der Aufsichtsthätigkeit in den Vermessungsbureaus: 1 332 515 M.

Wie schon der Titel ersehen lässt, sind bei diesem Fonds folgende Ausgabegruppen zu unterscheiden:

		i. J. 1901	
1.	Tagegelder der nicht dauernd beschäftigten Spezialkommissare (vgl. § 84)	—	M.
2.	Remunerationen der Assessoren und Landwirthe, welche sich für die Funktionen eines Spezialkommissars vorbereiten (s. § 84)	—	„
3.	Remunerationen der Vermessungsbeamten (Zahl 495)	1 073 985	„
4.	Remunerationen der Hülfszeichner, Meliorationstechniker und Wiesenbaumeister (Zahl 97)	139 680	„
5.	Remunerationen und Entschädigungen der Sachverständigen, Kreisverordneten, Boniteure u. s. w. .	84 600	„
6.	Zur Wahrung der Aufsicht in den Vermessungsbureaus (seit 1896/97, vgl. Erläuterungen zu Tit. 9 jenes Etats)	34 250	„

§ 110. Es handelt sich hiernach in diesem Titel hauptsächlich um Kommissare, technische Beamte und Sachverständige, während Tit. 10 hauptsächlich Bureau-, Kanzlei- und Unterbeamte umfasst.

Zu 2 ist zu bemerken, dass sich gegenwärtig 30 Assessoren und 21 Oekonomen im Vorbereitungsdienst befinden. Für die Remunerirung sind die Grundsätze enthalten im L.-M.-Erl. v. 9. II. 1897, I C 200 (s. Sterneberg u. Glatzel S. 609). Darnach erhalten die sich ausbildenden Spezialkommissare aus der Assessorenklasse 180 bis 200 M. monatliche Remuneration, diejenigen aus der Klasse der Landwirthe, solange sie Oekonomiekommissionsgehülfen sind, 120 bis 180 M. Als Oekonomiekommissare erhalten sie Tagesdiäten nach § 8 Abs. 3 des Kostengesetzes von 1875 auch aus diesem Fonds (Position 1).

Nach den Etatserläuterungen für 1901 zu Kap. 101 Tit. 9 kann der Minister letzteren auch monatliche Remunerationen bis zum Höchstbetrage von 200 M. bewilligen.

Ueber die Remunerationen der Vermessungsbeamten s. §§ 100 und 105.

Zu 4. Die Hülfszeichner und nicht etatsmässigen Meliorationstechniker erhalten entweder Monatsdiäten von 120 M. oder entsprechende Tagesdiäten (Erl. v. 7. Dez. 1891 I. 23029) (Tit. die Rechengehülfen durchschnittlich jährlich 900 M.. soweit sie von der Generalkommission angenommen sind, und monatlich durchschnittlich bis zu 90 M., im Durchschnitt 75 M. oder täglich 3,50 M., im Durchschnitt 3 M., wenn sie von den Vermessungsbeamten remunerirt werden. Die Rechengehülfen werden seit 1898/99 aus Tit. 12 remunerirt (§ 115).

Zu 5. Die Sachverständigen werden remunerirt wie die noch nicht etatsmässig angestellten und nur vorübergehend beschäftigten Kommissare. Die Remunerirung dieser Personen würde vielleicht zweckmässiger aus Tit. 12 erfolgen.

§ 111. Mit früheren Jahren verglichen hat der Fonds mehrfache Schwankungen gezeigt. Gegen 1876 hat er sich nicht wesentlich erhöht. Damals betrug er 862 120 M., heute stellt er sich auf 947 320 M. Inzwischen war er aber zunächst bis 1890/91 bis auf 1 294 230 M. gestiegen. 1891/92 fiel er plötzlich auf 564 550 M., sank in den folgenden Jahren bis auf 378 760 M. (1897/98) und stieg dann für 1898/99 wieder auf 948 760 M.

Der Grund des starken Rückganges in 1891/92 war der, dass durch die Staatshaushaltsetats pro 1883/84 (bezw. den Nachtrag zu demselben) und pro 1884/85 die Fixirung eines grossen Theiles der Bezüge der Kommissare und Vermessungsbeamten eingetreten war, welche seither auf Grund spezieller Liquidationen dieser Beamten zur

Anweisung gelangten. Dies hatte zur Folge gehabt, dass in den gedachten beiden Etatsjahren neben den fortlaufenden Kompetenzen noch in grösserem Umfange Gebühren etc. aus früherer Zeit nach Massgabe der eingegangenen Liquidationen zur Zahlung anzuweisen waren, wozu der etatsmässige Fonds um so weniger die Mittel bot, als derselbe mit Rücksicht auf die Kreirung von etatsmässigen Stellen für Vermessungsbeamte (Tit. 5) erheblich ermässigt worden war.

Die Erhöhung 1898/99 war insofern nicht unvorbereitet, als der Fonds schon eine längere Reihe von Jahren vorher ganz erheblich hatte überschritten werden müssen, obgleich er auch wieder durch die Schaffung einer grossen Anzahl von etatsmässigen Stellen (Vermessungsbeamte und Meliorationstechniker) eine gewisse Verminderung erfuhr.

Die Ursachen des fortdauernden Mehrbedarfs seit Mitte der 90er Jahre lagen in dem Aufschwung, welchen die Geschäfte der Auseinandersetzungsbehörden in den westlichen Provinzen genommen hatten, sowie in der Durchführung der Rentengutsgesetzgebung, welche eine erhebliche dauernde Vermehrung insbesondere des diätarisch remunerirten technischen Personals nothwendig machten.

Auf die einzelnen Generalkommissionen entfielen 1901 insgesammt 1 332 515 M.: Breslau (52 440 M.), Bromberg (35 300 M.), Cassel (229 000 M.), Düsseldorf (168 960 M.), Frankfurt (67 540 M.), Hannover (133 400 M.), Königsberg (51 800 M.), Merseburg (33 840 M.), Münster (378 280 M.), Centralfonds (181 955 M.).

§ 112. c) *Tit. 10.* Zur Remunerirung von Hülfsarbeitern im Bureau-, Kanzlei- und Unterbeamtendienste, einschliesslich 3600 M. zu Stellenzulagen für Spezialkommissionsbeamte, welche als Dolmetscher fungiren, und 2250 M. zu Stellenzulagen von je 300 M. für 6, sowie von je 150 M. für 3 Kanzleivorsteher, ferner 1200 M. zu Stellenzulagen für Boten bis je 200 M., einschl. der Zulagen von je 150 M. für 5 von den mit den Botenmeistergeschäften beauftragten Boten; zu Remunerationen für die mit der unmittelbaren Einziehung der Auseinandersetzungskosten beauftragten Rentmeister und Vollziehungsbeamten und zu sonstigen Entschädigungen 233 250 M.

Der Fonds bezieht sich gleicherweise auf Beamte der General- wie der Spezialkommissionen (s. unten). Hülfsarbeiter, welche keine Beamtenqualität haben, werden nach den neuerdings zur Durchführung kommenden Etatsgrundsätzen aus Tit. 12 ff. (sächliche Fonds) remunerirt (s. § 115). Thatsächlich handelt es sich hauptsächlich um Bureau-, Kanzlei- und Unterbeamte, während Tit. 9 die höheren und die technischen Beamten behandelt, und aus Tit. 8 die meisten sachverständigen Hülfskräfte remunerirt werden. Im Jahre 1901 wurden unterschieden:

Bureauhülfsarbeiter	197 200 M.
Kanzleihülfsarbeiter	24 500 „
Hülfsunterbeamte	3 900 „
Stellenzulagen für Kanzleivorsteher . . .	2 250 „
„ „ Boten	1 200 „
Für Rentmeister und Vollziehungsbeamte .	600 „
Dolmetscherzulagen	3 600 „
zusammen . .	233 250 M.

Die Remunerirung der General- und Spezialkommissions diätare ist den Präsidenten der Generalkommissionen überlassen, doch haben sie gewisse Regeln zu befolgen. Die Remunerirung erfolgt in der Regel bei Civilsupernumeraren erst nach dreijähriger unentgeltlicher Beschäftigung, bei Militäranwärtern nach Ablauf der Probedienstzeit und steigt in den ersten 3 bis 5 Diätarjahren alljährlich. Mit dieser Beschränkung erhalten die Spezialkommissionsdiätare 1100 bis 1500 M. (Militäranwärter 1350 bis 1500 M.), die Generalkommissionsdiätare 1100 bis 1800 M. (Militäranwärter 1350 bis 1800 M.).

Die ständigen Kanzleihülfsarbeiter erhalten nach Ablauf der Probedienstzeit 1200 M., nach einem halben Jahre steigend bis 1650 M. nach 4 Jahren Dienstzeit. (Lohnschreiber s. Tit. 12^2 in § 115.)

Die im Texte des Titels erwähnten Stellenzulagen sind durch die erhöhten dienstlichen Ansprüche an die betreffenden Beamten und durch die ungewöhnliche Theuerung in einzelnen Orten hervorgerufen.

Die Dolmetscherzulagen stehen seit 1893/94 in der gegenwärtigen Höhe auf dem Etat und sind dazu bestimmt, in den Bezirken der Generalkommissionen zu Breslau und Bromberg als Stellenzulagen von im Durchschnitt 300 M. für die als Dolmetscher fungirenden 12 Spezialkommissionsbeamten zu dienen, um sich einen sicheren Stamm derartiger Dolmetscher in den Gegenden mit polnischer und litthauischer Bevölkerung zu sichern.

§ 113. Der Fonds stellte sich 1876 auf 119 260 M., stieg allmählich bis 1883/84 auf 155 155 M. Von da bis 1887/88 steigerte er sich um über 100 000 M. auf 260 800 M.

Die Steigerung in den Jahren 1883 bis 1888 beruhte hauptsächlich in der Vermehrung der Arbeitskräfte an den geodätisch-technischen Bureaus der Generalkommissionen, welche wiederum eine Folge der nothwendig gewordenen Vermehrung des in den Bezirken stationirten Vermessungspersonals war.

Eine weitere Steigerung um über 100 000 M. erfuhr der Fonds 1892/93 (von 256 449 M. in 1891/92 auf 361 649 M.).

Die Steigerung im Jahre 1892/93 beruht auf der Uebernahme der bisher aus Tit. 9 remunerirten Bureauhülfsarbeiter der Generalkommissionen auf diesen Titel, weil seit jener Zeit auch die Bureauhülfsarbeiter ebenso wie die Vermessungsbeamten wechselweise bei General- und Spezialkommissionen beschäftigt werden und daher eine Remunerirung aus zwei Titeln sehr umständlich war und viele Umbuchungen erforderlich machen würde.

Auch wurden Gelder für sog. Rechengehülfen der Vermessungsbeamten bewilligt. Um dem entstandenen empfindlichen Mangel an Arbeitskräften nach Möglichkeit abzuhelfen, sollten die mit den Landmessergeschäften verbundenen Arbeiten untergeordneterer Art, welche die Fähigkeiten geprüfter Landmesser nicht erfordern, unter Leitung und Aufsicht der letzteren durch Rechengehülfen ausgeführt werden, welche von den Generalkommissionen gegen eine Jahresentschädigung von durchschnittlich 900 M., zahlbar in Monatssätzen bis zu 90 M., im Durchschnitt 75 M., oder Tagessätzen bis zu 3,50 M., im Durchschnitt 3 M. für den Arbeitstag, angenommen werden sollten (§ 118). Für das Etatsjahr 1892/93 wurden 55 solcher Rechengehülfen vorgesehen.

Die Zahl dieser Rechengehülfen vermehrte sich in dem Laufe der nächsten Jahre fortgesetzt. Gegenwärtig beträgt ihre Zahl 176.

Von 1897/98 sank der Fonds plötzlich bis 1898/99 von 369 763 auf 188 563 M., 1898/99 auf 158 463 M., um dann aber für 1900 sich wieder auf 233 250 M. zu erheben.

Der Rückgang 1897/98 zu 1898/99 um 181 200 M. hatte nur eine rechnungsmässige Bedeutung, indem 20 Bureaudiätarstellen etatsmässig und deren Gehälter nach Tit. 2 übertragen wurden (33 000 M.) und ferner, indem die bisher in diesem Titel ausgeworfenen Entschädigungen der Beamteneigenschaft nicht besitzenden Rechengehülfen nach Tit. 12 (sächliche Ausgaben) übertragen wurden (148 500 M.) s. § 110 und § 115.

Auf die einzelnen Generalkommissionen entfielen 1901 von insgesammt 233 250 M. aus dem Fonds: Breslau (28 264 M.), Bromberg (21 150 M.), Cassel (21 450 M.), Düsseldorf (24 300 M.), Frankfurt (33 550 M.), Hannover (23 250 M.), Königsberg (26 900 M.), Merseburg (6300 M.), Münster (44 050 M.), Centralfonds (4036 M.).

§ 114. *Tit. 11.* Zu ausserordentlichen Remunerationen und Unterstützungen für Zeichner bezw. Meliorations- und Wiesenbautechniker und für Kanzlei- und Unterbeamte 9000 M.

Tit. 11a. Zu ausserordentlichen Remunerationen für Spezialkommissare und mittlere Beamte 14 800 M. (hiervon sind höchstens 3000 M. für Spezialkommissare bestimmt).

Tit. 11b. Zu ausserordentlichen Unterstützungen für höhere und mittlere Beamte 23 500 M. (Vgl. hierzu im Allgemeinen das in Bd. I Lief. 1 S. 97 Gesagte.)

Tit. 11b ist verhältnissmässig besonders hoch, weil hieraus auch nicht etatsmässige Beamte, welche nach Lage der bestehenden Gesetzgebung Umzugskosten nicht erhalten können, Unterstützungen erhalten (Spezialkommissare und Landmesser, die noch nicht etatsmässig sind).

Aehnlichen Zwecken dient der Fonds:

Tit. 11c. Ausgaben des Landmesser-Unterstützungsfonds der Generalkommission zu Merseburg (übertragbar) 3000 M., ein auf Grund des § 2 No. 4 des Ges. v. 11. Mai 1898 (Komptabilitätsgesetz) im Jahre 1900 eingestellter Fonds (s. Erläuterungen zum Etat 1900 und 1902 zu Kap. 32 Tit. 7 der Einnahme).

b) Sächliche Ausgaben.

(Kap. 101 Tit. 12—14.)

§ 115. a) *Tit. 12.* Zu Bureaubedürfnissen (Schreib- und Packmaterialien, Feuerung, Beleuchtung, Bibliothek, Heften der Akten, nicht aversionirte Postporto- und Gebührenbeträge und sonstige Frachtgebühren für dienstliche Sendungen, Telegrammgebühren etc.) und zu Kopialien, ferner zur Remunerirung von Rechengehülfen und nicht dauernd beschäftigten Technikern und zu Stellvertretungskosten für erkrankte Unterbeamte der Generalkommissionen, zu Rechengehülfen-, Schreib- und Botengebühren, Packetträgerlohn und Emballagekosten der Spezial-Kommissare und Vermessungsbeamten, welche eine fixirte Bureau- bezw. Amtskostenentschädigung nicht beziehen, und der Sachverständigen, sowie zu sonstigen im Interesse der Geschäfte erforderlichen baaren Auslagen und Nebenkosten 463 400 M.

Wie der Titel besagt, kommen aus diesem Fonds folgende Ausgaben in Betracht:

1.	Bureaubedürfnisse der Generalkommissionen	203 750 M.
2.	Kopialien	2 050 „
3.	Zur Remunerirung von Rechengehülfen und nicht dauernd beschäftigten Technikern (Zahl 176) s. §§ 110 und 113 (Durchschnitt 900 M.)	158 400 „
4.	Stellvertretung von Unterbeamten	— „
5.	Entschädigungen und Auslagen der Kommissare und Vermessungsbeamten (soweit sie nicht aus dem diesen gewährten Fixum zu erstatten sind)	— „
6.	Baare Auslagen, Nebenkosten etc.	99 200 „
	Summa . .	463 400 M.

Unter der Rubrik „Bemerkungen zu Tit. 12“ ist noch hervorgehoben, dass aus diesem Titel auch die auf unvermögende Kirchen, Pfarren, Küstereien und Schulen entfallenden Nebenkosten für Terminslokale, Kettenzieher, Boten etc. zu decken sind (s. § 69a).

Der Titel warf nach dem Etat für 1875 nur einen Betrag von 71 168 M. aus und steigerte sich für 1876 auf 415 050 M. Die Mehrausgabe war indessen nur eine formale, da zugleich der Tit. 13 (damals Tit. 11) infolge des neuen Kostengesetzes von 1875 (s. § 68) entsprechende Verminderungen erfuhr.

Von 1876 bis 1890/91 steigerte sich der Fonds entsprechend der Vermehrung der Arbeiten allmählich bis auf 571 092, von da bis 1891/92 um 101 800 auf 672 892 M. Die Ursache dieser plötzlichen Steigerung lag in der Neueinführung der fixirten Amtsunkosten für 424 auf den Spezialkommissionen beschäftigte Vermessungsbeamten in Höhe von je 450 M. (s. § 104).

1892/93 fand eine weitere Erhöhung der Fonds um 121 108 M. statt, weil in den Jahren zuvor erhebliche Etatsüberschreitungen hatten stattfinden müssen (1891/92: 88 559 M.).

Im Jahre 1893/94 sank der Fonds auf 250 800 M., weil von ihm die Tit. 12a u. 12b abgezweigt wurden. Die Nothwendigkeit der Abzweigung hatte sich ergeben, weil bei der bisherigen Einrichtung zum Nachtheil einzelner Kommissare und Verwaltungsbeamten über die Beträge, welche zur Deckung von Mehrausgaben über das Fixum erforderlich waren, nicht vor dem Jahresschlusse verfügt werden konnte. 1894/95 trat eine Verminderung durch Absetzung von 19 800 M. vom Portofonds ein (s. § 118).

1898/99 fand sodann wieder eine erhebliche Fondserhöhung statt: von 291 380 M. auf 461 180 M. Auch dies war wieder im Wesentlichen eine nur scheinbare Vermehrung der

Ausgaben, indem von Tit. 9 15 900 M. und von Tit. 10 148 500 M. Entschädigungen übernommen wurden, welche an eine Anzahl von Vermessungstechnikern und Rechnungsgehülfen ausgezahlt wurden, die von den Vermessungsbeamten zu ihrer Entlastung angenommen werden (s. § 110), aber keine Beamtenqualität besitzen, deren Entschädigungen daher nach den neueren Etatsgrundsätzen nicht unter den persönlichen, sondern den sächlichen Fonds zu buchen sind.

Von 1899 auf 1900 stieg der Fonds auf 500 000 M., sank aber für 1901 wieder auf 463 400 M.

In dem Masse, wie sich die Zahl der Hülfszeichner (vergl. § 110) erhöht, verringert sich die Zahl der von den Generalkommissionen selbst angenommenen, unmittelbar aus der Staatskasse bezahlten Rechengehülfen der Vermessungsbeamten, da für die nach abgelegter Zeichnerprüfung zu Hülfszeichnern beförderten Gehülfen ein über die gegenwärtige Gesammtzahl von Zeichnern, Hülfszeichnern und Rechengehülfen hinausgehender Ersatz nicht eingestellt wird. Es waren 1901 abzusetzen für 40 Gehülfen je 900 M. und für 1 Gehülfen 600 M.

§ 116. Auf die einzelne Generalkommission kamen 1901 von insgesammt 463 400 M.: Breslau 43 100, Bromberg 35 950, Cassel 102 500, Düsseldorf 55 800, Frankfurt 30 200, Hannover 49 500, Königsberg 42 100, Merseburg 26 600, Münster 77 650, Centralfonds —.

§ 117. b) *Tit. 12a.* Zu fixirten Bureaukosten-Entschädigungen der Spezialkommissare 399 600 M. (Den Spezialkommissaren kann an Stelle der ihnen nach den §§ 9 u. 11 des Ges. v. 24. Juni 1875 über das Kostenwesen in Auseinandersetzungssachen — G.-S. S. 395 — zustehenden Rechengehülfen-, Schreib- und Botengebühren, Packetträgerlöhne, Emballagekosten und sonstigen im Interesse des Geschäfts aufgewendeten baaren Auslagen eine Bureaukosten-Entschädigung von jährlich 2700 M. im Durchschnitt, bis zum Höchstbetrage von 5 900 M. gewährt werden.)

Schon durch den Etatsvermerk vom Jahre 1884/85 zu Tit. 9 war die Ermächtigung des Landwirthschaftsministers eingeführt, den Spezialkommissaren an Stelle der ihnen nach §§ 9 u. 11 des Kostengesetzes v. 14. Juni 1875 zustehenden Protokollführer-, Rechengehülfen-, Schreib- und Botengebühren, Packträgerlöhne, Emballagekosten und sonstigen baaren Auslagen — ausschliesslich von Porto- und Frachtgebühren — eine Bureaukosten-Entschädigung von jährlich 4 900 M. im Durchschnitt, bis zum Höchstbetrage von 8 400 M. je zur Hälfte aus Tit. 9 (persönl. Titel) und Tit. 12 (sächl. Titel) zu gewähren.

Nachdem durch den Staatshaushaltsetat von 1889/90 die Bureauvorsteher- und Protokollführerstellen der Spezialkommissionen zu unmittelbaren Staatsbeamtenstellen mit festem Gehalt bezw. fixirter Remuneration umgewandelt waren (s. § 97), mussten die Bureaukosten-Entschädigungen, wo solche eingeführt waren, entsprechend ermässigt werden. Dies geschah durch den genannten Etat (Herabsetzung der Entschädigung eines Kommissars auf 2 440 M. im Durchschnitt, bis zum Höchstbetrage von 5 900 M.).

Seit 1901 ist der Durchschnitt auf 2 700 M. erhöht worden. Auch wurden von nun an diese Bureaukosten-Entschädigungen lediglich aus dem (sächlichen) Titel 12 bestritten.

In dem Erl. v. 3. Dez. 1889 (M.-Bl. d. i. Verw. S. 200) ist im Einzelnen angegeben, was aus der Entschädigung zu bestreiten ist, nämlich alle Auslagen ausser den den Spezialkommissaren etwa nach § 8 Abs. 3 des Kostengesetzes v. 24. Juni 1875 zustehenden Diäten, der Reise-Zulagen und -Kosten, sowie der Auslagen für Terminslokale, Zeugen und Dolmetscher.

Gegenwärtig beziehen sämmtliche mit der Verwaltung einer Spezialkommission betrauten Spezialkommissare die Bureaukosten-Entschädigung, ausnahmsweise auch nebenamtlich beschäftigte.

Sind die Auslagen höher als die Entschädigung, so können einmalige Zuschüsse bis 600 M. aus Ersparnissen des Fonds gegeben werden.

§ 118. Der Fonds wurde im Jahre 1893/94 mit 358 400 M. von Tit. 12 abgezweigt. 1894/95 trat eine Verminderung auf 312 320 M. ein in Folge der allgemeinen Aversionirung der in Staatsdienstangelegenheiten entstehenden Postporto- und Gebührenbeträge, welche zu der Einstellung einer festen, an das Reich zu zahlenden Summe von 6 Mill. M. (Kap. 63 Tit. 2a des Finanzminist., vgl. Denkschrift C des Etats 94/95) sowie zu einer entsprechenden Kürzung der in Frage kommenden Postportofonds führte. Der Fonds sank daher auf 312 320 M. 1899 stieg der Fonds um 24 400 M. in Folge von Einstellung von 10 neuen Spezialkommissarstellen. 1901 wurde der Fonds auf 399 600 M. erhöht, wobei einmal die Erhöhung des Durchschnitts der Bureaukosten-Entschädigung auf 2700 M. in Betracht kam, ein anderes Mal der Umstand, dass in Zukunft der Jahresbedarf nicht mehr, wie seither, nach der Zahl der etatsmässig angestellten Spezialkommissare, sondern nach der Zahl der wirklich vorhandenen Spezialkommissionen zu berechnen ist, da über die Zahl der etatsmässigen Spezialkommissarstellen hinaus oft im Laufe des Etatsjahres neue Spezialkommissionen errichtet und bis auf Weiteres mit ausseretatsmässigen Kommissaren besetzt werden müssen. Liesse man bei der Etatsaufstellung diese Kommissionen unberücksichtigt, so würde das Etatssoll von vornherein um diejenigen Beträge zu gering bemessen sein und alljährlich überschritten werden müssen, welche den nicht etatsmässig angestellten, aber mit der Verwaltung von Spezialkommissionen betrauten Kommissaren zu zahlen sind.

§ 119. Die einzelnen Generalkommissionen waren an dem Fonds im Jahre 1901 von zusammen 399 600 M. wie folgt betheiligt: Breslau 29 280 M., Bromberg 39 040, Cassel 53 680, Düsseldorf 43 200, Frankfurt a. O. 39 040, Hannover 48 600, Königsberg 26 840, Merseburg 19 500, Münster 81 000, Centralfonds 19 400.

§ 120. c) *Tit. 12b.* Zu fixirten Amtskosten-Entschädigungen der Vermessungsbeamten 330 750 M.

Durch den Etat von 1891/92 waren den Vermessungsbeamten der Generalkommissionen bereits besondere Amtskosten-Entschädigungen von durchschnittlich 450 M. zugebilligt worden (aus Tit. 12), woraus sie die Besoldung der Gehülfen, Lokalmiethe, Heizungs-, Reinigungs- und Beleuchtungskosten, dienstliche Gebrauchsgegenstände, Schreib-, Verpackungs- etc. Kosten zu bestreiten haben (vgl. Denkschrift zum

Etat 1891/92 und Erl. d. L.-M. v. 18. Sept. 1891 I 14994). Für Beschaffung kostspieliger Messwerkzeuge werden Vorschüsse bis 500 M. gewährt.

1901 wurden für letzteren Zweck und für Gehülfen 91 875 M. als eigentliche Amtsunkosten-Entschädigung für 735[1]) Beamte, zusammen 238 875 M., gewährt.

Der Fonds wurde 1893/94 von Tit. 12 mit 198 800 M. abgezweigt. 1898/99 musste der Fonds in Folge der in den letzten Jahren stattgehabten starken Vermehrung der Vermessungsbeamten um 79 200 M. erhöht werden. 1901 fand eine Erhöhung um 60 750 M. aus ähnlichen Gründen statt.

Im Jahre 1901 waren an dem Fonds die einzelnen Generalkommissionen wie folgt betheiligt: Breslau 13 200, Bromberg 9 750, Cassel 112 600, Düsseldorf 32 175, Frankfurt 10 750, Hannover 28 275, Königsberg 6 500, Merseburg 8 600, Münster 61 575, Centralfonds 47 325.

§ 121. d) *Tit. 12c.* Zur Unterhaltung der Gebäude und Gärten 5 800 M.

Der Fonds wurde 1885/86 mit 4 800 M. von Tit. 12 abgezweigt und 1898/99 hauptsächlich wegen der durch die Neu- und Umbauten der Dienstgebäude der Generalkommissionen zu Cassel, Hannover, Münster und Düsseldorf gestiegenen Unterhaltungskosten um 1 000 M. erhöht.

§ 122. e) *Tit. 13.* Zu Tagegeldern, Fuhr- und Versetzungskosten; zu Reisezulagen und Reisekosten der Spezialkommissare und der von ihnen beschäftigten Bureauarbeiter, der Vermessungsbeamten, Meliorationstechniker, Zeichner, der Sachverständigen etc. 1 200 000 M.

1901 kamen davon auf den Bedarf der Generalkommissionen 67 500 M.,
Spezialkommissionen 1 132 500 „

Bei der Liquidirung für Reisekosten seitens der Beamten der Auseinandersetzungsbehörden sind die eigentlichen Auseinandersetzungssachen, auf welche das Kostengesetz v. 24. Juni 1875 (G.-S. S. 395) Anwendung findet, und die der Generalkommission besonders übertragenen Geschäfte, in welchen die Reisekosten wie in Auseinandersetzungsachen zu liquidiren sind, zu unterscheiden von sonstigen allgemeinen Staatsdienstangelegenheiten.

Im ersteren Falle werden Reisezulagen und Reisekosten nach besonderen, von dem Ges. v. 24. März 1873 abweichenden niedrigeren Sätzen liquidirt, während anderenfalls dieses Gesetz und die dazu ergangenen abändernden und Ausführungs-Bestimmungen massgebend sind.

Bei auswärtigen Geschäften (2 km und mehr vom Wohnort) werden gezahlt nach dem durch Ges. v. 22. Dez. 1897 (G.-S. 1898) abgeänderten Kostengesetz v. 24. Juni 1875:

---

[1]) Das sind etwa $^7/_9$ der Gesammtzahl der bei den Generalkommissionen beschäftigten Vermessungsbeamten (945).

I. An Reisezulagen (für den Mehraufwand einschl. der Kosten für Wohnung, Licht und Heizung)

	bei Abwesenheit bis 1 Tag M.	bei längerer Abwesenheit pro Tag M.
a) Kommissare	7,50	10,00
b) Vermessungsbeamte	5,00	7,50
c) Bureaubeamte	4,50	5,00
d) Zeichner, Hülfszeichner, Meliorationstechniker, Wiesenbaumeister (im Beamtenverhältniss)	4,00	5,00
Nichtstaatliche Protokollführer	3,00.	—

II. An Reisekosten (einschl. für Beförderung von Gepäck, Akten, Karten etc.) pro km

	a) bei Dienstreisen auf Eisenbahnen u. Dampfschiffen Pf.	b) sonst Pf.
a) Kommissare	9[1])	50
b) Vermessungsbeamte	7[2])	40
c) Bureaubeamte	7[2])	25
d) Zeichner etc.	7[2])	25

Die bei den Vermessungsbeamten beschäftigten, nicht aus deren Amtskostenentschädigung (s. § 104) remunerirten, sondern von den Generalkommissionen selbst angenommenen Rechengehülfen und die denselben gleichstehenden, ausserhalb eines Beamtenverhältnisses beschäftigten Meliorationstechniker erhalten besondere Reise-Entschädigungen nach Massgabe des M.-Erl. v. 15. Juni 1898 I C. 3929.

§ 123. Im Durchschnitt der Jahre 1897/99 wurden aus dem Fonds ausgegeben:

Zu Tagegeldern und Fuhrkosten für den Bedarf der Generalkommissionen	68 917 M.
Zu Reisekosten und Zulagen der Spezialkommissare und der von ihnen beschäftigten Bureauarbeiter, der Vermessungsbeamten, Zeichner, Meliorationstechniker, Sachverständigen etc.	1 189 089 „
Zu Versetzungskosten (für etatsmässige Beamte)	55 662 „
Summa	1 313 668 M.

Aus dem Fonds entfielen (1901) auf die Generalkommissionen Breslau 76 000 M., Bromberg 81 000 M., Cassel 279 000 M., Düsseldorf 178 000 M., Frankfurt a. O. 99 000 M., Hannover 144 500 M., Königs-

[1]) Ausserdem 3 M. für jeden Zu- und Abgang (bei Kleinbahnen fällt die Zu- und Abgangsgebühr hierfür fort).

[2]) Ausserdem 2 M. für jeden Zu- und Abgang (Staatsmin.-Beschl. v. 25. Okt. 1898, 5. Jan. 1899, 25. März 1899).

berg 76 000 M., Merseburg 147 500 M., Münster 219 000 M., Centralfonds — M., zusammen 1 200 000 M.

§ 124. f) *Tit. 13a.* Zu Tagegeldern, Fuhrkosten und zur Erstattung baarer Auslagen der Spezialkommissare, Vermessungsbeamten, bezw. Meliorationstechniker und Wiesenbaumeister sowie der Sachverständigen in den im Herzogthum Anhalt anhängigen Auseinandersetzungen: 3000 M. (seit 1881/82 17 000 M., seit 1887/88 3000 M. wegen Verminderung der Geschäfte). Bis dahin war der Fonds ausseretatsmässig. Er steht auf dem Etat der Generalkommission Merseburg.

§ 125. g) *Tit. 14.* Zu vermischten Ausgaben 20 174 M.

Der Titel besteht schon seit den 70er Jahren in wesentlich gleicher Höhe.

Aus ihm werden alle Ausgaben gedeckt, die sich nicht unter die Titel 9 bis 12c bringen lassen. Vor Allem gehören dahin Rückzahlungen von Beträgen, die infolge irrthümlicher Berechnungen und Werthansätze von den Parteien zu viel erhoben sind, ferner unvorherzusehende Ausgaben u. s. w.

Etwa die Hälfte des Fonds wird als Centralfonds geführt, während die andere Hälfte auf die einzelnen Generalkommissionen vertheilt ist.

1901 wurden vorgesehen:

1. Zu kleineren Ausgaben . . . . 990 M.
2. Zur Rückgewähr unverwendet gebliebener Kostenvorschüsse 9620 „

Der Rest für unvorhergesehene Ausgaben.

Nicht so komplizirt wie die Ausgabegruppe B ist die Gruppe:

c) Sonstige Ausgaben.

(Kap. 101 Tit. 15—16.)

§ 126. a) *Tit. 15.* Zur Gewährung von Beihülfen zu den bei den Auseinandersetzungsgeschäften vorkommenden sogenannten Folgeeinrichtungskosten und Nebenkosten (Centralfonds) 380 000 M. (Die am Jahresschlusse verbleibenden Bestände können zur Verwendung in die folgenden Jahre übertragen werden.)

Die aus dem Auseinandersetzungsverfahren vor Allem bei Veränderung der Planlagen, Separationen, Konsolidationen u. s. w. selbst entstehenden und im Gefolge desselben auftretenden Veränderungen greifen tief in die wirthschaftlichen Verhältnisse der Betheiligten ein. Der Uebergang aus dem alten in das neue Verhältniss ist meistens schwierig und erfordert zu seiner Durchführung neben Energie und einem gewissen Masse von Intelligenz auch eine gewisse Wohlhabenheit, welche die Aufwendung von Mitteln gestattet, ohne deren Anlegung die erwarteten Vortheile einer an sich erheblichen Verbesserung der Planlage nicht eintreten können.

Es kommen hier neben den Regulirungskosten, welche von den Betheiligten nach Massgabe des Ges. v. 24. Juni 1875

(G.-S. S. 395) für das eigentliche Verfahren an die Staatskasse zu zahlen sind, vor Allem die sogenannten Folgeeinrichtungskosten und Nebenkosten in Betracht. Unter den letzteren werden die Kosten für alle diejenigen Arbeiten auf den der Auseinandersetzung unterworfenen Grundstücken verstanden, welche aus Anlass und zur Ausführung der Separationen oder Zusammenlegungen vorgenommen werden müssen, wie die Anlage neuer Wege, Gräben, Triften, Brücken, Durchlässe, Einfriedigungen etc. mit Einschluss der Kosten für Grenzsteine, Pfähle, Signalstangen und andere Materialien. Diese Folgeeinrichtungskosten müssen von den Betheiligten besonders aufgebracht werden und sind nicht an die Staatskasse, sondern unmittelbar an die Lieferanten bezw. Unternehmer zu zahlen. Die Regulirungs- und Folgeeinrichtungskosten, sind zwar je nach den Verhältnissen verschieden, durchgängig aber als erheblich zu bezeichnen. Es ist daher nicht auffällig, dass in den ärmeren Gegenden eine gewisse Abneigung gegen die Auseinandersetzungen, insbesondere gegen die hier zumeist in Betracht kommenden Grundstückszusammenlegungen vorwaltet.

Bezüglich der Regulirungskosten boten die bestehenden gesetzlichen Vorschriften die Möglichkeit, dürftigeren Interessenten theils durch Stundung oder Terminalzahlungen, theils durch Ermässigung oder unter besonderen Umständen auch durch Erlass derselben zu Hülfe zu kommen.

Anders verhält es sich aber mit den Folgeeinrichtungskosten, indem dieselben sofort nach Herstellung und Abnahme der betreffenden Arbeiten bezahlt werden müssen, wobei Stundungen, Terminalzahlungen oder Niederschlagungen ausgeschlossen sind.

Die Zahlung dieser Kosten, welche im Jahre 1885 1 400 000 M. ausmachten, fällt den Betheiligten um so schwerer, als die Folgeeinrichtungen nicht hinaus geschoben werden können, weil sie die Voraussetzung der vorzunehmenden Meliorationen bilden, und die betreffenden Beträge daher zu einer Zeit aufzubringen sind, wo die Betheiligten ihre sämmtlichen verfügbaren Mittel auf die Neueinrichtung der Pläne und Wirthschaften verwenden müssen.

Die leihweise Beschaffung der erforderlichen Mittel ist nicht immer ausführbar.

Die Staatsregierung hat daher zum ersten Male im Etat 1885/86 50 000 M. zur Gewährung von Beihülfen für sogenannte Folgeeinrichtungskosten[1]) im Auseinandersetzungsverfahren bereit gestellt,

[1]) Dagegen gehören nicht zu den „Folgeeinrichtungskosten“ diejenigen Kosten, welche der einzelne Interessent auf die Neueinrichtung seiner Pläne und seiner Wirthschaft verwendet. Auch ist die Gewährung der Beihülfen stets an die Bedingung geknüpft, dass daran nur die bedürftigeren Grundbesitzer theilnehmen, die besser situirten aber ausgeschlossen bleiben.

welchem noch 3000 M., die schon früher zur Förderung der Konsolidationen im Bezirk Wiesbaden bewilligt waren, hinzutraten.

1885/86 fand bereits eine Erhöhung auf 120 000 M. statt, 1887/88 nach Hinzutritt des Gebietes der Düsseldorfer Generalkommission auf 150 000 M. 1889/90 trat eine weitere Erhöhung um 100 000 M. ein, wobei darauf hingewiesen wurde, dass die meisten Gemeinden sich zur Zusammenlegung erst entschlössen, wenn die Grundbesitzer durch die unwirthschaftliche Lage bis zur Grenze des Unhaltbaren und in Nothlage gerathen seien. Von 1889/90 bis 1895/96 250 000 M. Für 1894/95 fand eine Erhöhung um 30 000 M. zu Rentengutszwecken statt, ein Betrag, der indessen schon im nächsten Jahre wieder abgezweigt und einem besonderen Fonds (s. § 127) zugetheilt wurde.

1896/97 fand eine Erhöhung um 50 000 M. auf 300 000 M. statt, wobei in der Begründung hervorgehoben wurde, dass die Anträge der Generalkommissionen seit Jahren die etatsmässigen Fonds um das Doppelte überschritten hätten. Namentlich seien es die erhöhten Arbeitslöhne und die durch die intensivere Bodenkultur gesteigerten Ansprüche an einen zweckentsprechenden Ausbau des Wege- und Grabennetzes, welche die Folgeeinrichtungskosten erheblich vermehrten und deshalb eine Erhöhung der staatlichen Fonds unabweisbar machten, wenn der ländlichen Bevölkerung die Möglichkeit, von der Zusammenlegung als einer der wichtigsten Kulturmassregeln Gebrauch zu machen, nicht verschränkt werden solle. 1897/98 erfolgte unter Hinweis auf die Steigerung der sogenannten Nebenkosten durch die genaueren Messungsmethoden und die zahlreicheren mit Zusammenlegungen verbundenen Meliorirungen eine weitere Steigerung um 25 000 M., 1898/99 um 30 000 M., 1899 um 25 000 M., sodass der Fonds gegenwärtig bereits 380 000 M. ausmacht.

§ 127. b) *Tit. 15a.* Zur Gewährung von Beihülfen zu den Folgeeinrichtungskosten, bei den Rentengutsbildungen und zu Entschädigungen für die bei der Beaufsichtigung mitwirkenden Vertrauensmänner — Centralfonds — 200 000 M.

(Die am Jahresschlusse verbleibenden Bestände können zur Verwendung in die folgenden Jahre übertragen werden.)

Da die Mehrzahl der Rentengutsnehmer neben den Ausgaben, die ihnen die erste Einrichtung ihres neuen Anwesens verursacht, ausser Stande sind, Mittel zum Bau von Wegen, zu gemeinwirthschaftlichen Ent- und Bewässerungsanlagen und dergleichen aufzubringen und da sie vollends die noch viel erheblicheren Kosten nicht erschwingen können, die ihnen, sofern die Rentengutsbildung eine Neubildung der politischen, Kirchen- oder Schulgemeinde zur Folge hat, diese letztere auferlegt, wurde für 1895/96 die Erhöhung des in den Etat 1894/95 eingestellten Mehrbetrages von 30 000 M. bei Tit. 15 auf 120 000 M. mit der Massgabe unter dem besonderen Tit. 15a vorgesehen, dass diese Summe ausschliesslich den Folgeeinrichtungen bei Rentengutsbildungen zu Gute kommen sollte.

Der Fonds ist sodann von Jahr zu Jahr erhöht worden und bis 1900 bereits auf 198 000 M. gestiegen (seit 1897/99).

Im Etatsjahr 1900 erfuhr der Titel des Fonds die Erweiterung von „und zur Entschädigung etc.“ an.

§ 128. *Tit. 15b.* Zur Verhütung von Verlusten der Rentenbanken bei Rentengütern — übertragbarer Fonds und Centralfonds — 20 000 M.

Das Interesse des Staates an der Erhaltung der Rentengüter und an der Sicherung der Rentenbankrenten macht ein öfteres Eingreifen der staatlichen Organe bei wirthschaftlich schwachen Rentengutsbesitzern erforderlich. Hierbei bedienen sich die mit der Wohlfahrtspflege in den Rentengutskolonien betrauten Beamten der Beihülfe von Vertrauensmännern, die gleichzeitig als Berather der Rentengutsbesitzer in wirthschaftlichen Angelegenheiten fungiren. Die Entschädigungen der Vertrauensmänner für ihre Mühewaltungen und Auslagen waren bisher aus dem Fonds Kap. 101 Tit. 14 bestritten, sind aber seit 1899 in einem besonderen Titel in Höhe von 20000 M. ausgebracht worden.

§ 128a. c) *Tit. 16.* Zur Disposition der Präsidenten der Generalkommissionen 950 M.

Der Fonds besteht schon seit den 70er Jahren und ist seitdem nur von 750 M. auf 950 M. gestiegen. Er ist, wie schon der Titel besagt, auf die Provinzialbehörden vertheilt und wird z. B. zu ortsüblichen Geschenken verwendet.

d) Extraordinarium.

§ 129. S. hierzu Abschnitt „Moorwesen“, sowie III. Hauptstück.

Dritter Hauptabschnitt.

Landesmeliorationen (einschl. Moor-, Dünenwesen und Waldschutzangelegenheiten).

(Kap. 32 Tit. 5, 6, 6a der Einnahme und Kap. 106 der Ausgabe.)

Allgemeines.

§ 130. Der Ausdruck „Landesmeliorationen“ kann in einem weiteren und engeren Sinne verstanden werden. Im weitesten Sinne wird eine Landesmelioration auch durch alle die Vorkehrungen bewirkt, welche zunächst nicht eine Meliorirung des Landes, eine Verbesserung des Bodens, sondern nur eine bessere Nutzung desselben zum Zwecke haben; dahin gehören die Gegenstände der sogenannten Agrargesetzgebung, Gemeinheitstheilungen, Verkoppelungen, Ablösungen, Rentengutsbildungen. In einem engeren Sinne sind Landesmeliorationen solche Einrichtungen, welche eine Verbesserung des Bodens, sei es indirekt, durch Schutz gegen widrige Elemente, Hochwasser, Deichbauten, Flusskorrektionen, Winde, Versandung u. s. w., sei es direkt, durch Regulirung der Wasserverhältnisse im Boden (Ent- und Bewässerungen) zum Zwecke haben. Im engsten Sinne wird man nur die letzteren Anstalten als Landesmeliorationen zu bezeichnen haben.

Daneben weist der Ausdruck „Landesmeliorationen" darauf hin, dass es sich um Meliorationen handelt, deren Bedeutung über das private Interesse des Einzelbesitzers hinausragt, und vielmehr eine in der Hebung der allgemeinen Landeskultur begründete Bedeutung beanspruchen kann. Deshalb gehören die Meliorationen, welche der Einzelne an seinem Grund und Boden durch Beackerung, Düngung, Berieselung u. s. w. vornimmt, nicht zu den Landesmeliorationen.

Fragt man, welche Mittel der preussische Staat für Landesmeliorationen ausgiebt, so wird man hiernach im weitesten Sinne auch die Ausgaben für die Auseinandersetzungs-Angelegenheiten mit einrechnen müssen.

Der preussische Etat kennt den Begriff der Landesmelioration in jenem weitesten Sinne indessen nicht. Er behandelt in vollständig von einander getrennten Kapiteln die Auseinandersetzungsbehörden (Kap. 100 u. 101) und die Landesmeliorationen (Kap. 106), obgleich thatsächlich die Generalkommissionen sich immer mehr mit Landesmeliorationen befassen (s. § 54 ff., auch S. 675 Anm. 1).

In der Ueberschrift des letzteren Kapitels wird der Ausdruck „Landesmeliorationen" in dem oben gegebenen engsten Sinne gebraucht und wird ihnen in der Ueberschrift zur Seite gestellt Moor-, Deich-, Ufer- und Dünenwesen (Landesmeliorationen im weiteren Sinne). In dieser Aufzählung fehlen dann aber wieder die „Schutzwaldungen", welche in demselben Kapitel unter Tit. 11 behandelt werden.

In dem Gesetze vom 8. Juli 1875 findet sich in § 4 ebenfalls der Begriff „Landesmeliorationen". Dort sind nach der Denkschrift des Landwirthschafts-Ministers v. Nov. 1895 J.-No. 18764 unter diesem Begriffe auch „Deichbauten" (Landesmeliorationen im weiteren Sinne) zu verstehen.

Ein ganz fester Sprachgebrauch hat sich hiernach bisher nicht eingebürgert.

Auch im folgenden wird die oben gedachte Trennung der Landesmeliorationen im weiteren und im engeren Sinne nicht streng durchgeführt werden können, da die Deichbauten und Flusskorrektionen mit der Landesmelioration im engsten Sinne (Ent- und Bewässerungen) häufig gemeinsam vorkommen und vom Staate gemeinsam geregelt worden sind. Es wird dagegen von der Landesmelioration im letztgedachten Sinne (A), das Moorwesen (B), Dünen- (C) und Waldschutzwesen (D) gesondert behandelt werden.

A. Landesmeliorationswesen.

a) Geschichtliche Entwickelung.

1. Das Landesmeliorationswesen bis Ausgang des 18. Jahrhunderts.

§ 131. Das Landesmeliorationswesen setzt bereits einen gesteigerten Grad der Kulturentwickelung voraus. Solange die Bevölkerung noch eine wenig dichte ist, solange noch in einem Lande die Bewohner sich die fruchtbaren und leicht zu bebauenden Landstriche zur Niederlassung unbehindert aussuchen können, ist ein entwickeltes Meliorationswesen kein Bedürfniss. Meliorationen erfordern schon ein gewisses Mass kulturtechnischer Kenntnisse und grösserer Kapitalien, dies um so mehr, als vielfach eine erfolgreiche Meliorirung nur möglich ist, wenn sie für eine grössere Anzahl von Grundstücken und Flächen gemeinschaftlich ausgeführt wird.

Das Meliorationswesen hat denn auch nicht in der Privatinitiative seinen Ursprung gefunden, ist vielmehr in seinen ersten Anfängen auf das Vorgehen thatkräftiger Landesfürsten zurückzuführen, die dabei zum Theil als Landesherren, zum Theil als Besitzer grosser Dominialkomplexe die Meliorationskosten bestritten. Nächst diesen waren es besonders die Klöster und andere Besitzer grösserer Gutskomplexe in der todten Hand, welche, mit den nöthigen Kenntnissen und Kapitalien ausgerüstet, in der Meliorirung wüster Ländereien vorbildlich wirkten.

In Preussen führen die ersten Spuren von grösseren Meliorationsarbeiten bis auf Albrecht den Bären zurück. Er kultivirte vor Allem die jährlich hoch überfluthete Wische durch fremde, namentlich holländische Ansiedler, welche damit für ganz Norddeutschland die unbestrittenen Lehrmeister für die Kunde und Kunst der Meliorationsarbeiten wurden. Wenn auch den Slaven um diese Zeit Verdämmungen und Kulturen schon lange in gewissem Masse bekannt waren, so sind doch grössere, zusammenhängende Eindeichungen und Entwässerungen erst auf die Zeit der Einwanderung flämischer Kolonisten zurückzuführen.

Die Eindeichung der Wische erforderte starke Dämme gegen Elbe und Aland und zugleich grosse Schleusenanlagen. Aehnliche grosse Eindeichungen fanden auch in anderen Gegenden statt, so die von dem Landmeister Meinhard von Querfurt von 1288—1294 mit der Arbeit von Tausenden von Menschen und Wagen durchgeführte Eindeichung der Weichsel und Nogat Eindeichungen waren überhaupt die erste und nächstliegende Art der Landesmeliorationen. Schon aus dem 15. und 16. Jahrhundert liegen eine grössere Anzahl von Deichordnungen und -Statuten vor, welche den Grundsatz: was nicht will deichen, muss weichen" zur Geltung brachten.

§ 132. Seit Johann Ciceros Regierung wurde besonders auf den landesherrlichen Aemtern manches für Meliorationsanlagen und Bodenverbesserungen gethan.

Hervorragend thatkräftig auf diesem Gebiete zeigte sich der Grosse Kurfürst. Er förderte grössere Entwässerungsunternehmungen im Zusammenhange mit den Arbeiten an den Schiffahrtskanälen zwischen der Oder, Spree und Havel, dem Müllroser- und Finowkanal, meliorirte im Amte Liebenwalde und Bützow (Schloss Oranienburg), im Netze- und Dossebruch und um Potsdam herum, entwarf auch bereits den Plan, die Rhin- und Havelbrüche zu entwässern.

Friedrich I. machte sich um das Meliorationswesen vor Allem dadurch verdient, dass er ihm allgemeinere und gesetzliche Grundlagen gab

In dem Edikte „wegen der Wasserleitungen in Brüchen und Niederungen" v. 25. Febr. 1704 ergriff er von Staatswegen die oberste Leitung aller Entwässerungen und suchte diesen auch auf den Besitzungen der Privaten systematisch Eingang zu verschaffen, indem er besondere Ingenieure bestimmte, die neben der Sorge für Fluss- und Grabenräumung auch die Luche, Brüche und Niederungen durch Wasserleitungen immer mehr urbar zu machen und, nach Ueberlegung mit den Gutsherren, bei Weigerung damit dennoch exekutive vorgehen sollten.

§ 132a. Friedrich Wilhelm I. führte nebst einer grossen Anzahl kleinerer Meliorationen vor Allem die Anlagen von Neuholland und im Kreuzbruch an der oberen Havel aus und führte als Hauptwerk die grossartige Meliorirung des Rhin- und Havelländischen Bruches (22 Quadratmeilen) durch.

In dem damals entwässerten Theile des Havelländischen Luchs wurden 72,5 Meilen Gräben gezogen, die Kosten aller Arbeiten wurden auf 70 742 Thlr., 1 Thlr. 5 Sgr. pro Morgen, berechnet. Auch erliess er mehrere Deichordnungen, Grabenräumungs-Vorschriften u. s. w. Ein Edikt v. 7. Okt. 1726 sprach ähnliche Grundsätze aus wie das erwähnte von 1704.

§ 133. Auch Friedrich der Grosse liess trotz der durch die vielen Kriege hervorgerufenen starken Erschöpfung der Landeskasse den Landesmeliorationen seine eifrigste Fürsorge zu theil werden. Allein für die Mark und Pommern in den Jahren 1763—1784 und für den ganzen Staat von 1783—1786 wurden von ihm gegen 30 Mill. M. zu derartigen Zwecken verausgabt.

Eins der Hauptwerke dieser Art war die Meliorirung des 2½ Hundert Morgen grossen Oderbruchs (1746—1753). Die Oder wurde zwischen Güstebiese und Hohensaaten von 6 auf 2½ Meilen verkürzt und ein grosses Binnenkanalsystem angelegt. Die Kosten betrugen 1½ Mill. M. Auf den neu gewonnenen Gründen wurden 1200 Familien in 43 Kolonien angesiedelt. Die Erbpachts- und ähnlichen Zinsen betrugen nach späteren Renteirechnungen etwa 60 000 M., ergaben also eine mässige Verzinsung des Anlagekapitals.

(Der alte Oderlauf bei Güstebiese wurde erst 1832 ganz geschlossen und damit auch die Einbeziehung der unteren Theile des Oderbruchs in die Eindeichungen verbunden [1849 bis 1860]. Die Kosten betrugen 7,8 Mill. M., zu denen der Staat im Interesse der Schifffahrt und unter anderen Gesichtspunkten einen Zuschuss von 4½ Mill. M. leistete).

Von anderen hervorragenden Meliorationsarbeiten unter Friedrich dem Grossen sind vor Allem zu nennen die Entwässerungen und Kolonisationen am Döllnfliess, an der Silge in der Priegnitz, am Rhin, der Jäglitz und der Dosse, das neumärkische Netzebruch unterhalb Driesen, das Warthebruch (4¼ Quadratmeilen, 3 Mill. M.), die Kanalisirung zwischen Weichsel und Nogat (2,2 Mill. M.), in Pommern die Senkung des Maduesees, die Entwässerung der Lebabrüche, des Thurbruchs auf Usedom, der Plönebrüche bei Damm und der Brüche um Schmolsien in Hinterpommern. In Schlesien kamen die Arbeiten in den schlesischen Theilen der Bartsch- und Oderbrüche, in der Mittelmark im Gebiete der Nuthe, der Plaue und in der Altmark der Drömling der Betracht.

Die für das Kolonisationswerk von Friedrich dem Grossen aufgewendeten Gesammtsummen berechnet man auf etwa 75 Mill. M., während seiner Regierungszeit sind etwa 200 000 ländliche Kolonisten angesetzt worden.

§ 133a. Auch erliess Friedrich eine grosse Anzahl von Graben-, Deich-, Ufer- und Schauordnungen. Besonders hervorzuheben ist das „Erneute Edikt wegen zu beschaffender Vorfluth und Räumung der

Gräben und Bäche“ v. 6. Juli 1773 (N. C. C. Bd. V Theil 2 Nr. 34), welches eine vollständige Ordnung aller den Wasserabfluss betreffenden Verhältnisse enthielt, für den gesammten Staat erging und dieses Gebiet der Landeskulturvorschriften zum ersten Mal systematisch regelte.

2. Das Landesmeliorationswesen in der ersten Hälfte des 19. Jahrhunderts.

§ 134. Wie aus Obigem ersichtlich, handelte es sich bei den früheren Staatsmeliorationen regelmässig nur um Meliorationen im grossen Stile, Austrocknungen weiter Bruch- und Sumpfstrecken, mit denen dann zugleich die Ansiedelung von Kolonisten auf den so gewonnenen Landstrichen Hand in Hand ging.

Meliorationen bereits vorhandenen, aber verbesserungsfähigen Kulturbodens auf räumlich beschränkterem Gebiete treten erst seit der zweiten Hälfte des 18. Jahrhunderts mit dem raschen Steigen der Grundrente und der Werthsteigerung guten Ackerbodens in die Erscheinung und gelangen erst im 19. Jahrhundert nach der Befreiung des Grund und Bodens von der alten Agrarverfassung zu erweiterter Anwendung und Vervollkommnung, wobei zugleich der gewaltige Aufschwung der landwirthschaftlichen Technik hervorragende Bedeutung gewann.

Gleichzeitig zog sich der Staat als solcher von der Inangriffnahme dieser Unternehmungen mehr und mehr zurück. Es machte sich der Einfluss der nationalökonomischen Lehren Adam Smith’s in der Richtung geltend, dass man Bodenverbesserungen und Meliorationen dem erleuchteten Selbstinteresse der einzelnen, das landwirthschaftliche Gewerbe Betreibenden überlassen zu müssen glaubte und die Bereitstellung staatlicher Mittel in grösserem Umfange für entbehrlich hielt.

In Preussen kam hinzu, dass die Regierungszeit der Ende des 18. und im Beginne des 19. Jahrhunderts herrschenden Hohenzollern Friedrich Wilhelms II. und Friedrich Wilhelms III. grösseren staatlichen oder staatlich unterstützten Unternehmungen zur Ent- oder Bewässerung des Bodens oder zur Bedeichung der Flussthäler auch schon deshalb weniger günstig war, weil einmal die kriegerischen Ereignisse jener Zeit und die Geldknappheit in der Staatskasse ein Hinderniss bildeten, dann aber nach Beendigung der Freiheitskriege auch die Ausführung der Agrargesetzgebung die Kräfte aller betheiligten Kreise vollständig in Anspruch nahm. Die Thätigkeit der Staatsregierung beschränkte sich daher in den ersten Jahrzehnten des 19. Jahrhunderts darauf, einige Meliorationsfonds für grössere (provinzielle) Bezirke zu gründen.[1])

---

[1]) Dahin gehörte der 1802 gestiftete Alt-Pommersche Meliorationsfonds (240 000 M.), und der Meliorationsfonds für die Neumark (90 000 M.), der 1836 für einige Kreise des Regierungsbezirks Minden gegründete Westfälische Meliorationsfonds (33 000 M.). Später (1846) kamen hinzu der Meliorationsfonds für den Regierungsbezirk Cöslin (900 000 M.) und für die Provinz Preussen (224 244 M.).

§ 134a. Erst unter Friedrich Wilhelm IV. wurden unter dem Freiherrn Senfft v. Pilsach wieder einige grössere Landesmeliorationen durchgeführt.

Zu den grösseren staatlich geförderten Ent- und Bewässerungsanlagen dieser Zeit gehören vor Allem die Kanalisirungs- und Wiesenbauten in der Tuchelschen Heide in Westpreussen, wo im Laufe der 40er Jahre über 6000 Morgen meliorirt wurden. In der Provinz Preussen fanden Wiesenbauten statt im Regierungsbezirk Gumbinnen 7500 Morgen (Skallischener Forst, Staswinner und Kruglinner See), Regierungsbezirk Königsberg 700 Morgen (Senkung des Soldausees bei Neidenburg) sowie Senkungen der Masurischen Seen von Angerburg bis Talten, Inangriffnahme der Inster- und Pregelregulirung (1845). In Pommern: Ablassung des Plönesees. In Posen: Melioration der 171 000 Morgen grossen Obrabrüche, Entwässerung des Parchaniebruchs bei Inowrazlaw, Wiesenbauten des Forstfiskus (1000 Morgen) im Stepelnoer Bruch. In Sachsen: Melioration der Niederung der schwarzen Elster. In Westfalen: Melioration der Boker Heide und des Lippebruches (12 000 Morgen Bewässerung und 33 000 Morgen Entwässerung). In der Rheinprovinz: Melioration des Morf- und Stauelaschen Bruches und des Nieesthales.

Auch grosse Deichbauten wurden, abgesehen von denen, zu welchen Fiskus als Besitzer verpflichtet war, im Warthebruch begonnen, wo von 1836—1840 die Verwallung auf dem linken Ufer mit einer Staatsbeihülfe von 210 000 M. geschlossen und dadurch Schutz vor Rückstau für 20 000 Morgen erreicht wurde.

§ 135. Mit diesen vom Staate durchgeführten Meliorationen wurde bei Weitem nicht das überall infolge der erlösenden Wirkungen der Befreiung des Grund und Bodens von der veralteten Agrarverfassung auftretende Bedürfniss nach Bodenmeliorationen im Lande gedeckt.

Indessen glaubte sich die Regierung den vielfach in dieser Richtung an sie herantretenden Wünschen gegenüber, entsprechend dem in § 134 angedeuteten Grundsatze, zunächst in der Hauptsache darauf beschränken zu müssen, für private Meliorationsunternehmungen eine gesunde Basis durch eine im Bereiche des Wasserrechtes bis dahin fehlende grundlegende rechtliche Ordnung zu schaffen.

§ 136. Das A. L.-R. hatte allerdings bereits in Th. I Tit. 8 §§ 99 ff., Tit. 9 §§ 170 ff. und Th. II Tit. 15 §§ 38 ff., 63 ff. und 229 ff. gesetzliche Normen über die Benutzung öffentlicher und privater Flüsse, über nothwendige Vorfluth- und Entwässerungsgräben und Mühlenstaue feste Bestimmungen erlassen. Für grössere Meliorationsprojekte reichten aber diese Vorschriften einmal deshalb nicht aus, weil die Ansprüche nur in dem meist langwierigen Rechtsverfahren durchgeführt werden konnten, auch die Fälle der eigentlichen Kulturverbesserungen, die nicht erweislich nothwendig sind, von dem Recht auf Gewährung der Vorfluth nicht betroffen wurden.

Hier schuf Abhülfe das Vorfluthsgesetz v. 15. Nov. 1811 (G.-S. S 352). Dies Gesetz bestimmte die landrechtlichen Grundsätze über die Erhaltung der bestehenden Vorfluthsverhältnisse schärfer, erweiterte im Interesse der Landeskultur das Recht, neue Vorfluth zu erzwingen, sehr erheblich und schrieb namentlich ein praktisch wirksames kürzeres administratives Verfahren für die Anlage neuer Entwässerungen vor. Die Festsetzung des Merkpfahles erfolgte durch Kommissarien der Regierungen unter blosser Zuziehung des Gerichts (heute durch Kommissare des Kreisausschusses ohne Zuziehung des Gerichts). Entstehende Rechtsstreitigkeiten wurden zwar vor das Gericht (heute Verwaltungsgericht) verwiesen, doch konnte die Regierung (heute Kreisausschuss) ein Interimistikum anordnen.

Die Grabenräumung kann den Unterhaltungspflichtigen durch die Polizei vorgeschrieben werden.

Bei überwiegendem Vortheil für Bodenkultur und Schifffahrt kann gegen vollständige Entschädigung die Ziehung von offenen Gräben (nach dem Ges. v. 11. Mai 1853, G.-S. S. 182, auch von bedeckten Gräben oder Drainrohren) über fremde Grundstücke und aus stehenden Gewässern erzwungen, ja sogar nöthigenfalls die theilweise oder gänzliche Entfernung des Stauwerkes oder der Mühle gefordert werden Der Entwässerungsplan muss durch die Regierung (heute Kreisausschuss im Verwaltungsstreitverfahren) festgestellt werden. Die Entschädigungsbeträge werden schiedsgerichtlich festgestellt.

Von nicht geringerer Bedeutung für die Landesmelioration wie die Entwässerung ist die Bewässerung.

Hier wurde erst nach dem Regierungsantritte Friedrich Wilhelms IV. durch den Erlass des Gesetzes über die Benutzung der Privatflüsse v. 28. Febr. 1843 (G.-S. S. 41) eine gesetzliche Grundlage für die Ausnutzung des fliessenden Wassers durch die Uferbesitzer, zur Verbesserung der Bodenkultur durch Bewässerungsanlagen gegeben. Vorbildlich waren für diese Gesetzgebung die alten Wiesenordnungen des Fürstenthums Siegen.

Das Recht des Uferbesitzers auf Nutzung eines Privatflusses wurde dahin festgestellt, dass er das Wasser benutzen durfte, sofern er keinen Rückstau über sein Grundstück und Versumpfung des oberliegenden Grundstücks verursachte und das Wasser wieder in das Flussbett leitete, bevor der Fluss das Grundstück verlassen hatte. Im Falle eines überwiegenden Landeskulturinteresses und gegen volle Entschädigung konnte der Uferbesitzer aber auch fremde Grundrechte mit in Anspruch nehmen, die Benutzung fremder Ufer, Einräumung von Servituten, einen gewissen Rückstau, Einschränkung eines Mühlenbetriebes u. s. w. fordern. Das Interesse der Entwässerungsanlagen soll aber bei der Frage des Landeskulturinteresses dem der Bewässerung im Zweifel vorgehen.

Neu war in diesem Gesetze gegenüber dem Vorfluthsedikt vor Allem das sog. Präklusionsverfahren geschaffen, durch welches es ermöglicht wurde, den die Bewässerungsanlage vornehmenden Uferbesitzer gegen unbekannte und später auftretende Einsprüche zu sichern, indem nach Anwendung des Verfahrens Alle, die nicht rechtzeitig ihr Widerspruchsrecht geltend machten, für die Zukunft mit diesem ausgeschlossen werden.

Die eventuell zu leistenden Entschädigungen werden nach Anhörung der Taxatoren von der Regierung (heute Kreisausschuss) festgestellt mit Rekurs an das Oberlandeskulturgericht.

Eine weitere für die Bodenkultivirung höchst bedeutsame Neuerung waren die ebenfalls für Entwässerungssachen noch nicht bestehenden Vorschriften über die Bildung von Wassergenossenschaften. Es sollten nämlich nach Abschnitt III des Ges. v. 1843, wenn Unternehmungen zur Benutzung des Wassers, deren Vortheile einer ganzen Gegend zu Gute kommen, nur durch gemeinsames Wirken zu Stande zu bringen und fortzuführen sind, die Betheiligten zu gemeinsamer Anlegung und Unterhaltung der erforderlichen Wasserwerke durch landesherrliche Verordnung verpflichtet und zu besonderen Genossenschaften vereinigt werden können.

Beide Neuerungen erwiesen sich als so nützlich, dass sie auch auf Entwässerungen ausgedehnt wurden (Ges. v. 23. Jan. 1846, G.-S. S. 26, betreffend das für Entwässerungen auszuführende Aufgebots- und Präklusionsverfahren, und v. 11. Mai 1853, G.-S. S. 182, wegen Ausdehnung der Vorschriften über Genossenschaften auf Entwässerungsangelegenheiten etc.). Nur Drainagegenossenschaften konnten damals zwangsweise nicht gegründet werden.

Eine Ergänzung der vorgenannten Gesetze bildete endlich das Deichgesetz v. 28. Jan. 1848. Es kam vor Allem darauf an, den Deichschutz rasch erzwingbar zu machen und den für Deiche seit lange bestehenden Genossenschaftswesen die entwickelte, praktisch wirksame Rechtslage zu geben, welche die sehr viel jüngeren Meliorationsgenossenschaften infolge der neuen Gesetze und Statuten erhalten hatten. Das Gesetz sicherte von Landeskulturwegen die Privatdeiche mit polizeilichem Schutz, machte jede Neuanlage, Verlegung, Erhöhung von polizeilicher Genehmigung abhängig und gab der Polizeibehörde die Befugniss, event. unter interimistischer Regelung der Baulast im Zwangswege die Erhaltung und Wiederherstellung zerstörter Deiche zu fordern.

Deichgenossenschaften, mit Beiträgen der Genossen nach festem Massstabe, konnten zwangsweise begründet werden. Die statutmässige Deichpflicht steht den öffentlichen Abgaben hinsichtlich der Einziehbarkeit gleich, geht ihnen in Kollisionsfällen sogar vor und ist unverjährbar.

Die grosse indirekte Bedeutung der vorbehandelten wasserrechtlichen Gesetzgebung für die Bodenmeliorationen lag einmal darin, dass sie ermöglichte, zugleich mit den durch die Agrargesetzgebung eingeführten Gemeinheitstheilungen und Neuregelungen der Grundstückslage auch die Ent- und Bewässerungsangelegenheiten sachentsprechend neu zu regeln,[1]) sodann aber auch darin, dass nunmehr für die Privatinitiative mehr wie bisher die Möglichkeit gegeben war, sich zu Gunsten von Bodenverbesserungen durch Meliorationen im grossen und kleinen Stile Geltung zu verschaffen.

§ 137. Finanziell war dies für den Staat insofern von grosser Wichtigkeit, als er nun mit mehr Recht wie bis dahin die Privatbesitzer auf den Weg der Selbsthülfe verweisen und sich von der Herstellung rein staatlicher Unternehmungen, wie dies in früherer Zeit üblich war, mit einer gewissen inneren Berechtigung mehr und mehr zurückziehen konnte. Die dadurch freiwerdenden Mittel konnten durch Uebernahme von Vorarbeitskosten, Gewährung von Vor- und Zuschüssen, Darlehnen etc., zur Verfügungstellung technischer Beamten etc. als Anregungs- und Förderungsmittel zu Meliorationen für weitere Bevölkerungskreise sehr nutzbringend verwendet werden.

Was diese letztere Seite der Sache anbetrifft, so wird ein staatliches Eingreifen mit seinen Mitteln in dieser Richtung nie ganz entbehrlich werden.

Es liegt in der Natur der Sache, dass die kleinen Grundbesitzer nicht im Stande sind, die Tragweite und Bedeutung der Meliorationsarbeiten, Drainagegenossenschaften etc. von vornherein genügend zu übersehen und zu schätzen. Andererseits schreckt sie von grösseren Meliorationen der Umstand ab, dass meist schon die blossen Vorarbeitskosten eine nicht unbeträchtliche Höhe annehmen und daher grosse Vorschüsse verlangen. Dieser Geldpunkt ist daher erfahrungsmässig einer der Hauptgründe, warum die kleinen Besitzer so schwer sich zur Bildung von Meliorationsgenossenschaften entschliessen. Die Vorarbeitskosten werden daher auch in Zukunft aus allgemeinen Staatsmitteln gedeckt werden müssen.

---

[1]) Ueber die Zuständigkeit der Generalkommissionen zur (selbst nachträglichen) Regulirung von Ent- und Bewässerungen vgl. M.-Bl. d. i. Verw. 1840 S. 403, 1842 S. 29, 1843 S. 40, 1844 S. 251, 1845 S. 131, 1852 S. 172, 1859 S. 150, 1862 S. 201. Vgl. auch § 95 No. 2 des Zust.-Ges. v. 1. Aug. 1883. Für Flussregulirungen M.-Bl. d. i. Verw. 1897 S. 279.

§ 138. Dass der Staat anfänglich weit davon entfernt war, seiner Verpflichtung auch nur zu dieser Förderung der Landesmeliorationen durch Gewährung von Vorarbeitskosten aus staatlichen Mitteln gerecht zu werden, geht schon daraus hervor, dass bis zum Jahre 1850 nicht einmal ein ständiger Dispositionsfonds für derartige Zwecke im Etat vorgesehen war. Die Mittel zu technischen Vorarbeiten mussten in jedem einzelnen Falle durch den Ressortminister unter Mitwirkung des Finanzministers Allerhöchsten Orts aus dem Extraordinarium der Generalstaatskasse erbeten werden.

Ein Umschwung in dieser Auffassung der Staatsregierung hinsichtlich ihrer Aufgaben gegenüber den Landesmeliorationen trat erst seit Mitte der 50er Jahre ein.

3. Einstellung eines Dispositionsfonds für Landesmeliorationen zu Anfang der 50er Jahre.

§ 139. Die Einstellung erheblicherer Mittel für das Landesmeliorationswesen kam erst in Folge der Uebertragung dieses Verwaltungszweiges an das 1848 geschaffene Landwirthschaftsministerium von neuem in Fluss. Man sah in Regierungs- wie Abgeordnetenkreisen allmählich ein, dass mit dem Grundsatze, hier alles der Privatinitiative zu überlassen, das allgemeine Wohl nicht genügend gewahrt werde.

Anlässlich der Berathung über das Gesetz wegen Bildung einer Meliorationssozietät für die Bocker Haide in Westfalen und des darin bewilligten Staatsdarlehns von 324 000 M. (Ges. v. 11. März 1850, G.-S. S. 269) fand im Schoosse der vereinigten Agrar- und Finanzkommission des Abgeordnetenhauses eine eingehende Erwägung der Frage statt,

> ob der Preussische Staat ein besonderes Interesse daran habe, die Bodenkultur zu befördern und ob es deshalb zu seinen Pflichten gehöre, landwirthschaftliche Meliorationen durch vorschussweise Gewährung von Geldmitteln und selbst durch unentgeltliche Unterstützungen ins Leben zu rufen, und
>
> in welcher Art und Weise solche Gewährungen und Unterstützungen am zweckmässigsten zu verwenden seien?

Die erste Frage wurde von der Kommission unbedingt bejaht und es wurden die Gründe hierfür in dem Kommissionsberichte (Nr. 486 der Drucksachen 1849/50) eingehend dargelegt.

Es wurde darauf hingewiesen, dass Preussen ein überwiegend Landwirthschaft treibendes Land sei, indem von seinen 16 Millionen Einwohnern etwa 12 Millionen von Ackerbau lebten und etwa $^3/_4$ aller Produktion dem Boden abgewonnen wurde, der Staat ferner seine hauptsächlichsten und sichersten Einnahmen aus den durch die Bodenkultur erzielten Erträgen beziehe.

Eben so wichtig für die Beförderung der Bodenkultur, wie die durch die Ablösungsgesetzgebung in Aussicht gestellte Beseitigung der Unfreiheit des Grundeigenthums sei die Zuwendung von Kapitalien, und zwar müssten letztere zur Errichtung von Kreditanstalten wie von landwirthschaftlichen Meliorationsfonds verwendet werden.

§ 140. Die in mehrfacher Beziehung auch heute noch interessanten Ausführungen des Berichts werden nachstehend theilweise zum Abdruck gebracht.

Die Einrichtung einer rationellen und ertragreichen Landwirthschaft ist durch Verwendung von Kapitalien bedingt.

Die Fruchtwechselwirthschaft erfordert Hackfruchtbau, meistentheils Stallfütterung und Futterbau. Neben den natürlichen sind künstliche Dungmittel herzustellen, erstere durch Vermehrung und Veredlung des Viehstandes, letztere durch Bodenmischungen, durch Anwendung von Mergel, Kalk, Salz u. s. w. Die Ackerkrume ist zu vertiefen, Brüche und unbebaute Flächen zu entwässern und zu roden. Wiesen sind zu bewässern und zu entwässern oder auf deren künstliche Pflege durch Bedüngung Bedacht zu nehmen und ebenso in vielen Gegenden auf die Trockenlegung der Aecker durch Erdfontanellen.

Alles diess erfordert bedeutende Betriebskapitalien.

Mit überwiegendem Vortheile verwirthschaftet der Landwirth nur solche Kapitalien, welche ihm eigenthümlich zugehören. In so günstiger Lage befinden sich indess verhältnissmässig nur wenige derselben. Geborgte Kapitalien verwendet der Landwirth und insbesondere der kleinere Landwirth nur vortheilhaft bei mässigem Zinssatze und wenn die Beschaffung derselben mit Kosten nicht verbunden ist. Unter diesen Bedingungen kann er jedoch nur selten Geld bekommen. Kreditinstitute für bäuerliche Besitzer giebt es ausser in der Provinz Ostpreussen und Schlesien nirgends und auch dort ist das Institut nicht zureichend. In der Nachbarschaft des Landwirths ist selten jemand in der Lage, Geld zu verleihen. Er hat sich also in den Sitz der Kapitalien, in die Städte zu wenden. Dort ist er unbekannt und auch der gesichertste, persönliche Kredit fördert nicht seinen Zweck. Er verschafft sich dort Geld nur durch Mittelspersonen, und in der Regel, besonders bei kleineren Kapitalien, zum höchsten Zinssatze; er hat Mäklergebühren zu zahlen und kostspielige hypothekarische Eintragungen zu erwirken. Dabei ist er von Kündigungen bedroht, wodurch die ganze Reihe von Auslagen wiederholt wird, und es ist eine auf Erfahrung gegründete Thatsache, dass der Landwirth für die Benutzung geborgter Kapitalien immer weit über den höchsten Zinssatz und mitunter das Doppelte desselben zahlt.

Dass unter diesen Umständen der Landwirth sich nur selten veranlasst sehen wird, Geld zum Zweck von Meliorationen zu borgen, liegt auf der Hand. Der Erfolg der beabsichtigten Verbesserung ist nämlich mitunter ungewiss, wenigstens ist es nicht sicher, dass dadurch Kapital, Zinsen und Kosten gedeckt werden; der beabsichtigte Gewinn tritt selten unmittelbar nach der Verbesserung, meistens erst nach mehreren Jahren ein und häufig wird dadurch der bisherige spärliche aber sichere Ertrag zeitweise geschmälert.

An grössere landwirthschaftliche Unternehmungen, z B. Kultivirung von Heiden und Brüchen, an welchen mehrere Landwirthe oder Gemeinden Theil zu nehmen haben, ist unter solchen Umständen noch weniger zu denken. Es treten nämlich ausser den vorstehend hervorgehobenen ungünstigen Verhältnissen noch andere Schwierigkeiten entgegen, welche von der Unternehmung abschrecken. Dahin sind zu rechnen:

1. die Ungewissheit, ob die beabsichtigte Melioration überhaupt möglich und wenn sie möglich, von einem Erfolge ist, welcher den zu machenden Auslagen entspricht. Es wird bei derartigen Unternehmungen, z. B. Trockenlegung von Brüchen u. s. w., mitunter weitläufiger und kostspieliger technischer Ermittelungen bedürfen und eben schon diese Kosten werden den Angriff verhindern, um so mehr, als gerade

die Bewohner der am meisten meliorations-bedürftigen Gegenden in der Regel zu den minder wohlhabenden gehören;

2. die Schwierigkeit, das richtige Beitragsverhältniss zu den gemeinschaftlichen Auslagen festzustellen, indem je nach den individuellen Verhältnissen der verschiedenen Interessenten der zu erwartende Vortheil ein verschiedener sein wird, ein solcher Vortheil überhaupt aber für den Einzelnen nicht genau zum Voraus sich berechnen lässt;
3. die Abneigung gegen die mit solchen gemeinschaftlichen Unternehmungen in der Regel verbundenen solidarischen Verhaftungen;
4. der Mangel eines parteilosen Organs zur Vermittelung der ganzen mit der Anlage verbundenen Unterhandlungen und Geschäfte.

Gleichwie aber viele der einzelnen Ackerwirthschaften in ihren verschiedenen Branchen mit Ausnahme einiger, besonders begünstigter Gegenden im ganzen Staate einer wesentlichen Verbesserung bedürfen, ist ein fast eben so grosses Bedürfniss vorhanden, grössere und allgemeinere Bodenkulturen ins Leben zu rufen, und dadurch Schätze zu gewinnen und rentbar zu machen, deren Vorhandensein zwar bekannt ist, deren Erhebung aber um deswillen nicht geschieht, weil der Groschen gespart wird, wenngleich ein Thaler damit gewonnen werden kann.

In allen Provinzen des Staats werden sich reiche Gelegenheiten zu grossartigen Meliorationen finden und wenn namentlich die östlichen Provinzen ausgedehnter Eindeichungs-, Bewässerungs- und Entsumpfungs-Anstalten bedürfen, harren in den westlichen ausgedehnte Heiden der Kulturen, so wie die dortigen Gebirgsgegenden vielfach Anlass zu bedeutenden Wiesenbewässerungsanlagen gewähren.

Wenn sich bei dieser Lage der Sachen die Fragen aufwerfen:

Sollen diese Zustände beibehalten werden und soll deren Beseitigung der Zukunft überlassen bleiben?

oder

sollen die Mittel zur Hülfe gesucht, und wenn sie gefunden, auch angewendet werden?

so wird Keiner, der ein warmes Herz hat für das Wohl des Staats und seine wichtigsten sittlichen und materiellen Interessen, die erste Frage bejahen und die letzte verneinen und insbesondere ist es an der Volksvertretung, diesem Interesse eine pflichtgetreue Fürsorge zu widmen und derselben einen lauten Ausdruck zu geben.

Seitdem Friedrich der Grosse zur Wiederherstellung der durch den siebenjährigen Krieg herabgebrachten Landwirthschaft bedeutende Summen verwendete, seitdem derselbe namentlich zu grossen Landesmeliorationen mehrere Millionen mit dem segensreichsten Erfolge hergegeben hat, hat der Staat bis in die neueren Zeiten auf die Agrarverhältnisse fast nur durch die Gesetzgebung, auf die Hebung der Landwirthschaft fast nur durch die Wissenschaft eingewirkt.

Durch beides ist Vieles geschehen, aber nicht Alles. Der Brachacker ist trefflich vorgerichtet, aber die Einsaat fehlt. Die Einsaat ist Geld und zwar Geld, was der Staat der Landwirthschaft zuwendet nicht als Geschenk, sondern als Darlehn, welches auf Heller und Pfennig zu erstatten und welches ausserdem unmittelbar und mittelbar reichen Gewinn abwerfen wird. Unmittelbaren Gewinn hat der Staat durch Vermehrung der Bevölkerung, durch Schaffung neuer und Vermehrung der vorhandenen Steuerkräfte; mittelbaren durch Hebung des Wohlstandes und der Intelligenz des Ackerbauers und durch Belebung der Industrie und der gewerblichen Thätigkeit, welche bei dem wohlhabenden Konsumenten einen reichern und gesichertern Absatzweg finden wird.

Was sodann die zweite Frage anbetrifft, in welcher Art und Weise nämlich die staatliche Beihülfe am zweckmässigsten zu gewähren und zu verwenden sei, so stellen sich zwei Mittel dar, nämlich die Errichtung von Kreditanstalten und von landwirthschaftlichen Meliorationsfonds.

In Anlehnung an den vorliegenden Gesetzentwurf ist hauptsächlich die Anwendung des letzten Hülfsmittels in Erwägung genommen, deren Resultat sich in Folgendem darstellt.

Der Zweck der landwirthschaftlichen Meliorationsfonds wird seinem Gegenstande nach, ob nämlich damit grössere und allgemeinere Verbesserungen bewirkt, oder ob nur einzelnen Wirthschaften aufgeholfen werden soll, ein verschiedener sein; sie werden nur das Gemeinsame haben, dass die Verwendung in der Regel nur darlehnsweise und nur in Ausnahmefällen unentgeltlich geschehe, dass eine Verzinsung nicht eher eintrete, bis die Melioration vermuthlich ihre Früchte trage; dass Kapital und Zinsen in angemessenen Fristen amortisirt werden. Die Verwaltungen der zu grösseren Verbesserungen gebildeten Fonds werden sich die Bildung von Associationen unter den Betheiligten zum Zwecke der Melioration, zur Ermittelung der Theilnahmeverhältnisse an den Auslagen und dem Gewinn angelegen sein lassen müssen, sie werden die erforderlichen technischen Ermittelungen und Anschläge besorgen und die Prüfung der Nützlichkeit und Ausführbarkeit der Anlage zu übernehmen haben; sie werden ferner das erforderliche Darlehn, sowie die sonstigen Verwendungen nach dem wirklichen Bedürfnisse zu bemessen und die sichere Wiedererstattung festzustellen haben; sie werden endlich die Ausführung leiten.

Die Verwaltung dieses Fonds würde, um dessen Segnungen je nach den dringendsten Bedürfnissen über den ganzen Staat zu vertheilen und eine Einheit in Zweck und Verwendung zu erhalten, der verantwortlichen Verwaltung des Ministeriums zu übertragen sein.

Um die zur Verbesserung einzelner Wirthschaften errichteten Meliorationsfonds zweckmässig zu verwenden, müssen andere Verwaltungsgrundsätze leitend sein.

Dahin gehören:

1. dass dem Landwirth der Zutritt zu den Fonds erleichtert werde; dass er im Stande ist, ohne viele weitläufige Schreibereien und ohne dass ihm andere Kautionen und Bescheinigungen abverlangt werden, als mit Rücksicht auf seinen Charakter, seine Befähigung und seine Vermögensverhältnisse durchaus nöthig ist, das zur Ausführung der Melioration erforderliche Geld baldigst zu erhalten, damit er nicht bei Ueberwindung mancherlei, mitunter unnöthiger Schwierigkeiten ermüde und es lieber beim Alten lasse;
2. dass die Verwaltung dem betreffenden Landwirth so nahe stehe, um beurtheilen zu können, ob die Melioration an sich selbst erfolgreich sein werde und ob sie in der Hand des Besitzers überhaupt und insbesondere auch zweckmässig werde ausgeführt werden;
3. dass demjenigen Wirthe der Vorzug zu geben, welcher die Rückzahlung des Vorschusses in kürzern Perioden verspricht, um den Fond weiter wohlthätig machen zu können;
4. dass die Verwendung meistens in solchen Bezirken geschehe, welche der Verbesserung der Wirthschaften und des anregenden Wetteifers am meisten bedürftig sind.

§ 141. Im Anschluss an die Ausführungen des Kommissionsberichts wurde neben der Annahme des Gesetzentwurfs zugleich die Resolution eingebracht:

> Das Bedürfniss der Bildung ausgedehnterer Meliorationsfonds für die Landeskultur als die damals bestehenden, anzuerkennen und die Staatsregierung zu ersuchen, auf Erhöhung dieser Fonds Bedacht zu nehmen.

In Verfolg dessen wurde dem Etat für das Jahr 1851 von der Staatsregierung als Anlage II eine Uebersicht der zu den Deichbauten und sonstigen Meliorationen im Jahre 1851 erforderlichen Mehrbedürfnisse beigegeben, wonach für die darin im Einzelnen namhaft gemachten staatlich zu unterstützenden Unternehmungen der genannten Art in Summa 132 000 M. und dazu noch 60 000 M.[1]) für Vorarbeitskosten erforderlich sein würden.

Zugleich wurden im Extraordinarium des landwirthschaftlichen Etats 306 000 M. (in der Kammer auf 420 000 M. erhöht), dem Minister zu den gedachten Zwecken zur Verfügung gestellt.

Im Jahre 1853 wurden zu gleichem Zwecke 300 000 M. extraordinär bewilligt. Zugleich wurde bestimmt, dass die aus diesem Fonds zu gewährenden Darlehne (für 1853 mit 150 000 M. vorgesehen) nicht dem Staatsschatze zufallen, sondern der landwirthschaftlichen Verwaltung zur Wiederverwendung verbleiben sollten, weil dies „im Interesse der Landeskultur höchst wünschenswerth und längst gefühltes Bedürfniss sei". Damit der so sich bildende Fonds der Kontrole der Kammern nicht entzogen werde, wurde zugleich bestimmt, dass die alljährlich zu erwartenden Rückerstattungen ante lineam anzugeben seien (seit 1855 wurden die Verhältnisse des Fonds in einer besonderen Etatsanlage nachgewiesen).

Es wurden nunmehr vom Jahre 1855 bis zum Jahre 1864 alljährlich 450 000 M. zu Meliorationsdarlehen etc. im Extraordinarium der Ausgaben ausgeworfen.

§ 142. In diesem Jahre wurde die gleiche Summe zum ersten Male als laufende Bewilligung im Ordinarium mit der Bestimmung „zu grösseren Landesmeliorationen und Deichbauten und zu den erforderlichen Vorarbeiten und den Verwaltungskosten" eingestellt, weil dadurch die bis dahin bestandene Ungewissheit der Dispositionsbefugniss des Ministers über das laufende Jahr hinaus, welche jede Zusage künftiger Bewilligungen unsicher und unstatthaft erscheinen liess, beseitigt wurde, überdies auch die Verwaltungskosten grösstentheils laufende Ausgaben waren. Ueber die weitere Entwickelung dieses Fonds s. §§ 148 ff.

b) Das Landesmeliorationswesen im preussischen Etat seit Mitte des 19. Jahrhunderts.

§ 143. Bevor die weitere Entwickelung des in §§ 139—142 genannten Dispositionsfonds dargestellt wird, ist noch ein kurzer Blick auf die Einnahmen aus Landesmeliorationen im preussischen Etat zu werfen.

α) *Einnahmen.*

(Kap. 32 Tit. 5, 6, 6a.)

Da der Staat (abgesehen von der Anstellung meliorationstechnischen Personals) sich darauf beschränkt, die Meliorationsanlagen zu unter-

[1]) 1852 wurden zu Vorarbeitskosten etwa 90 000 M., 1853 120 000 M. ausgegeben. A.-H. 1852/53 Drucks. Nr. 305.

stützen, anstatt sie selbst auszuführen und zu unterhalten, wie es in früherer Zeit geschah, so sollte man erhebliche Einnahmen bei diesem Verwaltungszweige nicht erwarten.

Gleichwohl stehen einer Ausgabe im Ordinarium von 2 504 828 M. Einnahmen in Höhe von 332 414 M. (Kap. 32 Tit. 5, 6, 6 a) gegenüber, d. i. 13 Proz.

§ 143a. 1. Der Hauptposten dieser Summe, Kap. 32 Tit. 5, enthält Rückzahlungen und Zinsen von den aus dem früheren Meliorationsfonds gewährten Darlehen und betrug 1901: 268 184 M.

Es handelt sich bei diesem Fonds um Darlehne, welche zur Ausführung von Meliorationen und Deichbauten aus den zu diesem Zweck seit dem Jahre 1853 ausgesetzten Staatsmitteln bewilligt worden sind (§ 141 a. E.).

Diese Darlehne wurden in der Regel — unter Bewilligung von 5 Freijahren — gegen 3 prozentige Verzinsung und 2 prozentige Amortisation zu Meliorationszwecken ausgegeben.

Im Jahre 1855, wo der Rück-Einnahme-Meliorationsfonds zum ersten Mal in besonderer Etatsanlage (E) nachgewiesen wurde, hatte er einen Bestand in ausstehenden Forderungen von . . 290 085 M.
in Baargeld . . . . 2 175 „
Summe . 292 260 M.

1868 stellte sich der Fonds bereits auf

Bestand an aussteh. Forderungen	Baargeld	Zusammen
4 688 502 M.	70 562 M.	4 759 064 M.

Im Jahre 1870 erschien die besondere Uebersicht zum Rück-Einnahme-Meliorationsfonds zum letzten Male. Der Bestand war (Beilage B des Etats):

Aussenstände . .	5 696 193 M.
Baar	76 470 „
Summe .	5 772 663 M.

An Zinsen waren veranschlagt . . .	49 748 M.
an Kapitalrückzahlungen	123 564 „

Seit dem Jahre 1871 wurde in der Einnahme des landwirthschaftlichen Etats ein besonderer Titel (5): „Einnahmen beim Meliorations-Rück-Einnahmefonds“ gebildet, in welchem der veranschlagte Betrag von Kapitalrückzahlung und Zinsen zum Einsatz kommt.

Bisher waren diese Einnahmen unter den Einnahmen der Allgemeinen Kassenverwaltung nachgewiesen worden.

Nunmehr wurden zunächst 180 000 M. eingestellt, weil nach den gemachten Erfahrungen angenommen wurde, dass nur dieser Betrag von den in Soll-Einnahme gestellten 163 184 M. Kapitalrückzahlungen und 54 922 M. Zinsen wirklich eingehen würden.

§ 144. Dem Etat 1871 wurde zugleich als Beilage E eine Uebersicht derjenigen aus dem Landes-Meliorationsfonds bisher gewährten Darlehne und Unterstützungen, hinsichtlich deren von den als Regel geltenden Bedingungen (s. § 143) abgewichen ist — unter Angabe der Gründe — beigegeben. Diese Uebersicht enthielt alle zinsfreien noch ausstehenden Darlehne und die Unterstützungen, welche seit 1853 bis Ende 1869 aus dem Central-Meliorationsfonds einschl. des Rück-Einnahmefonds gewährt worden waren und enthält zugleich kurze aber werthvolle Beiträge zur Geschichte einer grossen Anzahl der noch bestehenden grösseren Meliorations- und Deichgenossenschaften.

Nach der Nachweisung entfielen damals

auf die Provinzen:	Zinsfreie Darlehne	Unterstützungen
Preussen	872 973	6 125
Posen	143 850	17 700
Pommern	—	3 000
Schlesien	676 464	3 000
Brandenburg	364 950	50 517
Sachsen	422 070	169 500
Westfalen	230 837	290 402
Rheinprovinz	254 229	76 500
Schleswig-Holstein	—	4 118
Kleinere Unternehmungen .	—	41 370
Summe .	**2 965 373**	**662 232**

Seit 1875, wo der allgemeine Landesmeliorationsfonds aufgelöst wurde (s. § 149), flossen auch die Rückeinnahmen aus früher gewährten Darlehen nicht mehr diesem besonderen Fonds zu, sondern in die allgemeine Staatskasse.

Im Jahre 1875 stieg der Tit. 5 auf 210 000 M. Jahreseinnahme (150 000 M. Amortisationsraten, 60 000 M. Zinsen). 1881/82 betrug er schon 355 430 M. (229 204 M. Amortisationsraten, 126 226 M. Zinsen). Dann ging der Fonds wieder zurück, stieg 1885/86 wieder auf 397 665 M. Seitdem hat er mehrfache Schwankungen erlebt, die naturgemäss durch die nicht immer gleiche Höhe der rückzahlbaren Kapitalsraten bedingt ist. Die Zinseneinnahme betrug 1885/86 noch 134 082 M., ist aber seitdem, wohl in Folge der Konversionen fortgesetzt gefallen und beträgt für 1901 nur 48 023 M., während die Kapitalsraten für dieses Jahr 220 161 M., zusammen 268 184 M. ausmachen.

§ 145. Die Einnahmen sind auf die einzelnen Provinzialetats (Regierungen) vertheilt und wurden bis zum Jahre 1897/98 einschliesslich im Etat gesondert für die einzelnen Regierungen nachgewiesen. Für 1901 ergeben die Akten des Landwirthschaftsministers folgende Uebersicht:

Tit. 5: Rückeinnahmen aus Darlehnen, welche aus dem früheren Landesmeliorationsfonds gewährt worden sind.

Einnahme	Amortisations-Raten	Zinsen	Betrag für 1901	Der Etat für 1900 setzt aus	Mithin für 1901 mehr	Mithin für 1901 weniger
	ℳ	ℳ	ℳ	ℳ	ℳ	ℳ
Regierung in Königsberg .	18 079	3 574	21 653	24 627	.	2 974
„ „ Gumbinnen .	37 110	7 201	44 311	44 312	.	1
„ „ Danzig . . .	3 946	179	4 125	4 704	.	579
„ „ Marienwerder	17 568	6 366	23 934	23 934	.	.
„ „ Frankfurt a. O.	20 772	4 895	25 667	25 466	201	.
„ „ Cöslin . . .	2 800	1 100	3 900	750	3 150	.
„ „ Posen . . .	33 448	14 240	47 688	49 199	.	1 511
„ „ Bromberg . .	12 897	2 140	15 037	15 822	.	785
„ „ Breslau . . .	22 291	1 909	24 200	24 200	.	.
„ „ Liegnitz . .	9 339	1 161	10 500	10 500	.	.
„ „ Merseburg .	17 216	302	17 518	17 518	.	.
„ „ Erfurt . . .	3 670	230	3 900	3 900	.	.
„ „ Schleswig . .	1 984	341	2 325	2 325	.	.
„ „ Lüneburg . .	5 081	1 519	6 600	6 600	.	.
„ „ Stade . . .	5 104	1 421	6 525	6 525	.	.
„ „ Osnabrück . .	5 831	1 304	7 135	8 216	.	1 081
„ „ Minden . .	.	.	.	3 000	.	3 000
„ „ Arnsberg . .	244	56	300	300	.	.
„ „ Cassel . . .	91	59	150	3 900	.	3 750
„ „ Düsseldorf . .	2 690	26	2 716	2 716	.	.
					3 351	**13 681**
Summe .	**220 161**	**48 023**	**268 184**	**278 514**	.	**10 330**

Man ersieht aus dieser Zusammenstellung, dass die Mehrzahl der früher gewährten Darlehne den östlichen Provinzen zugeflossen ist.

§ 146. 2. Von geringerer Bedeutung ist der zweite Einnahmeposten:

Tit. 6. Einnahmen bei der Deichverwaltung 12 629 M.

Die erste Einnahme dieser Art findet sich im Etat für 1853, wo 126 M. aufgeführt sind „für die Verpachtung der Grasnutzung auf den Dossirungen des Kgl. Kommunikationsdeiches von der Theilungsspitze abwärts bei Marienburg“.

Später kamen hinzu die im Etat für 1860 wieder abgesetzten 416 M. an Einnahmen für Grasnutzung auf dem Rheinhein-Mündelheimer Deiche im Regierungsbezirk Düsseldorf, da diese Kosten mit der Unterhaltung des Deiches auf den Bockum See-Mündelheimer Deich übergingen, § 7 des Allerh. Statuts v. 9. Aug. 1858 (G.-S. S. 453).

Seit 1864 steigerte sich die Einnahme aus den Grasnutzungen weiter auf 1140 M. in Folge anderweitiger Verpachtung.

1869 kamen hinzu 908 M. an Miethsentschädigung für die von verschiedenen Deichvögten der Provinz Hannover benutzten Dienstwohnungen und Pacht für Dienstländereien (Regierungsbezirk Lüneburg).

1872 kamen hinzu 450 M. für Nutzungen aus fiskalischen Weiderevieren an den nicht schiffbaren Flüssen im Regierungsbezirk Cassel.

1873 wurde ein besonderer Titel (6) gebildet:

„Einnahmen der Deichverwaltung“

und die genannten Einnahmen bei den Regierungen zu Danzig, Lüneburg und Cassel zusammen mit 2196 M. eingestellt.

1875 kam neu hinzu der Erlös für verkauftes Holz, für Gras- und Weidenutzung auf den Binnendünen-Terrains der frischen und kurischen Nehrung mit 9000 M. (Regierungsbezirk Königsberg).

1884/85 kamen hinzu 390 M. Erlös für die Grasnutzung der Zingst-Prerower Deiche (Regierungsbezirk Stralsund).

Im Jahre 1900 entfielen von den 12 560 M. auf die Regierungen zu

Königsberg . . .	10 000 M.
Danzig	1 258 „
Stralsund	190 „
Lüneburg	612 „
Cassel	500 „
	12 560 M.

Dem Kap. 32 Tit. 6 der Einnahme entspricht Kap. 106 Tit. 8 der Ausgabe (s. diesen).

§ 146a. 3. Ueber den dritten Einnahmeposten (Tit. 6a) ist das Nähere unter dem Sonderabschnitte „Moorwesen“ zu finden.

β) *Ausgaben für Landesmeliorationen.*

(Kap. 106 d. Etats.)

Ordinarium.

§ 147. Die ordentlichen Ausgaben für Landesmeliorationszwecke finden sich gegenwärtig in dem Kap. 106 des Staatshaushaltsetats unter 5 Rubriken: Besoldungen (Tit. 1—2), Wohnungsgeldzuschüsse (Tit. 3), Andere persönliche Ausgaben (Tit. 4, 4a u. 5), Sächliche Ausgaben (Tit. 6—7) und Sonstige Ausgaben (Tit. 8—12). Die Gegenüberstellung von „Sächlichen“ und „Sonstigen“ Ausgaben ist keine sehr glückliche. Die letzteren Ausgaben sind sämmtlich „Sächliche“ Ausgaben im etatsrechtlichen Sinne. Sie werden nur von den in Tit. 6 u. 7 enthaltenen deshalb getrennt behandelt, weil letztere auf solche Ausgaben sächlicher Natur beschränkt sind, die auf das vom Staate bezahlte meliorationstechnische Personal Bezug haben. Verständlicher würde vielleicht folgende Eintheilung des Kap. 106 sein:
A. Ausgaben für das staatliche meliorationstechnische Personal.
B. Ausgaben zur sonstigen Förderung des Landesmeliorationswesens.

Im folgenden werden zunächst die Ausgaben unter B erörtert werden, da ihre Entwickelung das Verständniss der Entwickelung der Ausgaben unter A zu erleichtern geeignet ist.

αα) Sächliche Ausgaben zur Förderung des Landesmeliorationswesens.

1. Allgemeiner Dispositionsfonds. (Kap. 106 Tit. 10.)

§ 148. Neben dem im Jahre 1853 neu geschaffenen Dispositionsfonds (§ 139) blieben zunächst im Extraordinarium noch 50 000 M. als extraordinärer Zuschuss zu dem gedachten ordentlichen Fonds bestehen.

In den Etatsentwürfen 1865 und 1866 wurden ebenfalls je 150 000 M. im Extraordinarium vorgesehen, für 1866 aber nachträglich (in der Nachweisung über den Kredit) auf 30 000 M. herabgesetzt, dafür erschienen in den folgenden Jahren je 300 000 M. im Extraordinarium, während sich der ordinäre Fonds durch Hinzutritt der neuen Landestheile um 96 570 M. erhöhte.

Alles in Allem wurden während der 17 Jahre von 1850—1866 im Durchschnitt jährlich 587 427 M. zur Förderung von Deichregulirungen und sonstigen Meliorationen im Ressort des landwirthschaftlichen Ministeriums aus Staatsmitteln bewilligt.

Seit 1869 blieb der Fonds im Ordinarium in der Hauptsache unverändert. Seine Höhe schwankte in Folge der ihm zufliessenden Mittel aus dem Rückeinnahme-Meliorationsfonds (s. § 143) zwischen 702 000 und 729 000 M. Er war im Extraordinarium verstärkt und zwar:

1869	um	150 000	M.	1872	um	600 000	M.
1870	„	150 000	„	1873	„	1 350 000	„
1871	„	195 000	„	1874	„	1 350 000	„

Nach seiner Bezeichnung diente der Fonds zu „Darlehnen und Unterstützungen für grössere gemeinnützige Landesmeliorationen und Deichbauten, sowie zu Vorarbeiten und Verwaltungskosten in solchen Angelegenheiten und für das Moorwesen in der Provinz Hannover". Dem Landtage wurde als Anlage zu dem Etat des landwirthschaftlichen Ministeriums alljährlich der Plan über die Verwendung des Fonds im Vorjahre bekannt gegeben. Daraus ergiebt sich, dass z. B. im Jahre 1875

zu Darlehnen	833 722	M.,
„ geschenkweisen Beihülfen	1 298 382	„
„ Vorarbeits- und Verwaltungskosten . .	177 530	„

verwendet wurden.

Bei diesen hohen ordinären Mitteln, denen noch erhebliche Summen des Extraordinariums für einzelne grössere Landesmeliorationen hinzutraten (Boker Heide 1850/51: 324 000 M., schwarze Elster 1853/54: 600 000 M., Notta 1859: 300 000 M., Pellwormer Stein-Deichbauten 1868/70: 172 800 M., Steindeiche der Insel Nordstrand 1873/77: 223 992 M.), konnte die landwirthschaftliche Verwaltung in den 50er und 60er Jahren eine sehr umfangreiche Thätigkeit auf dem Gebiete des Meliorationswesens entfalten. Zur Ausführung des Deichgesetzes von 1848 waren an allen Strömen Deichregulirungskommissarien bestellt, so dass die Deichregulirungen schon Ende der 60er Jahre in den alten Provinzen zum grössten Theile vollendet waren. Bis Ende 1866 waren 94 Deichverbände und 265 Ent- und Bewässerungsgenossenschaften gebildet, welche eine Fläche von 2 926 922 Morgen oder 132 Quadratmeilen umfassten, und deren Bauten ein Kapital von nahezu 48 Mill. M. in Anspruch nahmen.

Aus Staatsmitteln waren aus dem Dispositionsfonds von 1850 bis 1866 zusammen 7 431 000 M. flüssig gemacht, und unter Einrechnung von einigen sonstigen extraordinären und speziellen Bewilligungen 9 986 304 M.

§ 149. In dieser Wirksamkeit des Staates trat erst in Folge der Dotationsgesetzgebung v. 30. April 1873 und v. 8. Juli 1875 eine wesentliche Aenderung ein. Die durch diese Gesetze den Provinzen überwiesenen Dotationssummen sollten u. A. zur Beförderung von Landesmeliorationen bestimmt sein, soweit sie nach Zweck und Umfang eine nicht über das provinzielle Interesse hinausgehende Bedeutung haben.

Die nothwendige Folge dieser Gesetzgebung war, dass der seit dem Jahre 1850 bereitgestellte Dispositionsfonds für Landesmeliorationen und Deichbauten zum grössten Theile der landwirthschaftlichen Verwaltung entzogen werden musste.

Mit Rücksicht auf den § 4 Nr. 2 des Ges. v. 8. Juli 1875 wurden von dem Landesmeliorationsfonds, der 1875 im Ordinarium 727 044 M., im Extraordinarium 1 350 000 M., insgesammt also 2 077 044 M. betrug, 749 952 M. zur Ausstattung der Provinzialverbände verwendet.

In dem von der Staatsregierung vorgelegten Gesetzentwurfe war lediglich die „Beförderung von Landesmeliorationen“, also ohne Einschränkung, als neue Aufgabe der Provinzen hingestellt. Nach dem Berichte der Kommission des Abgeordnetenhauses (Drucksache Nr. 144 von 1875 S. 12) wurde der Minister für die landwirthschaftlichen Angelegenheiten, Friedenthal, interpellirt, warum nur 749 952 M. zur Förderung der Meliorationen auf die Provinzen übergehen sollten, während der Gesammtbedarf im Staatshaushaltsetat für 1874 mit 2 077 044 M. vorgesehen sei. Seine Antwort ging dahin, es liege in der Absicht der Staatsregierung, Fonds zur Bestreitung der Vorarbeiten und Einleitung der ersten Arbeiten für gemeinnützige Meliorationen in der Hand zu behalten und ausserdem extraordinäre Verwendungen für grössere im Landesinteresse liegende Meliorationen, deren Durchführung über die Leistungsfähigkeit der kommunalen Verbände hinausgehende Mittel in Anspruch nehmen würde, auf den Staatshaushalt zu bringen. Dementsprechend wurde die Verpflichtung der Provinzen eingeschränkt (§ 150 a. E.).

Im Ordinarium des Staatshaushaltsetats blieb nur ein Fonds von 210 000 M. stehen, welcher lediglich zu Vorarbeits- und Verwaltungskosten in Landesmeliorationen und Deichbauangelegenheiten, sowie für das Moorwesen bestimmt blieb (Kap. 106 Tit. 10). Gleichzeitig wurden auch die auf S. 672 erwähnten Provinzial-Meliorationsfonds den betreffenden Provinzialverbänden überwiesen (§ 10 des Ges. v. 8. Juli 1875, G.-S. S. 497).

Auf Grund des Dotationsgesetzes vom 8. Juli 1875 stehen den Provinzen hiernach zur Förderung der Landesmeliorationen zur Verfügung:

1. die durch § 2 überwiesene Jahresrente, insbesondere der Antheil, welcher darauf von dem aus dem staatlichen Landesmeliorationsfonds entnommenen, schon mehrfach erwähnten Betrage von 749 952,36 M. auf jede Provinz entfällt; ferner ein entsprechender Theilbetrag derjenigen 6 Mill. M. jährlich, die zur Aufbringung der im § 2 cit. bestimmten Dotationsrente von 13 440 000 M., ausser den für bestimmte Verwendungszwecke schon vorhandenen Staatsfonds, neu ausgebracht worden sind; sowie ein entsprechender Theilbetrag der Zinseneinnahme aus den seit 1873 angesammelten und durch § 4 cit. vertheilten Kapitalbeständen;
2. den Provinzen Preussen, Brandenburg, Pommern, Westfalen und Rheinprovinz, bezw. einzelnen Theilen derselben die durch § 10 cit. übereigneten Provinzialmeliorationsfonds (s. § 134), die nach Anlage F zum Gesetzentwurfe damals zusammen 2 593 710 M. Kapital mit einer durchschnittlichen Zinseneinnahme von 68 963 M. enthielten;
3. die durch § 26 cit. gewährten Jahresrenten und Kapitalien bis zu dem Zeitpunkte ihrer anderweitigen gesetzlichen Verwendung.

§ 150. Seit 1875 ist hiernach der landwirthschaftlichen Verwaltung und ihren Organen nur noch die Vorbereitung gemeinnütziger Landesmeliorationen, die Ausarbeitung der Meliorationspläne und die Leitung der Verhandlungen zur Bildung von Meliorationsgenossenschaften, neuerdings auch die Beaufsichtigung der Ausführung der Anlagen, verblieben. Die dazu erforderlichen Mittel können aus dem erwähnten eingeschränkten Dispositionsfonds (Tit. 10) bestritten werden.

Für die Ausführung der technischen Vorarbeiten zu Landesmeliorationen ist die ministerielle „Anweisung“ vom 15. August 1872 massgebend.

Ueber die für einzelne Etatsjahre bewilligten Staatsmittel darf nur im Laufe des betreffenden Etatsjahres verfügt werden, so dass diese Staatsmittel, soweit sie durch die Ausgaben des betreffenden Jahres nicht absorbirt werden, ohne Weiteres als zurückgezogen gelten und event. für das nächste Etatsjahr aufs Neue nachgesucht werden müssen.

Es ist unzulässig, die in einer Sache bewilligten Staatsmittel ohne ministerielle Genehmigung zu überschreiten und solche Ueberschreitungen durch Ersparnisse von den für andere Sachen bestimmten Staatsmitteln auszugleichen.

Es ist ferner unzulässig, aus den Staatsmitteln den Interessenten Kosten zu erstatten, welche sie etwa bereits vor Beginn des Etatsjahres, für welches die Bewilligung erfolgt ist, für Herstellung von Vorarbeiten zu den betreffenden Meliorationsunternehmungen bezahlt haben.

Auch zur Bezahlung bereits fertiggestellter Vorarbeiten dürfen Beihülfen nicht erbeten werden.

Die Kosten der Vorarbeiten betragen durchschnittlich etwa 4 M. pro ha.

Dagegen ist nunmehr die Förderung gemeinnütziger Landesmeliorationen durch Gewährung von Darlehen und Unterstützungen grundsätzlich Sache der Provinzialverbände geworden.

Nur insoweit, als es sich um Unternehmungen handelt, welche nach Zweck und Umfang eine über das provinzielle Interesse hinausgehende Bedeutung haben, sowie zur Erfüllung älterer, auf den früheren Landesmeliorationsfonds ruhender Verpflichtungen sollen im Bedürfnissfalle Staatszuschüsse für bestimmte Landesmeliorationen durch das Extraordinarium des Etats flüssig gemacht werden (s. hierüber § 149).

§ 151. Bei der Uebertragung der Fürsorge für das Landesmeliorationswesen auf die Provinzialverbände war die Annahme maassgebend, dass die provinziellen Vertretungs- und Verwaltungsorgane bei Weitem mehr in der Lage seien, als die Staatsregierung, Fühlung mit den Interessentenkreisen zu gewinnen, die natürliche Abgeneigtheit besonders bäuerlicher Kreise gegen langandauernde gemeinsame kostspielige Unternehmungen zu überwinden, also anregend zu wirken, auf der anderen Seite die wirklich im Landesinteresse wichtigen von den weniger nothwendigen Verbesserungen herauszufinden, eine gewisse Kontrole über die ausgeführten Unternehmungen auszuüben u. s. w.

Die Provinzen wurden dabei unterstützt durch die Reformirung der bestehenden Wassergesetzgebung. Eine Regelung der gesammten Materie, so dringlich sie ist, steht zwar bis heute noch aus. Doch wurde wenigstens ein sehr wichtiger Punkt, das Genossenschaftswesen, durch das Ges. v. 1. April 1879 erschöpfend neu geregelt und dadurch die Neubildung leistungsfähiger Wassergenossenschaften in hervorragender Weise gefördert.

§ 152. Die Lücken der damals bestehenden Wassergenossenschaftsgesetzgebung bestanden vor Allem darin, dass nähere Vorschriften darüber fehlten, wann einerseits die Mitglieder der Genossenschaft das Ausscheiden der Grundstücke aus dem Verbande fordern können, andererseits die Genossenschaft befugt ist, den Ausschluss von Grundstücken gegen den Willen der Eigenthümer zu verlangen. Die Voraussetzungen, unter welchen eine vorhandene Genossenschaft benachbarte Grundstücke in den Verband aufnehmen muss, standen nicht fest, und ebensowenig die Grundsätze, nach welchen die Liquidation einer aufgelösten Genossenschaft zu erfolgen hatte. Sodann erschien es mit Rücksicht auf die von dem Hause der Abgeordneten im Jahre 1872 an die Königliche Staatsregierung gerichtete Aufforderung angezeigt, das in der Verwaltungspraxis allerdings schon bestehende Prinzip, dass ein Zwang zum Beitritt nur beim Nachweise einer nach der Fläche und nach dem Katastral-Reinertrage zu berechnenden Mehrheit der Stimmen stattfinde, gesetzlich zu fixiren, sowie überhaupt die Rechte der den Beitritt weigernden Grundbesitzer festzustellen. Endlich kam in Betracht, dass die älteren Vorschriften sich allein auf Ent- und Bewässerungsanlagen bezogen — nach dem Ges v. 11. Mai 1853 noch dazu mit der Beschränkung, dass Genossenschaften für Drainanlagen nur bei freiwilliger Zustimmung aller Betheiligten gebildet werden konnten — während im Laufe der Zeit das Bedürfniss hervorgetreten war, die Genossenschaftsbildung auch für wasserwirthschaftliche Unternehmungen zuzulassen, welche auf andere Weise das Interesse der Landeskultur fördern oder — wie z. B. die Wasserversorgung von Städten — einen gemeinwirthschaftlichen Zweck verfolgen.

Diesen Erfordernissen entspricht das Ges. v. 1. April 1879 über die Bildung von Wassergenossenschaften. Dasselbe enthält ausserdem spezielle Bestimmungen darüber, welche Gegenstände durch das Genossenschaftsstatut zu regeln sind, ordnet die Erfüllung der von der Genossenschaft einzugehenden Verbindlichkeiten, schreibt das bei Bildung von Genossenschaften zu beobachtende Verfahren vor und trifft die nöthigen Festsetzungen wegen Beaufsichtigung sowohl der vorhandenen als auch der künftig zu bildenden Genossenschaften. Hervorzuheben ist, dass neben den in der früheren Gesetzgebung ausschliesslich behandelten öffentlichen Genossenschaften auch solche zugelassen sind, welche nur auf freier Vereinbarung der Betheiligten beruhen (sogenannte freie Genossenschaften). Bezüglich dieser Genossenschaften haben vielfach die Bestimmungen des Bundesgesetzes v. 4. Juli 1868 über die privatrechtliche Stellung der Erwerbs- und Wirthschaftsgenossenschaften als Anhalt gedient. Die freien Genossenschaften bedürfen lediglich der Eintragung in das gerichtliche Register für Wassergenossenschaften, unterliegen aber einer besonderen staatlichen Beaufsichtigung, wie solche bei den öffentlichen Genossenschaften eintritt, nicht. Ihre Zahl ist übrigens in der Praxis gering geblieben.

Zur Ausführung des am 1. Oktober 1879 in Kraft getretenen Gesetzes sind die erforderlichen Instruktionen an die Gerichts- und Verwaltungsbehörden ergangen. Als Anhalt für die Aufstellung der Genossenschaftsstatuten ist ein Normalstatut entworfen und den betheiligten Behörden zur Benutzung bei Regelung der Genossenschaftsverhältnisse mitgetheilt (abgeändert 1886 und 1895).

§ 153. Von 1881 bis 1887 wurden allein 516 Deich- und Meliorationsgesellschaften mit 205 461 ha Meliorationsgebiet neugebildet. Im Jahre 1890 bestanden in der gesammten Monarchie 1560 derartige Genossenschaften, welche insgesammt 2 125 781 ha umfassten.[1]) Seitdem waren bis 1896 bereits wieder 554 Verbände mit 242 711 ha hinzugekommen. Ende 1899 gab es 2304 Ent- und Bewässerungs-, Drainage- und Meliorationsgenossenschaften, 420 Deichverbände, 167 Genossenschaften zur Regulirung von Wasserläufen.[1]) Die Flächengrösse aller dieser Genossenschaften betrug insgesammt 2 850 964,51 ha. Die Vertheilung auf die Provinzen s. Anlage XXXI.

Nachstehend wird eine Zusammenstellung der **grösseren** Meliorations-, Deich- u. s. w. Verbände, welche sich auf ein Gebiet von über 5000 ha erstrecken, gegeben Soweit bekannt, ist das Datum der Allerh. Verordn., Reglements- u. s. w., worauf die Verbände beruhen, angegeben; ferner die Grösse der Fläche und endlich, wo dies ohne zeitraubende Ermittelungen festzustellen möglich war, die Höhe der Ausführungskosten.

Provinz Ostpreussen:

Linkuhnen-Seckenburger Entwässerungsverband, begründet 1859, Fläche 22 176 ha, Ausführungskosten 1 602 000 M. — Friedrichsfelder Meliorationsverband (1869): 7108 ha, 301 640 M. — Russ-Kukerneeser Deichverband in den Kreisen Niederung, Tilsit und Heydekrug (1806): 14 258 ha. — Rautenberger Deichverband, Kreis Niederung (1856): 5040 ha. — Linkuhnen-Seckenburger Deichverband in den Kreisen Tilsit und Niederung (1888): 24 474 ha.

Provinz Westpreussen:

Danziger Deichverband in den Kreisen Danziger Niederung und Dirschau (1889): 34 932 ha, 842 430 M. — Elbinger Deichverband (1889): 35 500 ha. — Marienburger Deichverband (1889): 67 000 ha. — Gesammtverband der Lindenauer Lake, Entwässerungsverband

[1]) Darin waren auch die umfangreichen Entwässerungsverbände aus der Zeit Friedrichs des Grossen inbegriffen.

(1885/1891): 5420 ha, 199 673 M. — Ent- und Bewässerungsverband der Schwente (1892): 23 760 ha, 330 920 M. — Entwässerungsverband der Jungferschen Lake (1893): 11 584 ha, 17 492 M. — Deichverband der Kulmer Stadtniederung (1853): 6934 ha, 1 800 000 M. — Deichverband der Marienwerderschen Niederung (1866/1893): 15 801 ha. — Deichverband der Schwetz-Neuenburger Niederung (1854): 8664 ha, 87 073 M.

Provinz Posen:

Verband zur Regulirung der beiden zur Bartsch führenden Landgräben in den Kreisen Fraustadt, Glogau, Gostyn, Guhrau und Lissa (1859/1887): 10 828 ha, 468 000 M. — Obra-Meliorationssozietät (1842): 29 358 ha, 1 951 805 M. — Genossenschaft zur Melioration der Ländereien am Goglosee im Bachorze-Bruch und im Montwy-Thale (1856): 8280 ha.

Provinz Brandenburg:

Verband zur Regulirung der Notte (1856): 10 018 ha, 1 276 275 M. — Nuthe-Schauverband 1781/1848 u. 1873): 37 573 ha. — Deichverband der I. Division der Prignitz-Elbniederung (1861): 11 100 ha. — Ober-Oderbruchs-Deichverband (1869): 30 277 ha. — Nieder-Oderbruchs-Deichverband (1869): 40 280 ha. — Sternberger Deichverband (1858): 9871 ha. — Deichverband unterhalb Fürstenberg (1850): 5313 ha. — Deichverband des Warthebruches (1850/1852 u. 1864): 34 622 ha. — Deichverband des Netzebruches (1779): 15 042 ha. — Glietzener Meliorationsverband (1895/1900): 9 495 ha, 645 148 M. — Soldiner Entwässerungsverband (1856/1866): 5244 ha, 300 000 M.

Provinz Schlesien:

Alt-Cöln - Peisterwitzer Deichverband (1856): 10 336 ha. - Bantke-Tschwirtschener Deichverband (1856): 7745 ha, 744 963 M. — Dombsen - Klein Bauschwitzer Deichverband (1855): 6262 ha, 580 000 M. — Neumarkter Deichverband (1856/1864): 6799 ha, 247 584 M. — Bartsch-Weidischer Deichverband (1854): 6970 ha, 695 100 M. — Wilkau-Carolather Deichverband (1857): 15 000 ha, 1 282 973 M. — Aufhalt-Glauchower Deichverband (1865): 11 092 ha, 1 048 515 M. — Meliorationsgenossenschaft des Sprotta-Bruches (1876): 5433 ha, 170 100 M. — Dombrowka-Winauer Deichverband (1854): 5692 ha, 126 777 M

Provinz Schleswig-Holstein:

Rudabüller und Südwesthörner General-Wasserlösungskommune (Interessentenschaft): 17 318 ha. — Zweiter Schleswigscher Deichbund (1805/1806): 10 857 ha. — Bongsieler Entwässerungsgenossenschaft für die Scholmann-Schleusen im Osholmer Koogsseedeich: 5155 ha. — Erster Schleswigscher Deichbund (1805): 33 026 ha. — Dritter Schleswigscher Deichbund (1805): 32 000 ha. — Deichverband der Landschaft Norderditmarschen (integrirender Theil des Kommunalverbandes der Landschaft Norderdithmarschen): 48 779 ha. Erster Holsteinscher Deichbund: 5177 ha. — Kremparmarsch-Deichbund: 6574 ha. — Wilstermarsch-Deichbund: 20 000 ha. — Verlath-Schleusenkommune: 7656 ha. — Wilsterau-Schleusenkommune: 6000 ha. — Grube-Wesseker Deichverband (1878): 5342 ha, 1 212 969 M. — Brunsbüttel-Eddelaker-Koogs-Schleuseinigung: 8034 ha. — Mielthal-Genossenschaft: 6390 ha, 198 000 M. — Warwerorter Wasserleitungskommune: 6124 ha.

Provinz Sachsen.

Aken-Rosenburger Deichverband (1856): 12 735 ha, 669 382 M. — Schartau-Blumenthal-Pareyer Deichverband (1888): 26 520 ha, 1 400 000 M. — Jerichower Deichverband (1896/1897): 118 555 ha. — Fiener Korporation (1795): 6865 ha. — Wische-Deichverband (1859/1899): 31 420 ha, über 600 000 M. — Drömlings-Korporation (1805/1872): 22 000 ha, 250 000 M. — Magdeburg-Rothensee-Wolmirstedter (einschl. Elben-Wosmirstedter) Deichverband (1859): 5708 ha, 950 000 M. — Verband zur Regulirung der schwarzen Elster (1852): 27 235 ha, 3 894 957 M. — Dantzschen-Schutzberger Deichverband (1853): 15 844 ha, 617 561 M. — Wittenberger Deichverband (1850): 10 702 ha, 615 696 M.

Provinz Hannover:

Hoyaer Deichverband (1864): 23 503 ha. — Brinkumer Deichverband: 5352 ha. — Meliorations-Genossenschaft Bruchhausen-Syke-Thednighausen (1882): 5450 ha, 3 247 715 M. — NahäuserDeichverband (1862): 10 330 ha. — Entwässerungsgenossenschaft der Ilmenau-Niederung (1888/1901): 12 256 ha, 3 200 000 M. — Ober-Aller-Korrektionsgenossenschaft (1893): 7415 ha, 438 765 M. — Artlenburger Deichverband (1862): 21 005 ha. — Sude-Krainke-Genossenschaft (1896/1900): 14 196 ha. — Hammeschleusenacht zu Ritterhude (1874): 5522 ha, 600 000 M. — Hadelner Kanalverband (1845): 20 745 ha, 1 651 758 M. — Oberemsische Deichacht (besteht schon über 300 Jahre): 19 279 ha. — Genossenschaft zur Entwässerung der südöstlich des Ems-Jade-Kanals belegenen sielpflichtigen Grundstücke in den Land- bezw. Stadtkreisen Emden, Aurich und Leer (sog. II. Entwässerungsverband des Sielamtes Emden), (1895): 21 728 ha. — Niederemsische Deichacht (1878): 13 130 ha. — Greetmer Deichacht: 8405 ha. Erster Entwässerungsverband des Sielamtes Emden (1879): 35 355 ha, 900 000 M. — Petkumer Sielacht (besteht seit vielen hundert Jahren): 6003 ha. — Oldersumer Sielacht: 14 490 M. — Oberledinger Deichacht: 6124 ha. — Holtlander Sielacht: 6124 ha. — Muhder Sielacht: 6184 ha. — Deich- und Sielacht Esens (1878): 14 926 ha. — Deich- und Sielacht Wittmund (1878): 13 426 ha.

Provinz Westfalen:

Sozietät zur Regulirung der Gewässer im nördlichen Theile des Kreises Lübbecke (1854): 10 277 ha, 670 983 M.

Provinz Hessen-Nassau:

Vacat.

Hohenzollern:

Vacat.

Rheinprovinz:

Querdamm bei Zyfflich (1851): 7592 ha, 204 900 M. — Deichverband Friemersheim (1853): 7878 ha, 221 781 M. — Leybach-Meliorationsgenossenschaft (1877): 6349 ha, 16 300 M.

§ 154. Die mit der Dotationsgesetzgebung verbunden gewesene Absicht der Staatsregierung, den für immer neu auftauchende andere Aufgaben in steigendem Masse in Anspruch genommenen Staatssäckel zu entlasten, wurde nur unvollkommen erreicht.

Die finanzielle Leistungsfähigkeit der Provinzen erwies sich auf die Dauer allein als nicht ausreichend und der Staat war genöthigt, wieder seinerseits sich erheblich an der pekuniären Unterstützung bei grösseren Meliorationen zu betheiligen.

Nicht nur in den Fällen, wo die Unternehmungen nach Zweck und Umfang eine über das provinzielle Interesse hinausgehende Bedeutung hatten, sondern auch in vielen anderen Fällen, wo die von den Provinzen gewährten Zuschüsse allein zur Erfüllung der im Landeskultur-Interesse nothwendigen Aufgaben nicht ausreichten, traten die Betheiligten mit dringenden Bitten um Unterstützung an den Staat heran.

Zunächst war es das Extraordinarium, welches in Gemässheit des in § 149 ausgesprochenen Grundsatzes alljährlich in starkem Maasse in Anspruch genommen wurde.

Schon im Extraordinarium des Staatshaushalts für 1876/77 fanden sich 1 500 000 M. und 1877/78 1 Mill. M. zu Beihülfen an grössere, der staatlichen Leitung verbleibende Landesmeliorationen und zur Erfüllung älterer, auf den bisherigen Meliorationsfonds ruhender Verpflichtungen eingestellt. Seit 1878/79 fiel dieser extraordinäre Dispositionsfonds fort. Die staatliche Förderung grösserer Meliorationen erfolgte von da ab nur durch Bereitstellung von Beihülfen für einzelne bestimmte Unternehmungen im Extraordinarium, und zwar in den letzten 18 Etatsjahren in folgender Gesammthöhe:

1884/85 .	740 778 M.	1891/92 .	667 000 M.
1885/86 .	898 000 „	1892/93[1]) .	390 000 „
1886/87 .	604 000 „	1893/94 .	483 000 „
1887/88 .	741 000 „	1894/95 .	861 000 „
1888/89 .	369 000 „	1895/96 .	1 058 800 „
1889/90 .	364 000 „	zusammen .	7 527 578 M.
1890/91 .	351 000 „		

dazu (aus dem Eifelfonds) 1 315 331 M.

Seitdem wurden bewilligt:

1896/97 .	1 416 640 M.,	dazu (aus Eifelfonds)	200 000 M.
1897/98 .	1 637 000 „	„ „ „	200 000 „
1898/99 .	2 256 135 „	„ „ „	200 000 „
1899 . .	2 124 500 „	„ „ „	200 000 „
1900 . .	8 296 800 „	„ „ „	200 000 „
1901 . .	9 578 200 „ [2])	—	—
zusammen	25 309 275 M.,	dazu (aus Eifelfonds)	1 000 000 M.
von 1884/85 bis 1901 zusammen	32 836 853 M.,	dazu (aus Eifelfonds)	2 315 331 M.

2. Flussregulirungsfonds.
(Kap. 106 Tit. 12.)

§ 155. Des weiteren war es vor Allem die **Regulirung der Flussläufe,** für welche die Staatshülfe stark in Anspruch genommen wurde.

Seit langer Zeit erlitt die preussische Landwirthschaft alljährlich durch die mangelhafte Pflege und den verwilderten Zustand unserer Flüsse in ihrer mittleren, nicht schiffbaren Erstreckung erhebliche Schäden.

In den schiffbaren Strecken der Ströme und Flüsse ist die Fürsorge des Staates im Interesse der Schiffahrt darauf bedacht, das Flussbett und die Ufer regelmässig auszubilden und geordnete Zustände zu erhalten; für eine pflegliche Behandlung der ganz kleinen Flussläufe reichen, soweit nicht Berggewässer in Frage stehen oder ausserordentliche Verhältnisse die Instandsetzung erschweren, die Kräfte der Anlieger meistens aus.

---

[1]) In den Beträgen von diesem Jahre an finden sich auch die Mittel aus dem sogenannten Ostfonds, welcher allerdings zum grössten Theil zu Meliorationszwecken, aber doch auch zu anderen Zwecken verwendet wird.

[2]) Etatsentwurf.

Anders liegt die Sache in den mittleren Theilen der Flussläufe. Hier gewinnt der Fluss eine räumliche Ausdehnung und Gewalt, welche die Herrschaft über ihn erschwert; und seine Instandhaltung erfordert Anstrengungen, denen der Anlieger nur in den seltensten Fällen gewachsen ist. Die Schwierigkeiten wachsen, wenn, wie es die Regel ist, Mühlenstauwerke den freien Abfluss hemmen und Entwässerungsanlagen in dem Sammelgebiete des Flusses das Wasser mit vermehrter Geschwindigkeit zuführen.

Abgesehen von einzelnen partikularrechtlichen Vorschriften, namentlich in der Provinz Hessen-Nassau, sind in Preussen ausschliesslich die Uferbesitzer zur Räumung des Flusses und zwar nur insoweit verpflichtet, als es zur Beschaffung der Vorfluth nothwendig ist; zum Uferschutz sind sie berechtigt, aber öffentlich nicht verpflichtet.

Kann hiernach der Uferschutz, also ein ganz wesentlicher Theil der Flusspflege, von der Aufsichtsbehörde überhaupt nicht erzwungen werden, so stellt sich andererseits die im Aufsichtswege erzwingbare Räumungspflicht der Anlieger stets als ungenügend für die Herstellung geregelter Zustände, in sehr vielen Fällen aber auch, und zwar namentlich bei grösseren Flussläufen und zerstückeltem Grundbesitz, als praktisch undurchführbar heraus.

Benachbarte Anlieger eines und desselben Flusslaufs befinden sich, und zwar sehr oft auf weite Erstreckungen hin, in einer natürlichen Abhängigkeit von einander. Anlagen oder Unterlassungen des einen Anliegers können von den eingreifendsten Folgen für den Ufergrundbesitz des anderen sein, ohne dass es dem letzteren möglich ist, die ihm daraus erwachsenden wirthschaftlichen Schäden und Gefahren abzuwenden. Fehlt es demnach an positiven Vorschriften für die pflegliche Behandlung des Flusslaufs nach einem einheitlichen die Interessen aller Anlieger gleichmässig berücksichtigenden Plane, fehlt es sogar an leistungsfähigen Trägern der Unterhaltungslast überhaupt und ist der Aufsichtsinstanz nicht die Möglichkeit gegeben, der Willkür zu steuern, so muss ein Zustand der Verwilderung eintreten, der immer bedrohlicher für die Anlieger wird und nicht selten für die Flussniederung in ihrer ganzen Ausdehnung Gefahren und grosse wirthschaftliche Nachtheile herbeiführt.

Aus allen Provinzen des Preussischen Staates liefen besonders seit den 70er Jahren Klagen über den verwilderten Zustand der mittleren Flussläufe und über die enormen daraus alljährlich erwachsenden Schäden ein. Die Bodenmeliorationen in Preussen hatten in Verbindung mit den Theilungen und Zusammenlegungen eine grossartige Ausdehnung gewonnen; den gegebenen Verhältnissen entsprechend musste dabei die Entsumpfung des Bodens, die Verbesserung der Vorfluth und die raschere Abführung des Wassers in der bei weitem grössten Mehrzahl der Fälle zum Ziele genommen werden.

Die Abwässerung weiter Landstriche war durch diese Meliorationen zum grossen Vortheil der landwirthschaftlichen Produktion verbessert und beschleunigt; aber es war meist versäumt worden, den Flüssen, welchen nunmehr das Wasser rascher und daher massenhafter und mit verstärkter Gewalt zugeführt wurde, die nöthige Sorgfalt zu widmen und sie zur Aufnahme der Wassermassen zu befähigen.

Vielfach lag auch die nutzbringende Verwendung des fliessenden Wassers zu Berieselungszwecken noch in den Anfängen. Die Gewässer, noch immer auf verhältnissmässig weiten Strecken ohne alle Pflege, versagten häufig die nöthige Vorfluth und liessen das Thal versumpfen; zahllose, regellos angelegte Mühlenstaue in den zum Theil gefällearmen Flüssen der Ebene steigerten das Uebel; Uferabbrüche und Versandungen schädigten Jahr aus Jahr ein ausgedehnte Bezirke. Solche kulturschädlichen Zustände fanden sich in allen Provinzen und innerhalb derselben mehr oder weniger an fast allen Flussläufen; sie erstreckten sich insgesammt auf sehr ausgedehnte Flächen und brachten dem landwirthschaftlichen Betriebe alljährlich enorme Verluste.

Die meisten, auf Abhülfe gegen die Schäden zielenden Regulirungsprojekte scheiterten aber an der Unfähigkeit der Betheiligten, die Kosten des Unternehmens zu decken. Bei den grossen Summen, welche in Frage kamen, weigerten sich die Provinzen, das Fehlende allein zuzuschiessen. Nur wenn Staat und Provinz mithelfend eintraten, konnte es gelingen, durch genossenschaftliche Vereinigung der betheiligten Grundbesitzer zur gemeinsamen Instandsetzung und Unterhaltung der Gewässer nach einheitlichem Plane die Missstände zu beseitigen, welche gegenwärtig an unseren Flussläufen offen vorliegen.

Aus diesen Gründen wurde der landwirthschaftlichen Verwaltung zunächst durch das Extraordinarium des Etats pro 1883/84 ein Dispositionsfonds von 500000 M. zur Förderung kommunaler oder genossenschaftlicher Flussregulirungen zur Verfügung gestellt und damit der Standpunkt des § 4 des Ges. v. 8. Juli 1875 (s. § 149) thatsächlich zum Theil aufgegeben.

§ 156. Später wurde der Fonds ins Ordinarium (Tit. 12) übernommen und bis auf 700000 M. gesteigert, ein Betrag, den er bis heute aufweist.

Die Inanspruchnahme dieser Staatsmittel setzt voraus, dass
entweder: die betreffende Genossenschaft durch Bestätigung ihrer Statuten endgültig gebildet ist,
oder: ein Kommunalverband die Ausführung und Unterhaltung der Anlagen rechtsverbindlich übernommen hat.

Wollen die betheiligten Grundbesitzer schon vor dem Abschlusse der Genossenschaftsbildung die Regulirung selbst in Angriff nehmen, so müssen sie, sofern nicht die politische Gemeinde sich bereit finden lässt, vorbehaltlich der späteren Uebertragung auf die Genossenschaft, die Unterhaltungslast zu übernehmen, die Kosten aus eigenen Mitteln aufbringen, weil die Staatsbeihülfen, abgesehen von den kommunalen Regulirungen, nur für bereits konstituirte Genossenschaften gewährt werden dürfen.

Die Beihülfen sind den Gemeinden beziehungsweise Genossenschaften in geeigneten Raten nach Massgabe des Fortschreitens der Regulirungsarbeiten gegen die von den zuständigen Gemeindebehörden bezw. Genossenschaftsvorständen auszustellenden Quittungen zu zahlen, auf welchen von der Behörde zu bescheinigen ist, dass die betreffenden Geldbeträge zur Herstellung der projekt- bezw. anschlagsmässigen Regulirungsarbeiten verwendet worden sind.

Die Ratenzahlungen, welche gegen das Ende des laufenden Etatsjahres geleistet werden, sind so zu bemessen, dass dieselben bis zum Ablauf desselben ihre vollständige Verwendung finden, so dass die letztere noch vor dem Abschluss bescheinigt werden kann. Diejenigen Theile der Beihülfen, welche in der bezeichneten Weise im laufenden Etatsjahre nicht zur Verwendung kommen, fallen als erspart dem Centralfonds zu.

Es ist jedoch zugelassen, die erneuerte Bewilligung in Höhe der im Vorjahre nicht verwendeten und daher heimgefallenen Beträge für das nächste Etatsjahr bei dem Minister in Antrag zu bringen. Für die Bewilligung von Beihülfen zu neuen Unternehmungen kommt die Frage, ob und in welcher Höhe die im Vorjahre bewilligten Beihülfen unverwendet geblieben sind, nicht in Betracht.

Erst 1888 wurde die Bedingung gestellt, dass die Provinzen in gleichem Masse wie der Staat Beihülfen geben müssen. Anfangs weigerten sich einige Provinzen, diese Bedingungen einzugehen. Gegenwärtig ist es aber die Regel dass sich Staat, Provinz und Interessenten mit je $^1/_3$ der Anlagekosten betheiligen, während letztere zugleich die Unterhaltungspflicht übernehmen.

Aus dem Flussregulirungsfonds können Drainagen, Folgeeinrichtungen, Entwässerung von Brüchen nicht berücksichtigt werden.

Aus dem Flussregulirungsfonds sind die Provinzen in sehr verschiedenem Masse bedacht worden. Im ganzen wurden aus dem Fonds von 1893/94—1899 bewilligt 3 783 253 M. Davon entfielen

auf	im Ganzen	im jährlichen Durchschnitt	auf	im Ganzen	im jährlichen Durchschnitt
Ostpreussen . . .	380 975	54 425	Hannover	341 974	48 853
Westpreussen . .	322 059	46 008	Westfalen	686 921	98 131
Brandenburg . . .	420 162	60 023	Hessen-Nassau:		
Pommern	74 939	10 705	a) Cassel . . .	118 510	16 930
Posen	101 392	14 488	b) Wiesbaden . .	26 169	3 738
Schlesien	656 233	93 747	Rheinprovinz . . .	462 664	66 095
Sachsen	136 605	19 515	Hohenzollern . . .	9 860	1 408
Schleswig-Holstein	44 790	6 398			

§ 157. Der Fonds zu Vorarbeitskosten u. s. w. (s. § 148 ff.) steigerte sich bis 1901 auf 454 400 M., sodass diese beiden grossen Fonds des Ordinariums zu Landesmeliorationszwecken (Kap. 106 Tit. 10 und 12) gegenwärtig 1 154 400 M. alljährlich zusammen auswarfen, während zu gleichen Zwecken 1876 nur 210 000 M. eingestellt waren.

Die Folge dieser fortgesetzt steigenden Inanspruchnahme des Staates für Landesmeliorationszwecke ist gewesen, dass, wenn man die von ihm an Meliorations- und Deichgenossenschaften geleisteten

Beihülfen mit denen der Provinzen vergleicht, die letzteren überflügelt sind, wobei noch ganz unberücksichtigt bleibt, dass der Staat auch den weitaus überwiegenden Theil der Meliorationsbautechniker zur Aufstellung und Prüfung der Projekte stellt (vgl. § 162) und sämmtliche Vorarbeitskosten trägt (§ 150).

Die in Anl. XXXII zusammengestellten Zahlen geben hiervon ein deutliches Bild. Nach dieser Zusammenstellung waren aus dem staatlichen Flussregulirungsfonds für die sämmtlichen Provinzen ausser Hannover und Hessen-Nassau [1]) in der Zeit von 1883/84—1892/93 bewilligt worden zusammen 3 770 503 M. oder im jährlichen Durchschnitt 377 050 M. Rechnet man dazu den Betrag der den gedachten Provinzen speziell zu Meliorationszwecken alljährlich vom Staate gewährten Dotationsrente von 730 752 M., so ergab sich eine staatliche Jahresausgabe von zusammen 1 107 802 M.[2]) Demgegenüber beliefen sich die geschenkweisen Beihülfen der Provinzen in jenen Provinzen und Jahren nur auf 3 979 015 M., durchschnittlich jährlich 397 901 M. Allerdings sind daneben von den Provinzen Darlehne von insgesammt 11 770 851 M., durchschnittlich jährlich 1 177 085 M. gewährt worden, die aber von den Interessenten wieder zurückgezahlt werden müssen und für die Provinz nur einen gewissen Zinsverlust zur Folge haben. Rechnet man diesen (d. h. die Differenz zwischen dem Zins der Interessenten gegenüber dem Zins, welchen die Provinz für aufgenommene Anleihen zu zahlen hat) auch auf 2 Proz., so würde sich die jährliche Gesammtleistung der Provinzen von 1883/84—1892/93 doch nur auf 397 901 + 23 000 M. = 420 901 M. gestellt haben, also noch weit hinter der staatlichen Jahresausgabe zurückbleiben.

Seit dem Jahre 1892/93 hat sich das Verhältniss zwischen staatlicher und provinzieller Beihülfe zwar in etwas gebessert. In den 7 Jahren von 1892/93—1899 standen der durchschnittlichen jährlichen Aufwendung von 514 526 M. aus dem Flussregulirungsfonds und 730 752 M. Dotationsrente, also zusammen 1 245 278 M. an jährlich von den Provinzen geschenkweise gewährten Beihülfen, durchschnittlich 1 009 712 M. gegenüber, wozu noch der Zinsverlust von 9 281 M. (2 Proz. von 464 067 M. jährlich im Durchschnitt gewährten Darlehen) hinzukamen. Trotz Besserung der Verhältnisse stehen hiernach auch heute noch die Provinzen in ihren Gesammtleistungen hinter dem Staate zurück.

Die Anl. XXXII giebt zugleich interessante Aufschlüsse über die grossen Verschiedenheiten, welche in dem Masse der Betheiligung

---

[1]) Für diese Provinzen gelten die besonderen Dotationsgesetze v. 7. März 1868 (G.-S. S. 223), v. 25. März 1869 (G.-S. S. 525) und v. 11. März 1872 (G.-S. S. 257).

[2]) Ausserdem stehen den genannten Provinzen aber auch noch die in § 150 erwähnten 6 Mill. Rente, sowie die Zinseneinnahmen aus den besonderen Meliorationsfonds mit rund 70 000 M. zu Meliorationszwecken mit zur Verfügung.

der einzelnen Provinzen an den Beihülfen für Meliorationszwecke bestehen.

§ 158. Wie stark sich der Staat an den Meliorationskosten betheiligt, geht noch aus folgenden dem Aktenmaterial des Landwirthschafts-Ministeriums entnommenen Zahlen hervor: Die bis 1876 gegründeten Meliorations-, Deich- u. s. w. Genossenschaften verursachten an anschlagsmässigen Kosten[1]) 48 694 212 M. Die von 1876—1890 neugegründeten Genossenschaften wiesen an anschlagsmässigen Kosten insgesammt 55 406 089 M., im Jahresdurchschnitt 3 693 796 M., die von 1890—1899 gegründeten 46 229 287 M. oder im Jahresdurchschnitt 5 135 809 M. auf.

Es wurden nun im staatlichen Extraordinarium für Meliorations-, Deich- u. s. w. Verbände von 1876—1883/84 vom Staate bereitgestellt zusammen 5 436 956 M., von 1883/84—1890/91 4 067 778 M., zusammen von 1876—1890/91 9 504 734 M. Dazu kamen aus dem Flussregulirungsfonds (1889/90 u. 1890/91) 1 Mill. M. Ferner wurden durch das Nothstandsgesetz v. 23. Febr. 1881 (G.-S. S. 25) zu Meliorationszwecken 10,9 Mill. und durch Ges. v. 13. Mai 1898 6,9 Mill. bereitgestellt. Das ergiebt eine Gesammtsumme staatlicher Beihülfen von 1876—1890/91 von 28,3 Mill. M. Davon sind allerdings in Abzug zu bringen rund 8 Mill. M., welche für die Moorkanäle im Emsgebiet in der Zeit von 1876—1890/91 verausgabt wurden, weil diese Genossenschaft wegen ihrer eigenartigen Verhältnisse unter die Zahl der obengenannten Genossenschaften nicht aufgenommen ist. Von den anschlagsmässigen Kosten von 55,4 Mill. M. in 1876—1890/91 sind hiernach 20,3 Mill. M. oder 36 Proz. vom Staate aufgebracht worden.

Dazu kommen ausserdem noch an staatlich bereitgestellten Vorarbeitskosten in jener Zeit zusammen 4 204 716 M. (ordinär) und 850 000 M. (extraordinär[2]), zusammen 5 054 716 M.

In der Periode von 1890/91—1900 hat das Meliorationswesen einen weiteren ganz bedeutenden Aufschwung genommen, was schon daraus hervorgeht, dass in diesem wesentlich kürzeren Zeitraume zusammen 4 930 400 M. an Vorarbeitskosten (3 310 400 M. ordinär und 1 620 000 M. extraordinär[2]) vom Staate bereitgestellt wurden.

Von den gesammten anschlagsmässigen Kosten für Genossenschaftszwecke von 1890/91—1900 von 46 229 287 M. müssen für die Emsische Moorkanalgenossenschaft ebenfalls rund 1,6 Mill. M. in Abzug gebracht werden, sodass rund 44,6 Mill. M. verbleiben. Hiervon

---

[1]) Abgesehen von den Vorarbeitskosten, sowie von den zur Ausführung der Folgeeinrichtung entstehenden Kosten, wie Bepflanzung, Besamung der Flächen u. s. w. Im Allgemeinen kann man annehmen, dass letztere von den Interessenten zu tragende Kosten $^1/_3$, bei Moorsachen $^1/_2$ der Anschlagskosten ausmachen.

[2]) Es handelt sich dabei um extraordinäre Verstärkungen des sogenannten Vorarbeitskostenfonds (Tit. 10).

wurden aus den extraordinären Fonds des Staatshaushaltsetats von 1890—1900 rund etwa 14 Mill. M.[1]) gedeckt.

Dazu treten an Bewilligungen aus dem Flussregulirungsfonds von 1890 - 1900 5,7 Mill. M. Von den 44,6 Mill. Anschlagskosten sind also 19—20 Mill. M. = 44—47 Proz. aus Staatsfonds gedeckt worden, während sich in den Rest Provinzen und Interessenten theilen.[2])

Berücksichtigt man dabei, dass der Staat auch noch die ganzen Vorarbeitskosten (jährlich 200 000—300 000 M.) sowie den bei weitem grössten Theil des meliorationstechnischen Personals stellt und hierfür gegenwärtig jährlich rund 732 000 M. ausgiebt, so ist ersichtlich, dass trotz der grundsätzlichen Uebertragung der Fürsorge für das Landesmeliorationswesen in Preussen auf die provinziellen Kommunalverbände der Staat nach wie vor der Hauptträger der für diesen Verwaltungszweig entstehenden Kosten geblieben ist.

§ 158 a. Besondere Hervorhebung verdienen noch die ausserordentlichen aus **Anleihen** entnommenen Staatsbeihülfen, welche der Staat im Falle von Nothständen, hervorgerufen durch Sturmfluthen und Hochwasserschäden, den betheiligten Bezirken hat zu Theil werden lassen. Hier kommen vor Allem in Betracht die Gesetze v. 24. April 1873 — G.-S. S. 185 — (Sturmfluth 1872 an den pommerschen und schleswig-holsteinschen Küsten), v. 22. Juli 1876 — G.-S. S. 294 — (Hochwasser im Frühjahr 1876), v. 23. Febr. 1881 — G.-S. S. 25 — (Nothstand im Regierungsbezirk Oppeln), v. 21. Jan. 1883 — G.-S. S. 3 — (Ueberschwemmungen im Rheinstromgebiet), v. 31. Mai 1888 — G.-S. S. 103 — und v. 8. Mai 1889 — G.-S. S. 102 — (Hochwasserschäden 1888 und 1889), v. 20. April 1898 — G.-S. S. 29 — (Hochwasserschäden 1897 in Schlesien),[3]) auf Grund welcher Gesetze im Ganzen über 30 Mill. zu Flussregulirungs-, Meliorations-, Uferschutz- und Deichbauten als Beihülfe oder darlehnsweise gewährt worden sind.

Endlich sind durch das Ges. v. 20. Juni 1888 (G.-S. S. 251) 20 Mill. zur Regulirung der Weichsel und Nogat und im Jahre 1900 (G.-S. S. 171) bis 31 312 000 M. zur Verhütung der Hochwasserschäden in der Provinz Schlesien ausserhalb des Etats vom Staate bereitgestellt worden.

---

[1]) Rechnet man die Zahlen auf S 692 zusammen, so ergeben sich für die Zeit von 1890—1900 etwa 19 Mill. M. Es sind indessen in den dortigen Ziffern Ausgaben für Dünenzwecke mit enthalten. Auch sind der Eifelfonds, der östliche und westliche Fonds, sowie einige Ausgaben zu Kanalzwecken ganz zur Anrechnung gebracht, während von diesen nur ein — allerdings der grösste — Theil zu eigentlichen Meliorationszwecken Verwendung findet.

[2]) Von den provinziellen Leistungen müssten aber genau genommen auch noch jährlich 730 752 M. der Dotationsrenten dem Staate zu gute gerechnet werden, wodurch sich seine Leistungen von 1876—1890/91 um 10,9 Mill. M. und von 1891/92—1900 um 7,3 Mill. M. erhöhen würden.

[3]) Vgl. auch die Denkschriften in den Drucksachen des A.-H. 1873/74 Nr. 432, 1877 Nr. 128, 1882 Nr. 93, 1883/84 Nr. 120, 1890 Nr. 132.

3. Weitere sächliche Fonds.

§ 159. Ausser den Fonds Tit. 10 u. 12 kommen als sächliche Meliorationsfonds noch einige jenen gegenüber klein bemessene Fonds, nämlich die Tit. 8, 8a u. 11a, in Betracht, welche auf rechtlicher, vertragsmässiger oder gesetzlicher Verpflichtung beruhen.

3. *Kap. 106 Tit. 8*: Zur Unterhaltung von Deichen, Dämmen, Ufern und fiskalischen Entwässerungsanlagen, sowie von nicht schiffbaren Flüssen 120 510 M.

Der Fonds wurde 1851 nach Uebergang der Deichangelegenheiten auf das landwirthschaftliche Ministerium mit damals 93 465 M. vom Etat der Gewerbe- und Bauverwaltung übernommen. Er darf seiner Bestimmung nach nur herangezogen werden, wenn es sich um rechtliche Verpflichtungen des Staates handelt (vgl. die Erläuterungen zu Kap. 111 Tit. 7 des Etats 1879/80 und zu Kap. 106 Tit. 8 des Etats 1880/81).

An dem Fonds sind gegenwärtig nur wenige Regierungen betheiligt:

Königsberg für Unterhaltung des nicht schiffbaren Theils der Aller mit 8 350 M. Danzig für Uferbauten an der Weichsel und Nogat mit 70 000 M. Marienwerder mit 2 000 M. (Marienwerdersche Amtsniederung). Potsdam mit 3 300 M. (Elbe- und Dosse-Deiche). Cassel für die hier in Folge von Spezialgesetzen dem Staate obliegende Unterhaltung der Ufer an den nicht schiffbaren Flüssen mit 4 500 M. Für die Centralverwaltung sind verfügbar 32 360 M., aus denen die Kosten der Räumung des Pulsekanals bestritten werden.

In den letzten Jahren ist der Fonds nie ganz verbraucht worden.

Dem Fonds stehen zum Theil die Einnahmen bei Kap. 32 Tit. 6 gegenüber, s. § 146.

§ 160. 4. *Kap. 106 Tit. 8a:* Zur Unterhaltung der Meliorationsanlagen im Gebiete der Elbumfluth bei Magdeburg 19 480 M. Durch Statut vom 24. Juli 1868 (G.-S. S. 789) wurde zur Herstellung einer Elbumfluth bei Magdeburg mit dem Zwecke, den Strom von den Hochwassermassen zu entlasten, eine aus 3 Deichverbänden bestehende Gesammtkorporation gebildet, welche bis Ende der 70er Jahre auch die Umfluth für mehrere Mill. M., die zum Theil von ihnen selbst, zum Theil mittelst staatlicher Beihülfen (mehr als 1 Mill. M.) hergestellt wurden.

Da die dauernde Unterhaltung durch jene Verbände zu Schwierigkeiten führte, übernahm vom Jahre 1881/82 ab der Staat die Unterhaltungspflicht, wogegen die Gesammtkorporation ihm das Eigenthum an den zwischen den Leitdeichen der Umfluth belegenen Ländereien überliess, etwa 300 ha. Die Revenuen aus diesem Grundbesitz werden in Höhe von 10 400 M. in den Etat eingestellt.

§ 161. 5. *Kap. 106 Tit. 11 a.* Zur Ausführung des Ges. v. 16. Sept. 1899 (G.-S. S. 169) betreffend Schutzmassregeln im Quellgebiete der linksseitigen Zuflüsse der Oder in der Provinz Schlesien 15000 M.

Dieses Gesetz ist eine Folge der im Oderstromgebiete neuerdings und mit ganz besonderer Heftigkeit im Jahre 1897 eingetretenen Hochwasserschäden, welche es nothwendig machten, in den obenbezeichneten, meist gebirgigen Quellgebieten der linksseitigen Oderzuflüsse dem Staate eine grössere Einwirkung auf die Bewirthschaftung des Grundeigenthums zu geben, als die allgemeine Gesetzgebung dies thut. Die Vorschriften beziehen sich vor Allem auf die Verhinderung forstwidriger Nutzung des Waldbesitzes,[1]) besonders des kleinbäuerlichen, auf das Verbot der Neuanlage offener Wassergräben an Berghängen in der Hauptgefällrichtung, Verbot der Entwässerung grösserer Moorflächen, sogar der Beackerung oder Beweidung an Hangflächen u. s. w. Entschädigungspflichtig für den Schaden, der den Grundeigenthümern erwächst, ist die Gemeinde (Gutsbezirk). In Bedürfnissfällen geben Staat und Provinz Beihülfen.

ββ) Ausgaben für das staatliche meliorationstechnische Personal.

§ 162. Wenn der Staat auch seit dem Beginne des 19. Jahrhunderts die Ausführung von Landesmeliorationen in erster Linie der Privatinitiative überlassen zu müssen glaubte und nur unterstützend eintrat, so hat er doch stets die Nothwendigkeit anerkannt, seinerseits für das Vorhandensein einer genügenden Anzahl meliorationstechnisch vorgebildeter Beamten zu sorgen, damit die grossen, in die Meliorationsunternehmungen gesteckten Mittel auch von dem nöthigen Erfolge begleitet seien.

Gerade bei den Meliorirungen grösserer Gebietsflächen kann die Projektirung und die Ausführung der Projekte durch unkundige Hand nicht nur unnütze Geldvergeudung, sondern oft sogar noch grosse Schädigungen der ganzen Gegend zur Folge haben.

Im Laufe der Jahre hat sich leider eine Anzahl selbst staatlich unterstützter Meliorationsunternehmungen als nicht kulturfördernd, sondern als schädlich erwiesen, und in manchen Gegenden sind derartige Erfahrungen aus früherer Zeit der Grund, weshalb sich die Grundbesitzer in weitem Umfange des Meliorationsgebietes nur schwer zu neuen Meliorationsanlagen entschliessen.

§ 163. Die landwirthschaftliche Verwaltung hat sich daher besonders seit Ende der 70er Jahre bemüht, für die Flussregulirungen und die grösseren Ent- und Bewässerungsanlagen allmählich ein eigenes, auch praktisch gut ausgebildetes technisches Personal zu gewinnen, da die Erfahrung gelehrt hatte, dass in der Regel eine längere

---

[1]) In der Provinz Schlesien gab es 1878 910674 ha Wald, 1893 nur noch 888239 ha.

ausschliessliche Beschäftigung im Meliorationsdienste nothwendig ist, um die erforderliche Uebung und Sicherheit zu erlangen, zumal der Meliorationstechniker sich eine gewisse ökonomische Bildung aneignen muss, um seine Baupläne den wirthschaftlichen Bedürfnissen der Gegend anpassen zu können. Anfänglich legte man hauptsächlich auf die Heranbildung höheren technischen Personals, der Meliorations-Bauinspektoren u. s. w., Werth. Allmählich stellten sich aber bei der Ausführung der Projekte und deren Beaufsichtigung grosse Schäden durch die ungenügende Vorbildung des technischen Unterpersonals heraus, und man begann nach dem Vorbilde anderer Staaten (z. B. Elsass-Lothringens) seit Mitte der 80er Jahre, besonders aber seit Anfang der 90er Jahre, auch auf eine Heranbildung tüchtiger (auf Wiesenbauschulen, vor Allem in Siegen) ausgebildeter mittlerer Techniker Gewicht zu legen.

Was im Hinblick auf die Vermehrung meliorationstechnischen Personals erreicht worden ist, ergiebt am besten die nachfolgende Uebersicht:

Etat	Reg.- u. Bauräthe	Melior.-Bau-Inspektoren	zus.	Etat	Reg.-Baumeister	Etat	Wiesenbaumeister: etatsmässige	diätarische	zus.
1856	—	4	4	1887/88	3	1892/93	12	6	18
1871	—	9	9	1889/90	7	1894/95	17	9	26
1880/81	—	12	12	1891/92	14	1896/97	25	14	39
1890/91	4	10	14	1897/98	26	1898/99	42	27	69
1895/96	4	18	22	1899	35	1899	47	30	77
1898/90	8	22	30	1900	37	1900	54	35	89
1901	12	26	38	1901	38	1901	63	44	107

§ 164. Das staatliche meliorationstechnische Personal gliedert sich in höhere und mittlere Beamte. Im Staatshaushaltsetat werden die Gehälter der ersteren in Kap. 106 Tit. 1, der letzteren in Tit. 2 behandelt, während die sonstigen Bezüge der Beamten, wie Wohnungsgeldzuschüsse, Remunerationen, Reisekosten in beiden Beamtengruppen gemeinsamen Titeln behandelt werden (nur die unbedeutenden Tit. 4 und 7 handeln lediglich von unteren Beamten).

I. Höhere Beamte.

1. Eintheilung. Zahl.

§ 165. Die höheren meliorationstechnischen Beamten sind die Regierungs- und Bauräthe und die Meliorationsinspektoren. In neuerer Zeit sind noch ständige und nichtständige Hülfsarbeiter (Regierungsbaumeister) hinzugekommen. Alle diese haben die gleiche Vorbildung. Sie müssen das allgemeine Staatsexamen für den Staatsdienst im Ingenieurbaufache absolvirt haben.

Die ersten 4 Bauinspektorstellen wurden durch den Etat für 1856 mit einem Gehalt von 2100—2700 M. und Dienstaufwandsentschädigung errichtet. In der Begründung wurde es als nothwendig bezeichnet, den auch bisher schon aus der allgemeinen Bauverwaltung übernommenen Baubeamten eine definitive Anstellung in der landwirthschaftlichen Verwaltung zu sichern, damit dieselben nicht, von der Sorge um ihre künftige Existenz getrieben, nach wenig Jahren wieder dorthin zurückkehrten. Später steigerte sich das Gehalt bis auf 3000 und 4800 M.

Im Jahre 1889/90 wurden von den damals auf 13 angewachsenen Meliorationsbauinspektorstellen 4 in Regierungs- und Baurathsstellen umgewandelt. Diese Stellen wurden mit 4200–6000 M. dotirt. Ihre Einrichtung hatte den Zweck, zu verhindern, dass ältere Meliorationsbauinspektoren wieder der allgemeinen Bauverwaltung zustrebten, um in eine Regierungs- und Baurathsstelle einzurücken, oder sich nach sonstigen besser dotirten Stellen drängten. Allmählich hat sich die Verhältnisszahl der Regierungs- und Bauräthe im Meliorationsdienst zu den Meliorationsbauinspektoren erhöht. Der neueste Etat weist 12 Regierungs- und Bauräthe und 26 Meliorationsbauinspektoren nach. Letztere haben sich also seit 1889/90 verdoppelt, erstere verdreifacht.[1])

Die dienstlichen Funktionen beider Beamtenklassen sind die gleichen. An Rang zählen die ersteren zu der IV., die letzteren zu der V. Klasse. Die älteren und verdienteren Räthe können den Charakter „Geheimer Baurath" erhalten.

Die Meliorationsbauinspektoren werden vom Landwirthschaftsminister aus der Zahl der ihm vom Minister der öffentlichen Arbeiten überwiesenen und eine gewisse Zeit lang im Meliorationsdienst beschäftigten Regierungsbaumeister ernannt. Die Ernennung der Regierungs- und Bauräthe und der Geheimen Bauräthe erfolgt durch den König. (Regierungsbaumeister als ständige Hülfsarbeiter s. § 173.)

2. Dienstthätigkeit.

§ 166. Die Aufgabe der Meliorationsbaubeamten ist es, sich die Förderung des Meliorationswesens in ihren Bezirken in jeder Weise angelegen sein zu lassen und Behörden wie Private auf zweckmässige Meliorationen aufmerksam zu machen. Insbesondere erstreckt sich ihre Aufgabe auf die Aufstellung sämmtlicher für ihren Dienstbezirk erforderlichen Meliorationsprojekte und die Ueberwachung der Bauausführungen und der Unterhaltung, soweit staatliche Mittel zur Verwendung kommen, ferner auf die Abgabe von Gutachten in allen das Meliorations-, Deich-, Vorfluth- u. s. w. Wesen betreffenden Angelegenheiten. Ausserdem liegt ihnen die Prüfung derjenigen Meliorations-

---

[1]) Gegenwärtig giebt es 1 Meliorationsbaubeamten in Schleswig-Holstein, je 2 in den Provinzen Westpreussen, Pommern, Posen, je 3 in Brandenburg, Hessen-Nassau, Sachsen, je 4 in Ostpreussen, Schlesien, Hannover und Westfalen und 6 in der Rheinprovinz, zusammen 38.

projekte ob, welche im Auftrage von Genossenschaften durch Privattechniker aufgestellt werden.

Der Meliorationsbaubeamte prüft die Projekte nur in meliorationstechnischer Hinsicht. Die landespolizeilichen Interessen hat der wasserbautechnische Dezernent der Regierung wahrzunehmen.

Soweit erforderlich sind die Meliorationsbaubeamten, welche in erster Linie das Amt eines technischen Beamten des Oberpräsidenten bekleiden und deshalb diesem unterstellt sind,[1] als technische Beiräthe den Generalkommissionen zugewiesen, in welcher Eigenschaft sie nicht allein die von den Vermessungsbeamten und Kulturtechnikern entworfenen, mit der Zusammenlegung von Feldmarken in Verbindung stehenden Wegebau- und Flussregulirungsprojekte zu prüfen, sondern auch die Ausführung dieser Projekte zu überwachen haben.

Endlich sind ihnen die Arbeiten zur Beobachtung der in den Flüssen vorkommenden Wasserstände und die Messungen der hierbei zum Abfluss gelangenden Wassermengen, sowie die Feststellung des thatsächlichen Verlaufs der Hochwasserwellen in den preussischen Stromgebieten übertragen (s. Kap. 107 Tit. 7 des Etats). Im Nebenamt sind sie mehrfach Oberfischmeister (s. Abschnitt „Fischerei").

§ 167. Die Meliorationsbaubeamten sind der Dienstaufsicht des Oberpräsidenten unterstellt.

Da indessen sowohl bei den meisten Regierungen ebenso, wie bei den meisten Generalkommissionen — ausser Münster und Düsseldorf[2]) — keine besonderen Meliorationsbaubeamten angestellt sind, so bedienen sich auch diese Behörden der Thätigkeit der für die Provinz angestellten Meliorationsbaubeamten.

Um den Geschäftsverkehr zu erleichtern, ist den Regierungspräsidenten durch Erl. v. 12. April 1897 und den Generalkommissionen durch Erl. v. 28. Juni 1897 I C 5214 in gewissem Umfange gestattet, jene Meliorationsbaubeamten ohne Vermittelung des Oberpräsidenten zu meliorationstechnischen Arbeiten heranzuziehen, namentlich bei Genossenschaftsmeliorationen u s. w. (Erl. v. 25. Mai 1895 s. o.), aber auch zur begutachtenden Thätigkeit in sonstigen Fällen. Bei wichtigeren Sachen muss dem Oberpräsidenten nachträglich von der Inanspruchnahme seines Beamten Mittheilung gemacht werden.

Bei den meisten Generalkommissionen — ausser Münster und Düsseldorf — sind die staatlichen Meliorationsbaubeamten des Provinzialbezirks zugleich ständige „technische Beiräthe". Führt der Meliorationsbauinspektor Arbeiten für die Generalkommission aus, so kann er sich dabei der bei ihr beschäftigten Vermessungstechniker, Wiesenbaubeamten u. s. w. bedienen.

§ 168. Die Betheiligung der staatlichen Meliorationsbaubeamten bei der Bearbeitung der Meliorationen ist neuerdings eingehend geordnet durch Landw.-Minist.-Erl. v. 25. Mai 1895 (M.-Bl. d. i. Verw. 1897 S. 225).

Darnach haben dieselben zunächst I. die Beschaffung der Unterlagen zu Anträgen auf Bewilligung staatlicher Mittel zu Vorarbeitskosten von Meliorationen zu besorgen.

---

[1]) Nach Erl. v. 12. April 1897 I C. 2907 können auch die Regierungspräsidenten den Meliorationsbauinspektoren direkte Aufträge ertheilen (s. § 167).

[2]) Dienstinstruktion für die hier angestellten besonderen Beamten v. 4. Nov. 1896 I C. 7997.

Diese Unterlagen müssen einen Anschlag über die Höhe der Vorarbeitskosten enthalten, ferner, wenn die Kosten der Melioration voraussichtlich 5000 M. übersteigen, ein durch Handskizze erläutertes Gutachten über die voraussichtliche Grösse, Bedeutung, Rentabilität u. s w. der Melioration.

II. Sodann haben die Meliorationsbaubeamten die Entwürfe der auszuführenden Meliorationen zu bearbeiten oder die Ausarbeitung zu kontroliren a) bei allen Meliorationen, für welche der Staat ganz oder theilweise die Vorarbeitskosten trägt; b) bei allen Genossenschaftsmeliorationen.

Bei Genossenschaftsbildungen dienen diese Meliorationspläne als Grundlage für die Verhandlungen wegen Bildung der Genossenschaft (§ 74 des Wassergenossenschaftsgesetzes v. 1. April 1879).

Meist wird zunächst nur ein genereller Plan im Sinne des Landw.-Minist.-Erl. v. 25. Febr. 1895 (I 4062) aufgestellt.

Für Drainage und Moorentwässerungen sind bei der Planaufstellung besondere Punkte zu berücksichtigen. Auch sollen bei Entwässerungen versumpfter Niederungen nicht wie früher nur Hauptgräben vorgesehen werden, sondern auch Nebengräben, da die Kräfte der Einzelnen zur Vornahme der letzteren vielfach unzureichend gewesen sind und daran der Erfolg mancher Meliorationsprojekte gescheitert ist.

Dem Plane ist ein Erläuterungsbericht beizugeben, der nicht nur die Anlagen selbst und deren Kosten, sondern auch die Folgeeinrichtungen und deren Kosten, sowie ein Verzeichniss der betheiligten Grundstücke nach Grösse und Grundsteuerreinertrag enthalten muss.

In allen wichtigen Fällen, insbesondere überall da, wo der Staat oder die Provinz an den Ausführungskosten betheiligt ist, erfolgt noch eine Superrevision des von dem Meliorationsbaubeamten bezw. unter dessen Kontrole angefertigten Planes.

In dem weiteren Meliorationsverfahren steht dem Meliorationsbaubeamten nur eine Mitwirkung, nicht die Leitung zu. Diese Mitwirkung tritt ein:

I. bei den Verhandlungen über die Genossenschaftsbildung, welche von dem staatlichen Kommissar[1]) geleitet werden (§ 77 des Wassergenossenschaftsgesetzes v. 1. April 1879).

Seine Mitwirkung besteht in der Theilnahme an den Verhandlungen, mündlicher technischer Erläuterung des Planes — bei Meinungsverschiedenheiten eventuell unter Zuziehung von Sachverständigen — und in der Theilnahme an der Vornahme von Abänderungen des Normalstatuts aus technischen Gründen.

II. bei der Ausführung des festgestellten Meliorationsplanes und bei der Abnahme der ausgeführten Anlagen.

Ist die Genossenschaft auf Grund genereller Pläne zu Stande gekommen, so hat der Meliorationsbaubeamte die von dem Genossenschaftstechniker aufgestellten speziellen Pläne nachzuprüfen.

Die Ausführung hat er in allen Fällen zu überwachen und der Genossenschaftsvorstand muss ihm hier die nöthigen Unterlagen zur Verfügung stellen.

Nach Beendigung der Arbeiten werden die Anlagen von dem Meliorationsbaubeamten abgenommen. Wenn staatliche Beihülfen bewilligt sind, so darf ihre Auszahlung erst nach Bescheinigung des Meliorationsbauinspektors über ordnungsmässige Ausführung der Arbeiten erfolgen.

III. endlich wirkt der Meliorationsbaubeamte bei der für den Erfolg jeder Melioration so wichtigen Unterhaltung der Anlagen und bei deren Beaufsichtigung mit. Er hat Schauen vorzunehmen, besonders häufig in den ersten Jahren nach Ausführung der Melioration und die Abstellung der vorgefundenen Uebelstände an den betreffenden Verwaltungsstellen zu veranlassen. Für genossenschaftliche Drainageanlagen ist eine besondere Schauanweisung gegeben.

---

[1]) Staatlicher Kommissar kann auch die Generalkommission sein. Landw.-Minist.-Erl. v. 21. Juni 1897 I C. 4070.

II. Mittlere meliorationstechnische Beamte.

§ 169. Hier kommen in erster Linie die sogenannten Wiesenbaumeister (Meliorationsbauwarte) in Betracht. Ferner einige seit den letzten Jahren den Meliorationsbauämtern überwiesene Landmesser (§ 176). Endlich die Deich-Moorvögte u. s. w. (§§ 175 u. 177).

Wiesenbaumeister (Meliorationsbauwarte).

§ 170. Die Wiesenbaumeister sind Techniker mittlerer Ordnung, welche als Gehülfen der Meliorationsbaubeamten fungiren, für die Anlegung von Entwässerungen, Bewässerungen und Drainagen ausgebildet sind, sicher nivelliren, kleinere Meliorationsbauwerke ausführen und bei der Leitung von Feldarbeiten sowie bei der Beaufsichtigung von Meliorationen thätig sind.

Die Etatserläuterungen 1892/93 führen speziell aus:

Der Umfang der Geschäfte, welche den Wiesenbaumeistern unter der Aufsicht und Leitung des Meliorationsbaubeamten übertragen werden können, ist ein sehr grosser. Im Allgemeinen haben sie sich die Förderung des Meliorationswesens in jeder Beziehung angelegen sein zu lassen und Behörden wie Private auf zweckmässige Meliorationen aufmerksam zu machen. Insbesondere wird ihnen aber — ohne damit den Kreis der Geschäfte zu erschöpfen — obliegen:

1. die Bearbeitung von Projekten für kleine Ent- und Bewässerungs-Anlagen (Drainagen), sowie die Bauleitung bei Ausführung dieser Projekte;
2. die Ausführung genereller Nivellements bei beabsichtigten umfangreichen Meliorationen;
3. die Theilnahme an etwaigen Fluss- und Deichschauen untergeordneter Bedeutung, sowie die Ausführung der dabei vorkommenden Kontrol-Nivellements;
4. die Aufnahme der in Flüssen und Bächen bestehenden Stauanlagen nebst Freischleusen, sowie die Kontrole beim Umbau derselben;
5. die Feststellung des Räumungsumfanges bei kleinen Flüssen und Gräben;
6. die Aufsicht über die projektmässige Ausführung und Erhaltung aller in dem betreffenden Bezirke ausgeführten Ent- und Bewässerungsanlagen.

Für die Meliorationsbauämter wurden zuerst 1892/93 derartige Beamte angestellt. Ihre dienstlichen Verhältnisse regelt der Min.-Erl. v. 6. Mai 1892 (Min.-Bl. d. i. Verw. S. 215).

Als Vorbildung wird gefordert das Zeugniss als Wiesenbaumeister, ausgestellt von der Wiesenbauschule zu Siegen auf Grund einer Prüfung, oder ein besonderer Qualifikationsnachweis nach Beschäftigung bei einem Meliorationsbauamte, Besuch anderer Wiesenbauschulen[1]) etc.

Die Wiesenbaumeister stehen unter der Dienstaufsicht der Oberpräsidenten und des Meliorationsbaubeamten. Pensionen und Reliktengelder setzt der Oberpräsident fest.

Zu Arbeiten, welche aus der Büreaukostenentschädigung des Meliorationsbaubeamten zu bestreiten sind, z. B. Schreibarbeiten, dürfen die Wiesenbaumeister nicht herangezogen werden.

---

[1]) Die von den Wiesenbauschulen abgehenden Wiesenbaumeister werden durch Vermittelung des Ministeriums den verschiedenen Meliorationsbauinspektionen und Generalkommissionen zugewiesen.

Seit 1901 führen die etatsmässigen Wiesenbaumeister den Titel Meliorationsbauwarte.

Die ersten etatsmässigen Wiesenbaumeister wurden zu 12 an der Zahl in den Etat für 1892/93 eingestellt.[1]) Auch bis zu jener Zeit bedienten sich zwar die Meliorationsbaubeamten bereits derartiger mittlerer Techniker, doch waren dieselben nur kraft privaten Vertrages angestellt. Für eine umfangreichere und vor allem selbstständigere Stellung besonders gegenüber kleineren Meliorationsarbeiten war aber die Umwandlung dieses Vertragsverhältnisses in ein staatliches Beamtenverhältniss, wobei den Technikern zugleich Privatarbeiten, bei denen sie als Unternehmer fungirten, gar nicht oder doch nur ausnahmsweise gestattet wurden, unumgänglich nöthig.

Der gute Erfolg der neuen Einrichtung zeigte sich am besten darin, dass die Zahl dieser Beamten 1901 bereits auf 63 gestiegen ist.

Die Stellen übertragen sich mit den gleichnamigen Beamten in der Gestütsverwaltung und bei den Auseinandersetzungsbehörden.

III. Staatsausgaben für meliorationstechnische Beamte.

(Kap. 106 Tit. 1—7.)

1. Allgemeines.

§ 171. Sind die sächlichen Staatszuschüsse zu Meliorations- und Regulirungszwecken in den letzten 25 Jahren fast um das Sechsfache gesteigert, so ist eine noch erheblichere Steigerung zu bemerken bei den Staatsausgaben für das staatliche meliorationstechnische Beamtenmaterial.

Die Ausgaben des Staates für diese Beamten (Kap. 106 Tit. 1 bis 7) betrugen im Jahre 1873: 97 271 M., 1876: 125 899 M., 1885/86: 158 013 M., 1890/91: 227 769 M., 1895/96: 400 570 M., 1901: 811 247 M. Die Ausgaben haben sich also seit 1873 mehr als verachtfacht.

Die Dienstbezüge des meliorations technischen Personals, welche in Kap. 106 Tit. 1—7 enthalten sind, scheiden sich in zwei Hauptgruppen: persönliche, Tit. 1—5 und sächliche, Tit. 6 u 7. Die persönlichen zerfallen wieder in Besoldungen (Tit. 1 u. 2), Wohnungsgeldzuschüsse (Tit. 3), andere persönliche Ausgaben (Tit. 4, 4a u. 5).

Die persönlichen Dienstbezüge machten 1873 insgesammt 76 478 M., die sächlichen nur 20 793 M. aus. Dies Verhältniss hat sich im Laufe der Zeit zu Gunsten der sächlichen Ausgaben wesentlich verschoben. 1901 betrugen die persönlichen Ausgaben nämlich insgesammt 580 271 M., die sächlichen 230 976 M., also schon beinahe die Hälfte jener. Da bei den sächlichen Ausgaben vor Allem die Reise- und Bureaukosten in Wegfall kommen, so tritt hieraus deutlich die umfangreiche und mit den lokalen Verhältnissen in engster

---

[1]) Daneben wurden damals 6 remuneratorisch beschäftigt.

Fühlung stehende Thätigkeit des staatlichen meliorationstechnischen Personals hervor.

Die Entwickelungsstadien der einzelnen Titel bezeichnen folgende Ziffern in Mark:

	1873	1876	1885/86	1890/91	1895/96	1901
Tit. 1 u. 2:	57 135	56 409	65 054	81 554	165 986	322 900
Tit. 3 . .	—	9 204	10 740	11 820	23 496	47 436
Tit. 4—5 .	19 343	28 300	31 649	68 765	104 788	209 935
Tit 5—7 .	20 793	31 986	50 570	65 630	106 300	230 976
zus. .	**97 271**	**125 899**	**158 013**	**227 769**	**400 570**	**811 247**

In diesen Zahlen spiegelt sich deutlich der grosse Aufschwung ab, welchen das Meliorationswesen seit Beginn der 90er Jahre genommen hat.

a) Dienstbezüge der höheren Meliorationsbaubeamten.

§ 172. An Dienstbezügen kommen den höheren Meliorationsbaubeamten zu:

1. Das aus Tit. 1 zu zahlende Gehalt, welches seit 1897/98 für Regierungs- und Bauräthe festgesetzt ist auf 4200—7200 M. (5 Stufen von je 3 Jahren mit je 600 M.), für Meliorationsbauinspektoren auf 3600—5700 M. (4 Stufen mit 1 × 600 und 3 × 500 M. in je 3 Jahren). Die vorhandenen Berliner Beamten erhalten 450 M. Lokalzulage aus Tit. 4a. Wohnungsgeldzuschüsse und Umzugskosten, Pensionen u. s. w. sind wie allgemein bei den Staatsbeamten.

2. Abweichend von den Beamten der allgemeinen Verwaltung ist geregelt die Dienstaufwandsentschädigung (zahlbar aus Tit. 6).

Dieselbe setzt sich zusammen:

a) aus einer fixirten Reisekostenentschädigung von 1500 M. Hieraus sind die Kosten der Reisen im sogenannten engeren Dienstbezirk, der sich meistens mit dem Regierungsbezirk deckt, zu bestreiten.[1]) Daneben wird aber aus demselben Titel eine Feldzulage bezw. Uebernachtungszulage von täglich 6 M. bei Reisen über 18,75 km vom Wohnort oder bei Uebernachtung gewährt;

b) aus einer fixirten Büreaukostenentschädigung von 900 M., aus welcher die Ausgaben für Schreib- und Zeichenmaterialien, Schreibhülfe, Instandhaltung der Inventarienstücke, Hergabe, Reinigung, Heizung, Beleuchtung des Dienstzimmers u. s. w. zu bestreiten sind.

Ein Zuschuss von 200 M. wird gewährt, wenn dem Meliorationsbaubeamten ein ständiger höherer Hülfsarbeiter, von 100, wenn ihm ein Meliorationsbauwart oder Landmesser zugetheilt ist.

---

[1]) Wird der Meliorationsbauinspektor als technischer Beirath im Nebenamt der Generalkommission beigegeben, so erhält er hierfür eine Vergütung, Reisekosten nur, soweit die Reise im weiteren Dienstbezirk vorgenommen wird, nach den allgemeinen Grundsätzen. Diese Reisekosten werden aus Kap. 101 Tit. 13 des Etats verausgabt.

Für Reisen im weiteren Dienstbezirk (ebenfalls aus Tit. 6), sowie bei Reisen für die Domänen- und Forstverwaltung werden die allgemeinen Reisekostensätze liquidirt (15 M. Tagegelder, 9 Pf. bezw. 60 Pf. pro Kilometer Eisenbahn- bezw. Landweg und 3 M. für Zu- und Abgänge).

Besondere Bestimmungen gelten für Nebenämter. Die Meliorationsbeamten am Sitze der Generalkommissionen, werden nebenamtlich als technische Beiräthe der Generalkommission beschäftigt (bis 800 M. Remuneration aus Kap. 101 Tit. 8).[1] Ferner sind die Meliorationsbaubeamten zu Cassel, Magdeburg, Berlin, Breslau, Münster, Hannover, Coblenz, Wiesbaden, Oppeln, Düsseldorf zugleich nebenamtlich als Oberfischmeister (gegen 500 M. Entschädigung aus Kap. 105 Tit. 3) thätig. Für die bei Ausübung nebenamtlicher Dienste auszuführenden Reisen werden Tagegelder und Reisekosten nach den allgemeinen reglementsmässigen Sätzen vergütet.

Zur Uebernahme sonstiger Nebenarbeiten giebt der Oberpräsident die Genehmigung, bei fortlaufenden Remunerationen der Minister.

(Die Nebenämter und deren Remunerirung werden alljährlich bei Tit. 1 in der Spalte Bemerkungen aufgeführt.)

§ 173. Die ständigen Hülfsarbeiter (Regierungsbaumeister), welche seit 1891/92 den Meliorationsbauinspektoren zugetheilt werden, erhalten in den ersten 3 Jahren nach ihrer Ernennung zum Regierungsbaumeister 9 M. Tagegelder, demnächst Monatsvergütungen von 300 M., zahlbar aus Tit. 4a (§ 176).

Diese Regierungsbaumeister werden dem Landwirthschaftsminister vom Minister der öffentlichen Arbeiten überwiesen und werden, wenn sie sich im Meliorationsdienst bewähren, in die landwirthschaftliche Verwaltung übernommen. Etatsmässig sind sie nicht, doch können ihnen, sobald ihnen die Aussicht auf dauernde Verwendung im Staatsdienst eröffnet ist, — was nach gleichen Grundsätzen wie bei den ausseretatsmässigen Regierungsbaumeistern der allgemeinen Verwaltung geschieht — gemäss Ges. v. 24. Aug. 1896 Umzugskosten nach Massgabe des § 3 Ges. v. 24. Febr. 1877 (G.-S. S. 15) gewährt werden.

Tagegelder und Reisekosten werden nach den allgemeinen Bestimmungen liquidirt (aus Tit. 6), auch können Reisekosten-Pauschsummen gewährt werden. Ein engerer und weiterer Dienstbezirk gilt für sie nicht.

b) Dienstbezüge der mittleren Meliorationstechniker.

§ 174. Die etatsmässigen Meliorationsbauwarte sind entweder mit festem Gehalt (1650—3000 M., bis 1897/98: 2700 M.) nebst Wohnungsgeld-

---

[1]) Den Generalkommissionen zu Münster und Düsseldorf ist je ein besonderer Meliorationsbaubeamter zugetheilt.

zuschuss oder diätarisch gegen 1200—1650 M. im Durchschnitt 1440 M. Remuneration angestellt. Sie bilden zugleich mit den Wiesenbaumeistern (Meliorationsbauwarten), welche bei den Generalkommissionen und in der Gestütsverwaltung beschäftigt sind, eine Besoldungsgemeinschaft durch den ganzen Staat. Bei Ausübung der ihnen obliegenden Dienstfunktionen erhalten sie täglich 4 M., bei mehrtägiger Abwesenheit 5 M. Reise- (Feld-) Zulagen, ausserdem Kilometergelder (7 Pf., bei Landweg 25 Pf.) und 2 M. für Zu- und Abgang.

§ 175. Was die einzelnen Titel anbetrifft, so ist hinsichtlich des Tit. 1 auf § 172, des Tit. 2 auf § 174 zu verweisen. Zu letzterem Titel ist nur noch zu bemerken, dass ausser den Meliorationsbauwarten in Tit. 2 noch eine Anzahl Deich-, Moorvögte, Strom-, Dünen-, Torf-, Wehrmeister und -aufseher aufgeführt sind, insgesammt 25 Beamte, deren Stellung an anderem Orte erörtert werden wird. Nur die zwei Moorvögte stehen an Gehalt den W. (Meliorationsbauwarten) gleich. Die anderen hier aufgeführten Beamten sind niedriger besoldet.

Tit. 3 und 7 bieten keine Besonderheiten, wegen Tit. 5 vgl. man Bd. I Lief. I S. 97.

Tit. 4, welcher seit 1898/99 nur noch 3175 M. beträgt, schwankte in früheren Jahren zwischen 20 000—30 000 M. und betrug 1897/98 noch 27 364 M. Im Etat für 1898/99 wurden 18 091 M. nach Tit. 6 übertragen, welche Remuneration für nicht im Beamtenverhältniss stehende Schleusen- und Kanalwärter enthielten und daher nach den neueren Etatsgrundsätzen unter den sächlichen Fonds zu erscheinen haben. Ferner wurden damals 5872 M. Entschädigungen der bisher nebenamtlich beschäftigten Wasserbauaufseher für die nicht schiffbaren Gewässer im Regierungsbezirk Cassel abgesetzt.

Die Aufsicht über die im Regierungsbezirk Cassel vorhandenen nicht schiffbaren Flüsse und Bäche, deren Unterhaltung von kurhessischer Zeit her unter der besonderen Leitung und Aufsicht der landwirthschaftlichen Verwaltung stattfindet, wurde bis 1898/99 von 4 Wasserbauaufsehern hauptamtlich und 35 anderen niederen Technikern nebenamtlich ausgeführt. 1898/99 wurden alle diese Stellen aufgehoben und 4 vollbeschäftigten Wiesenbaumeistern die Aufsicht übertragen.

§ 176. *Kap. 106 Tit. 4a.* Der Fonds Kap. 106 Tit. 4a ist für Diäten von Regierungsbaumeistern bestimmt, welche den Meliorationsbaubeamten in der Eigenschaft als ständige Hülfsarbeiter, also bei allen Geschäften zu unterstützen haben, ferner zur Remunerirung von Landmessern und diätarischen Meliorationsbauwarten und zur Gewährung einer Lokalzulage für einen Meliorationsbaubeamten in Berlin.

Der Fonds war ursprünglich auf Hülfsarbeiter beschränkt, welche entweder Regierungsbaumeister oder Wiesenbaumeister waren. Seit 1899 können auch Landmesser der Generalkommissionen als Hülfsarbeiter bei den Meliorationsbauämtern daraus remunerirt werden. Das Gleiche gilt von Tit. 6.

Sächliche Ausgaben.

§ 177. *Tit. 6.* Zu Reise- und Bureaukostenentschädigungen, einschliesslich der Reisekostenzuschüsse der Meliorationsbaubeamten bei Reisen von mindestens 18,75 km Entfernung vom Wohnorte und bei Reisen von geringerer Entfernung, wenn Uebernachtung nöthig war, zum Satze von 6 M. für den Tag, ferner zu Tagegeldern, Reise- und Versetzungskosten der Meliorationsbaubeamten und der ihnen beigegebenen technischen Hülfsarbeiter, sowie zu denjenigen Aufwendungen für Bureauhülfe und sonstige Bureaubedürfnisse der unter Tit. 1 aufgeführten Beamten, welche aus den etatsmässigen Dienstaufwandsentschädigungen der letzteren nicht zu bestreiten sind; zu Tagegeldern für die Deichvögte, Strommeister u. s. w. und zu sonstigen Entschädigungen; zur Bestreitung der auf den Dienstwohnungen der Deichbeamten, sowie auf dem Wallmeister-Etablissement in Alt-Beelitz ruhenden Lasten und Abgaben und zu sonstigen vermischten Ausgaben 230 256 M.

(Zwei Kanalwärter haben freie Wohnung nebst Garten und Hofraum.)

(Vgl. Erläuterungen im Etat 1886/87 Anl. Bd. III Nr. 19 Beil. A §§ 16 u. 26 der Instr. f. d. Ober-Rechnungskammer v. 18. Dez. 1824.)

Der Titel, dessen Verwendung durch den Wortlaut klargestellt ist, und der sich in fortwährender Steigerung befindet (1876: 31 443 M., 1890/91: 64 800 M., 1895/96: 105 320 M., 1901: 230 256 M.), muss gleichwohl in Folge der Geschäftsvermehrung bei den Meliorationsbauinspektionen fortwährend überschritten werden.

Die Aufwendungen der bei den Meliorationsvorarbeiten entstehenden Arbeiterlöhne, für Nivellementspfähle, Bolzen, Pegel, Kähne und sonstigen Erfordernisse bei den Aussenarbeiten fallen dem Tit. 10 zur Last. Die hydrographischen Arbeiten sind bei Kap. 107 Tit. 7 zu verrechnen.

Auch diejenigen Aufwendungen für etwaige Bureauhülfe und sonstige Bureaubedürfnisse, welche aus der Dienstaufwandsentschädigung nicht zu bestreiten sind, sowie für sonstige vermischte Ausgaben, müssen aus Tit. 6 bestritten werden.

Aus Tit. 6 z. B. Umzugs- und persönliche Reisekosten der Deichvögte bei Versetzungen.

Extraordinarium.

Siehe hierzu § 154 und §§ 155 ff.

B. Moorwesen.

(Kap. 32 Tit. 6a der Einnahmen und Kap. 106 Tit. 2 6 u. 10 sowie Kap. 101 Tit. 4 der Ausgabe.)

§ 178.[1]) Nach der Denkschrift des Landwirthschaftsministeriums von 1899 über den Stand der Moorkultur und Moorbesiedelung in Preussen sind etwa 400 Quadratmeilen Moorboden, d. h. wesentlich aus Pflanzenresten bestehende Bodenbildungen (Moor, Moos, Bruch,

---

[1]) Vgl. hierzu auch Buch I Bd. I § 30 (Dom.-Verw.) und § 18 (Forstverwaltung).

Luch u. s. w.), in Preussen vorhanden, etwa 6,3 Proz. der Gesammtfläche.

Die Vertheilung auf die verschiedenen Provinzen ergeben folgende Zahlen:

	ha	Proz. der Gesammtfläche
Hannover	563 294,49	14,6
Pommern	305 599,65	10,2
Schleswig-Holstein .	175 650,97	9,3
Brandenburg . . .	347 447,53	8,7
Posen	202 731,84	7,0
Ostpreussen . . .	191 068,61	5,1
Westfalen	87 099,54	4,3
Westpreussen . . .	85 898,28	3,4
Sachsen	83 695,76	3,3
Schlesien	57 099,54	2,2
Rheinland	46 151,66	1,7
Hessen-Nassau . .	1 101,26	0,1

§ 179. Man unterscheidet 1. Hochmoore, mit Rücksicht auf ihre Entstehung auch Haidemoosmoore genannt, und 2. Niederungsmoore, auch Gras-, Grünlands-, Wiesenmoore genannt. Letztere finden sich in grösseren, kleineren und kleinsten Flächen über das Land verbreitet, während erstere fast durchweg sehr umfangreiche Einzellager von grosser Mächtigkeit sind.

Die Kultivirung der meist kleineren, vielfach in Privateigenthum befindlichen Niederungsmoore ist im Wesentlichen der Privatinitiative überlassen geblieben. Neuerdings betheiligt sich auch der Staat als Domänen- und Forstbesitzer an der Kultivirung solcher in seinem Besitz befindlicher Niederungsmoore. Bahnbrechend wirkten hier die sogenannten Moordammkulturen des Rittergutsbesitzers H. Rimpau zu Cunrau in der Altmark. Diese Kultur besteht darin, dass man das zuvor durch ein engmaschiges Grabennetz bis zu einer gewissen Tiefe gründlich entwässerte Moor mit einer Sandschicht von einer solchen Stärke bedeckt, dass sich die landwirthschaftliche Bodenbearbeitung ausschliesslich auf die Sanddecke beschränken kann. Den so hergestellten Beeten oder „Moordämmen" werden als Dünger ausschliesslich solche käuflichen Dungstoffe zugeführt, an denen der Moorboden seiner Entstehung nach besonders arm ist.

§ 180. Die Hochmoore sind meist Gemeinde- oder (im Osten) Domanialeigenthum, nur in dem seit 1744 dem preussischen Staate einverleibten Ostfriesland sind sie in Folge des Urbarmachungsedikts von 1765 zu allgemeinem Staatseigenthum erklärt.

Auf den Hochmooren, die sich besonders im nordwestlichen und nordöstlichen Deutschland vorfinden, wurden schon im 17. und 18. Jahrhundert Versuche gemacht, von Staatswegen grössere Kulturen und Besiedelungen der Moore mit Kolonisten durchzuführen. Besonders geschah dies in den in Staatsbesitz befindlichen Hochmooren Ostfrieslands.

Das Gedeihen der niederländischen Fehnkolonien, deren Einrichtung darauf beruhte, dass der Torf mittelst grosser Kanäle als Brennmaterial den Städten zugeführt und sodann die obere Schicht des entwässerten Moorabraumes mit Sand gemischt und mit grossen, zum Theil aus den Städten bezogenen, natürlichen Dungstoffen gedüngt wird, regte zur Nachahmung im Emsgebiet, in Ostfriesland, Osnabrück, wie auch in den früheren Herzogthümern Bremen und Verden an. So wurde im Gebiete des jetzigen Regierungsbezirks Stade im Laufe eines Jahrhunderts eine Fläche von 4 Quadratmeilen mit einer Bevölkerung besetzt, die 1880 14 319 Seelen umfasste und sich auf 69 Ortschaften vertheilte.

Eine weit ungünstigere Art der Moorkolonisation entwickelte sich seit Mitte des 18. Jahrhunderts in einem anderen Theile Ostfrieslands. Die dortige, staatlich geförderte Kulturmethode (Moorbrennen mit nachfolgendem Buchweizenbau) war zwar in ihrem Anfange billig und lieferte verhältnissmässig gute Erträge, stellte sich aber auf die Dauer als ein Raubbausystem schlimmster Art dar. Auf diese Weise wurden im Laufe eines Jahrhunderts in Ostfriesland 82 Kolonien mit etwa 22 000 Einwohnern geschaffen, deren Bevölkerung aber gegen Ende des 19. Jahrhunderts vollständig verarmt war und sich in einer ganz trostlosen Lage befand.

Angesichts gerade dieser Uebelstände brach sich seit den 70er Jahren bei der Regierung immer mehr die Ueberzeugung Bahn,[1]) dass eine durchgreifende Besserung nur durch Aufschliessung der Hochmoore nach holländischem Muster und durch Schaffung von Moorkanälen möglich sei, die in erster Linie der landwirthschaftlichen Ausnutzung der durchschnittenen Flächen, dann aber auch der Entwickelung von Handel und Verkehr Rechnung trügen. Zu diesem Zwecke wurde ein besonderer Kommissar der Domänenverwaltung an der Regierung zu Aurich angestellt.

In Angriff genommen wurde zunächst der dem Regierungsbezirk Osnabrück angehörige, etwa 8 Quadratmeilen umfassende preussische Antheil des sogenannten Bourtanger Moores, das in einer Länge von etwa 65 km sich an die Sanddünen des mittleren Emslaufes anlehnt, weit über die niederländische Grenze hinübergreift und dort von einem weitverzweigten Netz von Schiffahrtskanälen durchschnitten wird. Es wurden aus extraordinären Staatsmitteln auf preussischer Seite seit Ende der 60er Jahre gebaut der Haren-Rüteberckkanal, der Ems-Vechtekanal, der Süd-Nordkanal, der Kanal Picardie-Coeverden. Im

[1]) Es bildeten sich auch besondere Vereine gegen das Moorbrennen.

Ganzen wird die noch nicht vollständig fertiggestellte, nach Vollendung etwa 16 Mill. M. kostende Gesammtlänge des linksemsischen Kanalnetzes etwa 105 km betragen. Nach ihrer Fertigstellung gehen alle Kanäle in das Eigenthum einer aus den politischen Gemeinden gebildeten, unter Staatsaufsicht stehenden Genossenschaft über.

Von den Kanälen, welche die rechtsemsischen, etwa $5^1/_2$ Quadratmeilen grossen Hochmoorgebiete des Regierungsbezirks Osnabrück erschliessen sollen, ist bisher nur der Papenburger Splittingkanal in Ausführung gekommen.

Die Erfolge dieses Kanalnetzes rechtfertigten indessen die daran geknüpften Hoffnungen nicht von vorneherein in dem erwarteten Masse.

Es zeigte sich, dass sich das holländische Verfahren nicht ohne Weiteres auf die preussischen Hochmoore ausdehnen liess, da hier nicht überall die gleich günstigen Voraussetzungen — Benutzung des Torfs als Brennmaterial u. s. w. — vorlagen. Die im Anschluss an die Kanäle eingerichteten Fehnkolonien — mit ihren Fehnkanälen zur Abfuhr des Torfes, welcher die Haupteinnahmequelle der Fehnkolonisten bildet und ihnen die Kosten zur Bebauung des abgetorften Moores sichern soll, sowie zur Heranschaffung des Meeresschlicks zur Düngung — gingen hauptsächlich in Folge der Konkurrenz der Steinkohle, welche die Torfgewinnung unrentabel machte, mehr und mehr zurück.

§ 181. Um daher neue, zweckmässigere Kulturmethoden ausfindig zu machen, die erforderliche Untersuchung der Moorböden zu veranlassen, als Mittelpunkt der Förderung der Moorangelegenheiten zu dienen und zugleich als berathendes Organ für die Staatsregierung zu fungiren, wurde 1876 eine Central-Moorkommission geschaffen (Geschäftsordnung von 1893).

Vorsitzender und Mitglieder werden auf 3 Jahre vom Minister ernannt und treten alljährlich mindestens ein Mal zu einer Plenarsitzung zusammen, zu der auch andere sachverständige Persönlichkeiten zugezogen werden können. Auch der oldenburgische Staat entsendet ein Mitglied in die Kommission. Protokolle der Sitzungen und Besichtigungsreisen werden veröffentlicht.

§ 182. Im Jahre 1877 wurde sodann in Bremen eine Moorversuchsstation eingerichtet, die der Central-Moorkommission als wissenschaftlich-technisches Organ unterstellt wurde. Ihre Bemühungen gehen hauptsächlich dahin, die Moore und die zu ihrer Kultur dienenden Stoffe an Deckboden, Schlick u. s. w. richtig anzusprechen, dementsprechend die geeigneten Kulturmassregeln zu ergreifen und die geeigneten Früchte für die verschiedenen Moore zu erproben. Unter den verschiedenen Zweigen der Landwirthschaft ist unstreitig eine Moorkulturanlage auf geeignetem Moorboden, wenn keine besonders kostspieligen Entwässerungsanlagen nothwendig sind, auch heute noch einer der einträglichsten; viele Wirthschaften verdanken ihre Rente in heutiger Zeit fast ausschliesslich den Zuschüssen, welche das Moor unmittelbar durch seine Erträge und mittelbar durch die reichen Stroh- und Futtermassen für die Bewirthschaftung der Mineralböden leistet. Da verhältnissmässig noch grosse Flächen nicht nur von Hochmoor, sondern auch von Niederungsmoor unaufgeschlossen liegen und nur ganz mässige Erträge zur Futtergewinnung oder als Weide liefern, so ist in der rationellen Moorkultur für viele Wirthschaften ein Hülfsmittel zur Ueberwindung der schweren landwirthschaftlichen Verhältnisse gegeben.

Neuerdings bewegen sich die Versuche, da die Heranziehung und Ansetzung von Kolonisten naturgemäss nur in langsamer Gangart erfolgen kann, besonders in der Richtung, grössere Moorstrecken einstweilen in gesunde Viehweiden umzuwandeln.

§ 183. Die finanzielle Geschäftsführung der Moorversuchsstation liegt dem naturwissenschaftlichen Verein zu Bremen ob. Der Staat giebt feste Zuschüsse. Die Stadt Bremen hat ein Haus zur Verfügung gestellt und 2000 M. jährlichen Beitrag zugesichert. Ein Theil der Ausgaben wird aus den Gebühren für die Untersuchungen bestritten. Der Oldenburgische Staat giebt keine Zuschüsse, muss aber für Untersuchungen der Stationen Gebühren zahlen und hat ausserdem zu einer Versuchswirthschaft auf Oldenburgischem Gebiet das Land unentgeltlich abgetreten.

Die Moorversuchsstation hatte 1877 einen Einnahme- und Ausgabeetat von 25 087 M., 1901 von 73 025 M. 1877 trug der Preussische Staat bei 22 687 M., 1901/02 58 425 M., also etwas über 80 Proz. Die eigenen Einnahmen für Untersuchungen u. s. w. haben sich von 0 (1887/88 5000 M.) auf 12 000 M. erhöht.

Der Etat für 1901/02 weist im Einzelnen folgende Ziffern nach:

Einnahme:

I.	Analysen und Konsultationen	12 000
II.	Zinsen	300
III.	Beitrag des landwirthschaftlichen Vereins	400
IV.	Einnahmen des Versuchsfeldes im Maibuschermoor in Oldenburg	1 500
V.	Einnahmen des Versuchsfeldes in Burgsittensen in Hannover	400
VI.	Aussergewöhnliche Einnahmen	—
VII.	Staatszuschuss	58 425
	Summe	73 025

Ausgabe:

I. Remunerationen und Wohnungsgeld:

1. der Kurator 1600 M., 2. der Kulturtechniker 6100 M., 3. der Vorsteher der Station 8100 M., 4. der Laboratoriumsvorstand 3000 M., 5. der Botaniker 4500 M., 6. der 1. Assistent 2600 M., 7. der 2. Assistent 1800 M., 8. der 3. Assistent 1750 M., 9. der 4. Assistent 1750 M., 10. der 5. Assistent 1500 M., 11. der

	6. Assistent 1500 M., 12. der Moorvoigt 2100 M., 13. der 1. landw. Gehülfe 1200 M., 14. der 2. landw. Gehülfe 750 M., 15. der Hausmeister 1500 M, 16. der Schreiber 1500 M., 17. der Gehülfe des Hausmeisters 675 M., 18. der Gehülfe des Schreibers 550 M., 19. der Vorarbeiter für das Versuchskolonat 750 M., zusammen	43 225
II.	Inventar	4 500
III.	Feuerung und Licht	2 100
IV.	Bibliothek	900
V.	Reagentien	1 200
VI.	Insgemein	5 300
VII.	Reisen der Stationsbeamten	4 700
VIII.	Versuchsfeld im Reg.-Bez. Stade	500
IX.	„ „ „ Osnabrück	3 000
X.	„ „ Maibuscher Moor	6 500
XI.	„ „ Burgsittensen	1 100
	Summe	73 025

Der Staatszuschuss (58 425 M.) wird aus Kap. 106 Tit. 10 gewährt. Dies ist indess nicht der gesammte für Moorzwecke aus jenem Titel alljährlich verwendete Betrag. Für 1899 wurden z. B. 123 000 M. für Moorzwecke aus diesem Fonds verwendet. Der Rest dient allgemein zur Förderung des Moorwesens, zu Versuchen unter Kontrolle der Station, zu Musterkulturen seitens passender Personen, Winterschuldirektoren u. s. w., endlich zu Versuchen der Verwendung des Moores zu technischen Zwecken, als Brennmaterial u. s. w.

§ 184. Die Thätigkeit der Moorversuchsstation hat unzweifelhaft ungemein auf die bessere Ausnutzung der durch den Staat und mittelst Kanälen verbesserten Hochmoorgebiete eingewirkt. Die zunächst zur eigenen Belehrung auf dem Besitze von Moorkolonisten angelegten Feld- und Wiesenversuche der Station wuchsen allmählich zu Musterkulturen aus und zerstörten langsam aber sicher den Argwohn der umliegenden Moorbevölkerung gegen die wohlmeinenden Absichten der Regierung. Der Verbrauch künstlicher Düngemittel zur Bodenverbesserung wuchs. Wiesenanlagen der Station wurden nachgeahmt. Die Einführung zweckmässigerer Bodenbearbeitungsgeräthe und -Methoden, Bildung von Moorvereinen u. s. w. war eine Folge des lebhaften Verkehrs der Beamten der Moorstation mit der Moorbevölkerung. Die Acker-, Wiesen- und Vieherträge mehrten sich zusehends.

Diese Erfolge in den älteren Hochmoorgebieten Hannovers, die zunehmende Kenntniss in die Bedingungen zweckmässiger Moorkultivirung führten seit Mitte der 80er Jahre zu einem weiteren Vorgehen des Staates in der Besiedelung und Kultivirung auch solcher noch zahlreich vorhandener Hochmoore, welche bisher noch ohne jegliche Kultivirung geblieben waren und die noch in grosser Ausdehnung vorhanden sind.

Von welcher Bedeutung die Moorbesiedelung für Preussen ist, ergiebt sich daraus, dass, wenn man die noch nicht in Kultur genommenen preussischen Hochmoore auch nur auf 150 Quadratmeilen gleich 810 000 ha einschätzt, sie nach ihrer Urbarmachung mindestens 100 000 Bauernfamilien reichlich würden ernähren können.

§ 185. Bei der schwerfälligen, an Betriebsmitteln armen Moorbevölkerung war hier von vornherein eine ausgedehntere Kolonisation nur dann aussichtsvoll, wenn die Besiedelungsanlagen mit ihren Vorbereitungs- und Folgeeinrichtungen von vornherein nach einem festen, zielbewussten Plane angelegt und für längere Zeit unter dem weitgehenden Einfluss eines kapitalkräftigen, durchaus sachverständigen und vertrauenerweckenden Unternehmens gehalten wurden.

Der hannoverschen Provinzialverwaltung gebührt das Verdienst, hier bahnbrechend vorgegangen zu sein. Sie kaufte 1888 eine 440 ha grosse Moorfläche am Süd-Nordkanal an und besiedelte sie mit Kolonisten. 1899 umfasste diese Kolonie „Provinzialmoor" bereits 336 ha fertiges Acker- und Wiesenland und 33 mit Kolonisten besetzte Siedelplätze zu je 10 ha. Sie wurden mit fertigen Wohn- und Wirthschaftsgebäuden zunächst in Zeitpacht (auf 10 Jahre) gegeben. Die Pacht beträgt 3 Proz. der Gesammtkosten, die sich — einschliesslich etwa 3840 M. für das Kolonistenhaus — auf etwa 1119 M. für 1 ha fertige, für die Ernte vorbereitete Kolonatsfläche stellten. Ein Freijahr wird gewährt. Das versicherte Inventar betrug 1890 11 958 M., 1899 bereits 141 977 M., der Viehstand 1899 30 Pferde, 118 Kühe, 40 Kälber, 213 Schweine, 2 Schafe, 2 Ziegen und 654 Hühner.

Der gesammte zur Einrichtung des Unternehmens gestellte Fonds von 400 000 M. ergiebt eine steigende Verzinsung, 1898/99 wurden 13 917 M. Einnahmen aus dem Moor erzielt, dazu 3200 M. Zinsen ergiebt eine Verzinsung von 3,8 Proz.[1])

§ 186. Die guten Erfolge, welche dieses Unternehmen zeigte, führten zur Ingriffnahme von Moorbesiedelungen auch von Staatswegen und mit Staatsmitteln seit Beginn der 90er Jahre. Hier bildete die staatliche Rentengutsgesetzgebung den äusseren Anlass zu einem planmässigen und zielbewussten Vorgehen auf dem Gebiete der Kolonisirung von Hochmoorböden.

Wenngleich die Vorschriften des Rentengutsgesetzes v. 7. Juli 1891 nur die Schaffung mittlerer und kleinerer Rentengüter durch Privatpersonen unter Mitwirkung des Staates zum Zwecke haben, so hatte doch schon bei den kommissarischen Berathungen die Staatsregierung die Absicht zu erkennen gegeben, Mittel bereit zu stellen, um auch auf staatlichem Grund und Boden von Staatswegen derartige ländliche Rentengutswirthschaften zu errichten. Besonders geeignet erschienen hierzu die staatlichen Hochmoore in Hannover und Ost-

---

[1]) Vgl. Anl. zu Nr. 31 der Drucks. d. Hannov. Landtages 1899.

preussen. Von der eigenen Initiative der durchweg auf sehr niederer wirthschaftlichen Stufe stehenden Bevölkerung dieser Moordistrikte war so gut wie nichts an materiellen Beiträgen zu erwarten, besonders, so lange nicht der Vortheil der Kulturen durch thatsächliche Erfolge weiteren Kreisen sichtbar vor Augen trat.

§ 187. Von fiskalischen Mooren, welche auf Grund der vorstehend erwähnten Staatsmittel besiedelt werden, kommen in Frage:

1. Das Marcardsmoor im Regierungsbezirk Aurich (selbstständiger Gutsbezirk) als das erste derartige staatliche Unternehmen. Es wurde angelegt auf dem 11 500 ha grossen, durch den 1886 fertiggestellten Ems-Jadekanal mit 10 km durchschnittenen Friedeburger und Auricher Wiesmoor. Bisher hatte diese grosse Fläche durch Verpachtung zu Brandbuchweizenbau, kümmerlicher Weide und zu Torfstich dem Staat etwa 1 M. pro ha Jahreseinnahme gebracht. Für eine intensivere Kultur erwies sich aber der Umstand günstig, dass der Kanal das Moor mit der schlickliefernden Marsch im Westen und Osten und mit konsumtionsfähigen Städten, Emden und Wilhelmshaven, in bequeme Verbindung setzte.

Als zu kultivirende Fläche sind 2098 ha in Aussicht genommen. Die Auftheilung soll erfolgen in etwa 230 Kolonate von durchschnittlich 10 ha Grösse. Die Kultivirung ist 1888 zunächst auf der Südseite des das Moor durchschneidenden Ems-Jadekanals begonnen mit sogen. Hochmoorkolonaten. Auf der Nordseite sollen Fehnkolonate und Rentengüter ausgegeben werden. Bis 1899 waren zusammen 35 Stellen mit 200 Einwohnern eingerichtet, davon je ein Moorvogtetablissement, Schule, Gemeindehaus, Rentengut und 31 Kolonate. Letztere sind zunächst als Pachtstellen ausgegeben, später sollen sie in Eigenthümerstellen (Rentengüter) umgewandelt werden.

2. Kehdinger Moor im Regierungsbezirk Stade (Gutsbezirk „Hochmoor") 1891 begonnen. 900 ha gross, davon 750 ha Besiedelungsobjekt für 100 Kolonistenstellen. Zunächst ist die Aufschliessung des Moores durch Wege, Kanäle und Abwässerung in Angriff genommen unter Verwendung von Strafgefangenen, wie dies auch auf den übrigen Mooren der Fall ist.

Ferner kommen in Betracht die grossen Moosbrücher in Ostpreussen, welche sich vorzugsweise südlich und östlich vom kurischen Haff befinden. Dieselben sind auf den ausgedehnten Moosbrüchern daselbst entstanden und reichen ihrem Ursprunge nach kaum weiter, als in die Mitte des 18. Jahrhunderts zurück.

Während in der Provinz Hannover die Moorkultur die vorgängige Abtorfung und die Verwerthung des Torfes zur Voraussetzung hat, und die Kultur sich auf die Melioration der abgetorften mit Bunkererde bedeckten und durch Schlick meliorirten Untergründe stützt, wird in Ostpreussen das unabgetorfte Hochmoor direkt in Kultur genommen. In primitivster Weise werden ganz flache Gräben in einer Entfernung von etwa 1 m gezogen, und die ausgehobene Moorerde in Verbindung mit animalischem Dünger bildet das Keimbett für die hier überwiegend gebaute Kartoffel. Die ersten Ernten liefern eine mässige, wesentlich nur zu Viehfutter geeignete Frucht, die aber zur Düngererzeugung vom grössten Werthe ist. Späterhin nach fortgesetzter Düngung und Bodenbearbeitung wird eine ganz vortreffliche dünnschalige Speisekartoffel erzeugt, die in den grösseren Städten, namentlich in Königsberg, stets einen guten Markt findet. Daneben baut der Kolonist vortreffliche Zwiebeln und andere Gartengewächse. Bei der Nothwendigkeit einer reichlichen Düngung sind diese Kolonate nur lebensfähig, wenn fortgesetzt die Gelegenheit zur Anpachtung von Gras vorhanden ist. Diese wird durch die in der Nähe der Moore vorhandenen meist fiskalischen Wiesenflächen ermöglicht. Auch hier führt stetige Arbeit zu mässigem Wohlstande.

Die ostpreussischen Moorgebiete sind überwiegenden Theils, und zwar mit mehr als 28000 ha der Staatsforstverwaltung unterstellt, welche der Kolonisation ihr lebhaftes Interesse zuwendet.

In dieser Zuständigkeit ist erst neuerdings eine Aenderung eingetreten, indem die Besiedelung der nachbenannten grossen Moore an die mit der Kultivirung und Besiedelung im Allgemeinen betrauten Generalkommissionen übertragen ist.

Es sind dies:

3. Forstfiskalisches Augstumalmoor im Regierungsbezirk Gumbinnen.

Das Moor hat einen Umfang von 2993 ha. Es sollen vorerst die Randparzellen an die Anlieger als Zuschlagsrentengüter vergeben und später auf dem innern urbar zu machenden Moor Hochmoor- und Fehnkolonate angelegt werden. 1899 waren am Rande des Moores 54 Rentengüter mit 200 ha Areal vergeben, darunter 17 selbständige und 37 Zuschlagsgüter. An den das Moor durchziehenden Kanälen sollen auf der Wegeseite ca. 350 Käthneransiedelungen, auf der gegenüberliegenden Seite ca. 76 spannfähige Bauernstellen errichtet werden.

4. Rupkalvener Moor im Regierungsbezirk Gumbinnen und Grosser Moosbruch im Regierungsbezirk Königsberg und Gumbinnen.

In diesen Mooren waren früher schon durch die Staatsforstverwaltung Pachtkolonien eingerichtet, die sich aber wirthschaftlich nur schwach entwickelt hatten. 1892 wurde daher die Generalkommission mit der Fortführung der Besiedelung beauftragt, insbesondere mit der Umwandlung der Pachtkolonate in Rentengüter.

Grosser Moosbruch im Labiauer Kreise etwa 12000 ha.

Die Besiedelungen werden gegenwärtig überall von den Generalkommissionen geleitet (auch bei 1 u. 2).

Staatsausgaben.

§ 188. Zu Anfang der 90er Jahre wurden bereits aus dem ordinären Fonds Kap. 106 Tit. 10 jährlich etwa 4 bis 6 Ansiedelungen eingerichtet, welche je etwa 8—9000 M. erforderten. Eine stärkere Einstellung von Mitteln auf Grund besonderer grösserer Besiedelungspläne erschien zum ersten Male 1892/93 mit 250000 M. zu dem Zwecke „der Errichtung von ländlichen Stellen mittleren und kleineren Umfanges auf staatlichen Grundstücken".

Die Einstellung dieser Summe erfolgte ins Extraordinarium, weil nach der jeweiligen Finanzlage die Durchführung der einzelnen Unternehmungen — ohne Schaden für das Ganze — beschleunigt bezw. verlangsamt werden konnte.

Seit jener Zeit wurden alljährlich theils höhere, theils niedrige Beträge in das Extraordinarium eingestellt, so dass der Gesammtbetrag (von 1892/93—1901 einschliesslich) 1722000 M. oder jährlich durchschnittlieh 172200 M. betrug.

Aus diesen staatlichen Mitteln werden neben den Kosten für die Herstellung der Wege, Feldbahnen, Entwässerungs- (Drain) Anlagen u. s. w. namentlich auch vielfach die Gebäude hergestellt, weil in der Regel die Stellen den Kolonisten zunächst pachtweise übergeben werden müssen.

Die für diese Moorkolonien nothwendigen Beamten, welche die Kolonisten bei ihren Anlagen unterstützen sollen, werden besoldet aus Kap. 106 Tit. 2. Es sind: eine Moorvogtstelle für Marcardsmoor, eine Wiesenbaumeisterstelle, welche ein Moorvogt für Kehdinger Moor inne hat, ein Moorvogt für Augstumalmoor (1650 M. Mindestgehalt und 100 M. Bureaukosten), ein Torfmeister für das Rupkalvener Moor (bis 1900 in Kap. 2 Tit. 4 u. 14 des Forstetats nachgewiesen). Endlich ist 1901 eine Moorkommissarstelle mit (2700 bis 5700 M.) neu gegründet worden. Der Generalkommission in Königsberg wurde nämlich bei ihrer Errichtung am 1. Juli 1896 ein besonderer Moortechniker überwiesen in der Voraussetzung, dass es möglich sein werde, diesen Beamten gleichzeitig für das Amt eines Spezialkommissars auszubilden. Dies war indess bei dem Umfange seines Wirkungskreises bis jetzt unthunlich und wird sich auch, da die moortechnischen Geschäfte die Arbeitskraft eines Beamten voll in Anspruch nehmen, für die Folge nicht ermöglichen lassen. Es ist aber dringend wünschenswerth, dass die überaus wichtigen Moorkultur- und Moorkolonisationsarbeiten in Ostpreussen in die Hand eines Beamten gelegt werden, der Fachmann auf dem Gebiete der Moorkulturtechnik ist und zugleich Verständniss und Praxis in Verwaltungssachen hat. Da seine Thätigkeit sich bei der Ausdehnung der zu meliorirenden Objekte voraussichtlich über eine lange Reihe von Jahren erstrecken wird, so wurde eine etatsmässige Stelle für den Moorkommissar geschaffen, der erforderlichenfalls später in gleicher Eigenschaft an einer anderen Stelle der

Monarchie Verwendung finden kann. Das Gehalt der neuen Stelle steigt von 3 zu 3 Jahren um je 600 M. Die Stelle wurde ausgebracht in Kap. 101 Tit. 4.

§ 188a. Aus den Moorkolonien entstehen für den Staat in beschränktem Umfange auch Einnahmen an Pächten u. s. w., welche wieder zu Moorzwecken Verwendung finden.

Solange und soweit die Mooranlagen bisher von der Domänen- bezw. Forstverwaltung eingerichtet wurden, standen diese Einnahmen früher auf den Domänen- und Forstetats.

Mit der Uebertragung dieser Flächen an die Generalkommissionen kamen sie auf den landwirthschaftlichen Etat und zwar zunächst nach Kap. 32 Tit. 7 („sonstige Einnahmen einschl. aus besonderen Fonds"). 1892/93 waren zu diesem Zwecke 3500 M. für das Macardsmoor (1895/96 auf 6150 M. erhöht) eingestellt.

Nach dem Etat 1892/93 kamen ein aus den noch nicht besiedelten Flächen an Pacht für Torfstich, Fruchtbau, Jagd und Weide 3200 M., aus den besiedelten Flächen an erstmaliger Pacht der im Herbst angesetzten 4 Kolonisten für je $2^1/_2$ ha à 30 M. = 300 M.

Bei dem grösseren Umfange, welchen die Besiedelungsthätigkeit der Generalkommissionen gegenwärtig angenommen hat, empfahl es sich, für die Folge die in Rede stehenden Einnahmen unter einer besonderen Etatsposition nachzuweisen (Tit. 6a).

Zur Zeit kommen in Betracht:

	Einnahmen:	Mark
a)	das Marcardsmoor im Regierungsbezirk Aurich . .	14 000
b)	„ Kehdinger Moor im Regierungsbezirk Stade . .	550
c)	„ Augstumalmoor im Regierungsbezirk Gumbinnen	12 500
d)	„ Rupkalvener Moor im „ „	25 120
	Zusammen . .	51 670

C. Dünenwesen.

(Kap. 106 Tit. 9 der Ausgabe.)

§ 189. Die staatliche Fürsorge für die Erhaltung, Befestigung und Aufforstung der Meeresdünen ist in Preussen bisher nicht einheitlich organisirt. Es sind 4 Verwaltungszweige: die allgemeine Bauverwaltung, die Domänenverwaltung, die Forstverwaltung und die landwirthschaftliche Verwaltung nebeneinander thätig. Grundsätzlich soll die Erhaltung der Vor- und Aussendünen, welche in erster Linie die im Schiffahrtsinteresse erforderliche Sicherung der Meeresufer bezwecken, Sache der Allgemeinen Bauverwaltung (Wasserbauverwaltung) sein. Die fiskalischen Binnendünen sollen der Domänen- und Forstverwaltung, die Aufsicht über die nicht im Staatseigenthum befindlichen Binnendünen der landwirthschaftlichen Verwaltung unterstehen.

Die Unzuträglichkeiten dieser verschiedenen Ressortabgrenzung besonders mit Bezug auf das Beamtenpersonal, die praktische Schwierigkeit, Aussen- und Binnendünen richtig von einander abzugrenzen, die Gemeinschaftlichkeit der Verwaltungsinteressen haben dazu geführt, dass jene grundsätzliche Trennung nicht überall durchgeführt ist.

In Schleswig-Holstein (Westküste), wo keine Aufforstungen in Frage kommen, sind seit 1896/97 auch die staatlichen Binnendünen der Allgemeinen Bauverwaltung zugetheilt. An der Ostseeküste gehören zum Ressort der Allgemeinen Bauverwaltung die Binnendünen auf dem nördlichen Theil der kurischen Nehrung, während auf der Halbinsel Hela die landwirthschaftliche Verwaltung auch die Aussendünen mitverwaltet.

Etatsmässige Dünenbeamte hat nur die Bauverwaltung (s. Bd. II Buch III).

Die in Kap. 106 Tit. 2 der landwirthschaftlichen Verwaltung aufgeführten Dünenmeister und Dünenaufseher sind eigentlich Deichaufsichtsbeamte (Zingster Deiche).

Die landwirthschaftliche Verwaltung ist hiernach bei den von ihr betriebenen Arbeiten auf Heranziehung des Personals der Forstverwaltung oder der Bauverwaltung angewiesen (s. auch § 192a).

Die laufenden sachlichen Dünenunterhaltungskosten erscheinen, soweit die Allgemeine Bauverwaltung zuständig ist, in Kap. 65 Tit. 15 des Etats (Allgemeiner Unterhaltungsfonds für Seehäfen u. s. w.).

§ 190. Was die landwirthschaftliche Verwaltung anbetrifft, so kommt im Ordinarium Kap. 106 Tit. 9 in Betracht ein Fonds, der sich gegenwärtig allerdings nur auf die Dünen an der Ostsee bezieht.

a) Nordseeküste.

Früher wurden auch die Binnendünen der Nordsee an der Schleswig-Holsteinischen Küste auf dem landwirthschaftlichen Etat geführt.

Es handelt sich hier um den Schutz der der nördlichen Hälfte des Westschleswigschen Festlandes vorgelagerten Inseln Röm, Sylt und Amrum, welche in ihrer ganzen Ausdehnung von mehr oder minder breiter Dünenkette durchsetzt sind, deren Befestigung nicht nur im Interesse der auf dem Lande vorhandenen Kulturländereien liegt, sondern zugleich eine hervorragende allgemeine Bedeutung um deswillen hat, weil jene Inseln das natürliche Bollwerk für die fruchtbaren Marschen des benachbarten Festlandes, sowie auch für die im Wattenmeer belegenen fiskalischen Austernbänke bilden.

Auf den Nordschleswigschen Inseln gehört das Dünenterrain nicht dem Staate, sondern den Gemeinden und einzelnen Grundbesitzern.

Gleichwohl hat der Staat auch in jenen Gegenden, wo er nicht Besitzer des Dünenterrains ist, es als seine Aufgabe betrachtet, mit seinen Mitteln die Befestigungsarbeiten herzustellen, weil es sich einerseits bei den betheiligten Gemeinden und Privaten meist um eine ärmliche, wenig leistungsfähige Fischerbevölkerung handelt, andererseits wichtige Landeskulturinteressen in Frage stehen. Nur da, wo leistungsfähigere Private und Korporationen flüchtige Dünen besitzen, wird grundsätzlich deren Kultur den Eigenthümern überlassen.

Die ersten auf dem Staatshaushaltsetat erscheinenden Ausgaben waren die 1867 aus dem Finanzetat für die Herzogthümer Schleswig und Holstein übernommenen 40 050 M. Die Verwendung geschah in der Weise, dass die Dünen durch Flechtzäune und Strandgraspflanzungen systematisch befestigt wurden. Der durch diese Anlagen aufgefangene Sand bildet Vordünen, die flach ansteigend sich mit der Zeit an die steilen Wander-Dünen anlegen und den Abbruch verhindern. Eine Aufforstung ist wegen der Gewalt der Nordseestürme nicht möglich.

Die Leitung der Arbeiten versieht ein in Sylt stationirter, der Allgemeinen Bauverwaltung unterstellter, zugleich die Aussendünen beaufsichtigender Düneninspektor.

Während diese Kulturmethode sich bei den Inseln Amrum und Röm als ausreichend erwies, stellte sich auf der Insel Sylt, deren 38 Kilometer langer Strand eines schützenden Vorlandes entbehrt, während diese Insel für den Schutz des Festlandes die erste Stelle einnimmt, bald die Nothwendigkeit nach stärkeren Befestigungen heraus.

Zu diesem Zwecke wurden seit dem Jahre 1872 sechs Steinbuhnen und mehrere Pfahlbuhnen erbaut. Da sich diese Anlagen bewährten, so wurde auf Grund dieser Erfahrungen ein Gesammtplan für die vollständige Sicherung der am meisten gefährdeten Strecke des Sylter Strandes (11 Kilometer lang) aufgestellt und durchgeführt in den Jahren 1878/79. — Die Kosten mit zusammen 865 000 M. wurden aus dem Extraordinarium bestritten. Auch die Inseln Pellworm und Nordstrand wurden in den 70er Jahren in ähnlicher Weise befestigt Wegen der Unterhaltung dieser Werke mussten 1880/81 die Jahresausgaben für Dünenwesen in Schleswig-Holstein auf 60000 M. erhöht werden.

Im Jahre 1888/89 vereinigte man die Ausgabentitel für das Dünenwesen der Nordsee mit den inzwischen von 60 000 M. auf 75 000 M. gestiegenen Ausgaben für die Ostseedünen (Tit. 9) und bildete einen gemeinsamen auf im Ganzen 166 200 M. bemessenen Dünenfonds (s. § 191). 1889/90 wurden von dem Fonds 30 000 M. abgezweigt und auf Kap. 65 Tit. 15 des Etats der Bauverwaltung übertragen, da es zweckmässig erschien, die Leitung und den Betrieb der Stranddeckungsarbeiten, sowie die Unterhaltung der bezüglichen Buhnenbauwerke auf der Insel Sylt und den übrigen Nordfriesischen Inseln von der landwirthschaftlichen Verwaltung abzuzweigen und sie, wie dies auf den übrigen Inseln der Nordsee und an der Ostseeküste der Fall ist, der Allgemeinen Bauverwaltung zu unterstellen.

1896/97 wurde ein weiterer noch restirender Dünenunterhaltungsfonds der Nordfriesischen Inseln mit 30 000 M. nach Kap. 65 Tit. 15 des Etats der Bauverwaltung übertragen, um eine Uebereinstimmung mit der Regelung der Ressortverhältnisse an der Ostseeküste herzustellen. Seit jener Zeit dient der Titel 9 hiernach nur noch zu Ausgaben für das Dünenwesen der Ostseeküste, was auch in der Veränderung der Titelbezeichnung zum Ausdruck gelangte. Gleichzeitig wurde die Stelle des bis dahin auf dem landwirthschaftlichen Etat geführten Düneninspektors auf Keitun in Sylt auf den Bauetat übertragen.

Nach dem Berichte des Ministers der öffentlichen Arbeiten über die Thätigkeit seines Ministeriums vom 1. April 1890 bis 31. März 1900 sind in dieser Zeit aufgewendet für die Sicherung der Meeresufer, Dünenbauten (an den Küsten der ost- und westfriesischen Inseln, den Halligen und der Kurischen Nehrung) 7 598 300 M.

b) Ostseeküste.

§ 191. Die etwa 750 Kilometer lange Ostseeküste der Provinzen Ost-, Westpreussen und Pommern ist in den Regierungsbezirken Königsberg, Danzig und Cöslin zum grösseren Theil, in den Regierungsbezirken Stettin und Stralsund streckenweise so flach, dass sie der Ueberspülung mit dem losen Meeressande ausgesetzt ist. Wind und Wellen häufen diesen Sand zu Hügelketten, welche, von den Seewinden getrieben, sich in das Binnenland bewegen, Wohnplätze und Fluren mit Zerstörung bedrohend. Mit der fortschreitenden Lichtung der Küstenwälder ist diese Gefahr immer drohender geworden. Auf der frischen und besonders der kurischen Nehrung sind ganze Ortschaften, im Regierungsbezirk Cöslin wenigstens Feld- und Wiesenfluren unter dem Dünensande begraben.

Das Binnen-Dünenterrain der Provinz Ost- und Westpreussen umfasst 19 819 ha, wovon 12 250 ha auf die kurische und 5000 ha etwa auf die frische Nehrung kommen. Nur der kleinere Theil dieser Dünen ist festgelegt, ein noch kleinerer bewaldet. Ende der 70er Jahre enthielt allein die kurische Nehrung noch gegen 8500 ha loser Dünen.

Von den etwa 12 750 ha umfassenden Binnendünen der Provinz Pommern liegen 9076 ha im Regierungsbezirk Cöslin, welche sich ebenfalls zum grösseren Theil in unbefestigtem Zustande befinden. Dagegen sind die Dünen in dem Regierungsbezirk Stettin und Stralsund, zusammen etwa 3674 ha, fast durchweg festgelegt und in bedeutender Ausdehnung auch aufgeforstet.

Die Besitzverhältnisse an diesen Dünenstrecken sind derartig geregelt, dass von den 19 819 ha in Ost- und Westpreussen über 16 000 ha im Besitze des Staates sich befinden. Von den im Regierungsbezirk Cöslin liegenden 9076 ha gehören dem Staat 5—6000 ha.

§ 191a. Für Ost-, Westpreussen und Pommern wurden der landwirthschaftlichen Verwaltung seit 1872 Mittel überwiesen, um dem weiteren Vordringen der losen Wander-Dünen, besonders an der kurischen Nehrung, planmässigen Widerstand entgegenzusetzen.

Anfänglich wurden jährlich im Extraordinarium 45 000 M. zu diesem Zwecke ausgeworfen. 1878/79 wurde der Betrag auf 73 000 M. erhöht und 1882/83 als besonderer Titel ins Ordinarium eingestellt. Später fand die Verschmelzung mit den Ausgaben für die Dünen an der nordschleswigschen Küste statt. Nach deren Abzweigung (§ 190) behielt der Fonds 136 200 M. bis 1893/94, wo er auf 147 000 M., 1895/96, wo er auf 160 000 M. stieg, hauptsächlich um die steigenden Kosten für Dünenwerke an der Ostsee decken zu können. 1896/97 fand wiederum eine Kürzung des Fonds auf 128 800 M. statt, indem einmal eine kleine Summe von 1200 M. zur Unterhaltung der Schutzwerke des Ostseebades Cranz in Folge Verkaufs dieses Bades an die Gemeinde, fortfiel, vor allem weil, wie schon gesagt, der noch restirende Dünenunterhaltungsfonds der nordfriesischen Inseln abgezweigt wurde.

Schon im nächsten Jahre 1897/98 musste aber wieder eine Erhöhung um 30 000 M. eintreten, der 1901 eine weitere um 30 000 M. folgte, sodass der Fonds nunmehr 189 191 M.[1]) auswirft.

Diese 60 000 M. wurden hauptsächlich deshalb eingestellt, um die Herstellung der erforderlichen Bindungs- und Aufforstungsarbeiten in der richtigen Zeitfolge vornehmen zu können, weil die Erfahrung gelehrt hat, dass, sobald aus Mangel an Mitteln nicht rechtzeitig nach der erfolgten Deckung mit der Aufforstung begonnen werden kann, ein Wiederflüchtigwerden der gedeckten Fläche eintritt und die Arbeiten daher erheblich vertheuert werden.

§ 192. Die bisherigen Ergebnisse der Dünenarbeiten an der Ostsee sind aus nachfolgender Tabelle zu ersehen:

In den Jahren 1872—1900:			Reg.-Bez. Königsberg	Reg.-Bez. Danzig	Reg.-Bez. Cöslin	Reg.-Bez. Stettin	Auf der Halbinsel Hela
1. Neue Kulturen							
durch Holzpflanzung . .	veranschlagt	ha	2 545	1 203	657	72	138
		M	306 217	123 075	81 061	14 573	39 383
	ausgeführt	ha	2 383	691	651	72	41
		M	266 631	86 365	80 678	13 802	8 462
durch Graspflanzung bezw. Heide	veranschlagt	ha	238	670	1 220	11	16,5
		M	63 553	206 620	143 485	5 603	3 840
	ausgeführt	ha	155	511	1 244	11	9,5
		M	40 214	165 401	139 795	5 603	1 363
durch Reisig- (Strauch) Deckung	veranschlagt	ha	126	—	—	6	56
		M	31 833	—	—	3 423	36 234
	ausgeführt	ha	142	—	4	6	63
		M	34 871	—	368	3 423	18 385

[1]) 391 M. (seit 1900 eingestellt, vergl. Erläuterungen des Etats) enthalten Ausgaben aus dem Dünenunterhaltungsfonds der Regierung zu Aurich. Darauf bezieht sich der Ausdruck in der Titelbezeichnung „aus besonderen Fonds“.

In den Jahren 1872—1900: **2. Ausbesserung alter Kulturen**			Reg.-Bez. Königsberg	Reg.-Bez. Danzig	Reg.-Bez. Cöslin	Reg.-Bez. Stettin	Auf der Halbinsel Hela
durch Holzpflanzung . .	veranschlagt	ha	2 671	762	194	29	86
		ℳ	221 667	58 348	13 578	6 468	7 900
	ausgeführt	ha	2 801	850	200	29	67,5
		ℳ	194 184	72 031	13 384	6 208	4 254
durch Graspflanzung bezw. Heide	veranschlagt	ha	368	470	298	106	36
		ℳ	108 320	139 156	45 765	26 358	10 420
	ausgeführt	ha	323	421	539	106	24,6
		ℳ	74 332	120 825	43 108	25 988	7 816
durch Reisig- (Strauch) Deckung	veranschlagt	ha	89	—	—	7	2,8
		ℳ	50 950	—	—	2 343	720
	ausgeführt	ha	109	—	5	7	2,6
		ℳ	36 581	—	205	2 343	1 146
3. Insgemein, sowie Kosten für Saat- und Schulkämpe, Bodenbeschaffungen etc.	veranschlagt	ℳ	486 374	385 688	157 410	23 415	245 512
	ausgeführt	ℳ	435 083	364 086	151 292	23 323	221 278
Summe der Kosten . . .	veranschlagt	ℳ	**1 268 914**	**915 689**	**441 300**	**82 183**	**334 000**
	ausgeführt	ℳ	**1 081 896**	**808 707**	**428 830**	**80 691**	**262 204**

Was die zuletzt genannten Anlagen auf der Insel Hela anbelangt, so sind die Ausgaben für Befestigung und Aufforstung der dortigen Dünen seit dem Jahre 1884/85 aus dem Extraordinarium des Etats bestritten worden (vergl. Denkschrift Beil. B des Etats 84/85).

Die Halbinsel Hela, welche sich in der Richtung von Nordwest nach Südost in einer Länge von etwa 34 Kilometer vor die Danziger Bucht legt, hat für die Schiffahrt im Allgemeinen und für den Hafen von Neufahrwasser insbesondere eine grosse Wichtigkeit

Diese Erhaltung erschien in neuester Zeit gefährdet.

Während auf der schmalen nordwestlichen Hälfte der Halbinsel, welche sich etwa 6 Kilometer von Rixhöft an das Festland anschliesst, der Fiskus auf dem ihm gehörigen, nach der offenen See gelegenen Uferstreifen mit gutem Erfolge Vordünen geschaffen und dahinter Kiefernschonungen angelegt hat, die bei fortschreitender Ausbildung der Vordünen sich immer besser entwickeln und den Bestand der Halbinsel sichern, ist die südöstliche Hälfte der letzteren, welche fast ausschliesslich der Stadt Danzig gehört, in Folge besonderer Verhältnisse mehr und mehr der Devastation entgegengegangen.

Da die Erhaltung und allmälige weitere Ausdehnung des Waldes von der vorgängigen Bindung der Dünen abhängig ist, letztere aber von der Stadt bezw dem Besitzer des Terrains gesetzlich nicht gefordert werden konnte, so hat die Staatsregierung eine von der Stadt gemachte Offerte, ihren gesammten Forst- und Dünenbesitz auf der Halbinsel Hela an den Forstfiskus abzutreten, angenommen. Bei den deshalb geführten kommissarischen Verhandlungen hat sich die Stadt bereit erklärt, nicht nur die Zahlung eines Kaufpreises für die Abtretung nicht zu fordern, sondern, in Bethätigung des städtischen Interesses an der Beseitigung der dem Danziger Hafen drohenden Gefahren, überdies für die ersten 10 Jahre nach Uebereignung des Forst- und Dünenterrains jährlich 2000 M. als Zuschuss zu den Kosten der Bewirthschaftung der abgetretenen Flächen an die Staatskasse zu zahlen, auch die auf den letzteren etwa ruhenden gutsherrlichen Lasten, insbesondere die der Stadt gegenüber den geistlichen Instituten zu Hela und Danziger Heisternest obliegenden Patronatsverpflichtungen auch fernerhin aus eigenen Mitteln zu bestreiten. Diese Bedingungen sind angenommen worden und haben zum Abschluss eines entsprechenden Uebereignungsvertrages zwischen der Stadt und der Regierung in Danzig geführt.

Nach den aufgestellten Anschlägen erforderte die Festlegung der Dünen für die angenommene 12jährige Bauperiode an Ausführungs-, Aufsichts- und Unterhaltungskosten eine Gesammtsumme von 163 000 M., wovon 6 454 M. auf die Vordünen und 156 546 M. auf die hier allein in Betracht kommenden Binnendünen entfielen.

Bis 1899 wurden jährlich 11 800 M. in das Extraordinarium eingestellt. In jenem Jahre wurde ein Betrag von 90 000 M., 1900 von 77 000 M., 1901 52 000 M. erforderlich, sodass im Ganzen schon beinahe 400 000 M. bereitgestellt sind (Begründung für die Ueberschreitung des ursprünglichen Kostenanschlags in den Erläuterungen des Etats von 1899).

§ 192 a. Die Beaufsichtigung der Dünenbezirke an der Ostseeküste ist gegenwärtig wie folgt geregelt:

a) für die kurische Nehrung: 1. Schwarzort, von Memel bis Negeln, Binnendünen: Revierförster zu Schwarzort, Vordünen: Hafenbauinspektor zu Memel; 2. Rositten: von Memel bis Kranz: Düneninspektor zu Rositten; 3. Kranz: Vordünen: Revierförster zu Kranz;

b) für die frische Nehrung: Binnendünen: Dünenmeister zu Grossbruch, Vordünen: Hafenbauinspektor in Pillau.

Sämmtliche Beamte stehen auf dem Etat der Bauverwaltung.

D. Waldschutz.

(Kap. 106 Tit. 11 der Ausgabe.)

§ 193. Die nicht fiskalischen Waldungen umfassen etwa 70 Proz. des gesammten Waldareals in Preussen (rund $8^1/_4$ Mill. ha), also etwa $5^1/_2$—6 Mill. ha, wobei die Forsten der Gemeinden und öffentlichen Anstalten mit etwa 16 Proz. (etwas über 1 Mill. ha) und die Privatwaldungen, Interessentenforsten u. s. w. mit etwa 54 Proz. ($4^1/_2$—5 Mill. ha) betheiligt sind. 30 Proz. (genau 2 799 216 ha) entfallen auf Staatsforstbesitz. In den östlichen Provinzen steigt der Prozentsatz der Staatsforsten bis über 70 Proz. der Gesammtfläche, in den westlichen Provinzen derjenige der nicht fiskalischen Waldungen bis über 90 Proz.[1])

Die beaufsichtigende staatliche Thätigkeit über diese Waldkomplexe steht dem Landwirthschaftsministerium zu. Bei der Verwaltung der Gemeindewaldungen findet eine Mitwirkung des Ministeriums des Innern und hinsichtlich der Forsten der kirchlichen Institute eine Mitwirkung des Ministeriums der geistlichen Angelegenheiten statt.

Bis zur Waldschutz- und Aufsichtsgesetzgebung in der Mitte der 70er Jahre fand in dem grössten Theile des Staatsgebietes eine staatliche Einwirkung auf die wirthschaftliche Behandlung der Privatforsten gar nicht, der Gemeinde- und Korporationswaldungen nur in sehr beschränktem Masse statt.

---

[1]) Genaue Prozentziffern in Bd. I Buch II (Forstverwaltung S. 161).

1. Privatforsten.

Hinsichtlich der Privatforsten hatten allerdings die älteren Provinzialordnungen und das Allgemeine Landrecht den Waldeigenthümern gewisse Beschränkungen in der Nutzung ihres Forstbesitzes auferlegt. Diese wurden aber durch das Landeskulturedikt v. 14. Sept. 1811 wieder beseitigt. Nur da, wo jenes Edikt nicht galt (Rheinprovinz, Hohenzollern) und im Kreise Wittgenstein (Spezialgesetz v. 1. Juni 1854) waren einige einschränkende gesetzliche Bestimmungen bestehen geblieben.

Erst unter dem 6. Juli 1875 (G.-S. S. 416) wurde zum Schutz gegen die Gefahren der Waldverwüstung ein besonderes Gesetz erlassen.

Nach diesem Gesetze sollen einmal da, wo die unpflegliche Behandlung eines Waldes oder eines nur zu Wald geeigneten Grundstücks den Besitzern benachbarter Grundstücke an ihrem Vermögen oder grösseren Landstrichen in klimatischer Beziehung zum Schaden gereicht (Versandung, Uferabbruch, Eisgang u. s. w.), die Ausführung und Unterhaltung von Waldkulturen oder sonstigen Schutzanlagen auf den gefahrbringenden Grundstücken gefordert werden dürfen. (Nur die Deckung und Aufforstung der Meeresdünen kann nicht gefordert werden.)

Der Antragsteller muss sowohl die Kosten für Herstellung und Unterhaltung der Waldkulturen und Schutzanlagen auf sich nehmen, als auch die Kosten der Entschädigung der Besitzer u. s. w. der gefahrbringenden Grundstücke tragen. In gewissem Masse werden aber auch die Eigenthümer der gefährdeten und sogar diejenigen der gefahrbringenden Grundstücke, insofern ihnen aus der Anlage Vortheile erwachsen, zur Antheilnahme an den Kosten herangezogen. Antragsberechtigt sind die Interessenten, Gemeinden und weitere Kommunalverbände, sowie der Staat (Landespolizeibehörde).

Wo ferner die Zersplitterung des Waldbesitzes einer geregelten Forstwirthschaft hinderlich ist, können zwangsweise Waldgenossenschaften gebildet werden, wenn die Mehrheit der Interessenten, nach dem Reinertrag berechnet und, wenn gemeinschaftliche Bewirthschaftung nach einheitlichen Wirthschaftsplänen in Frage kommt, ausserdem $^1/_3$ der Zahl der Interessenten zustimmt. Ueber den Antrag entscheiden die Kreisausschüsse als Waldschutzgerichte. Antragsberechtigt sind auch hier Interessenten, Gemeinden oder die Landespolizeibehörde.

2. Gemeinde- und Anstaltsforsten.

Die Gemeinden und öffentlichen Anstalten (Stiftungen u. s. w.) haben in Preussen einen Waldbesitz von insgesammt 1 108 636 ha.

Ende der 70er Jahre vertheilte sich die Gesammtfläche des Waldbesitzes auf die

Provinzen	Stadtgemeinden Anzahl	Stadtgemeinden Fläche ha	Landgemeinden Anzahl	Landgemeinden Fläche ha	Gemeinden überhaupt Anzahl	Gemeinden überhaupt Fläche ha	Oeffentlichen Anstalten Anzahl	Oeffentlichen Anstalten Fläche ha
Ostpreussen	46	20 951	4	214	50	21 165	69	5 286
Westpreussen	25	17 679	5	88	30	17 767	14	1 445
Brandenburg	75	76 790	53	280	128	77 070	244	4 396
Pommern	68	44 494	5	717	73	45 211	108	2 769
Posen	19	9 440	21	158	40	9 598	111	8 966
Schlesien	90	84 769	149	1 546	239	86 315	439	14 677
Sachsen	74	23 804	355	15 906	429	39 710	433	6 016
Schleswig-Holstein	9	1 169	7	69	16	1 238	87	2 076
Hannover	47	16 872	102	4 192	149	21 064	409	3 788
Westfalen	65	33 367	240	21 446	305	54 813	205	3 657
Hessen-Nassau	50	34 453	1 495	192 705	1 545	227 158	120	3 128
Rheinprovinz	50	24 201	2 007	297 367	2 057	321 568	414	4 292
Hohenzollern	6	3 257	88	16 177	94	19 434	34	491
Staat	**624**	**391 246**	**4 531**	**550 865**	**5 155**	**942 111**	**2 686**	**60 977**

Gesammtzahl der Waldeigenthümer . . . **7 841**
Gesammt-Waldfläche . . . . **1 003 088** ha

Während in den westlichen Landestheilen durch die Verordnung v. 24. Dez. 1816 den Staatsaufsichtsbehörden eine mehr oder weniger eingreifende Einwirkung auf die Erhaltung und das haushälterische Wirthschaften der Gemeinde- u. s. w. Forsten gegeben war, fehlte ein staatliches Aufsichtsrecht dieser Art im Osten gänzlich. Zur Ausfüllung der hiernach in der Gesetzgebung vorhandenen Lücke ist das Ges. v. 14. Aug. 1876[1]) (G.-S. S. 375) ergangen, welches die Staatsaufsicht über die Gemeinde- u. s. w. Forsten in den 7 östlichen Provinzen[2]) regelt. Darnach müssen vor Allem die Gemeinde- u. s. w. Holzungen nach Betriebsplänen bewirthschaftet werden, welche von der Aufsichtsbehörde festzustellen und mindestens alle 10 Jahre zu revidiren sind. Aufsichtsbehörde sind die Regierungspräsidenten, die sich der Staatsforstbeamten als technischer Organe bedienen.

3. Gemeinschaftliche Holzungen.

Von den im Ganzen in Preussen vorhandenen 222 364 ha gemeinschaftlicher Holzungen sind diejenigen, bei denen die Gemeinschaft nicht durch ein besonderes privatrechtliches Verhältniss entstanden ist, durch das Ges. v. 14. März 1881[3]) (G.-S. S. 261) in ähnlicher Weise wie der Forstbesitz der politischen Gemeinden der Staatsaufsicht unterworfen worden. Derartige gemeinschaftliche Holzungen sind im Osten meist die Holzungen der innerhalb der politischen Gemeinden bestehen-

---

[1]) Ausführungsinstruktion v. 21 Juni 1877.

[2]) Das Gesetz fand auch auf die Provinz Sachsen Anwendung, wo bisher die Vorschriften der Verordnung von 1816 wie für die westlichen Provinzen galten.

[3]) Ausführungsinstruktion v. 26. April 1881.

den besondern aus alter Zeit stammenden Wirthschaftsgemeinden (Real-Nutzungsgemeinden), im Westen die sogenannten Interessentenforsten. Allen diesen Holzungen gegenüber nimmt der Staat eine ähnliche Stellung ein, wie gegenüber dem Forstbesitz der politischen Gemeinden. Auch bei jenen handelt es sich nicht allein um Privatinteressen, sondern, da die Waldbesitzer regelmässig einen zahlreichen und oft den wohlhabenderen Theil der Gemeinde bilden, zugleich um ein wichtiges Gemeindeinteresse, welches wohl darauf Anspruch machen darf, gegen den Eigennutz oder den Unverstand der jeweiligen Besitzer in ähnlicher Weise geschützt zu werden, wie der eigentliche Gemeindewaldbesitz.

Ausser hinsichtlich der Bewirthschaftung sind diese Art Holzungen aber vor Allem auch hinsichtlich der Theilung beschränkenden Bestimmungen unterworfen.

Bei Erlass des Gesetzes vertheilten sich die dem Gesetze unterliegenden gemeinschaftlichen Holzungen (103 591 ha in 2352 Holzungen) auf die einzelnen Provinzen wie folgt:

	Zahl der Holzungen	Fläche ha		Zahl der Holzungen	Fläche ha
Ostpreussen	82	4 811	Sachsen	113	13 737
Westpreussen . . .	9	327	Westfalen	203	12 412
Brandenburg	146	8 468	Rheinprovinz . . .	218	16 196
Pommern	95	3 104	Hannover	1 455	42 598
Posen	3	188	Schleswig-Holstein	2	15
Schlesien	20	1 374	Hessen-Nassau . .	6	361

Staatsausgaben.

§ 194. Die Staatsausgaben auf Grund der vorstehenden Gesetzgebung sind nicht von erheblicher Bedeutung. Auf Grund des Waldschutzgesetzes v. 5. Juli 1875 können dem Staate einmal dadurch Kosten erstehen, dass die Landespolizeibehörde den Antrag auf Errichtung von Schutzwaldungen selbst stellt (s. § 193). In den ersten Jahren nach Erlass des Gesetzes sind auch in der That eine grössere Anzahl von Provokationen seitens der Landespolizeibehörden ergangen, späterhin hat man aber bei der Schwierigkeit, die Interessenten zur Theilnahme an den Anlagekosten zu bewegen, von derartigen Provokationen staatlicherseits mehr und mehr abgesehen.

Bei der Bildung von Waldgenossenschaften sieht das Gesetz eine Verpflichtung des Staates zur Tragung der Kosten nicht vor. Da indessen auch die Gründung einer Waldgenossenschaft auf Antrag der Landespolizeibehörde in die Wege geleitet werden kann, so hat der Staat in der Mehrzahl der aus der landespolizeilichen Initiative hervorgegangenen Waldgenossenschaftssachen nicht nur die Vorarbeitskosten auf die Staatskasse übernommen, sondern auch Kulturbeihülfen gewährt oder in Aussicht gestellt. Hierbei kommt in Betracht, dass für die landespolizeiliche Provokation vornehmlich Fälle von allgemeinerer Bedeutung ausgewählt sind, in welchen die Aufbringung der

Gesammtkosten die Interessenten und die Kräfte der Betheiligten überstiegen haben würde.

Gleichwohl sind derartige Waldgenossenschaften ausser in der Provinz Hannover nur in geringer Zahl gebildet worden. Von den Anträgen auf Bildung von Waldgenossenschaften hat sogar eine verhältnissmässig grosse Anzahl unverfolgt bleiben müssen, weil sich bei den Vorverhandlungen ergab, dass die gesetzlich vorgeschriebene Mehrzahl der Betheiligten selbst bei der Aussicht auf mässige Staatsbeihülfen nicht zu gewinnen war. Die Ursache lag zum Theil in der Abneigung gegen Beschränkungen der gewohnten wirthschaftlichen Freiheit, zum Theil aber auch in dem umständlichen Verfahren, welches, als Garantie für die Privatinteressen bestimmt, den bei Erlass des Waldschutzgesetzes leitend gewesenen öffentlichen Zwecken sich nicht förderlich gezeigt hat.

§ 194a. Die auf Grund des Ges. v. 14. Aug. 1876 der Staatskasse zur Last fallenden Kosten begreifen im Wesentlichen die Tagegelder und Reisekosten für die zur Wahrnehmung der Oberaufsicht auf Anweisung des Regierungspräsidenten ausgeführten Reisen von Forstbeamten.

Ausserdem kommen §§ 8, 9 des Ges. v. 14. Aug. 1876 in Betracht. Darnach können die Gemeinden der 7 östlichen Provinzen, wenn ein dringendes Bedürfniss der Landeskultur vorliegt, zur Aufforstung geeigneter unkultivirter Grundstücke angehalten werden. In diesem Falle ist den Gemeinden der zwanzigfache Betrag der auf jenen Grundstücken ruhenden Jahresgrundsteuer und bei mangelnder Leistungsfähigkeit eine weitere angemessene Staatsbeihülfe nach Massgabe der etatsmässigen Mittel zu überweisen.

Diese Vorschrift, die einer in der Rheinprovinz geltenden ähnlichen Bestimmung ihre Entstehung verdankt, ist bisher nicht häufig zur Anwendung gelangt.

Grundstücke der bezeichneten Art stehen im Osten der Monarchie weit seltener als in der Rheinprovinz im Eigenthum von Gemeinden. Und wo dies der Fall ist, sind sie in der Regel so klein oder so isolirt gelegen, dass sich ein dringendes Landeskulturinteresse nicht geltend machen lässt.

Die Bestimmung hat sich auch deshalb als wenig wirksam gezeigt, weil der dem Staate gesetzlich auferlegte Zuschussbetrag ein verhältnissmässig geringer ist.

§ 194b. Die Kosten, welche dem Staate auf Grund des Ges. v. 14. März 1881 erwachsen (§ 3 a. a. O.), sind im Wesentlichen auch nur die aus der staatlichen Oberaufsicht hervorgehenden Tagegelder und Reisekosten der staatlichen Forstbeamten. Nur in den Fällen, in denen ein — in der Regel unzulässiges — Naturaltheilungsverfahren eingeleitet ist und auf Grund des Gesetzes wieder eingestellt werden muss (§ 6 ff.) trägt der Staat die entstandenen Regulirungskosten.

§ 194c. Wenn somit die Staatsausgaben für Gemeinde- u. s. w. Forstkulturen, soweit sie auf gesetzlicher Verpflichtung beruhen, nur geringe sind, hat sich die landwirthschaftliche Verwaltung es angelegen sein lassen, nach Massgabe der verfügbaren Fonds die Aufforstung unkultivirter Ländereien durch freiwillige Beihülfen nach Kräften zu unterstützen. Zu diesem Zwecke hat der Staatshaushaltsetat breits seit den 50er Jahren besondere Fonds im Extraordinarium ausgesetzt. Die erste Veranlassung hierzu boten die durch die Entwaldung der Eifel verursachten Missstände. Zur Unterstützung der Wiederbewaldung der sehr umfangreichen Gemeindeödländereien in der Eifel, deren Kultivirung nach Art. 23 des Rheinischen Gemeindegesetzes v. 15. Mai 1856 und der Ausführungsverordnung v. 1. Mai 1858 von den Landgemeinden verlangt werden kann, wurden seit 1854 30 000 M., später für Kulturen in den Westerwaldkreisen des Regierungsbezirks Wiesbaden 6 000 M. und für Aufforstungen in den gebirgigen Theilen der Regierungsbezirke Arnsberg, Coblenz, Trier und Wiesbaden, mit Ausschluss der Eifel und des Westerwaldes, 16 500 M. in die jährlichen Staatshaushaltsetats aufgenommen. Ausserdem pflegte ein Theil des Allgemeinen Landeskulturfonds (s. diesen) zu Waldkulturzwecken, besonders zur Deckung von Sandschollen verwendet zu werden.

Als das Bedürfniss zu derartiger Verwendung wuchs und die Ausführung des Waldschutzgesetzes neue Mittel erforderte, wurden zur Förderung der Waldkultur überhaupt, ohne Beschränkung auf bestimmte Landestheile, in die Staatshaushaltsetats von 1876—1878 233 125 M. und von 1878—1880 weitere 200 000 M. eingestellt, mit denen ausser den erwähnten Beihülfen die Unterstützung der Aufforstung von öden Gemeindeländereien in den Gebirgsgegenden des Westens, von Sandflächen in den Ebenen sowie die Förderung anderer gemeinnütziger Waldkulturbestrebungen fortgesetzt wurde. Bei der Gewährung von Aufforstungsprämien ist als Regel der Maximalsatz von 36 M. für den Hektar festgehalten. Bei ungewöhnlicher Höhe der Kulturkosten oder grosser Bedürftigkeit der Grundbesitzer haben Abweichungen nach oben, im entgegengesetzten Falle nach unten stattgefunden.

Während den Gemeinden gegenüber gesetzliche Mittel vorhanden sind, die dauernde Unterhaltung ausgeführter Kulturen zu sichern, ist dies bei Privatpersonen meist nur durch hypothekarische Eintragung zu erreichen. Aufforstungsprämien werden daher vorzugsweise den Gemeinden gewährt, und zwar überwiegend an Gemeinden der westlichen Provinzen, weil hier sowohl der Gemeindegrundbesitz als auch die Neigung und die Kraft zu Kulturanlagen grösser ist, als im Osten.

Seit dem Etatsjahr 1882/83 sind zur Ausführung des Waldschutzgesetzes, sowie zur Förderung der Wald- und Wiesenkultur überhaupt 72 000 M. in das Ordinarium (Kap. 106 Tit. 11) des Staatshaushaltsetats eingestellt, während bis dahin nur durch einmalige ausserordentliche Bewilligungen dem in dieser Beziehung hervorgetretenen Bedürfnisse abgeholfen worden war.

Bis Ende der 80er Jahre war der Fonds auf 100 000 M. erhöht worden, 1892/93 fand eine weitere Erhöhung auf 150 000 M., hauptsächlich um in verstärktem Masse mit Aufforstungen in dem Quellengebiete der Gebirgsflüsse vorzugehen (Beschluss des Abg.-H. v. 3. Juni 1891), 1899 auf 170 000 M., 1901 auf 195 000 M. Ausser den aus diesem Fonds gewährten Staatsbeihülfen kommen zu Aufforstungszwecken, namentlich in den westlichen Provinzen, der später zu erwähnende sog. östliche und westliche Fonds, sowie der Eifelfonds in Betracht, aus dem im Ganzen etwa rund 1 Mill. M. zu Forstkulturzwecken verausgabt sind. In der folgenden Nachweisung sind sämmtliche aus den verschiedenen Fonds mit Staatsbeihülfe ausgeführten Aufforstungen nach Fläche, Kosten, Staatsbeihülfe und Jahr des Beginnes für die einzelnen Regierungsbezirke zusammengestellt.

Ueber die mit Staatsbeihülfe aufgeforsteten Flächen werden seit dem Jahre 1890 von den Regierungspräsidenten besondere Lagerbücher geführt, deren Schema durch den Min.-Erl. v. 26. März 1898 I B. 2303 vorgeschrieben ist.

Nachweisung der mit Staatsbeihülfen ausgeführten Aufforstungen.

Bezirk	Aufgeforstet ha	Gesammtkosten M.	Staatsbeihülfe M.	Jährlich durchschnittl. ha	Jahr des Beginns
Königsberg . . .	90	15 935	7 488	15	1895
Gumbinnen . . .	97	4 633	3 757	5	1880
Danzig	33	1 800	1 000	?	1882
Marienwerder . .	415	36 401	25 989	20	1878
Potsdam	224	16 197	4 810	19	1889
Frankfurt . . .	686	42 264	21 219	23	1870
Stettin . . .	93	3 199	2 487	6	1886
Cöslin	47	4 822	2 680	8	1894
Posen	397	30 200	18 224	25	1883
Bromberg . . .	194	18 885	10 084	11	1882
Breslau . . .	244	21 925	8 559	27	1891
Liegnitz	406	35 197	10 225	20	1880
Oppeln	282	21 200	7 811	22	1888
Magdeburg . .	21	820	410	21	.
Merseburg . .	153	23 528	9 763	11	1886
Erfurt	1 110	98 268	45 923	30	1863
Schleswig	13	2 347	1 325	1	1888
Hannover	899	70 714	21 883	110	1890
Hildesheim . . .	84	9 334	2 905	9	1889
Lüneburg	3 248	376 184	81 841	130	1875
Stade	1 746	150 000	48 716	76	1877
Osnabrück	2 043	198 979	45 047	97	1878
Aurich	53	14 600	4 800	6	1886

Noch: Nachweisung der mit Staatsbeihülfen ausgeführten Aufforstungen.

Bezirk	Auf- geforstet ha	Gesammt- kosten M.	Staats- beihülfe M.	Jährlich durch- schnittl. ha	Jahr des Be- ginns
Minden	223	33 776	13 371	14	1884
Arnsberg	5 500	368 965	113 863	167	1866
Cassel	599	43 737	26 929	43	1886
Wiesbaden	351	33 773	14 020	39	1891
Coblenz	6 754	587 644	328 792	150	1854
Düsseldorf	957	115 250	52 131	50	1882
Cöln	313	30 876	15 769	21	1885
Aachen	9 079	865 770	741 666	165	1855
Trier	5 207	360 724	251 970	217	1854
Sigmaringen	400	26 990	9 583	57	1894
Gesammtsumme	**41 961**	**3 664 937**	**1 955 040**		

Vierter Hauptabschnitt.

Landwirthschaftliches Unterrichtswesen

I. Abschnitt.

Allgemeines.

Begriff, Ziele.

§ 195. Der landwirthschaftliche Unterricht erstreckt sich entweder auf die gesammte Landwirthschaftslehre (Allgemeine Landwirthschaftsschulen) oder nur auf einen bestimmten Zweig derselben (Landwirthschaftliche Spezialschulen).

In beiden Kategorien unterscheidet man je nach den höheren oder niederen Lehrzwecken höhere und niedere bezw. mittlere Schulen, ebenso wie in der allgemeinen Schulverwaltung; doch werden diese Bezeichnungen dort und hier nicht ganz gleichwerthig gebraucht.

Bei den die gesammte Landwirthschaftslehre umfassenden Schulen bilden die oberste Gruppe die landwirthschaftlichen Akademien und Hochschulen, zu denen Poppelsdorf und Berlin und die diesen gleichstehenden landwirthschaftlichen Institute an fünf der neun preussischen Universitäten (Königsberg, Breslau, Göttingen, Halle, Kiel) gehören. Sämmtliche Anstalten sind Staatsanstalten.

Diese Lehranstalten stehen zwar im Hinblick auf die Bildung der Lehrer, die Lehrmethode und freie Forschung den Universitäten und technischen Hochschulen gleich, die Landwirthschaft wird als freie Wissenschaft hier gelehrt, doch stellen sie nicht dieselben Anforderungen an die Vorbildung der Studirenden, wie jene. Der Nachweis des bestandenen Maturitätsexamens wird nur von denjenigen Studenten verlangt, welche die Prüfung für die Befähigung zum Lehramt an Landwirthschaftsschulen ablegen wollen. Bei den sonstigen landwirthschaftlichen Studirenden genügt der Berechtigungsausweis für Einjährig-Freiwillige, also etwa die Reife für Obersekunda und bei den zukünftigen Kulturtechnikern und Geometern (s. § 221) die Ablegung der Prüfung an einer höheren Lehranstalt mit siebenjährigem Kursus, also die Reife für Prima einer höheren Vollanstalt. Auch wird für Prüfungen — mit Ausnahme derjenigen für künftige Landwirthschaftslehrer (6 Semester) — nur ein 4semestriger Studiengang gefordert.

Seit Mitte der 80er Jahre sind ausserdem an der landwirthschaftlichen Hochschule zu Berlin und später auch an den landwirthschaftlichen Lehrinstituten der Universitäten besondere Vortrags-Cyklusse für praktische Landwirthe eingerichtet worden, durch welche älteren Landwirthen gegen geringes Honorar (30 M. pro Semester, 1,50 M. pro Stunde und Hörer u. A.) Gelegenheit gegeben werden soll, die Entwickelung und den augenblicklichen Stand der verschiedenen Theile der Landwirthschaftslehre sowie der Grund- und Hülfswissenschaften derselben durch Vorlesungen und Demonstrationen kennen zu lernen. Diese Kurse haben sich sehr bewährt und wurden 1898/99 von vielen Landwirthen besucht. Dem Staate erwachsen dadurch keine Mehrkosten, zumal die Kurse mehrfach von landwirthschaftlichen Vereinen eingerichtet sind.

§ 196. Besondere höhere Landwirthschaftsschulen als Vorbereitungsanstalten für die landwirthschaftlichen Hochschulen giebt es nicht. Die höheren Schulen der allgemeinen Schulanstalten sind zugleich Vorbildungsanstalten für die landwirthschaftlichen Hochschulen.

Das zweite Glied der Landwirthschaftsschulen bilden hiernach nicht wie bei der allgemeinen Schulverwaltung höhere, sondern mittlere landwirthschaftliche Unterrichtsanstalten. Dies sind die sogen. Landwirthschaftsschulen im engeren Sinne. Von den Mittelschulen der allgemeinen Schulverwaltung unterscheiden sie sich wesentlich einmal dadurch, dass die Ablegung der Abgangsprüfung auf ihnen im Gegensatz zu den allgemeinen Mittelschulen die Einjährig-Freiwilligen-Berechtigung verleiht, sowie dass als Vorkenntnisse mindestens die Reife für Tertia verlangt wird. Da sich daran ein zweijähriger Lehrgang schliesst, so stehen sie also in ihren Leistungen den Nichtvollanstalten der höheren allgemeinen Schulen am nächsten. Nur sind sie nicht, wie letztere, Vorbereitungsanstalten zu einer höheren Unterrichtsstufe, sondern sie sollen einen selbstständigen Bildungsabschnitt vermitteln, wie dies früher bei den höheren Bürgerschulen der Fall war.

Im Etat heissen die Schulen zwar Mittelschulen, allein sie rangiren mit den höheren Schulen der Unterrichtsverwaltung. Dies erhellt schon aus der Berechtigung zur Ertheilung der Zeugnisse zum Einjährigen Dienst. Denn nach den geltenden Bestimmungen sollen nur höhere Schulen dies Recht erhalten. Auch gelten für die Landwirthschaftsschulen alle Etats etc. Verhältnisse, Normalbesoldungsplan der 6klassigen höheren Schulen.

§ 197. Unter niederen landwirthschaftlichen Lehranstalten versteht man die Ackerbau- und Winterschulen.

Für diese giebt es ein Analogon in der allgemeinen Schulverwaltung überhaupt nicht. Sie sind nicht wie die mittleren und die hohen Landwirthschaftsschulen bestimmt, eine allgemeine wissenschaftliche, in Beziehung zur Landwirthschaft gesetzte Bildung zu vermitteln, sondern stellen sich als reine Fachschulen dar, die sich aber nicht auf einen einzelnen Zweig der Landwirthschaft beschränken, sondern diese allgemein zum Gegenstand haben. Insofern haben sie eine gewisse Aehnlichkeit mit den Mittelschulen der allgemeinen Schulverwaltung, als der Unterricht bei den Schülern mindestens die Absolvirung der Volksschule voraussetzt. Die Ackerbauschulen geben einen $1^1/_2$- bis 2jährigen theoretischen und praktischen Unterricht, die Winterschulen beschränken sich auf theoretische Fachbildung während zweier Wintersemester. Daneben findet aber auch Nachholung und Verstärkung des in der Elementarschule Gelernten statt.

§ 197a. Den niederen landwirthschaftlichen Schulen werden oft auch noch die ländlichen Fortbildungsschulen zugerechnet, obgleich sie, wie schon der Name besagt, zugleich für ländliche, nicht dem landwirthschaftlichen Berufe zugehörige Bewohner in Betracht kommen. Bis 1895 schlossen sie sogar in der Mehrzahl jeden fachlichen, also spezifisch landwirthschaftlichen Charakter absichtlich aus. Seitdem ist die landwirthschaftliche Verwaltung bestrebt, diese Schulen zwar nicht zu eigentlichen Fachschulen umzubilden, ihnen aber durch anderweitige Lehrmethode im Rechnen, Deutsch und Naturkunde wenigstens in den vorwiegend aus landwirthschaftlicher Bevölkerung bestehenden ländlichen Gegenden eine mehr fachliche Richtung zu geben, wodurch sie allerdings einen mehr landwirthschaftlichen Charakter bekommen.

§ 198. Die landwirthschaftlichen Spezialschulen, welche sich nur mit der Ausbildung ihrer Schüler in einzelnen Gebieten der Landwirthschaft befassen, lassen eine Zweitheilung in höhere und niedere Schulen zu. Zu den höheren Spezialschulen gehören die Gärtnerlehranstalt Potsdam, das pomologische Institut zu Proskau und die Obst- und Weinbauschule zu Geisenheim. Alle diese sollen einen in sich abgeschlossenen höheren Fachunterricht bieten. Insofern sie die Reife für Obertertia (Potsdam für Obersekunda, also Einjährig-Freiwilligen-Bildung) — in Proskau genügen in vielen Fällen auch schon geringere Vorkenntnisse — voraussetzen und daran noch einen zweijährigen Lehrgang anknüpfen, können sie den Vollanstalten unter den höheren Schulen der allgemeinen Schulverwaltung bis zu einem gewissen Grade gleichgestellt werden, doch haben sie nicht wie jene den Charakter von Vorbereitungsanstalten für Hochschulen. Sämmtliche vorgenannten Anstalten ausser Potsdam, welches die Rechte einer juristischen Person besitzt, sind Staatsanstalten.

Als niedere Spezialschulen stehen den genannten Schulen gegenüber die grosse Menge der Wiesenbauschulen (von denen die zu Siegen sich gegenüber den anderen etwas hervorhebt, indem sie ausser der Volksschulbildung noch die Ablegung einer besonderen Aufnahmeprüfung verlangt) Garten- und Obstbauschulen, Forstschulen, Brennerei-, Brauerei-, Molkerei- und landwirthschaftliche Haushaltungsschulen, Hufbeschlaglehrschmieden und Imkerschulen. Alle werden meist von Vereinen oder Kommunen eingerichtet und unterhalten.

§ 199. Die gegenwärtige vielgestaltige Gliederung der landwirthschaftlichen Unterrichtsinstitute zeigt, wenn man sie mit den früheren auf diesem Gebiete bestehenden Verhältnissen vergleicht, wie sehr diese Seite der Verwaltung sich im Laufe der zweiten Hälfte des 19. Jahrhunderts ausgebildet und vervollkommnet hat.

Der Etat für 1849 unterschied nur zwei Arten von landwirthschaftlichen Lehranstalten, nämlich landwirthschaftliche Lehranstalten im engeren Sinne (das später aufgehobene Proskau und Poppelsdorf) und sogen. niedere Lehranstalten und daneben als besondere Spezialschule die Gärtnerlehranstalt in Potsdam. Die landwirthschaftlichen Hochschulen, die Landwirthschaftsschulen, die Ackerbauschulen, die Winterschulen, die ländlichen Fortbildungsschulen, sind sämmtlich erst in der zweiten Hälfte des 19. Jahrhunderts neu gebildet worden. Dabei gebührt das Hauptverdienst hinsichtlich der Einrichtung der hohen und mittleren Landwirthschaftsschulen, sowie der höheren Spezialschulen dem Staate bezw. den von ihm unterstützten landwirthschaftlichen Vereinen, während der Aufschwung, welchen das niedere landwirthschaftliche Schulwesen (Ackerbau- und Winterschulen) besonders in den letzten Dezennien genommen hat, zum grössten Theil der rührigen Thätigkeit und der finanziellen Opferwilligkeit der Provinzialverwaltungen zu Gute zu rechnen ist.

Ausgaben.

(Kap. 102 des Ausgabeetats.)

§ 200. Man kann heutzutage im Allgemeinen sagen, dass der Staat das höhere und sogen. mittlere landwirthschaftliche Unterrichtswesen aus seinen Zuschüssen erhält, während die Sorge für das niedere Unterrichtswesen (durch § 14 des Dotationsgesetzes v. 8. Juli 1875) den Provinzen u. s. w. überlassen ist.

Ende der 40er Jahre lagen die Verhältnisse wesentlich anders. Der Etat für 1848 sah für die höheren Lehranstalten Proskau und Poppelsdorf — mittlere Landwirthschaftsschulen gab es damals noch nicht — zusammen nur 44 598 M., dagegen für niedere Lehranstalten 60 000 M. vor, der staatliche Zuschussbetrag für letztere Anstalten war daher damals der bei Weitem beträchtlichere.

Das 1848 neu gegründete Landwirthschaftsministerium ging von vornherein mit der Förderung gerade des höheren landwirthschaftlichen Unterrichts energisch vor.

Im Jahre 1850 übernahm die landwirthschaftliche Verwaltung die bis dahin dem Ressort des Ministeriums für die geistlichen, Unterrichts- und Medizinal-Angelegenheiten angehörige staats- und landwirthschaftliche Akademie zu Eldena, und im Jahre 1858 wurde eine neue landwirthschaftliche Akademie zu Waldau bei Königsberg i. Pr. eröffnet. Die letztere ging allerdings schon im Jahre 1867 wegen Mangel an Besuchern wieder ein, und die erstere wurde aus ähnlichen Gründen im Jahre 1876 aufgehoben. Dasselbe Schicksal traf, wenn auch aus anderen Gründen im Jahre 1881 die Akademie zu Proskau, wogegen das früher in beschränkten Verhältnissen bestehende landwirthschaftliche Institut zu Berlin in eine landwirthschaftliche Hochschule mit bedeutender Dotation umgewandelt wurde.

Das landwirthschaftliche Lehrinstitut zu Hof-Geisberg, welches von Nassau übernommen und zum ersten Male im Etat pro 1868 mit einer Zuschusssumme von 15 066 M. aufgeführt wurde, ist im Jahre 1876 aufgehoben.

Von den beiden neu gegründeten höheren Fachschulen, den pomologischen Instituten zu Proskau und Geisenheim, ist das erstere im Etat des Jahres 1869, das letztere im Etat des Jahres 1873 zuerst aufgeführt.

Hinsichtlich der Dotationen aller dieser Lehranstalten ist Folgendes zu bemerken:

Die Akademie zu Waldau erforderte bei ihrer Eröffnung im Jahre 1858 einen Zuschuss von 15 000 M., der aber schon im nächstfolgenden Jahre auf 21 000 M. erhöht werden musste. Als sie im Jahre 1867 einging, hatte sich der Zuschuss wegen der aus dem mangelhaften Besuch herrührenden Geringfügigkeit der Einnahmen auf 24 000 M. gesteigert.

Die Akademie zu Eldena hatte bei ihrem Uebergange auf den Etat der landwirthschaftlichen Verwaltung einen Staatszuschuss zu beziehen von 12 900 M., während ihre hierdurch nicht gedeckten Bedürfnisse von der Universität Greifswald, insbesondere aus den Ueberschüssen des von der Akademie mitverwalteten Universitätsgutes Eldena, gedeckt wurden. Zur Zeit ihrer Auflösung im Jahre 1876 betrugen die Ausgaben 78 700 M., wovon durch eigene Einnahmen und durch Zuschüsse der Universität 39 100 M. aufgebracht wurden, so dass die Staatskasse 39 600 M., also das Dreifache des früheren Zuschusses zu gewähren hatte.

Die Akademie zu Proskau erforderte zu Anfang eine Ausgabe von 27 048 M., worauf derselben als eigene Einnahmen 6048 M. angerechnet wurden, so dass die Staatskasse zuzuschiessen hatte . . . 21 000 M.

Diese Ausgabe war bis zur Auflösung der Akademie (1881) in Folge der Vermehrung des Lehrpersonals, der Lehreinrichtungen und Lehrmittel, der Einrichtung von Versuchsstationen u. s. w. gestiegen auf . . .	104 966 M.	
wonach unter Anrechnung von	17 880 „	
eigener Einnahmen von der Staatskasse zuzuschiessen blieben		87 086 „
Die Steigerung des Zuschusses belief sich hiernach auf . .		66 086 M.

und der letzte Zuschuss auf das vierfache des anfänglichen.

Von den noch bestehenden Anstalten hatte die Akademie zu Poppelsdorf anfänglich eine Ausgabe von 17 550 M. zu bestreiten, worauf ihr 2550 M. als eigene Einnahmen angerechnet wurden, so dass sie aus der Staatskasse empfing . . . . 15 000 M.

Anfang der 80er Jahre beliefen sich ihre Ausgaben auf insgesammt	97 137 M.	
ihre eigenen Einnahmen auf	11 200 „	
so dass die Staatskasse zuzuschiessen hatte		85 937 „
also mehr wie anfänglich		70 937 „

oder etwa das vierdreiviertelfache des ursprünglichen Zuschusses.

Das pomologische Institut zu Proskau erforderte im Jahre 1869 neben einer auf 3750 M. veranschlagten eigenen Einnahme einen Staatszuschuss von 16 800 M. Anfang der 80er Jahre betrug dieser Zuschuss mit Einschluss der Ausgaben für die pomologische Versuchsstation neben einer auf 10 170 M. veranschlagten Einnahme noch 34 855 M.

Das Obst- und Weinbauinstitut zu Geisenheim erheischte bei der Eröffnung im Jahre 1872 neben einer auf 5355 M. veranschlagten eigenen Einnahme einen Zuschuss von 23 700 M. Anfang der 80er Jahre bestimmte der Etat für diesen Zweck 44 195 M. neben 9940 M. eigenen Einnahmen.

Endlich beliefen sich die Ausgaben für die an Stelle des früheren landwirthschaftlichen Lehrinstituts und des landwirthschaftlichen Museums zu Berlin getretene landwirthschaftliche Hochschule, nachdem ein Theil derselben schon im Etat pro 1880/81 flüssig gemacht worden war, nach dem Etat 1881/82 auf überhaupt 189 100 M., wogegen die Einnahmen auf 27 100 M. veranschlagt waren.

Die gesammten Staatsausgaben für die höheren landwirthschaftlichen Lehranstalten hatten sich hiernach im Jahre 1881/82 auf 404 103 M. gesteigert. Der Staatszuschuss betrug nach Abzug der eigenen Einnahmen jener Anstalten (76 810 M.) 327 293 M., gegen 44 598 M. im Jahre 1848 mehr als das Siebenfache.

§ 201. Die Ausgaben des Staats für das niedere landwirthschaftliche Schulwesen hatten sich von 1848 bis 1875 allmählich von 60 000 M. nur auf etwas über das Doppelte, auf 131 000 M. gesteigert. Daneben wurden für die aus den niederen Lehranstalten heraus entwickelten mittleren Landwirthschaftsschulen 172 000 M. ausgegeben. Nachdem in Folge des Dotationsgesetzes vom 8. Juli 1875 (G.-S. S. 497) § 14 das niedere landwirthschaftliche Schulwesen den Provinzen übertragen worden war, wurden die erstgenannten 131 000 M. für niedere Landwirthschaftsschulen (Ackerbauschulen) abgesetzt und diese Mittel an die Provinzialverwaltungen als feste Rente weiter gezahlt. Die für die mittleren Landwirthschaftsschulen auf dem staatlichen Etat verbliebenen Zuschüsse von 172 000 M. steigerten sich von 1875 bis 1881/82 auf 267 300 M., so dass der Staat 1881/82 für höheres und mittleres landwirthschaftliches Schulwesen zusammen 594 593 M. (Vermischte Ausgaben, Dispositionsfonds) Zuschüsse aus allgemeinen Staatsmitteln leistete, einen Betrag, welchem auch noch aus der Verwaltung des Kultusetats 131 658 M. Zuschüsse für die landwirthschaftlichen Institute an den Universitäten zugerechnet werden mussten.

§ 202. Seit 1882/83 ist die Zunahme der Staatszuschüsse zu den höheren landwirthschaftlichen Unterrichtszwecken gegenüber der gewaltigen Steigerung in dem früheren Zeitraum keine beträchtlich höhere. 1900 wurden im Etat bereitgestellt für Hochschulen und höhere Fachschulen 703 299 M. (Kap. 102 Tit. 1—14), was nach Abzug von 226 012 M. eigenen Einnahmen 477 287 M. Zuschüsse aus allgemeinen Staatsmitteln erforderlich machte, gegen 327 293 M. im Jahre 1881/82, d. i. 46 Proz. mehr. Die Staatszuschüsse für Mittelschulzwecke stiegen im gleichen Zeitraum dagegen von 267 300 M. auf 444 800 M. (Kap. 102 Tit. 15 u. 15a), also um 66,4 Proz., sodass aus allgemeinen Staatsmitteln gegenwärtig für beide Schularten nahezu der gleiche Betrag verwendet wird. Die auf dem Kultusetat stehenden Zuschüsse für die landwirthschaftlichen Institute an den Universitäten haben sich seit 1881/82 von 131 658 auf 207 107 M. gesteigert, also um 57 Proz., d. i. erheblich stärker als die der landwirthschaftlichen Hochschulen.

Endlich sind seit 1895 den Staatsausgaben für landwirthschaftliche Schulzwecke neu hinzugetreten 90 000 M. (Kap. 102 Tit. 15b) zu ländlichen Fortbildungsschulen. Auch sind aus dem Dispositionsfonds Kap. 102 Tit. 16 für Wanderlehrer etwa 164 000 M., für Stipendien armer Studirenden auf den landwirthschaftlichen Lehranstalten etwa 30 000 M. und zu sonstigen Lehrkursen 2000 M. in Zugang zu stellen, sodass der Gesammtzuschuss aus allgemeinen staatlichen Mitteln zu landwirthschaftlichen Unterrichtszwecken im Jahre 1900 1 415 194 M. betrug.

§ **202a.** Der zweite Hauptträger der Kosten des landwirthschaftlichen Unterrichts sind seit dem Ges. v. 8. Juli 1875 (G.-S. S. 497) § 14 die Provinzen. Bei Uebergang des landwirthschaftlichen niederen Unterrichtswesens (im Jahre 1876) wurden von ihnen zu diesen Zwecken — unter Einrechnung der ihnen vom Landwirthschaftsministerium überwiesenen bisherigen staatlichen Anstalten — jährlich gezahlt 118 936 M. (s. § 201).

Die Ausgaben der Provinzen für landwirthschaftliche Unterrichtszwecke im Jahre 1900 sind im Einzelnen aus Anl. XLV zu ersehen. Es wurden darnach von ihnen verausgabt:

für Landwirthschaftsschulen (Zuschüsse)	102 044	M.
„ Winter- und Ackerbauschulen	322 325	„
„ ländliche Fortbildungs- und Haushaltungsschulen	8 380	„
„ Wiesenbauschulen	18 600	„
„ Wanderlehrer	26 680	„
Sa. . .	478 029	M.

§ **202b.** In dritter Linie sind bei den Kosten für landwirthschaftliches Unterrichtswesen die Landwirthschaftskammern (landwirthschaftliche Centralvereine) betheiligt. Von diesen wurden — ausser der Rheinischen Landwirthschaftskammer — im Jahre 1899 verausgabt (s. Anl. XLIV):

für Unterrichtsanstalten und Lehrkurse	380 518	M.
„ Wanderlehrer (ausser Viehzucht-Instruktoren) . .	370 641	„
Sa.	751 159	M.
wozu noch die rheinische Landwirthschaftskammer mit für beide Zwecke gemeinsam hinzukommt.	153 464	„
Sa.	904 623	M.

Dabei ist aber zu beachten, dass die Landwirthschaftskammern den grössten Theil ihrer Schulausgaben vom Staate beziehen (s. Anl. XLIV und § 316 ff.).

Frequenzentwickelung.

§ **203.** Dieselbe ergiebt sich für die letzten 25 Jahre aus nachfolgender Tabelle:

Gesammtübersicht der Frequenz an den landwirthschaftlichen Schulen.

	Ende 1875	Ende 1882	Ende 1890	Ende 1898
Landwirth. akadem. Lehranstalten (Hochschulen)	231[1]	498[2]	917[2]	1 706[2]
Landwirthschaftsschulen	642	1 964	1 815	2 059
Ackerbauschulen	583	696	1 061	964
Landwirthschaftliche Winterschulen	164	885	2 235	4 102
Wiesenbauschulen	—	93	195	385
Pomologische Institute und Gärtnerlehranstalten	65	91	137	138
Garten-, Obstbauschulen und prakt. Obstbaukurse	—	297	1 744	3 892
Lehrinstitut für Zuckerfabrikation	—	30	41	28
Brennereischule	—	102	81	121
Brauerschule	—	—	—	218
Molkereischulen	—	200	236[3]	428
Ländliche Haushaltungsschulen	—	—	25	1 870
Hufbeschlaglehrschmieden	—	16	512[3]	720
Imkerschulen (Bienenkurse)	—	—	94[3]	101
Sonstige Kurse	—	—	—	880
Ausbildung von Elementarlehrern für ländliche Fortbildungsschulen	—	—	21	83
Pädagogische Seminare	—	—	—	7
Ländliche Fortbildungsschulen	—	—	648	15 169[4]
Insgesammt	**1 685**	**4 872**	**9 762**	**32 871**

Auffällig ist die starke Frequenzvermehrung in den niederen Schulen und den Fachschulen und die relativ viel stärkere Zunahme der Schüler der höheren als der mittleren Schulen.

Stellung im Etat.

§ 204. Ein besonderer, die landwirthschaftlichen Lehranstalten als solche behandelnder Etatsabschnitt besteht erst seit 1873. Die Nachweisung im Etat erfolgte bis dahin nur in der Ausgabe, indem lediglich der nach Abzug der eigenen Institutseinnahmen erforderliche Staatszuschuss zu den landwirthschaftlichen Lehranstalten unter der allgemeinen Rubrik „zur Förderung der Landeskultur“ mit aufgeführt wurde, ein Verfahren, was mit Art. 99 der Verfassungsurkunde nicht zu vereinbaren war, da die landwirthschaftlichen Lehranstalten nicht das Recht eigener juristischer Persönlichkeit besitzen.

Seit 1873 erschienen die eigenen Einnahmen der Lehranstalten in Kap. 32 Tit. 3, während sämmtliche Ausgaben, nicht bloss der Staatszuschuss im Ausgabeetat aufgeführt wurden.

1874 wurden zum ersten Male die Ausgaben für Besoldungen gesondert für die einzelne Anstalt aufgeführt, während die sonstigen persönlichen und sächlichen Ausgaben der landwirthschaftlichen Lehranstalten auch heute noch gemeinsam behandelt werden.

Im Jahre 1874 standen auf dem Etat nicht nur die Akademien zu Proskau, Eldena, Poppelsdorf, das landwirthschaftliche Institut

[1]) Abgesehen von den Universitäten. [2]) einschliesslich Universitäten.
[3]) Im Jahre 1890. [4]) Seit Uebergang an das Landw.-Minist.

(spätere Hochschule) zu Berlin, die pomologischen Anstalten zu Proskau, Geisenheim, sondern auch einige mittlere bezw. niedere Schulanstalten, nämlich diejenigen zu Hofgeisberg, und die Ackerbauschule zu Ebstorf.

Gegenwärtig werden, nachdem das niedere landwirthschaftliche Schulwesen durch die Dotationsgesetzgebung auf die Provinzen übertragen ist, im Etat nur noch die höheren Landwirthschaftsschulen und Spezialschulen namhaft gemacht, nämlich Berlin, Poppelsdorf, pomologische Anstalt Proskau, Geisenheim und Cassel (die Gärtnerlehranstalt zu Potsdam gilt nicht als Staatsinstitut). Die landwirthschaftlichen Institute an den Universitäten stehen auf dem Kultusetat. (Die Kosten der landwirthschaftlichen Universitäts-Institute sind schwer zu berechnen, da die Professorengehälter nicht auf den Institutsetats, sondern auf dem allgemeinen Universitätsetat stehen.)

§ 204a. Ebenso wie die Ausgaben — abgesehen von den Besoldungen — erscheinen auch die Einnahmen dieser Anstalten unter einem gemeinsamen Titel (Kap. 32 Tit. 3), ohne dass die einzelnen Anstalten auseinandergehalten werden.

Aus dem Etat selbst ist hiernach ein genaues Bild über die Vermögensverhältnisse der landwirthschaftlichen Lehranstalten nicht zu gewinnen.

Dagegen fand sich in der Etatsbeilage B, welche seit Anfang der 70er Jahre bis zum Jahre 1897/98 einschliesslich dem Etat beigegeben war, eine genaue Nachweisung der Einnahmen und Ausgaben der einzelnen landwirthschaftlichen staatlichen Lehranstalten nach den Hauptgruppen zusammengestellt. Rechnete man von der darin gegebenen Gesammtausgabe die Gesammtheit der eigenen Einnahmen des Instituts ab, so erhielt man den aus allgemeinen Staatsmitteln zuzuschiessenden Betrag.

Seit 1898/99 giebt der Etat die Möglichkeit, sich über die Einnahme- und Ausgabehöhe der Anstalten zu informiren, nicht mehr. In Anl. XXXIII und XXXIX mussten deshalb die Zahlen für diese Jahre aus den Anstaltsetats nachgetragen werden.

Die Anstaltsetats sind dreijährige. Sie werden gemeinsam von dem Finanzminister und Landwirthschaftsminister festgestellt.

Alljährlich erfolgen Deklarationen in derselben Weise wie bei den technischen Hochschulen (s. Buch II Bd. I § 203).

§ 205. Die mittleren Landwirthschaftsschulen gelten ebenso wenig wie die niederen Schulen als Staatsinstitute. Die eigenen Einnahmen derselben können daher auch nicht im Staatshaushalt erscheinen. Nur die staatlichen Zuschüsse für diese Schulen erscheinen im staatlichen Ausgabeetat. Sie sind für die Landwirthschaftsschulen — in ganzer Summe — in Kap. 102 Tit. 15 und 15a enthalten, während die geringen Zuschüsse für niederes Schulwesen, Wanderlehrer u. s. w. aus dem Fonds Kap. 102 Tit. 16 bestritten werden (s. § 245 das Nähere hierüber).

Ordentliche Einnahmen.

Kap. 32 Tit. 3.

§ 206. Die Einnahmen der landwirthschaftlichen Lehranstalten — ausgenommen die landwirthschaftlichen Institute an Universitäten — umfassen gegenwärtig solche der beiden landwirthschaftlichen Hochschulen Berlin und Poppelsdorf und der pomologischen u. s. w. Anstalten Proskau, Geisenheim und Cassel. Die Gärtnerlehranstalt zu Potsdam wird als selbständige juristische Person behandelt; für sie wird daher nur der Staatszuschuss im Etat in Tit. 15 aufgeführt. Wegen der mittleren und niederen Lehranstalten s. § 205.

Die gegenwärtige Gesammteinnahme beträgt 226 012 M. Im Jahre 1873 stellte sie sich auf 108 381 M., doch ist zu berücksichtigen, dass damals noch die Akademien Eldena und Proskau, sowie Hofgeisberg existirten und auch die (jetzt provinzielle) Ackerbauschule Ebstorf noch im Etat geführt wurde. 1879/80 betrugen die Einnahmen sogar 336 788 M., was aber darin seinen Grund hatte, dass damals die Brutto-Wirthschaftseinnahmen der mit einer Domäne verbundenen und 1881 aufgehobenen Akademie Proskau mit allein 275 600 M. zugesetzt worden waren.

§ 207. Will man brauchbare Vergleiche mit früheren Jahren gewinnen, so kann man nur bis 1882/83 zurückgehen, wo die sämmtlichen gegenwärtig noch bestehenden Anstalten und nur diese im Etat erschienen. In diesen Jahren betrug die Gesammteinnahme 81 535 M.

Von 1882/83 bis 1893/94 war die Steigerung der Einnahmen eine ziemlich gleichmässige, entsprechend der Steigerung der Studentenziffern. Von diesem Jahre zu 1894/95 stiegen die Einnahmen um über 48 000 M., von 131 025 M. auf 179 731 M., was hauptsächlich auf der damals durchgeführten Erhöhung der Studienhonorare an den landwirthschaftlichen Hochschulen Berlin und Poppelsdorf von 100 M. auf 120 M. beruhte. Dadurch stieg die Einnahme für Poppelsdorf aus Honoraren, Gebühren u. s. w. von 19 730 M. auf 30 130 M. und für Berlin von 43 402 auf 81 029 M. Seitdem war die Steigerung im allgemeinen eine ziemlich allmählich ansteigende. Nur für Berlin ist von 1896/97 bis 1897/98 eine erhebliche Mehreinnahme eingetreten von 81 029 auf 103 251 M., wohl hauptsächlich in Folge von Vermehrung der Schülerzahl.

§ 208. Die Antheilnahme der verschiedenen Schulen an der Gesammteinnahme war folgende:

	1882/83	1900
Berlin	27 000	103 251
Poppelsdorf a) Akademie	11 200	46 213
„ b) Gutswirthschaft . .	16 000	33 957
zusammen . .	27 200	80 170

	1882/83	1900
Proskau (pomologische Anstalt) .	13 135	15 961
Geisenheim	11 700	23 930
Sonstiges	2 500	2 700
Zusammen . .	81 535	226 012

Die absolut und relativ bei weitem grösste Steigerung weist hiernach Berlin auf, welches bald die Hälfte aller Einnahmen aufbringen dürfte. Wenig gestiegen sind die Einnahmen von der Proskauer Anstalt, die 1896/97 sogar noch 17 932 M. betrugen, seitdem aber wieder bis auf 15 961 M. zurückgegangen sind.

Bei einem Ausgabeetat für die in Betracht kommenden Lehranstalten von 703 299 M. machen die Einnahmen mit 226 012 M. fast den dritten Theil derselben aus, ähnlich wie bei den technischen Hochschulen (s. Buch II Bd. I § 205b), während bei den Universitäten durch eigene Einnahmen nur etwa der fünfte Theil der Ausgaben gedeckt wird.

Ueber die Einnahmeentwickelung der einzelnen Anstalten ist bei der Erörterung dieser selbst das Nähere zu finden.

§ 208a. Der Einnahmetitel, Kap. 32 Tit. 3 — Einnahmen der landwirthschaftlichen Lehranstalten —, ist als besonderer Titel in den Etat erst seit 1873 eingestellt. Bis dahin wurden nur die Nettoausgaben der landwirthschaftlichen Lehranstalten auf dem Etat geführt.

Es wurden eingestellt:

	1873 M.	1876 M.	1879/80 M.	1882/83 M.	1892/93 M.	1897/98 M.	1901 M.
Eldena	41 100	39 100	i. J. 1876 aufgelöst	—	—	—	—
Proskau	34 290	32 400	a) 17 888[1]) b) 275 600	—	—	—	—
Poppelsdorf	11 310	8 550	a) 8 800	11 200	19 730	35 342	46 213
			b) 16 300	16 000	24 500	28 000	33 957
Hofgeisberg	1 188	423	i. J. 1876 aufgelöst	—	—	—	—
Pomologische Institute:							
Proskau	8 640	11 960	10 170	13 135	17 253	16 861	15 961
Geisenheim	5 355	5 115	5 115	11 700	17 300	21 940	48 900
Berlin: Landwirthschaftlich. Lehrinstitut	423	1 188	423	Hochschule 27 000	43 402	103 251	103 251
Berlin: Landwirthschaftliches Museum .	630	—	—				
Ackerbauschule in Ebstorf	5 445	seit 1875 als niedere Schule auf die Prov. Hannover übertragen			—	—	—
Landesbaumschule Engers[1])	—	—	—	—	4 200	4 200	2 200
Pomologische Anstalt in Cassel[2])	—	2 500	2 500	2 500	—	—	—
Ueberhaupt . .	**108 381**	**101 236**	**336 796**	**81 535**	**126 385**	**209 594**	**250 482**

[1]) s. auch § 268. [2]) s. auch § 269.

Ordentliche Ausgaben bei den landwirthschaftlichen Lehranstalten.

Allgemeines über die Ausgabenentwickelung ist schon in §§ 201 und 202 gesagt worden. Im Einzelnen sind zunächst zu behandeln:

II. Abschnitt.

Landwirthschaftliche Akademien bezw. Hochschulen und landwirthschaftliche Institute an den Universitäten.

Allgemeines.

§ 209. Das höhere landwirthschaftliche Unterrichtswesen ist in Preussen nicht älter als das höhere technische Unterrichtswesen und hat seinen Ausgang anfangs des 19. Jahrhunderts genommen, wie jenes. Ganz gleichen Schritt hat es mit ihm freilich nicht halten können. Die Frequenzentwickelung der höheren technischen Unterrichtsanstalten weist viel bedeutendere Steigerungen auf. Das Mass der erforderlichen Vorbildung auf jenen Anstalten hat sich dem der Universitäten immer mehr genähert, während für die landwirthschaftlichen Hochschulen im Allgemeinen noch die Reife für Prima genügt. Den technischen aber nicht den landwirthschaftlichen Hochschulen steht neuerdings das Recht zu, Doktorenprüfungen abzuhalten. Der Studiengang ist ein drei- bis vierjähriger, während er auf den landwirthschaftlichen Hochschulen ein zweijähriger und nur für solche Hörer, welche sich der Lehrthätigkeit widmen wollen, ein dreijähriger ist. In einer Hinsicht aber zeigt sich in dem Entwickelungsgange der beiden Arten von Anstalten eine Uebereinstimmung, welche ihnen auch beiden die Berechtigung des Titels „Hochschulen“ gesichert hat, das ist das stark hervortretende Bestreben, den an ihnen ertheilten Unterricht immer mehr wissenschaftlich zu vertiefen, durch Organisation, Lehrmittel, Lehrinstitute, Lehrmethode der wissenschaftlichen Forschung unter den Lehrern einen immer breiteren Boden zu gewähren und auch die Schüler immer mehr zur selbstthätigen Forschung anzuleiten.

Dieser Entwickelungsgang ist ein innerlich berechtigter und nothwendiger. Der Landwirthschaft sind von der Zukunft noch grosse Aufgaben gestellt. Bei der starken Vermehrung der Bevölkerung und der noch stärkeren ihrer Lebensbedürfnisse ist eine Steigerung der landwirthschaftlichen Produktion, falls der Staat nicht immer mehr vom Ausland abhängig werden will, unbedingt erforderlich. Das kann aber nicht durch Verbesserung und Vermehrung der praktischen Tüchtigkeit im landwirthschaftlichen Betriebe allein und mit lediglich empirischen Unterrichtsmethoden erreicht werden. Durch wissenschaftliche Forschungen und Versuche müssen immer neue Wege gefunden werden, dem Acker eine kraftgebendere Behandlung zu Theil werden zu lassen, die Pflanzenarten, die Thierarten zu vermehren und zu verbessern, die aus den Nebenbetrieben (Müllerei, Zuckerindustrie, Brennereien, Brauereien) zu erzielenden Produkte billiger und werthvoller zu gestalten, und das Verständniss für alle diese Ziele und Einrichtungen in die weitesten landwirthschaftlichen Kreise zu tragen. Eine derartige Aufgabe kann aber nur durch wirkliche Hochschulen mit reichlich ausgestatteten Lehrmitteln, Laboratorien und Apparaten erfüllt werden.

Geschichtliche Entwickelung der landwirthschaftlichen Hochschulen u. s. w.

§ 209 a. Schon seit 1827 richtete man in Preussen, zuerst in Halle und Frankfurt a./O. besondere Lehrstühle der Kameralwissenschaften ein, hauptsächlich zur Vorbildung tüchtiger Domänen- und Hofkammerbeamten. Das landwirthschaftliche Unterrichtswesen, die Landwirthschaftslehre als selbstständiger Zweig der Wissenschaft in Preussen geht aber in seinen ersten Anfängen nicht über das 19. Jahrhundert hinaus zurück. Als dessen Begründer ist Albrecht Thaer anzusehen. Das erste von ihm begründete selbstständige landwirthschaftliche Institut war die 1806 auf seinem Landgute zu Möglin[1]) eingerichtete Lehranstalt. Sie suchte ihren Schwerpunkt in einer mehr oder minder intensiven Anlehnung des Unterrichts an den praktischen Wirthschaftsbetrieb, sei es als Demonstrationsmittel, sei es durch Theilnahme der Zöglinge an den praktischen Arbeiten selbst. Zu wissenschaftlich-theoretischem Unterrichte fehlte es noch an genügendem Material in jener Zeit, da die Erforschung der wissenschaftlichen Fundamente noch in ihren Anfangsgründen ruhte. Auch die später gegründeten Anstalten zu Proskau (1847) und Eldena (1834), sowie Poppelsdorf (1847) waren sämmtlich mit Gutswirthschaften verbunden und legten auf die gleichzeitig praktische und theoretische Ausbildung der Zöglinge ganz besonderen Werth. Das Gut Eldena umfasste 1826 Morgen Land und die Gutswirthschaft zu Poppelsdorf 120 Morgen. Proskau war eine richtige Domäne am linken Oderufer mit 2800 Morgen Acker, 500 Morgen Wiesen und 400 Morgen Teiche.

Als später in Folge der Erforschung der wissenschaftlichen Grundlagen des Landbaues genügendes Material für einen wissenschaftlich-theoretischen Unterricht vorlag, trat für die höhere Unterrichtsstufe das Bestreben hervor, die wissenschaftlich-theoretische Unterweisung in den Grund- und Hülfswissenschaften des Landbaues, vor Allem der Chemie, in den Vordergrund zu stellen. Man errichtete, hauptsächlich durch Liebigs epochemachende Schriften über die Be-

[1]) 7 Meilen östlich von Berlin am Rande des Oderbruchs gelegen.

1		2	3			
Anstalten.		Zahl der Personen, welche Vorlesungen hörten im Durchschnitt der beiden Semester	Von den Personen zu 2 waren			
			a. Landwirthe von Beruf	b. Geodäten und Kulturtechniker	c. Hospitanten	d. Ausländer
A. Landwirthschaftliche Hochschulen.						
Berlin	1870	43	31	—	12	5
	1880	131	38	—	93	12
	1890	378	104	176	98	30
	1900	554	138	249	167	66
Poppelsdorf	1870	38	29	—	9	9
	1880	75	40	32	3	8
	1890	142	35	99	8	7
	1900	344	121	206	17	19
Summe A	1870	**80**	**60**	—	**21**	**14**
	1880	**206**	**78**	**32**	**96**	**20**
	1890	**519**	**139**	**275**	**106**	**37**
	1900	**898**	**259**	**455**	**184**	**85**
B. Universitäts-Institute.						
Breslau	1870	—	—	—	—	—
	1880	46	34	—	12	1
	1890	37	25	—	12	2
	1900	86	58	—	28	2
Halle	1870	159	159	—	—	21
	1880	185	170	—	15	31
	1890	258	241	—	17	84
	1900	269	244	—	25	67
Königsberg	1870	—	—	—	—	—
	1880	15	15	—	—	1
	1890	13	13	—	—	3
	1900	50	50	—	—	11
Kiel	1870	—	—	—	—	—
	1880	4	4	—	—	—
	1890	1	1	—	—	—
	1900	3	3	—	—	—
Göttingen	1870	4	4	—	—	—
	1880	8	7	—	1	—
	1890	12	11	—	1	—
	1900	43	19	—	24	12
Summe B	1870	**163**	**163**	—	—	**21**
	1880	**258**	**230**	—	**28**	**33**
	1890	**321**	**291**	—	**30**	**89**
	1900	**451**	**374**	—	**77**	**80**
Zusammen Summe A u. B	1870	**243**	**223**	—	**21**	**35**
	1880	**464**	**308**	**32**	**124**	**53**
	1890	**840**	**430**	**275**	**136**	**126**
	1900	**1 349**	**633**	**455**	**261**	**165**

deutung der Chemie für die Landwirthschaft angeregt, an einzelnen Universitäten besondere landwirthschaftliche Institute Breslau (1881), Göttingen, Halle (1863), Kiel, Königsberg (1876) und stattete dieselben nicht mit einer grösseren Gutswirthschaft, sondern nur mit besonderen kleineren Versuchsfeldern aus. Die vom Orte der Universität mehr oder weniger entfernt liegenden, den praktischen Unterricht zu sehr bevorzugenden Lehranstalten gingen allmählich in ihrer Schülerzahl immer mehr zurück, und lohnten schliesslich nicht mehr die entstehenden Kosten, sodass sie aufgelöst werden mussten (Möglin 1862, Eldena 1877, Proskau 1880). Nur die Poppelsdorfer Anstalt hat sich nebst ihrem Gutsbetriebe bis heute gehalten. In neuerer Zeit kommt man auf die Vergrösserung der Versuchsfelder wieder mehr zurück, um den Studirenden Demonstrationsbelehrung in grösserem Umfange bieten zu können.

Während so die älteren, mehr auf den praktischen Unterricht abzielenden Sonderanstalten zurückgingen, nahmen andererseits die Berliner landwirthschaftliche Hochschule und späterhin auch Poppelsdorf gegenüber den lediglich als Annexum der Universitäten bestehenden landwirthschaftlichen Instituten einen bedeutend grösseren Aufschwung, besonders seitdem die geodätischen und kulturtechnischen Kurse und Examina hier eingerichtet wurden.

Die nähere Frequenzentwickelung veranschaulicht umstehende Zusammenstellung, nach welcher die Zahl der Studirenden in Berlin und Poppelsdorf von 1870—1900 von 80 auf 898, also auf über das Zehnfache, diejenige der 5 landwirthschaftlichen Institute nur von 163 auf 451, also noch nicht einmal um das Dreifache, gestiegen ist.

A. Landwirthschaftliche Hochschulen.

I. Landwirthschaftliche Hochschule zu Berlin.

§ 210. Besondere Bedeutung gewann unter den in Universitätsstädten errichteten landwirthschaftlichen Instituten dasjenige zu Berlin. Dieses wurde Anfang der 60er Jahre eingerichtet, nachdem die früher von den in Berlin Landwirthschaft Studirenden mitbenutzte Anstalt in Möglin aufgelöst worden war. Nach dem Programm von 1862 sollte der Zweck des Instituts (wissenschaftliche Vorbildung für den landwirthschaftlichen Betrieb) erreicht werden theils durch den Besuch von Vorlesungen über Landwirthschaft, Naturwissenschaft, Nationalökonomie und andere Disziplinen, theils durch Uebungen in einem Laboratorium für Agrikulturchemie, sowie durch agronomische und botanische Exkursionen.

1867 wurde daneben aus Gegenständen der internationalen Ausstellung zu Paris, zu deren Ankauf u. A. aus dem Allerhöchsten Dispositionsfonds 15000 M. gewährt wurden und aus bedeutenden Schenkungen der Grund zu einem landwirthschaftlichen Museum in Berlin gelegt, welches zunächst räumlich von dem landwirthschaftlichen Lehrinstitut getrennt war. In Folge der beständigen Vermehrung der werthvollen Sammlungen stellte sich bei diesem Museum bald das Bedürfniss nach grösseren Räumen heraus. Das Abgeordnetenhaus beschäftigte sich mehrfach mit der Frage und forderte die Regierung wiederholt in Resolutionen auf, dem landwirthschaftlichen Lehrinstitut in Verbindung mit dem landwirthschaftlichen Museum eine den Zwecken entsprechende Organisation zu geben.

Nachdem in den Jahren 1876 bis 1880 für rund 3 Mill. M. die erforderlichen Neubauten vor dem Neuen Thore stattgefunden hatten, wurden die beiden vorgenannten Institute 1880 (unter gleichzeitiger Auflösung der Akademie zu Proskau) mit einander vereinigt und erhielten unter dem 14. Febr. 1881 den gemeinsamen Titel „Landwirthschaftliche Hochschule". Zugleich wurde eine besondere Organisation durch das provisorische Verfassungsstatut vom 27. Mai 1881 gegeben, dem im Jahre 1897 unterm 22. Jan. die definitiven Satzungen folgten.

Verfassung.

Die Landwirthschaftliche Hochschule soll nach diesem Statut dem wissenschaftlichen Unterricht und der Forschung in der Landwirthschaft, in der Geodäsie und Kulturtechnik und in den mit der Landwirthschaft in Beziehung stehenden technischen Gewerben, sowie in den hierzu gehörigen Grund- und Hülfswissenschaften dienen.

Zur Erreichung dieses Zweckes dienen Vorlesungen, Seminarien, Uebungen und wissenschaftliche Untersuchungen in den Instituten, Demonstrationen in den Sammlungen und Exkursionen.

Die Landwirthschaftliche Hochschule ist dem Minister für Landwirthschaft, Domänen und Forsten direkt unterstellt.

Die Organe für die Leitung der Hochschule sind: 1. das Kuratorium, 2. der Rektor, 3. das engere und weitere Lehrerkollegium.

Die Mitglieder des Kuratoriums werden vom Minister ernannt. Die Aufgabe des Kuratoriums besteht hauptsächlich in der Pflege der wissenschaftlichen Interessen der Hochschule; alle hier einschlagenden Massnahmen unterliegen daher der Genehmigung bezw. Begutachtung durch das Kuratorium.

Der Rektor wird von dem engeren Lehrerkollegium aus dessen Mitgliedern gewählt und von dem König bestätigt. Er führt die laufenden Geschäfte, vertritt die Hochschule nach aussen, ist Kassenkurator und Dienstvorgesetzter der Subaltern- und Unterbeamten. Soweit sie als Hülfsbeamte auf Kündigung angestellt sind, hat er sie auch zu ernennen.

Das engere Lehrerkollegium besteht aus den bei der Hochschule etatsmässig angestellten Professoren und den vom Minister hierzu besonders berufenen Dozenten. Es hat selbständig zu beschliessen über die Verwendung der im Haushaltsplan der Hochschule zu wissenschaftlichen Exkursionen der Dozenten vorgesehenen

Mittel, soweit nicht ein Theil des betreffenden Etatstitels für die Dienstreisen der Museumsbeamten reservirt ist; über die gänzliche oder theilweise Befreiung vom Studienhonorar und Verleihung von Unterstützungen an Studirende innerhalb der von dem Minister hierfür festgestellten Grenzen; über die Bestrafung von Disziplinarvergehen der Studirenden; über die Zulassung von Privatdozenten nach den hierüber besonders erlassenen Vorschriften und über die Zuerkennung von Preisen für Preisarbeiten.

Das engere Lehrerkollegium hat ferner das Recht, sich gutachtlich zu äussern über die Vertretung von auf längere Zeit an der Ausübung ihres Amtes verhinderten Dozenten; die Besetzung erledigter Lehrstellen; Verleihung noch weiterer, als der von dem Minister der Hochschule im Ganzen bewilligten Honorarerlasse und Unterstützungen an bestimmte Studirende; Vorschläge zur Aufhebung oder Neuerrichtung von Sammlungen und Instituten der Hochschule; die Benutzung der Sammlungen; Vorschläge für die im Haushaltsplane der Hochschule auszuwerfenden Mittel u. A. m.

Das weitere Lehrerkollegium besteht aus allen Dozenten, welche an der Landwirthschaftlichen Hochschule Unterricht ertheilen. Dasselbe hat das Recht, Vorschläge betreffs allgemeiner, die Zustände, Ziele und Zukunft der Hochschule betreffenden Angelegenheiten zu machen.

Zur Wahrnehmung der speziellen Interessen der hauptsächlichen an der Landwirthschaftlichen Hochschule vertretenen Unterrichtszweige sind drei den Fakultäten der Universitäten nachgebildete Abtheilungen gebildet,. eine für die Landwirthschaft. eine für Geodäsie und Kulturtechnik und eine für die landwirthschaftlich-technischen Gewerbe. Diese Abtheilungen bestehen aus den Mitgliedern des weiteren Lehrerkollegiums, welche bei dem für die betreffende Abtheilung bestimmten Unterricht betheiligt sind.

Diese Abtheilungen haben insbesondere für die Vollständigkeit und Zweckmässigkeit des für das betreffende Studium bestimmten Lehrplanes und der bezüglichen Unterrichtseinrichtungen zu sorgen und die dafür erforderlichen Anträge beim Rektor oder engeren Lehrerkollegium zu stellen.

§ 211. Zu den Instituten gehört vor Allem das Museum, welches auch wissenschaftlichen Forschern ausserhalb der Hochschule und dem Publikum offen steht. Es enthält 6 Abtheilungen: 1. die Maschinenhalle einschliesslich permanente Ausstellung, 2. die geologische, 3. die zootechnische (Thierzucht), 4. die vegetabilische, 5. die agronomisch-pedologische (Bodenkunde und Düngemittel), 6. die mineralogisch-geologisch-pedologische Abtheilung.

Ein weiteres Institut ist die Bibliothek, welche 1899 42 999 Bände besass.

An ferneren wissenschaftlichen Instituten und Sammlungen sind vorhanden: Das physikalische Kabinet, das chemische Laboratorium, das mineralogisch-pedologische Institut und die mineralogisch-geologische Abtheilung des Museums, das agronomisch-pedologische Institut und die zugehörige Abtheilung des Museums, das botanische Institut, die vegetabilische Abtheilung des Museums, das zoologische Institut und die zoologische Abtheilung des Museums, das thierphysiologische Institut, das zootechnische Institut und die zootechnische Abtheilung des Museums, die Maschinen- und Geräthe-Abtheilung des Museums, das staatswissenschaftliche Seminar, das landwirthschaftliche Seminar (Abtheilung für Pflanzenbau, Abtheilung für Thierzucht und Abtheilung für Betriebslehre), das kulturtechnische, das bautechnische Seminar, die geodätische Sammlung, das Seminar für geographische Ortsbestimmung, das mathematische Seminar. Zu der III. technischen Abtheilung gehören: Das Institut für Gährungsgewerbe, dasjenige für die Rübenzuckerindustrie, die Versuchsanstalt des Verbandes Deutscher Müller, das Versuchskornhaus Endlich das seit 1889 bestehende landwirthschaftliche Versuchsfeld (5 ha, an der Seestrasse), die Versuchsbrauerei (1889/90 gebaut von einem besonderen Verein für 600 000 M., einschliesslich 229 000 M. Staatszuschuss).

Zu dem Bau des Instituts für Gährungsgewerbe gab der Staat eine Subvention von 850 000 M., für das im Bau begriffene Zuckerlaboratorium eine solche von 420 000 M. und für eine Prüfungsstation für landwirthschaftliche Maschinen 324 000 M.

An der Spitze der einzelnen Institute stehen Institutsvorsteher, welche in der Verwaltung ihrer Abtheilungen volle Selbstständigkeit haben, und denen für diese Zwecke besondere Mittel zur Verfügung gestellt sind. Sie ernennen auch ihre Assistenten und haben nur dem Rektor davon Mittheilung zu machen.

§ 212. Man unterscheidet ordentliche und ausserordentliche Hörer sowie Hospitanten.

Die Aufnahme als ordentlicher Hörer der Hochschule zum Zweck des Studiums der Landwirthschaft ist für Deutsche durch den Nachweis mindestens desjenigen Bildungsgrades bedingt, welcher zum einjährig-freiwilligen Dienst in der deutschen Armee berechtigt.

Als ausserordentliche Hörer können solche, welche den Nachweis der für die ordentlichen Hörer vorgeschriebenen Vorbildung nicht zu erbringen vermögen, aufgenommen werden.

Angehörige einer anderen preussischen öffentlichen Bildungsanstalt dürfen als ordentliche und ausserordentliche Hörer nicht zugelassen werden.

Als Hospitanten können diejenigen zugelassen werden, welche schon bei einer anderen höheren wissenschaftlichen Anstalt Berlins inskribirt sind, ferner solche Nichtlandwirthe, welche nur einzelne Vorlesungen hören wollen. Landwirthe finden als Hospitanten bei einzelnen Vorlesungen nur dann Aufnahme, wenn sie genügend nachweisen, dass sie an der vollen Theilnahme am Unterricht als ordentliche und ausserordentliche Zuhörer verhindert sind.

Es finden an der Landwirthschaftlichen Hochschule folgende Prüfungen statt: 1. für Landwirthe, 2. für Lehrer der Landwirthschaft an den Landwirthschaftsschulen, 3. für Landmesser.

Abgangsprüfungen.

1. Die Abgangsprüfungen für die ordentlichen Hörer der Landwirthschaft finden in der Regel gegen Schluss jeden Semesters statt. Die Prüfung erfolgt durch eine Prüfungskommission unter dem Vorsitze des Rektors. Die Prüfung ist eine schriftliche und mündliche. Die Zulassung zum Examen soll in der Regel an die Absolvirung von 4 Semestern geknüpft sein. Die Prüfungsgebühr beträgt 30 M.

2. Für die Ausbildung und das Examen der Landwirthschaftslehrer an den Landwirthschaftsschulen (bezw. Universitätsinstituten) gelten folgende Voraussetzungen: 1. das Abiturientenexamen eines Gymnasiums oder einer Real-Vollanstalt; 2. ein dreijähriges Studium an höheren landwirthschaftlichen Lehranstalten oder Universitäten.

Der Vorsitzende und die Mitglieder der für jede höhere landwirthschaftliche Lehranstalt zu errichtenden Prüfungskommission werden von dem Minister, dessen Ressort die betreffende Anstalt angehört, ernannt. (Landwirthschafts- bezw. Kultusminister).

Das Examen selbst besteht aus einer schriftlichen und einer mündlichen Prüfung. Die Prüfungsgebühr beträgt 20 M. S. auch § 224 a. E.

3. Zur öffentlichen Anstellung als Landmesser im Sinne des § 36 der R.-Gew.-Ord. gehört die Ablegung einer Prüfung vor den besonders eingerichteten Prüfungskommissionen.

Derartige Kommissionen bestehen bei der landwirthschaftlichen Hochschule zu Berlin und der landwirthschaftlichen Akademie Bonn, Poppelsdorf. Mitglieder und Vorsitzende werden vom Minister ernannt. Als obere Aufsichtsbehörde, welche auch nach Superrevision der Prüfungsverhandlungen die Bestallung als Landmesser ausfertigt, fungirt zu Berlin die Oberprüfungskommission, bestehend aus je einem Kommissar des Ministers der Finanzen, der Landwirthschaft und der öffentlichen Arbeiten. (Kap. 102 Tit. 9a d. Etats.)

Ausser der schon auf S. 751 erwähnten Vorbildung ist die Zulassung zur Prüfung abhängig vom Zeugniss der Reife für Prima einer Vollanstalt, von einer einjährigen praktischen Thätigkeit bei einem geprüften Landmesser und einem viersemestrigen Besuch der in Berlin und Poppelsdorf eingerichteten geodätischen Kurse. Die Anrechnung des Besuchs von Universitäten u. s. w. kann (bis zu 1 Jahre) durch die Oberprüfungskommission erfolgen.

Die Prüfung ist eine schriftliche, praktische und mündliche. Prüfungsgebühr und Wiederholungsprüfungsgebühr je 15 M. (s. Landmesser-Prüfungsordnung v. 4. Sept. 1882, M.-Bl. d. i. V. S. 202, Ergänzungen v. 12. Juni 1893 [a. a. O. S. 140] und Geschäftsanweisung für die Prüfungskommissionen v. 28. Nov. 1883 und Ergänzung v. 30. Juni 1893). S. auch § 221.

§ 213. Zur Belebung des Fleisses und zur Beförderung des wissenschaftlichen Studiums wird den Studirenden der Königlichen landwirthschaftlichen Hochschule jährlich Gelegenheit gegeben, den Fortschritt ihrer Kenntnisse und den Umfang geordneten Wissens in der Bearbeitung von Preisaufgaben darzulegen. Die Preise bestehen in Geldsummen von je 150 M.

Von 1891 ab wird von dem Minister für Landwirthschaft, Domänen und Forsten jährlich ein Reisestipendium von je 1500 M. an denjenigen Studirenden oder früheren Studirenden der Landwirthschaft verliehen, welcher vom Lehrerkollegium als der würdigste Bewerber in Vorschlag gebracht ist.

Dozentenzahl, Verwaltungsbeamte, Frequenz.

§ 214. Die Lehrerzahl der landwirthschaftlichen Hochschule betrug

	Etatsmässige Lehrer	Privat-dozenten	Assi-stenten	Hülfs-lehrer
1878 (landwirthschaftl. Lehrinstitut)	3	—	—	13
1881 (landwirthschaftl. Hochschule)	10	2	—	18
1884	11	2	—	17
1887	12	4	—	17
1890	13	2	15	13
1895	15	6	21	14

Während hiernach seit Errichtung der landwirthschaftlichen Hochschule die Zahl der etatsmässigen Dozentenstellen von 10 auf 15 vermehrt wurde, ist die Zahl der Hülfslehrer von 18 auf 14 zurückgegangen. In Folge der vielfachen Vermehrungen der Institute an der Hochschule hat sich vor Allem die Zahl der von den Institutsvorständen ernannten Assistenten seit Ende der 80er Jahre sehr stark gesteigert.

Die Zahl der Verwaltungsbeamten beträgt gegenwärtig 4 Bureau- und Kassenbeamte (1800—4200 M.), von denen einer die Stellung eines Bibliothekars einnimmt. Der Rendant erhält 600 M. Zulage. Die Anzahl der Unterbeamten (16) ist mit Rücksicht auf die Grösse des Gebäudes und die Zahl der Institute zu erklären.

Die Zahl der immatrikulirten Studenten steigerte sich seit 1880/81 wie folgt:

W.-S. 1881/82:	66	W.-S. 1890/91:	308	W.-S. 1895/96:	486
„ 1883/84:	123	„ 1891/92:	344	„ 1896/97:	489
„ 1884/85:	146	„ 1892/93:	402	„ 1897/98:	430
„ 1886/87:	177	„ 1893/94:	459	„ 1898/99:	361
„ 1888/89:	237	„ 1894/95:	507	„ 1899/1900:	352

Von 1881 an bis Mitte der 90er Jahre hat hiernach eine fortgesetzte Steigerung der Studirenden, etwa um 30—40 jährlich, stattgefunden. Seitdem ist ein gewisser Rückgang zu verzeichnen. Aus der nachfolgenden ausführlicheren Tabelle von 1892 an ergiebt sich, dass es hauptsächlich die Verminderung der Zahl der Geodäten und Kulturtechniker gewesen ist, welche jenen Rückgang veranlasst hat. Jedenfalls entspricht die Vermehrung der Frequenz an der landwirthschaftlichen Hochschule nicht entfernt derjenigen an der technischen Hochschule.

1	2 [1]	3				
		Von den Personen zu 2 waren				
Jahre	Zahl der Personen, welche an der landwirthschaftl. Hochschule (dem landwirthschaftl. Institut) Vorlesungen hörten im Durchschnitt der beiden Semester	*a.* [1] Landwirthe von Beruf	*b.* [1] Hospitanten	*c.* [1] Geodäten und Kulturtechniker	*d.* [1] Kandidaten für Lehrerstellen an Landwirthschaftsschulen	*e.* Ausländer
1870	43	31	12	.	.	5
1875	42	14	28	.	.	2
1880	131	38	93	.	.	12
1885	248	86	96	66	.	40
1890	378	104	98	176	.	30
1892	434	74	56	304	1	18
1894	568	113	62	393	.	35
1896	614	100	95	419	1	40
1897	523	112	69	342	1	34
1898	456	132	75	249	2	40
1899	486	135	134	217	.	49
1900	554	138	167	249	1	66

Entwickelung der Einnahmen und Ausgaben der landwirthschaftlichen Hochschule. (Anl. XXXIII.)

§ 215. Blickt man auf den Entwickelungsgang der Einnahmen und Ausgaben der landwirthschaftlichen Hochschule Berlin zurück, so hat zunächst die Vereinigung des landwirthschaftlichen Instituts und des Museums zu einer Hochschule Ende der 70er Jahre den ordentlichen Ausgabeetat etwa auf das Doppelte gesteigert (1875: 75 912 M., 1880/81: 123 605 M.). Die ersten Jahre des Bestehens weisen hauptsächlich in Folge der nothwendig gewordenen Vermehrung der Lehrkräfte und auch durch Verstärkung der Lehrmittelfonds eine sehr erhebliche Ausgabesteigerung auf (1883/84: 210 950 M.). Seitdem hat sich die weitere Vermehrung der Ausgaben ziemlich allmählich vollzogen. 1890/91 war die Summe auf 222 130 M., 1895/96 auf 276 855 M., 1900 auf 309 040 M. gestiegen.

Am grössten war die Ausgabesteigerung bei den Besoldungen (Tit. 1), was in den ersten Jahren hauptsächlich auf Vermehrung der Lehrkräfte, später auch auf Besoldungserhöhungen beruhte. Die Steigerung war hier 1880/81: 32 850 M., 1883/84: 86 400 M., 1890/91: 89 550 M., 1895/96: 113 300 M., 1900: 129 380 M., 1901: 137 440 M. Besonders erfreulich

[1] Die zu 2, 3 *a*, *b*, *c* und *d* bezeichneten Personen sind In- und Ausländer.

ist, dass die erforderlichen Lehrkräfte zum bei weitem grössten Theile auf etatsmässige Stellen gesetzt sind. Im Jahre 1900 standen 129 380 M. Besoldungen und 16 290 M. Wohnungsgeldzuschüssen, zusammen 145 670 M., an Remunerationen von Hülfslehrern 41 430 M. gegenüber, während 1883/84 einer Summe von 86 400 M. und 10 980 M., zusammen 97 380 M. Besoldungen und Wohnungsgeldzuschüssen ein Remunerationsfonds von 44 770 M. gegenüberstand und 1880/81 die Verhältnisszahlen sich sogar wie 38 910 M. : 26 595 M. stellten.

Besoldung der Lehrer und Beamten.

§ 216. Anfangs der 70er Jahre waren die Gehälter der Lehrer an dem landwirthschaftlichen Lehrinstitut zu Berlin denen an den anderen höheren Lehranstalten gleich 2100—4200 M., stiegen später auf 4200—6600 M., durchschnittlich 6000 M., seit 1897/98 ist die Durchschnittsbesoldung auf 6 500 M. erhöht worden. Die 15 Professoren der Hochschule bilden eine Besoldungsgemeinschaft und erlangen höheres Gehalt durch Aufrücken, nicht nach Massgabe des Dienstalters.

Die Bureaubeamten erhalten wie die Regierungssekretäre der allgemeinen Verwaltung 1800—4200 M., die Unterbeamten 1000—1500 M. Einige der Unterbeamten haben Dienstwohnung.

Die Nebenämter der Professoren, welche zugleich an der thierärztlichen Hochschule oder der Universität doziren, sind in Spalte Bemerkungen des Etats namhaft gemacht.

Seit 1894/95 erhalten die Dozenten gewisse Antheile an den Honorariengeldern und zwar je ein Viertel des eingehenden Honorars, aber nicht über 3000 M. Die Hülfslehrer nicht über 1000 M. Der Rektor erhält einen gewissen Antheil an den Einschreibegebühren (Kap. 102 Tit. 7 des Etats).

Der Rektor gehört für die Zeit seiner Amtsdauer der III., die etatsmässigen Lehrer gehören der IV. Rangklasse an.

Alle vorgenannten Beamten sind unmittelbare Staatsbeamte. Hinsichtlich Pensionirung, Reliktenversorgung u. s. w. gelten also für sie die allgemeinen für Staatsbeamte bestehenden Vorschriften.

§ 217. Eine ins Auge fallende Steigerung unter den Ausgaben weisen die Fonds für Lehrmittel und Sammlungen auf. Diese Fonds (Kap. 102 Tit. 11) betrugen 1880/81: 19 800 M., 1883/84: 28 000 M., 1890/91: 36 500 M., 1900: 40 800 M. Im Verhältniss zu den Gesammtkosten sind aber diese Fonds nicht gestiegen, sondern eher noch etwas zurückgegangen (von 16 auf 13 Proz.).

§ 218. Was die Einnahmen anbetrifft, so besitzt die landwirthschaftliche Hochschule nennenswerthes Vermögen nicht. Die eigenen Einnahmen sind fast nur Einnahmen aus Honoraren, Einschreibe-, Prüfungsgebühren u. s. w. Der hieraus aufkommende Betrag ist nicht unerheblich.

1900 betrugen die Gesammteinnahmen 103 251 M., davon 102 170 M. Honorar und Gebühren und 1081 M. Sonstiges. Bei einer Gesammtausgabe von 309 040 M. wird gerade der dritte Theil durch eigene Einnahmen gedeckt, während die übrigen zwei Drittel (genau 205 789 M.) aus der Staatskasse, also aus allgemeinen Mitteln gedeckt werden. Dieses für die Staatskasse günstige Verhältniss datirt erst von der im Jahre 1894/95 eingetretenen Honorarerhöhung von 100 auf 120 M. Im Jahre 1893/94 wurden von 250 730 M. nur 43 402 M. aus eigenen Einnahmen gedeckt, also nur etwa der sechste Theil, Anfang der 80er Jahre sogar nur der achte Theil. Der Nettostaatszuschuss ist hiernach seit 1883/84 auch nur von 174 350 M. auf 205 789 M. also nur um 18 Proz. gestiegen, während die Gesammtausgabe von 210 950 M. auf 309 040 M. also um 46 Proz. sich steigerte.

Die Honorare sind gegenwärtig folgende.

Studienhonorare.

Die Einschreibegebühr beträgt	10 M.
An Gesammthonorar ist von ordentlichen und ausserordentlichen Hörern zu entrichten für ein Semester	120 „[1])
An Spezialhonorar ist zu zahlen von den Hospitanten für die wöchentliche Stunde der von ihnen belegten Kollegien für ein Semester	5 „
Für die Theilnahme an den Uebungen in den Laboratorien sind zu entrichten:	
Grosses chemisches Praktikum:	
Ordentliche und ausserordentliche Hörer, sowie Studirende der Universität und der Thierärztlichen Hochschule	20 „
Sonstige Hospitanten	60 „
Kleines chemisches Praktikum:	
Ordentliche und ausserordentliche Hörer, sowie Studirende der Universität und der Thierärztlichen Hochschule	10 „
Sonstige Hospitanten	20 „
Praktikum im agronomisch-pedologischen Laboratorium:	
Ordentliche und ausserordentliche Hörer, sowie Studirende der Universität und der Thierärztlichen Hochschule	10 „
Sonstige Hospitanten	20 „

Mittellosen, dem Preussischen Staate angehörenden Studirenden kann, sofern sie durch Verhalten und Fortschritte sich auszeichnen, das Honorar erlassen werden. Dieser Honorarerlass erfolgt für die ordentlichen und ausserordentlichen Hörer innerhalb eines bestimmten, von dem Minister festzustellenden Prozentsatzes der im Etat der Hochschule eingestellten Honorareinnahmesumme durch das engere Lehrerkollegium. Ueber diesen Prozentsatz hinaus, sowie für die Hospitanten kann ein Honorarerlass nur ausnahmsweise mit Genehmigung des Ministers stattfinden.

II. Landwirthschaftliche Akademie zu Bonn-Poppelsdorf.

Geschichtliches. Entwickelungsgang.

§ 219. Die landwirthschaftliche Akademie zu Poppelsdorf ist als höhere landwirthschaftliche Lehranstalt zu einer Zeit geschaffen worden, als die Liebigschen Schriften bereits die Nothwendigkeit der stärkeren Hervorhebung des theoretischen und Wissenschafts-Prinzips

[1]) Seit 1894, früher 100 M.

in der Landwirthschaftslehre zur Geltung gebracht hatten und die Anlehnung des höheren landwirthschaftlichen Unterrichts an die Universitäten überall zur Durchführung gelangte.

Schon 1819 war allerdings die Errichtung eines landwirthschaftlichen Instituts an der Universität Bonn erfolgt. 1826 war dies aber nach dem Tode seines Begründers (Sturm) wieder eingegangen. Erst 1847 wurde eine neue landwirthschaftliche Lehranstalt in Poppelsdorf bei Bonn in engster Verbindung mit der Universität begründet.

Im Gegensatz zu dem Berliner Institut und den meisten andern an Universitätsstädten errichteten landwirthschaftlichen Instituten ist mit der Poppelsdorfer Schule stets auch ein praktischer Gutsbetrieb als Versuchs- und Demonstrationsobjekt verbunden gewesen.

Im Allgemeinen hat sich diese Verbindung hier auch durchaus bewährt und neuerdings fängt man an, das Nichtvorhandensein grösserer Versuchswirthschaften an anderen Anstalten, z. B. der Berliner Lehranstalt, als einen Mangel zu empfinden (Delbrück, Die Kgl. Landw. Hochschule in der Zukunft. Berlin, Paul Parey 1900).

In der That tritt gerade auf dem Gebiete der Landwirthschaft oft der Unterschied zwischen Theorie und Praxis besonders stark hervor. Bei der Anwendung wissenschaftlich gewonnener Ergebnisse auf die Bewirthschaftung eines Gutes kann, wenn sie nicht sehr vorsichtig und nach genauer Prüfung aller in Betracht kommenden Verhältnisse erfolgt, viel Geld unnöthig verausgabt werden. Praktische Demonstrationen in ausgedehnterem Masse können daher für die Studirenden nur von grösster Bedeutung sein.

Zur Zeit der Errichtung war der Schule das Universitätsgut Poppelsdorf von etwa 100 Morgen für den Pachtpreis von 2400 M. überwiesen worden. 1860 wurde, um einen grösseren praktischen Gutsbezirk zu Lehrzwecken mit der Anstalt zu verbinden, das 1½ Stunden von Poppelsdorf belegene Gut Annaberg zugekauft und fiskalischer Wald hinzugepachtet, sodass das ganze Gut 800 Morgen umfasste. Mit diesem Gute wurde zugleich eine Ackerbauschule verbunden, die 1872 schon 105 Zöglinge ausgebildet hatte. Da der Boden indessen unkultivirt und arm war, rentirte sich die Wirthschaft auf die Dauer so wenig, dass man sie 1875 unter Auflösung der Ackerbauschule wieder verkaufte, zumal das Gut sich als zu weit entfernt von der Akademie erwies, um für den Unterricht genügend ausgenutzt werden zu können.

§ 220. Gegenwärtig beträgt die Grösse des zur Akademie gehörenden Areals an eigenem Besitz, angepachteten Universitätsgrundstücken und vorübergehend erpachteten Privatländereien zusammen 41 ha 95 ar 43 qm.

Davon entfallen auf: Bauflächen 44 ar 55 qm, Hofräume 40 ar 44 qm, Garten des Direktionsgebäudes 21 ar 39 qm, Wege 43 ar 61 qm, Versuchsfeld **4** ha **22** ar **46** qm,

Oekonomisch-botanischer Garten 66 ar 93 qm, Demonstrationsgarten für Obst- und Gemüsebau 66 ar 8 qm, Gutswirthschaft **20** ha **32** ar **6** qm, Geodätischer Uebungsplatz bei Ippendorf 9 ha 7 ar 91 qm, Geodätischer Uebungsplatz auf dem Kreuzberg 5 ha 50 ar. Wie oben 41 ha 95 ar 43 qm.

Das alte Hauptinstitutsgebäude mit Direktorwohnung wurde 1852 fertiggestellt. 1890 wurde ein Neubau aufgeführt. 1856 kamen an Instituten das chemische Laboratorium und das physikalische Institut, 1877 die Maschinenprüfungsstation hinzu. Die sonstigen Institute sind gegenwärtig das geodätische, thierphysiologische, botanische, milchwirthschaftliche Institut und das Institut für Boden- und Pflanzenlehre, ferner eine Bibliothek von etwa 10000 Bänden und mehrere Handbibliotheken für die Institute, endlich eine grössere Anzahl Sammlungen von landwirthschaftlichen Modellen, Mineralien, landwirthschaftlichen Produkten u. s. w. Ganz neu sind ein Experimentirraum für Pflanzenphysiologie und ein Gebäude für Bodenkunde und Pflanzenbau und ein Thierphysiologisches Institut fertig gestellt worden.

§ 221. Die Anstalt erhielt die äussere Anerkennung ihres akademischen Charakters im Jahre 1861, wo sie den Titel „Landwirthschaftliche Akademie“ erhielt.

In den ersten 25 Jahren ihres Bestehens hatte die Anstalt aus kleinsten Anfängen heraus sich allmählich zu einer reich mit Lehrkräften und Lehrmitteln ausgestatteten Hochschule entwickelt, die mit jeder anderen, auch mit den viel älteren höheren landwirthschaftlichen Lehranstalten, in den Wettbewerb erfolgreich eintreten konnte.

Die in der zweiten 25jährigen Periode beim Unterricht in der Landwirthschaft gemachten Fortschritte treten naturgemäss äusserlich weniger hervor. Sie beziehen sich nicht so sehr auf die Vermehrung der Lehrkräfte und die Schaffung ganz neuer Lehreinrichtungen, als auf den inneren Ausbau und die weitere Vervollkommnung des in verhältnissmässig sehr kurzer Zeit geschaffenen umfangreichen und vielgestaltigen Organismus. Auch in dieser Zeit fand eine Vermehrung der landwirthschaftlichen Lehrkräfte und Lehrmittel statt und war es hierdurch, wie mit Hülfe der unterdessen gesammelten Erfahrungen möglich, den Unterricht nicht bloss reichhaltiger, sondern auch den Bedürfnissen der Studirenden entsprechender zu gestalten.

Die weitaus einschneidendste Aenderung und wesentlichste Erweiterung des Wirkungskreises der Akademie brachte die auf Betreiben des Direktors Dünkelberg im Jahre 1876 erfolgte Aufnahme des Unterrichts in der Landeskulturtechnik und des im Jahre 1880 angeschlossenen Unterrichts in der Geodäsie. Es mussten in Folge dessen mehrere neue Lehrstühle geschaffen und besetzt, sowie Prüfungs-Kommissionen für Kulturtechniker und Landmesser gebildet werden. Auch wurde es nothwendig, behufs Einrichtung geodätischer Uebungsplätze, geeignete Grundstücke käuflich zu erwerben, was im Laufe der 90er Jahre mehrfach geschehen ist.

Die Einrichtung dieser Kurse war vorzugsweise auf das Bedürfniss nach geeigneten Personen zur Bearbeitung der seit Mitte der 70er Jahre immer mehr in den Vordergrund tretenden Bestrebungen zu Landesmeliorationen zurückzuführen (Ges v. 13. Mai 1879, betr. die Einrichtung von Landeskulturrentenbanken). Um diesem Bedürfnisse Rechnung zu tragen, wurde im Jahre 1876 an der Poppelsdorfer Akademie ein besonderer kulturtechnischer Kursus eingerichtet zur Ausbildung mittlerer Techniker, welche (zwischen den höheren Meliorationsbaubeamten und den niedrigen Wiesen- und Drainmeistern stehend) die Befähigung erhalten sollten, die im landwirthschaftlichen Betriebe vorzugsweise vorkommenden Meliorationen von mittelgrossen Ent- und Bewässerungsanlagen, Wasserlaufkorrektionen u. s. w. selbständig zu projektiren und auszuführen Desgleichen sollten sie befähigt sein, bei der Ausführung der grossen staatlichen und Genossenschafts-Meliorationswerke unter der Oberleitung der höheren Meliorationsbaubeamten als bauführende Techniker zu fungiren und schliesslich sollten sie die berufenen technischen Administratoren der grösseren Meliorationen nach ihrer Ausführung sein.

Da die Geometer als zur Ausbildung in der Kulturtechnik besonders geeignet erkannt wurden, so wurde die Einrichtung so getroffen, dass die beim Meliorationswesen beschäftigten Geodäten ausgebildet und systematisch in solche Zweige der Landwirthschaft und Bautechnik eingeführt wurden, welche mit ihrer Berufsthätigkeit eng verwachsen sind. Damit sie sich zugleich auch in ihrem Hauptfache vervollkommnen könnten, wurde Ostern 1880 eine Lehrerstelle für Geodäsie in Poppelsdorf errichtet. Damals schon fanden eifrige Verhandlungen zwischen den 3 Ministerien der Landwirthschaft, der Finanzen und der öffentlichen Arbeiten darüber statt, wie in Zukunft den preussischen Landmessern eine bessere Berufsvorbildung zu geben sei. Bis zum Jahre 1883 gab es einen Landmesserkursus in Preussen nicht. Die Prüfungsvorschriften forderten nur eine zweijährige Vorpraxis unter einem geprüften Feldmesser als Lehrherrn. Trotzdem empfanden nicht wenige junge Feldmesser das Bedürfniss nach einem zusammenhängenden akademischen Studium ihres Faches und befriedigten dasselbe an den technischen Hochschulen, deren Einrichtungen allerdings mehr auf Bauingenieure als eigentliche Geodäten zugeschnitten waren. Für das Finanzministerium war die Angelegenheit seit Jahren eine dringliche, da das theoretische Verständniss der von ihm erlassenen Vermessungsanweisungen von 1872, und noch mehr der 1881 neu erscheinenden, ohne eingehendes geodätisches Studium kaum zu gewinnen war. Am 4. Sept. 1882 wurde eine neue Landmesserprüfungsordnung erlassen und darin wie bisher die Reife für Prima eines Gymnasiums verlangt, aber zum ersten Mal der Besuch eines Landmesserkursus vorgeschrieben, dem eine mindestens einjährige praktische Lehrzeit vorangehen sollte. Für die ganze Fachvorbildung wurde die Dauer von 3 Jahren festgesetzt und unter die Prüfungsgegenstände auch das Fach der Landeskulturtechnik aufgenommen. Schon deshalb und wegen des besonderen Interesses, welches die landwirthschaftliche Verwaltung an der Ausbildung ihrer im Separationsdienst thätigen Vermessungsbeamten hat, erschien es zweckmässig, die neuen Landmesserkurse mit höheren landwirthschaftlichen Lehranstalten zu verknüpfen.

Im Frühjahr 1883 wurde demgemäss gleichzeitig an der landwirthschaftlichen Akademie zu Poppelsdorf und an der Hochschule Berlin ein zweijähriger geodätisch-kulturtechnischer Kursus errichtet und eine Prüfungskommission für Landmesser eingesetzt (Erl. v. 4. Sept. 1882 [Landmesserprüfung] und v. 10. Okt. 1882, sowie v. 1. März und 27. April 1887 [Kulturtechnikerprüfung]).

Diese Vorschriften forderten von jedem Landmesser, der in die landwirthschaftliche Verwaltung übernommen werden wollte, die Ablegung einer kulturtechnischen Prüfung, welche nach zweisemestrigem kulturtechnischen Studium abgelegt werden konnte. Hierin trat eine Aenderung ein durch den Min.-Erl. v. 13. Juli 1888, wonach in Zukunft diese kulturtechnische Prüfung erst nach dreijähriger praktischer Thätigkeit des Landmessers bei einer Generalkommission oder Meliorationsbauinspektion oder einer vierjährigen bei der geologischen Landesaufnahme abgelegt werden konnte. Inländer, die nicht das Landmesserexamen abgelegt haben, können in Zukunft ein kulturtechnisches Examen überhaupt nicht mehr ablegen (Min.-Erl. v. 16. Febr. 1889, s. auch S. 763).

Wie aus § 226 ersichtlich, überwiegen die Kulturtechniker und Geodäten die Zahl der eigentlich Landwirthschaft treibenden Studirenden erheblich (206 gegen 121). In Berlin sind die entsprechenden Verhältnisszahlen gegenwärtig 180 gegen 172.

Gegenwärtige Organisation.

§ 222. Ueber die Organisation der Anstalt wurden Regulative erlassen 1849 und 1857. Die neuesten Satzungen datiren vom 12. Febr. 1900.

Die Akademie ist danach eine selbständige, neben der Universität Bonn wirkende Hochschule.

Sie steht jedoch mit der Universität in enger Verbindung, indem die Akademiker in der philosophischen Fakultät der Universität immatrikulirt werden und eine Anzahl von Dozenten gleichzeitig an beiden Hochschulen thätig ist.

Die Akademie untersteht dem Minister für Landwirthschaft, Domänen und Forsten und soweit die Interessen der Universität durch Angelegenheiten der Akademie mit berührt werden, gleichzeitig dem Minister der geistlichen, Unterrichts- und Medizinal-Angelegenheiten.

Die Leitung der Anstalt erfolgt durch Direktor und Lehrkörper. Eine Rektorwahl findet nicht statt. Der Direktor wird ebenso wie die Lehrer (etatsmässige Professoren) vom König ernannt. Die Hülfslehrer werden vom Minister ernannt, sie gehören aber ebenfalls zum Lehrkörper, nicht dagegen die Privatdozenten[1]) und Assistenten, welche letzteren von den einzelnen Institutsvorstehern ernannt werden.

Der Direktor führt die laufende Verwaltung, vertritt die Behörde nach aussen, ist Dienstvorgesetzter der mittleren und unteren Beamten, welche er, soweit sie auf Kündigung angestellt sind, auch annimmt oder entlässt. Er ist Kassenkurator und ist für die ordnungsmässige Verwendung und Vertheilung der Anstaltsmittel innerhalb des Anstaltsetats verantwortlich. In gewissen Verwaltungssachen steht dem Lehrkörper eine Beschlussfassung zu (Verwendung der Mittel für die Bibliothek, wissenschaftliche Ausflüge, Honorarerlass, Zulassung von Privatdozenten und Preisvertheilung), in anderen nur das Recht gutachtlicher Aeusserungen an den Minister.

§ 223. An mittleren Akademiebeamten giebt es einen Rendanten, zugleich Sekretär, und einen Kalkulator, zugleich Kontroleur und Bibliothekar. Ferner sind ein Gartenmeister und 10 Unterbeamte angestellt.

§ 224. Unter den Studirenden unterscheidet man 1. Landwirthe, 2. Kandidaten für das Lehramt der Landwirthschaft an Landwirthschaftsschulen und 3. Geodäten und Kulturtechniker. Für erstere werden Sekundanerkenntnisse einer Vollanstalt vorausgesetzt aber nicht gefordert, für die zweite Kategorie ist Reifezeugniss einer

[1]) Min.-Bl. d. i. Verw. 1877 S 150.

Vollanstalt und der Nachweis zweijähriger praktischer Beschäftigung vorgeschrieben; zu 3 ist erforderlich der Nachweis der allgemeinen wissenschaftlichen Bildung, wie sie durch die Erlangung der Reife für Prima eines Gymnasiums oder einer Real-Vollanstalt erworben wird, ferner einjährige Beschäftigung bei einem geprüften Landmesser.

Als Hospitanten können Personen zugelassen werden, welche die Bildungsmittel der Akademie nur vorübergehend benutzen wollen.

Die Landwirthe können nach zweijährigem Studium eine Abgangsprüfung ablegen behufs Erlangung der Befähigung zum Lehrer oder Direktor an landwirthschaftlichen Winterschulen[1]) und Ackerbauschulen (Min.Erl. v. 24. Febr. 1897, Prüfungsgebühr 20 M.). Die mit Abiturientenzeugniss versehenen Landwirthe werden nach dreijährigem Studium zur Staatsprüfung für Landwirthschaftslehrer an Landwirthschaftsschulen zugelassen (Min.Erl. v. 9. Mai 1877 und 17. Nov. 1877, Gebühr 20 M.). Als Ergänzung der gedachten Prüfungen kann auch eine Befähigungsprüfung für das Amt eines Thierzuchtinspektors abgelegt werden. Ueber die Prüfungen als Landmesser s. § 221 (s. auch Studienweg für die Studirenden der Geodäsie und Kulturtechniker zu Poppelsdorf vom 18. Dez. 1896). Zur pädagogischen Ausbildung der Kandidaten des landwirthschaftlichen Lehramtes sind einjährige Seminarkurse an einigen Landwirthschaftsschulen (Weilburg und Hildesheim) eingerichtet (s. § 287).

Dozentenzahl und Frequenz.

§ 225. Die Anstalt wurde 1847 eröffnet mit einem Direktor und ersten Lehrer (Schweitzer), neben dem der Administrator des Wirthschaftsgutes als zweiter Lehrer wirkte. Ausserdem waren einige Dozenten der Universität thätig. Nach 20 Jahren war die Zahl der Dozenten auf 14 gestiegen, sodass nunmehr für jedes der wichtigeren naturwissenschaftlichen Fächer ein eigener Lehrer bestellt war.

Im Jahre 1875 wirkten an der Anstalt 16 Dozenten, zum Theil Universitätslehrer. An der Anstalt selbst angestellt waren ausser dem Direktor fünf Lehrer (mit 2700—3900 M.) und ein Dirigent der Versuchsstation (3600 M.). 1880/81 kamen zwei weitere Dozenten hinzu, einer von der Akademie Proskau und einer speziell für Geodäsie (Gehälter: 3300—6000 M.). Ein weiterer Dozent (Mathematiker) für den geodätischen Unterricht kam 1890/91 hinzu. 1894/95 wurde ein zweiter Dozent für Geodäsie nothwendig, sodass die Zahl der Dozenten (Professoren) gegenwärtig zehn beträgt. Die Zahl der Hülfslehrer und Assistenten ist eine wechselnde (1897 gab es 12 Hülfslehrer und 8 Assistenten).

---

[1]) Auch als Wanderlehrer, Beamte bei Landwirthschaftskammern und landwirthschaftlichen Vereinen werden derartige geprüfte Personen gesucht. Bestimmte Ansprüche auf Anstellung im Staatsdienst werden durch die Prüfung nicht erlangt.

§ 226. Die Frequenz der Anstalt war bei ihrem Beginne (1847) nur 6 Studirende und 1 Hospitant. Sie steigerte sich wie folgt:

1	2[1])	3				
Jahre	Zahl der Personen, welche an der landwirthschaftl. Hochschule (dem landwirthschaftl. Institut) Vorlesungen hörten im Durchschnitt der beiden Semester	Von den Personen zu 2 waren				
		a.[1]) Landwirthe von Beruf	*b.*[1]) Hospitanten	*c.*[1]) Geodäten und Kulturtechniker	*d.*[1]) Kandidaten für Lehrerstellen an Landwirthschaftsschulen	*e.* Ausländer
1870	37	29	9	.	konnte nicht ermittelt werden.	9
1875	34	28	7	.		9
1880	75	40	3	32		8
1885	86	30	11	46		9
1890	141	35	8	99		7
1892	194	38	4	153		8
1894	344	37	11	297		12
1896	410	51	16	343		9
1897	370	65	8	298		12
1898	343	98	9	236		14
1899	346	118	15	213		17
1900	344	121	17	206		19

Die Zahl der Studirenden der Geodäsie und Kulturtechnik ist hiernach seit einigen Jahren im Rückgang begriffen, da der Zudrang zur Landmesserlaufbahn vorher ein grösserer war, als dem Bedarf entsprach.

Dagegen zeigt sich in jüngster Zeit ein beständiges und starkes Anwachsen der Zahl der Landwirthe, die im laufenden Semester auf 121 gestiegen ist und damit den höchsten Stand erreicht hat, der an der Akademie bisher jemals zu verzeichnen war.

Im Ganzen haben der Akademie seit ihrer Begründung angehört:

	2047	Studirende der Landwirthschaft,
	389	„ „ Kulturtechnik,
	1131	„ „ Geodäsie,
	539	Hospitanten und Studirende der Universität Bonn (einschl. 3 Hospitantinnen)
Zusammen	4106	Studirende.

Von dieser Gesammtzahl stammten:

aus dem Königreich Preussen . .	3241	= 78,96	Proz.
aus anderen Deutschen Staaten . .	488	= 11,86	„
Zusammen aus Deutschland	3729	= 90,82	Proz.

1896/97 kamen von den preussischen Studirenden 30,6 Proz. auf die Rheinprovinz, 11,3 Proz. auf Westfalen, 6,3 Proz. auf Hessen-Nassau, auf alle übrigen Provinzen ein geringerer Prozentsatz.

[1]) Die zu 2, 3*a*, *b*, *c* und *d* bezeichneten Personen sind In- und Ausländer.

Der landwirthschaftlichen Abgangsprüfung unterzogen sich auf Grund des Regulativs vom 22. Sept. 1851 in der Zeit von 1852—1862 (= 11 Jahre) . . . . 46 Kandidaten.

Am 19. Jan. 1863 wurde ein neues Regulativ für diese Prüfung erlassen, welches bis zum Jahre 1897 in Gültigkeit blieb. Während dieser Zeit, also in 35 Jahren — wurden geprüft . . . . 163 „

Nach Massgabe der gegenwärtig geltenden Prüfungsordnung vom 24. Febr. 1897 haben das Examen bisher (1900) abgelegt . . . . 28 „

Zusammen . . 237 Kandidaten.

Die Prüfung zum Lehrer der Landwirthschaft an Landwirthschaftsschulen — für welche die massgebenden Vorschriften unter dem 9. Mai 1877 ergangen sind — ist bis jetzt von 14 Kandidaten abgelegt worden, von denen 13 bestanden haben.

Die im Jahre 1876 eingeführte selbständige kulturtechnische Prüfung haben bisher 334 Kandidaten abgelegt. Seit dem Jahre 1888 können zu dieser Prüfung nur noch Ausländer zugelassen werden, während die inländischen Studirenden in den kulturtechnischen Disziplinen ausschliesslich im Rahmen der Landmesserprüfung und in einzelnen Fällen in Verbindung mit der landwirthschaftlichen Abgangsprüfung zu prüfen sind.

Vor der seit dem Jahre 1884 an der Akademie bestehenden „Landmesser-Prüfungskommission“ haben bis jetzt 809 Kandidaten die Landmesserprüfung bestanden.

Etatsrechtliche Behandlung. Einnahmen und Ausgaben.

§ 227. Die Akademie Poppelsdorf ist eine Staatsanstalt und wird etatsrechtlich nach denselben Grundsätzen behandelt wie die landwirthschaftliche Hochschule zu Berlin. Da mit ihr aber eine grössere Gutswirthschaft verbunden ist, so ist für sie von jeher ein doppelter Etat, der eine für die Akademie, der andere für die Gutswirthschaft geführt worden. Auch Einnahmen und Ausgaben der Gutswirthschaft erscheinen im Staatshaushaltsetat (Kap. 32 Tit. 3 der Einnahmen und Kap. 102 Tit. 12—14 der Ausgaben).

Die akademische Gutswirthschaft hat von jeher ihre Ausgaben aus den eigenen Einnahmen zu decken vermocht und ist nur in besonderen Fällen sowie für bestimmte Versuchszwecke u. s. w. durch staatliche Zuschüsse unterstüzt worden

In der Gutswirthschaft werden gegenwärtig fortgesetzt Fütterungs- und Ertragsversuche mit verschiedenen Rinderrassen angestellt (etwa 45 Stück Milchkühe). Der Schwerpunkt der Wirthschaft liegt in der Milchgewinnung und im Futterbau.

1875 stellten sich Einnahmen und Ausgaben der Gutswirthschaft auf rund 13—14 000 M. und haben sich seitdem allmählich auf das Doppelte (33—34 000 M.) gesteigert.

Der Wirthschafts-Geldetat des zur Akademie gehörigen Landgutes enthielt an

	1875 M.	1900 M.
Einnahmen:		
Pacht- und Miethzinsen	615	688
Vom Ackerbau	2 820	1 500
Viehnutzung:		
Rindviehzucht	9 600	31 000
Schweinezucht	—	250
Schafzucht	—	100
Federviehzucht	78	70
Sonstiges	687	349
Summe	13 800	33 957
Ausgaben:		
Aus Kap. 102 Tit. 12:		
Pachtzins	2 268	2 409
Wirthschaftskosten	10 206	29 850
Sonstiges	333	678
Aus Kap. 102 Tit. 13:		
Reparaturen	390	900
Aus Kap. 102 Tit. 14:		
Vermischte Ausgaben	603	120
Summe	13 800	33 957

Nach dem Rechnungsabschlusse 1898/99 betrugen die Einnahmen 34 466 M., die Ausgaben 37 336 M., der Staatszuschuss 2 870 M.

Die Einnahmen der Akademie bestehen — von der Gutswirthschaft abgesehen — wesentlich aus Honoraren und Gebühren (aus der Versuchswirthschaft werden 2000 M. erzielt).

1900 betrugen diese Einnahmen 46 213 M., sodass von den 154 946 M. Ausgaben der Akademie etwa 30 Proz. aus eigenen Einnahmen gedeckt wurden, also nicht ganz so viel wie an der Berliner Hochschule.

Aehnlich wie in Berlin und aus ähnlichen Gründen wurde auch in Poppelsdorf früher ein erheblich geringerer Theil der Ausgaben aus eigenen Einnahmen gedeckt (1880/81: 11 Proz., 1894/95: 24 Proz., 1900: 30 Proz. Das Honorar beträgt gegenwärtig neben den Immatrikulationsgebühren an der Universität Bonn (18 M.) a) für jedes Semester 120 M. (früher 100 M.), b) für die Theilnahme an den praktischen Uebungen im Laboratorium pro Semester 15 M., c) für Studirende im fünften und höheren Semestern sowie Hospitanten nach Festsetzung des Direktors.

§ 227a. Die Ausgaben für die Akademie betrugen im Jahre 1880/81 97 137 M. und haben sich seitdem allmählich und ohne grössere Sprünge auf 154 946 M. gesteigert. Wie bei der landwirthschaftlichen Hochschule zu Berlin hat sich auch hier hauptsächlich der Titel „Besoldungen" vermehrt, von 48 375 M. auf 71 000 M. (inkl. Wohnungsgeldzuschüsse von 51 531 M. auf 76 244 M.), während der Betrag zur Remunerirung von Hülfskräften der gleiche geblieben ist (19—20 000 M.).

Der Fonds für Lehrmittel und Vermehrung der Sammlungen (Tit. 11) stieg von 9650 M. auf 14 790 M., hat also eine nicht so starke Steigerung wie an der Berliner Hochschule erfahren.

Besoldungen u. s. w.

§ 227b. Das Gehalt des Direktors betrug vor 1897/98 7000 M. und wurde bei der allgemeinen Besoldungsaufbesserung auf 7500 M. erhöht. Der gegenwärtige ist zugleich Professor der Universität Bonn (1500 M. Gehalt). Die Dozenten erhielten seit 1872 2100—4200 M., stiegen bald auf 2700—3900 M., seit 1880/81, um sie den Lehrern der Forstakademien gleich zu stellen, auf 3300—6000 M., bei der Besoldungsaufbesserung 1897/98 auf 3800—6600 M., im Durchschnitt 5200 M. Sie bilden eine Besoldungsgemeinschaft und haben ein Viertelantheil der Kollegiengelder aber nicht über 3000 M. Für sie, wie für Subaltern- und Unterbeamte, gilt im Uebrigen das für die gleichen Kategorien an der landwirthschaftlichen Hochschule Berlin Gesagte (§ 216).

Die etatsmässigen Lehrer haben IV. Rangklasse.

B. Die landwirthschaftlichen Institute der Universitäten.

(Anl. XXXIV.)

§ 228. Die landwirthschaftlichen Institute stehen sämmtlich als Theile der Universitäten unter dem Minister der geistlichen, Unterrichts- und Medizinalangelegenheiten; die Staatszuschüsse erscheinen daher auch im Etat des Kultusministeriums.

Wo landwirthschaftliche Institute an den Universitäten bestehen, gelten hinsichtlich der Aufnahmebedingungen, der Studienzeit und der Prüfungen von Landwirthen bezw. Landwirthschaftslehrern entsprechende Vorschriften wie für die landwirthschaftlichen Hochschulen. Für die Prüfung der Lehrer an Landwirthschaftsschulen werden nach der Verord. v. 9. Mai 1877 besondere Prüfungskommissionen, ebenso wie für die Diplomprüfungen, aus der Zahl der Professoren vom Minister der geistlichen etc. Angelegenheiten ernannt. Die Geodäten- und kulturtechnischen Examina können nicht an den Instituten, sondern nur an den landwirthschaftlichen Hochschulen Berlin und Poppelsdorf abgelegt werden. Diese Geodäten etc. können auch nicht an der Universität studiren, sondern nur an den betreffenden Cursen in Poppelsdorf und Berlin.

Für die Studienhonorare sind die allgemeinen Sätze der Universität massgebend.

Seit Bestehen der Institute haben bis 1898 an ihnen zusammen 18 223 (davon über ein Drittel Ausländer) Landwirthe von Beruf Vorlesungen gehört. Gegenwärtig hören durchschnittlich pro Semester 443 Personen die Vorlesungen. Von den besonderen, an den Universitäten in neuerer Zeit abgehaltenen Lehrkursen für praktisch thätige Landwirthe ist bei dieser Ziffer abgesehen.

Dass die landwirthschaftlichen Institute nicht ganz zu entbehren sind, geht schon daraus hervor, dass 1898/99 von 823 auf beiden landwirthschaftlichen Hochschulen Studirenden entfielen auf

Ostpreussen	32
Westpreussen	23
Brandenburg (mit Berlin)	**118**
Pommern	40
Posen	34
Schlesien	71
Sachsen	42
Schleswig-Holstein	18
Hannover	48
Westfalen	61
Hessen-Nassau	51
Rheinland	**131**
Aus Preussen	669
Aus dem übrigen Deutschland	98
Zusammen	**767**
Ausland	56
Summa	**823**

Die mit landwirthschaftlichen Hochschulen nicht bedachten Provinzen würden hiernach, wenn nicht auch bei den Universitäten Gelegenheit geboten wäre, landwirthschaftlichen Unterricht zu erhalten, gegenüber Brandenburg und der Rheinprovinz zu sehr benachtheiligt sein.

Die Zahl der landwirthschaftlichen Institute beläuft sich gegenwärtig auf 5. Von diesen sind die bedeutendsten diejenigen zu Breslau und Halle.

Breslau.

§ 229. Das erstere wurde 1881 nach Aufhebung der landwirthschaftlichen Akademie zu Proskau als theilweiser Ersatz für dieselbe in der Provinz Schlesien eingerichtet, anfänglich aber ziemlich stiefmütterlich behandelt, sodass die 1882/83 vorhandene Frequenz von 59—60 Studirenden bis zum Jahre 1890 auf den Jahresdurchschnitt von 27—30 herabging. Seitdem trat eine Personal- und Organisationsänderung ein, es wurden reichlichere Mittel bewilligt und die Frequenz hob sich zusehends wieder bis auf durchschnittlich 60 im Jahre 1897/98. Im Jahre 1898 erfolgte wiederum eine Reorganisation, auch wurde ein ausreichend grosses landwirthschaftliches Versuchsfeld mit voller Wirthschaftsausrüstung beschafft. In Folge dessen steigerte sich die Frequenz im W.-S. 1898/99 auf 79 (davon 46 Landwirthe), S.-S. 1899: 67 (45), W.-S. 1899/1900: 105 (57). Von 1881—1898 einschliesslich haben auf dem Institute 1095 Landwirthe von Beruf an den Vorlesungen Theil genommen.

Die für das Landwirthschaftsstudium bestimmten Institute sind gegenwärtig:

		Unterhaltszuschüsse aus Staatsmitteln [2]) 1881/82	1900
1. Institut für Agrikulturchemie und Bakteriologie (früher thierchemisches Institut)		für den landwirthschaftlichen Unterricht	7 746
2. Institut für landwirthschaftliche Technologie			3 400
3. „ „ „	Pflanzenproduktionslehre		35 310 [1])
4. „ „ „	Thierproduktionslehre		
5. „ „ „	Thierklinik		
6. kulturtechnischer Apparat			
Summa		**31 400**	**46 456** M.

Zu den Instituten gehört eine entsprechende Zahl von Laboratorien, Sammlungen u. s. w. Für unbemittelte Studirende stehen einige Stipendien zur Verfügung.

Halle.

§ 230. Das landwirthschaftliche Institut der Universität Halle wurde schon 1863 errichtet und ist das bei weitem grösste und wichtigste der landwirthschaftlichen Universitätsinstitute. Es besteht gegenwärtig aus einem landwirthschaftlich-physiologischen Laboratorium, landwirthschaftlichen Sammlungen, ökonomisch-botanischem Garten (2,2 ha), Versuchsfeld (106,46 ha), landwirthschaftlichem Hausthiergarten, Molkereigebäude, Maschinenhallen, Thierklinik, Fischbruthäuschen, Kulturhaus für exotische Nutzpflanzen, meteorologische Station. Die staatlichen Unterhaltungszuschüsse [2]) betrugen 1870: 20 355 M., 1881/82: 63 733 M. (dazu eigene Einnahmen 6 154 M.), 1900: 111 129 M. (eigene Einnahmen 49 093 M.). Die Bedeutung des Instituts ist also in den letzten Dezennien ausserordentlich gewachsen.

Es studirten an der Universität Halle:

	Landwirthe von Beruf	(davon Ausländer)
im Wintersemester 1881/82	242	(89)
im Studienjahre 1898 pro Semester durchschnittl.	257	(77)
Seit Beginn des landwirthschaftlichen Unterrichts an der Universität überhaupt	15 201	(5 848)

Königsberg.

§ 231. Die Eröffnung des Instituts fällt in das Jahr 1876, nachdem schon seit 1869 landwirthschaftliche Vorlesungen stattgefunden

[1]) Das alte landwirthschaftliche Institut ist 1898 aufgetheilt in die Einzelinstitute 3—6, doch werden die Ausgaben für diese Institute noch gemeinsam in Beilage 6 des Kultusministeriums aufgeführt.

[2]) Die Kosten der Professorengehälter sind nicht einbegriffen s. § 203.

hatten. Mit dem Institute ist gegenwärtig verbunden: 1. das agrikultur-chemische Laboratorium, 2. das landwirthschaftlich-physiologische Laboratorium, 3. der landwirthschaftlich-botanische Garten und 4. die Thierklinik. Das Versuchsfeld ist 2 ha gross. Die Unterhaltungszuschüsse[2]) betrugen 1881/82 für 1: 5745 M., für 2 u. 3: 6510 M., für 4: 1810 M., zusammen 14065 M. Im Jahre 1900 für 1: 5070 M., für 4: 694 M. (eigene Einnahmen 3276 M.), für 2 u. 3 zusammen: 13659 M. Insgesammt: 19423 M.

Es studirten an dem Institut:

	Landwirthe von Beruf	(davon Ausländer)
im Wintersemester 1881/82	14[1])	(2)
am Schlusse des Jahres 1898	57	(16)
Seit Errichtung im Ganzen	560	(85)

Göttingen.

§ 232. Das Institut wurde 1872—1875 errichtet und ist ein Ersatz für die von 1857—1872 bestehende Kgl. landwirthschaftliche Akademie Göttingen-Weende gewesen. Das Institut ist gegenwärtig eingetheilt in 1. eine Abtheilung für allgemeine Landwirthschaftslehre und Thierzucht mit einem Laboratorium für Chemie und Bakteriologie der Milch, 2. das landwirthschaftliche Versuchsfeld mit landwirthschaftlich-physiologischem Laboratorium, landwirthschaftlich-botanischem Garten und Vegetationshaus, 3. das agrikultur-chemische Laboratorium, 4. das Thierarzneiinstitut und 5. die thierphysiologische Versuchsstation.

Es betrugen die Staatszuschüsse:[2])

	1870 M.	1881/82 M.	1900 M.	
für 1 u. 2 . .	?	9660	12704	(dazu eigene Einn. 3249 M.)
„ 3 . . .	2475	5130	5591	
„ 4 u. 5 . .	630	3380	7064	
Zusammen		18170	25359	

An dem Institut studirten

	Landwirthe von Beruf	(davon Ausländer)
1881/82 im Wintersemester	27	(7)
1898/99 durchschnittlich pro Semester	40	(19)
Seit 1851 (Errichtung d. ersten landw. Lehrkurs.)	1252	?

Kiel.

§ 233. Das kleinste der landwirthschaftlichen Institute ist dasjenige zu Kiel (seit 1873). In dem 25jährigen Zeitraume bis 1898 sind an ihm nur 105 Personen, darunter 9 Ausländer, ausgebildet. 1898/99 studirten 6 Personen (2 Ausländer) Landwirthschaft. Der Unterhaltungszuschuss betrug 1881/82 4290 M. und 1900 4740 M.[2])

---

[1]) und 28 Hospitanten. [2]) S. Anm. 2 auf S. 767.

§ 234. Genauere Zahlen über die Frequenzentwickelung enthält nachstehende Tabelle:

Breslau.

1	2[1])	3				
		Von den Personen zu 2 waren				
Jahre	Zahl der Personen, welche an dem landwirthschaftl. Institut Vorlesungen hörten im Durchschnitt der beiden Semester	*a.*[1]) Landwirthe von Beruf	*b.*[1]) Hospitanten	*c.*[1]) Geodäten und Kulturtechniker	*d.*[1]) Kandidaten für Lehrerstellen an Landwirthschaftsschulen	*e.* Ausländer
1881/82	46	34	12	—	—	1
1885/86	44	33	11	—	—	3
1890/91	39	25	12	—	2	2
1892/93	45	23	19	—	3	3
1894/95	53	38	12	—	3	8
1896/97	61	32	24	—	5	6
1897/98	63	33	27	—	3	3
1898/99	77	46	27	—	4	3
1899/1900	85	50	30	—	5	4
1900/1901	95	58	28	—	9	2
Halle.						
1870	159	159	—	—	—	21
1875	168	161	7	—	—	25
1880	185	170	15	—	—	31
1885	200	182	18	—	1	55
1890	258	241	17	—	1	84
1892	277	256	21	—	1	84
1894	271	254	17	—	3	89
1896	282	264	18	—	—	89
1897	279	255	24	—	1	87
1898	279	248	31	—	2	82
1899	283	255	28	—	3	74
1900	269	244	25	—	2	67
Königsberg. (Landwirthschaftliches Institut der Kgl. Universität.)						
1870[2])	2	Sämmtliche Hörer waren Landwirthe von Beruf.	Ausser vorstehenden immatrikulirten Studirenden frequentiren etwa 10 Proz. von den Immatrikulirten als Hospitanten und 10 Proz. sonstige Studirende landwirth. Vorlesungen	—	Etwa ein Drittel der in Spalte 2 aufgezählten.	—
1875	5			—		—
1880	15			—		1
1885	20			—		3
1890	13			—		3
1892	9			—		2
1894	10			—		6
1896	2			—		—
1897	10			—		2
1898	35			—		5
1899	47			—		12
1900	50			—		11

[1]) Die zu 2, 3*a*, *b*, *c* und *d* bezeichneten Personen sind In- **und** Ausländer.

[2]) Landwirthschaftliches Institut noch nicht begründet.

1	2[1])	3				
		Von den Personen zu 2 waren				
Jahre	Zahl der Personen, welche an dem landwirthschaftl. Institut Vorlesungen hörten im Durchschnitt der beiden Semester	*a.*[1]) Landwirthe von Beruf	*b.*[1]) Hospitanten	c[1]) Geodäten und Kulturtechniker	*d.*[1]) Kandidaten für Lehrerstellen an Landwirthschaftsschulen	*e.* Ausländer
	Göttingen. (Landwirthschaftliches Institut der Kgl. Universität.)[2])					
1870	4	4	?	—	—	?
1875	8	5	3	—	—	?
1880	8	7	1	—	—	?
1885	14	?	?	—	—	?
1890	12	?	?	—	—	?
1892	20	?	?	—	—	?
1894	22	?	?	—	—	?
1896	31	20	11	—	—	12
1897	40	23	16	—	—	14
1898	40	20	20	—	—	13
1899	37	22	15	—	—	13
1900	43	19	24	—	—	12
		Kiel.				
1875	—	—	—	—	—	—
1880	4	4	—	—	—	—
1885	3	3	—	—	—	—
1890	1	1	—	—	—	—
1892	2	2	—	—	—	—
1894	1	1	—	—	—	—
1896	2	2	—	—	—	—
1897	4	4	—	—	—	1
1898	3	3	—	—	—	—
1899	3	3	1	—	1	—
1900	3	2	—	—	1	—

III. Abschnitt.

Mittleres landwirthschaftliches Unterrichtswesen.

(Kap. 102 Tit. 15 und 15a)

§ 235. Während die ersten Arten von mittleren landwirthschaftlichen Schulen, die Ackerbauschulen, ihren Schwerpunkt in die praktische Unterweisung und die Theilnahme der Schüler an allen landwirthschaftlichen Unterweisungen legten, theoretischen Unterricht in der Fachlehre und allgemein bildenden Fächern aber nur nebenbei ertheilten, entwickelten sich im Laufe der zweiten Hälfte des neun-

[1]) Die zu 2, 3*a*, *b*, *c* und *d* bezeichneten Personen sind In- und Ausländer.

[2]) Bis 1896 fehlt es an eingehenderen statistischen Aufzeichnungen.

zehnten Jahrhunderts Anstalten, welche den praktischen Unterricht einschränkten und an dessen Stelle den theoretischen Unterricht derartig in den Vordergrund stellten, dass schliesslich die Verbindung mit der landwirthschaftlichen Praxis ganz aufgegeben, das Erlernen derselben einer praktischen Lehrzeit überlassen und die rein theoretische mittlere Landwirthschaftsschule ausgebildet wurde. Nicht bei allen Ackerbauschulen trat diese Entwickelung ein. In den ärmeren Gegenden, wo der Bauernstand auf das eigene Mitarbeiten des Besitzers und seiner Angehörigen in Hof und Feld angewiesen ist, behielten die Ackerbauschulen ihre alte Bedeutung (§ 243). In den Gegenden mit überwiegendem mittleren Grundbesitze aber, wo der Bauer häufig schon eine mehr leitende beaufsichtigende Thätigkeit in seiner Wirthschaft entwickelt, wozu schon ein höherer Grad landwirthschaftlicher Fachbildung erforderlich ist, machte sich das Bedürfniss theoretischer Schulen früher geltend.

Einen grossen Einfluss auf die Umgestaltung der mittleren landwirthschaftlichen Schulen übte die Einführung des Einjährig-Freiwilligendienstes im Heere und das damit verbundene Berechtigungswesen aus. Es war naturgemäss, dass bemittelte bäuerliche Besitzer und kleinere Landwirthe Werth darauf legten, die höhere Fachausbildung ihrer Söhne und den Erwerb des Einjährig-Freiwilligenrechtes auf einer und derselben Schule zu sichern.

Schulen dieser Art zu schaffen, war das Ziel des nach Anhörung aller betheiligten Kreise vom Unterrichts- und Landwirthschaftsminister erlassenen Reglements, Lehrplanes und der Prüfungsordnung für die Landwirthschaftsschulen vom 10. Aug. 1875 (abgeändert 15. Nov. 1892 und weitere Ergänzung unter dem 3. Juni 1896).

Diese Schulen sind vornehmlich für solche jungen Landwirthe bestimmt, welche neben einer tüchtigen Schulbildung auch ein entsprechendes Mass von Fachbildung erreichen wollen, ohne für die letztere auf ein späteres akademisches Studium zu rechnen. Es soll also der ganze theoretische Unterricht für diese Landwirthe mit der Schule abschliessen und die weitere Ausbildung ausschliesslich in der Praxis und durch privates Studium erfolgen. Der Fachunterricht soll dabei nicht ausschliesslich in eine Klasse ans Ende eines im Uebrigen allgemein gehaltenen Unterrichtskursus gelegt werden; vielmehr soll eine Vereinigung von Fach- und allgemein bildendem Unterricht in allen Klassen durchgeführt werden, weshalb auch nicht die Bezeichnung als landwirthschaftliche Mittel- bezw. Realschule, sondern „Landwirthschaftsschule“ gewählt wurde.

Nach den reichsrechtlichen Bestimmungen sind im Allgemeinen in dem Lehrplane einer zur Einjährig-Freiwilligenprüfung berechtigten Schule zwei fremde Sprachen aufzunehmen. Nach dem Reglement konnte für die einzelne Landwirthschaftsschule Lateinisch, Französisch und Englisch hierbei nach Auswahl berücksichtigt werden. Neuerdings ist durch Wegfall einer fremden Sprache Raum für einen intensiveren Betrieb der verbleibenden einen Fremdsprache und der anderen Fächer geschaffen worden.[1])

§ 236. Die Landwirthschaftsschule hat einen dreijährigen Kursus mit drei Klassen. Für die unterste Klasse wird Reife für Tertia einer höheren Lehranstalt erfordert (die II. und I. Klasse entsprechen etwa der Obertertia und Untersekunda). Die wöchentliche Stundenzahl ist in der III. Klasse 36, in den beiden höheren je 37. In allen Klassen entfallen auf Religion je 1, auf Sprachen je 9, Geographie und Geschichte je 4, Zeichnen je 2, Turnen und Singen je 3, Mathematik je 4 (nur in der III. Klasse 5) Stunden.

In den Naturwissenschaften und der Landwirthschaftslehre finden dagegen folgende Verschiedenheiten in den einzelnen Klassen statt:

	III.	II.	I.
Naturwissenschaften:		Klasse:	
Zoologie und Botanik	4	4	2
Physik	2	2	2
Chemie und Mineralogie	2	4	4
Summe . .	8	10	8
Landwirthschaftslehre:			
Pflanzen- und Produktionslehre / Thierproduktionslehre	4	4	2
Betriebslehre	—	—	4
Summe . .	4	4	6

Die Prüfungen (schriftlich und mündlich) finden vor dem Lehrerkollegium unter Vorsitz eines Ministerialkommissars (meist Regierungs- und Schulrath) statt.

Mit den Landwirthschaftsschulen sind in der Regel Vorschulen (3 klassig) und Ackerbau- oder Winterschulkurse verbunden.

Im Laufe der Zeit hat sich das Bedürfniss herausgestellt, mit mehreren Landwirthschaftsschulen seminaristische Einrichtungen zur besseren pädagogischen Ausbildung der künftigen Lehrer der Landwirthschaft zu verbinden, da denselben während ihres Studienganges sonst keine Gelegenheit geboten ist, in die Kunst des Lehrens theoretisch und praktisch eingeführt zu werden. Ein solches Seminar besteht bereits an der Landwirthschaftsschule in Weilburg, ein anderes ist an der Landwirthschaftsschule in Hildesheim eingerichtet worden. Zur Bestreitung der hierzu erforderlichen Kosten an Remunerationen für die betheiligten Lehrer und Stipendien für die Seminaristen und an

[1]) Etwa die Hälfte hatten Latein und Französisch, die andere Hälfte Englisch und Französisch, nur eine Englisch und Latein (Hildesheim) gewählt, jetzt haben die meisten Schulen als Fremdsprache nur Französisch, nur zwei englisch (Hildesheim und Flensburg).

sächlichen Aufwendungen für den Unterricht, sowie zur weiteren Deckung der bei einzelnen Schulen bei Durchführung des Normaletats entstandenen Mehrausgaben wurden bei Kap. 102 Tit. 15 seit 1896/97 6000 M. eingestellt.

Lehrer- und Schülerzahl.

§ 237. Die Zahl der Lehrer stieg von 1880/81 nach Anlage XXXVI nur von 113 auf 129.

Die Schülerfrequenz stieg von 1873 an wie folgt:

Laufende Nr.	Name der Anstalt.	Anzahl der Schüler: Wintersemester 1878	Ende des Jahres 1883	1887	1892	1896	1898	1900
1	Marggrabowa	—	112	74	82	76	98	90
2	Heiligenbeil	—	96	77	107	103	111	100
3	Marienburg	192	177	161	170	175	179	174
4	Dahme	66	96	94	79	110	116	121
5	Eldena	53	49	51	78	96	94	74
6	Schivelbein	127	191	159	133	136	172	180
7	Samter	40	104	118	136	122	140	135
8	Brieg	83	103	146	150	121	129	125
9	Liegnitz	92	165	116	115	136	177	195
10	Flensburg	63	130	167	24	32	50	60
11	Hildesheim	160	240	100	98	126	138	125
12	Herford	131	133	114	150	152	189	88 [1])
13	Lüdinghausen	163	181	117	163	157	183	163
14	Weilburg	52	67	88	84	68	61	42
15	Bitburg	105	146	112	172	166	184	122
16	Cleve	53	104	113	120	127	145	149
	Zusammen	**1 380**	**2 094**	**1 807**	**1 861**	**1 903**	**2 166**	**2 943**

Im Verhältniss zur Steigerung der Frequenz der niederen Schulen im gleichen Zeitraum war die Zunahme des Besuches der Landwirthschaftsschulen keine erhebliche (s. auch § 243).

Verfassung.

§ 238. Die Landwirthschaftsschulen sind regelmässig keine Staatsanstalten (wie z. B. in Württemberg), sondern Einrichtungen von Städten, Kreisen, Provinzen oder landwirthschaftlichen Vereinen.

Sie sind schulaufsichtlich den Regierungen unterstellt, ihre spezielle Ueberwachung und Leitung beruht in der Hand der besonderen Kuratorien.

Für die Ausbildung und die Prüfung der Lehrer der Landwirthschaft an den Landwirthschaftsschulen sind besondere Vorschriften

[1]) In den früheren Jahren sind je etwa 100 der mit der Landwirthschaftsschule verbundenen Realschule angehörigen Schüler mitgezählt.

ergangen (M.-Bl. d. i. Verw. 1877 S. 151, C.-Bl. d. U.-Verw. 1878 S. 28 u. 29, 1883 S. 142 [s. auch §§ 212 und 224]).

Durch Allerh. Erl v. 8. Mai 1895 sind die Reifezeugnisse der Landwirthschaftsschulen in Bezug auf die Zulassung zum Subalterndienst den Reifezeugnissen der höheren realistischen Lehranstalten mit 6jährigem Lehrgang (Nichtvollanstalten) gleich gestellt.

Unterhaltung der Schulen.

§ 239. Wenn auch die Landwirthschaftsschulen nicht vom Staate eingerichtet sind, so werden sie doch erheblich von ihm subventionirt. Alle Landwirthschaftsschulen erheben zur Deckung ihrer Kosten zunächst ein bestimmtes Schulgeld, für die Fachklassen meist 100—120 M., für die Vorklassen, wo solche vorhanden, 50—100 M. Durch die Einnahmen aus dieser Quelle werden indessen nur etwa 29 bis 30 Proz. der gesammten Ausgaben gedeckt. Der grösste Theil derselben findet Deckung aus Zuschüssen, welche der Staat gewährt (52 bis 53 Proz.). 1877 wurden von den laufenden Kosten einer Landwirthschaftsschule von durchschnittlich 20—30000 M. etwa 15—18000 M. vom Staate gedeckt. Ausserdem betheiligen sich Provinzen, hauptsächlich da, wo niedere Unterrichtskurse (Ackerbau- und Winterschulklassen) mit den Schulen verbunden sind (1900 mit 7,2 Proz.), Kreise, Städte (6,5 Proz.) und landwirthschaftliche Vereine und Handelskammern (2,0 Proz.) an der Kostenaufbringung. An einzelnen Schulen werden geringe Gebühren für Eintritt und Zeugnisse erhoben.

Bei allen Schulen sind kleinere Schulgärten und Versuchsfelder vorhanden, welche sich bei einigen zu grösseren Anlagen und Baumschulen ausdehnen.

Die Entwickelung der Einnahmen und Ausgaben von 1880/81 auf 1900 bei den einzelnen Schulen s. in Anl. XXXVI.

Während nach dieser Anlage von 1880/81 bis 1900/01 die Zahl der Schüler und Vorschüler nur von 1474 auf 2047 also um 38 Proz. stieg, und das Lehrpersonal von 113 auf 129 vermehrt wurde, stiegen die Ausgaben von 464 761 auf 789 872 M., wobei die Hauptsteigerung auf die persönlichen Kosten (von 374 329 auf 695 273 M. also um 85 Proz.) entfiel, somit dem Lehrpersonal zu Gute kam.

§ 240. Die staatlichen Zuschüsse werden geleistet aus *Kap. 102 Tit. 15*: Zu Beihülfen und Unterhaltung an landwirthschaftlichen Mittelschulen 432 800 M.

Der Fonds umfasste vor 1876 auch die niederen landwirthschaftlichen Schulen. Erst seit jener Zeit wurde er auf die landwirthschaftlichen Mittelschulen beschränkt und zugleich von 303 000 auf 172 000 M. herabgesetzt. An Schulen bestanden damals 13.

In Folge des Hinzutrittes dreier weiterer Schulen (Schivelbein, Heiligenbeil und Marggrabowa) sowie einiger Reorganisationen erhöhte sich der Fonds allmählich bis Ende der 80er Jahre auf 260 000 bis 270 000 M.

In Folge der durch Ges. v. 25. Juli 1892 (G.-S. S. 219) durchgeführten Besoldungsaufbesserungen der Lehrer der nicht staatlichen höheren allgemeinen Schulen wurde eine gleiche Aufbesserung auch bei den 16 Landwirthschaftsschulen nothwendig, da diese Lehrer die gleiche Vorbildung haben und denselben Kreisen entnommen werden wie jene.

Bei der Durchführung dieser Aufgabe ging man davon aus, dass ausser den eigenen Schulunternehmern auch die Provinzen und Kreise zur Deckung der Mehrkosten herangezogen werden müssten, bevor der Staat sich mitbetheiligt, weil die betreffenden Schulen ganz überwiegend von den Angehörigen der Heimathkreise und -Provinzen besucht werden. Im Durchschnitt soll der Staat höchstens die Hälfte des Mehrbedarfs übernehmen. Zu diesem Zwecke wurde der Fonds Tit. 15 1893/94 um 45 000 M., 1894/95 um weitere 10 000 M. erhöht.

In Folge der weiteren Besoldungsaufbesserungen der Lehrer (1897/98) an den höheren allgemeinen Schulen wurde wiederum eine entsprechende Besoldungsaufbesserung der Lehrer an den Landwirthschaftsschulen nöthig. Diesmal trug der Staat die ganzen Kosten, wogegen die Aufbringung der in Folge der Erhöhung der Besoldungen zu erwartenden höheren Pensions- und Reliktenlasten den Unternehmern überlassen wurde.

1898/99 wurde Tit. 15 zu diesem Zwecke um 70 000 M. erhöht, 1899 um weitere 18 000 M., womit er auf die jetzige Höhe (432 800 M.) stieg.

Vom Jahre 1896/97 an wurde der Fonds übertragbar in die folgenden Jahre, um bei den wechselnden Ansprüchen, welche je nach dem Vorwiegen einzelner Altersklassen die Durchführung des Normaletats an die Aufwendungen der einzelnen Schule macht, Ersparnisse des einen Jahres zu Mehraufwendungen anderer Jahre verwenden zu können.

Bemerkenswerth ist, dass aus dem Fonds 2800 M. Zuschuss für die Wiesenbauschule Siegen gegeben werden, um für denjenigen Theil der Anstalt, welcher über den niederen landwirthschaftlichen Unterricht hinausgeht und der landwirthschaftlichen Verwaltung die von ihr benöthigten Techniker liefert, die Provinzialverwaltung zu entlasten.

Kap. 102 Tit. 15a: Zu Zuschüssen behufs Einführung der Versorgung der Hinterbliebenen der Lehrer und Beamten an den landwirthschaftlichen Mittelschulen, 12 000 M. Der Fonds erscheint zum ersten Mal im Jahre 1894/95 im Etat.

§ 241. Neben der Durchführung des Normaletats (s. § 240) musste auch die Reliktenversorgung ebenso wie an den höheren Staatsanstalten geregelt werden, wenn man sich hinreichend tüchtige Lehrkräfte an den Landwirthschaftsschulen erhalten wollte.

Um den finanziell weniger leistungsfähigen Schulen bei der Abfassung entsprechender Verträge mit kommunalen Wittwen- und Waisenversorgungsanstalten u. s. w. Unterstützungen zu gewähren, sind die obigen 12 000 M. in den Etat eingestellt worden, und ist eine Erhöhung bisher nicht erforderlich geworden.

IV. Abschnitt.

Niedere landwirthschaftliche Schulen.

(Kap. 102 Tit. 16 der Ausgabe.)

§ 242. Die niederen landwirthschaftlichen Unterrichtsanstalten setzen die Kenntnisse der absolvirten Volksschule voraus. Sie wollen in theoretischen oder theoretisch-praktischen Kursen denjenigen Schülern, welche auf eine tüchtige Berufsbildung bedacht sind, dagegen die Berechtigung zum Einjährig-Freiwilligen nicht erwerben wollen, Gelegenheit zum Erwerben der nöthigen Kenntnisse zu einem rationellen, den Zeitverhältnissen entsprechenden Betriebe der Landwirthschaft bieten. Für die Vorbildung der Lehrer an den niederen landwirthschaftlichen Lehranstalten bestehen, da die Pflege dieses Unterrichtszweiges den Provinzialverwaltungen überlassen ist, allgemeine staatliche Reglements nicht. Doch ist Anfang der 90er Jahre von der landwirthschaftlichen Verwaltung mit den Provinzialverwaltungen über gemeinsame Grundsätze bei der Besetzung landwirthschaftlicher Lehrstellen verhandelt worden und den landwirthschaftlichen Centralvereinen (Landwirthschaftskammern) nahegelegt, bei der Anstellung landwirthschaftlicher Wanderlehrer in gleicher Weise vorzugehen. Nach diesen Grundsätzen soll als theoretische Vorbildung in der Regel das Bestehen der Prüfung als Landwirthschaftslehrer oder der blossen Abgangsprüfung an landwirthschaftlichen Akademien oder Universitätsinstituten, als praktische Vorbildung eine mindestens vierjährige praktische Thätigkeit gelten.

Ackerbau- und landwirthschaftliche Winterschulen.

§ 243. Man hat zu unterscheiden niedere Schulen, welche allgemeinere landwirthschaftliche Kenntnisse lehren wollen und Fach- oder Spezialschulen (letztere s. im VI. Abschnitt unter B.).

Die allgemeinen niederen landwirthschaftlichen Unterrichtsanstalten zerfallen in Ackerbau- und landwirthschaftliche Winterschulen.

Die sogenannten Ackerbauschulen sind Sommer und Winter offen und haben einen $1\frac{1}{2}$- bis 2jährigen Kursus, während die sogenannten landwirthschaftlichen Winterschulen, welche nur 2 Winterkurse bieten und bestimmt sind, den Söhnen solcher Landwirthe, welche deren Arbeitskraft im Sommer nicht entbehren können, oder Landwirthen, die aus Mangel an Mitteln die entfernten Ackerbauschulen nicht besuchen können, einen entsprechenden Ersatz zu bieten. Die Ackerbauschulen geben naturgemäss einen umfangreicheren praktischen

Lehrstoff und werden daher auch oft von solchen Landwirthen besucht, die auf allgemeinen Lehranstalten das Einjährigenzeugniss erworben oder überhaupt eine höhere Schulbildung erlangt haben. Sie unterscheiden sich ferner von den Winterschulen dadurch, dass sie mit dem theoretischen zumeist einen praktischen Unterricht verbinden, während letztere sich auf den theoretischen Unterricht beschränken.

Die Winterschulen erlauben daher eine viel bessere Ausnutzung der Lehrkräfte, indem der theoretische Unterricht sich auf eine viel grössere Anzahl Schüler erstrecken kann, als der praktische, welcher stets durch die Gelegenheit zu nutzbringender Beschäftigung und Beaufsichtigung beschränkt ist. Aus diesen Gründen dürfte der Winterschulunterricht berufen sein, in allen Gegenden mit nicht zu sehr zurückgebliebener Praxis des Landbaues, wo es also an der Möglichkeit einer guten Einübung in der Praxis selbst nicht fehlt, für den Unterricht der bäuerlichen Kreise eine bei Weitem grössere Bedeutung zu erlangen, als die sogenannten praktischen Ackerbauschulen. Als ein weiterer Vortheil der Winterschulen tritt hinzu, dass sie die beste Gelegenheit bieten, den von den landwirthschaftlichen Vereinen angestellten Wanderlehrern ein bestimmtes Thätigkeitsfeld zuzuweisen und sie durch ihre Schüler mit den Kreisen der ländlichen Bevölkerung in die nächste Verbindung zu setzen, auf welche sie vorzugsweise wirken sollen.

Der Gang der Entwickelung hat denn auch in den letzten Jahrzehnten die Zahl der Winterschulen und der sie besuchenden Schüler diejenige der Ackerbauschulen bei weitem überflügeln lassen.

Es gab

	Schüler der Ackerbauschulen	Schüler der landwirthschaftl. Winterschulen
1875	583	164
1882	1 964	885
1890	1 815	2 235
1900	788	4 114

Nähere Angaben über Lehrzahl und Frequenz im Jahre 1900 siehe Anl. XXXV.

Schulunterhaltung.

§ 244. Bis zum Jahre 1875 befand sich das niedere landwirthschaftliche Schulwesen in der Hauptsache in Händen des Staates.

Fast gleichzeitig mit der Reform des mittleren landwirthschaftlichen Schulwesens fand die Ueberweisung der niederen landwirthschaftlichen Schulen an die Provinzialverwaltungen statt (§ 14 des Ges. v. 8. Juli 1876, G.-S. S. 497). Der Grund war die Erwägung, dass diese niederen Schulen, der Mehrzahl nach praktische Ackerbauschulen oder theoretische niedere Schulen mit Winterkursen, je nach den örtlichen Bedürfnissen und Verschiedenheiten der Bevölkerung, für welche sie berechnet sind, auch verschieden organisirt und verwaltet werden müssen. Hierzu schien die Provinzialverwaltung mit ihren gerade den landwirthschaftlichen Angelegenheiten nahe stehenden Organen besser geeignet, als die landwirthschaftliche Centralverwaltung, welche sich nur das Schuloberaufsichtsrecht vorbehielt.

Ueber die Fragen, betreffend die Organisation und den Lehrplan der von den Provinzialverbänden errichteten oder unterstützten Schulen, desgleichen über die Qualifikation der an diesen Schulen beschäftigten Lehrer, entscheidet der Oberpräsident nach Anhörung der betreffenden Bezirksregierung. Hat die Provinzialverwaltung die Errichtung und Leitung solcher Schulen einer anderen Korporation z. B einem landwirthschaftlichen Centralverein übergeben, so steht nichts im Wege, dass dieselbe in diesen Angelegenheiten direkt mit dem Oberpräsidenten verhandelt.

Die spezielle Ueberwachung dieser Schulen ist Sache der Bezirksregierungen, welche neben der Schulabtheilung auch noch für die Beurtheilung des Fachunterrichtes geeignete Kräfte aus den anderen Abtheilungen hiermit betrauen können.

Zugleich mit der Uebertragung dieser Verpflichtung auf die Provinzialverbände erfolgte an dieselben eine Ueberweisung der vorhandenen 40 im Staatsbesitze befindlichen niederen landwirthschaftlichen Lehranstalten (vgl. Denkschr. Beil. D des Etats 1876) nebst Fortgewährung der im Jahre 1875 geleisteten Staatszuschüsse als dauernde an die Provinzialverbände zu zahlende Renten. Es wurden überwiesen:

	Zahl der übergegangenen Anstalten	Summa der Zuschüsse M.
An die Provinzialverbände:		
Preussen	7	26 730
Brandenburg	2	5 400
Pommern	1	3 750
Posen	3	10 350
Schlesien	2	9 600
Sachsen	7	20 550
Schleswig-Holstein	2	9 600
Hannnover	6	19 330
Westfalen	2	4 050
An die Kommunalverbände:		
Regierungsbezirk Cassel	1	3 600
„ Wiesbaden	2	1 374
An den Provinzialverband:		
Rheinprovinz	6	12 600
An den Kommunalverband:		
Hohenzollernsche Lande	1	4 836
Summa	42	131 770

Unter diesen Schulen waren sowohl Ackerbau- und Winterschulen, als Obst-, Garten-, Wein- und Wiesenbauschulen und Hufbeschlagschmieden enthalten.

Seit jener Zeit hat sich die Zahl dieser niederen landwirthschaftlichen Schulen, besonders der landwirthschaftlichen Winterschulen, erheblich vermehrt.

Die Ausgaben der Provinzialverbände für Winter- und Ackerbauschulen betrugen:

	1897/98	1900	Zuschüsse des Staates 1876
Ostpreussen	25 500	23 950	21 720
Westpreussen	7 760	8 900	
Brandenburg	19 700	7 500	5 400
Pommern	4 500	9 600	3 750
Posen	11 843	12 750	7 650
Schlesien	20 800	17 800	9 600
Sachsen	39 832	41 532	20 250
Schleswig-Holstein	4 000	9 000	9 600
Hannover	67 847	72 593	18 880
Westfalen	17 145	15 000	3 600
Bezirk Wiesbaden	5 465	4 000	—
„ Cassel	22 000	19 500	3 600
Rheinprovinz	77 620	80 200	10 050
Hohenzollern	—	—	4 836
Summa	324 012	322 325	118 936

§ 245. Die Ausgaben der Provinzen zu Ackerbau- und landwirthschaftlichen Winterschulzwecken übersteigen hiernach die überwiesene Rente um fast das Doppelte. Doch ist zu berücksichtigen, dass auch der Staat aus seinen Dispositionsfonds erhebliche Beträge für den gleichen Zweck verwendet. Allerdings giebt der Staat an Winter- und Ackerbauschulen direkte Zuschüsse nicht. Die Unterstützung ist aber eine indirekte, indem man den Landwirthschaftskammern die Mittel zur Förderung des Wanderlehrwesens überweist. Da die Lehrer zum grossen Theil in den Dienst des Wanderlehrwesens gestellt sind, und für diesen Theil ihrer Thätigkeit aus der Staatssubvention für Wanderlehrwesen honorirt werden (Kap. 102 Tit. 16), so ergiebt sich daraus eine indirekte Betheiligung des Staates am niederen Schulwesen. Der Betrag, der auf die einzelne Schule entfällt, wird aber nicht vom Landwirthschaftsminister bestimmt, sondern der Landwirthschaftskammer überlassen. So wird z. B. in einzelnen Kammern eine bestimmte gleiche Subvention für jede Schule gegeben.

Nähere Zahlenangaben über Einnahmen und Ausgaben (1900) siehe Anl. XXXV.

V. Abschnitt.

Ländliche Fortbildungsschulen und ländliche Fortbildungskurse.

(Kap. 102 Tit. 15b.)

§ 246. Die Aufgabe der Fortbildungsschulen ist im Allgemeinen, die von den Schülern auf der Volksschule gewonnene Bildung zu befestigen, zu ergänzen und zu erweitern.

Während aber für Fortbildungsschulen der aus der Volksschule entlassenen städtischen Jugend, für die Befestigung ihrer sittlichen Tüchtigkeit und für die Erhöhung der Gewerbsthätigkeit der arbeitenden Klassen eine gesetzliche Grundlage in §§ 106 und 142 der Gewerbeordnung gegeben ist, fehlen entsprechende Gesetzesbestimmungen für die ländliche Jugend.

Auch auf dem Lande hat sich indessen die Nothwendigkeit einer derartigen Fürsorge für die aus der Volksschule entlassene Jugend immer mehr geltend gemacht.

Zunächst waren es die landwirthschaftlichen Vereine, welche vereinzelt solche Schulen einrichteten.

Ursprünglich versuchten die landwirthschaftlichen Vereine, dabei die Elementarschulen selbst zur Verbreitung landwirthschaftlicher Fachbildung zu benutzen. Nachdem sich dies ohne Gefährdung der Volksschulziele als unmöglich erwiesen hatte, richtete man an die Elementarschule sich anschliessende Fortbildungsschulen ein. Auch hier suchte man zunächst den Fachunterricht in den Vordergrund zu stellen, fand aber bald, dass die Organe zur Ertheilung eines solchen Unterrichtes fehlten. Die Elementarlehrer entsprechend ausbilden zu lassen, ging nicht an. Man liess daher den Fachunterricht in den Hintergrund treten, sprach folgerichtig auch nicht mehr von landwirthschaftlichen, sondern von ländlichen Fortbildungsschulen und legte den Schwerpunkt in die Erhaltung und Vertiefung der Elementarkenntnisse und den naturwissenschaftlichen Unterricht.

Eine staatliche Förderung fand anfänglich nur in geringem Masse statt. Erst seit Mitte der 70er Jahre fing die Staatsregierung an, der Angelegenheit grössere Aufmerksamkeit zu widmen.

Unterm 2. Febr. 1876 erliessen die Minister des Innern, der geistlichen und landwirthschaftlichen Angelegenheiten einen Runderlass über die Einrichtung und Beaufsichtigung ländlicher Fortbildungsschulen, welchem einige allgemeine Grundzüge für deren im Uebrigen den örtlichen Verhältnissen anzupassende Einrichtung beigegeben waren.

Die ländliche Fortbildungsschule soll darnach keine eigentliche Fachschule sein, sondern nur die allgemeine Volksschulbildung befestigen und erweitern. Lehrer sollen die Elementarschullehrer, nur ausnahmsweise Fachmänner sein. Die Zahl der wöchentlichen Unterrichtsstunden soll mindestens 4 betragen. Die Aufsicht führten die Elementarschul-Aufsichtsbehörden, in oberster Instanz der Minister der geistlichen etc. Angelegenheiten.

§ **247.** Die zu starke Betonung der Wiederholung und Ergänzung des in der Volksschule Gelernten durch die Fortbildungsschulen hat sich indessen nicht genügend bewährt. In landwirthschaftlichen Kreisen machte sich eine starke Strömung zur Einführung fachlichen Unterrichts in den Fortbildungsschulen geltend.

Die Staatsregierung entschloss sich zunächst, die Oberaufsicht über das Fortbildungsschulwesen vom Handelsminister auf den Landwirthschaftsminister zu übertragen (1895).

Auf Anregung des Landes-Oekonomiekollegiums hat sodann der Erlass des Landwirthschaftsministers v. 30. Okt. 1895 eine grössere Berücksichtigung des fachlichen Stoffes beim Unterricht zunächst in geeigneten Gegenden versuchsweise zugelassen. Auch nach diesen Vorschriften soll allerdings der allgemein bildende Charakter der Schule gewahrt werden, doch soll beim Unterricht im Deutschen, Rechnen und Naturkunde der Unterricht mehr wie bisher nach der Richtung der Anwendung desselben auf die Bedürfnisse des praktischen Berufes, soweit die Wahl des Unterrichtsstoffes und die Art des Unterrichts in Frage kommen (Mittheilungen und Schreiben geschäftlichen Charakters, Buchführung, Bodenkunde, Obstbau u. s. w.), ausgestaltet werden. Zur Beaufsichtigung der Fortbildungsschulen sollen überall Kuratorien eingerichtet werden.

Ausserdem ist neuerdings in einigen Regierungsbezirken der Versuch gemacht worden, mit staatlicher Unterstützung einen wirklichen fachlichen Unterricht durch Fachlehrer an Fortbildungsschulen einzuführen (je 6 Schulen in den Regierungsbezirken Stettin, Cöslin und Schleswig und 20 im Regierungsbezirk Oppeln). Doch sind die Erfolge bisher nur mässige gewesen.

Schulunterhaltung.

§ **248.** In dem Runderlass von 1875 wurde hauptsächlich den Kreisen empfohlen, die Einrichtung von Fortbildungsschulen durch Gewährung von Zuschüssen zu fördern, in der Regel allerdings nur da, wo auch die Gemeinden ihr Interesse durch Betheiligung an den Kosten, Stellung der Schullokale u. s. w. bethätigen.

Nach dem an die Vorstände der landwirthschaftlichen Centralvereine gerichteten Runderlass v. 26. Juli 1877 konnten auch Staatszuschüsse aus dem Dispositionsfonds des Kultusministeriums gewährt werden.

§ **249.** Seit 1895/96, wo die Aufsicht über die Schulen auf das landwirthschaftliche Ministerium überging, erfolgt die Gewährung von

Staatszuschüssen durch den Landwirthschaftsminister. Es wurde ein besonderer Fonds (Tit. 15b) zu diesem Zwecke eingestellt in Höhe von 36 000 M., wovon 23 000 M. aus dem bisher im Handelsministerium zu gleichem Zwecke geführten Fonds herübergenommen waren.

Unter dem 23. Nov. 1897 sind bestimmte Grundsätze für die Vertheilung von Staatsbeihülfen erlassen worden.

Der Staat überlässt hiernach grundsätzlich die Einrichtung und Unterhaltung den Kommunen und Vereinen, giebt nur Bedürfnisszuschüsse und zwar höchstens zwei Drittel der durch Schulgeld nicht gedeckten Ausgaben; bei mehr als 300 M. mit ministerieller Genehmigung.

Zu obigen Ausgaben gehören nicht die Kosten für Hergabe, Heizung und Beleuchtung und Reinhaltung des Schullokals, die von dem Unternehmer der Schule vorweg zu übernehmen sind.

Auch sind für die Abmessung der Staatsbeihülfe bestimmte Sätze als Regel normirt (1—1,50 M. Zuschuss zum Lehrerhonorar pro Stunde, für Lehrmittel 2 M., für Prämien 50 Pfg. pro Schüler).

Abweichungen von diesen Grundsätzen sind nur ausnahmsweise zulässig.

Ausserdem hat sich die Staatsregierung in dem Erlasse v. 30. Okt. 1895 (s. § 247) bereit erklärt, für die Ausbildung von Elementarlehrern zur Ertheilung mehr fachlichen Unterrichts in besonderen Kursen an Landwirthschaftsschulen nach einem schon längere Zeit an der Schule zu Weilburg bestehenden Vorgange Mittel zu gewähren. Derartige Kurse sind inzwischen eingeführt in Liegnitz und Hildesheim. Die entstehenden Kosten finden seit 1899 aus dem in seiner Titelbezeichnung entsprechend erweiterten Tit. 15b Deckung.

Tit. 15b wurde 1897/98 auf 50 000 und 1899 auf 90 000 M. erhöht.

Auch die durch die Bildung besonderer Kuratorien und Ausführung von Revisionsreisen entstehenden Kosten sollen, soweit die verfügbaren Mittel reichen, auf Staatsfonds übernommen werden.

Zahl der Schulen.

§ 250. Die Fortschritte auf dem Gebiete des ländlichen Fortbildungswesens seit Beginn der 90er Jahre sind, wie sich aus untenstehender Tabelle ergiebt, im Ganzen nicht unerfreulich, wenn sich auch die Haupterfolge nur auf die Provinzen Hessen-Nassau, Rheinland, Hannover und neuerdings Schleswig-Holstein beschränken. Diese 4 Provinzen haben (1898) allein 827 der 1041 Schulen eingerichtet, auf die sämmtlichen übrigen Provinzen entfielen also nur 20 Proz. aller Schulen. Doch liegt insofern auch hier ein Fortschritt vor, als im Jahre 1891/92 auf jene Provinzen nur 10 Proz. aller Schulen entfielen.

Provinz	Anzahl der ländlichen Fortbildungsschulen											
	1879	1880	1881	1883	1888/89	1889/90	1890/91	1891/92	1893/94	1895/96	1897/98	1898/99
Ostpreussen	1	1	5	5	—	—	—	—	—	11	8	13
Westpreussen	1	.	—	—	—	—	—	—	—	7	19	23
Brandenburg	.	.	—	1	—	—	—	—	—	—	—	—
Pommern	5	1	2	2	1	1	1	1	1	1	8	11 (12)[1]
Posen	1	.	4	40	—	—	—	—	—	45	17	17
Schlesien	1	1	18	19	22	26	39	11	9	33	32	28 (20)[1]
Sachsen	1	.	1	—	5	—	7	5	26	43	43	52
Schleswig-Holstein	1	9	8	8	16	14	13	11	14	49	78	88 (6)[1]
Hannover	34	32	21	27	9	4	6	54	48	85	164	170
Westfalen	15	25	28	6	6	14	14	6	6	—	19	22
Hessen-Nassau	132	101	133	130	145	228	310	336	300	337	305	328
Rheinprovinz	105	149	176	204	249	214	204	247	247	264	225	241
Hohenzollern	54	58	53	51	56	56	54	54	56	49	51	48
Zusammen	**351**	**377**	**449**	**493**	**509**	**557**	**648**	**725**	**707**	**924**	**969**	**1 041 (1 079)**[1]

Schüler- und Lehrerzahl.

§ 251. Die Gesammtzahl der Schüler betrug 1898/99 15 169, wovon auf die obengenannten 6 Regierungen 3253, 2203, 656, 1576, 1011, 801, zusammen 9500, auf die übrigen Bezirke im Durchschnitt nur 354, im Osten noch weniger entfielen.

Die Zahl der Lehrer betrug an allen Schulen im Ganzen 1463, wovon die Mehrzahl Elementarlehrer und nur 52 Geistliche, 7 Landwirthschaftslehrer und 29 praktische Landwirthe, Thierärzte etc. waren.

Unterhaltung.

§ 252. Von den 1079 ländlichen Fortbildungsschulen wurden 1898 unterhalten durch den Staat in Verbindung mit anderen Betheiligten 688, durch den Staat allein 78, Kreise allein 26, Gemeinden 48, landwirthschaftliche Vereine 6, Private etc. 154. 52 Schulen erforderten keine Kosten.

Die Gesammtaufwendungen betrugen 125 713 M., wovon auf die 6 Regierungsbezirke Wiesbaden (20 782), Aachen (12 628), Schleswig (15 110), Osnabrück (10 461), Cassel (7012), Trier (7214), allein 73 207 M. entfielen. Auf die übrigen Bezirke kommen durchschnittlich nur 3248 M., auf die meisten der östlichen Bezirke sogar nicht einmal 2000 M.

Von den 125 713 M. wurden durch Schulgeld gedeckt nur 8236 M. (6,6 Proz.). Der Staat schoss zu 56 822 M. (45,2 Proz.), die Kreise und Gemeinden zusammen 43 747 M., woran sie je mit der Hälfte betheiligt waren (zusammen 34,8 Proz.), Private Stiftungen etc. 14 910 M. (11,8 Proz.) Fast gar nicht betheiligten sich mit Kosten die Provinzen und landwirthschaftlichen Vereine (zusammen nur 1905 M. = 1,6 Proz.)

---

[1]) Schulen mit fachlichem Unterricht.

VI. Abschnitt.

Landwirthschaftliche höhere und niedere Spezial-Fachschulen.

§ 253. Zu den landwirthschaftlichen Spezial-Fachschulen gehören vor Allem Gartenbau-, Obstbau-, Wiesenbau-, Flachsbau-Schulen, sowie Schulen für Bienenzucht (Imkerschulen), Milchwirthschaft, Brennerei und Zuckerfabrikation u. s. w.

Mit Rücksicht auf Aufnahmebedingungen und Lehrgang kann man diese Schulen in solche höherer und niederer Ordnung eintheilen. Die ersteren sind vorwiegend auf eine wissenschaftliche Ausbildung ihrer Zöglinge berechnet und haben als Erforderniss der Vorbildung mindestens die Reife für Obertertia zur Voraussetzung, haben etwa 2jährigen Lehrgang und stehen also den landwirthschaftlichen Mittelschulen am nächsten (höhere Fachschulen).

Die niederen Fach- oder Spezialschulen erfordern nur die Elementarkenntnisse der Volksschule.

An beiden Arten von Schulen sind besondere Lehrkurse eingerichtet für Männer aus der Praxis (Land- und Forstwirthe etc.), sowie für Volksschullehrer, um diesen eine gewisse Ausbildung auf den einzelnen Fachgebieten zu sichern. Diese Kurse verfolgen mehr praktische Zwecke, setzen auch nur Elementarkenntnisse voraus und stehen daher den niederen Fachschulen am nächsten. Sie sind vielfach an niedere allgemeine landwirthschaftliche Schulen (Ackerbau-Winterschulen) angeschlossen.

A. Höhere Spezial-Fachschulen.

§ 254. Zu diesen höheren Schulen gehören in Preussen 3 Anstalten: die Königliche Gärtner-Lehranstalt am Wildpark bei Potsdam, das Königliche Pomologische Institut zu Proskau, sowie die Königliche Lehranstalt für Obst-, Wein- und Gartenbau zu Geisenheim.

Wenn man erwägt, welche Anforderungen an naturwissenschaftlichen Kenntnisse und deren Hülfswissenschaften bei Leuten gestellt werden, welche die verschiedenen Gebiete der Kunstgärtnerei beherrschen wollen, wie Landschaftsgärtnerei, Gehölzzucht, Obstbau, Pomologie, Gemüsebau, Treiberei, Pflanzenkulturen, auch Weinbau, so leuchtet es ein, dass durch autodidaktische Bildung diese Kenntniss zu erlangen nicht mehr möglich ist, dass öffentliche, auf wissenschaftlich-technische Bildung eingerichtete Lehranstalten unentbehrlich sind.

Bei dem stark vermehrten Nationalwohlstand in den letzten Jahrzehnten sollte man meinen, dass die aus obigen Gründen eingerichteten Anstalten in den letzten 25 Jahren eine stark gesteigerte Frequenz nachweisen müssten, was aber nicht der Fall ist.

	Geisenheim		Proskau		Potsdam	
	Schüler	Hospitanten	Schüler	Hospitanten	Schüler	Hospitanten
Winter-Semester 1875/76	12	1	36	1	33	—
Ende 1881	38	2	58	1	33	—
„ 1885	47	1	59	8	35	—
„ 1888	48	—	51	13	34	3
„ 1890	45	—	47	6	30	—
„ 1892	50	1	47	10	23	2
„ 1895	51	6	36	5	36	6
„ 1897	53	5	43	4	31	3

Im Winter-Semester 1875/76 wurden also auf den 3 Anstalten unterrichtet: 83 Schüler, davon 2 Hospitanten, Ende 1881: 132, davon 3 Hospitanten, 1890: 128, davon 6 Hospitanten, 1897: 139, davon 12 Hospitanten. Einen wesentlichen Fortschritt weist nur Geisenheim auf, wo 1875/76 13 und 1897 58 Schüler unterrichtet wurden. Zum Theil hat dies darin seinen Grund, dass die Anstalten Internate sind wie Proskau und Potsdam (neuerdings theilweise auch Geisenheim), also nur eine bestimmte Anzahl Schüler aufnehmen können. Zum Theil kommt aber auch hier die Erscheinung zum Ausdruck, dass die Ausbildung in allgemeinen niederen landwirthschaftlichen und gärtnerischen Anstalten vielfach als genügend angesehen wird, da für die spätere gärtnerische Laufbahn keine Vorschriften und Bedingungen bestehen.

I. Königliche Gärtner-Lehranstalt am Wildpark bei Potsdam

(Kap. 102 Tit. 15)

(anfänglich in Schöneberg und auf der Pfaueninsel, später in Charlottenhof, zu Wildpark seit 1870).

§ 255. Diese Anstalt bestand in Gemeinschaft mit der Landesbaumschule ebendaselbst schon seit 1823, in welchem Jahre sie unter Theilnahme des Vereins zur Beförderung des Gartenbaues und in Verbindung mit den Königlichen Hofgärten errichtet wurde.

Sie war auf dem Gebiete der Gartenbaulehre von bahnbrechender Bedeutung und verdankt dieselbe zum grossen Theil dem Königlichen Gartenbaudirektor Lenné.

Das Statut vom 4. Juli 1822 wurde im Jahre 1854 durch ein neues ersetzt, durch welches zugleich die bisher vom Kultus- und Landwirthschafts-Minister gemeinsam geübte Oberaufsicht lediglich auf letzteren überging. Diesem folgte ein revidirtes Statut für die Königliche Landesbaumschule und Gärtnerlehranstalt vom 3. Dezember 1892, welches wiederum durch das noch gegenwärtig geltende Statut vom 29. März 1883 (R. u. Staatsanz. v. 1883 Nr. 185) ersetzt wurde.

Nach diesem Statut sind die genannten beiden Anstalten je zwei selbständige Institute, welche unter der Oberaufsicht der Königlichen Staatsregierung und unter Mitwirkung der Verwaltung der Königlichen

Gärten zu Potsdam und des Vereins zur Beförderung des Gartenbaues in den Preussischen Staaten zu Berlin verwaltet werden.

Die Landesbaumschule hatte die Anzucht und Verbreitung der Obstbäume, Fruchtsträucher, Schmuckgehölze, sowie die Kultur nützlicher Holzarten zum Zweck. Vor einigen Jahren ist diese Anstalt indessen aufgelöst und ihr Vermögen (60—70000 M.) der Gärtnerlehranstalt überwiesen (s. hierzu § 256).

Die Gärtnerlehranstalt hat den Zweck, ihre Zöglinge zu Kunst- und Handelsgärtnern und zu Landschaftsgärtnern auszubilden.

Die Oberaufsicht steht dem Landwirthschaftsminister zu, welcher auch die Etats der Anstalten festsetzt und Rechnungs-Entlastung ertheilt.

Die laufende Verwaltung wird ausgeübt unter Beaufsichtigung durch ein Kuratorium (je 1 Kommissar des Ministers, der Königlichen Garten-Intendantur und des Gartenbauvereins) vom Direktor der Königlichen Hofgärten unter Assistenz zweier Inspektoren und eines Sekretärs und Rechnungsführers. Letztere werden auf Kündigung angenommen und erhalten eine fixirte Besoldung.

Die Lehrer der Anstalt — gegenwärtig 8, davon 3 wissenschaftliche Lehrer im Nebenamt — werden auf Vorschlag des Direktors und Kuratoriums vom Minister ernannt. Der Unterricht wird zum Theil von Fachmännern, zum Theil von tüchtigen Berufslehrern ertheilt.

An Versuchsfeldern sind 3,846 ha Forstland am Wildpark von der Regierung zu Potsdam gepachtet und als Obst-, Gemüse- und Schmuckgärten eingerichtet worden. Als Demonstrationsmittel dienen ferner die Königlichen Hofgärten. Auch werden öfters Exkursionen unternommen und ab und zu kleinere Ausstellungen veranstaltet.

Bis zum Jahre 1854 gab es 4 aufsteigende Lehrklassen, von denen die unterste am botanischen Garten in Schöneberg thätig war. Diese Klasse wurde 1854 aufgehoben und statt dessen zur Aufnahme eine 2jährige praktische Lehrzeit und Einjährig-Freiwilligen-Zeugniss verlangt (bei einer lateinlosen Schule auch noch Nachweis der Latein-Kenntnisse eines Quartaners einer gymnasialen Anstalt). Für die Eleven besteht seit 1870 ein besonderes Internat (für 24 Personen).

Der Lehrkursus dauert 2 Jahre und findet in 2 Klassen statt. In der unteren Klasse werden vorzugsweise die nothwendigen technisch-wissenschaftlichen und gewerblichen Kenntnisse gelehrt, während in der oberen Klasse der Unterricht durch Entwerfung, Veranschlagung und Ausführung von Parkanlagen, Schmuckgärten und ähnlichen Verschönerungen, sowie auf Projektions- und Landschaftszeichnen, Entwickelungsgeschichte und geographische Verbreitung der Pflanzen ausgedehnt wird. Es werden Abgangsprüfungen abgelegt. II. Examen (Obergärtnerprüfung).

Zahl der Schüler Anfangs der 70er Jahre 20, Ende der 70er und in den 80er Jahren 35—36 durchschnittlich. Etwa $^1/_4$ der Schüler stammt aus der Provinz Brandenburg.

Am Schlusse des Jahres 1899 besuchten die Anstalt 38 Eleven (davon 3 Freischüler und 3 Stipendiaten). 14 der Eleven mussten ausserhalb der Anstalt Wohnung nehmen.

Die Anstalt hat seit ihrem Bestehen bis 1899 überhaupt ausgebildet 727 Eleven, 683 Inländer und 44 Ausländer.

Etatsrechtliche Stellung. Ordentliche Ausgaben.

§ 256. Die Anstalt ist kein reines Staatsinstitut, sondern besitzt nach der Allerh. Kab.-O. v. 20. Aug. 1823 als eine Stiftung zu gemeinnützigen Zwecken die Rechte der Korporationen und die Privilegien fiskalischer Anstalten.

Die Königl. Gartenintendantur gewährt statutenmässig einen jährlichen Allerhöchst widerruflichen Zuschuss von 3024 M. Der Staatszuschuss wird alljährlich durch den Staatshaushaltsetat festgesetzt (1899/1900: 17 960 M., nach der Rechnung: 20 960 M.).

Da die Anstalt kein reines Staatsinstitut ist, so erscheinen auch nicht ihre Gesammteinnahmen, sondern nur der Staatszuschuss im Etat und zwar ist derselbe in dem Kap. 102 Tit. 15 (landwirthschaftliche Mittelschulen) mit enthalten. Die Höhe des Zuschusses richtet sich nach der Höhe der eigenen Einnahmen. Diese entstehen vorzugsweise aus den Honoraren, welche von den Zöglingen und Hospitanten erhoben werden. Die Zöglinge befinden sich zum grösseren Theil im Internate. 36 Elevenstellen sind vorgesehen.

Für Unterricht, Wohnung, Heizung, Licht, ärztliche Behandlung u. s. w. wurden früher 200 M., seit 1. April 1899 250 M. jährlich bezahlt. Bett, Bettwäsche u. s. w. haben die Zöglinge sich selbst zu beschaffen. Es giebt einige Freistellen. Hospitanten zahlen 150 M. halbjährlich oder 25 M. monatlich Honorar. Prüfungsgebühren für die Obergärtnerprüfung (II. Examen) 50 M. Alles in Allem erfordert der Aufenthalt jährlich 900—1000 M.

Die Entwickelung der Einnahmen und Ausgaben nach der Rechnung ergiebt sich aus Anl. XLI.

Darnach betrugen dieselben im Anfang der 70er Jahre 10 000 bis 15 000 M., Ende derselben gegen 30 000 M. und sind seitdem stellenweise bis 40 000 M. gestiegen. 1899/1900 betrugen sie 34 172 M. Von den Einnahmen wird der grösste Theil durch den Staatszuschuss gedeckt (1899/1900: 61 Proz.), 2092 M. fliessen als Zinsen aus dem 1894/95 bei Auflösung der Landesbaumschule überkommenen Kapital von 61 700 M., 7550 M. oder 22 Proz. werden aus Honoraren vereinnahmt. Vor 1892/93 betrug dasselbe 180 M., seitdem 200 M., seit 1899/1900 250 M.

Von den Ausgaben sind die Hälfte (17 430 M.) Betriebskosten, 13 927 M. entfallen auf Besoldungen.

Extraordinarium.

§ 257. Im Extraordinarium sind seit 1867 nur einmal, im Jahre 1876, Mittel ausgebracht und zwar 54 000 M., um eine Versuchsstation für gärtnerische Zwecke zu gründen, welche im Gegensatze zu den mehr dem Obstbau und dessen wissenschaftlicher Begründung dienenden Stationen zu Proskau und Geisenheim sich mehr mit den wissenschaftlichen Prinzipien der Kultur der Zierpflanzen und im Gewächshause beschäftigen sollte.

Diese Mittel sind nicht verwendet worden. Im Etat pro 1902 stehen 100 000 M. 1. Rate zur Erbauung der erforderlichen Gebäude in Dahlem, wohin die Anstalt verlegt werden soll.

II. Pomologisches Institut Proskau.

(Kap. 32 Tit. 3 der Einnahme und Kap. 102 Tit. 4 ff. der Ausgabe.)

§ 258. Die Anstalt wurde im Jahre 1868 eröffnet und stand damals in naher Verbindung mit der landwirthschaftlichen Akademie zu Proskau. Nach deren Auflösung (1881) wurden die Lehrräume des Instituts erheblich erweitert. An Stelle der Akademielehrer traten zum Theil Lehrer des neugegründeten Seminars, sowie des Gymnasiums zu Oppeln ein.

Das Institut hat den Zweck, durch Heranbildung tüchtiger gärtnerischer Kräfte und durch direkte Beziehungen mit der Praxis die Gärtnerei in allen ihren Zweigen, besonders die Nutzgärtnerei und den Obstbau, zu heben und zu fördern. Zu diesem Zwecke werden Unterrichtskurse abgehalten, grosse gärtnerische Kulturen betrieben, Vorträge ausserhalb des Instituts veranstaltet und wissenschaftliche Forschungen auf dem Gebiete des gesammten Gartenbaues, besonders des Obstbaues, ausgeführt.

Die Anstalt verfolgt also nicht nur den Zweck, junge Gärtner in einem gründlichen systematischen Lehrgange heranzubilden, sondern auch Lehrern, Obstgärtnern, also Männern der Praxis u. s. w. Gelegenheit zu ihrer Fortbildung auf dem fraglichen Gebiete zu geben.

Das Institut hat sich, ungeachtet einer gewissen Ungunst der klimatischen Verhältnisse und seiner nicht eben günstigen Lage fern von den Knotenpunkten des grösseren, mit mannigfachen Anregungen verbundenen Verkehrs, einer stetigen gesunden Entwickelung zu erfreuen gehabt.

Zahl der Zöglinge 1878: 35, 1879: 38, 1880: 47, 1881: 58, 1882: 57, 1883: 62, 1884: 64, 1885: 61, 1886: 60, 1887: 52, 1898/99: 43 und 4 Hospitanten. An den periodischen Kursen nahmen Theil im Jahre 1898: 200 Personen.

Seit Bestehen des Instituts wurden ausgebildet 598 Inländer und 139 Ausländer. An den periodischen Kursen haben bis 1898 Theil genommen 1894 Personen, darunter 923 Lehrer.

An der Spitze des Instituts steht ein besonderer Direktor. Der Unterricht wird einestheils von den an der Anstalt angestellten Fachlehrern, andererseits von Berufslehrern am Seminar zu Proskau oder am Gymnasium zu Oppeln ertheilt.

Das Gesammtareal des Instituts beträgt 38,5 ha. Es besitzt eine reichhaltige Bibliothek, Versuchsstation mit pflanzenphysiologischer und chemischer Abtheilung, Obstverwerthungsstation, eine Anzahl Gewächshäuser u. s. w.

Es werden zunächst unterschieden Zöglinge und Hospitanten. Der Kursus für erstere ist zweijährig (4 Semester), die Zöglinge befinden sich im Internat. Sie müssen zur Aufnahme das 17. Lebensjahr vollendet haben, die Reife für die Obertertia einer höheren Lehrvollanstalt oder die Reife für Sekunda eines Progymnasiums bezw. Realschule oder für die entsprechende Klasse einer Landwirthschaftsschule besitzen und eine zweijährige praktische Lehrthätigkeit nachweisen. Andernfalls haben sie sich durch eine vom Institut abzulegende Prüfung über den genügenden Grad ihrer Vorbildung auszuweisen.

Die Zöglinge haben nach zweijährigem Lehrgang eine Abgangsprüfung abzulegen, worüber sie ein Zeugniss erhalten.

Der Aufenthalt für Personen des landwirthschaftlichen oder des Gärtnerberufs in reiferem Alter als Hospitanten erstreckt sich in der Regel nur auf ein Halbjahr. Sie werden nicht ins Internat aufgenommen.

Ausserdem sind noch eine Anzahl kürzer bemessener Lehrgänge eingerichtet, nämlich 1. für Seminar- und Volksschullehrer (14tägiger Frühjahrskursus und 10—12tägiger Sommerkursus), für preussische Lehrer unentgeltlich, für andere preussische Theilnehmer 25 M., für Nichtpreussen 30 M., 2. für Baumgärtner und Baumwärter (2 Wochen im Frühjahr oder im Spätsommer 10 Tage), Nichtpreussen 15 M., 3. für Herrschaftsgärtner über Baumpflege und Baumschnitt (6tägig), 4. für Garten- und Obstbauinteressenten (Lehrgangszeit kürzer wie für Hospitanten und länger wie bei 3), 10—15 M., 5. über Pflanzenkrankheiten (6tägig), 6. für Obstverwerthung (einige Tage), 7. Damenkursus (3tägig im Frühjahr), 8. für die Zöglinge der Königl. Försterlehrlingsschule zu Proskau (6 Nachmittage im Frühjahr und im Sommer).

Die Lehrgänge zu 3 und 5 bis 8 sind unentgeltlich.

Etatsrechtliche Stellung.

§ 259. Das pomologische Institut zu Proskau ist eine reine Staatsanstalt. Einnahmen wie Ausgaben laufen durch den Staatshaushaltsetat (Kap. 32 Tit. 3 der Einnahme und Kap. 102 Tit. 4 ff. der Ausgabe). Die Höhe der eigenen Einnahmen ist aber aus dem Etat nicht zu ersehen (s. § 204a).

Entwicklungsgang der Einnahmen und Ausgaben in Anl. LXa. u. b.

Die eigenen Einnahmen bestehen hauptsächlich in solchen aus Unterrichtsgeldern (1901: 9600 M. von insgesammt 15 961 M., 1875: 5850 M.). Das Unterrichtshonorar beträgt im 1. und 2. Semester je 60 M., in jedem folgenden 45 M.

Die im Internat befindlichen Eleven (45) zahlen ausserdem halbjährlich je 75 M. (Nichtpreussen 100 M.) für Kostgeld, Wohnung, Heizung u. s. w. Es giebt eine Anzahl Freistellen.

Hospitanten zahlen 50 M. (Nichtdeutsche 75 M.) pro Semester.

Aus der Gartennutzung kommen 4500 M. ein. In dieser Einnahme ist eine Steigerung gegen die 70er Jahre nur um 500 M. eingetreten.

§ 260. Unter den Ausgaben kommen in Betracht:

1. Besoldungen. Der Direktor erhält bis zu 6500 M., hat Dienstwohnung und bezieht 5 Proz. Tantieme vom Erlöse der zum Verkauf kommenden Anstaltserzeugnisse.

Die Lehrer sind zum Theil im Nebenamte angestellt, Etatsmässig angestellt sind 2 Leiter der Versuchsstationen mit 2200—5106 M., 1 Lehrer mit 2100—3800 M. und 2 Obergärtner (1800—4200 M.).

Für Subaltern- und Unterbeamte gelten die Grundsätze wie bei der allgemeinen Staatsverwaltung.

Die Besoldungen sind seit 1875 von 9390 M. auf 26100 M. gestiegen, die Remunerirungsfonds für Hülfslehrer von 11740 M. auf 7750 M. gefallen.

2. Betriebs- und Wirthschaftskosten. Der hauptsächlichste Ausgabebetrag liegt in den Betriebs- und Wirthschaftskosten, welche von 1875 bis 1901 von 17196 M. auf 34780 M. stiegen. Lehrmittel und Sammlungen stiegen nur von 2400 M. auf 3660 M. Da der grossen Steigung der Betriebs- und Wirthschaftskosten und der Besoldungen entsprechende Einnahmevermehrungen nicht gefolgt sind, so ist der Staatszuschuss seit 1875 fortgesetzt erheblich gestiegen. 1875: 31575 M. oder 75 Proz. der Gesammteinnahmen, 1900: 61129 M. oder fast 80 Proz.

Extraordinarium.

§ 261. Im Extraordinarium wurden für die Anstalt Proskau seit 1867, wo die Einrichtung der Anstalt beschlossen wurde (vgl. Denkschr. C. zu dem landw. Etat für 1867), insgesammt 242343 M. bereitgestellt. Für Bau und erste Einrichtung wurden bis zum Jahre 1872 zusammen 153090 M. bereitgestellt. 1878/79 wurden 2 neue Gewächshäuser gebaut. In den Jahren 1894/96 wurden rund 40000 M. zu Erweiterungsbauten Wasseranlagen u. s. w. erforderlich.

III. Königl. Lehranstalt für Obst-, Wein- und Gartenbau zu Geisenheim.

(Kap. 32 Tit. 3 der Einnahme, Kap. 102 Tit. 4 ff. der Ausgabe).

§ 262. Nach Annexion der nassauischen Landestheile durch Preussen war aus der neugebildeten Provinz Hessen-Nassau heraus die Errichtung einer pomologischen Lehr-, Versuchs- und Musteranstalt für Ost- und Weinbau im Rheingau bei der Staatsregierung lebhaft angeregt worden. Man schwankte anfangs in der Wahl der Orte zwischen Geisenheim und Cronberg, welche beide Gemeinden Grundstücke zur Verfügung gestellt hatten, entschied sich aber schliesslich für Geisenheim, wo örtliche Lage, Boden u. s. w. erheblich günstiger waren (vgl. Anl. C. zum landw. Etat 1869).

Die neue Anstalt wurde am 1. Oktober 1872 eröffnet, sie hat seitdem besonders im Vergleich mit Potsdam und Proskau eine hervorragende Entwickelung genommen.

Den Gegenständen des Unterrichts, welcher in den übrigen gärtnerischen Lehranstalten ertheilt wird, trat hier vor Allem hinzu der Unterricht im Weinbau, sowie in der Bereitung und in der Kellerbehandlung des Weins auf wissenschaftlicher und praktischer Grundlage.

An der Spitze des Instituts steht ein Direktor, und sowohl der praktische wie der wissenschaftlich theoretische Unterricht wird mit nur einer Ausnahme von besonderen Anstaltslehrern und Fachmännern ertheilt.

Die Anstalt soll vorzugsweise einen möglichst vollkommenen Betrieb des Obst-, Wein- und Gartenbaues, gestützt auf naturwissenschaftliche Grundsätze, lehren und darstellen. Sie verfolgt die Aufgabe, in einem 2jährigen Lehrgange solche Schüler auszubilden, welche später als Lehrer an Fachanstalten, als Wanderlehrer etc. thätig sein wollen. Ausserdem sollen in einem kürzeren Zeitraume Gärtner, welche schon mindestens 2 Jahre in einer Handelsgärtnerei oder grösseren Privatgärtnerei gearbeitet haben, weitere Ausbildung im Obst- und Gartenbau erlangen. Hieran schliesst sich ein Lehrgang für Obst- und Weinbauschüler von 1jähriger Dauer. Derselbe ist an Stelle des halbjährigen Spezialkursus für Obst- und Weinbau, und zwar für alle diejenigen eingerichtet worden, welche, ohne gärtnerische Vorbildung zu besitzen, die Anstalt besuchen und sich gründliche theoretische und praktische Kenntnisse und Fertigkeiten im Obst- und Weinbau erwerben wollen.

Endlich soll die Lehranstalt Obstgärtnern, Baumwärtern, Schullehrern, Landwirthen, Garten- und Weingutsbesitzern, Weinhändlern, Winzern u. s. w. Gelegenheit bieten, als Hospitanten am Unterricht Theil zu nehmen, um dadurch für ihre praktischen Anschauungen eine wissenschaftliche Grundlage zu erhalten.

Den Zielen der Anstalt entsprechend werden unterschieden:

1. ein 2jähriger Lehrgang für eigentliche Zöglinge oder Eleven (höhere Lehranstalt),
2. ein einjähriger Lehrgang für die gelernten Gärtner (Gartenschüler),
3. Lehrgang für die Obst- und Weinbauschüler von einjähriger Dauer,
4. periodische Lehrkurse (Obstbau-, Baumwärter-, Winzer-, Rebenveredelungs-, Obstverwerthungs-, Reblauskursus und die sogenannten Laboranten in den Versuchsstationen).

Diejenigen Anstaltsbesucher, welche den Elevenkursus mit „gut“ durchgemacht haben und sich im Besitze des Berechtigungsscheines zum einjährig-freiwilligen Militärdienst befinden, können nach mindestens dreijähriger praktischer Bethätigung — vom Verlassen der Anstalt an gerechnet — durch eine staatliche Fachprüfung die Berechtigung als Lehrer des Obst-, Wein- und Gartenbaues oder als Obergärtner erwerben.

Mit der Anstalt eng verbunden ist die pflanzen-physiologische und die önochemische Versuchsstation, ferner eine Pflanzenschutzstation, welche sich die wissenschaftliche Prüfung und Beantwortung aller auf Obst-, Wein- und Gartenbau Bezug habenden Fragen angelegen sein lassen. Für die Untersuchungen gilt ein besonderer Tarif.

Die Versuchsfelder und Gärten sind 19,121 ha gross.

Um den Weinbauern die wünschenswerthe Gewähr für den Bezug echter Hefen, welche bei Apfel-, Beeren- und auch bei Traubenweinen eine immer grössere Rolle spielen, zu geben, ist in Verbindung mit der Lehranstalt für Obst- und Weinbau in Geisenheim und dem Deutschen Weinbau-Verein eine Hefereinzuchtanstalt eingerichtet, welche sich eines stets steigenden Absatzes erfreut. An der gedachten Anstalt werden dazu neben dem eigentlichen Unterricht für die Eleven noch besondere kürzere Kurse für Hefen-Reinzucht und -Verwendung und für Weinbau, Weinchemie und Kellerbehandlung des Weines gehalten.

Eine wesentliche Förderung der Anstalt lag in der Einrichtung eines Internats für die Schüler. Dasselbe wurde mit einem durch das Extraordinarium des Etats pro 1880/81 bewilligten Kostenaufwande von rund 9000 M. durch den Umbau einer alten zur Anstalt gehörigen Wohnung hergestellt und mit dem Anstaltsterrain verbunden. Es war zunächst auf 22 (später 31) Zöglinge berechnet, deren Verpflegung sich auf 350 M. per Kopf und Jahr berechnet. Durch einen mit einem Aufwande von rd. 145 000 M. hergestellen Internatsneubau sind 60 Plätze znr Unterbringung von Schülern geschaffen. Für Kost und Wohnung im Internat haben Preussische Staatsangehörige jährlich 350 M., Nichtpreussen 500 M. jährlich zu entrichten. Die Vortheile dieser Einrichtung für die Erleichterung des Besuches der Anstalt und für die Förderung der Unterrichtsresultate durch die bessere Ueberwachung der Zöglinge sind augenscheinlich. Von grosser Wichtigkeit für die Lehr- und Forschungszwecke der Anstalt ist ferner die mit dem Jahre 1880 erfolgte Verlegung der önochemischen Arbeiten gewidmeten Versuchsstation für den Regierungsbezirk Wiesbaden von Wiesbaden nach Geisenheim. Durch diese Verlegung wird es möglich, die Zwecke der Anstalt und der Versuchsstation, welche in vielen Beziehungen zu einander stehen, gleichzeitig zu fördern.

1883 entfielen von 53 Eleven 15 auf Hessen-Nassau und 12 auf die Rheinprovinz.

Ordentliche Ausgaben und Einnahmen.

(Anlage XLa und b.)

§ 264. Dem steigenden Entwickelungsgange der Anstalt ist auch eine entsprechende Zunahme der Etatsposten gefolgt. Die Ausgaben stiegen von 1875 ab bis 1901 auf über das 3fache, von 40 755 auf 122 338 M. Bei weitem stärker, von 5115 auf 48 660 M., also fast um das 10fache, stiegen aber die Einnahmen. Die steigende Frequenz kommt zum Theil zum Ausdruck in der Vermehrung der Honorar- und Pensionseinnahme u. s. w. von 2700 auf 32 820 M. Aber auch die Erträge der Gartennutzung stiegen von 2400 auf 15 200 M. In Folge dessen stieg der Staatszuschuss nur von 35 640 auf 73 678 M. also wenig über die Hälfte (1875: 87 Proz., 1901: 62 Proz. der Gesammteinnahme).

Die Einrichtung des Internats hatte natürlich auch eine starke Steigerung der Wirthschaftskosten zur Folge, von 13 290 auf 67 870 M. Lehrmittel und Sammlungen 1875: 2550 M., 1901: 4500 M. Besoldungen 1875: 9975 M., 1901: 27 700 M. Der Remunerirungsfonds von Hülfslehrern ist auch hier zurückgegangen, 1875: 13 410 M., 1901: 12 590 M.

Was die Besoldungen anbetrifft, so bezieht der Direktor bis zu 6500 M. Gehalt, hat Dienstwohnung und darf gegen eine Entschädigung von 15 M. den Bedarf für seinen Haushalt aus den Erzeugnissen der Anstalt entnehmen.

Die wissenschaftlichen Lehrer (Professoren) einschl. des Dirigenten der Versuchsstation erhielten bis zur allgemeinen Besoldungsaufbesserung im Jahre 1897/98 2100—4500 M. und sind seitdem auf 2700—5100 M. erhöht worden, ausserdem sind für dieselben je nach dem Dienstalter feste Zulagen bis zu je 900 M. festgesetzt.

Die 3 Obergärtner und 1 Weinbergsverwalter erhalten 1800 bis 4200 M. Gehalt, wie die Bureau- und Kassenbeamten. Hinsichtlich aller, wie auch der vorhandenen Unterbeamten, gilt das Gleiche wie zu § 260.

Extraordinarium.

§ 265. Im Extraordinarium sind für die Anstalt seit 1867 bereitgestellt im Ganzen 720 903 M., davon entfielen auf den Bau und die erste Einrichtung der Anstalt in den Jahren 1870 bis 1876 zusammen 478 604 M. Für die Anfang der 80er Jahre von Wiesbaden nach Geisenheim verlegte Versuchsstation wurden 1881/82 12 300 M. und 1896/97 weitere 45 100 M., 1899 8400 M. zu Bau- und Einrichtungszwecken zur Verfügung gestellt. Für das seit 1880/81 an der Anstalt eingerichtete Internat wurden in diesem Jahre 9000 M. erforderlich. 1899/1900 wurde ein Neubau aufgeführt, der etwa 145 000 M. rund erforderte.

B. Niedere Spezial-Fachschulen.

§ 266. Zu diesen Schulen sind alle den in § 253 genannten Schularten zugehörigen Schulen zu rechnen, die nicht höhere Lehrzwecke verfolgen, also alle Garten-, Obst-, Wein-, Wiesenbau-, Forst-, Flachsbauschulen, Schulen für Bienenzucht (Imkerschulen), Milchwirthschaft (Molkereischulen), Brennerei und Zuckerfabrikation, letztere beiden, soweit sie nur die Heranbildung niederer Techniker, Brennmeister, Siedemeister etc. und nicht von höheren Betriebsleitern bezwecken. Auch die Hufbeschlaglehrschmieden sind hier zu nennen, wenigstens ist in Beil. D. zum landw. Etat 1876 ein Lehrkursus über Hufbeschlag in Wiesbaden unter den den Provinzen überwiesenen niederen landwirthschaftlichen Lehranstalten mit aufgeführt (vgl. auch die Fassung des Etatstitels Kap. 102 Tit. 15 1876: Beihülfen zur Errichtung und Unterhaltung mittlerer und niederer Lehranstalten, insbesondere von Schulen für Landwirthe, Wirthschafts-Unterbeamte u. s. w., und von Lehranstalten für Schmiede, Stellmacher, Gärtner, Schäfer u. s. w.). Haushaltungsschulen gab es in den 70er Jahren noch nicht: Sie sind erst eine Errungenschaft der neueren Zeit, werden aber auch den niederen landwirthschaftlichen Spezialschulen anzureihen sein.

Wenn auch nicht in demselben Maasse wie das in §§ 242 ff. behandelte allgemeine landwirthschaftliche niedere Schulwesen, haben doch auch die niederen Spezialschulen unter der Fürsorge der 1875 mit ihrer Pflege betrauten Provinzen einen ganz erheblichen Aufschwung genommen. 1876 wurden den Provinzen vom Staate überwiesen 4 Garten-, Wein-, Obstbauschulen (8850 M.), 4 Wiesenbauschulen (3510 M.) und eine Hufbeschlaglehrschmiede (174 M.). Gegenwärtig giebt es 104 Garten- und Obstbauschulen und Kurse, 2 Weinbauschulen, 7 Wiesenbauschulen, 17 Molkereischulen bezw. Kurse, 48 Hufbeschlaglehrschmieden, 4 Imkerschulen bezw. Bienenzuchtkurse, 1 Brennerei-, Brauerei-, Zuckerfabrikations- und 2 Königl. Forstschulen. Frequenz siehe unter der Uebersicht § 203.

Die Kosten dieser Schulen werden zum Theil von Vereinen, Kommunen und Privaten, zum grössten Theil aus Provinzialmitteln bestritten. Aber auch der Staat betheiligt sich in etwas an den Unterhaltungskosten. Allerdings werden, schon um deswillen, weil das niedere Unterrichtswesen grundsätzlich auf engere Verbände übertragen ist, allgemeine unterrichtliche Fonds (Kap. 102 des Etats) nicht herangezogen, wohl aber andere, in das betreffende Spezialfach schlagende Fonds (Obstbaufonds Kap. 107 Tit. 2, Viehzuchtfonds für Molkereischulen Kap. 104 Tit. 4 u. s. w.).

Rechnet man die verschiedenen Staats- und Provinzialzuschüsse zusammen, so ergiebt sich für den Staat eine jährliche Ausgabe von 20—25 000 M., für die Provinzen von 40—45 000 M. für das niedere Garten-, Obst-, Weinbauunterrichtswesen. 5—10 000 M. werden von Kreisen, Gemeinden und Vereinen aufgebracht.

Der Unterschied der Schulen von den blossen Lehrkursen besteht nicht allein in der festeren und entwickelteren Organisation der ersteren, sondern vor Allem auch darin, dass erstere mehr die Absicht haben, jungen Leuten, die die Kenntnisse der Elementarschule besitzen, eine gewisse berufsmässige niedere fachliche Ausbildung zu gewähren, während die Kurse, welche zum Theil an den Schulen selbst, auch an den höheren Spezialschulen, stattfinden, meist darauf abzielen, bereits im Beruf stehenden Volksschullehrern, Land- und Forstwirthen, Gärtnern und Baumwärtern, Weinbauern u. s. w. eine weitere Ausbildung in den verschiedenen Zweigen des Obst-, Garten-, Weinbaues u. s. w. zu gewähren.

I. Garten- und Obstbauschulen, Baumschulen und praktische Obstbaukurse.

§ 267. Die Zahl der Garten- und Obstbauschulen beträgt gegenwärtig 11, wovon allein 3 auf die Provinz Brandenburg entfallen. Davon sind 2 provinzielle Anstalten, 5 Veranstaltungen der landwirthschaftlichen Vereine (Landwirthschaftskammern), 1 gehört dem Staate (Bullay), 1 gehört dem Kreise, 1 der Gemeinde, 1 ist Privatanstalt.

Für den Weinbau besteht eine Provinzialweinbauschule in Trier, neuerdings werden 2 weitere derartige Schulen von der Provinz in Kreuznach (für Oberrhein und Nahe) und Ahrweiler (Rothweingebiet) errichtet.

§ 268. Der Baumschulenbetrieb hat die Fürsorge der landwirthschaftlichen Verwaltung nur in geringem Maasse nöthig gemacht, da die Privatindustrie auf diesem Gebiete sich so entwickelt hat, dass in allen Provinzen leistungsfähige Baumschulen bestehen. Hier eine staatliche Konkurrenz eintreten zu lassen, erschien entbehrlich. Deshalb ist auch Mitte der 90er Jahre die Landesbaumschule zu Potsdam aufgelöst worden. Nur wo Lehr- und Demonstrationszwecke mit Baumschulen verbunden sind, werden mässige Staatsunterstützungen gewährt. Gegenwärtig sind die beiden einzigen aus dem Obstzuchtfonds erhaltenen staatlichen Baumschulen diejenigen zu Engers und die pomologische Anstalt zu Cassel. Die erstere bildete sich allerdings immer mehr zu einer Rebenveredelungsstation aus.

Die Landesbaumschule zu Engers.

(Kap. 102 Tit. 4 ff. des Etats.)

Die Landesbaumschule zu Engers wurde früher unter Mitheranziehung der linksrheinischen Gemeinden des Regierungsbezirks Koblenz unterhalten, ist jedoch im Laufe der Zeit zu einer reinen Staatsanstalt ausgestaltet werden und steht unter der Aufsicht des Königl. Oberpräsidiums zu Koblenz. — Mit dem Jahre 1894 ist mit der Anstalt eine Rebenveredelungsstation verbunden. Sie bekommt aus der Königl. Kronfideikommisskasse 1200 M. Zuschuss. Die Gesammtausgaben betrugen 1892/93 6350 M., 1901 7750 M., die Einnahmen 1892/93 4200 M., 1901 2200 M., der Zuschuss aus allgemeinen Staatsmitteln 1892/93 2150 M., 1901 4450 M., s. § 208a.

Die Einnahmen aus der Gartennutzung gehen fortgesetzt zurück. Sie betrugen nach Anl. XLa 1892/93 3000 M., 1901 1500 M.

Honorar haben die Schüler nicht zu zahlen, müssen jedoch für ihren Unterhalt selbst Sorge tragen.

Dagegen erhalten:

a) die Gartenzöglinge im 1. Jahre ihrer Lehrzeit 70 Pf., im 2. Jahre 80 Pf., im 3. Jahre 90 Pf. für den Tag, jedoch ohne Anspruch auf Wohnung.

b) die Zöglinge für den viermonatlichen praktischen Obstbaukursus freie Wohnung, Licht, Heizung, Bettstelle (ohne Bett).

Dauer des Kursus:

a) für die Gartenzöglinge 3 Jahre,

b) für die Obstbaukursisten 14 Tage,

c) für die Rebenveredelungs-Kursisten 6 bezw. 4 Tage.

Im Jahre 1898 wurden Obstbaukurse an der Anstalt überhaupt nicht abgehalten. An den Rebenveredelungskursen vom 15. bis 19. März, 29. März bis 2. April und 12. bis 16. April nahmen 36 Personen theil.

Die pomologische Anstalt zu Cassel.
(Kap. 107 Tit. 2 des Etats.)

§ 269. 1866 wurde bei der Annexion Hessen-Nassaus auch der 1863 von der kurfürstlichen Regierung in der Nähe von Cassel errichtete pomologische Garten übernommen. Da der Garten allmälig ausgebaut ist und die Räumlichkeiten ungenügend wurden, ist durch Vermittelung der vertragsmässig gegen Gewährung eines Jahreszuschusses von 3300 M. mit der Verwaltung betraute Landwirthschaftskammer in Oberzwehren bei Cassel ein neues Grundstück für Kosten des Staats erworben. Zum Grunderwerb, Neubau u. s. w. wurden von 1899 bis 1901 zusammen 192 100 M. bereitgestellt, der Gesammtbetrag soll 249 100 M. betragen, während man hofft, den alten Garten durch Baustellenverkauf für 800 000 M. zu veräussern.

Mit der Anlage wird eine Obstverwerthungsstation verbunden sein.

Sie ist bestimmt zur Erzielung der für den Regierungsbezirk Cassel geeignetsten Obstsorten und zur Abgabe sortensicheren Pflanzmaterials an Gemeinden und Landwirthe als Obstmuttergarten und gleichzeitig durch zweckmässige Anlage und Unterhaltung, insbesondere der Obstanlagen in Verbindung mit feldgärtnerischem und landwirthschaftlichem Betrieb, als Musteranlage zu dienen. In Verbindung hiermit soll Gelegenheit zu Obstbaukursen für Landwirthe, Lehrer und Baumwärter und in dem Betriebe einer Obstverwerthungsstation auch Gelegenheit zur Abhaltung von Lehrkursen in den verschiedensten Arten der Obstverwendung gegeben werden.

§ 270. An niederen nicht in Staatsbesitz befindlichen Obst-, Wein- und Gartenbauschulen kommen in Betracht:

1. Für Ostpreussen die Provinzial-Gärtner-Lehranstalt in Tapiau (Provinzial-Zuschuss 1898/99: 4340 M.).

2. Die unter Oberaufsicht der Landwirthschaftskammer für Brandenburg stehende Obst- und Gartenbauschule (Gärtnerlehranstalt) zu Wittstock, mit der zugleich eine Obstverwerthungs-Versuchsstation verbunden ist.

Die Anstalt bildet berufsmässige Gärtner aus — es werden Gärtnerlehrlinge (2—3 Jahre) und Gärtnergehülfen (Eleven 1 Jahr) unterrichtet, 1898: 3 Lehrlinge, 6 Gehülfen — bietet aber auch kürzere Kurse für Volksschullehrer, Forst- und Landwirthe, Baumwärter u. s. w. Der Unterricht ist unentgeltlich. Unterhaltungszuschüsse 1898: 1000 M. vom Staate, 500 M. vom Kreise Ostprignitz, 2500 M. von der Provinzialverwaltung.

2a. Die Gärtnerlehranstalt (Internat) zu Oranienburg, eine Einrichtung der Provinz Brandenburg, welche sich als ein Theil der dort bestehenden landwirthschaftlichen Lehranstalt darstellt, daher auch keine besonderen Zuschüsse empfängt.

Die Anstalt bildet nur berufsmässige Gärtner aus, Lehrlinge erhalten 4—6 Semester, Gehülfen 2 Semester Unterricht. Besuch 1898 ein Semester durchschnittlich 22. Lehrhonorar 60 M. pro Semester. Volle Pension für 240 M. im Anstaltsgebäude.

3. Die ebenfalls in der Provinz Brandenburg errichtete, unter Aufsicht der Landwirthschaftskammer stehende Wein- und Obstbauschule zu Krossen für berufsmässige Gärtner u. s. w., mit der aber zugleich besondere Kurse für Lehrer, Chaussee- und Baumwärter und Gutsgärtner verbunden sind. Der Unterricht ist unentgeltlich. Die Berufsgärtner erhalten zweijährigen, wenn sie bereits praktisch vorgebildet waren (Gehülfen) einjährigen Unterricht (1898 durchschnittlich 9 pro Semester). Unterhaltungszuschüsse: 1000 M. vom Staat, 3000 M. von der Provinz, 1000 M. von der Stadt Krossen.

Für die Provinz Pommern kommt in Betracht

4. die Obstbauschule Eldena im Regierungsbezirke Stralsund, gehört dem Staate, steht aber in der Verwaltung der Landwirthschaftskammer. Die Lage ist die gleiche wie beim pomologischen Garten Cassel, sie bildet berufsmässige Gärtner (für Gehülfen in einjährigem, sonst in dreijährigem Kursus, 1898: 3) aus, giebt aber auch Volksschullehrern (1898: 10), Chausseeaufsehern (1898: 3) und Schülern der Landwirthschaftsschule zu Eldena (1898: 14) Gelegenheit zur Erlernung gärtnerischer und pomologischer Kenntnisse. Unterricht unentgeltlich für Berufsgärtner und Schüler, sonst 10—20 M. Unterhaltungszuschüsse 1898: 1760 M. vom Staate (Kap. 107 Tit. 2), 230 M. von der Provinz.

Für Posen:

5. Provinzial-Gärtnerlehranstalt zu Koschmin, ursprünglich Staatsanstalt, seit 1876 Provinzialanstalt, neuerdings verbunden mit einem Kursus für Volksschullehrer. Die Anstalt ist Internat. Die Normalzahl der Zöglinge ist 20. Unterricht und Pension ist unentgeltlich (für Hospitanten 255,50 M.). Der Lehrgang ist ein dreijähriger. Der Provinzialzuschuss beträgt 8300 M.

Fachschule und Fortbildungsschule für Gärtnergehülfen und -Lehrlinge in Bromberg.

Die Schule gehört dem Garten- und Obstbauverein zu Bromberg. Die Stadt Bromberg stellt das Schullokal, 200 M. Zuschuss giebt die Landwirthschaftskammer, 100 M. der Kreis. Unterricht unentgeltlich. Lehrdauer 3—4 Jahre. Frequenz 1898: 12 Schüler.

Für Sachsen giebt es keine besondere Schule für Berufsgärtner.

Für Hannover besteht

6. zu Ahlem eine israelitische Erziehungsanstalt und niedere Gärtnerlehranstalt, die zum grössten Theil (20 000 M.) aus milden Spenden unterhalten wird, soweit die Kosten nicht aus Schul- und Kostgeld (à 300—400 M.) gedeckt werden. Der Kursus dauert 3 Jahre, 1898: 50 Schüler, davon 30 Ausländer.

7. Obstbauschule zu Jork (Regierungsbezirk Stade).

Dies ist eine Kreisanstalt des gleichnamigen Kreises, welche 1500 M. aus Staatsmitteln erhält und 3000 M. vom Kreise benöthigt. Schulgeld: erster Kursus 40 M., zweiter Kursus 20 M. Die Kurse sind Winterkurse. 1898: 19 Schüler.

8. Für Wiesbaden: Gärtnerische Fortbildungsschule zu Sachsenhausen bei Frankfurt a. M.

Vereinsanstalt, hat Jahres- und Halbjahreskurse für Gärtnerlehrlinge oder -Gehülfen, 1898: 51. Honorar 3 M. pro Semester. Staatszuschuss 450 M., städtischer Zuschuss 850 M.

9. Obst-, Wein- und Waldbauschule zu Bullay früher zu Regierungsbezirk Coblenz.

Die seit 1873 bestehende Anstalt trägt mehr den Charakter eines Kursus. Der Unterricht dauert nur 3 Monate und wird nur vom Gemeindeförster ausgeübt. Honorar wird nicht gezahlt, die Schüler erhalten Tagelohn im Sommer 1,80 M., im Winter 1,50 M., für Okuliren 3 Pf. pro Stück. Die Ausgaben sind gering und werden von Staate bestritten.

10. Gemüsebauschule zu Breyell, Regierungsbezirk Düsseldorf.

Gegenwärtig Gemeindeanstalt, welche 2793 M. aus Staatsmitteln, 2793 M. aus Provinzialmitteln erhält und seiner Zeit errichtet wurde, um der Nothlage der Handweber der Seidenindustrie zu Breyell und Umgegend abzuhelfen und eine gesundere, gewinnbringendere Arbeitsthätigkeit, namentlich bei der jüngeren Generation herbeizuführen. Unterricht nnd Station unentgeltlich. Dauer des Kursus 2 Jahre. 1898: 12 Schüler.

11. Weinbauschule zu Trier.

Eine Provinzialanstalt, welche 3500 M. Staatszuschuss und 300 M. von der Stadt Trier bezieht. Gesammtausgabe 1900: 31 700 M., davon 19 510 M. aus Provinzialmitteln. Mit ihr sind Weinbau-, Obstbau- und Gemüseverwerthungskurse verbunden. Im Uebrigen beträgt die Lehrzeit 1 Jahr. Durch den zweijährigen erfolgreichen Besuch der Anstalt und das Bestehen der Schlussprüfung kann das Zeugniss über die Befähigung als Weinbergsverwalter erworben werden. Es werden bezahlt 300 M. jährlich an Schul- und Kostgeld für Inländer, für Ausländer 450 M. Externe Schüler und Hospitanten entrichten für das Jahr 36 M. Schulgeld. Besuch Ende 1898: 25 Schüler.

§ 271. Die Zahl der Obst- und Gartenbaukurse und der Weinbaukurse ist eine bei weitem zahlreichere. Die Staatszuschüsse werden aus Kap. 107 Tit. 2 gewährt.

Während der grössere Theil der Garten- und Obstbauschulen bereits Ende der 70er Jahre bestand, sind die meisten Unterrichtungskurse für im praktischen Leben stehende Personen erst in den letzten 20 Jahren entstanden.

Ausser den mit besonderen Anstalten verbundenen Kursen (s. § 266 a. E.) kommen als besondere Obst-, Garten- und Weinbaukurse in Betracht (1898):

Für Westpreussen: Praust und Marienwerder.

Für Pommern: Köslin.

Für Schlesien: Grüneberg und an der landwirthschaftlichen Winterschule zu Liegnitz.

Für Sachsen: Badersleben und die sehr zahlreichen Obstbaukurse in dem Provinzialobstmuttergarten zu Diemitz bei Halle, wofür der Staat 2500 M., die Provinz 6000 M. giebt.

Für Schleswig: Uetersen (am Schullehrerseminar), für Hannover: Kurse an mehreren Landwirthschaftsschulen und Ackerbauschulen (Hildesheim, Quakenbrück, Bremervörde).

Für Westfalen: Wittgenstein, sowie Kurse an den Landwirthschaftsschulen und Winterschulen zu Lüdinghausen, Stromberg, Warburg, Soest.

Für Cassel: Kurse im Pomologischen Garten dortselbst, sowie an der landwirthschaftlichen Schule Gelnhausen.

Für Wiesbaden; Kurse im Kreise Westerburg an verschiedenen Ortschaften.

Für die Rheinprovinz: Kursus (Obst-, Wein- und Waldbauschule) zu Bullay im Kreise Zell und zu Lechenich, Stolberg, Vosseneck. Ferner Obstbaukurse an den landwirthschaftlichen Winterschulen zu Lutzerath, Simmern, Adenau, Andernach, Wissen, Wetzlar, Cleve, Mörs, Odenkirchen, Wülfrath, Lennep, Kettwig, Crefeld, Xanten. Halden, Zülpich, Oberpleiss, Bergheim, Vollmershausen, Bitburg, St. Wendel, Hermeskeil, Wittlich, Hillesheim, Neuenburg, Saarburg, Daleiden, Prünn, Ingenbroich, Eschweiler und eine grössere Anzahl von Weinbau- und Rebschnitt- u. s. w. Kursen zu Coblenz, Kreuznach, Kochem, Altenahr, Lohndorf, Mayschoss, Sinzig, Engers, Damscheid, Mansbach, Niederheim, Trechtingshausen, Wittlich, Bernkastel, Monzel, Osann, Oktar, Wiltingen, endlich einige (3) Pflanzenbaukurse (im Kreise Wetzlar). Für Hohenzollern: Sigmaringen.

II. Wiesenbauschulen.

§ 272. Der Zweck der Wiesenbauschulen ist bereits in § 170 erörtert worden.

1876 gab es deren 4, gegenwärtig giebt es ihrer 5 (Siegen, Schleusingen, Bromberg, Suderburg und Königsberg).

Ueber Zahl der Lehrer, Schüler und Höhe der Einnahmen und Ausgaben giebt die nachfolgende Tabelle Auskunft. Darnach wird der bei weitem grösste Theil der Ausgaben (25 030 M.) aus Provinzialmitteln gedeckt. Der Staat giebt 4300 M., wovon allein 2800 M. auf die bedeutendste dieser Schulen, Siegen, entfallen.

Nähere Auskunft über die Gründungsjahre, den Unternehmer, die Einnahmen und Ausgaben giebt die nachfolgende Zusammenstellung.

Die älteste und bedeutendste Anstalt ist diejenige zu Siegen.

§ 273. Die Siegener Anstalt hat einen 5jährigen Cursus für Schüler, welche von der Volksschule entlassen sind, und ist dementsprechend in 5 Klassen (wöchentlich 8 Stunden Unterricht) getheilt, die oberste heisst Meisterklasse und ist der besonderen Ausbildung berufsmässiger Wiesenbauer gewidmet (10—12 Stunden Unterricht).

Nach dem Besuche der Meisterklasse wird die theoretische Entlassungsprüfung abgelegt und der Zögling dem praktischen Meliorationsdienste zugeführt. Nach erfolgter meliorations-technischer Ausbildung findet die praktische Entlassungsprüfung an der Anstalt statt, wodurch das Prädikat „Wiesenbaumeister“ erworben wird.

Die Königsberger Anstalt ist an die Königliche Baugewerkschule daselbst angeschlossen und fordert ein erheblich-höheres Schulgeld wie Siegen (pro Semester 80 M.). Die Dauer des Unterrichts währt nur 2 Jahre, die Schüler werden allerdings auch nicht wie in Siegen nach 14., sondern 16. Lebensjahre aufgenommen und müssen mindestens $^1/_2$ Jahr im Baugewerbe praktisch thätig gewesen sein.

Auch hier finden wie bei Siegen Entlassungsprüfungen und Wiesenbaumeister-Prüfungen statt.

Die wöchentliche Stundenzahl ist 44, der Unterricht ist also hier ein intensiverer als in Siegen.

Auch in Schleusingen werden wöchentlich rund 30 Stunden (im Sommer die Hälfte praktische Arbeiten) gegeben. Die Schule bildet Landwirthe und Wiesenwärter, sowie Wiesenbaumeister aus. Für erstere sind 2 Winter- und 2 Sommerkurse, für letztere ausserdem ein Ergänzungskursus von ein- bis mehrjähriger Dauer vorgesehen. Gefordert wird Elementarbildung und zurückgelegtes 14. Lebensjahr.

In Bromberg wiederum ist Zurücklegung des 17. Lebensjahres und 2jährige Thätigkeit in der Landwirthschaft Erforderniss. Der Unterricht umfasst 2 aufeinander folgende Winterhalbjahre und 2 sechswöchentlich praktische Sommerkurse. In Suderburg werden Schüler vom zurückgelegten 14. Lebensjahre an aufgenommen, Wiesenbauschüler erhalten 1—3, landwirthschaftliche 2 Kurse. In Mähren und Westerfeld, Reg.-Bez. Wiesbaden, bestehen nur Wiesenbaukurse.

Ende 1898 waren in den Wiesenbau-Schulanstalten zusammen 338 Schüler, und bis dahin überhaupt ausgebildet in Suderburg 868, Siegen 209 (geprüfte), Westerfeld 397, alle Schulen zusammen etwa 1525.

Wiesenbauschulen Ende 1898.

1	2	3	4	5	6	7	8	9	10	11
						Unterhaltungszuschüsse				
Ort	Gründungsjahr	Unternehmer	Zahl d. Schüler pro Semester	Schulgeld pro Semester ℳ	Also eigene Einnahmen Sp.4×5·2 ℳ	Staat ℳ	Provinz ℳ	Landw.-Kammer ℳ	Vereine und Private ℳ	Summa ℳ
Königsberg i. Pr.	1896	Provinz-Verw.	15	80	—	—	7 500	—	—	7 500
Bromberg	1895	„ „	17	30—40	2 400	—	6 030	—	—	6 030
Schleusingen	1897	Landwirthsch.-Kammer	24	30	1 440	1 500	3 000	2 000	200	6 700
Sudenburg, Kr. Uelzen	1854	Kreis Uelzen	42	30	2 520	—	2 400	—	600	3 000
Siegen	1853	Kultur- u. Gew. Verein Siegen	192	10	3 840	[1]) 2 800	4 000 [2]) 700	—	[3]) 400	7 900
Wiesenwärterkursus Wiesbaden	1887	Verein Nassauischer Land- u. Forstwirthe	43	unentgeltlich	—	—	1 400	—	—	1 400
Wiesenbaukursus zu Mähren, Reg.-Bez. Wiesbaden	1898	Kreis Westernburg	5	unentgeltlich	—	—	?	—	—	?
			338		10 200	4 300	25 030	2 000	1 200	32 530

III. Molkereischulen.

(S. § 266 S. 794.)

§ 274. Die Gründung der zahlreichen Genossenschaftsmolkereien hat einen ganz neuen Berufsstand, den der Molkereibeamten, insbesondere der Betriebsleiter, geschaffen. Ihre Vorbildung in wissenschaftlicher Hinsicht erfolgt auf Molkereischulen, deren es 1898 in Preussen 12 für männliche Schüler und 3 für weibliche Schülerinnen (Ost- und Westpreussen) gab.

Während diese Schulen den Zweck verfolgen, Betriebsleiter und Leiterinnen von Molkereien in 1—2jährigem Kursus auszubilden, sind noch besondere Molkereikurse für solche Personen bestimmt, die schon in der Molkerei Bescheid wissen und nur weitere theoretische und praktische Belehrung in allen Theilen der Milchwirthschaft erwerben wollen.

Für beide Arten von Unterrichtsanstalten werden staatliche Zuschüsse aus Kap. 104 Tit. 4 bewilligt.

Nach dem Stande des Jahres 1898 gab es an Molkereischulen:

in der Provinz Ostpreussen und zwar nur im Regierungsbezirk Königsberg 3 Schulen (Warnikam und Gross-Karschau für Mädchen und Kleinhof-Tapiau für Männer und 1 Ver-

[1]) S. § 240. — [2]) vom Kreis. — [3]) Auch werden etwaige Defizits von dem Kultur- und Gewerbeverein Siegen gedeckt. — [4]) Vereinsschulen.

suchsstation mit Lehranstalt zu Kleinhof-Tapiau. Erstere 3 erforderten 1200 M. Staats- und ebensoviel Provinzialzuschuss (Schulgeld etwa 50 M.), unterrichtet wurden etwa 30 Schüler bezw. Schülerinnen; die Schulen hatten seit ihrem Bestehen bereits 166 Mädchen und 115 männliches Personal ausgebildet. Die Versuchsstation nimmt nur gereiftere mit der Praxis vertraute junge Männer als Hospitanten an (Honorar 25—40 M.). 1898: 32, seit Errichtung der Anstalten (1887) 343 Hospitanten. Die Zuschüsse betrugen 2050 M. aus Staats-, 2050 M. aus Provinz-, 3300 M. aus Vereinsmitteln Ausserdem 5500 M. extraordinären Staatszuschuss zu besonderen Versuchen;

in Westpreussen: 2 Mädchenschulen (Schöneck und Freystadt), Schulgeld 24 M. bezw. unentgeltlich. 1898: 11 Mädchen, seit Bestehen: etwa 100 ausgebildet. Staatszuschüsse 400 M., Landwirthschaftskammer 1600 M., Stadt Schöneck 108 M.;

in Brandenburg: 1 Mädchenschule (Krossen) und 1 Molkereilehranstalt beim Milchwirthschaftlichen Institut zu Prenzlau. Beides Internate. Kostgeld je 200 M. pro Semester. 1898: 7 Mädchen und 16 Schüler, überhaupt 44 Mädchen und 324 Schüler ausgebildet. Unterhaltungszuschüsse 11 000 M. vom Staat, 2500 M. von der Provinz und 2500 M. von den Vereinen;

in Pommern: 1 Schule (Stargard), Kostgeld jährlich 225 M. für Interne. Für Hospitanten Semesterhonorar 80 M. 1898: 32 Schüler, seit Bestehen 210. Zuschüsse 7500 M. Staats-, 3000 M. Provinz- und 500 M. Vereinsfonds;

in Posen: 1 Schule (Wreschen), Schul- und Kostgeld für Schüler 280 M. pro Semester, Schülerinnen 158 M. pro Vierteljahr, Hospitanten monatlich 30 bezw. 15 M. 1898: 14 Schüler (darunter 13 Hospitanten). Besteht erst seit 1897. Zuschüsse 4000 M. vom Staat, 4200 M. aus der Landwirthschaftskammer;

in Schlesien: 1 Schule (Proskau). Verschiedene Kurse am dortigen Milchwirthschaftlichen Institut. Kursus 10 M. Honorar. Verpflegung 1,50 M. täglich. 1898: 20 Schüler und 21 Schülerinnen. Seit Bestehen: 596 Inländer und Inländerinnen und 78 Ausländer und Ausländerinnen. 4900 M. Staats-, 6200 M. Provinzial-Zuschuss;

in Sachsen: —

in Schleswig-Holstein: 1 Schule. Pro Semester 60 M. Schul- und 240 M. Kostgeld. Ausserdem besondere Hospitanten- und Molkereikurse mit verschiedenen Sätzen. 1899: 13 Schüler, 24 Hospitanten, seit Bestehen: 679 Inländer und 65 Ausländer. 6000 M. Staatszuschuss;

in Hannover: 2 Schulen (Hameln und Nortrup). Honorar 50—100 M., zum Theil auch Beköstigung in der Anstalt (Hameln) gegen Kostgeld. 1898: 72 Schüler. Seit Bestehen: 329 Inländer und 87 Ausländer;

in Westfalen: 1 Kursus (Dortmund), Honorar 10—30 M. 1898: kein Kursus. Zuschüsse: —. Besteht seit 1894;

in Hessen-Nassau: 2 Kurse (Fulda: männliches, Wiesbaden: weibliches Personal). Schul- und Kostgeld: 50 M. bezw. unentgeltlich 1898: 34 Schüler, 109 Schülerinnen. Seit Bestehen: 199 Schülerinnen. Zuschüsse: 6500 M. Landwirthschaftskammer und 1200 M. aus Staatsmitteln;

in der Rheinprovinz: —.

Es betrug hiernach im Jahre 1898 an den Molkereischulen die Zahl der Schüler 272, der Schülerinnen 173, zusammen 445. Seit Bestehen der Anstalten waren ausgebildet 3335 Personen, davon etwa der 5. bis 6. Theil Mädchen.

Der Staat gab (1898) die meisten Zuschüsse 33 750 M., die Provinzen 14 950 M., Landwirthschaftskammern und Vereine 18 600 M.

Die Staatszuschüsse werden aus dem Viehzuchtfonds (Kap. 104 Tit. 4) gewährt (s. § 353).

§ 275. IV. Die Haushaltungsschulen

verfolgen den Zweck, den Töchtern der landwirthschaftlichen Bevölkerung diejenigen Kenntnisse und Fertigkeiten zu verschaffen, welche zur gedeihlichen Förderung einer ländlichen Haushaltung nöthig sind. Der Unterricht umfasst daher sowohl theoretische, als praktische Unterweisungen und Anleitungen in allen Verrichtungen und Arbeiten, welche in das Thätigkeitsgebiet einer ländlichen Hausfrau fallen.

Die Errichtung derartiger Schulen in grösserem Umfange ist erst im Laufe des letzten Dezenniums erfolgt. Im Jahre 1890 wurden nur 25 Schülerinnen in solchen Schulen unterrichtet.

Nach dem Stande von 1898 gab es an landwirthschaftlichen Haushaltungs- und Kochschulen:[1])

In Ostpreussen: 1 (Wormditt) 41, *298*; in Westpreussen: 1 (Schöneck); in Brandenburg: 1 (Krossen); in Pommern: 1 (Grimmen) 6, *18*; in Posen: 1 (Bromberg) 113, *141*; in Schlesien: 11 (davon allein 7 in Oppeln) 397, *1903*; in Sachsen: 4: 96, *623*; in Hannover: 2: 69, *?*; in Westfalen: 3: 220, *998*; in Hessen-Nassau: 3: 147, *705*; in der Rheinprovinz: 14: 655, *1588* (unvollständig); in Hohenzollern: 1 (Sigmaringen) 48, *751*.

Gesammtzahl der Schülerinnen 1898: 1792. Es waren ausgebildet seit Bestehen der Schulen (bis 1898) erheblich über 7000 Schülerinnen.

Die Schulen sind zumeist von Vereinen, Privaten, vielfach auch, besonders in Rheinland und Westfalen, von katholischen Frauenorden eingerichtet.

Als Aufgabe des Staates kann es nicht angesehen werden, derartige Schulen einzurichten, vielmehr muss es als Aufgabe der Provinzen gelten, für diese den niederen landwirthschaftlichen Schulen zuzurechnenden Veranstaltungen zu sorgen, soweit sich nicht Vereine, Private oder Kommunen der Sache annehmen. Nur da, wo diese Schulen gleichzeitig die Pflege besonderer landwirthschaftlicher Betriebszweige in ihren Lehrplan aufnehmen, kann der Staat Zuschüsse geben (z. B. Belehrung im Molkereibetriebe, Pflege des Obstbaues mit praktischer Unterweisung). Durch einen an sämmtliche Oberpräsidenten gerichteten Erlass vom 1. Juni 1895 ist die Absicht der Staatsregierung, auf diesem Wege fördernd einzugreifen, bekannt gegeben worden. Staatsbeihülfen werden dann aus den betreffenden Dispositionsfonds (Viehzuchtfonds, Obstbaufonds) flüssig gemacht.

Die Provinzialverwaltungen betheiligen sich nur vereinzelt an den Kosten, die Provinzen Hannover und Rheinprovinz gaben 1900 2400 M. bezw. 1680 M., der Verband Wiesbaden dagegen gab 300 M. für ländliche Fortbildungskurse und 4000 M. für ländliche Haushaltungsschulen, davon 1000 M. für Ausbildung von Haushaltungsschullehrerinnen (s. Anl. XLV).

---

[1]) Die geradstehende Zahl bedeutet die Schülerzahl 1898, die schrägstehende die Schülerzahl seit Bestehen der Anstalten.

V. Hufbeschlaglehrschmieden.

§ 276. Hufbeschlaglehrschmieden haben den Zweck, Hufschmieden, welche sich bereits praktisch im Hufbeschlag ausgebildet haben, Gelegenheit zu bieten, sich die durch das Gesetz vom 18. Juni 1884 vorgeschriebene Prüfung erforderlichen Kenntnisse zu erwerben. Die auf Grund von Prüfungen ertheilten Zeugnisse berechtigen zum selbstständigen Betriebe des Hufbeschlaggewerbes. Meist wird ein mässiges Honorar erhoben. Die daraus nicht gedeckten Kosten bringen im Wesentlichen die landwirthschaftlichen Vereine oder die Kreise auf, welche diese Schmieden in der Regel errichtet haben. Die Staatszuschüsse sind geringe und werden gewährt aus Kap. 107 Tit. 1 (von 1888—1899 zusammen 12 606 M., s. § 323). Für die Kosten der Prüfungen stellt Kap. 107 Tit. 3 einige Tausend Mark zur Verfügung (1898/99: 4844 M.).

Es gab derartige Lehrschmieden 1898 in Ostpreussen 6 (39, *373*),[1] Westpreussen 3 (58, *731*), Brandenburg 7 (59, *1210*), Pommern 6 (31, *825*), Posen 1 (6, *83*), Schlesien 3 (157, *1901*), Sachsen 2 (32, *311*), Schleswig-Holstein 1 (55, *1678*), Hannover 7 (113, *2043*), Westfalen 4 (34, *417*), Hessen-Nassau 1 (13, *236*), Rheinprovinz 7 (44, *439*), Hohenzollern 0.

Während also im Jahre 1898 etwa 641 Schmiede sich in Ausbildung befanden, sind auf den Anstalten seit ihrem Bestehen im Ganzen etwa 10 249 Schmiede in der Hufbeschlagkunst ausgebildet worden.

VI. Imkerschulen, Bienenzucht.

§ 277. Von den vier Bienenzuchtkursen (Imkerschule zu Hoya in Hannover, zu Flacht im Regierungsbezirk Wiesbaden und die Kurse zu Halden, Regierungsbezirk Düsseldorf und Trier) sind die drei ersteren von Vereinen, der letzte von der Provinz (an der Weinbauschule zu Trier) eingerichtet. Der Staat giebt 1900 M. aus für die ersteren Schulen, darunter für diejenige zu Flacht (verbunden mit Versuchsstation) 1500 M. Die Provinz Hannover giebt 600 M. für die Schule zu Hoya. Die beiden Schulen stammen aus der Mitte der 80er Jahre. Der Unterricht ist unentgeltlich. Es wurden auf ihnen bereits über 700 Schüler ausgebildet. Die Kurse dauern nur kurze Zeit. Die Bienenzuchtkurse stammen erst aus den letzten Jahren und sind ebenfalls unentgeltlich.

Die Zahl der Bienenstöcke in Preussen war folgende: 1867: 1 312 757, 1873: 1 459 415, 1892: 1 253 861,[2]) 1901: 1 519 182.

VII. Schulen für Unterricht in den landwirthschaftlichen Nebengewerben.

§ 278. Endlich giebt es noch einige Lehrinstitute für den Unterricht in den wichtigsten landwirthschaftlichen Nebengewerben: nämlich

---

[1]) Die geradstehende Zahl bedeutet die Schülerzahl von 1898, die schrägstehende die Schülerzahl seit Bestehen der Anstalt.

[2]) Mit einem Verkaufswerth von 18 641 000 M.

für Zuckerfabrikation, Brennerei und Brauerei. Alle drei sind Vereinsanstalten (Vereine für Zuckerrübenindustrie, Verein der Spiritusfabrikanten und Verein der Versuchs- und Lehranstalt für Brauerei) und werden aus Vereinsmitteln unterhalten.

Staatszuschüsse werden nicht gewährt, doch benutzt das Institut für Zuckerfabrikation laut Abkommen mit dem Ministerium für Landwirthschaft die ihm zugewiesenen, mit Arbeitstischen u. s. w. ausgestatteten Räume in der landwirthschaftlichen Hochschule ohne Entschädigung. Ein gleiches war bisher mit den Laboratorien und Geschäftsräumen für den Verein der Spiritusfabrikanten und den Verein der Versuchs- und Lehranstalt für Brauerei sowie für den Verein der Stärkefabrikanten bei der landwirthschaftlichen Hochschule der Fall. Da aber die landwirthschaftliche Hochschule das betreffende Gebäude für ihre Unterrichtszwecke selbst braucht und dasselbe auch für die immersteigenden Arbeiten jener Vereine nicht mehr ausreicht, so ist jetzt mit einem Staatszuschuss von 850 000 M. in Berlin, Seestrasse, neben der schon früher mit Unterstützung seitens des Staats hergestellten Versuchsbrauerei ein eigenes grosses Institut für die Gährungsgewerbe mit eigener Versuchsbrennerei und Stärkefabrik hergestellt. Die Honorare betragen 30, 50, 75, 100, 200 Mark.

Es werden auf den Schulen ausgebildet Chemiker für die Zuckerfabriken, Brenn- und Stärkemeister, Brennereibesitzer, Kornbrenner und Presshefefabrikanten, Braumeister und Brauereibesitzer.

Die Kursusdauer ist verschieden und rechnet nach Tagen, nach Wochen oder nach Monaten.

Ausgebildet wurden in dem Institut für Zuckerfabrikation (seit 1880) bis 1898 687, Brennereischule (seit 1876) 1943, Brauereischule (seit 1889) 2571, zusammen 5201 Personen, wovon 588 also 11 Proz. Ausländer waren.

§ 279. VIII. Ueber die **Königl. Forstschulen** s. Buch I Bd. I (Forstverwaltung) § 58 ff.

Rechnet man die für die einzelnen niederen (Spezial-) Fachschulen gewährten Zuschüsse zusammen, so ergiebt sich für den Staat eine Jahresausgabe von etwa 65 000—70 000 M., für die Provinzen von 90 000—95 000 M.

VII. Abschnitt.

Wissenschaftlicher Fonds, Versuchsstationen, Wanderlehrer.

(Kap. 102 Tit. 16 u. Kap. 12 Tit. 6 Extraordinarium für 1900.)

§ 280. Der Fonds wurde als solcher zum ersten Male im Etat 1874 aufgeführt mit 165 000 M. Im Jahre 1873 war er noch Theil eines weiteren Dispositionsfonds, der auch gemeinnützige und polizeiliche Zwecke mit verfolgte. Der neue Fonds umfasste vor Allem Unterstützung chemisch-agronomischer Untersuchungen (Versuchsstationen), Preisaufgaben, Reisestipendien, Herausgabe wissenschaftlicher Werke, Besoldung von Wanderlehrern u. A. Auch wurden daraus für die Landesbaumschule Engers 2109 M. und für die pomologische Anstalt zu Cassel 3000 M. Zuschüsse gegeben. 1873: 85 395 M., 1876: 165 000 M. Mit 1884/85 stieg der Fonds allmählich auf 197 800 M. und wurde in diesem Jahre um 40 000 M. erhöht, hauptsächlich, um die Zahl der Wanderlehrer, die damals in den einzelnen Provinzen zwischen 1 und 12 schwankte, möglichst in jeder Provinz noch um 1 oder mehrere zu erhöhen. Im Jahre 1889/90 wurde eine weitere Erhöhung um 40 200 M. vorgesehen, sodass der Fonds auf 278 000 M. stieg. Die Vermehrung sollte einerseits zur Steigerung der Zahl der Wanderlehrer dienen, die in grösserem Umfange nur in Schlesien und der Rheinprovinz existirten und damals 96 000 M. Staatssubvention erforderten, sowie zur Erhöhung der Staatszuschüsse für die landwirthschaftlichen Versuchsstationen, die damals bei 270 000 M. Gesammtausgaben etwa 83 000 M. Staatszuschuss erforderten. (Förderung Wagner'scher Düngungsversuche.) Im Jahre 1899 wurde der Fonds auf 288 000 M., 1900 auf 330 000 M. erhöht, im Wesentlichen, um die vorgenannten Zwecke weiterzufördern und in besonderer Berücksichtigung der gesteigerten Wirksamkeit der neugegründeten Landwirthschaftskammern in Westfalen, Hannover und Rheinland, welche auch weiteres Zuhülfekommen des Staates nothwendig machte.

Trotz dieser starken Steigerung des Ordinariums traten besonders seit Mitte der 90er Jahre so starke Anforderungen an den Fonds heran, dass seit jener Zeit alljährlich eine Verstärkung des Fonds im Wege des Extraordinariums nothwendig geworden ist. (1895/96 und 1896/97 je 100 000 M., 1897/98 120 000 M., 1898/99 und 1899 je 300 000 M., 1900 190 000 M., 1901 250 000 M.).

An Staatsbeihülfen sind aus dem Fonds (einschliesslich Extraordinarium) an die Landwirthschaftskammern gegeben worden von 1888/89—1899 zusammen 2 808 377 M., davon 1 241 760 M. für landwirthschaftliche Versuchs- und Kontrollstationen und 1 476 617 M. für Wanderlehrer und Instruktoren.

Ausserdem wurden in diesem Zeitraum — ohne Vermittelung der Landwirthschaftskammern u. s. w. — an Staatsbeihülfen bewilligt zusammen 1 033 959 M., davon 244 854 M. zu Anbau-, Kultur- u. s. w. Versuchen, 189 923 M. zur Herausgabe der landwirthschaftlichen Jahrbücher, 90 459 M. zu litterarischen und wissenschaftlichen Werken, 90 401 M. zum Ankauf und Vertheilung solcher an Schulen, Vereine u. s. w., 142 150 M. zu Informationsreisen, 172 303 M. für Stipendiaten an landwirthschaftlichen Hochschulen, 47 218 M. zu landwirthschaftlichen Lehrkursen, 56 651 M. sonstiges.

§ 281. Ueber die Hauptzwecke giebt die alljährliche Anlage No. 14 der Allgemeinen Uebersicht über die Staats-Einnahmen und Ausgaben Aufschluss.

Der Fonds (nebst dem extraordinären Zuschuss) ist gegenwärtig in fünf Abschnitte getheilt:

I. Für das landwirthschaftliche und gärtnerische Versuchswesen, sowie für besondere wissenschaftliche Untersuchungen (Rechnungsjahr 1899: 153 233 M.). Davon entfielen:

Zuschüsse für landwirthschaftliche Versuchsstationen, mit Ausschluss der bei den Lehranstalten des Staates bestehenden (unter letzteren kommen vor Allem die Universitäten in Betracht) 140 800 M.

Entschädigungen und sächliche Kosten für ausgeführte Anbau- und Kulturversuche und für besondere wissenschaftliche Untersuchungen, sowie Zuschuss zur Einrichtung und Unterhaltung einer Versuchswirthschaft 12 433 M.

II. Für litterarische und kartographische Unternehmungen (28 615 M.). Davon:

Beihülfe für Herausgabe der landwirthschaftlichen Jahrbücher und zur Vertheilung derselben an die landwirthschaftlichen und Gartenbauvereine, Versuchsstationen, Landwirthschaftsschulen u. s. w. 14 828 M.

Remunerationen für litterarische Arbeiten und Beihülfen zu den Herstellungskosten wissenschaftlicher Werke, mit Ausschluss der vorgedachten landwirthschaftlichen Jahrbücher 4262 M.

Ankauf wissenschaftlicher Werke behufs Vertheilung an die landwirthschaftlichen und Gartenbauvereine, Versuchsstationen, Landwirthschaftsschulen u. s. w. 9526 M.

III. Beihülfen zu den Kosten wissenschaftlicher und Informationsreisen im Interesse der Landwirthschaft, des Obst- und Gartenbaues u. s. w. 16 588 M.

IV. Stipendien für bedürftige Studirende der Landwirthschaft und für Personen, welche an dem Kursus für Kulturtechnik in Berlin bezw. Poppelsdorf Theil genommen haben (1875: 6000 M.) 25 950 M.

V. Für allgemeine wissenschaftliche Zwecke (174 147 M.). Davon:

Ausgaben für Wanderlehrer und Instruktoren 164 491 M.

Beihülfen zur Abhaltung von landwirthschaftlichen u. s. w. Lehrkursen u. s. w. 2102 M.

Verschiedene Ausgaben für allgemeine wissenschaftliche Zwecke 7553 M.

Von der Gesammtsumme von 398 533 M. der im Rechnungsjahr 1899 verausgabten Beträge sind nachgewiesen unter Kap. 102 Tit. 16 des Ordinariums 265 033 M., unter Kap. 12 Tit. 6 des Extraordinariums 133 500 M.

Die beiden Hauptausgabeposten[1]) sind hiernach solche für landwirthschaftliche Versuchsanstalten (I), sowie für Wanderlehrer (V).

Die Antheilnahme an der Gesammtsumme hat sich im Laufe der Zeit wie folgt gestaltet:

	1880/81	%	1885/86	%	1890/91	%	1901	%
Landw. Untersuchungen . . .	88 840	45,4	99 340	42,3	106 840	38,2	140 800	35,3
Wanderlehrer	84 000	42,7	85 254	36,3	105 330	37,7	164 491	41,3
Wissenschaftliche Reisen . .	2 050	1,4	4 965	2,1	7 304	2,6	16 588	4,2
Stipendien	7 386	3,8	8 100	3,4	12 108	4,3	25 950	6,5
Sonstiges	13 152	6,7	37 396	15,9	47 521	17,2	50 704	12,7
Im Ganzen:	195 428	100,0	235 055	100,0	279 103	100,0	398 533	100,0

Wenn hiernach der Antheil jener beiden Hauptausgabegruppen (s. nachfolgend A und B) prozentual von 1880/81—1901 von 88,1 Proz. auf 76,6 Proz. gefallen ist, so machen sie doch auch heute noch über ³/₄ des ganzen Fonds aus.

A. Landwirthschaftliche Versuchsstationen (und neuerdings Versuchswirthschaften).

§ 282. Die landwirthschaftlichen Versuchsstationen haben den Zweck: die Fortentwickelung der Landwirthschaft und ihrer Nebengewerbe durch Erweiterung und Befestigung der naturwissenschaftlichen Grundlagen zu fördern, die einzelnen Vorgänge im Gewerbe wissenschaftlich zu erforschen, die auf empirischem Wege gewonnenen Regeln für den Betrieb wissenschaftlich zu begründen und endlich die festbegründeten Lehrsätze der Wissenschaft für die Praxis des Gewerbes nutzbar zu machen. Die umfassenden Aufgaben dieser Stationen haben gegenwärtig zu einer Art von Arbeitstheilung geführt, indem die mit Universitäten und höheren landwirthschaftlichen Lehranstalten verbundenen Stationen sich mehr mit wissenschaftlichen Arbeiten beschäftigen, während die kleineren, von landwirthschaftlichen Vereinen begründeten Institute den Schwerpunkt ihrer Wirksamkeit in der Ueberwachung des Handels mit Düngstoffen, Futtermitteln und Sämereien, in der analytischen Untersuchung der von den Landwirthen ihres Bezirks eingesandten Untersuchungs-Objekte, überhaupt mehr in der Unterstützung der landwirthschaftlichen Praxis finden. Es giebt ferner allgemeine und spezielle Versuchsstationen, welche letztere sich ausschliesslich oder vorwiegend mit speziellen einzelnen Zweigen der Landwirthschaft beschäftigen.

§ 282a. Die Gründungen der landwirthschaftlichen Versuchsstationen sind zum grössten Theile durch landwirthschaftliche Vereine erfolgt.

---

[1]) In den einzelnen Jahren wechseln die Ausgaben in den einzelnen Gruppen, auch wenn der Gesammtbetrag des Fonds der gleiche bleibt.

Von den 33 Stationen im Jahre 1892 waren gegründet 28 von Seiten Privater und Vereine und nur 4 auf Veranlassung oder durch Anregung des landwirthschaftlichen Ministeriums (Poppelsdorf, Geisenheim, Proskau und Moorversuchsstation zu Bremen). Daneben kommt allerdings in Betracht, dass auch mit den landwirthschaftlichen Hochschulen und mit den landwirthschaftlichen Instituten an den Universitäten landwirthschaftliche Versuchsstationen verbunden sind, die in Verbindung mit den Laboratorien, Sammlungen u. s. w. in der freien Forschung und wissenschaftlichen Versuchsarbeit der Landwirthschaftslehre hervorragende Bedeutung beanspruchen. Doch hat die landwirthschaftliche Verwaltung das Ziel verfolgt, womöglich jedem landwirthschaftlichen Central-Vereine eine solche Station zu sichern und dieselben dadurch über alle Wechselfälle sicher zu stellen, dass sie in eigenen, den Vereinen eigenthümlich zugehörigen Häusern untergebracht werden. Mit Unterstützung der landwirthschaftlichen Verwaltung sind u. A. gebaut oder erworben eigene Häuser für die landwirthschaftlichen Versuchsstationen in Königsberg, Insterburg, Danzig, Posen (hier unter gleichzeitiger Verschmelzung der bis dahin getrennten Stationen in Bromberg und Kuschen), Breslau, Hildesheim, Marburg, Bonn, Halle und Münster. Die Versuchsstationen in Kiel, Dahme und Köslin waren schon früher mit eigenen Gebäuden versehen.

Die Versuchsstation des landwirthschaftlichen Centralvereins für Schlesien in Breslau dient mit den auf denselben Grundstücken unter Staats-Unterstützung errichteten grösseren Gebäuden, in welche auch die thierphysiologische Versuchsstation der Akademie Proskau übergesiedelt ist, gleichzeitig den Zwecken des landwirthschaftlichen Unterrichtes an der Universität Breslau in ähnlicher Weise, wie dies in Göttingen der Fall ist.

Die önochemische Versuchsstation für den Regierungsbezirk Wiesbaden ist von Wiesbaden nach Geisenheim verlegt.

An weiteren Stationen wurden in Preussen bis zum Jahre 1860 eingerichtet diejenigen zu St. Nikolas bei Neuss (1865 nach Bonn), zu Heidau bei Gross-Morschen (1880 nach Marburg), zu Dahme, zu Ida-Marienhütte (1877 nach Breslau) und zu Insterburg.

Von 1860—1870 wurden nur 4 weitere Stationen gegründet (zu Kuschen [später Posen], Regenwalde [später Cöslin], Poppelsdorf und Wiesbaden), sodass bis zum Jahre 1870 11 Versuchsstationen im preussischen Staate bestanden. Die bei weitem grösste Vermehrung von Stationsgründungen brachte das Jahrzehnt 1870—1880, nämlich 20, von denen 2 später wieder eingingen. Die noch bestehenden sind Hildesheim, Kiel, Breslau (2), Ebstorf, Münster i. W., Geisenheim, Proskau (2), Berlin, Marburg, Bremervörde, Königsberg, Danzig, Göttingen (landwirthschaftliches Institut), Bremen, Eldena, Arendsee. Von 1880—1893 kamen hinzu Kempen a. Rh., Berlin (Brauerei), Halle a. S. (für Pflanzenschutz), Magdeburg.

§ 283. Ursprünglich waren die Versuchsstationen so gedacht, dass sie nur eine freiforschende wissenschaftliche Thätigkeit entfalten, die Naturgesetze erforschen und ihre Nutzanwendung feststellen sollten. Bald machte sich aber das praktische Bedürfniss geltend nach Vornahme von Kontrolluntersuchungen durch die Stationen zur Prüfung der Echtheit und des Gehaltes an werthvollen Stoffen bei Dünge- und Futtermitteln. Wenn die Erfüllung derartiger Anfragen auch die freiforschende Arbeitsthätigkeit der Stationsbeamten störte, so lag andererseits darin ein wichtiges Moment, die Stationen verbreitet und beliebt zu machen. Dass für derartige im Interesse von Privaten geleistete Arbeiten Honorar und Gebühren erhoben wurden, war durchaus berechtigt.

Von den 11 bis 1870 gegründeten Versuchsstationen entwickelten alle eine wissenschaftlich forschende Thätigkeit, während 9 zugleich — gegen Honorar — ausserdem Untersuchungen in der Praxis machten. Bei den 20 Stationen, welche in der Zeit von 1870—1880 gegründet wurden, hatte sich das Verhältniss gänzlich verändert. Es dienten nur 3 Stationen rein wissenschaftlicher Forschung, 9 wissenschaftlichen und praktischen Zwecken, während 8 lediglich praktische Kontrollthätigkeit ausübten.

Ferner haben die Versuchsstationen sich mit der Zeit zum grossen Theil auf Spezialgebiete geworfen, auf welche sie ihre Forschungen beschränken. Vor 1870 bearbeiteten von den 11 Versuchsstationen nur 2 Spezialgebiete, 1892 von 25 bereits 11. Gegenwärtig sind es etwa die Hälfte der bestehenden Anstalten, welche sich auf Spezialgebiete beschränken. Gerade durch diese Beschränkung auf einzelne Zweige des umfassenden Gebietes haben die Versuchsstationen in der Klärung und Begründung ihrer Zweige Hervorragendes geleistet und die Wissenschaft in hohem Maasse gefördert und bereichert.

§ 284. Hat sonach der Staat die Regelung der Bedürfnissfrage, wie auch die Tragung des Risikos im Wesentlichen den Vereinskreisen überlassen, so hat er sein Interesse an der Sache doch durch Kostenzuschüsse stets bethätigt. Die Staatszuschüsse zu den in Anl. XLIII im Einzelnen aufgeführten Stationen betrugen 1877: 107 187 M., 1887/88: 114 790 M., 1898: 208 427 M. Demgegenüber brachten Provinzen, Vereine und Private auf 1877: 44 329 M., 1887/88: 54 736 M., 1898: 107 601 M.

Je mehr die Stationen dazu übergegangen sind, Untersuchungen zu praktischen Zwecken gegen Honorare vorzunehmen, um so mehr haben sich ihre eigenen Einnahmen gesteigert. Dieselben betrugen 1877 nur 62 421 M., 1887/88: 111 911 M., 1898: 500 870 M. oder 61,8 Proz. der Gesammtausgaben.

Letztere stellten sich 1877 auf 213 937 M., 1887/88 auf 303 855 M., 1898 auf 827 923 M. Im Jahre 1877 war der Antheil der Staatszuschüsse an den Gesammteinnahmen und -Ausgaben 50 Proz., derjenige der eigenen Einnahmen nur 30 Proz., während 1898 der Staatszuschuss 25,2 Proz., die eigenen Einnahmen 61,8 Proz. darstellten.

Praktische Versuchswirthschaften.

§ 285. Das Ziel der Versuchsstationen ist, die Mittel für eine Steigerung der Erträge der landwirthschaftlichen Produktion aufzufinden, indem sie durch allgemeine und Spezialforschungen die Ernährungsbedingungen der Pflanzen und Thiere und im Anschluss daran die wichtigsten Grundlagen eines rationellen Pflanzenbaues und Fütterung der Thiere auf wissenschaftlichem Wege feststellen.

Was bis in die neueste Zeit noch fehlte, war die Erprobung der Ergebnisse der wissenschaftlichen Forschungen durch die Praxis und die Einführung der so gewonnenen Resultate in weitere Kreise, in die grosse Praxis. Bei der ungünstigen Lage der Landwirthschaft war von der freiwilligen Mitarbeit praktischer Landwirthe auf diesem Gebiete nicht viel zu erhoffen.

Man hat daher neuerdings staatlicherseits darauf Bedacht genommen, mit einzelnen Versuchsstationen grössere Versuchswirthschaften zu verbinden. Zu diesem Zwecke wurde zunächst im Regierungsbezirk Merseburg im Jahre 1896 ein Areal von etwa 56,4 ha im Werthe von 168 400 M., welches auf der staatlichen Domäne Lauchstädt belegen ist, von dem Pächter zu praktischen Versuchszwecken gegen entsprechenden Pachterlass wieder zurück erworben, wobei der Pächter zugleich Gespann und Arbeitskräfte, Räume, Scheunen u. s. w. zur Verfügung stellte — gegen entsprechende Entschädigung.

Die Organisation ist derartig, dass als Unternehmer, d. h. auf dessen Rechnung und Gefahr der Betrieb geführt wird, die Landwirthschaftskammer auftritt, der Staat aber entsprechende Zuschüsse leistet und die Staatsgrundstücke zu den Versuchszwecken unentgeltlich überlässt. Ein besonderes Kuratorium mit ministerieller Genehmigung führt die Aufsicht.

Der Etat der Lauchstädter Versuchswirthschaft stellte sich in

Einnahme:	Etat 1898/99 M.	Rechnung 1897/98 M.	Ausgabe:	Etat 1898/99 M.	Rechnung 1897/98 M.
Staatsbeihülfe	25 000[1]	25 000	Abgaben und Lasten . .	1 810	1 965
Aus der Feldwirthschaft	20 600	22 621	Besoldungen	8 500	4 102
Aus der Viehhaltung . .	18 400	23 057	Handarbeiten	6 500	9 584
Sonstiges	1 054	13 439	Betriebskosten	1 700	4 089
			Inventar und Mobiliar .	33 690	25 222
			Bauunterhaltung u. s. w.	5 000	33 490
			Zur Feldkultur	5 500	5 910
			Analysen	3 000	649
			Melioration, Garten u.s.w.	800	612
Summa . .	**65 054**	**84 117**	**Summa . .**	**66 500**	**85 623**

[1]) Gegenwärtig beträgt der Zuschuss nur 20 000 M.

Die Zahlung des Staatszuschusses erfolgt (aus Kap. 12 Tit. 5 Extraordinarium) an die Landwirthschaftskammer, welche über deren Verwendung, sowie über den Stand und die Ergebnisse der Versuchswirthschaft alljährlich an den Minister Bericht erstatten muss.

§ 286. Die guten Erfolge mit der Versuchswirthschaft zu Lauchstädt liessen bald den Wunsch hervortreten, unter anderen klimatischen und Bodenverhältnissen weitere derartige Versuchswirthschaften einzurichten. Durch das Extraordinarium 1900 wurden 60 000 M. aus Kap. 12 Tit. 5 als einmaliger Zuschuss für Errichtung einer solchen Versuchswirthschaft in Posen bereitgestellt, während 15 000 M. laufende Kosten auf Kap. 102 Tit. 16 übernommen wurden. Neuerdings ist man mit der Einrichtung einer dritten derartigen Anstalt im Anschluss an das landwirthschaftliche Institut Königsberg beschäftigt (im Extraordinarium 1901: 60 000 M.).

In dem Masse, wie der landwirthschaftlichen Verwaltung grössere Mittel zufliessen, soll mit der Ausdehnung solcher grösseren Versuche auch auf andere Provinzen mit leichteren Boden- und geeigneten klimatischen Verhältnissen vorgegangen werden.[1])

B. Wanderlehrer.

§ 287. Naturgemäss hat die herrschende landwirthschaftliche Krise auch dazu geführt, die Hülfe der Wissenschaft in verstärktem Masse in Anspruch zu nehmen, um in einer auf rationeller Grundlage beruhenden verbesserten Technik ein Mittel zur Bekämpfung der schwierigen Lage zu finden. Bei dem Vorherrschen der bäuerlichen Wirthschaft gilt es vor Allem, die Kenntniss besserer Wirthschaftsmethoden unter den Bauern zu verbreiten.

Neben den Winterschulen dienen diesem Zwecke hauptsächlich die Wanderlehrer.

Um möglichst weiten Kreisen der landwirthschaftlichen und bäuerlichen Bevölkerung die Vortheile einer besseren wirthschaftlich-wissenschaftlichen Vorbildung zu Theil werden zu lassen, ist daher vom Staate die Einrichtung sogen. Wanderlehrer pekuniär gefördert worden. Diese sollen von einem festen Orte aus einen gewissen Umkreis alljährlich bereisen und Vorträge für praktische Landwirthe halten. Die Anstellung pflegt von landwirthschaftlichen Vereinen, Landwirthschaftskammern auszugehen. In der Regel sind es Direktoren der Winterschulen, die mit dem Amte betraut werden. Zu ihrer Remunerirung

---

[1]) Aus Tit. 16 wird auch der Zuschuss zu dem Betriebe des auf früher forstfiskalischem Terrain von den Vereinen für Brennerei und Brauerei errichteten Versuchsfeldes der landwirthschaftlichen Hochschule gezahlt.

werden den Vereinen aus dem Dispositionsfonds Kap. 102 Tit. 16 Staatsbeihülfen gewährt, worin indirekt zugleich eine staatliche Förderung des Winterschulwesens enthalten ist (§ 245). Indess sind durchaus nicht alle Wanderlehrer auch Lehrer an den Winterschulen. Viele sind auch lediglich als Wanderlehrer thätig. Der Gegenstand ihrer Lehre richtet sich nach den örtlichen Bedürfnissen. Mehr und mehr findet man jetzt auch Wanderlehrer in Spezialfächern z. B. Obstbau- und Gartenlehre, Molkereilehre, Viehzuchtinstruktion u. s. w.

Die Summen, welche der Staat zur Verfügung stellt, haben sich seit 1880/81 fast verdoppelt, von 84 000 auf 164 491 M. Sie werden zumeist den Landwirthschaftskammern überwiesen.

Die Zahl dieser Wanderlehrer hat von Jahr zu Jahr zugenommen und beträgt jetzt in Preussen über 100, während im Jahre 1890 nur 77, Ende der 70er Jahre nur etwa 20—30 vorhanden waren. Um diese Wanderlehrer, die zum grössern Theil auch Lehrer an landwirthschaftlichen Schulen sind, für ihre Lehrthätigkeit besser vorzubilden und gleichzeitig auch für die Lehrer der Landwirthschaft an den Landwirthschaftsschulen und verwandten Anstalten eine bessere pädagogische Ausbildung zu gewinnen, wurde zunächst seit April 1892 mit der Landwirthschaftsschule in Weilburg ein Seminar für Landwirthschaftsschulen verbunden. Nachdem dieses sich befriedigend entwickelt hat, ist späterhin, im Oktober 1896, ein zweites solches Seminar an der Landwirthschaftsschule in Hildesheim eröffnet worden (s. auch § 234).

C. Sonstige Ausgaben, Stipendien u. s. w.

§ 288. Wie aus § 281 hervorgeht, sind die Beihülfen zu Informationsreisen sowie die Stipendienbeträge für bedürftige Studirende der Landwirthschaft und der Geodäsie (III und IV in § 281) in den letzten 21 Jahren ziemlich gestiegen, erstere von 2050 M. (1,4 Proz.) auf 16 588 M. (4,2 Proz.), letztere von 7386 M. (3,8 Proz.) auf 25 950 M. (6,5 Proz.). Unter den Ausgaben ersterer Art sind vor Allem enthalten Reisestipendien von je 1500 M. an den landwirthschaftlichen Hochschulen zu Berlin und Poppelsdorf. Die Stipendien (IV) kommen hauptsächlich den Geodäten (künftigen Landmessern) und nur Inländern zu Gute. Die übrigen Verwendungszwecke des wissenschaftlichen Fonds bedürfen einer weiteren Erläuterung kaum. Die unter Ziff. II erwähnten landwirthschaftlichen Jahrbücher erscheinen seit 1875 und liefern ausser eingehenden Berichten über die Verhandlungen des Landes-Oekonomiekollegiums und werthvollen Monographien vorzügliches statistisches Material auf den meisten Gebieten der Landwirthschaft.

Von den Landwirthschaftskammern wurden 1899 zu wissenschaftlichen und Unterrichtszwecken verausgabt: Ostpreussen (38 659 + 66 985 M.), Westpreussen (60 770 M.),

Brandenburg (156417 M.), Pommern (117005 M.), Posen (60683 M.), Schlesien (273604 M.), Sachsen (20116 M.?), Hannover (80402 M.), Schleswig-Holstein (87368 M.), Westfalen (126142 M.), Cassel (77541 M.), Wiesbaden (17220 M.), Rheinprovinz (204830 M.), Hohenzollern (2713 M.).

Fünfter Hauptabschnitt.

Die thierärztlichen Unterrichtsanstalten.

Allgemeines.

§ 289. Die Thierarzneikunde und der Unterricht darin ist zwar nicht allein für die Landwirthschaft, sondern auch für andere Gewerbe, für die Städte und ihre Bewohner von Bedeutung, doch hat schon 1872 die Erkenntniss, dass die landwirthschaftliche Bevölkerung an dem Vorhandensein guter Thierärzte am stärksten interessirt ist, zur Uebertragung (des Veterinärwesens und) der thierärztlichen Hochschulen vom Kultus- auf den landwirthschaftlichen Etat geführt. Diese werden daher hier im Anschluss an die landwirthschaftlichen Lehranstalten zu behandeln sein. Die thierärztlichen Unterrichtsanstalten an den Universitäten sind beim Kultusministerium verblieben und werden daher hier nur gestreift werden.

Wie bei den landwirthschaftlichen Hochschulen giebt es auch hier besondere auf die thierärztlichen Hochschulen und die thierärztlichen Institute der Universitäten vorbereitende höhere Fachschulen nicht, die Vorbildung (Reife für Prima)[2]) wird vielmehr auch hier auf den allgemeinen, zum Kultusetat gehörenden höheren Schulen gewonnen.

I. Thierärztliche Hochschulen.

(Kap. 32 Tit. 4 der Einnahme u. Kap. 103 Tit. 1—11 der Ausgabe).

§ 290. Im Mittelalter wurde die thierärztliche Thätigkeit grösstentheils von Hirten und Schmieden besorgt, die in sehr roher Art und vom Aberglauben befangen ihre Künste ausübten.

Eine besondere wissenschaftliche Vorbildung von Thierärzten und eine staatliche Regelung des thierärztlichen Prüfungswesens trat in Deutschland allgemein erst ein seit Mitte des 18. Jahrhunderts, als die Rinderpest und andere Thierseuchen grosse Verheerungen unter den Thierbeständen anrichteten und die Landesfürsten in wohlfahrtspolizeilichem Interesse hiergegen glaubten einschreiten zu müssen.

Die erste für Deutschland vorbildlich gewordene thierärztliche Lehranstalt wurde 1762 von Bourgelat in Frankreich errichtet.

---

1) Horn, Das Preussische Veterinär- und Medizinalwesen. Berlin, 1858. Hirschwald.

2) Prüfungsvorschriften des Bundesraths v. 13. Juli 1889.

In Preussen wurde im Jahre 1790 eine Thierarzneischule zu Berlin, zu der schon unter Friedrich dem Grossen die ersten Anregungen gegeben waren, gegründet. 1866 kam diejenige zu Hannover hinzu.

Ursprünglich war erstere nur bestimmt, Fahnenschmiede für die Armee und Beamte und Rossärzte für die Königl. Gestüte und Marställe zu gewinnen, während Civileleven nur nebenher zum Unterricht zugelassen waren. Der Ausbildung letzterer wurde aber allmählich mehr Aufmerksamkeit geschenkt, besonders seitdem das Institut 1817 vom Obermarstallamt auf das Ressort des Ministers des Innern (später des Kultusministers) übertragen worden war.

Im Jahre 1836 wurde die Schule dem im Jahre 1830 eingerichteten „Kuratorium für die Krankenhaus-Angelegenheiten" unterstellt. In dem Regulativ vom 24. Juni 1836 kam zugleich der allgemeine wissenschaftliche Charakter des Instituts zum Ausdruck (§ 2).

Die Thierarzneischule war darnach ein wissenschaftliches Institut mit der Bestimmung:

a) Thierärzte und thierärztliche Beamte aller Klassen theoretisch und praktisch, vorzüglich durch die mit der Schule in Verbindung gesetzte Heilanstalt für kranke Hausthiere, zu bilden und b) die Thierheilkunde im Staate überhaupt, sowohl in den rein wissenschaftlichen, als in allen praktischen Beziehungen nach besten Kräften zu fördern.

Durch Allerh. Ordre v. 10. Dez. 1847 wurde das Institut unter Wegfall jenes Kuratoriums dem Minister der geistlichen u. s. w. Angelegenheiten unterstellt, um der Thierarzneischule, den Fortschritten der Thierheilkunde entsprechend, neue Lehrkräfte und wissenschaftliche Hülfsmittel zur Verfügung zu stellen, und die Leitung der Lehranstalt den Forderungen der Wissenschaft anzupassen.

Erst durch Allerh. Erl. v. 27. April 1872 (G.-S. S. 594) wurde die Schule zugleich mit dem gesammten Veterinärwesen dem landwirthschaftlichen Minister unterstellt, doch müssen vor der Genehmigung durch den Landwirthschaftsminister dem Kultus- und Kriegsminister organische Verfügungen über die Ausbildung der Thierärzte zur Aeusserung mitgetheilt werden.

§ 291. Unterm 10. Nov. 1849 war eine neue Instruktion für die Direktion erlassen worden. Der Zweck der Anstalt blieb derselbe. Die Direktion übernahm die Oberaufsicht und Leitung an Stelle des Kuratoriums und wurde zwei Direktoren, einem technischen und einem Verwaltungsdirektor übertragen. Auch wurde das Verhältniss der Direktion zu dem Kriegsminister und landwirthschaftlichen Minister, die zur Wahrung ihrer Interessen je einen Kommissar bestellten, besonders geregelt.

Dies Direktorialprinzip überlebte sich indessen allmählich, je mehr das Arbeitsgebiet der Veterinärmedizin sich erweiterte und je grössere Anforderungen in den einzelnen Disziplinen gestellt wurden. Der einzelne Direktor war immer weniger in der Lage, den ganzen Unterrichtsstoff genügend zu beherrschen, um bei der Leitung, der Bestimmung der Unterrichtsstoffe und der Geldmittel für die einzelnen Institute u. s. w. wirklich fördernd und befruchtend auf die Thätigkeit der einzelnen Lehrer einzuwirken. Die Einführung der Rektoratsverfassung erwies sich als nothwendig, um die friedliche und ungestörte Thätigkeit der einzelnen Fachmänner in ihrem Spezialgebiete zu erhalten und zu fördern.

In Folge der durch eine Petition der Centralvertretung der thierärztlichen Vereine Preussens an das Abgeordnetenhaus v. 24. Jan. 1887 gegebenen Anregung wurde unterm 29. Juni desselben Jahres ein neues provisorisches Statut für die Thierarzneischule in Berlin erlassen, auch wurde der Schule durch Allerh. Erl. v. 10. Juni 1887 die Benennung „Thierärztliche Hochschule“ verliehen.

Durch denselben Erlass erhielt auch die zweite thierärztliche Schule Preussens, diejenige zu Hannover, welche in Folge der 1866er Ereignisse mit an Preussen gekommen war, die gleiche Bezeichnung als Hochschule.

A. Thierärztliche Hochschule Berlin.

Gegenwärtige Verfassung.

§ 292. Nach dem gegenwärtig noch in Geltung befindlichen provisorischen Statut vom 29. Juni 1887 soll die thierärztliche Hochschule zu Berlin „dem Unterricht und der Forschung im Gesammtbereiche der Thierheilkunde und ihrer Hülfswissenschaften dienen“.

Der Lehrplan ist obligatorisch.

Die Leitung und Verwaltung erfolgt durch den Rektor und das Lehrerkollegium. Der Rektor und die Lehrer werden vom Minister ernannt, ersterer auf 3 Jahre.

Der Rektor führt die laufende Geschäftsverwaltung einschliesslich der Vermögensverwaltung, vertritt die Hochschule nach Aussen, hat die Beobachtung des Statuts und der sonstigen Vorschriften zu überwachen, stellt die Assistenten an den Instituten und Laboratorien an und hat die Annahme und Entlassung der auf Kündigung angestellten Unterbeamten und Diener zu verfügen. Insbesondere hat er auch darauf zu halten, dass die Vorstände der Institute und Laboratorien bei der Verwendung der für die Zwecke der Hochschule bewilligten Geldbeträge die Positionen des Etats nicht überschreiten. Soweit nicht die Verwaltung der zu wissenschaftlichen Zwecken und zur Beschaffung der Lehrmittel bewilligten Fonds den Vorständen der Institute und Laboratorien zusteht, erfolgen die Lieferungen für die Hochschule auf Anweisung und unter Kontrolle des Rektors.

In den Unterrichtsangelegenheiten steht ihm zur Seite das Lehrerkollegium, gebildet aus den Inhabern der für alle Hauptfächer etatsmässig bestehenden Lehrerstellen. Es hat die „allgemeinen Interessen des Unterrichts wahrzunehmen und für die Vollständigkeit und Zweckmässigkeit desselben zu sorgen". In gewissen Fällen kann es gutachtlich an den Minister berichten (über Lehrer- und Assistentenstellen, den Lehrplan, Neuerrichtung und Aufhebung von Instituten, Prüfungs-, Disziplinarvorschriften, Statutänderungen u. s. w.), in gewissen Fällen steht ihm ein selbständiges Beschlussrecht zu (vor Allem über die Geschäftsordnung, Bibliothekbenutzung, Disziplinarbestrafung und über die Verwendung der etatsmässig zu wissenschaftlichen Zwecken vorgesehenen Mittel, soweit dieselbe nicht für die einzelnen Institute durch den Minister bestimmt ist). Doch hat der Rektor ein Einspruchsrecht an den Minister.

In der laufenden Verwaltung, vor Allem in der Vermögensverwaltung, wird der Rektor unterstützt durch die ihm unterstellten Verwaltungsbeamten. Der oberste derselben heisst Administrator. Er ist neben dem Rektor mitverantwortlich dafür, dass der von den Ministern der Landwirthschaft und der Finanzen zu genehmigende Anstaltsetat eingehalten und dass zur voraussichtlich unvermeidlich werdenden Ueberschreitung einzelner Ausgabepositionen rechtzeitig die höhere Genehmigung nachgesucht wird.

Zu dem Zwecke hat derselbe alle Zahlungsanweisungen an die Kasse der Anstalt und die über die ordentlichen und ausserordentlichen Revisionen derselben aufgenommenen Verhandlungen, sowie alle Concepte der Verfügungen, durch welche Verpflichtungen übernommen werden, mitzuzeichnen.

Im Falle hierbei eine Meinungsverschiedenheit durch Rücksprache mit dem Rektor nicht beseitigt werden kann, ist der Administrator zu beanspruchen befugt, dass unter Beifügung seiner schriftlichen Aeusserung die Entscheidung des Ressortministers eingeholt wird.

§ 293. An der Hochschule bestehen eine Reihe von besonderen Instituten, deren Leitung einzelnen Dozenten anvertraut ist. Sind ihnen Assistentenstellen vom Minister gewährt, so haben sie ein Vorschlagsrecht zur Besetzung. An Instituten giebt es ein anatomisches, pathologisches, physiologisches, histologisches, pharmakologisches, chemisches und hygienisches, an Kliniken giebt es eine für innere, eine für äussere Krankheiten, eine für kleine Hausthiere sowie eine ambulatorische Klinik.

Dozentenzahl und Frequenz (s. Anl. XXXIX).

§ 294. In den letzten 25 Jahren hat sowohl die Zahl der Lehrer wie der Studirenden eine ausserordentliche Zunahme erfahren.

1876 wurde die Berliner Hochschule von 85, 1877 von 125 Studirenden besucht. Bis Ende der 80er Jahre steigerte sich die Zahl auf 473 (1889), sank dann bis 1895 bis auf 415, um bis 1898 auf 528 zu steigen. Auch die Zahl der Hospitanten vermehrte sich, verglichen mit 1877, auf das Doppelte (von 32 auf 67). Die Militär-Eleven sind mitgezählt.

Die Zahl der Lehrer betrug 1875 8 etatsmässige und hat sich seitdem bis 1902 auf 10 etatsmässige vermehrt. Einschliesslich der Hülfslehrer gab es 1875 9, 1898 21 Lehrer (s. Anlage).

Verwaltungsbeamte.

§ 295. Hier kamen in Betracht 1876: 1 Oekonomieinspektor (2340 M.), 3 Bureau- und Kassenbeamte, 1 Gärtner, 1 Diener; 1901 gab es: 1 Administrator, 1 Rendant, 1 Registrator, 1 Oekonomieinspektor, 1 Beschlagschmied, 1 Gärtner und 12 Diener — eine Folge der Etatisirung diätarischer Stellen etc.

Die Einrichtung des als „Administrator" bezeichneten Beamten, welcher der Klasse der Subalternbeamten entnommen wird und erster Verwaltungsbeamter ist, erschien nach Durchführung der Rektoratsverfassung mit dreijährigem Wechsel in der Persönlichkeit nothwendig.

Der Oekonomieinspektor ist ebenfalls der Klasse der Subalternen entnommen, meist ein Militäranwärter.

Vermögensverhältnisse. Etatsrechtliche Behandlung.

§ 296. Die thierärztliche Hochschule zu Berlin ist eine Staatsanstalt.

Solange das Thierarzneiwesen auf dem Etat des Kultusministeriums stand, wies dessen Etat nur den Staatszuschuss auf. Seit Uebergang auf den landwirthschaftlichen Etat (1873) erscheinen sämmtliche Einnahmen und Ausgaben gemäss Art. 99 der Verf.-Urk. im Staatshaushaltsetat (Kap. 32 Tit. 4 der Einnahme und Kap. 103 Tit. 1—11 der Ausgabe). Der Zuschuss aus allgemeinen Staatsmitteln lässt sich seitdem nur durch Abzug der bei Kap. 32 erscheinenden eigenen Einnahmen von den Ausgaben ermitteln. Solange dem Etat als besondere Beilage die spezielle Uebersicht über Einnahmen und Ausgaben der Anstalten des Ressorts beigegeben war, konnte man daraus den Staatszuschuss jeden Jahres ermitteln. Seit Wegfall der Uebersicht (1897/98) ist dies nicht mehr möglich, da die Einnahmen und die Ausgaben[1]) der beiden thierärztlichen Hochschulen im Etat ungetrennt aufgeführt werden.

Einnahmen.

§ 297. Nach der in Anl. XXXVII und XXXVIII gegebenen Zusammenstellung betrugen die Einnahmen im Jahre 1849: 34 863 M., 1900: 158 186 M., haben sich also in den abgelaufenen 50 Jahren auf etwa das $4^1/_2$fache vermehrt, während die laufenden Ausgaben im gleichen Zeitraume von 80 831 auf 271 870 M., also etwa auf das $3^1/_2$fache

[1]) abgesehen von den Besoldungen.

stiegen. Der Staatszuschuss stieg von 45 968 auf 113 284 M., also nur um 146 Proz., während die Ausgaben um 235 Proz. gestiegen waren.

Die beiden Hauptposten der Einnahme sind die Honorar-, Einschreibe- und Prüfungsgebühren einerseits (1900: 55 160 M.) und die Verpflegungs- und Arzneikosten andererseits (1901: 62 700 M.).

Die Honorar- und Einschreibegebühren betrugen in den 70er Jahren 3000—4000 M., stiegen bis 1887/88 auf 7338 M. und seitdem in Folge der stark zunehmenden Frequenz bis Mitte der 90er Jahre auf 28340 M. Im Jahre 1895/96 wurde das Studienhonorar von 48 auf 80 M. erhöht, wodurch sich die Einnahme aus dieser Quelle von 28 340 auf 44 620 M. steigerte (1900: 43 930 M.). Die Höhe des Honorars für Studirende und Hospitanten setzt der Minister fest (gegenwärtig 80 M., Hospitanten 3 M. pro wöchentliche Unterrichtsstunde), ebenso der Gebühren für Immatrikulation (6 M.) und Abgangszeugnisse (6 M.). Für die Uebungen in den Kliniken u. s. w. werden von den Hospitanten 25 M. pro Semester Institutsgebühren erhoben. Bei den klinischen Uebungen müssen einzelne Instrumente von den Zöglingen mitgebracht werden. Ueber die gänzliche oder theilweise Befreiung vom Studienhonorar und Verleihung von freier Wohnung und anderen Unterstützungen an Studirende beschliesst das Lehrerkollegium nach Massgabe der ministeriellen Anordnungen. Diese Anordnungen sind enthalten in den Vorschriften für die Studirenden der thierärztlichen Hochschule vom 17. März 1882[1]).

Die von Seiten der Inspektion des Militärveterinärwesens der Anstalt zur Ausbildung überwiesenen Militärzöglinge heissen „Militär-Rossarzt-Eleven“. Sie erhalten freien Unterricht, sind Personen des Soldatenstandes und bleiben unter dem Befehl der Inspektion des Militärveterinärwesens.

Die Gebühreneinnahmen haben seit 1875 in Folge der Vermehrung der Zahl der Prüflinge eine allmähliche Steigerung von 3000 M. auf 11 230 M. erfahren.

Die Arznei- und Verpflegungskosten haben sich nicht in gleichem Masse vermehrt. Sie stellten sich bereits 1875 auf 42 120 M. und machten damals 57 Proz. der Gesammteinnahme aus. Bis 1901 haben sie sich nur auf 62 700 M. vermehrt und bilden damit gegenwärtig nur 39 Proz. der Gesammteinnahme.

Es werden erhoben — in Berlin wie in Hannover — an Arznei und Pflegekosten für grössere 2, für kleinere Hausthiere 0,60 M., ausserdem für Vergiften und Operiren kleinerer Thiere 0,75 M.

Ein von dem Militärfiskus bestrittener Posten von 2400 M. der Einnahme entfällt auf Instrumente für Eleven der Militärrossarztschule (s. oben).

---

[1]) Näheres über diese bei Schütz, Festschrift über die Hochschule Berlin. 1890. August Hirschwald.

Die ordentlichen Ausgaben (Anl. XXXVIII.)

§ 298. Die Ausgaben stiegen von 1849 bis 1879/80: von 80831 M. auf 165800 M., also fast auf das Doppelte. Dabei waren hauptsächlich die sächlichen Kosten betheiligt, welche von 41831 M. auf 114905 M. stiegen, während sich die persönlichen Ausgaben nur von 39000 M. auf 50895 M. vermehrten. An der Steigerung von 1879/80 bis 1900 von 165800 M. auf 271870 M. sind umgekehrt die persönlichen Kosten viel stärker als die sächlichen betheiligt. Erstere stiegen von 50895 M. auf 129510 M., letztere von 114905 auf 141360 M.

Die persönlichen Kosten setzten sich 1900 zusammen aus Besoldungen: 83060 M., Wohnungsgeldzuschüsse: 1440 M., Remunerirung von Hülfslehrern und Beamten: 18100 M.. Honorarantheile und Remunerationen für die Prüfungskommission sowie für Abgabe technischer Gutachten: 26910 M.

Die sächlichen Kosten bestehen zum grössten Theil aus Betriebs- und Unterhaltungskosten. Sie betragen 102980 M. und sind gegen 1879/80 (90280 M.) nicht stark gestiegen. Eine verhältnissmässig viel stärkere Steigung weisen die Ausgaben für Lehrmittel und Vermehrung der Sammlungen auf (1879/80: 8500 M., 1900: 18660 M.). Die Ausgaben für Unterhaltung der Gebäude und Gärten stiegen im gleichen Zeitraum von 8600 M. auf 14800 M., vermischte Ausgaben von 2162 M. auf 5920 M.

Extraordinarium.

§ 299. Der Bau des Hauptgebändes ist bereits Anfang der 40er Jahre aufgeführt. Es bietet zugleich für viele Beamten und Dozenten, Assistenten etc. Dienstwohnungen. Seit 1867—1901 sind für die Thierärztliche Hochschule zu Berlin zusammen 1303044 M. in den Etat eingestellt worden. An grösseren Bauten sind zu erwähnen: 1874/75 zusammen 150200 M., davon 121500 M. zum Bau eines Obduktionshauses und 121200 M. zu einer Pferde-Operationshalle. 1882/83 202000 M. zum Neubau eines Pathologischen Instituts, 1892/93 158000 M. für Ausbau einer chirurgischen Klinik und andere Umbauten, 1898/99 189400 M. für das Hygienische Institut, 1900/1901 392800 M. für den Neubau und Einrichtung des anatomischen Instituts. Weitere Neubauten werden geplant.

B. Die Thierärztliche Hochschule zu Hannover.

Entwickelung und Verfassung.

§ 300. Die Thierärztliche Hochschule zu Hannover (s. § 291) ist 1778 ursprünglich als „Rossarzneischule“ gegründet worden. Sie besass anfänglich nur einen Lehrer. Eine räumliche und personelle Vergrösserung der Anstalt erfolgte seit Mitte der 40er Jahre.[1]) 1851 war

[1]) Näheres in der Festschrift der Hochschule von Dammann und Hesse. Berlin 1899. August Hirschwald.

die Zahl des Lehrpersonals auf 2 Hauptlehrer, 2 Hülfslehrer und 1 Schmiedelehrer gestiegen und der Schulkursus auf 3 Jahre verlängert worden. Weitere Einzelbauten fanden 1855 und 1864 statt. Sodann wurden in den Jahren 1875—1879 wieder grössere Neubauten vorgenommen. Die Zahl der Eleven betrug in der vorgenannten Zeit durchschnittlich 30—50 und erhob sich nur ausnahmsweise bis 60. Dieselben rekrutirten sich besonders aus Hannover, Braunschweig, Oldenburg und Schleswig-Holstein. Seit Anfang der 80er Jahre, nach Uebernahme der Leitung der Hochschule durch Dammann, trat eine erhebliche Zunahme der Frequenz der Studirenden ein.

Ein neueres Statut für die Hochschule zu Hannover besteht nicht, obgleich die meisten Bestimmungen des Statuts für die alte Thierarzneischule des Königreichs Hannover veraltet sind.

Einige Neuerungen sind enthalten in den Vorschriften für die Studirenden der Hochschule vom 15. Juli/22. Juli 1900. (Hannover bei Klindworth.)

Die Verfassung der Hochschule ist Direktorialverfassung. Eine Rektorwahl findet nicht statt. Im Uebrigen gelten thatsächlich für die Verwaltung ähnliche Grundsätze wie für die Berliner Hochschule.

Dozentenzahl und Frequenz.

§ 301. Die Zahl der Studirenden stieg nach Anl. XXXIX von 76 im Jahre 1881 bis auf 211 im Jahre 1889, sank bis 1893 auf 152, um von da an bis 1898 wieder bis auf 234 zu steigen. Die Zahl der etatsmässigen Lehrerstellen hat in den letzten 35 Jahren nur eine geringe Steigerung erfahren. Sie betrug 1875: 6 etatsmässige und stieg bis 1902 auf 9 einschl. des Direktors. Mit Hülfslehrern 1875: 9, 1898: 13 (s. Anlage).

Verwaltungspersonal.

§ 302. 1876 gab es nur 1 Hufbeschlaglehrer, 1 Futtermeister und 1 Anatomiewärter, 1901 dagegen 3 Kassen- und Verwaltungsbeamte und 10 Unterbeamte, wie bei Berlin, eine Folge der Vermehrung der Zahl der Institute, der etatsmässigen Stellen u. s. w.

Einnahmen.

§ 303. Die Thierärztliche Hochschule zu Hannover ist, wie die Berliner, reine Staatsanstalt und wird etatsrechtlich wie jene behandelt (s. § 296).

Die Einnahmen der Thierärztlichen Hochschule zu Hannover betrugen kurz nach der Annexion im Jahre 1868 5550 M. und stiegen bis 1881/82 nur bis auf 6000 M. Im Jahre 1882/83 hoben sie sich plötzlich auf 19000 M., eine Folge der Uebernahme des Apothekenbetriebs und der Anschaffung der Fourage für Rechnung der Anstalt, sowie der Einführung fester Kur- und Verpflegungssätze, während früher die Sorge für Fourage und Kosteneinziehung etc. einem Lehrer der Anstalt oblag, der nur Ueberschüsse an die Anstalt ablieferte. Die Pflege- und Arzneikosten wie bei Berlin (§ 297). Dadurch erhob sich der bezügliche Einnahmeposten (Arznei- und Pflegekosten) von 800 M. auf 14 000 M.

Die Einnahmen aus Honorar- und Einschreibegebühren (s. § 297) machten damals nur 3590 M. aus.

Während sich die Einnahmen aus Arznei- und Pflegekosten bis 1900 nur bis auf rund 20 000 M. steigerten, vermehrten sich die Honorar- etc. Einnahmen bis 1900 auf mehr als das 10 fache, in Folge von Erhöhung des Honorars und der grösseren Frequenz. Das Honorar wurde seit Mitte der 90er Jahre von 40 auf 80 M. erhöht. Die Hospitanten zahlen 20 M., Aufnahme und Abgangsgebühren je 6 M.

Honorarerlass bei Bedürftigkeit und tadelloser Führung kann — der Regel nach nur nach einjährigem Besuch — der Direktor ertheilen. Einzelne Studirende höherer Semester können gegen freie Wohnung, Heizung und Beleuchtung als „Unter-Assistenten" bestellt werden. Die Benutzung der Institute und Seminarien ist unentgeltlich, doch müssen die Studirenden die kleineren von den Lehrern zu bezeichnenden Instrumente und die erforderliche Kleidung sich selbst beschaffen.

Ordentliche Ausgaben (Anl. XXXVIII).

§ 304. Die Ausgaben stellten sich z. Zt. der Annexion (1868) auf 22 950 M., stiegen bis 1875 auf 40 617 M., 1890/91 auf 77 717 M. und von da bis 1900 auf 129 822 M.

1868 betrugen die persönlichen Ausgaben 15 720 M., die sächlichen 7230 M., also etwa die Hälfte, 1900 die persönlichen 81 042 M., die sächlichen 46 780 M. Das Verhältniss hat sich also hier nicht wesentlich verschoben.

Von den persönlichen Kosten entfielen 1900 auf

Besoldungen	56 280 M.	(1875: 23 535 M.)
Wohnungsgeldzuschüsse	5 712 „	(„ 3 912 „)
Remunerirung von Hülfskräften	9 150 „	(„ 1 500 „)
Antheile der Dozenten am Honorar, Remuneration der Mitglieder der Prüfungskommission u. s. w.	11 900 „	(„ 720 „)

Die sächlichen Kosten setzten sich 1900 wie folgt zusammen:

Zu Lehrmitteln und Vermehrung der Sammlungen	7 000 M.	(1875: 1 350 M.)
Betriebs- und Unterhaltungskosten . .	35 550 „	(„ 6 795 „)
Unterhaltung von Gebäuden	3 000 „	(„ 1 800 „)
Sonstiges	1 230 „	(„ 1 005 „)

Extraordinarium

§ 305. Für die Thierärztliche Hochschule in Hannover ist seit 1867 bis 1901 die Summe von 2 826 616 M. an extraordinären Mitteln bereit gestellt worden.

Dahin gehören vor Allem die Mittel zu den in den Jahren 1875 bis 1879 erfolgten Neu- und Umbauten von zusammen 198 000 M., 1880/81 bis 1882/83 noch 116 379 M., zusammen über 300 000 M.

Als sich zu jener Zeit die Nothwendigkeit der erheblichen Vergrösserung der Anstalt (damals 9573 qm Flächengrösse, während Berlin 81 000 qm besitzt) geltend machte, wurde die Frage der Verlegung nach Halle oder Göttingen und auch die Verschmelzung mit Berlin erwogen. Von letzterm Plane wurde abgesehen, weil die Ausbildung der Studirenden an zwei mässiger besuchten Lehranstalten, an denen der Lehrer sich dem Einzelnen eher zu widmen im Stande ist, sich besser vollzieht als an einer einzigen, und weil die Konkurrenz zweier Anstalten auf Forschung und Unterricht wohlthätig zu wirken im Stande ist.

Seit Mitte der 90er Jahre kam ein für 250 Maximalfrequenz berechneter Neubau zu Stande. 1894/95 wurden im Extraordinarium 320 000 M. für die Erwerbung des Bauplatzes bewilligt. In den folgenden vier Jahren fand die Bereitstellung von 1 650 000 M. für die bauliche Ausführung statt, wozu für 1899 noch 238 500 M. für die innere Einrichtung, soweit sie nicht aus der alten Anstalt übernommen wurde, hinzukamen.

Für den Neubau eines hygienischen Instituts wurden 1900/01 noch 192 707 M. bereit gestellt.

Die Hochschule ist in Folge dieser Neubauten die einzige in Europa, die nach einheitlichem Plane von Grund aus aufgebaut und mit allen Lehrmitteln und Ausrüstungen nach dem neuesten Stande der Veterinärwissenschaft ausgestattet ist.

C. Entwickelung der einzelnen auf die thierärztlichen Hochschulen bezüglichen Ausgabeposten im Etat.

§ 306. Die Ausgabetitel Kap. 103 Tit. 1—11 enthalten, wie schon hervorgehoben, — mit Ausnahme der Tit. 1 u. 2 (Besoldungen) — gemeinsame Beträge für beide Hochschulen. Ihre Entwickelung kann daher auch nur für beide Schulen gemeinsam behandelt werden. In Anl. XXXIX sind übrigens die rechnungsmässigen Ausgaben für jede Hochschule getrennt während einer längeren Reihe von Jahren einander gegenüber gestellt.

Kap. 103 Tit. 1 u. 2, 3: Besoldungen, Wohnungsgeldzuschüsse u. s. w. Im Jahre 1873 bezogen die beiden Direktoren der Thierarzneischulen Einzelgehälter von 5400 M. (Hannover) und 7800 M. (Berlin).

Auch die Lehrer waren in Berlin besser gestellt. Sie bezogen 1800—5100 M., diejenigen in Hannover nur 1800—4800 M.

Eine Gleichstellung der letzteren mit den ersteren erfolgte erst durch den Etat 1882/83, schon um deswillen, damit die Versetzbarkeit der Lehrer von der einen Anstalt an die andere erleichtert werde.

Bei der allgemeinen Besoldungsverbesserung 1897/98 wurden die Lehrer an beiden Hochschulen auf 3000—6000 M. aufgebessert (Höchstgehalt in 21 Jahren).

Die Direktorstelle in Berlin fiel nach der Neuorganisation (1887) fort. Der Direktor in Hannover bezieht jetzt 6700 M. und 500 M. persönliche Zulage und freie Wohnung (s. auch § 307).

Die Lehrer sind sämmtlich unmittelbare Staatsbeamte und es gelten hinsichtlich der Wohnungsgeldzuschüsse, Pensionen, Relikten u. s. w. die allgemeinen Grundsätze.

Die Verwaltungsbeamten scheiden sich in Bureaubeamte und Unterbeamte und folgen als solche den betreffenden Beamtengruppen der allgemeinen Verwaltung. Nur der die Administratorstelle in Berlin versehende Beamte bezieht 1200 M., der Rendant daselbst 600 M. Zulage.

Die Nebenämter der Professoren u. s. w. und die daraus bezogenen Remunerationen werden alljährlich im Etat unter der Spalte „Bemerkungen“ einzeln namhaft gemacht.

Seit 1895/96 erhalten sie ausserdem 1/4 Honorarantheile (bis 1500 M.) nach dem Vorgang der landwirthschaftlichen Hochschulen (s. §§ 216 und 308).

Andere persönliche Ausgaben.

§ 307. *Kap. 103 Tit. 4:* Zur Remunerirung von Hülfslehrern und Hülfsbeamten, einschliesslich einer Funktionszulage von 1500 M. für den jeweiligen Rektor der thierärztlichen Hochschule in Berlin 27 250 M.

Dieser Titel dient zur Remunerirung von Hülfslehrern und Hülfsbeamten (z. B. Diätare), für welche letztere früher ein besonderer, seit Mitte der 90er Jahre mit Tit. 4 vereinigter Titel bestand (der Tit. 5, jetzt vakat).

An Hülfslehrern kommen zwei Gruppen in Betracht: Einmal Professoren und Dozenten an den technischen Hochschulen zu Berlin und Hannover oder an der Berliner Universität, welche zugleich Vorlesungen an den betreffenden thierärztlichen Hochschulen halten. Diese erhalten für die Vorlesungen bestimmte Remunerationen, da sie keine Honorare beziehen, welche vielmehr sämmtlich vom Staate vereinnahmt werden.

Eine zweite Gruppe sind die als Hülfslehrer an der Hochschule angestellten Repetitoren, chemische Assistenten und Apotheker, welche für ihre Lehrthätigkeit in Berlin wie Hannover je 1500 M. Remuneration erhalten. Alle erhalten freie Wohnung oder 400 M. Miethsentschädigung, meist auch freie Heizung und Beleuchtung. Die zur Unterstützung der Professoren dienenden wissenschaftlichen Assistenten werden dagegen aus Tit. 11 remunerirt. Sie werden den Dozenten und Beamten nicht zugerechnet. Von Beamten werden aus dem Fonds die Diätare remunerirt.

§ 307a. *Kap. 103 Tit. 5:* jetzt ausgefallen, s. § 307.

§ 308. *Kap. 103 Tit. 6:* Antheile der Lehrer der thierärztlichen Hochschulen in Berlin und Hannover an den Studienhonoraren, zur Remunerirung der Mitglieder der Kommissionen für die Staatsprüfungen der Kandidaten der Thierheilkunde und der Thierärzte, zur Remunerirung der Mitglieder der technischen Deputation für das Veterinärwesen[1]) und der Lehrer an den thierärztlichen Hochschulen für die Abgabe technischer Gutachten in Rechtsangelegenheiten; zu Entschädigungen für die dabei thätig gewesenen Beamten und zu den bei den Prüfungen und bei der Erstattung von Gutachten vorkommenden sächlichen Ausgaben 49 940 M.

Der Fonds betrug 1873: 3540 M., stieg bis 1894/95 allmählich auf 19 560 M., 1895/96: 37 550 M., 1901: 40 940 M.

Der Zweck des Fonds ist aus seiner Bezeichnung klar ersichtlich. Es entfielen 1900 auf die einzelnen Zwecke:

	Berlin M	Hannover M.
1. Antheile der Lehrer an den Studienhonoraren	10 620	7 200
2. Remunerirung der Staatsprüfungskommissionen (auch für Kreisthierärzte) (s. § 392)	11 230	4 000
3. Remunerirung der Mitglieder der Deputation für das Veterinärwesen und der Hochschuldozenten für Abgabe technischer Gutachten in Rechtssachen	5 060	700
Summa . .	**26 910**	**11 900**
4. Entschädigungen für die dabei thätig gewesenen Beamten und sächliche Ausgaben, zusammen	2 130	

An den Honorarantheilen nehmen nur die Dozenten der thierärztlichen Hochschulen Theil (s. § 307), nicht die nebenamtlich thätigen Dozenten anderer Hochschulen. Die Honorarantheile werden in gleichen Beträgen auf die etatsmässigen Dozenten vertheilt, etwa je 1200 M. in Berlin und je 800 in Hannover.

Nach einem Vermerke zu dem Titel kann der nach Bestreitung der nothwendigen Ausgaben etwa verbleibende Ueberschuss an Prüfungsgebühren zu Beihülfen u s. w. für nicht beamtete Thierärzte, deren Angehörige und Hinterbliebene, sowie zur Unterstützung armer Studirender der Thierheilkunde, welche die Prüfungsgebühren zu erlegen ausser Stande sind, verwendet werden. Die am Jahresschlusse verbleibenden Bestände können zur Verwendung in die folgenden Jahre übertragen werden.

Thatsächlich bleiben nur geringe Beträge (200 M), ausnahmsweise 500—600 M, zu solchen Zwecken übrig.

Kap. 103 Tit. 7: Zu Lehrmitteln und Vermehrung der Sammlungen 26 660 M.

Der Fonds — in die folgenden Jahre übertragbar — dient zur Unterhaltung und Vermehrung der Bibliotheken, Sammlungen und sonstigen Lehrmittel. Er betrug 1873 nur 2250 M. Die erste erhebliche Steigerung fand Ende der 70er Jahre statt (1879/80: 10 750 M.), von da allmählich — jährlich durchschnittlich 500 M. mehr — bis auf 26 660 M. in 1901.

Kap. 103 Tit. 8: Zu Betriebs- und Unterhaltungskosten, einschliesslich der Abgaben und Lasten, sowie derjenigen Ausgaben für die Dienstgebäude und Gärten, welche nicht aus Tit. 9 zu bestreiten sind, 140380 M.

1873 betrug der Fonds nur 65 169 M., stieg aber bis 1876 auf 94 075 M. hauptsächlich in Folge der stark zunehmenden Frequentirung der Spitalklinik bei der Thierarzneischule Berlin — wodurch natürlich auch bei den Einnahmen eine entsprechende Vermehrung entstand.

Seit 1876 hat der Fonds eine ziemlich gleichmässige Steigerung erfahren bis auf 140 380 M. in 1901 — jährlich etwa um 1400—1500 M.

Aus dem Fonds wurden u. A. bezahlt (1900) für Berlin: Fourage 32 170 M., Viehwirthschaft 13 760 M., Apotheke 10 750 M., Löhne 16 240 M.; für Hannover: Fourage 11 500 M., Apotheke und Löhne 11 550 M.

Tit. 9 u. 10 geben zu besonderen Bemerkungen keinen Anlass.

[1]) s. § 390.

§ 309. *Kap. 103 Tit. 11:* Zu Stipendien für wissenschaftliche Assistenten, Thierärzte und Studirende der Thierheilkunde, einschl. 400 M. künftig wegfallend, 15 200 M. (Einzelnen Stipendiaten und anderen Studirenden darf freie möblirte Wohnung in den Gebäuden der thierärztlichen Hochschulen nach Massgabe der verfügbaren Räumlichkeiten gewährt werden.) S. auch § 307.

Der Fonds wurde eingestellt mit 6000 M. in den Etat für 1876. Hiervon waren 1350 M von dem Fonds für veterinärpolizeiliche Zwecke übernommen, welche zu Stipendien für Veterinäreleven in Schleswig-Holstein bestimmt waren und noch aus der Zeit vor der Annexion stammten.

Der Grund der Einstellung des Titels war, unbemittelten Eleven, besonders, soweit sie beamtete Thierärzte zu werden beabsichtigten, durch angemessene Subventionen zur freiwilligen Verlängerung des dreijährigen Lehrkursus zu veranlassen, da der dreijährige Lehrgang mit Rücksicht auf die mangelhafte Vorbildung etwas kurz bemessen war.

1879/80 trat eine Erhöhung um 5800 M. ein, um vor Allem auch praktischen Thierärzten Gelegenheit zu geben, ihre Kenntnisse noch durch Hörung von Vorlesungen an den Hochschulen zu vervollständigen. Auch wollte man wissenschaftliche Assistenten aus ihrer Zahl gewinnen.

Von jener Zeit bis heute ist nur eine geringe Steigerung (auf 15 700 M. in 1901) zu verzeichnen.

Thatsächlich wird heute der ganze Fonds zur Remunerirung derartiger Assistenten verwandt, welche zur Unterstützung der stark in Anspruch genommenen Professoren dienen. Die Remuneration beläuft sich auf je 1000 M. Zu Stipendien für Eleven bleibt aus dem Fonds nichts übrig.

II. Die thierärztlichen Institute an den Universitäten.

§ 310. Thierärztliche Institute sind an fast allen Universitäten, zum Theil als selbständige Anstalten, zum Theil als Theile von landwirthschaftlichen oder allgemeinen klinischen Instituten. Sie unterstehen sämmtlich dem Kultusminister.

Soweit besondere Anstalten in Frage kommen, sind die Ausgaben aus der Beil. 6 des Kultusetats ersichtlich, z. B. Königsberg (1901: 4894 M., davon 4199,50 M. eigene Einnahmen), Breslau (1901: 1550 M.), Göttingen (1901: 7064 M.).

Prüfungen von Thierärzten finden an diesen Instituten nicht statt, sie werden meist von Studirenden der Landwirthschaft besucht.

Sechster Hauptabschnitt.

Pflege und Förderung des landwirthschaftlichen Gewerbes.

Allgemeines.

I. Entwickelung.

§ 311. In dem Polizeistaate des 18. Jahrhunderts war für eine staatliche unmittelbare Pflege und Förderung des landwirthschaftlichen Gewerbes kein Raum, weil einmal die Landesfürsten, um eine günstige Handelsbilanz zu erzielen, sich hauptsächlich der Förderung der kommerziellen Thätigkeit zuwandten, andererseits auch bei der durch die alte Agrarverfassung an den Händen gebundenen Landwirthschaft ein direktes staatliches Eingreifen nicht möglich war und auch kaum nutzbringend werden konnte. Aber auch, nachdem die Lehre von der günstigen Handelsbilanz durch die Lehre der Physiokraten von der alleinigen Produktivität des landwirthschaftlichen Berufes abgeschwächt worden war und als Anfang des 19. Jahrhunderts die agrarrechtlichen Schranken in Wegfall kamen, welche bis dahin die freie Nutzung des Grund und Bodens hemmten, sah sich der preussische Staat zunächst noch nicht veranlasst, in weiterem Umfange eine staatliche Förderung und Pflege auf dem Gebiete der Landwirthschaft zu entwickeln, weil man damals noch unter dem Einflusse der Adam Smith'schen Lehren die freie Konkurrenz in allen gewerblichen Gebieten möglichst wenig einschränken und möglichst viel dem erleuchteten Selbstinteresse des Einzelnen überlassen zu müssen glaubte.

Auch wurden bei der Behördenorganisation im Anfang des 19. Jahrhunderts die landwirthschaftlichen Angelegenheiten dem Minister des Innern zugetheilt, wodurch die polizeiliche Seite der Staatsthätigkeit naturgemäss die Oberhand gewann.

Ein Umschwung in dieser Auffassung trat erst Mitte des 19. Jahrhunderts nach Begründung eines besonderen landwirthschaftlichen Ministeriums ein. Die Mittel, welche damals der staatlichen Förderung und Pflege des landwirthschaftlichen Gewerbes dienten, waren anfänglich allerdings noch sehr geringe.

Der Etat für 1849 sah für landwirthschaftliche derartige Zwecke im damaligen — auch noch die landwirthschaftlichen Hochschulen mit umfassenden — Landkulturfonds nur 54 306 M. vor, wozu die — in diesem Jahre noch auf dem Gestütsetat stehenden — 63 600 M. zu Pferdezuchtzwecken hinzutraten. Bei einer Gesammtausgabe des landwirthschaftlichen Etats von 3 604 420 + 63 600 M. = 3 668 020 M. wurden also für Förderung und Pflege der Landwirthschaft nur 117 906 M. oder 3,2 Proz. verwendet, während nach dem jetzigen Etat (1901) fast der 10. Theil (1 770 421 von 18 142 032) auf diesen Ausgabezweig entfällt, obgleich inzwischen noch die Ausgaben für Thierärztliche Hochschulen und Veterinärwesen, sowie für die Centralverwaltung der Domänen und Forsten zu den Gesammtausgaben hinzugetreten sind. Rechnet man aber noch die vielen extraordinären Verstärkungen (einschliesslich der Beträge aus dem Ost- und Westfonds) für 1901 hinzu, so steigt der für direkte Pflege und Förderung des landwirthschaftlichen Gewerbes verwendete Betrag um eine weitere Million, sodass damit gegenwärtig mehr als das 20fache zur direkten Förderung und Pflege von Ackerbau, Viehzucht, Fischerei etc. aufgewendet wird, als vor 50 Jahren.

§ 312. Die Etatskapitel und Titel, in welchen die Mittel für Pflege und Förderung der Landwirthschaft zur Verfügung gestellt werden (Kap. 104 u. 105, Kap. 107 Tit. 1 u. 2), sind zum grössten Theil

Dispositionsfonds. Nur ein geringer Theil stellt sich als Bedürfnissfonds (z. B. Ausgaben für Fischereiaufsichtsbeamte) dar.

Diese Dispositionsfonds stehen zur Verfügung des Landwirthschaftsministers und sind von diesem nicht ein- für allemal auf die einzelnen Provinzialbezirke vertheilt, sondern gelangen alljährlich von Neuem zur Vertheilung.

Ihre richtige und angemessene Vertheilung und Verwendung ist natürlich von der grössten Wichtigkeit. Um hier das Richtige zu treffen und den Bedürfnissen der landwirthschaftlichen Bevölkerung thunlichst Rechnung zu tragen, hat sich in Preussen die Staatsregierung immer mehr der Praxis zugewendet, den grössten Theil jener Fonds den landwirthschaftlichen Centralvereinen (jetzt meist: Landwirthschaftskammern) zu überweisen und diesen — unter Vorschreibung bestimmter Grundsätze und Regeln — die weitere Verwendung und Untervertheilung zu überlassen.[1])

Die Staatsregierung bringt damit dem landwirthschaftlichen Vereinswesen ein grosses Vertrauen entgegen, da sie dabei auf die Kontrole über die nutzbringende Verwendung und auch über eine sparsame Verwirthschaftung mehr oder weniger verzichtet, was sonst bei der Verausgabung staatlicher Mittel nicht üblich ist. Im Allgemeinen wird man aber das Verfahren der Staatsregierung als durch die Haltung der Vereine gerechtfertigt ansehen können. Andererseits dürfte doch dem Drängen der Vereine auf Ueberweisung einer immer grösseren Quote der Fonds (jetzt meist schon 80—83 Proz.) aus allgemeinen etatsrechtlichen und etatspolitischen Gründen entgegenzutreten sein.

Bei der vom Landwirthschaftsminister vorzunehmenden Vertheilung der Beihülfen auf die einzelnen Landwirthschaftskammern bezw. Centralvereine kann natürlich ein mechanischer gleichmässiger Vertheilungsmassstab nicht angelegt werden, es würden sonst unter Umständen Beiträge vertheilt werden, für welche eine zweckmässige Verwendung nicht sicher gestellt ist, es wird daher stets das Bedürfniss und die Sicherheit einer guten Verwendung ins Auge gefasst. Für letztere findet die landwirthschaftliche Verwaltung vor allem eine Gewähr in den eigenen Aufwendungen, welche die betheiligten Landwirthe für diese Zwecke machen, da solche eigene Aufwendungen einerseits den besten Beweis für ein in den Interessentenkreisen selbst gefühltes Bedürfniss, andererseits eine Sicherheit dafür bieten, dass mit den gesammten Fonds sparsam und zweckentsprechend gewirthschaftet wird Die betreffenden landwirthschaftlichen Körperschaften sollen eben nicht nur fremde Gelder spenden, sondern auch Zuschüsse aus ihrem eigenen Vermögen verwenden und daher muss die landwirthschaftliche Verwaltung darauf bestehen, dass die landwirthschaftlichen Körperschaften erhebliche eigene Mittel aufbringen Zu diesem Zwecke müssen die Landwirthschaftskammern jährlich ihre Etats einreichen und Anträge auf Bewilligungen zu besonderen Zwecken stellen.

Um die Stellung der Staatsregierung gegenüber den landwirthschaftlichen Vereinen richtig zu würdigen, ist ein kurzer Rückblick auf die Entwickelung des landwirthschaftlichen Vereinswesens in Preussen unentbehrlich.

[1]) In den westlichen Provinzen werden im Verhältniss mehr Unterstützungen durch die Verwaltungsbehörden direkt als durch Vermittelung der Vereine gegeben, wie im Osten der Monarchie.

II. Landwirthschaftliches Vereinswesen.

§ 313. Eine der wichtigsten und in ihren Folgen wohlthätigsten Massnahmen, welche das Landeskultur-Edikt vom 14. Sept. 1811 zur Beförderung der Landeskultur traf, war die Anregung, welche es für die Begründung landwirthschaftlicher Vereine in seinem § 39 getroffen hat.

So lange Grund und Boden durch die alte Agrarverfassung gefesselt und die Landwirthe in freier Entfaltung ihrer Kräfte lahmgelegt waren, konnte sich auch ein landwirthschaftliches Vereinswesen nicht entwickeln. Versuche bedeutender Männer wie Thaers in der zweiten Hälfte des 18. Jahrhunderts (Königl. Landwirthschaftsgesellschaft zu Celle), die vorwärts strebenden Landwirthe zu gemeinsamem Vorgehen zu vereinigen,[1]) blieben vereinzelt.

Als Thaer nach Preussen gekommen, legte er seine Wünsche über die Förderung des Vereinswesens in § 39 des von ihm verfassten Kulturediktes nieder.

„Jeder Landwirth erhält ein freies Feld zur Thätigkeit und Anwendung seiner Industrie. Es kommt nunmehr bloss noch darauf an, die letztere allgemein zu wecken und den schon sehr regen Sinn für reelle Besserungen auch unter diejenigen zu verbreiten, die bisher zu entfernt von den Quellen der Belehrung standen und auch ohne Mittel waren, solche zu benutzen.

Es ist deshalb unser Wunsch und Wille, dass erfahrene und praktische Landwirthe in grösseren und kleineren Distrikten zusammentreten und praktische landwirthschaftliche Gesellschaften bilden, damit durch solche sowohl sichere Erfahrungen und Kenntnisse, als auch mancherlei Hülfsmittel verbreitet und ausgetauscht werden mögen."

§ 314. Der gleichzeitig in dem genannten Paragraphen in Aussicht gestellte Versuch, einen vollständigen Organismus praktischer landwirthschaftlicher Gesellschaften unter einem Centralbureau in Berlin zu schaffen, musste bei der Ungunst der Zeit unterbleiben und man verzichtete zunächst darauf, die Vereinsthätigkeit von Staatswegen anzuregen.

Erst 1842 wurde in Verfolg jener Vorschrift durch Allerh. Ordre vom 16. Jan. das **Landesökonomiekollegium** eingerichtet, in welches eine Reihe der anerkanntesten Autoritäten der preussischen Landwirthe einberufen wurden.

Am 24. Juni 1859 wurde ein neues Regulativ aufgestellt, welches eine engere Verbindung mit dem Landwirthschaftlichen Ministerium herbeiführte, indem an Stelle eines besonderen, besoldeten Präsidenten ein Rath des Ministeriums trat, welchem ein Generalsekretär zur Seite stand. Auch wurden nunmehr praktische Landwirthe aus allen Provinzen zugezogen. Durch Allerh Ordre vom 7. Mai 1870 und Regulativ vom 24 Mai 1870 trat wieder eine Neuorganisation ein, in welcher aber die Zahl der Mitglieder eine so grosse wurde (sämmtliche Präsidenten der Centralvereine, gewählte Mitglieder, vom Minister ernannte Mitglieder u. s. w), dass durch Allerh. Ordre vom 24. April 1878 schon

---

[1]) So die später wieder eingegangene Thüringische Landwirthschaftsgesellschaft Weissensee, gegründet 1762, Königl. Landwirthschaftsgesellschaft zu Celle 1764 (jetzt Landwirthschaftlicher Centralverein für Hannover), Oekonomisch-Patriotische Sozietät der Fürstenthümer Schweidnitz und Jauer und Oekonomische Gesellschaft Breslau 1772 u. A. m.

wiederum ein neues Regulativ zu Stande kam, welches im Interesse einer gedeihlichen Wirksamkeit die Mitgliederzahl erheblich einschränkte.

Nach dem neuesten Regulativ v. 10. Dez 1898 hat das Kollegium als Beirath des Ministers und zweitens den Landwirthschaftskammern für die Bearbeitung gemeinsamer Angelegenheiten als Geschäftsstelle zu dienen.

Es besteht aus von den Landwirthschaftskammern und der landwirthschaftlichen Centralstelle gewählten Mitgliedern — zusammen 25 — und aus höchstens ein Drittel vom Minister zu ernennenden Mitgliedern. Vorsitzende und Stellvertreter werden gewählt. Die Sekretariatsgeschäfte sind einem Ministerialsubalternbeamten übertragen.

Da die Aufgaben des Kollegiums sich mit denen des Deutschen Landwirthschaftsraths sachlich wenn auch nicht räumlich decken, so wurde zugleich, um eine möglichst enge Fühlung zwischen beiden Körperschaften herzustellen, bestimmt, dass die Vertreter der Centralvereine (Landwirthschaftskammern) in diesem zugleich Mitglieder im Landes-Oekonomie-Kollegium sind.

Die Ergebnisse der jeweiligen Sitzungen werden alljährlich in den Landwirthschaftlichen Jahrbüchern veröffentlicht.

Gegenwärtig sind sämmtliche Aemter Ehrenämter, doch erhalten für die Dauer der Plenar- und Kommissionssitzungen die anwesenden Mitglieder Diäten, die auswärtigen zudem Reisegelder. In früheren Jahren standen die Ausgaben im Etat unter besonderer Rubrik.

§ 315. Im Jahre 1815 betrug die Zahl der landwirthschaftlichen Vereine in Preussen erst 15 (darunter u. A. der Verein praktischer Landwirthe zu Heiligenbeil, gegründet 1808, die Landeskulturgesellschaft zu Arnsberg 1809, die Pommersche Oekonomische Gesellschaft 1810, der landwirthschaftliche Verein des Oberbarnim'schen Kreises zu Wrietzen 1811, der landwirthschaftliche Verein zu Nimptsch in Schlesien 1815, die landwirthschaftlichen Vereine zu Halberstadt und zu Ahaus 1819).

Die Thätigkeit dieser Vereine war hauptsächlich auf Verbreitung praktischer Verbesserungen, künstlichen Futterbaues, Fruchtwechselwirthschaft u. s. w. gerichtet. Der landwirthschaftliche Verein zu Celle war der erste, welcher eine regelmässige Zeitschrift herausgab und eine landwirthschaftliche Lehranstalt gründete, also auch die theoretische Ausbildung zu ihrem Rechte kommen liess.

In der Periode von 1820—1840 entstanden bereits 108 neue Vereine, darunter 22 in der Provinz Preussen, die später in die Centralvereine für Litthauen und Masuren und für Ostpreussen zusammengefasst wurden. In Posen entstanden 3, in Brandenburg 8, in Schlesien 5, Westfalen 21, in Pommern 10 (zusammengefasst zum Baltischen Centralverein), in der Rheinprovinz 13 (Rheinischer Centralverein), in Hannover 8, Hessen-Nassau 5 (Nassauischer Centralverein), Schleswig-Holstein 5.

Die Durchführung der Gemeinheitstheilungen und Reallastenablösungen, die allgemeinere Einführung von Brennereien und mit ihnen des Kartoffelbaues, die Entwickelung des Oelfruchtbaues, das Aufblühen der Schafzucht, späterhin die Rübenzuckerfabrikation, der Kunstwiesenbau, ferner die Liebigschen Entdeckungen und Leistungen, die durch die Londoner internationale Ausstellung von 1851 angeregte Einführung landwirthschaftlicher Maschinen in grösserem Massstabe, sodann die hinter den mächtigen Fortschritten etwas zurückgebliebene Förderung verbesserter Viehzucht und Viehhaltung — alle diese Bestrebungen gaben in den folgenden Jahrzehnten immer neue Impulse zu Vereinsgründungen und zur Entwickelung des den vorhandenen landwirthschaftlichen Vereinen eröffneten Thätigkeitsfeldes.

Von 1840—1866 entstanden 399 neue Vereine, davon in den Provinzen Preussen 47, Posen 23, Pommern 15, Brandenburg 40, Schlesien 36, Sachsen 48, Westfalen 18, Rheinprovinz 44, Hohenzollern 5 und in den damals noch nicht zu Preussen gehörigen Gebieten: Hannover 76, Hessen-Nassau 27, Schleswig-Holstein 20. Diese Vereine schlossen sich wieder zu 13 Centralverbänden zusammen.

Besonders fruchtbringend wirkte die Thätigkeit des 1842 gegründeten Landesökonomiekollegiums auf die Vereinsthätigkeit ein (s. § 314).

Auch die 70er Jahre mit ihrem allgemeinen wirthschaftlichen Aufschwung in Folge des französisch-deutschen Krieges brachten wieder eine starke Vermehrung der Vereine.

1868 betrug die Zahl der landwirthschaftlichen und verwandten Vereine 31 Centralvereine, 618 Zweigvereine, 170 nicht centralisirte Vereine, in Summa 819 Vereine. Im Juli 1878 gab es 36 Centralvereine, 1025 Zweigvereine, 356 nicht centralisirte Vereine, in Summa 1417 Vereine.

1883 gehörten zu 33 landwirthschaftlichen Centralvereinen bereits 1470 Unterverbände mit 125 373 Mitgliedern, 1886: 1817 Unterverbände mit 148 342 Mitgliedern.

Bis 1894 hatte sich die Zahl der Central-, Provinzial- und Untervereine auf 2666 mit insgesammt 213 636 Mitgliedern gesteigert.

Landwirthschaftskammern.

§ 316. Im Jahre 1894 wurde durch das Gesetz vom 30. Juni 1894 (G.-S. S. 126) über die Landwirthschaftskammern eine wesentliche Neuerung auf dem Gebiete des landwirthschaftlichen Vereinswesens geschaffen.

Schon seit Mitte der 80er Jahre machten sich nämlich Bestrebungen nach einer anderweitigen Organisation des landwirthschaftlichen Vereinswesens geltend.

Nach Errichtung des Landesökonomiekollegiums 1842 waren diesem nicht unerhebliche Mittel aus der Staatskasse zur Verfügung gestellt worden, welche von ihm den Vereinen zur Förderung ihrer Aufgaben übermittelt wurden. Mit diesen Unterstützungen traten die Vereine in gewisser Beziehung aus dem Rahmen der freien und privaten Assoziation, innerhalb dessen sich ihre Thätigkeit bisher entfaltet hatte, heraus. Sie wurden pekuniär von der Regierung abhängig, wofür diese wiederum für sich das Recht gewann, die Vereine auch direkt zur Mitwirkung für staatliche Aufgaben in Anspruch nehmen zu können.

Nach beiden Richtungen war aber der neugeschaffene Zustand ein unvollkommener.

Die finanziellen Staatszuschüsse waren einmal nicht ausreichend, um Unternehmungen der Vereine zur Förderung technischer Fortschritte in der Landwirthschaft unter ihren Mitgliedern im grösseren Massstabe zur Durchführung zu bringen, andererseits wurde die nothwendig damit verbundene Bevormundung in den Verwendungszwecken nicht immer angenehm empfunden Sich finanziell selbständig zu machen, waren die Vereine indessen deshalb nicht in der Lage, weil die Vereinsbeiträge der Mitglieder nur freiwillige waren und deshalb die Mittel aus dieser Quelle nur spärlich flossen.

Was sodann die Vertretung der Interessen der Landwirthschaft bei den Massnahmen der Gesetzgebung und Verwaltung anbelangte, so schienen die landwirthschaftlichen Vereine in ihrer bestehenden Gestaltung um deswillen nicht hinreichend befähigt, ein Vertretungsorgan für die landwirthschaftlichen Interessen bei der Regierung zu sein, weil sie nur etwa ein Drittel des in Betracht kommenden Theiles der ländlichen Bevölkerung umfassten und um so weniger den Anspruch erheben konnten, die ganze Landwirthschaft zu repräsentiren, als die verschiedenen Besitzklassen in jenem Drittel nur sehr ungleichmässig vertheilt waren.

Die seit einer Reihe von Jahren eingetretene Nothlage der Landwirthschaft, welche die Nothwendigkeit der Ergreifung umfassender Massnahmen zur Gesundung derselben verlangte, liess die hervorgehobenen Mängel des landwirthschaftlichen Vereinswesens immer deutlicher hervortreten und machte die Nothwendigkeit einer wirksameren Zusammenfassung der landwirthschaftlichen Kräfte, durch Einführung einer allgemeinen auf öffentlicher Grundlage ruhenden korporativen Vertretung der Landwirthe, immer dringender geltend.

Es wurde daher nach mehrfachen Berathungen im Landesökonomiekollegium und Berathungen im Abgeordnetenhause durch Gesetz vom 30. Juni 1894 (G.-S. S. 126) in Nachahmung der für Handel, Industrie und Gewerbe bestehenden Handelskammereinrichtungen bestimmt, dass zum Zwecke der korporativen Organisation des landwirthschaftlichen Berufsstandes durch Königl. Verordnung nach Anhörung des Provinziallandtags Landwirthschaftskammern errichtet werden sollten, welche in der Regel das Gebiet einer Provinz, ausnahmsweise aber auch Theile derselben zu umfassen haben. Diese Kammern haben die Gesammtinteressen der Land- und Forstwirthschaft ihres Bezirks wahrzunehmen, die Verwaltungsbehörden durch thatsächliche Mittheilungen und Gutachten zu unterstützen, das Vereinswesen und den technischen Fortschritt der Landwirthschaft zu fördern und bei der Verwaltung und den Preisnotirungen der Produktenbörse und der Märkte mitzuwirken.

Wählbar und beitragspflichtig sind — von einigen Ausnahmen abgesehen — Eigenthümer, Nutzniesser und Pächter[1]) land- und forstwirthschaftlich genutzter Grundstücke, deren Grundbesitz oder Pachtung im Bezirke der Landwirthschaftskammer wenigstens den Umfang einer selbständigen Ackernahrung hat oder die für den Fall rein forstwirthschaftlicher Benutzung, zu einem jährlichen Grundsteuer-Reinertrage von mindestens 150 M. veranlagt sind. Die Wahlen erfolgen — sofern nicht statutenmässig anderes beschlossen wird — durch die Kreistage, in Stadtkreisen durch die Gemeindevertretungen.

Die Kammern sind Korporationen, welche ihren Vorsitzenden und Vorstand selbst wählen, unter Aufsicht des Landwirthschaftsministers stehen und zu periodischer Berichterstattung an ihn verpflichtet sind.

Sie sind berechtigt, auf Grund eines jährlich zu veröffentlichenden Etats von den beitragspflichtigen Landwirthen ihres Bezirkes Umlagen, ohne Genehmigung des Ministers aber nur bis zu $^1/_2$ Proz. des Grundsteuerreinertrages, zu erheben, wobei mit ministerieller Genehmigung auch eine Mehr- oder Minderbelastung einzelner Wahlbezirke eintreten kann.

Die Beiträge stehen den öffentlichen Abgaben gleich. Sie werden von den Gemeinden und Gutsbezirken auf Anweisung des Regierungspräsidenten — ev. zwangsweise — beigetrieben und durch Vermittelung der Kreis- (Steuer-) Kassen an die Landwirthschaftskammern abgeführt.

Beschwerden werden im Verwaltungsstreitverfahren entschieden.

§ 317. Die Errichtung von Landwirthschaftskammern stiess anfänglich in einigen Provinzen auf Schwierigkeiten. Gegenwärtig sind sie indessen überall eingeführt. In der Provinz Ostpreussen bleiben daneben noch die beiden landwirthschaftlichen Centralvereine zu Königsberg (ostpreussischer Centralverein) und zu Insterburg (Centralverein für Litthauen und Masuren) fortbestehen, in Hohenzollern ist eine Centralstelle zur Förderung der Landwirthschaft eingerichtet.

III. Ausgaben der Landwirthschaftskammern, der Provinzen und des Staates im Allgemeinen.

§ 318. Fast sämmtliche Landwirthschaftskammern und Centralvereine haben von dem Rechte, Umlagen zu erheben, in mehr oder weniger ausgedehntem Masse Gebrauch gemacht. 1897 wurden erhoben an Prozenten des Grundsteuerreinertrages in Ostpreussen $^1/_3$, Westpreussen $^1/_9$, Brandenburg $^1/_3$, Pommern $^1/_4$, Posen $^1/_3$, Schlesien $^1/_6$,

[1]) bezw. ihre gesetzlichen Vertreter und Bevollmächtigten.

Sachsen $^1/_3$, Schleswig-Holstein $^1/_5$, Hannover —, Westfalen —, Hessen-Nassau (Cassel $^1/_3$, Wiesbaden $^1/_2$), Rheinland —, Hohenzollern —.

Im Etatsjahr 1901 hat sich der Prozentsatz mehrfach erheblich gesteigert. Es werden jetzt erhoben in Ostpreussen $^1/_3$ (73 000 M.), Westpreussen $^5/_{12}$ (71 000 M.), Brandenburg $^4/_{10}$ (133 000 M.), Pommern $^1/_2$ (135 000 M.), Posen $^1/_2$ (90 000 M.), Schlesien $^1/_4$ (115 000 M.), Sachsen $^1/_3$ (168 100 M.), Schleswig-Holstein $^4/_{10}$ (136 400 M.), Hannover $^1/_4$ (113 000 M.), Westfalen $^1/_3$ (84 500 M.), Cassel $^1/_3$ (37 900 M.), Wiesbaden $^5/_8$ (42 800 M.), Rheinprovinz $^1/_2$ (150 000 M.), Hohenzollern (2 230 M.), in Summa 1 351 930 M. (Sonstige eigene Einnahmen 1 072 520 M., Staatszuschüsse 1 762 900 M., insgesammt 2 835 420 M.)

Nach Anl. XLIV wurden im Jahre 1899 von allen Landwirthschaftskammern etc.[1]) zusammen — durch Umlagen und Mitgliederbeiträge — 2 822 437 M. aufgebracht, sodass ihnen einschliesslich 1 671 310 M. überwiesener Staatsbeihülfen 4 493 747 M. zu landwirthschaftlichen Zwecken zur Verfügung standen, welche in Höhe von 4 340 441 M. zu den in der Tabelle aufgeführten verschiedenen Zwecken zur Verausgabung gelangten (321 795 M. für Pferdezucht, 860 119 M. zur Zucht anderer Thiergattungen, vor Allem von Rindvieh, 1 395 157 M. für wissenschaftliche Zwecke, 154 139 M. für Zeitschriften, 1 609 231 M. für Sonstiges).

Nur in Westpreussen blieben die Einnahmen aus Kammernumlagen hinter der Höhe der gewährten Staatsbeihülfen zurück, in Brandenburg, Schlesien, Sachsen, Hannover, Westfalen, Rheinprovinz und vor allem in Pommern und Schleswig-Holstein überstiegen sie erstere sogar sehr erheblich.

Im Jahre 1897/98 waren die eigenen Einnahmen der Landwirthschaftskammern mit 798 509 M. noch erheblich hinter den ihnen zugewiesenen Staatsbeihülfen (1 460 161 M.) zurückgeblieben. Letztere sind seitdem (bis 1900) nur um rund 15 Proz., erstere dagegen um 253 Proz. gestiegen, was gewiss für die Lebens- und Entwickelungsfähigkeit der neuen Einrichtung spricht. Der Umstand, dass die Landwirthschaftskammern bezw. landwirthschaftlichen Provinzialvereine hiernach eine recht umfangreiche Thätigkeit auf dem Gebiete der Pflege und Förderung der Landwirthschaft entfalten, hat zur Folge gehabt, dass die Provinzialverbände auf diesem Gebiete mit ihren Mitteln zurückhaltender gewesen sind.

§ 319. Sämmtliche Provinzialverwaltungen geben aus (nach den Etats, einschliesslich einmaliger und ausserordentlicher Ausgaben) in Mark:

---

[1]) Mit Ausnahme des Centralvereins für Litthauen und Masuren, wo die Angaben fehlen.

	1880/81	1890/91	1897	1900
I. für landwirthschaftl.-wissenschaftliche Zwecke	324 117	449 480	511 193	579 006
II. für Förderung der Viehzucht			181 979	222 368
III. für Förderung der allgem. Landeskultur (ausser Melioration)			57 633	103 853
IV. für Garten- und Obstbau .			136 214	100 588
Summa .	324 117	449 480	887 019	1 005 815

Die Ausgaben unter I gehören streng genommen nicht hierher. Sie sind hier mit aufgeführt, weil die zum Vergleich herangezogenen Gesammtsummen von 1880/81 und 1890/91 sie auch mit enthalten und der damals auf diese Gruppe entfallende Theilbetrag sich nicht feststellen liess.

Die nähere Vertheilung dieser Summe auf die einzelnen Provinzen siehe in Anl. XLV.

§ 320. Vom Staate wurden 1900 bereitgestellt:

	im Ordinarium M.	Extraordinarium M.
Kap. 104 Viehzucht	848 420	150 000
„ 105 Fischerei	390 506	
„ 107 Tit. 1 (Allgem. Landeskultur) .	350 000	160 000
„ „ Tit. 2 (Obst-, Wein-, Gartenbau	155 000	
	1 743 926	310 000
zusammen . .	2 053 926	

Dazu wurden aus dem Eifelfonds (200 000 M.), westlichen Fonds (260 000 M.), östlichen Fonds (780 000 M.) zu Zwecken der vorgedachten Art rund 27 000 bezw. 43 000 M. bezw. 510 000 M., in Summa etwa 580 000 M. verwandt, sodass sich die Gesammtausgaben des Staates auf 2 133 926 M. stellten.

Der Staat übertrifft also Landwirthschaftskammern und Provinzen in seinen Ausgaben für direkte Pflege und Förderung der Landwirthschaft gegenwärtig noch recht erheblich.

§ 320a. Wenngleich ohne jede Mitwirkung der landwirthschaftlichen Verwaltung der auf die eigene Kraft vertrauenden Initiative der deutschen Landwirthe entsprungen, kann die Deutsche Landwirthschaftsgesellschaft doch bei Gelegenheit der Abhandlung des landwirthschaftlichen Vereinswesens nicht übergangen werden, wo es sich um diejenigen Förderungen handelt, welche die heimische Landwirthschaft in den letzten Jahren erfahren hat. Es kann keinem Zweifel unterliegen, dass von dieser Gesellschaft, welche jetzt rund 11 000 Mitglieder in allen Theilen Deutschlands zählt, die werthvollsten Anregungen zur Verbesserung des Ackerbaues und der Viehzucht ausgegangen sind und noch fortwährend ausgehen und dass das Ziel der Bekämpfung der gegenwärtigen schwierigen Lage der Landwirthschaft durch qualitative und quantitative Hebung der Produktion von ihr auf das

Erfolgreichste angestrebt wird. Die Gesellschaft verfolgt ihre Zwecke unter dem grundsätzlichen Ausschluss aller solchen Bestrebungen, welche politischer Natur sind oder eine direkte Beeinflussung der Gesetzgebung und Verwaltung beabsichtigen. Die Mittel, welche die Gesellschaft für ihre vielseitige fruchtbare Thätigkeit aufwendet, fliessen theils aus den auf 20 M. festgesetzten Jahresbeiträgen der Mitglieder, theils aus den Ueberschüssen der von der Gesellschaft für den Dünger-, Saatgut- und Futtermittelbezug vermittelten Geschäfte. Staatsunterstützung hat die Gesellschaft prinzipiell nie beansprucht, jedoch mit der landwirthschaftlichen Verwaltung, welche ihr auch wiederholt Preise für ihre Ausstellungen zuwandte, vielfach Hand in Hand gearbeitet.

§ 321. Die verschiedenen Gebiete, auf denen sich die staatliche landwirthschaftliche Pflege und Förderung des landwirthschaftlichen Gewerbes äussert, sind:

A. Pflege des Ackerbaues;
B. Obst-, Wein- und Gartenbau;
C. Viehzucht;
  I. Grossviehzucht; II. Kleinviehzucht (Geflügelzucht);
D. Fischerei.

A. Pflege des Ackerbaues.

(Kap. 107 Tit. 1.)

Es liegt in der Natur der Dinge, dass der eigentliche Ackerbau einer direkten Beeinflussung und Förderung durch Massregeln der landwirthschaftlichen Verwaltung kaum zugänglich ist. Staatliche Beihülfen an Einzelwirthschaften zur Ausübung der Ackerbebauung finden daher im Allgemeinen nicht statt. Nur wenn Nothstände eintreten, pflegt der Staat in direkter und indirekter Weise den einzelnen Landwirthen der betroffenen Gegend zu Hülfe zu kommen, z. B. durch Beschaffung von Saatgut, Kunstdünger, Zuchtvieh, durch Tarifermässigungen, Preisermässigungen für Waldstreu und Weide in fiskalischen Waldungen, Gewährung unverzinslicher Darlehne, endlich auch Steuererleichterung u. s. w. (vgl. die in § 158a angeführten Nothstandsgesetze und deren Begründung).

Nur für einzelne Arten von Feldbestellung, deren Einführung in weiteren Kreisen gefördert werden sollen, z. B. für Flachsbau, Hopfenbau u. s. w. werden fortlaufend Unterstützungen gewährt. Endlich werden auch zu vorbildlichen Düngungs- und Kulturversuchen gegebenen Falls an Einzelwirthschaften aus staatlichen Fonds Beihülfen und Unterstützungen gewährt. Auch hier bedient sich der Staat in der Regel, aber nicht ausschliesslich des Mittels der landwirthschaftlichen Vereine.

In früheren Jahren bereits wurden ferner mehrfach Mittel aus Staatsfonds gegeben zur Unterstützung bäuerlicher Musterwirthschaften, wie dies schon im Landeskulturedikte vom 14. Sept. 1811 § 40 vorgesehen war. So wurden 1849 30 000 M. zu diesem Zwecke für derartige Musterwirthschaften in Preussen, Posen und Pommern bereitgestellt. Aus diesen Fonds wurden aber keine fortlaufenden Zuschüsse, sondern unverzinsliche einmalige, nach einem gewissen Zeitablauf rückzahlbare Darlehne gegeben. Auch gegenwärtig werden einige Tausend Mark noch für Zwecke der gedachten Art verwendet, zum Theil als nicht zurückzuzahlende Beihülfen.

§ 322. Der Fonds, aus welchem alle die für vorerwähnte Zwecke erforderlichen Mittel in erster Linie bewilligt werden, ist der sog. Landeskulturfonds, Kap. 107 Tit. 1, im Etat bezeichnet als: Dispositionsfonds zur Unterstützung der landwirthschaftlichen Vereine und zur Förderung der Landeskultur im Allgemeinen, soweit für dieselbe nicht bereits in den vorangegangenen Kapiteln des landwirthschaftlichen Etats Fürsorge getroffen ist 350 000 M.

In erster Linie soll dieser Fonds hiernach allerdings der direkten Förderung des landwirthschaftlichen Vereinswesens (s. dieses in §§ 313 ff.) dienen.

Vor allem ist der Fonds dazu bestimmt, die Geschäftsunkosten der landwirthschaftlichen Vereine zu decken, die diese selbst nicht aufzubringen vermochten. Sodann werden aber auch eine ganze Anzahl eigentlicher Vereinszwecke aus dem Fonds unterstützt, soweit nicht besondere Dispositionsfonds zur Verfügung stehen. Wie aus § 323 hervorgeht, wird etwa der sechste bis siebente Theil zu Generalkosten der Centralvereine bezw. Landwirthschaftskammern, der Rest zu sachlichen Zwecken, z. B. Bienenzucht, Flachskultur, Hopfenbau u. A. verwendet. Die Entwickelung des Fonds war folgende:

Zur Unterstützung der landwirthschaftlichen Vereine und zur Förderung der Landeskultur waren unter der Rubrik „allgemeine Kulturfonds" im Etat 1848 ausgesetzt und auf das Landwirthschafts-Ministerium übergegangen:

1. Für die General-Sekretäre und zur Bestreitung der Geschäftskosten der Vereine	32 775 M.
2. Für gemeinnützige Zwecke	54 000 „
zusammen	86 775 M.

Bis zum Jahre 1867 war diese Summe nur auf 98 925 M. gestiegen; nach dem Etat pro 1868 traten aber aus den früheren Etats der neuen Landestheile 97 857 M. hinzu, wodurch sich die Gesammtsumme der unter dem Titel „Beihilfen zu gemeinnützigen Zwecken vorzugsweise an die landwirthschaftlichen Vereine" ausgeworfenen Fonds auf 196 782 M. hob. Als im Jahre 1873 eine durchgreifende Umformung der Etats eintrat, wurden dem in Rede stehenden Titel eine Reihe von Ausgaben zugeschlagen, welche früher theils unter der „Bezeichnung zu speziellen Zwecken" aufgeführt waren, theils auf dem besonderen Etat der Hohenzollern'schen Lande gestanden hatten Dadurch erhöhte sich der Titel auf überhaupt 224 151 M ; gleichzeitig wurde ihm die jetzige Bezeichnung gegeben.

1874 wurde der Betrag auf 270 000 M. erhöht, wovon im Jahre 1875 wieder 30 000 M. abgesetzt wurden und auf den neugegründeten Viehzuchtfonds übergingen — 1885/86 betrug der Fonds 260 000 M. und wurde 1889/90 auf 310 000 M. gesteigert. Diese Höhe behielt er bis 1896/97. Im Jahre 1897/98 wurden 10 000 M. abgezweigt und nach Kap. 107 Tit. 2 übertragen, welche Beihülfen zur Förderung des Gartenbaues und zur Unterstützung der dem Gartenbau dienenden Vereine und Ausstellungen enthielten (s. § 325), 1899 wurde der Fonds auf 320 000, 1900 auf 350 000 M. erhöht.

Seit 1895/96 ist der Fonds alljährlich durch ausserordentliche Zuschüsse in steigendem Masse verstärkt worden. Es wurden auf diese Weise extraordinär bewilligt 1895/96 und 1896/97 je 90 000 M., 1897/98 140 000 M., 1898/99—1900 je 160 000 M., 1901 210 000 M., in Summa in diesen 7 Jahren zusammen 1 100 000 M.

Auch aus dem Ostfonds sind seit 1892/93 steigende Beträge für Zwecke des Fonds verwendet.

Aus dem Ostfonds wurde der Fonds verstärkt 1892/93 um 27 600 M., 1893/94 132 624 M., 1894/95 161 579 M., 1895/96 240 194 M., 1896/97 226 156 M., 1897/98 247 412 M., 1898/99 224 242 M., 1899 258 838 M., in Summa um 1 518 645 M.

§ 323. In der Zeit von 1888—99 wurden aus dem Fonds (Ordinarium und Extraordinarium) zusammen an Landwirthschaftskammern (Centralvereine) übermittelt 3 124 474 M.

Von den gedachten 3 124 474 M. wurden von den Landwirthschaftskammern verwendet zur Besoldung der Generalsekretäre 387 050 M., zur Bestreitung der Geschäftsunkosten 272 310 M., für besondere Zwecke 478 667 M. (bei denen also den Kammern eine bestimmte Direktive für die Verwendung gegeben ist), zur Förderung der Vereinszwecke im Allgemeinen 1 424 608 M. (bei denen die Kammern frei verfügen können), sonstige Beihülfen (z. B. Bienenzucht, Prämiirung ganzer Wirthschaften, Beschaffung und Prämiirung von Saatgut und Dünger, Maschinenprüfungsstationen u. s. w.) 561 839 M. Besonders, um auch die kleineren Landwirthe zu Versuchen mit Kunstdünger, besserem Saatgut und besseren Kulturen anzuregen, sind in den letzten Jahren den landwirthschaftlichen Vereinen nicht unbeträchtliche Summen aus Kap. 107 Tit. 1 überwiesen worden, mit denen die Kosten solcher Versuche ganz oder theilweise gedeckt werden sollen. Hierdurch soll zugleich die theoretische Thätigkeit der Wanderlehrer (s. § 287) eine werthvolle Ergänzung finden.

Die einzelnen Provinzen waren dabei wie folgt betheiligt:

	1888/89	1899	von 1888/89—1899 zusammen
	M.	M.	M.
Ostpreussen	21 880	23 030	263 217
Westpreussen	10 540	15 391	139 929
Brandenburg	18 037	7 137	193 392
Pommern	12 907	22 565	193 644
Posen	20 398	2 795	176 316
Schlesien	24 336	1 078	209 421
Sachsen	10 640	25 086	198 901

	1888/89	1899	von 1888/89—1899 zusammen
	M.	M.	M.
Schleswig-Holstein	12 212	24 654	191 377
Hannover	69 586	58 705	699 839
Westfalen	13 438	31 600	299 561
Cassel	6 451	16 879	138 304
Wiesbaden	7 808	15 861	122 906
Rheinprovinz	15 883	19 992	222 282
Hohenzollern	5 587	7 464	75 385
Zusammen	**249 703**	**272 237**	**3 124 474**

Ausser jenem an die Kammern (Vereine) vertheilten Betrag wurden aus dem Fonds von 1888/89—1899 noch 110 286 M., ohne ihre Vermittelung durch die allgemeinen Verwaltungsbehörden direkt verausgabt: 495 467 M. zur Unterstützung des ländlichen Genossenschaftswesens (s. unten), 24 871 M. zur Förderung des Gemüse- und Gartenbaues (bis 1897/98), 65 814 M. zur Unterstützung von Düngungs- und Kulturversuchen, 95 226 M. zur Förderung der Bienenzucht,[1]) 44 055 M. zur Förderung der Flachskultur, 18 325 M. zur Förderung des Hopfenbaues, 68 790 M. für Hufbeschlaglehrschmieden, 12 606 M. für Medaillen, 277 708 M. Sonstiges.

In früheren Jahren wurde der allgemeine Viehzuchtfonds zu Bienenzuchtzwecken herangezogen.

Bienenstöcke gab es 1892: 1 253 861, 1897 (nicht gezählt), 1900: 1 519 982, wovon 10 bis 14 Proz. auf die Provinzen Ostpreussen, Schlesien und Hannover entfallen. Die bei weitem meisten Bienenstöcke finden sich auf dem Lande. Es kamen 1900 auf

Städte	118 176	Bienenstöcke
Landgemeinden	1 250 512	„
Gutsbezirke	150 494	„

§ 324. Ein erheblicher Betrag (von 1888/89—1899: 495 467 M.) ist hiernach verwendet worden für

Landwirthschaftliches Genossenschaftswesen.

Das landwirthschaftliche Genossenschaftswesen ist eine Errungenschaft der zweiten Hälfte des 19. Jahrhunderts. Diese Genossenschaften sind Erwerbs- und Wirthschaftsgenossenschaften, welche durch Zusammenschluss von Arbeit und Kapital der Mitglieder billige Einkaufs-, Produktions- und bessere Absatzbedingungen sowie grösseren Kredit beschaffen sollen. Früher waren sie auf unbeschränkter Haftpflicht der einzelnen Mitglieder basirt (R.-G. v. 4. Juli 1868), nach R.-G. v. 1. Mai 1889, R.-G.-Bl. S. 55, sind auch Genossen-

[1]) Für Bienenzuchtzwecke gaben 1899 die Landwirthschaftskammern etwa rund 20 000 M., die Provinzen nur einige wenige Tausend Mark aus.

schaften mit lediglich Nachschussverpflichtung oder mit beschränkter Haftpflicht eingeführt worden.

Schulze-Delitzsch und Raiffeisen sind die Namen, an die sich die Genossenschaftsbewegung in Deutschland anknüpft. Bildeten sich in der Folge die Genossenschaften des Systems Schulze-Delitzsch mehr zu solchen städtischen Charakters aus, so haben die Raiffeisenschen Genossenschaften fast ausschliesslich sich zu landwirthschaftlichen Genossenschaften entwickelt.

1899 gab es in Preussen 6695 landwirthschaftliche Genossenschaften, davon 4455 landwirthschaftliche Spar- und Darlehnskassen, 426 landwirthschaftliche Bezugs- und Absatzgenossenschaften, 1261 Molkereigenossenschaften (s. auch § 353) und 553 sonstige Genossenschaften.

Im Ganzen kam am 1. Juli 1899 in Preussen eine landwirthschaftliche Genossenschaft auf 4758 Einwohner (in Brandenburg über 10 000, in Hessen-Nassau, Hannover, Posen 2–4000) und auf 3451 ha der landwirthschaftlich benutzten Fläche.

Ueber die neuerdings gebildeten Kornhaus-Verkaufsgenossenschaften s. Bd. I Lief. 3 S. 770 ff.

B. Pflege des Obst-, Garten- und Weinbaues.

§ 325. *Kap. 107 Tit. 2:* Zur Förderung des Obst-, Wein- und Gartenbaues — übertragbar in die folgenden Jahre — 155 000 M.

Während der Gartenbau, einschliesslich der Ziergärtnerei, der erste der hier behandelten Gebietszweige war, welchem staatliche Förderung zu Theil wurde, hat heute die private gewerbliche Thätigkeit und das Vereinswesen hier eine solche Entwickelung genommen, die Kunst- und Handelsgärtnerei ist so aus dem Rahmen des landwirthschaftlichen Gewerbes herausgewachsen, dass der Staat mit Recht sich im Wesentlichen darauf beschränkt, Gelegenheit zur Erlangung höherer gärtnerischer Kenntnisse in seinen höheren Gärtnerlehranstalten zu geben und nur hier und da einzelnen Gartenbauvereinen und niederen Gartenbaulehranstalten Unterstützungen zu Theil werden zu lassen (1899: 12 620 M.).

Bis 1897/98 wurden diese Zuschüsse zu Gartenbauzwecken aus dem allgemeinen Landeskulturfonds (Kap. 107 Tit. 1) bewilligt, seitdem wurden sie auf den vorstehenden Titel mit entsprechender Aenderung der Titelbezeichnung übernommen.

Jünger, aber von bei weitem grösserer Ausdehnung ist ein Spezialzweig des Gartenbauwesens, die Obstbaumzucht, welche ihrer Natur nach nicht das Privilegium besonderer gärtnerischer Gewerbetreibender ist, sondern auch dem kleinen Manne zugänglich ist, geringer wissenschaftlicher Vorkenntnisse bedarf und daher in engerer Verbindung mit dem landwirthschaftlichen Gewerbe geblieben ist,[1]) auch deshalb aber sich besonders für staatliche Fürsorge eignet, weil es sich dabei einerseits um die Förderung gerade der kleinen landwirthschaftlichen Betriebe handelt, andererseits dabei die Beschaffung eines gesunden, verhältnissmässig billigen Volksnahrungsmittels in Frage kommt.

Das bis dahin wenig beachtete Gebiet der Obstbaumzucht begann erst Anfang der 50er Jahre mehr an Bedeutung zu gewinnen. 1853 wurde der Deutsche pomologische Verein gegründet, der eine ausserordentlich wirksame und fördernde Thätigkeit begann. Schon 1863 hatte sich in Folge der von ihm gegebenen Anregungen die Zahl der privaten Obstbaumschulen verdoppelt. Auch der Staat fing nun an, staatliche Mittel zu Obstbauzwecken zur Verfügung zu stellen. 1868 richtete er das pomologische Institut zu Proskau ein, welches noch heute besteht (s. § 258). Ferner gab er auch Geldzuschüsse an den gedachten Verein, errichtete und unterstützte Kreis- und Kommunalbaumschulen, liess die Elementarlehrer und Strassenaufseher in der Obstbaumzucht unterrichten und verwendete namhafte Summen zum Bepflanzen von Staatschausseen mit Obstbäumen.

§ 326. Ein besonderer Fonds zur Förderung der Obstbaumzucht wurde allerdings erst 1880/81 in den Etat eingestellt.

Doch hatte bereits 1848 das Landwirtschaftsministerium bei seiner Errichtung zur Förderung der Obstkultur einen Betrag von 4510 M. übernommen, welcher zur Unterhaltung zweier Baumschulen in der Rheinprovinz bestimmt war. Ausserdem waren seit dem Jahre 1867 im Extraordinarium besondere Mittel zur Förderung der Obstkultur auf die Etats gebracht, welche bis zum Jahr 1876 überwiegend zur Errichtung und Ausstattung der pomologischen Institute zu Proskau und später zu Geisenheim gedient haben. Seit dem Jahre 1877 wurden sodann alljährlich 12 000 M. ausschliesslich zur Förderung der Obstkultur zunächst im Extraordinarium ausgesetzt, im Jahre 1880/81 aber in das Ordinarium übertragen. (2111 M. von den 12 000 M. waren Zuschuss für die Landesbaumschule Engers, s. § 268.)

Eine Erhöhung auf 32 000 M. im Jahre 1885/86, auf 50 000 M. in 1886/87 und auf 70 000 M. in 1888/89 trat ein, weil die Staatsregierung, vor Allem aus den Einfuhr- und Ausfuhrziffern von frischem und gedörrtem Obst, erkannte, dass der einheimische Obstbau und die Obstverwerthung ungeachtet der in den meisten Landestheilen vielfach gegebenen günstigen Bedingungen die Stelle nicht einnehmen, welche sie einnehmen müssten, um den einheimischen Konsum zu decken und den Obstbau zu einem insbesondere für den kleineren Grundbesitz in Betracht kommenden gewinnbringenden Zweige der Bodennutzung zu gestalten.

[1]) Von den 1900 in Preussen gezählten 90 Mill. Obstbäumen kamen auf Landgemeinden 68 620 511, auf Gutsbezirke 9 216 414, in Summa 77 836 925 auf das platte Land, während auf die Städte nur 12 174 790 Obstbäume entfielen.

Gleichzeitig sollten jene Erhöhungen den Zwecken der Förderung des Weinbaues dienen, weil die Untersuchungen der Weinberge gezeigt hatten, dass es umfassenderer Massnahmen bedürfe, um breitere Schichten der Bevölkerung zu einer rationelleren Kultur der Weinbaupflanzen zu führen. Demgemäss erhielt der Fonds eine den Weinbau einschliessende Titelbezeichnung (1885/86).

Eine weitere erhebliche Fondserhöhung trat 1895/96 zugleich mit der Erhöhung der übrigen landwirthschaftlichen Dispositionsfonds auf 100 000 M. ein, besonders um die Gewinnung besserer Qualitäten Obst gegenüber der wachsenden Konkurrenz des Auslandes im Inlande zu fördern. 1897/98 wurde auch die Fürsorge für Gartenbau in die Zwecke des Fonds eingeschlossen. 1900 erfolgte die letzte Erhöhung auf 155 000 M. Besonders in den östlichen Provinzen sind in den letzten Jahren grössere Mittel des Fonds verwendet worden.

§ 326a. Die Massnahmen, welche auf Grund des Fonds getroffen werden, sind hauptsächlich Einrichtung und Unterhaltung von Obst-, Mutter- und -Mustergärten, zum Ankauf und zur ganz oder theilweise kostenfreien Vertheilung von Obstbäumchen an kleinere Grundbesitzer (Rentengutserwerber u. s. w.) und Lehrer, sowie zur Beschaffung des Pflanzenmaterials für Muster-Obstanpflanzungen, insbesondere für Bepflanzung von Wegen bei Ausführung von Grundstückszusammenlegungen, wobei die Interessenten stets einen Theil der Anpflanzungskosten tragen (s. § 54); ferner für Beihülfen bei Einrichtung von Obstverwerthungsanstalten, für Kurse zur Unterweisung von Landschullehrern im Obstbau, für Obstbauwanderlehrer, Wandervorträge und sonstige Lehrzwecke, für Ausbildung von Baumwärtern, für Prämien an um den Obstbau verdiente Volksschullehrer, für Beihülfen an Obstbauvereine, für Errichtung von Obstmärkten und Veranstaltung von Obstausstellungen, für Einrichtung von Rebschulen und für Weinbauwanderlehrer, sowie für sonstige Massnahmen zur Förderung des Weinbaues. Auf allen diesen Gebieten hat sich in den letzten Jahren eine besondere Regsamkeit kundgegeben und sind landwirthschaftliche und spezielle Fachvereine eifrig bemüht, durch den Obstbau eine neue Einnahmequelle und für die Bevölkerung ein gesundes Nahrungsmittel zu gewinnen. Bei den Schwankungen in den Ernteerträgen und den Schwierigkeiten der Beförderung des frischen Obstes auf weite Entfernungen hat sich die Aufmerksamkeit vornehmlich den verschiedenen Methoden der Obstverwerthung zugewandt (s. auch §§ 267 ff.).

Der Obstbau- u. s. w. Fonds wurde 1901 um 40 000 M. im Extraordinarium verstärkt im Interesse der Herstellung von Obst-, Mutter- und Mustergärten als Mittelpunkt der Belehrung durch Wanderlehrer und Kurse.

Neben dem landwirthschaftlichen Etat stellt übrigens auch der Kultusminister aus seinen Dispositionsfonds alljährlich für Ausbildung von Elementarlehrern im Obstbau und zur Bepflanzung von Schulgärten mit Obstbäumen jährlich etwa 20000 M. zur Verfügung (aus Kap. 121 Tit. 43, s. Buch II Bd. I § 434).

§ 327. Die Vertheilung des Fonds Tit. 2 erfolgt nur zum kleinsten Theile an Landwirthschaftskammern und Vereine.[1]) Der grösste Theil wird durch die allgemeinen Verwaltungsbehörden direkt verausgabt. Von 1889/90—1899 wurden aus dem Fonds verausgabt zusammen 959554 M., davon 169718 M. für Obst-, Mutter- und Mustergärten, 214248 M. für Obstmusterpflanzungen an Gemeinden, Lehrer, Rentengutserwerber u. s. w., 74182 M. für Obstverwerthungsanstalten, 153777 M. für Wanderlehrer und Vorträge im Interesse des Obstbaues, 17290 M. für Ausbildung von Obstbaumwärtern, 82556 M. für sonstige Unterrichtszwecke, 27789 M. für Ausstellungen, 70905 M. für Obst- und Gartenbauvereine, 28767 M. für Obstkulturversuche, 79517 M. für Wanderlehrer und Vorträge im Interesse des Weinbaues, 31768 M. für sonstige Weinbauzwecke. Dazu kamen noch von 1889/90—1897/98 24871 M. aus dem Fonds Kap. 107 Tit. 1 für Gartenbauzwecke hinzu.

§ 328. Das Interesse der Staatsregierung wie des Reiches zeigt sich auch in der im Jahre 1900 zum ersten Male erfolgten allgemeinen Obstbaumzählung.

Nach dem Ergebnisse dieser Zählung sind in Preussen nicht mehr als 90387061 Obstbäume ermittelt worden. Diese Zahl ist überraschend klein und macht es, da in den übrigen Bundesstaaten die Lage vielfach eine ähnliche sein wird, erklärlich, dass während der Jahre 1895—1899 im Deutschen Reiche jährlich durchschnittlich 2 Mill. Doppelzentner frisches, getrocknetes und eingemachtes Obst im Werthe von über 50 Mill. M. eingeführt wurden. Es erscheinen also Massregeln zur Förderung des einheimischen Obstbaues dringend erforderlich. Wie sie in Preussen namentlich ergriffen werden müssen, zeigt die Verbreitung der Obstbäume in den Provinzen. Wirklich entscheidend wird hier aber erst die Besetzung des Staates und der Provinzen u. s. w. mit den einzelnen Obstbaumgattungen sein. Vom Gesammtbestande der Apfel-, Birn-, Pflaumen- und Kirschbäume entfielen Hundertstel auf Ostpreussen 4,03, Westpreussen 3,61, den Stadtkreis Berlin 0,02, Brandenburg 11,98, Pommern 4,03, Posen 5,31, Schlesien 13,15, Sachsen 16,36, Schleswig-Holstein 2,67, Hannover 10,57, Westfalen 6,62, Hessen-Nassau 7,44, Rheinland 13,83 und Hohenzollern 0,38. Hiernach steht der Obstbau in den östlichen und nördlichen Provinzen noch auf einer sehr niedrigen Stufe, während er in Sachsen,

---

[1]) Von den Landwirthschaftskammern wurden im Rechnungsjahre 1899 verausgabt für Obst-, gärtnerische und Weinbauzwecke 70784 M. Hauptsächlich betheiligt waren dabei Schleswig-Holstein (17969 M.), Rheinprovinz (12606 M.), Sachsen (10221 M.), Westpreussen (7109 M.), Ostpreussen (6154 M.).

Rheinland, Schlesien, Brandenburg und Hannover am meisten vertreten ist; durchschnittlich auf den Kopf der Bevölkerung kommen $2^1/_2$ Obstbäume.

Dass auf dem Gebiete des Obstbaues noch viel zu thun bleibt, zeigen auch folgende Ziffern:

	Obst (ausser Südfrüchten) und Beeren zum Genuss frisch				getrocknet			
	Einfuhr		Ausfuhr		Einfuhr		Ausfuhr	
	Tonnen	Mill. M.	Tonnen	Mill. M.	Tonnen	Mill. M.	Tonnen	Mill. M.
1880 . .	26 233	4,7	20 726	3,9	18 457	7,7	—	—
1885 . .	70 386	13,4	26 025	5,7	25 292	8,6	243	0,1
1890 . .	92 144	18,8	29 030	11,7	26 569	12,4	178	0,1
1895 . .	117 452	24,6	13 098	4,7	37 645	13,5	117	0,0
1900 . .	187 180	21,2	14 078	2,8	62 807	25,4	108	0,0

§ 329. Was die Fürsorge für den Weinbau anbetrifft, so ist hier von hervorragender Bedeutung gewesen die schnell aufblühende Anstalt Geisenheim (s. § 262 ff.). Ausserdem hat die Staatsregierung wie das Reich vor Allem die Vernichtung der Reblaus mit ausserordentlichen Kosten in Angriff genommen (§ 384). Neuerdings kommt auch die Rebenveredelungsstation Engers in Betracht (§ 268). Im Uebrigen wird der Weinbaubetrieb, soweit nicht staatliche Weinberge in Betracht kommen (s. Buch I Bd. I § 34 ff.) im Wesentlichen der privaten Konkurrenz überlassen. Der Fonds Kap. 107 Tit. 2 wirft verhältnissmässig nur einen geringen Bruchtheil für Weinbauzwecke aus, nämlich (1899) 11 050 M. für Weinbauwanderlehrer und Wandervorträge und 2700 M. für sonstige Veranstaltungen.

Die Thätigkeit der Rheinprovinz s. §§ 270 und 271.

Letztere Provinz ist in erster Linie bei dem Weinbau betheiligt (etwa $^7/_{10}$ aller Weinbauflächen im Staate). Die Betheiligung der übrigen Provinzen ergiebt sich aus nachstehender Tabelle.

	Zahl der Weinbau-betriebe	Wirthschaftsfläche der Betriebe: a. Weinberge oder Weingärten ha	b. sonstige landw. Fläche ha
Ostpreussen	—	—	—
Westpreussen.	121	95	2 931
Brandenburg mit Berlin . . .	931	1 094	14 205
Pommern	68	43	2 071
Posen	375	244	8 043
Schlesien	3 598	2 270	30 372
Sachsen	2 112	1 378	27 271
Schleswig-Holstein	159	135	3 122
Hannover	430	680	4 039
Westfalen	539	920	3 725
Hessen-Nassau	7 305	3 283	17 877
Rheinland	35 896	14 907	91 575
Hohenzollern	47	20	263
Summa .	**51 581**	**25 069**	**205 494**

Die Zahl der Weinbaubetriebe in Preussen betrug im Ganzen im Jahre 1895 51 581. In den Betrieben entfiel an Fläche der Weingärten und Weinberge 25 069 ha.[1]) 5794 ha kamen dabei auf 471 Betriebe von 5 und mehr ha und 15 669 ha auf 44 468 Betriebe von 0,05—2 ha.

Die Ein- und Ausfuhrziffern stellten sich:

	Wein (in Fässern und Flaschen)			
	Einfuhr		Ausfuhr	
1880 . .	47 763	31,4	16 584	14,5
1885 . .	57 416	37,1	20 278	20,1
1890 . .	73 713	43,6	19 372	17,9
1895 .	70 139	41,0	20 352	11,9
1900 . .	80 296	48,7	49 346	27,7
	frische Weinbeeren			
1890 .	4 446	2,0	69	0,0
1895 . .	19 371	5,1	33	0,0
1900 . .	27 147	7,2	185	0,3

C. Viehzucht.

(Kap. 104 der Ausgaben.)

Allgemeines.

§ 330. Viehzucht ist derjenige Theil der Landwirthschaft, der sich mit der Zucht und Pflege der Hausthiere sowie mit der Verwerthung ihrer Produkte beschäftigt. Ihr Ziel ist die Erhöhung der Bodenrente durch Verwandlung von Erzeugnissen des Ackerbaues in Fleisch, Fett, Milch u. s. w., sowie Erzielung von Dünger zum Ersatz der dem Felde in den Ernten entgangenen Pflanzennährstoffe. Man unterscheidet Grossviehzucht (Pferde- [Esel-], Rindvieh-, Schaf-, Schweine-, Ziegen- etc. Zucht) und Kleinviehzucht (Geflügel-, Kaninchenzucht etc.)

I. Grossviehzucht.

Auf den niederen Stufen der Landwirthschaft hat die Viehhaltung gegenüber der Landbebauung bei weitem das Uebergewicht, der grösste Theil des landwirthschaftlich benutzten Bodens dient Weidezwecken, der weit geringere dem Ackerbau. Von einer eigentlichen Viehzucht ist dabei allerdings noch nicht die Rede. Man begnügt sich damit, an den vorhandenen, unter den bestehenden klimatischen und Boden-Verhältnissen aufgewachsenen Viehrassen festzuhalten. Die Pflege und Fütterung ist eine durchaus einfache, Auf gemeinsamen Weiden wird den Thieren unter Obhut eines Hirten überlassen, sich ihre Nahrung selbst zu suchen. Bei stärkerer Volksvermehrung und Kulturentwickelung pflegt zunächst die Viehwirthschaft hinter der Körnerwirthschaft an Bedeutung zurückzutreten. Die zur Volksernährung nothwendige Vermehrung der Anbauflächen lässt zahlreiche Weiden und Brachen verschwinden. Vieh wird nur gehalten, soweit es zur Ackerdüngung nöthig ist, man betrachtet die Viehhaltung als ein nothwendiges Uebel.

Dieser Entwickelungsgang hat sich in Deutschland und Preussen in ähnlicher Weise wie in fast allen anderen Kulturstaaten vollzogen.

Ein Umschwung trat hierin ein durch die Bebauung ausgedehnter Landstrecken jungfräulichen Ackerbodens in den überseeischen Ländern und durch die aus der Verbesserung der Kommunikationsmittel zu Wasser und zu Lande hervorgehende Leichtigkeit und Billigkeit der von aussenher zugeführten Getreidemassen.

Während in nach aussen streng abgeschlossenen Ländern alter Kultur (wie in China) auch heute noch die Viehhaltung eine untergeordnete Rolle in der Landwirthschaft spielt, musste in Folge jener Konkurrenz des Auslandes in der Beschaffung des Brotgetreides die deutsche Landwirthschaft seit dem zweiten Drittel des 19. Jahrhunderts — und viel früher bereits die englische — dahin streben, sich stärker wie bisher auf die Produzirung solcher Erzeugnisse der Landwirthschaft zu werfen, welche jene neuen Produktionsgebiete, sei es wegen Mangel an Arbeitskräften und Kapital, sei es wegen Transportschwierigkeiten nicht so leicht und billig auf die einheimischen Märkte liefern können, wie Getreide. Dies waren in erster Linie lebendes Vieh und alle thierischen Produkte (ausser Wolle und Häute).

Dazu trat noch ein anderer Gesichtspunkt. Der intensiv wirthschaftende Landwirth ist, von einzelnen Ausnahmen abgesehen, zur besseren Verwerthung des Bodens gezwungen, auch andere Gewächse als Körnerfrüchte, wie namentlich Futterkräuter und Behackfrüchte — Rüben, Kartoffeln — anzubauen und die letzteren mit jenen angemessen abwechseln zu lassen. Dadurch erreicht er den Vortheil, die Bestandtheile des Bodens bis in dessen tiefere Schichten dem Pflanzenbau zugänglich zu machen. Die flachwurzelnden Körnerfrüchte ernähren sich in der oberen, vom Pfluge berührten Ackerkrume, die Futterkräuter, Knollengewächse und Rüben dringen mit ihren Wurzeln tief in den Untergrund und fördern aus den durch sie eröffneten Schachten die Nährstoffe empor, aus Bodenschichten also, die sich sonst an der Pflanzenproduktion nicht betheiligen könnten. Auch die Pflanzennährstoffe der Atmosphäre wissen sie sich besser wie Körnerfrüchte anzueignen. Es ist daraus ersichtlich, welche hohe Bedeutung die Kultur der Futterkräuter und Wurzelfrüchte für den Ackerbau besitzen und wie sich ohne sie nur in den seltensten Fällen eine rationelle, die vorhandenen Pflanzennährstoffe hinlänglich in Bewegung setzende Fruchtfolge gestalten lässt. Damit ist aber zugleich wieder die Tragweite der landwirthschaftlichen Hausthierzucht für die gewerbliche Seite der Landwirthschaft ausgesprochen. Denn die in Menge auftretenden Bodenerzeugnisse, welche sich, wie Futterkräuter und manche Rübenarten, zur Ernährung des Menschen nicht eignen, geben für die Viehbestände werthvolle Futtermittel ab. Dazu treten Schoten, Schalen und Spreu der Körnerfrüchte und derjenige Theil des Strohes derselben, welcher als Einstreu für die Thiere nicht erforderlich ist. Auch gesellen sich diesen Substanzen die Abgänge technischer Gewerbe zu, welche u. A. Kartoffeln, Rüben, Oelsaaten verarbeiten und in ihren Rückständen werthvolle Futtermittel liefern. Etwa $^3/_4$ der Gesammtmasse vegetabilischer Stoffe, welche wir dem Boden abgewinnen, ist nicht verkäuflich und muss erst eine Wanderung durch den Leib der Thiere machen, um nutzbar zu werden. Das Futter liefert also bald Arbeitskraft, bald körperlichen Zuwachs der Thiere (Fleisch, Fett, Milch, Wolle), bald Düngemittel.

Beide Erwägungen führten seit dem letzten Drittel des 19. Jahrhunderts zu einer erhöhten, auch staatlich unterstützten Förderung der thierischen Produktion in Preussen, wie in Deutschland überhaupt.

§ 331. Bei der nunmehrigen Begünstigung der Viehwirthschaft entwickelte sich zugleich die Viehhaltung zu einer Viehzucht.

Man begnügt sich nicht mehr damit, die vorhandenen, unter den bestehenden klimatischen und Boden-Verhältnissen aufgewachsenen Viehrassen weiter zu halten, sondern sucht durch Paarung geeigneter, besonders tüchtiger Einzelexemplare neue vollkommenere Thiergattungen zu erzielen, das Erträgniss aus der Viehhaltung, also weniger durch Vermehrung der Kopfzahl als durch Verbesserung der Qualität der Thiere zu steigern. Die Pflege und Fütterung wird eine sorgsamere, die Weidefütterung macht der Stallfütterung Platz.

In Preussen war es in erster Linie die Pferdezucht und die Zucht des aus Spanien importirten Merinoschafes, welche seit Ende des 18. Jahrhunderts zu hohem Ansehen gelangten. Während aber die gegen Mitte des 19. Jahrhunderts zur höchsten Blüthe gelangte Schafzucht, zum Theil wegen Verschwindens der Brache, zum Theil in Folge der ausländischen Wollkonkurrenz immer mehr zurückging, ist die Pferdezucht auch noch heute von grosser und steigender Bedeutung und wetteifert in ihren Erfolgen mit der seit der zweiten Hälfte des Jahrhunderts stark in den Vordergrund getretenen Rindviehzucht und neuerdings Schweinezucht.

Neben dieser Grossviehzucht widmet man neuerdings auch der Kleinviehzucht grösseres Interesse (Geflügelzucht) – s. unter II. –

Statistisches.

§ 332. Wenn auch seit den 70er Jahren auf dem Gebiete der Viehzucht viel erreicht worden ist, so lässt doch ein Blick auf die Statistik erkennen, wie viel hier noch zu thun übrig bleibt.

Es betrug die Gesammtzahl

	1873	Prozentantheil	1900[1])	Prozentantheil
der Pferde . . .	2 282 435	6,4	2 913 003	8,6
„ Rinder . . .	8 639 514	23,7	10 865 296	32,4
„ Schweine . .	4 294 926	11,8	10 954 002	32,7
„ Schafe . . .	19 666 794	54,0	6 989 430	10,7
„ Ziegen . . .	1 481 461	4,1	1 998 692	5,9
Summa	36 365 130	100,0	33 720 423	100,0

Es kamen auf

	1 □ Meile		1000 ha Fläche		1000 Einwohner			
	1816	1858	1873	1900	1816	1858	1873	1900
Pferde . .	244	318	65,5	83,5	120,4	91,7	90,7	84,5
Rinder . .	789	1079	248	311	385	312	343	315
Schweine .	294	507	123	314	136	136	170	317
Schafe . .	1625	3022	564	204	833	833	564	204
Ziegen . .	29	131	42,5	57,9	13,9	37,6	58,9	57,9

Im Verhältniss zur Einwohnerzahl ist hiernach nur im Schweinebestand eine Steigerung zu verzeichnen, während bei allen anderen Viehgattungen die Vermehrung des Viehbestandes mit der Bevölkerung nicht Schritt gehalten hat.

§ 332a. Was den Verkaufswerth des gesammten Viehbestandes in Preussen betrifft, so wurde er im Jahre 1860 von Engel auf 1154 Mill. M. berechnet. Am 1. Jan. 1883 berechnete ihn das statistische Amt auf 3386 Mill. M., am 1. Dez. 1892 auf 3820 Mill. M. Auf die einzelnen Thiergattungen entfielen bei den zwei letztjährigen Berechnungen in Mill. M.

	Pferde	Rinder	Schafe	Schweine	Ziegen	Esel und Maulthiere
1883 . . .	1124,5	1701,5	222,9	311,4	25,3	0,6
1892 . . .	1239,7	1952,8	157,4	439,0	31,3	0,3

Die Steigerung von 3,386 Milliarden auf 3,820 Milliarden stellt rund 13 Proz. dar, der Grossviehbestand stieg nach Stückzahl in der gleichen Zeit von 13 419 298 auf 14 746 663 also um 9,8 Proz. — speziell bei Rindvieh Stückvermehrung 12,9 Proz., Vermehrung des Lebendgewichts 18,6 Proz., des Verkaufswerths 14,7 Proz. —, die Qualität der Thiere nimmt hiernach ersichtlich stärker zu, als die Stückzahl. Doch wird hierdurch die bedauerliche Thatsache, dass die Vermehrung des Viehbestandes hinter derjenigen der Bevölkerung zurückbleibt, nicht genügend ausgeglichen.

[1]) Vorläufige Ergebnisse der Viehzählung 1900.

Diesen Erscheinungen entspricht auf der anderen Seite die fortwährend steigende Mehreinfuhr von Vieh, während die Ausfuhr von Jahr zu Jahr zurückgeht. Statistische Zahlen hierüber finden sich bei den untenfolgenden Abschnitten über die einzelnen Vieharten.

Dass Preussen auch anderen deutschen Staaten gegenüber in der Viehzucht nicht excellirt, ergiebt sich aus folgender Zusammenstellung:

Es betrug (nach Müller a. a. O.) der Grossviehbestand (1 Stück Vieh zu $^2/_3$ Pferd, 10 Schafen, 4 Schweinen, 12 Ziegen gerechnet) im Jahre 1897:

	Stück	auf 100 ha landwirthschaftlich benutzter Fläche Stück
Deutsches Reich	29 461 423	84
Preussen	18 062 427	78
Bayern	4 450 667	98
Sachsen	1 067 046	103
Württemberg	1 301 676	104
Baden	877 710	102
Elsass-Lothringen	828 772	88

§ 333. Die obigen Zahlenangaben machen sämmtlich keinen Unterschied zwischen Stadt und Land, naturgemäss entfällt aber der bei weitem grösste Theil des Viehbestandes, besonders von Rindvieh, Schafen und Schweinen auf das platte Land. Nach den verschiedenen Gemeindearten gesondert, vertheilt sich am 1. Dez. 1900 der Viehstand im Preussischen Staate wie folgt:

Gemeindearten.	Zählbezirke	Gehöfte (Häuser) überhaupt	Gehöfte (Häuser) mit Viehstand	Viehbesitzende Haushaltungen	Pferde	Rinder	Schafe	Schweine	Ziegen
Städte	46228	918410	497870	642004	468709	536459	257440	934628	327451
Landgemeinden	105868	2404509	2214484	2723184	1916046	8512768	3204031	8577724	1565476
Gutsbezirke	20052	150892	138001	307431	528248	1816069	3527959	1441650	105765
Ueberhaupt	**172148**	**3473811**	**2850355**	**3672619**	**2913003**	**10865296**	**6989430**	**10954002**	**1998692**

Staatliches Eingreifen bei Förderung der Viehzucht.

§ 334. So wichtig die Erhaltung eines gesunden, die Verbesserung eines vorhandenen Viehbestandes für das ganze Volk ist, so stellen sich doch die Viehhaltung und die Viehzucht als ein Ausfluss des landwirthschaftlichen Gewerbes dar und müssen daher im Allgemeinen der Thätigkeit der Einzelwirthschaften und der freien Konkurrenz überlassen bleiben. Nur soweit es sich um die Erhaltung und Sicherung eines guten Pferdebestandes für militärische Zwecke handelt, erscheint die Einrichtung staatlicher Anstalten zu Pferdezuchtzwecken von vornherein gerechtfertigt (staatliches Gestütswesen).

Dagegen ist die Unterstützung der privaten Viehzuchtbestrebungen mit Staatsmitteln möglich und um so mehr gerechtfertigt, als die pekuniären Erfolge der Züchter häufig verhältnissmässig geringe sind und ohne derartige Beihülfen oft nicht einmal die Kosten decken, wie dies ganz besonders bei der Pferdezucht der Fall ist.

§ 335. Die Mittel, welche der Staat im Ordinarium alljährlich zur Unterstützung der Viehzuchtbestrebungen im Lande bereitstellt, sind in Kap. 104 des Ausgabeetats enthalten.

Nicht darin einbegriffen sind aber die Ausgaben für die staatlichen Gestütsanstalten, welche einen besonderen Etat für sich besitzen (Gestütsetat). Dagegen sind darin diejenigen Staatsmittel mitenthalten, welche für die Pferdezuchtbestrebungen unter den Landwirthen selbst verausgabt werden.

Man könnte geneigt sein, zu erwarten, dass jene im landwirthschaftlichen Etat ausgeworfenen Pferdezuchtmittel auch auf den Gestütsetat zu bringen seien, um von dem ersten Beamten des Gestütswesens (Oberlandstallmeister) mit verwaltet zu werden. Dies ist in der That auch bis zum Jahre 1850 der Fall gewesen. Mit Recht ist aber seitdem eine Abtrennung jener allgemeinen Pferdezucht vom Gestütsetat vorgenommen worden. Denn wenn auch die Gestütsverwaltung das allgemeine Landesinteresse im Auge behalten soll und wird, so muss doch ihre erste Aufgabe — durch welche das Halten staatlicher Gestütsanstalten seine Berechtigung erst gewinnt, s. o. — sein, für die Schaffung eines guten Soldatenpferdes zu sorgen, und das könnte leicht dazu führen, dass die Verwaltung der allgemeinen Pferdezuchtfonds, die in erster Linie der Beschaffung guter Arbeits-, Luxus-, Lastpferden u. s. w. dienen müssen, von jenem Hauptinteresse ungünstig beeinflusst würde.

Da die Massregeln der landwirthschaftlichen Verwaltung zur Hebung der Landespferdezucht vielfach die Zuchtrichtung beeinflussen und Fehler daher von weittragenster Bedeutung sein können, so bedient sie sich bei wichtigeren Fragen des Beirathes der Landespferdezuchtkommission, in welcher auch die Gestütswerwaltung entsprechend vertreten ist.

§ 336. Das Kap. 104 (1901: 869 420 M.) zerfällt gegenwärtig in fünf besondere Titel.

Die Tit. 1—3 enthalten Mittel zur Förderung der Pferdezucht.

Der Förderung anderer Thiergattungen dienen die Tit. 3a u. 4.

In den erstmaligen Etats der landwirthschaftlichen Verwaltung aus Anfang der 50er Jahre waren die Mittel zu Pferdezuchtzwecken weit überwiegend. Der Etat für 1850 sah für diese Zwecke 72 600 M. vor. Für andere Thiergattungen bestand damals ein besonderer Fonds überhaupt nicht. Etwaige Beihülfen, Prämienzuschüsse u. s. w. für andere Thierarten wurden vielmehr aus dem allgemeinen Dispositionsfonds zur Förderung gemeinnütziger Zwecke (60 000 M.) bestritten, der aber zugleich noch eine ganze Reihe anderer Kulturzwecke verfolgte. Noch im Jahre 1874, als dieser Fonds auf 240 000 M. angewachsen war, wurde z. B. nur etwa der achte Theil (30 000 M.) zu Thierzuchtzwecken verwandt.

§ 337. Anfang der 70er Jahre machte sich aus den in § 330 angeführten Gründen die Nothwendigkeit, in stärkerem Masse auf die Hebung des einheimischen Viehstandes, vor Allem des Rindviehstandes hinzuwirken, ganz besonders geltend.

Um hier mit staatlicher Hülfe etwas erreichen zu können, wurde im Etat für 1875 zum ersten Male ein besonderer Dispositionsfonds (die obigen 30 000 M. + 150 000 M. = 180 000 M.) eingestellt, welche zur Unterstützung von Zuchtgenossenschaften, des Imports guter Rassethiere und vor allen Dingen zur Durchführung eines planmässigen Prämiirungssystems auch bei anderen Thiergattungen als Pferden dienen sollten.

In Folge späterer Fondsvermehrungen wurden auch für andere Hausthiere, als Rindvieh, für Schweine und Schafe Prämien aus dem Fonds bewilligt, endlich wurde seit 1898/99 daneben noch ein besonderer Fonds zur Förderung der Geflügelzucht (Tit. 3a) in den Staatshaushaltsetat eingestellt.

Gegenwärtig (1901) kommen die ordentlichen Staatsmittel für Förderung anderer Thiergattungen als Pferde den für letztere ausgeworfenen Mitteln ziemlich nahe (410 000 M. gegenüber 459 420 M. für Pferdezuchtzwecke).

Rechnet man freilich den letzteren Ausgaben die Nettoausgabe des Staates für das staatliche Gestütswesen mit 4 178 051 M. hinzu, so ergiebt sich, dass der Staat auch heute noch für Pferdezuchtzwecke etwa elf- bis zwölfmal soviel wie für andere Thiergattungen ausgiebt.

1. Fonds für Pferdezuchtzwecke.

§ 338. Der Pferdebestand in Preussen betrug 1816: 1,2 Mill. (davon 1,0 Mill. 3 Jahre und älter) Stück, 1849: 1,5 (1,3), 1867: 2,3 (1,9), 1873: 2,2 (1,9), 1883: 2,4 (2,0), 1892: 2,6 (2,2), 1897: 2,8 (2,2), 1900 betrug die Zahl nach den vorläufigen Ergebnissen 2 913 003 Stück.[1])

Von letzterer Gesammtzahl entfielen annähernd $^1/_6$ (15,72 Proz.) auf Ostpreussen, 10,98 Proz. auf Schlesien, annähernd 10 Proz. auf Brandenburg, 7—9 Proz. auf Westpreussen, Pommern, Posen, Sachsen, Hannover, 5—6 Proz. auf Schleswig-Holstein, Westfalen und Rhein-

[1]) Esel gab es 1900: 4373, Maulthiere und Maulesel 329.

land, noch unter diesem Prozentsatz blieben Berlin, Hessen-Nassau und Hohenzollern.

Die genaue Stückzahl der Pferde (zum Landwirthschaftsbetrieb, Zucht und Aufzucht) betrug in Preussen 1882: 2 146 604, 1895: 2 369 815.

Davon entfielen auf Betriebe von	1882	1895
unter 2 ha	31 075	57 897
2—5 ha	118 588	138 754
5—20 ha	657 844	728 417
20—100 ha	843 700	896 222
100 ha und mehr	495 397	548 525
	2 146 604	**2 369 815**

Der bei weitem grösste Theil des Pferdebestandes (fast 3/4) entfällt hiernach auf die Betriebe von 5—100 ha, d. h. auf den mittleren und grösseren bäuerlichen Besitz.

Auf 100 ha der landwirthschaftlich benutzten Fläche entfielen an Pferden 1882: 10,30, 1895: 11,09 (Ostpreussen 16,47, Westpreussen 12,95, Hannover 11,79, besonders niedrig: Hessen-Nassau 8,07, Hohenzollern 8,36, Rheinland 8,93, Pommern 9,16 Proz.)

§ 339. *Fonds Kap. 104 Tit. 1:* Von den für Pferdezuchtzwecke im Ordinarium ausgeworfenen Fonds in Höhe von zusammen 459 420 M. dient die grössere Hälfte (231 000 M.) zu Prämien bei Pferderennen für Vollblutpferde (Tit. 1). Durch die sogenannte „Zucht nach Leistungen“ in England, d. h. dadurch, dass hauptsächlich diejenigen Pferde zur Nachzucht verwendet worden sind, welche sich in den Rennprüfungen bewährt haben, ist dort das sogenannte Vollblutpferd entstanden.

Die Wichtigkeit und Nothwendigkeit, den eigenen Pferdeschlag, vor Allem in militärischem Interesse, zu verbessern, führte dazu, dass von der zweiten Hälfte des 18. Jahrhunderts an, wie in anderen deutschen und europäischen Ländern, so auch in Preussen eine immer steigende Zahl englischer Vollblutpferde zu Zuchtzwecken eingeführt wurden. Bei den stets sich erhöhenden Preisen (Mitte der 70er Jahre im 19. Jahrhundert über 100 000 M. pro Stück) machte sich bald das Bestreben geltend, ein eigenes Vollblutpferd im Lande zu züchten und zu erhalten. Diesem Zwecke dienten in erster Linie die Einführung und Erhaltung staatlicher Gestütsanstalten, doch konnte daneben die Mitwirkung der privaten Züchtungen nicht entbehrt werden.

Da die Einführung von Wettrennen nach dem englischen Vorbild eine der Hauptbedingungen für Erzielung edler Stammthiere war, so musste die Förderung dieser erste Aufgabe des Staates sein. Da aus den Rennprüfungen immer nur ein geringer Prozentsatz guten Zuchtmaterials hervorgeht, andererseits die Aufzucht viel Kapital und Sorgfalt erfordert, so war die Sicherung angemessener Rennpreise von grösster Wichtigkeit, um dem Züchter das grosse Risiko und die hohen Auslagen einigermaassen zu ersetzen. Neben den von Vereinen u. s. w. gestifteten, aber bei dem Mangel der zur Verfügung stehenden Vereinsmittel nicht ausreichenden Preisen musste daher auch der

Staat finanziell eintreten. Dabei ist nicht ausser Acht zu lassen, dass die Erhaltung der Rennen durch Staatsunterstützung auch für die mit erheblichen Mitteln eingerichteten Staatsgestüte von Wichtigkeit ist, da sie nur dadurch in die Lage kommen, das von ihnen aufgezogene Pferdematerial einer Prüfung unterziehen zu können.

In Preussen ist, nachdem die Rennen mit edlen Pferden eingeführt (1829 erstes Pferderennen in Berlin) und seit 1835 zuerst versuchsweise 9000 M. für Rennprämien bewilligt waren, durch Allerhöchste Kabinets-Ordre vom 16. Nov. 1851 die Züchtung nach Leistung und die Beförderung der schwierigen und kostspieligen Zucht Seitens der Privatpersonen als Prinzip für die Leitung der Gestüte und der Landespferdezucht aufgestellt worden.

Von diesem Prinzip aus wurden in verschiedenen Perioden die Prämien fur Pferderennen erhöht, bis sie 1868 die Summe von 153 000 M. erreichten. Einen etwa gleichen Betrag stellten damals die Rennvereine zu demselben Zweck zur Verfügung. Das Prinzip, die Vollblutzucht durch Rennprämien zu fördern, schien gefährdet zu werden, als im Jahre 1874 vom Landtag die obige Position von 153 000 M. abgelehnt wurde. Indess gelang es der Staatsregierung, nachträglich für ein besonderes Gesetz die Genehmigung des Landtages zu erhalten, nach welchem aus den Ueberschüssen des Jahres 1874 180 000 M. hauptsächlich zur Gewährung von Schauprämien für Vollblut-Zuchtpferde zur Verfügung gestellt wurden (Aktenst. Nr. 328 des A.-H. 1873/74 und G.-S. 1874 S. 196.)

Für 1875 nahm die Staatsregierung Gelegenheit, die Frage der weiteren Staatsunterstützung der Pferderennen grundsätzlich zum Gegenstande der Erörterung zu machen. Es wurde in den Etat zu Prämien für Pferderennen eine gegen den bisherigen Betrag noch erheblich erhöhte Summe von 240 000 M. eingestellt, in den Erläuterungen eingehend und unter Hinweis auf die erheblichen Staatsleistungen für gleiche Zwecke in anderen Ländern, besonders in Frankreich, begründet. Die Position wurde dies Mal ohne Weiteres vom Abgeordnetenhaus angenommen und damit indirekt den von der Staatsregierung ausgesprochenen Grundsätzen zugestimmt.

Im Jahre 1876 wurden 30 000 M. zu Gunsten des Titels 2 (s. § 341) abgesetzt und damit der Rennfonds auf 210 000 M. ermässigt, eine Summe, die bis 1900 die gleiche blieb und erst für 1901 eine Erhöhung auf 231 000 M. erfahren hat.

Begründet wurde die letztere Erhöhung damit, dass die Zahl und Bedeutung der Rennen, wie auch der Umfang der Vollblutzucht seit 1876 etwa um das Vierfache gesteigert sei, und weil eine Erhöhung der klassifizirten Staatsrennpreise d. h. der Preise für Rennen, deren Propositionen ohne Genehmigung des Ministers nicht abgeändert werden dürfen, in den 3 untersten Klassen sich als nothwendig erwies.

Die Prämien stellten sich:

	1876	1901
Klasse I (3jährige und ältere Pferde) . . .	10 000 M.	10 000 M.
„ II (4 „ „ „ „) . . .	4 500 „	6 000 „
„ III (3 „ „ „ „) . . .	3 000 „	4 500 „
„ IV (3 „ Pferde)	1 500 „	3 000 „

Ersparnisse bei dem Fonds kamen dem Fonds Tit. 2 zu Gute (§ 343).

Für das Etatsjahr 1901 hat ausser der schon erwähnten Verstärkung des Ordinariums auch im Extraordinarium die Einstellung von 250 000 M. für Rennprämien stattgefunden. Dies geschah zu dem besonderen Zwecke, den Rennvereinen eine gewisse Entschädigung für den Einnahmeausfall (von etwa 1/2 Million M.) zu bieten, welcher für sie durch den vom 1. Jan. 1901 von 10 auf 20 Proz. erhöhten, auch für den Totalisator der Rennplätze Anwendung findenden Lotteriestempel entsteht. Es erhielten: Unionclub Berlin 130 000 M., Kölner Rennverein 50 000 M., 4 andere Vereine je 10—30 000 M.

§ 340. Die Prämien aus Tit. 1 werden direkt an die Rennvereine ausgezahlt. Nur die grösseren Vereine (1901 im Ganzen 9, 1885 waren es noch 11)[1]) erhalten Beihülfen. Voran steht der Berliner Unionclub mit 135 500 M., dann folgen die Vereine in Breslau, Hannover und Frankfurt a. M. mit je 23 000—29 000 M., in Königsberg mit 7500 M. u. s. w. (vgl. Landw. Jahrbücher, Statistik). Die Summen bleiben alljährlich meist dieselben (1901: 231 000 im Ganzen).

§ 341. 2. Der Fonds *Kap. 104 Tit. 2:* Dispositionsfonds zu Prämien für die Zucht von Hengsten und Stuten im Besitz von Vereinen und Privaten, zu Prämien für den Import von Vollblutzuchtpferden, zu Leistungsprüfungen für Halbblutpferde und zu anderen dahingehörigen Zwecken 225 000 M.

Der Fonds lautete ursprünglich nur „zu Prämien für die Zucht von Hengsten und Stuten im Besitz von Vereinen und Privaten“. Die Mittel des Fonds (75 000 M.) wurden den landwirthschaftlichen Vereinen zur Vertheilung als Prämien bei den Thierschauen u. s. w. überwiesen. Weil hierbei Vollblutpferde nicht ausgestellt zu werden pflegten, kam der Titel für die Vollblutzucht damals nicht in Betracht. 1876 wurden von Tit. 1 30 000 M., die dort entbehrlich schienen, nach Tit. 2 überwiesen, und der Betrag des letzteren Titels auf im Ganzen 140 000 M. erhöht. Zugleich wurde in die Bezeichnung des Titels als Zweck die Gewährung von Prämien für Import von Vollblutzuchtpferden Seitens Privater aufgenommen.

Um 15 000 M. wurde der Fonds erhöht 1894/95, hauptsächlich um für die Förderung der Zucht schwerer Arbeitspferde (Kaltblüter) die erforderlichen Mittel zu erhalten. Da diese Zuchten vielfach mit dem grössten Vortheil von bäuerlichen Besitzern betrieben werden, so sollte

[1]) Im Ganzen giebt es in Preussen etwa 46 Rennvereine, von denen die grösste Zahl in Ostpreussen, Brandenburg, Berlin, Westfalen und der Rheinprovinz sind.

die Summe zugleich hauptsächlich den bäuerlichen Wirthschaften zu Gute kommen.

1889/90 fand eine weitere Erhöhung um 25 000 M. statt, was hauptsächlich eine Folge der Ergebnisse der Berathungen der 1888 versammelt gewesenen Landespferdezuchtkommission war.

1899 folgte eine weitere Erhöhung um 25 000 M. Zugleich wurde die Fassung des Titels durch Hinzufügung der Worte „zu Leistungsprüfungen für Halbblutpferde" erweitert, worunter die seit einer Reihe von Jahren in Ostpreussen gewährten Leistungsprämien für diese Pferdegattungen zu verstehen sind, welche aus dem nur für Vollblut geltenden Tit. 1 nicht gewährt werden können. Die letzte Erhöhung (um 20 000 M.) trat 1900 ein. Gegenwärtig 225 000 M.

§ 342. Die Denkschrift des landwirthschaftlichen Ministeriums vom Jahre 1895 äussert sich über die Verwendung des Fonds wie folgt:

„Ausserhalb des Rahmens des Gestütswesens wird Seitens der landwirthschaftlichen Verwaltung die Pferdezucht noch weiter gefördert durch ein über die ganze Monarchie sich erstreckendes System von Prämiirungen auf Ausstellungen. Diese Prämiirungen erfolgen in der Form von Ehrenpreisen, von Geldprämien und von Freideckscheinen; vielfach ist es üblich, an grössere Besitzer nur Ehrenpreise zu geben und die Geldpreise den mittleren und kleinen Besitzern vorzubehalten. In der Provinz Schlesien werden die ganzen Prämiirungsgelder ausschliesslich zu Freideckscheinen verwandt. Stutenkonsignationen mit Zuweisung der für die betreffenden Stuten passendsten Hengste sind nur in Ostpreussen eingeführt; sie setzen, da sie nur freiwillig erfolgen können, ein grosses Mass von gutem Willen und Zuchtverständniss, wie es gerade dort zu finden ist, voraus. In einzelnen Landestheilen wird ein grösserer Betrag der zur Förderung der Pferdezucht staatlicherseits zur Verfügung gestellten Gelder zur Unterstützung des Ankaufs guter Mutterthiere und Fohlen verwandt. Die Erkenntniss, dass die Rücksicht auf die Abstammung die Grundlage jeder erfolgreichen Zucht bildet, bricht sich immer mehr Bahn und hat zur Anlage zahlreicher Stutbücher und Vereinigung der Züchter zu Zuchtgenossenschaften geführt.[1]) Auch ist man vielfach eifrig bestrebt, ein gemeinsames Zuchtziel ausschliesslich zu verfolgen und damit wieder zu einer wirklichen Landespferdezucht zu kommen, wodurch nicht nur der züchterische, sondern auch der pekuniäre Erfolg wesentlich gefördert wird. Was sich durch ein solches konzentrirtes Vorgehen in verhältnissmässig kurzer Zeit erreichen lässt, zeigen die grossen Fortschritte der Zucht des schweren Pferdes in der Rheinprovinz."

---

[1]) Ueber die Erfolge auf diesem Gebiete entnehmen wir dem Heft 49 der Arbeiten der Landwirthschaftsgesellschaft folgende Ziffern: Es waren 1898 in Stutbüchern und bei Pferdezuchtvereinen eingetragen 50 warmblütige Hengste in Ostpreussen und 16 797 warmblütige Stuten, von denen 6281 auf Ostpreussen, 1125 auf Westpreussen, 2096 auf Posen, 2385 auf Schleswig-Holstein, 3523 auf Hannover, der Rest auf Westfalen und Brandenburg entfielen. An kaltblütigen Hengsten waren eingetragen 61 in der Rheinprovinz, 26 in Sachsen, 7 in Schlesien, zusammen 94, an kaltblütigen Stuten 3823, woran vor Allem Sachsen mit 1535, Schlesien mit 1049, Rheinprovinz mit 922 betheiligt waren, während in den vier östlichen Provinzen, Schleswig-Holstein und Hannover solche überhaupt fehlten.

Von Hengsthaltungsgenossenschaften waren warmblütige Hengste in allen Provinzen, ausser in Hessen-Nassau und der Rheinprovinz, aufgestellt, zusammen 71, welche 1898 3654 Stuten deckten. Kaltblütige Hengste waren (ausser in Hannover) ebenfalls überall von derartigen Genossenschaften, im Ganzen 199, aufgestellt, welche 11 040 kaltblütige Stuten deckten. Hengstgenossenschaften mit warmblütigen Hengsten waren besonders stark vertreten in Westpreussen und Brandenburg, mit Kaltblütern in Brandenburg und Posen, in zweiter Linie in der Rheinprovinz und Ostpreussen.

Die Grundzüge der Prämiirung von Pferdezuchtmaterial sind im Jahre 1875 von der Landespferdezuchtkommission aufgestellt und sind auch heute noch mit einer im Jahre 1889 getroffenen Massnahme gültig. Nach diesen Grundzügen[1]) sind die Gelder aus Tit. 2 auf die Central- und Hauptvereine zur Untervertheilung zu überweisen, um eine Verzettelung und Zersplitterung zu vermeiden. Die Höhe der Summen für die einzelnen Provinzen wird festgesetzt nach dem Umfang der Züchtung, der Höhe des Viehstandes, Flächengebiet u. s. w.

Die Untervertheilung auf die einzelnen Prämiirungsbezirke erfolgt von den Centralvereinen unter Zuziehung des Landgestütsdirigenten. Es wird eine besondere Prämiirungskommission gebildet, welcher in den einzelnen Prämiirungsbezirken Lokalpreisrichter hinzutreten. Die Prämiirung erstreckt sich in der Regel auf ein- und zweijährige Stutfüllen, drei- und vierjährige bedeckte Stuten, vier- bis fünfjährige mit Füllen und wieder gedeckte. Die Prämiirung von Hengsten ist auf solche zu beschränken, die zum Decken aufgestellt und zum öffentlichen Gebrauch angeboten sind. Im Jahre 1889 wurden diese Grundsätze dahin geändert, dass in gewissen Distrikten die staatlichen Mittel ausschliesslich bestimmten Zuchtrichtungen zu Gute kommen sollen.

§ 343. Nach einem seit lange bestehenden Etatsvermerk dienen etwaige Ersparnisse bei Tit. 1 zur Verstärkung des Tit. 2 und dürfen zu diesem Behufe zugleich mit den Beständen dieses Titels in die folgenden Jahren übertragen werden. Der Fonds ist ausserdem seit dem Jahre 1895/96 in steigendem Maasse alljährlich ausserordentlich dotirt worden. Es wurden eingestellt in das Extraordinarium für 1895/96 — 1897/98 je 70 000 M., 1897/98 — 1900 je 120 000 M., 1901: 150 000 M. Daneben werden auch der östliche und westliche Fonds zu den Zwecken dieses Fonds mitherangezogen (vgl. diese Fonds).

Aus dem östlichen Fonds wurden gezahlt zu den Zwecken des vorliegenden Fonds von 1892/93 — 1899 zusammen 228 606 M., also jährlich im Durchschnitt 28 575 M.

§ 344. Der Fonds wird zum grössten Theil an Landwirthschaftskammern (bezw. landwirthschaftliche Vereine) vertheilt. 1898 waren es fast 90 Proz. der Gesammtsumme. In der Zeit von 1888/89 bis 1899 wurden aus dem Fonds (Ordinarium und Extraordinarium) im Ganzen gezahlt 2 598 525 M., wovon auf die Landwirthschaftskammern zu Prämienzwecken 2 089 646 M. entfielen. Der Rest kam auf Reisekosten und Tagegelder an Gestütsbeamte für Beiwohnung von Körungen, Schauen etc. 134 391 M., dem Direktorium des Norddeutschen Zuchtvereins für Importprämien für Vollblutzucht 176 326 M., zu Prämien bei der Körung von Privatzuchthengsten in Hannover 20 283 M., für Ehrenpreise 22 111 M., für Stutbuchzwecke 14 499 M., zu Ausstellungs- etc. Zwecken 92 269 M. (davon 50 000 M. für die Allgemeine Pferdeausstellung Berlin 1891), zur Errichtung einer Reit- und Fahrschule in Elmshorn 25 000 M., dem Insterburger Tattersall zur Abrichtung und zum Verkaufe edler ostpreussischer Pferde 24 000 M.

§ 345. Ueber die Verwendung des Pferdezuchtfonds (einschl. Extraordinarium) auf die einzelnen Provinzen mögen folgende Zahlen folgen:

---

[1]) Abgedruckt im II Supplementheft der Landw. Jahrbücher 1877 S. 264.

Im Jahre 1875 wurden verausgabt 97 987 M. Im Jahre 1888/89 wurden verausgabt an Landwirthschaftskammern bezw. landwirthschaftliche Vereine 133 920 M. Am Ende (1899) 234 700 M. In den ganzen 12 Jahren von 1888—99 zusammen:

Die Provinzen waren betheiligt wie folgt:

	1875	1888/89	1899	Im ganzen Zeitraum v. 1888-99 zusammen
	ℳ	ℳ	ℳ	ℳ
Ostpreussen	20 000	25 300	42 750	428 464
Westpreussen		5 700	25 500	178 382
Brandenburg	7 500	9 300	14 000	128 000
Pommern	7 000	2 000	15 500	153 350
Posen	10 000	15 300	42 300	279 850
Schlesien	8 000	10 900	3 900 [1]	108 700
Sachsen	6 000	13 100	18 100	182 300
Schleswig-Holstein	7 500	11 200	18 200	157 300
Hannover	17 700	13 500	25 400	221 150
Westfalen	4 050	6 770	7 150	82 120
Cassel	5 000	2 450	5 000	33 150
Wiesbaden		2 100	4 100	26 950
Rheinprovinz	4 200	6 300	12 300	108 850
Hohenzollern	—	—	500	1 080
	97 987 [2]	**133 920**	**234 700**	**2 089 646**

Die Landwirthschaftskammern gaben (nach Anl. XLIV) im Jahre 1899 insgesammt 321 795 M. für Pferdezuchtzwecke aus. 234 700 M. erhielten sie Staatsbeihülfen, sodass sie (einschl. dem Litth.-Masur. Centralverein) etwa 90 000 M. aus eigenen Mitteln aufbrachten.

Von Provinzen stellten (Anl. XLV) im Etatsjahre 1900 zur Ausstellung und Prämiirung von Pferden nur Pommern 21 000 M., Kommunalverband Wiesbaden 3000 und Rheinprovinz 10 000 M., zusammen 34 000 M. zur Verfügung.

§ 346. Dass trotz dieser Steigerungen der Ausgaben für Pferdezuchtzwecke die preussische wie die deutsche Pferdezucht das nothwendige Pferdematerial noch lange nicht zu stellen vermag, geht aus folgendem hervor.

Im Jahre 1870 wurden im Deutschen Zollgebiet eingeführt 66 570 Pferde, ausgeführt 28 437, also betrug die Mehreinfuhr 28 437 Stück. Dies Verhältniss änderte sich später wie folgt:

	Einfuhr	Ausfuhr	Mehreinfuhr
1880:	59 786	17 983	41 803
1885:	69 763	15 770	53 993
1890:	83 506	9 534 [3]	73 972
1895:	103 967	7 980	95 987
1900:	111 336	10 912	100 424

[1]) Darunter noch 1037 M. an Diäten für die Theilnahme von Gestütbeamten an den Schauen und Körungen.

[2]) 7000 M. aus dem Ostfonds bewilligt.

[3]) Ein Theil des Rückganges der Ausfuhrziffern ist dem Hamburger Zollanschluss zuzuschreiben.

Die Einfuhr, an der hauptsächlich Russland, sodann Belgien, Dänemark und Oesterreich betheiligt sind, überwiegt also die Ausfuhr von Jahr zu Jahr mehr. Der Werth der Einfuhr betrug 1885 60 Mill., der Ausfuhr 18,1 Mill. M., dagegen 1900 77,5 Mill. M. Einfuhr und nur 10,3 Mill. M. Ausfuhr.

3. Ein dritter unbedeutenderer, der Pferdezucht gewidmeter Titel ist: *Kap. 104 Tit. 3:* Für Fohlenweiden 3420 M.

§ 347. Der Titel besteht erst seit dem Jahre 1867, also nach Hinzutritt der neuen Provinzen. In dem Etat dieses Jahres waren 1620 M. zur Unterhaltung einer Fohlenweide in Bieberstein in der Provinz Hessen-Nassau eingestellt, welche auch heute noch weitergezahlt werden.

1868 kamen hinzu 1200 M. als jährliche Beihülfe zu der in dem Herzoglichen Thiergarten zu Weilburg seit dem Jahre 1866 von dem Mittelrheinischen Pferdezuchtverein eingerichteten Fohlenweide (Denkschrift C Nr. 3 des Etats 1868). 1878/79 wurde diese Beihülfe um 600 M. erhöht, damit erhöhte sich die Gesammtsumme auf 3420 M.

342 M., welche von 1868—1880/81 in den Etat eingestellt waren, betrafen eine vertragsmässige, seit 1880 weggefallene Verpflichtung zur Unterstützung einer Privatfohlenweide im ehemaligen Herzogthum Nassau (Dominialgut Thiergarten).

2. Fonds für die Zucht anderer landwirthschaftlichen Thiergattungen.

§ 348. Der Grund für die Einstellung eines besonderen Fonds (*Kap. 104 Tit. 4*) zur Förderung der Zucht anderer landwirthschaftlicher Thiergattungen als der Pferde im Jahre 1875 ist im Allgemeinen bereits in §§ 330 und 336 angegeben worden.

Der Fonds bezog sich zunächst nur auf die Förderung der **Rindviehzucht.**

Die Rindviehzucht war lange Zeit in Preussen durch die Schafzucht und ihre grossen Erfolge zurückgedrängt worden. Während die Rinder im Jahre 1816 26,5 Proz. der gesammten Viehhaltung ausmachten, war dieser Prozentsatz 1867 bis auf 18,9 Proz. herabgegangen. Während sich in gleicher Zeit das Rindvieh auf der Quadratmeile um 403 Stück vermehrte, vermehrte sich der Schafbestand auf gleichem Raume um 2140 (Pferde um 131, Schweine um 464, Ziegen um 180).

Erst als Ende der 60er Jahre die ausländische Konkurrenz[1]) die Wollpreise drückte und die früher so lohnende Wollschafzucht unrentabel machte, wurde der Rindviehzucht mehr und mehr Aufmerksamkeit gewidmet. Man erkannte zugleich, dass die Rindviehzucht der intensiven Bewirthschaftung günstiger sei, als Schafzucht, auch

---

[1]) Australien allein, das Anfang des 19. Jahrhunderts etwa 6 000 Merinos besass, zählte deren 1866 über 40 Millionen.

erwies sie sich gerade für mittlere und Kleinwirthschaften als geeigneter, indem eine auch nur beschränkte Wollschafzucht grosse Generalkosten verursacht und ein verhältnissmässig viel grösseres Verständniss seitens des Wirthschaftsleiters erfordert, als z. B. Verbesserungen im Molkereiwesen u. s. w.

Dem bald in immer weitere Kreise dringenden Verständnisse für die Wichtigkeit der Beschaffung guter Rindviehstämme entsprechend, fühlte sich die Staatsregierung im Jahre 1875 veranlasst, Staatsmittel zur Förderung der Rindviehzucht in erheblich grösserem Masse wie bisher (s. § 336) zur Verfügung zu stellen. Denn wenn auch die Rindviehzucht keine so kostspielige und eine besser lohnende ist, als die Pferdezucht, so ist doch auch hier eine staatliche Unterstützung um so mehr am Platze, als damit zugleich die Leitung der privaten Zuchtbestrebungen in gesunde Bahnen möglich wird.

Entwickelung des allgemeinen Viehzuchtfonds.

§ 349. Schon 1876 wurde der Fonds, ursprünglich auf 180 000 M. bemessen, um 85 000 M. erhöht. Weitere Erhöhungen traten ein 1884/85 (um 15 000 M.), hauptsächlich um neben der Rindviehzucht auch der Förderung der Schweine- und Schafzucht grössere Aufmerksamkeit schenken zu können, 1889/90 um 30 000 M. (also jetzt 310 000 M.), hauptsächlich um neben den Prämiirungen auf Ausstellungen auch noch Leistungsprüfungen einzuführen, durch welche ermittelt werden sollte, in welchem Masse die äusseren Eigenschaften mit den Leistungen an Milchergiebigkeit und Mastfähigkeit des Rindviehs zusammenfallen, sowie zur stärkeren Unterstützung des Molkereiwesens. 1899 stieg der Fonds auf 320 000 M., 1900 auf 340 000 M., welche Höhe er noch heute hat.

Der Fonds ist übertragbar in die folgenden Jahre.

Seit dem Jahre 1895/96 hat eine alljährliche nach und nach steigende extraordinäre Verstärkung des Fonds stattgefunden (1895/97 je 90 000 M., 1897/98 110 000 M., 1898/99—1900 je 130 000 M., 1901 180 000 M.).

Geht man auf eine längere Reihe von Jahren zurück, so ergiebt sich über die Verwendungsart des Fonds folgende Uebersicht (die Mittel aus ordinären und extraordinären Fonds sind zusammengerechnet):

In der Zeit von 1888/89 — 1899 wurden an die Landwirthschaftskammern zusammen 3 927 267 M. verausgabt. Sie wurden gewährt „für Zwecke der Rindviehzucht und des Molkereiwesens einschl. der Prämiirung von Rindvieh, Errichtung von Bullenstationen und Stierhaltungs-Genossenschaften“, ohne dass sich die Verwendung im Einzelnen nachweisen liesse (s. §§ 352 ff.). Ausserdem sind aber im gedachten Zeitraum aus dem Viehzuchtfonds (einschl. des Extraordinariums) noch zusammen 327 553 M. ohne Vermittelung von Landwirthschaftskammern direkt aus Staatsbeihülfen gezahlt worden.

Davon 18 000 M. an den Deutschen milchwirthschaftlichen Verein — erhält seit 1878 jährlich 1000 M. Zuschuss —, 12 800 M. an die Vereinigung Deutscher Schweinezüchter, 24 400 M. zur ersten Einrichtung von Gemeinde-Stierstallungen, 50 966 M. für Ehrenpreise, 26 700 M. an Molkereigenossenschaften zur ersten Einrichtung, 194 687 M. Sonstiges.

Ausserdem wurden zu Zwecken des Fonds verwendet aus dem sogenannten Ostfonds 1894/95 35 500 M., 1895/96 36 000 M., 1896/97 93 490 M., 1897/98 100 000 M., 1898/99 106 500 M., 1899 104 500 M., zusammen 475 990 M.

Im Ganzen sind also zu Viehzuchtzwecken — abgesehen von Pferden — von 1888/89—1899 4 730 810 M. verwendet worden.

An den auf die Landwirthschaftskammern u. s. w. vertheilten 3 927 267 M. waren die einzelnen Provinzen wie folgt betheiligt:

	im Jahre 1888/89	im Jahre 1899	In der gesammten Periode von 1888/89—1899
Ostpreussen	24 350	27 850	346 500
Westpreussen	12 500	14 100	157 350
Brandenburg	29 900	25 100	384 600
Pommern	16 200	39 500	276 367
Posen	11 950	16 100	164 000
Schlesien	33 700	40 200	459 900
Sachsen	24 300	45 070	360 520
Schleswig-Holstein	26 500	47 000	377 950
Hannover	33 800	58 700	519 341
Westfalen	14 400	25 000	231 450
Cassel	7 250	11 900	107 200
Wiesbaden	6 700	21 300	141 740
Rheinprovinz	32 700	31 865	368 689
Hohenzollern	1 400	2 500	31 660
Summe	**275 050**	**406 185**	**3 927 267**

a) Rindviehzucht.

§ 350. Von ganz besonderer Bedeutung ist bei der Förderung der Rindviehzucht das Prämiirungswesen, welches denn auch eine Hauptform der Verwendung von Staatsmitteln geworden ist. Erst in neuerer Zeit fängt die Staatsregierung an, ihre Mittel mehr für den Import guter Zuchtthiere und für Bullenstationen zu verwenden, da anscheinend die Erfolge doch nicht ganz den gehegten Erwartungen entsprochen haben, auch keine genügenden Kautelen für eine völlig gerechte und objektive Arbeit der Prüfungskommissionen bestehen. Während im Jahre 1878 noch im Ganzen 291 659 M. an Staatsmitteln für Austellungswesen — abgesehen von der Berliner Mastviehausstellung, s. u. — verfügbar waren, ist diese Summe für 1898 auf 196 004 M. herabgegangen. Auch die Centralvereine, welche 1878 37 658 M. zu diesem Zwecke aufbrachten, gaben 1898 nur noch 14 581 M. dafür aus. An Spezialvereinsmitteln kamen zu gleichen Zwecken 1878: 105 497 M., 1898: 108 535 M., an Looserträgen u. s. w. 1878: 319 441 M., 1898: 289 563 M. auf.

Es wurden verliehen:	1878 M.	1898 M.
Geldpreise in Summa	362 095	330 551
Medaillen	1 756	1 588
Mappen mit Thierbildern	56	105
Andere Ehrenpreise	486	979
Diplome über ehrenvolle Erwähnungen	1 465	3 182
Von den verliehenen Geldpreisen entfallen auf		
Pferde	132 537	123 402
Rindvieh	194 795	158 451
Schafe	9 749	2 001
Ziegen	424	1 926
Schweine	9 202	10 128
Geflügel	1 814	16 354
Sonstige Thiere	1 922	980
Produkte der Land- und Forstwirthschaft, des Garten- und Obstbaues	3 674	9 412
Produkte der Bienenzucht und des Seidenbaues	1 541	2 326
Maschinen und Geräthe	3 081	3 619
andere landwirthschaftliche Bestrebungen	3 356	1 950

Zum Theil liegt die Verwendung geringerer Mittel zu Ausstellungszwecken auch in der Einschränkung besonders der kleineren Ausstellungen. Vor Allem sind es die grossen Ausstellungen der Deutschen Landwirthschaftsgesellschaft seit 14 Jahren,[1]) welche die kleineren Ausstellungen vielfach entbehrlich erscheinen lassen.

Für sämmtliches Grossvieh und ebenso für landwirthschaftliche Maschinen sind die Zahlen der ausgestellten Stücke trotz der starken Vermehrung des Viehes und der Maschinen von 1878 auf 1898 zurückgegangen. Es wurden ausgestellt

	1878	1898
Pferde	11 971	11 064
Rindvieh	21 377	19 473
Schafe	5 751	1 843
Ziegen	146	659
Schweine	3 696	2 165
Zahl der Aussteller von Maschinen und Geräthen:		
Inländer	2 674	1 696
Ausländer	113	11

Nur bei der Geflügelzucht zeigt sich eine sehr auffallende Vermehrung der ausgestellten Thiere, von 6515 im Jahre 1878 auf 28 929 im Jahre 1898.

Ferner wurden ausgestellt:

	1878	1898
Sonstige Thiere	1 136	1 152
Zahl der Aussteller von Produkten der Land- und Forstwirthschaft, des Garten- und Obstbaues und der Blumenzucht	2 064	3 153
Zahl der Aussteller der Bienenzucht und des Seidenbaues	394	568

Besondere Unterstützung erfährt ausserdem die Berliner alljährliche Schlachtviehausstellung, welche seit 1879 jährlich 10 000 bis 12 000 M. Zuschuss aus Staatsmitteln bekommt und eingerichtet wurde, um bei dem Publikum Verständniss für bessere Fleischprodukte wach-

[1]) Diese nimmt prinzipiell keine Reichs- oder Staatsbeihülfe an (s. § 320a).

zurufen. Auch hier ist die Zahl der ausgestellten Thiere seit 1878 etwas zurückgegangen. Es wurden ausgestellt 1878: 1262 Thiere, 1898: 1052, davon 482 Rinder, 122 Kühe, 278 Schweine und 170 Schafe.

§ 351. Bei den Grundsätzen über die Verwendung des Fonds zur Prämiirung von Rindvieh ging man davon aus, die Prämien hoch genug zu gestalten, um den Wetteifer nachhaltig anzuregen, und zugleich um die fernere Benutzung des prämiirten Thieres zur Zucht im Inlande und sodann eine regelmässig wiederkehrende Prämiirung in den Vereinsbezirken zu sichern, damit die landwirthschaftliche Bevölkerung daraufhin ihre Zucht und Viehhaltung qualitativ zu steigern sich einrichten konnte.

Die Prämiirungen sollen ausserdem dazu führen, dass die betreffenden Zuchten bekannt werden und dass damit Verkaufswerth und Verkaufschancen für den Züchter gehoben werden.

Im Uebrigen befasst sich der Staat mit der Prämiirung im Einzelnen nicht, vielmehr werden die Mittel des Fonds zum grössten Theile (1899: 83 Proz.) den Centralvereinen und Landwirthschaftskammern überwiesen.

Um aber eine gewisse Garantie für zweckmässige Verwendung zu haben, sind für die Verwendung von Mitteln aus den überwiesenen Summen zu Prämiirungszwecken in den 70er Jahren, ähnlich wie bei Tit. 2, allgemeine Prämiirungsgrundsätze von einer besonders gebildeten Landeskommission zur Förderung der Rindviehzucht aufgestellt worden. Darnach sollte die Vertheilung auf die Vereine der verschiedenen Provinzen nach dem Rindviehbestande erfolgen, die Prämiirung von besonderen Preisrichterkollegien unter Angabe der Gründe erfolgen, Thiere unter 1 Jahr von der Prämiirung ausgeschlossen sein und von den Centralvereinen besondere Prämiirungspläne unter Angabe der Maximal- und Minimalsätze als Norm aufgestellt werden.

Neue Grundsätze über die Verwendung des Fonds wurden am 17. Nov. 1891 durch das Königl. Landesökonomiekollegium aufgestellt, vom Minister genehmigt und den Centralvereinen zur Nachachtung mitgetheilt (Landw. Jahrbücher Bd. II der statistischen Beiträge 1892 S. 206—210).

Die Vertheilung auf die einzelnen Centralvereine soll darnach nur zu einem grösseren Theile nach Massgabe des Rindviehbestandes erfolgen, darüber hinaus sollen besonders Gegenden mit grösseren und werthvollen alten Zuchten, oder Landestheile, die mit besonderen Schwierigkeiten zu kämpfen haben, bedacht werden Bei der Untervertheilung und Prämiirung soll darauf hingewirkt werden, dass möglichst nur solche Rindviehschläge prämiirt werden, welche als Grundlage für die Herstellung für den betreffenden Landestheil vorzugsweise qualifizirter Rasse[1]) dienen können. Die Staatspreise sollen in Medaillen und Geldpreisen (nicht Ehrenpreisen) bestehen. Eine Begründung der Prämiirung durch die Preisrichterkollegien ist nicht mehr erforderlich. Zur Prämiirung von Rindvieh (einschl. Ausstellungen) wurden von den Landwirthschaftskammern 1899 im Ganzen verausgabt 210 475 M.

---

[1]) Die in den Anfangsstadien der Rindviehzucht erstrebte Züchtung einer Idealrasse, einer „Rasse für Alles“, ist, wie bei Pferde- und Schafzucht, auch bei der Rindviehzucht, bald aufgegeben worden. Milcherzeugung, Arbeitsleistung und Fleischnutzung sind heute die Hauptproduktionsrichtungen, nach deren Vorwiegen man die verschiedenen Rassen eintheilt (Milch-, Mast- und Zugvieh).

Davon entfielen auf

	M.		M.
Ostpreussen	19 260	Hannover	37 359
Westpreussen	372	Schleswig-Holstein . .	23 996
Brandenburg	13 300	Westfalen	10 933
Pommern	25 289	Cassel	9 371
Posen	15 429	Wiesbaden	9 600
Schlesien	16 505	Rheinprovinz	23 221
Sachsen	4 940	Hohenzollern	900

Von den Provinzen betheiligten sich 1900 an den Ausgaben für Prämiirung und Ausstellung von Rindvieh nur Pommern (24 000 M.), Wiesbaden (5000 M.), Rheinprovinz (33 017 M.).

§ 352. Dient der Fonds Tit. 4 hauptsächlich zu Prämiirungen, so hat er doch auch noch andere Zwecke, vor Allem Unterstützung des Molkereiwesens, die Errichtung von Bullenstationen zu fördern, ferner in neuerer Zeit zur Errichtung von Stierställen in Gemeinden, zur Besoldung von Thierzuchtinstruktoren[1]) (s. § 287) und Heerdbuchführern[2]) u. s. w. Auch trägt der Staat vielfach einen Theil der in den einzelnen Provinzen kraft besonderer Körordnungen bestehenden Körkommissionen.

Besondere Hervorhebung verdienen:

Molkereiwesen.

§ 353. Der Umstand, dass nicht alle Landwirthe ausschliesslich Viehmast treiben können, sondern zum bei Weitem grössten Theil auf gleichzeitige oder alleinige Milchwirthschaft und Verwerthung der Milch zu Butter und Käse angewiesen sind, führte dazu, dass 1878/79 der Fonds, Tit. 4, die erweiterte Bestimmung erhielt, dass aus ihm auch Verwendungen für die Förderung des Molkereiwesens erfolgen können.

Nach dem Vorgang von Dänemark, Schweden und Norwegen war man dabei darauf bedacht, vor allem Unterrichtungsstätten (Schulen und Informationskurse) zu unterstützen, aber auch für Fabrikation und Absatz der Molkereiprodukte die Vortheile des genossenschaftlichen Betriebes den Landwirthen zugänglich zu machen, wodurch die Bearbeitung der Milch vom Landwirthschaftsbetriebe allerdings immer mehr und mehr losgelöst wird.

Die gemeinsame Verarbeitung und Verwerthung der Milch hat, namentlich für die kleineren Wirthschaften, die Vortheile feinerer Beschaffenheit der Erzeugnisse, Ersparung an Arbeit, höhere Verwerthung der Erzeugnisse, Gewinnung süsser Magermilch, indirekt auch bessere Ernährung und Erhaltung der Kühe im Gefolge.

[1]) Soweit die Viehzuchtinstruktoren Wanderlehrer sind, können sie auch aus Kap. 102 Tit. 16 Unterstützungen erhalten.

[2]) Die Heerdbücher dienen dazu, die Abstammung und Leistungen der Rindviehschläge in gewissen Bezirken zu fixiren. Zur Zusammenfassung der Resultate der einzelnen Heerdbuchgenossenschaften besteht eine Deutsche Heerdbuchgesellschaft.

Mehrfach geschieht die gemeinsame Verarbeitung in sogenannten Sammel-Molkereien, wo ein Unternehmer die Molkerei hält und sich bestimmte Milchlieferer verpflichtet. Doch ist diese Form sehr viel weniger üblich, als die Genossenschafts-Molkereien (eingetragene Genossenschaften s. § 324). Die Zahl der in Preussen bestehenden Genossenschafts-Molkereien — die erste wurde 1871 in Ostpreussen gegründet — hat sich bis 1899 auf 1 216 gehoben.

Von den Molkerei-Genossenschaften kamen am 1. Juli 1899 auf Hannover 242, Rheinprovinz 203, Sachsen 156, Schleswig-Holstein 144, je 80—90 auf Westfalen und Pommern, je 60—70 auf Ost- und Westpreussen, Brandenburg, Posen und nur je 30—40 auf Hessen-Nassau und Schlesien Die meisten (858) haben unbeschränkte Haftpflicht, nur in Sachsen ist die grösste Mehrzahl beschränkt haftpflichtig

Das Molkerei-Genossenschaftswesen wird vom Staate aus dem allgemeinen Viehzuchtfonds unterstützt.

Wie hoch der Unterstützungsbetrag ist, lässt sich nicht genau feststellen, da derselbe jährlich schwankt, auch die Landwirthschaftskammern ziemlich freie Hand in der Verwendung der überwiesenen Mittel haben. 1899 wurden zu Zwecken von Molkerei-Schulen und Genossenschaften, soweit dies festgestellt werden konnte, verausgabt von den Landwirthschaftskammern und landwirthschaftlichen Centralvereinen in Ostpreussen 11 450 M., Westpreussen 3 325 M., Schlesien 35 116 M. (einschl. milchwirthschaftliches Institut Proskau), Hannover 14 100 M. (11 100 M. für milchwirthschaftliches Institut Hameln), Schleswig-Holstein 87 521 M., Westfalen 400 M., Cassel 7 319 M., Wiesbaden 3 000 M, Rheinprovinz 800 M.

Bullenstationen.

§ 354. Schon als der Staatshaushaltsetat 1876 eine Vermehrung des Fonds zur Förderung der Viehzucht auf 265 000 M. gestattete, wurden 63 700 M. zur Errichtung von Bullenstationen bestimmt. Beihülfen wurden nur gewährt, wo die Einrichtung dauernd (auch Gemeinden, Stierhaltungs-Genossenschaften u. s. w.) gesichert ist.

Es hatte sich nämlich herausgestellt, dass der Rindviehzucht namentlich in dem bäuerlichen und Kleinbesitze durch ungenügende Anzahl und Beschaffenheit der Vaterthiere (Bullen) grosse Hindernisse erwachsen. Gleichzeitig, um dem Bullenmangel zu steuern und eine Veredelung des Landviehes sowie damit eine zu erhoffende bessere Haltung desselben zu erzielen, sollten daher Bullenstationen eingerichtet werden.

Die alljährlich bereitgestellten Mittel, Zahl der Stationen u. s. w. werden alljährlich in den Landwirthschaftlichen Jahrbüchern mitgetheilt.

Von 1876—1899 sind vom Staate insgesammt 1 663 515 M. aus dem Fonds Tit. 4 bereitgestellt worden — jährlich im Durchschnitt 69 313 M. —. Die von den Landwirthschaftskammern für Bullenstationen und — ähnlichen Zwecken dienenden — Stierhaltungs-Genossenschaften jährlich verausgabten Beträge sind indessen erheblich höher als die ihnen gewährten Staatsbeihülfen. Es wurden von ihnen 1899 verausgabt im Ganzen 180 748 M.

Davon entfielen auf Ostpreussen 16 661 M., Westpreussen 37 673 M., Brandenburg 10 050 M., Pommern 15 027 M., Posen 8 134 M., Schlesien 35 320 M., Sachsen 21 938 M., Hannover 900 M., Schleswig-Holstein 11 195 M., Cassel 3 000 M., Wiesbaden 14 080 M., Rheinprovinz 5 270 M., Hohenzollern 1 500 M.

Von den Provinzen wurden für Bullenstationen 1900 bereit gestellt 2 150 M. (Schlesien). Auch Wiesbaden warf eine kleine Summe aus.

Die Zahl der Ende 1899 bestehenden Stationen betrug 3 932 mit 4 497 aufgestellten Bullen.

Die meisten Bullen sind aufgestellt in Posen (1 245), Rheinprovinz (701), Schlesien (543), Sachsen (358), Schleswig-Holstein (287). Die geringste Zahl in Cassel (70), Pommern (85), Hannover (114), Ostpreussen (129), Wiesbaden (168). Die anderen Provinzen schwanken zwischen 2—300 Stück.

Von der Gesammtsumme von 1 663 515 M. (s. o.) haben erhalten Hannover 209 500 M. (1899: 13 100 M.), Rheinprovinz 197 894 M. (1899: 7 000 M.), Sachsen 183 975 M. (1899: 12 000 M.), Brandenburg 180 568 M. (1899: 10 050 M.), Westpreussen 145 728 M. (1899: 17 800 M.), Schlesien 126 000 M. (1899: 20 000 M.), Posen 123 000 M. (1899: 30 000 M.), alle übrigen Provinzen unter 100 000 M.

Viehzucht-Instruktoren.

§ 355. Von besonderer Bedeutung hat sich in neuerer Zeit das Institut der sogenannten Viehzucht-Instruktoren gezeigt, welche als Wanderlehrer den kleinbäuerlichen Kreisen das Verständniss für Viehzucht und Molkereiwesen erwecken und vermitteln sollen. Neuerdings sind an den landwirthschaftlichen Hochschulen sogar besondere Examina für derartige Personen eingerichtet worden.

Von den Landwirthschaftskammern u. s. w. wurden 1899 zu derartigen Zwecken bereits im Ganzen 60—70 000 M. ausgegeben.

Davon entfielen, soweit festgestellt werden konnte, auf Ostpreussen 3 820, Westpreussen 6 718, Posen 7 110, Schlesien 1 500, Hannover 3 000, Schleswig-Holstein 24 558, Westfalen 3 600, Wiesbaden 1 200, Rheinprovinz 3 000.

Ankauf und Import von Zuchtrindvieh.

§ 356. Schon oben ist angedeutet, dass dieser Massnahme neuerdings Seitens der Staatsregierung erhöhtes Interesse zugewendet wird. Doch sind bisher die Ausgaben für diesen Zweck noch nicht besonders hohe zu nennen. 1899 wurden hierfür von sämmtlichen Landwirthschaftskammern verausgabt zusammen nur 86 025 M.

Davon Posen 49 705 M., Pommern 13 400 M., Sachsen 6 725 M., Hannover 2 000 M., Schleswig-Holstein 6 904 M., Rheinprovinz 7 291 M.

§ 357. Trotz der guten Erfolge auf dem Gebiete der Rindviehzucht in den lezten Jahrzehnten hat sich die Zahl des Rindviehs seit 1873 nur von 8,6 auf 10,8 Millionen, also um 25,6 Proz., vermehrt, während die Bevölkerung um 37 Proz. gestiegen ist.

Verglichen mit früheren Jahren betrug der Rindviehbestand in Preussen 1816: 4,0 Millionen Stück, davon 2,9 Millionen 2jähriges und älteres Rindvieh. 1867: 8,0 Millionen, davon 5,7 Millionen 2jähriges und älteres. Später vermehrte sich die Zahl: 1873 auf 8,6 (5,9), 1883:

8,7 (6,0), 1892: 9,8 (6,4), 1897: 10,5 (6,6) Millionen. Nach dem vorläufigen Ergebniss der Viehzählung von 1900 giebt es in Preussen 10 865 296 Stück Rinder.

Von dieser Gesammtsumme entfallen 14,05 Proz. auf Schlesien, 10,64 Proz. auf Rheinland, 10,26 Proz. auf Hannover, 9,77 Proz. auf Ostpreussen. Dann folgen Schleswig-Holstein (8,26 Proz.), Posen (7,99 Proz.), Brandenburg (7,63 Proz.), Sachsen (7,16 Proz.), Pommern (6,31 Proz.), Westfalen (6,8 Proz.), Westpreussen (5,87 Proz.), Hessen-Nassau (5,41 Proz.), Hohenzollern (0,44 Proz.), Berlin (0,13 Proz.)

Die Ein- und Ausfuhrziffern (für Deutschland) weisen gegen frühere Jahrzehnte sehr ungünstige Ziffern auf, wenn auch in den allerletzten Jahren eine gewisse Besserung zu verzeichnen ist.

Es betrug: (Stückzahl)

	die Einfuhr	Ausfuhr	Mehrausfuhr
Im alten Zollverein:	von Rindvieh (Jungvieh, Ochsen und Kühen)		
1836	17 080	28 322	11 242
1867	88 214	129 239	41 025
Im Reiche:			
1870[1]) . . .	186 623	236 716	50 093
1880	104 416	160 913	56 497
1885	88 491	133 891	45 400
			Mehreinfuhr
1890	180 376	11 208[2])	169 168
1895	264 161	14 265	249 896
1900	194 114	6 132	187 982

Im Jahre 1890 betrug der Werth der Einfuhr 59,7, 1900 60,2 Mill. M. Der Ausfuhrwerth stellte sich auf 4,4 Mill. M. im Jahre 1890 und 2,4 Mill. M. in 1900.

b) Andere Viehgattungen.

§ 358. Neuerdings findet der Fonds Tit. 4 auch zur Hebung der Schweine-, Ziegen- und Schafzucht Verwendung. In welchem Masse dies geschieht, lässt sich nicht feststellen, da die Verwendung grösstentheils in den Händen der Landwirthschaftskammern liegt. So lässt sich aus deren Etats ein gewisses Bild gewinnen. 1899 wurden verausgabt für Schafzuchtzwecke im Ganzen nur 3189 M., davon 1500 M. für Brandenburg und 741 M. für Pommern, für Schweinezucht — abgesehen von den Ausgaben für Schutzimpfung gegen Rothlauf (29 665 M. in Posen und 10 303 M. in Schlesien) — im Ganzen 42 200 M., wovon über 30 000 M. auf Eberstationen entfielen.

Am meisten geben für Eberstationen aus Pommern 14 387 M., Brandenburg 8 353 M.; Westpreussen, Schlesien, Sachsen, Hannover gaben etwa rund 3000 M. dafür aus.

Für Ziegenzucht verausgabten die Landwirthschaftskammern 1899 zusammen 19 916 M., woran vor Allem Pommern mit 8 080 M., Brandenburg mit 4 310 M., Wiesbaden mit 2 500 M., Rheinprovinz mit 1 340 M. betheiligt waren.

1) In diesem Jahre einschliesslich Kälber.

2) Die grosse Steigerung der Einfuhr und der grosse Rückgang der Ausfuhr erklärt sich grossen Theils aus dem 1888 erfolgten Zollanschluss Hamburgs.

Von den Provinzen wurden 1900 bereitgestellt für Eberstationen 10 500 M. (5 000 M. Pommern und 5 900 M. Schlesien) und für Schweine-, Schaf- und Ziegenzucht gemeinsam 6 435 M. in der Rheinprovinz und 200 M. in Pommern.

1. Schafzucht.

§ 359. Für Schafzucht wird hiernach gegenwärtig am wenigsten verausgabt. Die Schafzucht stand während der zwei ersten Drittheile des 19. Jahrhunderts in höchster Blüthe. Sie suchte und fand ihre Rente vorzugsweise in der Erzielung der feinen Merinowoll-Qualitäten. Die darnach auftretende Konkurrenz der überseeischen Wollproduktion brachte aber seit Ende der 60er Jahre in der einheimischen Schafzucht einen vollständigen Rückschlag. Dazu traten in Folge der Ueberbildung und des allzu erschöpfenden Zuchtgebrauches Krankheiten auf (Traberkrankheit), welche die Viehherden dezimirten. Die Ausfuhr ging mehr und mehr zurück. In den Jahren 1830 bis 1840 wurden 70—80 Proz. der Wollanfuhr auf dem englischen Markt von Deutschland gedeckt, 1850 nur noch 12,4 Proz., 1867 nur 2,8 Proz.

Die Ein- und Ausfuhrziffern bei Schafvieh (Schafe, Lämmer und für 1870 Ziegen) sind folgende:

	Einfuhr	Ausfuhr
1870: [1]	119 857	1 629 807
1880: [2]	173 677	1 256 584
1885: [3]	9 126	1 175 993
1890:	2 801	399 039 [4]
1895:	2 092	334 818
1900:	1 038	147 247

Die Ein- und Ausfuhrwerthe stellten sich

	Einfuhr Mill. M.	Ausfuhr Mill. M.
1890:	0,3	12,8
1900:	0,1	4,4

Sodann stieg die Einfuhr roher und gekämmter Schafwolle von 1870 von fast 40 000 To. auf gegenwärtig fast 200 000 To; während die Ausfuhr ziemlich die gleiche blieb (etwa 15 000 To.), hat sich die Einfuhr also verfünffacht.

Der Rückgang der Schafzucht im Laufe des vorigen Jahrhunderts spricht sich u. A. auch in dem Rückgange der Zahl des nach den verschiedenen Viehzählungen vorhanden gewesenen Schafbestandes aus. Es gab in Preussen 1816: 8,2, 1849: 16,2, 1867: 22,3, 1873 nur noch: 19,6, 1883: 14,7, 1892: 10,1, 1897: 7,8 Millionen Schafe in Preussen. 1900 ist die Zahl weiter auf 6 989 430 Stück zurückgegangen. Ueber 18 Proz. dieser Summe entfällt auf die Provinz Pommern, je 11—12 Proz. finden sich in den Provinzen Sachsen, Brandenburg und

---

[1]) Einschl. Lämmer und Ziegen.

[2]) Einschl. Lämmer.

[3]) Lediglich Schafvieh.

[4]) Einfluss des Hamburger Zollanschlusses.

Hannover, 8—9 Proz. in Posen und den beiden preussischen Provinzen, 5,7 Proz. in Schlesien, alle übrigen Provinzen weisen unter 5 Proz. auf.

Keine der gegenwärtigen Zuchtrichtungen darf, wie früher, die Rücksicht auf die Produktion guten Fleisches vernachlässigen, wenn sie lohnend bleiben will, da die massenhafte Produktion feinerer, verhältnissmässig billig zu transportirender ausländischer Wolle die blosse Wollzucht nicht mehr gestattet.

2. Schweinezucht.

§ 360. In Deutschland war es hauptsächlich die internationale Thierschau in Hamburg 1863, durch deren Beschickung mit englischen Schweinerassen mächtige Anregungen für die Vervollkommnungen auch dieses Theiles der Viehzucht gegeben wurden.

Die Zuchtbestrebungen nahmen schnell einen grossen Umfang an. Zugleich wirkten die verbesserten milchwirthschaftlichen Einrichtungen und besonders die Genossenschaftsmolkereien mit beschränktem Betriebe, durch welche den Schweinehaltungen ein vorzügliches und verhältnissmässig billiges Futter geboten wird, anregend und fördernd ein, indem die Neigung zum ausgedehnten Betrieb der Schweinezucht zunahm. Auch der kleine Mann fängt an, sich an der Schweinezucht zu betheiligen, was als ein besonderer Vortheil dieser Zuchtart erblickt werden muss.

Die stark zunehmende Verbreitung der Schweinezucht besonders in den letzten Jahrzehnten zeigt sich deutlich in der schnellen Vermehrung des Schweinebestandes in Preussen. Es wurden Schweine gezählt in Preussen 1816; 1,4, 1849: 2,4, 1867: 4,8, 1873: 4,2, 1883: 5,8, 1892: 7,7, 1897: 9,3 Millionen Schweine. 1900 ist die Zahl auf 10 954 002 Stück gestiegen, wovon 14,19 Proz. auf Hannover, 11,50 Proz. auf Sachsen und 9,43 Proz. auf Brandenburg, also auf die 3 Mittelprovinzen zusammen etwa 35 Proz. entfallen; 7—9 Proz. haben Ostpreussen, Pommern, Posen, Schlesien, Westfalen, Rheinland. Alle anderen Provinzen bleiben unter 6 Proz.

Die Ein- und Ausfuhrziffern für Schweine (ausser Spanferkel) waren:

	Einfuhr	Ausfuhr		Einfuhr	Ausfuhr
1870: [1]	718 973	291 488	1890:	596 811	4 329 [2]
1880:	1 104 321	438 724	1895:	345 594	29 897
1885:	545 633	423 293	1900:	68 563	3 462

Der Rückgang der Einfuhrziffern seit Ende der 90er Jahre ist eine Folge der Schweineeinfuhrverbote gegen die vom Auslande drohenden Verseuchungsgefahren. Gegenwärtig sind alle Grenzen gesperrt, nur für 4 oberschlesische Schlachtviehhöfe ist eine contingentirte Zahl Schweine zur Einfuhr zugelassen.

---

[1]) Für dies Jahr mit Einschluss der Spanferkel, auf die man bei der Einfuhr etwa den 10., bei der Ausfuhr vielleicht den 5. Theil rechnen kann.

[2]) Zollanschluss Hamburg.

Die Einfuhr (fast nur noch aus Russland) und Ausfuhr wiesen folgende Werthe auf:

	Einfuhr	Ausfuhr		Einfuhr	Ausfuhr
1890:	75,2 Mill. M.	0,5 Mill. M.	1900:	5,0 Mill. M.	0,3 Mill. M.

Die Höhe der für Schweinezucht verwendeten Mittel kann nicht genau angegeben werden. Die Verwendung findet besonders für Eberstationen, Import guter Vater- und Mutterthiere und für Prämien statt (s. § 358).

3. Ziegenzucht.

§ 361. Auch für Ziegenzucht werden wenn auch nur geringe Beträge des Fonds Tit. 4 verwendet und zwar für Einrichtung von Ziegenbockstationen, sowie zu Zuschüssen für Ziegenimport Ziegen gab es in Preussen 1816: 143 433, 1867: 1,3 Mill., 1897: 2,1 Mill. 1900 ist die Zahl wieder auf 1 998 692 zurückgegangen. Während also von 1816 auf 1867 eine sehr starke Vermehrung der Ziegen zu konstatiren war (von 31 auf die Quadratmeile in 1816 auf 370 in 1867), hat seitdem die Steigerung der Zahl dieser Hausthiere keine erheblichen Fortschritte gemacht.

Besonders gering (unter 6 Proz.) ist der Ziegenstand in den beiden preussischen Provinzen, in Pommern und Posen, Berlin, Schleswig-Holstein und Hohenzollern.

In den anderen Provinzen beträgt der Ziegenstand meist je 10—14 Proz. des Gesammtbestandes (Sachsen 14,68 Proz., Rheinland 14,80 Proz.).

1899 wurden in Deutschland eingeführt 931 und ausgeführt 143 Stück Ziegen.

II. Kleinviehzucht (Geflügelzucht).

§ 362. *Kap. 104 Tit. 3a:* Zur Unterstützung und Förderung der Geflügelzucht, insbesondere in den bäuerlichen Wirthschaften 70 000 M.

Auch hier war es wie bei der Grossviehzucht die zunehmende Abhängigkeit vom Auslande[1]) in der Deckung des inländischen Bedarfs an Geflügel und Geflügelprodukten (Eier), welche die Hebung der Geflügelzucht und -Wirthschaft und die Unterstützung mit öffentlichen Mitteln zur Nothwendigkeit machte. Statistische Zahlen liegen allerdings nur für ganz Deutschland vor, gestatten aber einen genügenden Rückschluss für Preussen. Darnach betrug für Eier von Geflügel die

	Einfuhr		Ausfuhr	
	in To.	in Mill. M.	in To.	in Mill. M.
1884	19 802	20,8	2 179	2,3
1890	54 072	56,8	823	0,9
1895	83 565	74,4	772	0,8
1900	118 170	103,2	613	0,6

[1]) Die Rentabilität der Geflügelzucht im Inlande hat bisher sehr unter der Konkurrenz des Auslandes gelitten, welches Geflügel und Eier zu sehr billigen Preisen liefert, theils weil die natürlichen Produktionsbedingungen, vor Allem das Klima, die Geflügelzucht begünstigen, theils weil die betreffenden Schichten der ländlichen Bevölkerung in Unkenntniss der wirklichen Produktionskosten die Produkte der Geflügelhaltung, speziell die Eier, unter dem Werthe verkaufen.

Von den 112 579 To. Einfuhr entfielen 1899 51 966 auf Oesterreich-Ungarn und 47 934 auf Russland.

Noch im Jahre 1866 bezog London den vierten Theil seiner gesammten Eiereinfuhr von 400 Mill. Stück aus Deutschland (Meitzen II S. 545).

Staatliches Eingreifen erweist sich vor Allem als nothwendig, weil die Geflügelzucht wesentlich Sache der kleineren und mittleren bäuerlichen Besitzer ist und bleiben wird — grössere können die erforderliche Sorgfalt meist nicht darauf verwenden. Es wurden daher erstmalig in den Etat für 1898/99 30 000 M. eingestellt, um, nach Vorgang anderer Staaten durch Einrichtung von Geflügelmusterwirthschaften Belehrungsmittelpunkte, von Zuchtstationen Verbesserung der Geflügelrassen und durch die Organisation des Absatzes bessere Verwerthung der Produkte, endlich durch Prämiirungen und rationelle Gestaltung des Ausstellungswesens fördernd auf die Hebung der Geflügelzucht einzuwirken. 1899 wurde der Fonds auf 50 000 M., 1900 auf 70 000 M. erhöht.

Der Fonds ist übertragbar in die folgenden Jahre.

Für 1901 fand eine extraordinäre Unterstützung des Fonds um 30 000 M. statt.

§ 363. Im Anschluss an die Einstellung dieser Staatsmittel wies der Landwirthschaftsminister die Regierungspräsidenten in einem Erl. v. 11. Juni 1898 I G. 4621 darauf hin, dass die Mittel in Zukunft lediglich durch Vermittelung der Landwirthschaftskammern und Centralvereine verausgabt werden sollten,[1]) in der Annahme, dass sie bei dem neuerwachten Interesse für Geflügelhaltung es verstehen würden, solche Einrichtungen und Massnahmen ins Leben zu rufen, welche geeignet sind, eine wirthschaftliche Ausnutzung vor Allem der Nutzgeflügelzucht unter den Landwirthen und insbesondere unter den bäuerlichen Landwirthen zu verallgemeinern.

Dagegen würden Mangels eines anderen geeigneten Fonds den Sing- und Ziervögelzuchtvereinen, welche ein landwirthschaftliches Interesse nicht haben, insbesondere den lediglich der Liebhaberei dienenden Vögelzüchtervereinen, Staatsbeihülfen in Zukunft nicht mehr bewilligt werden.

In einem weiteren Erl. v. 26. Juli desselb. Js. — I G. 5769 — an die Landwirthschaftskammern u. s. w. wurden die Zwecke des neuen Fonds im Einzelnen näher erläutert.

Es hiess dort u. A.:

„Im Gegensatz zu dem Nachdruck, den die Geflügelzuchtvereine bisher auf die Heranzüchtung möglichst vieler, seltener und merkwürdiger Spielarten gelegt haben, welches zu einer Erschöpfung ihrer ganzen Kraft in der Veranstaltung von zahlreichen Ausstellungen führte, werden die zur Förderung der Geflügelzucht zu treffenden Massnahmen in Zukunft lediglich die wirthschaftlichen Ziele der Geflügelhaltung ins Auge zu fassen haben. Es wird darauf ankommen, gute Kenntniss des Geflügels, seiner Anforderungen an Pflege und Unterhalt und der je nach den verschiedenen Nutzungszwecken verschiedenen Art der Behandlung

---

[1]) Von Provinzialverbänden giebt gegenwärtig nur Hannover 4300 M. für Prämiirung von Geflügel aus.

den weiteren Kreisen der ländlichen Bevölkerung zu bieten. Durch praktische Beispiele guter Geflügelwirthschaften und durch theoretische Belehrung in Kursen und durch Vereinswanderlehrwesen wird dies zu erreichen sein. Die eigentlich züchterischen Bestrebungen werden auf die Verbesserung der einheimischen Landrassen und auf die Erprobung und Einführung solcher neuer Rassen, die vom Standpunkt der Steigerung der Rentabilität betrachtet zur Verbesserung der inländischen Geflügelhaltung geeignet erscheinen, sich zu beschränken und von aller Sportliebhaberei sich fern zu halten haben.

Die Errichtung von Zuchtstationen und die organisirte Vertheilung guter Bruteier oder jungen Zuchtgeflügels wird hierbei ins Auge zu fassen sein. Ganz besonders wird demnächst die Fürsorge für verbesserten und lohnenden Absatz der Geflügelprodukte einzusetzen haben, um das Endziel aller Bestrebungen auf diesem Gebiete, Erzielung von Gewinnen aus der Geflügelhaltung, nachhaltig zu sichern. Der genossenschaftliche Zusammenschluss hat auch auf diesem Gebiete angefangen, Erfolge zu erzielen und verdient im Rahmen der hier erörterten Massnahmen besondere Beachtung.

Als ein Mittel der Anregung und zur Weckung des Interesses für die Geflügelhaltung kann die Prämiirung solcher Wirthschaften dienen, in denen nachweislich mit Erfolg und in zweckmässiger Weise Geflügelwirthschaft betrieben wird. Wenn solche Prämiirung nicht in baarem Gelde, sondern in der Gewährung von Unterstützungen zur Beschaffung für die Geflügelzucht dienlicher Apparate (z. B. Brutapparate) oder zur Einrichtung von guten Geflügelställen (Mastställen u. s. w.) oder zur Beschaffung guten Zuchtmaterials erfolgen, so wird damit zugleich der Zweck erreicht, einzelne bäuerliche Geflügelwirthschaften zu Musterwirthschaften herauszubilden und in den Dienst der belehrenden Thätigkeit innerhalb beschränkterer Gebiete zu stellen.

Dass auch das Ausstellungswesen auf diesem Gebiete von Nutzen sein kann, will ich nicht verkennen. Allein es wird dann bei den Ausstellungen nach anderen Grundsätzen zu verfahren sein, als bisher vorwiegend geschehen. Nur wenn auch hier die Berücksichtigung des wirthschaftlichen Momentes der Geflügelzucht und -Haltung das leitende Prinzip wird, wird von den Ausstellungen Nutzen zu erwarten sein. Ein Zuviel an Ausstellungen wird unter allen Umständen zu vermeiden und in dieser Beziehung mit dem bisher geübten Gebrauch zu brechen sein. Sache der Landwirthschaftskammern und landwirthschaftlichen Centralvereine wird es sein, ähnlich wie bei den Thierschauen, für ein System lokaler und provinzieller Geflügelschauen Sorge zu tragen, die in entsprechendem Turnus Belehrung und Anregung in die einzelnen Theile der Provinz zu bringen vermögen.

Ausstellungen dieser Art werde ich wie bisher durch Bewilligung von Medaillen zu unterstützen bereit sein. Dagegen bestimme ich ausdrücklich, dass diejenigen Geldmittel, welche ich den Landwirthschaftskammern und landwirthschaftlichen Centralvereinen für Geflügelzuchtzwecke überweise, weder zur Veranstaltung von Ausstellungen, noch zu Geldprämien Verwendung finden dürfen. Vielmehr soll die Verwendung dieser Mittel lediglich für Massnahmen dienen, welche der Ausbreitung und Vervollkommnung einer wirthschaftlichen Nutzgeflügelzucht unmittelbar zu dienen bestimmt sind.

Auszuschliessen wird von den hier gedachten Massnahmen sein die Errichtung grösserer Geflügelmuster- und -Lehrwirthschaften. Ich erachte zwar die Errichtung solcher Anstalten für die Zwecke der Belehrung sowohl wie für die Gewinnung besonderer, für die örtlich und klimatisch gegebenen Verhältnisse eines bestimmten Gebietes zutreffender Erfahrungen für sehr werthvoll. Die Aufgaben solcher, zunächst je für eine Provinz erforderlicher Anstalten, würden ähnliche sein, wie die der Provinzial-Obstmutter- und Mustergärten. Allein die Beschränktheit der zur Verfügung stehenden Mittel lässt es geboten erscheinen, bei Errichtung solcher Anstalten nur langsam vorzugehen und sie zunächst nicht unter diejenigen Massnahmen zu begreifen, deren Inangriffnahme unter Verwendung der hierfür etatsmässig bestimmten Mittel zu erfolgen hat. Wo in einem besonderen Falle die Errichtung einer grösseren Geflügelmusteranstalt nach den örtlichen Verhältnissen sowohl wie nach Massgabe etwa von den Kreisen, Provinzen oder Landwirthschaftskammern zur Verfügung gestellter Mittel ohne grosse Schwierigkeit zu erwarten ist, will ich deren Unterstützung in anderer Weise auf besonders zu stellenden Antrag hin in Erwägung nehmen."

Statistisches.

§ 364. Im Dez. 1866 wurde die Zahl der Gänse in Preussen in den 8 alten Provinzen auf 4,8 Mill., der Hühner auf 19,2 Mill., der Enten auf 1,2 Mill. Stück gerechnet, zusammen 25,2 Mill. Stück (Meitzen II S. 547).

1897 stellten sich die Zahlen in denselben (alten) Provinzen auf zusammen 28,5 Mill., was eine Vermehrung von nur 13 Proz. ausmacht.

Am 1. Dez. 1897 gab es in Preussen 36,4 Mill. Stück Federvieh einschliesslich junger Thiere. Davon waren 3,7 Mill. Gänse, 1,5 Mill. Enten und 31,1 Mill. Hühner (ausschliesslich Perl- und Truthühner).

Nach den vorläufigen Ergebnissen der Viehzählung am 1. Dez. 1900 ist die Zahl des Federviehs auf 38 427 895 gestiegen, also um etwa 5 bis 6 Proz.

Von den 38 427 895 Stück Federvieh entfielen auf die

Städte	4 388 963
Landgemeinden . . .	29 717 604
Gutsbezirke	4 321 328.

D. Fischerei.

§ 365. Die Wasserfläche in Preussen umfasst:

1.	zur Grundsteuer veranlagte[1]) Wasserstücke[2])	487 288 ha,
2.	wegen Benutzung zu öffentlichen Zwecken ertraglose und daher steuerfreie Flüsse, Bäche u. s. w.	268 302 „
3.	die auf den Gemarkungskarten nicht dargestellten grossen Wasserflächen der Nord- und Ostsee	756 314[3]) „
		1 511 904 ha.

Die Gesammtwasserfläche des preussischen Staates beträgt hiernach rund 1½ Mill. ha. Auf dieser Fläche waren thätig nach der Berufszählung vom Jahre 1895 Erwerbsthätige, welche die Fischerei auf offener See und an den Küsten ausüben, im Hauptberuf 9171, im

---

1) Ausser Hohenzollern. Wieviel von den Wasserstücken Seen sind, siehe in § 375 Anm. 1.

2) Dabei ist zu beachten, dass nach § 14 der Allgemeinen Grundsätze v. 21. Mai 1861 (G.-S. S. 315) die nur zum Betriebe von Mühlen, Hütten- und anderen Werken oder zur Bewässerung und Entwässerung dienenden Kanäle, Gräben u. s. w. gleich den anliegenden und umschlossenen Grundstücken einzuschätzen waren und deshalb auch im Kataster in die Flächen der letzteren eingerechnet wurden, also nicht unter den Gewässern erscheinen.

3) Davon entfallen auf die an die Provinzen Ost-, Westpreussen und Pommern anstossenden grossen Staatsgewässer . . . . 401 854 ha.
auf die an Schleswig-Holstein angrenzenden Küsten der Nord- und Ostsee . 267 128 „
auf die an Hannover angrenzenden Gewässer der Nordsee und der Dollarte . 87 332 „

Nebenberuf 1895. Die Angehörigen der Erwerbsthätigen im Hauptberuf betrugen 20 630.[1])

In der Binnenfischerei waren thätig 11 593 im Hauptberuf und 3726 im Nebenberuf. Die Angehörigen der im Hauptberuf Erwerbsthätigen betrugen hier 25 765.

Bei im Ganzen 13 242 253 Erwerbsthätigen im Hauptberuf und 17 412 962 Angehörigen derselben, betrug die Fischerbevölkerung etwa $2^1/_2$ Proz. der Gesammtzahl.

1882 gab es Erwerbsthätige nebst Angehörige in der See- und Küstenfischerei zusammen 32 524 und in der Binnenfischerei zusammen 36 881. Die Zahl der Fischerbevölkerung ist also gegen 1882 noch etwas zurückgegangen[2]), während die Gesammtbevölkerung in der gleichen Zeit von 27,2 Mill. auf 31,8 Mill., also um etwa 17 Proz. stieg.

In Uebereinstimmung hiermit ist Preussen, wie Deutschland im Laufe der letzten Jahrzehnte mit seinem Fischkonsum mehr und mehr vom Auslande abhängig geworden.

Die Einfuhr und Ausfuhr von Fischen gestaltete sich für Deutschland im Laufe der letzten Jahrzehnte wie folgt:

	Einfuhr				Ausfuhr			
	frische		gesalzene (ausser Heringe) und geräucherte		frische		gesalzene (ausser Heringe) und geräucherte	
	To.	Mill. M.	To.	Mill. M.	To.	Mill. M.	To.	Mill. M.
1885:	19 198	9,6	—	—	5 191	7,5	—	—
1890:	51 567	15,7	—	—	3 092	4,5	—	—
1895:	55 165	20,6	3 354	3,1	5 559	6,5	608	0,6
1899:	54 485	25,1	3 580	4,2	5 189	3,6	413	0,6

§ 366. Je nach dem Wassergebiete, in welchem die Fischerei ausgeübt wird, unterscheidet man Hochseefischerei, Küstenfischerei und Binnenfischerei. Die erstere findet auf der See in einer bestimmten, meist durch internationale Verträge geregelten Entfernung von der Küste statt.

Für die Nordsee[3]) nach dem internationalen Vertrage zwischen Deutschland, Belgien, Dänemark, Frankreich, Grossbrittannien, Niederlande vom 6. Mai 1882 (R.-G.-Bl. 1884 S. 25) ist die Entfernung von der Küste auf 3 Seemeilen von der Niedrigwassergrenze der Landesküste, bezw. den davor liegenden Inseln und Bänken festgestellt.

Die Küstenfischerei ist (nach § 3 des Preussischen Fischereigesetzes v. 30 Mai 1874) diejenige Fischerei, welche in den der preussischen Hoheit unterworfenen — d. h. etwa bis zu 3 Seemeilen — Theilen der See, in den offenen Meeresbuchten, den Haffen und in den grösseren Strömen vor ihrer Einmündung in das Meer betrieben wird.[4])

---

[1]) Dienstboten etc. sind nicht eingerechnet.

[2]) Im Ganzen; bei der Binnenfischerei eine kleine Zunahme.

[3]) In der Ostsee wird wesentlich nur Küstenfischerei betrieben.

[4]) Die genauen Grenzen wurden durch Königliche Verordnungen nach Anhörung der betreffenden Provinzial-Vertretungen festgesetzt.

Binnenfischerei ist nach demselben Gesetze diejenige Fischerei, welche in den übrigen Gewässern innerhalb des Landes und zwar in den Flüssen bis abwärts zu dem Punkte, wo die Küstenfischerei betrieben wird, beginnt.

Die durch Fischerei gewonnenen Naturprodukte spielen in der Ernährung aller Naturvölker eine grosse Rolle. Mit entwickelterem Kulturleben pflegt die Bedeutung der Binnenfischerei sehr zu sinken, da vielfache kulturelle Maassnahmen, Stauwerke, Ent- und Bewässerungen, Flussregulirungen, vor Allem aber die Anlage gewerblicher Betriebe, die Flüsse zu entvölkern geeignet sind. Dagegen gewinnt mit der Herstellung und Vermehrung seetüchtiger Schiffe und Boote neben der Küstenfischerei die Fischerei in der hohen, über ungezählten Fischreichthum verfügenden See als Volksernährungsmittel immer grössere Bedeutung.

Dieser Entwickelungsgang lässt sich auch in den gesetzgeberischen Maassnahmen in Preussen verfolgen.

Alte, auf Binnengewässer bezügliche Fischereiordnungen finden sich schon im 14. und 15. Jahrhundert vor. Später ist in Preussen die Küstenfischerei in den Kreis der Regelung auf polizeilichem, seit 1874 auf gesetzlichem Wege einbezogen worden. Erst der neuesten Zeit gehört die internationale Regelung der Hochseefischerei an.

Wenn sich somit die Staatsfürsorge auf dem Gebiete des Fischereiwesens in Gestalt polizeilicher Normen ziemlich frühzeitig geltend machte, gehört die Verwendung von Staatsmitteln für Fischereizwecke in grösserem Umfang erst der zweiten Hälfte des 19. Jahrhunderts, hauptsächlich der Zeit nach 1870 an.

Dabei ist die Förderung der Hochseefischerei in der Hauptsache dem Reiche überlassen worden, die Betheiligung des Staates tritt hier mehr und mehr zurück.

Dagegen hat der preussische Staat seit den 50er Jahren in steigendem Masse Mittel zur Hebung und Förderung der Küstenfischerei bereit gestellt und seit den 70er Jahren auch der Binnenfischerei pekuniäre Unterstützungen zu Theil werden lassen.

Bis zu den 70er Jahren war die Thätigkeit des Staates allerdings keine einheitliche und es konnte von einem zielbewussten planmässigen Vorgehen nicht die Rede sein.

Für die Binnenfischerei geschah so gut wie gar nichts. Nur die Küstenfischerei wurde an einigen Stellen, namentlich im Frischen, Kurischen und Stettiner Haff, im Stralsunder Bezirk und seit 1867 an der Schleswig-Holsteinschen und Hannoverschen Küste staatlich beaufsichtigt und unterstützt.

Unterdessen machte sich die allgemeine Erfahrung des Rückganges der Binnenfischerei bei entwickelterer Kultur auch in Preussen seit Beginn des 19. Jahrhunderts immer mehr geltend. Zuerst war es die Durchführung der Agrar-, Kultur- und Meliorations-Gesetzgebung, später die nach Einführung der Verwerthung der Dampfkraft stattfindende ausserordentliche industrielle gewerbliche Entwickelung und der Dampfschiffverkehr, welche sich der Fischerei mehr und mehr verderblich erwiesen. Dazu kommt als weiteres, der Fischerei nachtheiliges Moment, dass je mehr der Fischreichthum in den Gewässern abnahm, um so stärker die der Erhaltung des natürlichen Fischbestandes feindliche Raubfischerei betrieben wurde. Nach Preussischem und Gemeinem Rechte ist das Recht, zu fischen, ein Ausfluss des Eigenthumsrechtes. Bei vielen Privatflüssen konkurrirten also eine grössere Anzahl Fischereiberechtigte mit einander, was mangels gesetzlicher Bestimmungen zur Folge hatte, dass jeder nur seinem eigenen Vortheile beim Fischen nachging, ohne sich dabei über die Erhaltung des Fischbestandes im Ganzen Gedanken zu machen. Ein Schutz der laichenden Fische, eine Schonung der jungen Brut war bei diesem Verfahren ausgeschlossen.

§ 367. Die Klagen über den Verfall der gesammten Binnenfischerei mehrten sich zusehends. Wenn es auch an einer genaueren allgemeinen Statistik fehlte, liess eine Reihe beobachteter Thatsachen keinen Zweifel übrig, dass sich hinsichtlich der heimischen Fischarten (Salmoniden, Lachs, Forellen, Aesche, Maräne, Aale, Störe, Welse, Zander u. s. w.) eine fortwährende, zum Theil sehr erhebliche Abnahme in den meisten Gewässern geltend machte.[1])

Das Allgemeine Landrecht hatte in Theil I Tit. 9 § 183 ff. allerdings einige Bestimmungen zum Schutze der Fische getroffen, in der Hauptsache aber auf provinzialgesetzliche und polizeiliche Vorschriften verwiesen. Diese hatten auch, besonders seit den 40er Jahren, wo sich die nachtheiligen Folgen der Agrar-Gesetzgebung für die Fischerei geltend machten, zu mehrfacher provinzieller Regelung geführt.[2]) Aber sie waren ohne inneren Grund ungleichartig, meist war nicht dafür gesorgt, dass die erlassenen Vorschriften befolgt wurden, oft fehlte es an jeder Aufsicht und Kontrole. Endlich wurden sie vielfach durch den Aufschwung der Industrie einerseits und durch den Fortschritt der naturwissenschaftlichen Erkenntniss nach kurzer Zeit ihres Bestehens überholt. In vielen Landestheilen aber war in Er-

---

[1]) In den Landestheilen mit zersplittertem Grundbesitze bildet diese sogenannte Anlieger- oder Adjazentenfischerei ein unüberwindliches Hinderniss einer rationellen Fischwirthschaft. Alle Versuche, die vielen Berechtigten unter Verzicht auf die Einzelausübung zu gemeinschaftlicher, genossenschaftlicher oder gemeindeweiser Nutzung der Fischerei zu vermögen, haben sich als unausführbar erwiesen. Nach längeren Vorberathungen ist deshalb zuerst für die Provinz Westfalen (Gesetz vom 30. Juni 1894), sodann für die Rheinprovinz (Gesetz vom 25. Juni 1895) und bald darauf für Hannover (Gesetz vom 26. Juni 1897) die Regelung dieser Fischerei der Ufereigenthümer im Wege des Gesetzes erfolgt. Wegen Einführung eines gleichartigen Gesetzes in der Provinz Westpreussen schweben zur Zeit Verhandlungen.

[2]) Vgl. die einzelnen Verordnungen. A.-H.-Verhandlungen, 1873 No. 89 der Drucksachen.

mangelung aller polizeilichen Schranken der wilden Fischerei freier Spielraum zur Vernichtung des Fischbestandes gegeben.

Bei der Neuerrichtung des landwirthschaftlichen Ministeriums war diesem allerdings auch das Fischereiwesen, die Ausübung der Fischereihoheit übertragen worden.

Aber seine Thätigkeit auf diesem Gebiete blieb in den ersten Jahrzehnten eine nur untergeordnete.

Darin änderte auch die Thatsache nichts, dass der Staat schon damals im Besitze ausgedehnter fiskalischer Fischereireviere, sowohl als Eigenthümer an Privatflüssen und Seen, wie als Regalherr an öffentlichen Flüssen (§ 73 A. L.-R. II Tit. 15) — allerdings hauptsächlich in den östlichen Provinzen (Preussen und Pommern) — in Betracht kam.[1]) Denn diese fiskalischen Fischereirechte unterlagen nicht der Verwaltung und Beaufsichtigung der landwirthschaftlichen Verwaltung, sondern wurden von Beamten der damals noch nicht zum landwirthschaftlichen Ministerium gehörigen Domänen- und in höherer Instanz der Finanzverwaltung verwaltet und beaufsichtigt.

Der starke industrielle und gewerbliche Aufschwung Ende der 60er und Anfang der 70er Jahre machte die Nachtheile auf dem Gebiete der Fischerei, das Bedürfniss einer einheitlichen gesetzlichen Regelung immer dringender.

§ 367a. Auf Grund einer Resolution des Abgeordnetenhauses im Jahre 1871/72 wurde 1872/73 ein Regierungsentwurf zu einem Fischereigesetz vorgelegt, der aber in diesem Jahre nicht zu Stande kam. Unterm 30. Mai 1874 erst wurde ein erneuter Entwurf Gesetz.

Die hauptsächlichsten Bestimmungen dieses Gesetzes sind folgende:

Die wilde und regellose Fischerei in den Binnengewässern wird eingeschränkt dadurch, dass jeder, der die Fischerei in den Revieren anderer Berechtigten ausüben will, einen Erlaubnissschein (§§ 11—15 d. Ges.), wer sie aus eigenem Rechte betreiben will, eine Legitimation (§ 16) führen muss. Die Berechtigten eines grösseren zusammenhängenden Fischereigebiets können, ev. zwangsweise, zu Fischereigenossenschaften vereinigt werden (§§ 9 u. 10). Da, wo Fischereiberechtigungen von allen Mitgliedern einer Gemeinde ausgeübt werden können, oder wo die Fischerei bisher ganz frei war, wird die Berechtigung auf die politische Gemeinde übertragen, welche sie nur im Wege der Verpachtung oder durch besonders angestellte Fischer ausüben lassen darf (§§ 6 u. 7). Besonders nachtheilige Fischereiberechtigungen können gegen Entschädigung aufgehoben werden (§ 5).

Gewisse Fangmittel sind theils unbedingt verboten, theils sind beschränkende Bestimmungen bei ihrer Anwendung gegeben. Die Regelung im Einzelnen ist landesherrlicher Verordnung nach Anhörung der Provinzial-Vertretungen überlassen (§ 22). Auf diesem Wege werden auch die näheren Bestimmungen über die Schonzeiten, das Mindestmaass

---

[1]) S. Näheres in Bd. I Lief. 1 § 32.

[2]) Vgl. auch Beiträge zur Statistik und Kunde der Binnenfischerei des Preussischen Staates von Metzger, Berlin 1880 bei Julius Springer, wonach im Jahre 1880: 132 257,978 ha fiskalische Seen und Teiche und 771,12 km mit Seen und Teichen zusammenverpachtete Flüsse einen Pachtertrag von 371 173 M. erzielten, wozu noch 99 134 M. Pachtertrag für verpachtete Flüsse hinzutreten. 1882 berechnete Metzger die Summe der fiskalischen Fischwasser auf 11 909,14 km Flüsse und Bäche und 139 147,447 ha Seen und Teiche.

und Gewicht der zum Fischfang freigegebenen Fische getroffen. Fische, welche diese Grösse oder Gewicht nicht haben, müssen beim Fangen wieder ausgesetzt und dürfen nicht verhandelt werden. Ausnahmen sind nur zu Zucht- und wissenschaftlichen Zwecken gestattet.

Ferner können vom Minister gewisse Gewässerstrecken zu Schonrevieren (Laich- und Fisch-Schonreviere) erklärt werden, in denen überhaupt nicht gefischt werden darf (§§ 29 ff). In den §§ 35 ff. wird Vorsorge getroffen, dass die Hindernisse, welche den Zug der Wanderfische versperren, möglichst beseitigt werden. Die Besitzer von Wehren, Schleusen und anderen Wasserwerken müssen zu diesem Zwecke entweder selbst Fischpässe anlegen oder die Anlegung dulden.

Die Verunreinigung der Gewässer durch Zuführung solcher Stoffe, welche den Fischbestand vernichten, ist, soweit es mit Rücksicht auf landwirthschaftliche, gewerbliche u s. w. Interessen möglich ist, beseitigt oder beschränkt (§§ 43 u. 44).

In den §§ 46—48 wird die staatliche Aufsicht über die Fischerei geregelt und es sind zugleich neben und unter denselben Aufsichtsorgane geschaffen worden, deren Anstellung den Berechtigten, Genossenschaften und Gemeinden selbst obliegt. Endlich enthält das Gesetz Bestimmungen über Einziehung bei Uebertretungen gebrauchter Fanggeräthe und über Bestrafungen.

Einige Abänderungen bezw. Zusätze brachte die Novelle v. 30. März 1880 (G.-S. S. 228). Im Interesse des Aalfangs wurden Erleichterungen wegen der Auslegung von Netzen in der Schonzeit gegeben. Die freie Angelfischerei im Gebiete des französischen Rechts wurde beseitigt. Das Recht schädliche Thiere zu tödten wurde erweitert und ein gewisser Schutz gegen Turbinen eingeführt.

§ 368. Erst nachdem das gesammte Fischereirecht in dieser Weise auf gesetzgeberischem Wege (30. Mai 1874) seine Regelung gefunden hatte, erhielten auch die staatlichen Massnahmen nach der pekuniären Seite hin einen einheitlicheren Charakter.

Das Fischereigesetz bezieht sich nur auf Küsten- und Binnenfischerei, nicht auf Hochseefischerei. Die letztere wird vielmehr als Angelegenheit des Reiches betrachtet, und von diesem erfolgt daher auch hauptsächlich die Bereitstellung öffentlicher Mittel zu ihrer Hebung. Die materielle Fürsorge für Küsten- und Binnenfischerei verbleibt dagegen dem preussischen Staate. Die Kosten, welche dieser hierbei auf sich nimmt, entstehen in erster Linie durch die Ausübung der Fischereiaufsicht, und in zweiter Linie durch Gewährung von Beihülfen zur direkten Förderung der Fischerei, Vermehrung und Verbesserung des Fischbestandes etc.

Man hat hiernach die Staatsausgaben zu scheiden in solche für Hochseefischerei, Küstenfischerei und Binnenfischerei.

I. Hochseefischerei.

§ 369. An Ausgaben des Preussischen Staates auf dem Gebiete der Hochseefischerei kommt in Betracht:

1. *Kap. 105 Tit. 7* — übertragbar — für die wissenschaftliche Kommission zur Erforschung der deutschen Meere in Kiel 15 000 M.

Bereits im Jahre 1869 war in der Stadt Kiel eine wissenschaftliche Kommission zur Erforschung der Ost- und Nordsee im Interesse der Seefischerei zusammengetreten, welche sich hauptsächlich aus Vertretern der einschlagenden Disziplinen an der Kieler Universität zusammensetzte.

Um diese Einrichtung länger zu erhalten und um den leitenden Behörden den Beirath einer solchen Stelle und die Ergebnisse ihrer wissenschaftlichen Untersuchungen dauernd zu sichern, wurden zum ersten Mal im Jahre 1874 15 000 M. in das Extraordinarium des Etats eingestellt, welche dann von Jahr zu Jahr weiter bewilligt wurden, bis der Posten von 1880/81 an in das Ordinarium des Etats übernommen wurde.

Aus jenen 15 000 M. werden sowohl Remunerationen als auch sächliche Kosten bestritten. So unterhält die Kommission zum Zwecke ihrer Untersuchungen eine Mehrzahl von Beobachtungsstationen an den Meeresküsten.

Ferner kommt die auf dem Etat des Kultusministeriums stehende Biologische Station in Helgoland in Betracht (s. Buch II Bd. I dieses Buches § 590).

Aehnlichen Zwecken wie diese Ausgabe dient die für 1901 im Etat der landwirthschaftlichen Verwaltung bei Kap. 12 Tit. 32 des Extraordinariums ausgeworfene Summe von 30 000 M. Beitrag behufs Theilnahme der wissenschaftlichen Kommission und der biologischen Station zu Helgoland an der internationalen Aufnahme der Nordmeere im Interesse der Hochseefischerei, an welcher die Staaten Deutschland, Dänemark, Grossbritannien, Niederland, Norwegen und Russland sich betheiligen. (Das Reich steuerte für 1901 120 000 M. bei, die preussische Kultusverwaltung 17 500 M., s. Kap. 14 Tit. 224 des Kultusetats für 1901.)

2. Ferner erhält der 1894 gebildete Seefischereiverein — hervorgegangen aus der 1885 errichteten Sektion des Deutschen Fischerei-Vereins für die Küsten- und Hochseefischerei — aus *Kap. 105 Tit. 8* alljährlich einen Zuschuss von 8000 M.

3. Sodann kommen der Hochseefischerei die Ausgaben für die Fischereiaufsicht im Küstengebiet, Sturmsignalstationen, Fischereizufluchtshäfen zu Gute. Endlich finden sich

4. auf dem Etat der Bauverwaltung (s. d.) eine Anzahl von Ausgaben, welche alljährlich im Interesse der Hochseefischerei durch Anlegung und Erweiterung von Fischereihäfen, Vertiefung der Einfahrten in diese Häfen u. s. w. in dem Extraordinarium jenes Etats aufgewandt zu werden pflegen (s. § 382 a. E.).

Von 1890—1900 wurden auf diesem Etat allein 19 271 700 M. für die Anlage und weitere Ausgestaltung von Seeschifffahrts- und Fischereihäfen aufgewendet.

§ 370. Ueber die Aufwendungen des Reiches für Hochseefischerei siehe bei Cohn, Die Finanzen des Deutschen Reichs, Berlin, Guttentag, 1899, S. 92. Danach werden seit 1898/99 jährlich 400 000 M.

zur Förderung der Seefischerei in Kap. 7a Tit. 9a des Ordinariums bereitgestellt, welche zu Prämien und Unterstützungen von Fischerei-Gemeinden und -Verbänden und Einzelfischern bei der Beschaffung von Fischereifahrzeugen, Fanggeräthen und Verwerthungsvorrichtungen verwendet werden. Besonders der Heringsfischerei wird die grösste Aufmerksamkeit geschenkt (von 1886—1897 wurden allein für diesen Zweck 600 000 M. aufgewandt).

Aus dem Reichsfonds sind an Preussische Fischer in fast 500 Fällen zinsfreie, in längerer Frist rückzahlbare Darlehne zur Beschaffung von Fahrzeugen und Netzen für die Seefischerei bewilligt, weit überwiegend im Ostseegebiet, deren Fischer besonders durch Einfürung der Schleppnetzfischerei auf Lachs und Verbesserung der Fanggeräthe für die Strömlings- (Ostsee-Frühjahrshering) Fischerei, sowie neuerdings der Störfischerei einen, in den einzelnen Jahren je nach Witterung und anderen Faktoren zwar erheblich schwankenden, immerhin aber erfreulichen Ertrag erzielen.

Endlich sind für alle wichtigen See- und Küstenfischereibezirke Versicherungskassen auf Gegenseitigkeit gegründet worden, behufs deren Sicherung insgesammt eine fast die Summe von 200 000 M. erreichende Beihülfe zu den Reservefonds aus Reichsmitteln bewilligt worden ist.

Nordsee.

§ 371. Was die Ergebnisse des Hochseefischfangs an der Nordsee anbetrifft, so kommt in erster Reihe der Hering in Betracht, zu dessen Fang 7 grosse Heringsfischereigesellschaften bestehen, von denen die rentabelste, die Emdener Heringsfischerei-Aktiengesellschaft, im Jahre 1898 8 Proz. Dividende gegeben hat. Der Fangerlös dieser Gesellschaften betrug für 1898/99 2 372 336 M., davon kamen 799 708 M. auf die Emdener Gesellschaft. Letztere erhält keinen Reichszuschuss. Die übrigen Gesellschaften erhielten im Jahre 1898/99 zusammen 91 000 M. Reichsbeihülfe.

Ingesammt bestand die Heringsflotte 1900 aus 95 Loggern und 8 Dampfern mit über 4000 Mann Besatzung. Mit den Heringsdampfern sind günstige Erfolge erzielt.

In der Nordsee hat sich im letzten Jahrzehnt auch der Frischfischfang sehr günstig entwickelt und wird jetzt im Preussischen Staatsgebiete (Altona, Cranz, Geestemünde) bis Ende 1900 mit 54 Dampfern (je ca. 400 cbm Raumgehalt), und im ganzen Reichsgebiet (wobei besonders Bremerhaven mit 58 Dampfern betheiligt ist) mit 122 Dampfern betrieben. Letztere enthalten 52 000 cbm Bruttoraumgehalt und erfordern 1330 Mann Besatzung.

Die Segelfischereien, welche zuerst besorgten, durch die Konkurrenz der Dampferfischereien erdrückt zu werden, haben sich dadurch zu erhalten gewusst, dass sie bessere Waare an den Markt bringen. Gestärkt ist die Segelfischerei in dem Konkurrenzkampfe mit den Dampfern durch Gewährung von Reichsdarlehen zur Beschaffung verbesserter Fanggeräthe und besonders schnellsegelnder, mit Behältern zum Lebenderhalten der Fische (Bünn) und mit rationellen Windevorrichtungen versehener Fahrzeuge, sowie neuerdings durch Gewährung von Darlehnen zum Einbau von Petroleummotoren in die Segelfahrzeuge.

Von Frischfischen kommen in erster Linie Schellfische, sodann Kabeljau, Schollen, Roth- und Seezungen und Steinbutten in Betracht. Der Auktionserlös für diese Fische betrug 1898 in den Märkten der Nordsee zusammen 8 235 935 M. (Geestemünde 3 459 908 M., Hamburg 2 052 449 M., Altona 1 993 632 M., Bremerhaven 729 946 M.).

Die Zahl der Fischerfahrzeuge des Deutschen Reichs, welche in der Nordsee ausserhalb der Küstengewässer Fischerei treiben, betrug 1891: 448 (davon 22 Dampfer) mit 43 110 cbm Raumgehalt und 1763 Mann Besatzung. 1897 gab es bereits 546 derartige Fahrzeuge (davon 103 Dampfer) mit 86 526 cbm Bruttoraumgehalt (davon 41 675 cbm der Dampfer) und 3271 Mann Besatzung (davon 1044 Mann der Dampfer).

Ostsee.

An der Ostseeküste ist die Seefischerei nur mangelhaft entwickelt. Die Fangergebnisse hatten 1898 nach 5—10jährigem Durchschnitt folgenden Werth:

	M.
Neuvorpommern und Rügen	457 190
Swinemünder Bucht	345 578
Hinterpommersche Küste	534 364
Danziger Bucht	800 280
Pillau und Frische Nehrung	269 503
Memel und Kurische Nehrung	229 755
Summa . .	**2 636 670**

Hauptsächlich kamen in Frage Heringe, Flundern und Lachse.

II. Küstenfischerei.

§ 372. Bis zum Jahre 1873 bezogen sich die Ausgaben des Preussischen Staates für Fischereizwecke fast lediglich auf die Hebung der Küstenfischerei. Auch heute machen sie noch einen sehr wesentlichen Theil der Ausgaben aus. Hauptsächlich kommen dabei die Tit. 1—6 des Kap. 105 der ordentlichen Ausgaben mit zusammen 262 501 M. in Betracht. Daneben sind aber auch die extraordinären Ausgaben hauptsächlich für die Zwecke der Hebung der Küstenfischerei bestimmt. Die Küstenfischerei findet hauptsächlich in der Ostsee statt, während in der Nordsee hauptsächlich die Hochseefischerei in Betracht kommt.

In den Küstengewässern und Haffen der Ostsee wurden 1898 im 9—10jährigen Durchschnitt gefangen Fische im Werthe von zusammen 3 710 892 M.

Davon kamen auf[1])	M.
Neuvorpommersche und Rügensche Küstengewässer .	1 249 370
	644 000
Oder-Haff und -Mündungen	1 245 115
	829 500
Frisches Haff	603 561
	397 545
Kurisches Haff	612 846
	709 000
Summa . .	3 710 892
	2 580 045

1) Die nautischen Zahlen sind die Zahlen für 1888. Hiernach zeigt sich überall eine namhafte Steigerung, nur im Kurischen Haff ein Rückgang, doch bessern sich die Verhältnisse neuerdings wieder (1898/99: 774 303 M.).

Der Ertrag des Fischfangs an der Ostseeküste (Seefischerei — s. § 371 — und Küstenfischerei) stellte sich sonach auf zusammen 6 347 562 M., ein Betrag, der vielleicht in Wirklichkeit noch um ein Drittel höher also auf etwa 8 000 000 M. geschätzt werden kann, da die Fischer besonders in fiskalischen verpachteten Gewässern den Ertrag bei statistischen Aufnahmen meist zu niedrig angeben.

Die in den Tit. 1—6 Kap. 105 enthaltenen Kosten sind hauptsächlich Kosten der staatlichen Aufsicht. Eine geordnete staatliche Beaufsichtigung beruht erst auf der Gesetzgebung von 1874.

Nach § 46 dieses Gesetzes liegt die Fischereiaufsicht in nicht genossenschaftlichen Küstengewässern dem Staate ob, eine Bestimmung, die dem auch vorher schon thatsächlich geübten Zustande entsprach.

Der staatliche Aufsichtsdienst über die Küstenfischerei war 1874 bereits ein ziemlich ausgebildeter. Für das Kurische Haff und das Frische Haff waren durch die Verordnungen v. 7. März 1845 (G.-S. S. 139 u. 121) besondere — hauptamtliche — Oberfischmeister bestellt, denen Fischmeister und sogenannte Fischerei-Schulzen unterstellt waren. Sie gehörten sämmtlich der Domänenverwaltung an. Im Etat für 1849 finden sich bereits 51 derartige Beamte aufgeführt. 1878/79 gab es für das Kurische Haff 1 Oberfischmeister, 5 Fischmeister, 18 Fischerei-Schulzen und für das Frische Haff 1 Oberfischmeister, 3 Fischmeister und 9 Fischerei-Schulzen. Ausserdem stand auf dem Etat der Verwaltung des Innern ein Fischmeister zu Lassan im Regierungsbezirk Stralsund mit 900 M., der 1851 auf den Etat des landwirthschaftlichen Ministeriums übernommen wurde. Das Gehalt wurde später auf 1800 M. erhöht.

Nach Erlass der Fischerei-Ordnung für den Regierungsbezirk Stralsund (Binnen- und Küstengewässer) v. 30. Aug. 1865 (G.-S. S. 941), durch deren §§ 45 ff. die Aufsicht über den Fischereibetrieb dem Kgl. Fischmeister gesetzlich übertragen wurde, welchem besondere staatliche und von den Inhabern grösserer Fischereiberechtigungen für ihren Bezirk angestellte eigene Aufsichtsbeamte unterstellt waren, wurden im Etat für 1866 eingestellt 8 916 M., davon 3 600 M. Gehalt und Dienstaufwandsentschädigung für den Fischmeister und ebensoviel für 4 Fischkieper, 480 M. zur Unterhaltung der Dienstfahrzeuge u. s. w. Nach Annexion der neuen Provinzen wurden für die Förderung der Fischerei in Schleswig-Holstein 10 200 M. eingestellt, wovon 1 800 M. auf einen Fischerei-Direktor entfielen. All diese Ausgaben wurden in jener Zeit aus dem allgemeinen Landeskulturfonds gedeckt. Ein eigener Abschnitt „zur Förderung der Fischerei“ findet sich erst seit 1873 im Etat, welcher die Fischereiaufsichtskosten für Stralsund und Schleswig enthielt.

Nach Erlass des Fischereigesetzes v. 30. Mai 1874, mit dessen Ausführung der Landwirthschafts-Minister beauftragt war, wurden die bis dahin der Domänenverwaltung unterstellten Fischereiaufsichtsbeamten des Frischen und Kurischen Haffs in das landwirthschaftliche Ressort und dessen Etat übergeführt. 1878/79 wurde die Organisation dieses Fischereipersonals der für Stralsund und Schleswig bestehenden Organisation nachgebildet. Die Stellen der Fischerei-Schulzen, die bisher 15 M. Gehalt und für 15 M. etwa freie Fischerei gehabt hatten, wurden eingezogen, dagegen wurde die Zahl der Fischmeisterstellen von 5 auf 9 im Kurischen, von 3 auf 5 im Frischen Haff erhöht und ihre Besoldung denen der sogenannten Fischkieper im Stralsunder Bezirk gleich normirt.

§ 373. Die Ausgabe betrug insgesammt 82 868 M. pro 1878/79. Davon zu persönlichen Kosten 76 068 M., zur Unterhaltung der Fahrzeuge 6 800 M. Es betrug

für		Gehalt	Dienstaufwendungsentschädigung im Durchschnitt
Oberfischmeister (5)	je	2 700—3 300 M.	1 500 M.
Fischmeister (17)	„	800—1 200 „	250—300 M.
Fischkieper (6)	„	800—1 200 „	250—300 M.
„ (9)	„	700—1 200 „	250—300 M.
Hülfskieper (4)	„	540— 720 „	120 M.

Ein 6. Oberfischmeister für die Nordseeküste erwies sich 1888/89 erforderlich, nachdem durch Bereitstellung grösserer Fonds im Reichshaushaltsetat für Hebung der Hochseefischerei eine grössere Regsamkeit in der dortigen Fischereibevölkerung hervorgerufen war.

Als Thätigkeit dieses Oberfischmeisters wird in dem Etat von 1887/88 in den Bemerkungen (Beilage A.) hervorgehoben: den Behörden bei Vorbereitung der Darlehns- und Unterstützungsanträge als sachverständiger Beirath zur Seite zu stehen, die Fischer zu belehren, neue Unternehmungen anzuregen, überhaupt seine Thätigkeit in erster Reihe der Hebung und Weiterentwickelung der Seefischerei zu widmen.

Daneben wird er in der Lage sein, bei der Ueberwachung der Küstenfischerei und der Förderung der Binnenfischerei in der Provinz Hannover mitzuwirken.

§ 374. Gegenwärtig giebt es im Küstenfischereidienst: 2 Oberfischmeister im Königsberger Bezirk (Memel und Pillau), je 1 im Stettiner Bezirk (Swinemünde), Stralsunder Bezirk (Stralsund) und Schleswiger Bezirk (Kiel) und für die Nordseefischerei einen in Altona.[1])

Fischmeister giebt es je 13 im Königsberger und Stettiner Bezirk, 8 im Stralsunder, 3 im Danziger, je 2 im Schleswiger, Altonaer, Cösliner Bezirk, zusammen 43.

III. Binnenfischerei.

§ 375. Bei der Binnenfischerei gab es zur Zeit des Erlasses des Gesetzes von 1874 besondere staatliche Aufsichtsbeamte für die Binnenfischerei noch nicht. Die Aufsicht wurde geführt von den Lokalpolizei-

[1]) Ausserdem ist im Gebiete der Allgemeinen Bauverwaltung ein Baubeamter in Neufahrwasser als Oberfischmeister im Nebenamt thätig.

beamten und Dominialforstbeamten bezw. von besonders ernannten, von den Gemeinden etc. zu besoldenden Aufsichtsbeamten.

Nach § 46 des Fischereigesetzes ist nunmehr die unmitttelbare lokale Beaufsichtigung des Fischereiwesens in Genossenschaftsrevieren den Vorständen, in nicht geschlossenen Binnenfischereirevieren den Gemeinden übertragen. Die von den einzelnen Fischereiberechtigten, Gemeinden und Genossenschaften zur Ausübung der Aufsicht angestellten Fischereiaufseher werden, wenn sie zuverlässige Leute sind, amtlich verpflichtet und erhalten damit polizeiliche Amtsbefugnisse.

Zur Beaufsichtigung der Binnenfischerei, der Schonreviere und Fischpässe können über diesen Aufsehern noch staatlich besondere Aufsichtsbeamte angestellt werden, deren Anordnungen erstere Folge zu leisten haben.

Diese Oberaufsicht ist den Meliorationsbaubeamten (12) und Wasserbaubeamten (2) als Nebenamt übertragen, weil diese Beamten wegen ihrer Kenntnisse der allgemeinen Wasserverhältnisse ihrer Bezirke zur Uebernahme dieser Aufgabe besonders geeignet erscheinen.

Je mehr freilich die Fischzucht sich vertiefen und ihre richtige Würdigung weiter ausgedehnte Kenntnisse erfordern wird, um so schwieriger wird es für diese Beamten werden, den ihnen obliegenden Amtspflichten auf dem Gebiete der Fischerei in ausreichendem Masse gerecht zu werden. Allerdings finden sie in den verschiedenen Fischereivereinen, vor Allem in dem allgemeinen Deutschen Fischereivereine, wirksame Unterstützung und Anregung. Es fragt sich indessen doch, ob es sich nicht wenigstens an gewissen Stellen z. B. in Pommern und Preussen mit ihren ausgedehnten Binnenseeflächen[1]) empfehlen möchte, den nebenamtlichen Oberfischmeistern staatliche hauptamtliche Fischmeister[2]), zu deren Besoldung vielleicht die Fischereivereine mit herangezogen werden könnten, zu unterstellen.

Von den 14 Oberfischmeistern im Nebenamt stehen je einer in Danzig, Berlin (Elbgebiet), Frankfurt a. O. (Odergebiet), Breslau, Oppeln, Magdeburg, Hannover, Münster, Cassel, Wiesbaden, Düsseldorf, Trier (Beamter der allgemeinen Bauverwaltung), Coblenz.

---

[1]) Je mehr die Flüsse durch das Fortschreiten der Industrie für den Fischfang ungeeignet gemacht werden, um so mehr wird die See- und Teichfischerei in den Vordergrund treten müssen. In Preussen nehmen die Seen im Ganzen einen Flächeninhalt von rund 4200 qkm, d. i. 16‰ der gesammten Monarchie ein, also ein grösseres Areal als die Mehrzahl der deutschen Grossherzogthümer und Herzogthümer. Auf die einzelnen Provinzen vertheilt, kommen auf Ostpreussen etwa 1250, Westpreussen 650, Posen 450, Pommern 750, Schlesien 100, Brandenburg 850, Schleswig-Holstein 100, auf die übrigen Provinzen zusammen über 50 qkm. In vier masurenschen Kreisen, nämlich in Johannisburg, Sensburg, Lötzen und Angerburg, nehmen die Seen mehr als $^1/_{10}$ der Bodenfläche ein, im Kreise Angerburg sogar 138‰, also nahezu $^1/_7$ der ganzen Kreisfläche. Die Seen nehmen also gerade in denjenigen Landestheilen, die sich weder durch übermässige Fruchtbarkeit des Bodens, noch bis jetzt durch namhafte Industrien auszeichnen, sondern in ihren Kulturzuständen meist auf der untersten Stufe in Preussen stehen, einen beträchtlichen Raum ein.

[2]) Staatliche Fischmeister im Hauptamt für die Binnenfischerei giebt es nur in der Domänenverwaltung.

In der Küsten- und Seefischerei sind ausserdem 43 Fischmeistern etwa 30 ihnen zugeordnete niedere Aufsichtsbeamte, Bootsleute u. s. w. thätig, in der Binnenfischerei sind etwa 500 nebenamtlich beschäftigte niedere Aufsichtsbeamte thätig.

Kap. 105 Tit. 1. Das Gehalt der etatsmässigen Oberfischmeister beträgt 2700—4200 M. seit 1897/98, bis dahin erhielten sie 2700 bis 3300 M. Sie stehen damit den Hafeninspektoren und Lootsenkommandeuren der Handels- und Gewerbeverwaltung gleich.

Das Gehalt der Fischmeister betrug bis 1890/91 900—1200 M. und hat sich seitdem auf 1000—1500 M., seit 1897/98 auf 1200—1600 M erhöht.

Seit Anfang der 90er Jahre sind für mehrere dieser Beamten vom Staate Dienstwohnungen beschafft worden. 1901 hatten ein Oberfischmeister und vier Fischmeister Dienstwohnung. 1902 werden zwei weitere Dienstwohnungen hinzukommen.

§ 376. *Tit. 2.* Die Wohnungsgeldzuschüsse (1901: 4980 M.) haben sich in Folge der mehrfach beschafften Dienstwohnungen nicht so vermehrt, wie man nach der Zahl der vermehrten Stellen annehmen sollte. Massgebend für die Höhe sind die allgemeinen Grundsätze für Staatsbeamte.

Während diese beiden Titel lediglich Beamte der Küstenfischerei betreffen, kommen die folgenden Titel auch zum Theil für die Binnenfischerei in Betracht.

Den Aufsichtsbeamten in der Küsten- wie Binnenfischerei gemeinsam sind folgende Titel:

I. Andere persönliche Kosten.

§ 377. *Kap. 105 Tit. 3:* 1901: 82722 M. Aus diesem Fonds werden die nicht etatsmässigen staatlichen Fischereiaufsichtsbeamten remunerirt, vor Allem kommen in Betracht die nebenamtlichen Oberfischmeister, welche meist Meliorationsbaubeamte sind. Für jede Provinz stehen jährlich — ausser Dienstaufwandsentschädigung (s. § 378) — 500 M. Remuneration für nebenamtliche Oberfischmeister zur Verfügung. Zahl der Stellen besonders seit Anfang der 90er Jahre sehr vermehrt (1890 nur 5).

Ausserdem erhalten drei Oberfischmeister besondere nicht pensionsfähige Stellenzulage, weil die Stellen besonders schwierige sind.

Von den aus dem Fonos besoldeten niederen nicht etatsmässigen Fischereiaufsichtsbeamten sind hauptamtlich angestellt die im Küsten- und Seefischereidienst angestellten 30 Fischerei-Hülfsaufseher, Bootsleute u. s. w. Sie steigen im Allgemeinen von 700—1000 M. Remuneration.

Vierzehn der aus Tit. 1 besoldeten Fischmeister, die sich in Stellungen befinden, welche wegen des damit verbundenen Befahrens von Seestrecken und des Charakters der Fischerei treibenden Bevölkerung besonders schwierige sind, erhalten aus dem Fonds bis zu 200 M. Stellenzulage.

Die Fischereiaufsichtsbeamten und Schonrevieraufseher in Binnenwässern, alles Stellen im Nebenamt, erhalten im Durchschnitt 100 M. Remuneration, soweit sie wichtigere Stellen — Laichschonreviere — beaufsichtigen, etwa 200 M. Im Uebrigen werden 400 Aufseher für wichtigere Fischreviere mit durchschnittlich 50 M. Remuneration thätig sein. Daneben ist noch eine grössere Anzahl Aufseher vorhanden, die nur kleine (ganz lokale) Bezirke verwalten und nur geringe, bis zu 15 M. jährlich heruntergehende Entschädigungen erhalten.

Aus *Tit. 3* werden auch (seit 1880/81) etwaige Stellvertretungskosten (einschl. Tagegelder und Reisekosten für Hin- und Rückreise) gedeckt. Sonstige Reisekosten (s. Tit. 5 u. 5a).

Die Sturmsignalstationen sind im Interesse der rechtzeitigen Warnung der Fischer längs der Küste und an den Haffen, durchschnittlich für 1500 M. Herrichtungskosten nach und nach aus Tit. 8 hergestellt. Gegenwärtig 46 Stationen.

§ 377a. *Kap. 105 Tit. 4* s. Bd. I Buch I S. 397.

II. Sächliche Ausgaben.

§ 378. *Kap. 105 Tit. 5.* Die Dienstaufwandsentschädigungen gelten nur für etatsmässige Beamte und betragen für Oberfischmeister durchschnittlich 1500 M., für Fischmeister 800 M., wovon letztere aber einen ständigen Gehülfen im Boot (Bootsmann) halten müssen. Nebenamtliche Oberfischmeister bekommen bei Reisen auch in ihrem engeren Dienstbezirk Reisekosten und Tagegelder.

§ 378a. Aus *Tit. 5a* werden Versetzungskosten und Reisekosten gedeckt. Ausserdem sind seit 1887/88 bei Reisen von hauptamtlichen Oberfischmeistern und von Fischmeistern — Tit. 1 —, wenn eine nächtliche Revisionsfahrt ausserhalb des Wohnortes — wenn auch innerhalb des Dienstbezirks — eintritt, besondere Nachtgelder eingeführt worden, und zwar 6 M. für Oberfischmeister und 1,50 M. für Fischmeister.

Für Liquidirung von Versetzungs- und Reisekosten sind die allgemeinen Grundsätze für Staatsbeamte massgebend. Die Meliorationsbaubeamten liquidiren als Oberfischmeister ebenso wie in ihrer Hauptstellung.

III. Sonstige Ausgaben.

§ 379. *Kap. 105 Tit. 6.* Die Zahl der Dienstfahrzeuge ist durch die extraordinären Bewilligungen der letzten Jahrzehnte derart vermehrt (§ 382), dass jetzt sämmtliche Oberfischmeister und Fischmeister (aus Tit. 1) mit solchen versehen sind. Meist handelt es sich um Segelfahrzeuge, doch haben von den Oberfischmeistern 3 Dampfer und 2 Petroleummotorboote. Von den Fischmeistern haben 3 Petroleummotorboote.

IV. Ausgaben des Staates zur Hebung der Fischerei überhaupt.

§ 380. *Kap. 105 Tit. 8: 118 500 M.* Während die vorgenannten Ausgabetitel fast nur Ausgaben für Ausübung der Fischereiaufsicht betreffen, enthält Tit. 8 Ausgaben, welche der **direkten** Hebung und Förderung des Fischereigewerbes, vor Allem der Hebung der Fischzucht dienen. Dieser Fonds kommt sowohl der Hochsee- und Küstenfischerei, wie auch der Binnenfischerei zu Gute, letzterer jedoch in überwiegendem Masse.

Schon in dem Beginne der 70er Jahre machte sich bei der Staatsregierung die Ueberzeugung geltend, dass es nicht genüge, ein hinreichend geschultes Fischerei-Aufsichtspersonal staatlicherseits zur Verfügung zu stellen, sondern dass auch die Hebung des Verständnisses für Fischzucht in weiteren Kreisen ohne staatliche Beihülfen nicht möglich sei. Wissenschaftliche Untersuchungen und Beobachtungen, Versuche mit künstlicher Fischzucht, Aussetzung von Fischbrut, Anlegung von Fischpässen und Schonrevieren, mussten vor allen Dingen an Fischereivereine nnd Genossenschaften, oder an Kommunen, die auf diesem Gebiete thätig waren, gewährt werden, wenn man eine Wiederbevölkerung der Binnengewässer erhoffen wollte.

Die für das allgemeine Volkswohl fast noch wichtigere Hebung der Seefischerei erforderte neben einer sachgemässen polizeilichen Kontrole und Beaufsichtigung wissenschaftliche Untersuchungen des Meeres und praktische Unterweisungen der Küsten- und Seefischer über die zweckmässigste Art des Fischereibetriebes, der Geräthschaften, der Zubereitung und Verwendung von Seeprodukten, vor Allem aber auch zur Anlegung von Fischereizufluchtshäfen. Besonders hier musste bei der grossen Armuth der Fischereibevölkerung der Staat sich thatkräftig mit Unterstützungen ins Mittel legen.

Zuerst wurden zu diesen Zwecken 13 500 M. im Etat für 1871 extraordinär bereitgestellt, ein Fonds, der aber auch in den Extraordinarien der folgenden Jahre wieder erschien und sich schon 1875 auf 60 000 M. erhöht hatte.

Im Jahre 1882/83 wurde der Fonds mit 70 000 M. in das Ordinarium übernommen, wobei die Ergebnisse der im Jahre 1880 in Berlin stattgehabten internationalen Fischerei-Ausstellung nicht ohne Einfluss waren.

Während es bei der Hochsee- und Küstenfischerei in der Hauptsache darauf ankommt, der Nord- und Ostsee einen Theil ihres vorhandenen reichen Fischbestandes abzuringen, ist es in der Binnenfischerei überwiegend die Aufgabe, Fischbesände neu zu erzielen, vorhandene zu heben und den Edelfischarten grössere Verbreitung zu sichern. Hierzu gewährt auch das Reich dem Deutschen Fischereiverein zur Förderung der künstlichen Fischzucht eine jährliche Unterstützung von 40 000 M. Trotz aller Bemühungen, eine erhebliche Vermehrung der Fischbestände zu erreichen, ist ein allgemeiner Erfolg bisher nicht erzielt worden. Die künstliche Zucht der Salmoniden und Coregonen ist zwar in immer grösserem Umfange gelungen; auch sind die Bestände dieser Fischarten in den einheimischen Gewässern, besonders in den westlichen Flussgebieten, ersichtlich gehoben. Ebenso hat die Karpfenzucht durch Einführung der Zuchtwahl und rationeller Fütterungsmethoden sich wesentlich ertragreicher gestaltet, theilweise auch über die alten Karpfenzuchtgebiete (Lausitz, Schlesien) hinaus verbreitet. Doch sind alle diese Fortschritte nur als Anfänge für eine rationelle Entwickelung zu bezeichnen, zu der der Fonds Tit. 8 vor Allem beizutragen bestimmt ist.

Der Zweck der Verwendung dieses Fonds ist:

1. Verbesserung der Fahrzeuge und Fanggeräthe, sowie der Räuchermethoden.
2. Ankauf und Vertheilung von Fischeiern und Aussetzung von Fischbrut.
3. Unterstützung von Fischereivereinen.
4. Bau und Unterhaltung von Fischwegen.
5. Beihülfen zur Errichtung und zum Betrieb von Fischzuchtanstalten, besonders derjenigen, die von Kreisen, Gemeinden oder landwirthschaftlichen Vereinen unterhalten werden.
6. Entschädigungen für die Anlage von Schonrevieren.
7. Entschädigung für die Aufhebung nachtheiliger Fangberechtigungen u. s. w.

Seit jener Zeit hat der Fonds mehrfache Verstärkungen erfahren. 1889/90 betrug er 80 000 M. Von 1895/96 zu 1896/97 stieg er von 88 000 auf 94 000 M. und von da allmälig bis 1901 auf 118 500 M.

Ueber die Art der Verwendung des in die folgenden Jahre übertragbaren Fonds wurde bis 1896/97 alljährlich in den Landwirthschaftlichen Jahrbüchern eingehende Auskunft gegeben.

Darnach wird gegenwärtig der Fonds mehr für Binnenfischerei- als für Hochsee- und Küstenfischereizwecke verwendet. Für letztere sind inzwischen grössere Reichsfonds bewilligt. Etwa der dritte Theil des Fonds wird an grössere Fischerei- und landwirthschaftliche Vereine, vor allem an den Deutschen Fischereiverein und den Deutschen Seefischerverein zur weiteren Verwendung überwiesen (1896/97 30 000 M.). Ein fast gleich grosser Posten dient der Förderung der künstlichen Fischzucht (1896/97 etwa 35 000 M., davon 11 100 M. zur Förderung von Fischbrutanstalten und -Teichen, 15 900 M. für Aussetzung von Fischbrut). Ursprünglich ging man auf dem Wege der Errichtung staatlicher Fischzuchtanstalten vor. Später überliess man die Errichtung der Anstalten Privaten und kommunalen Verbänden (Kreisen). Letztere erhalten Zuschüsse, Private werden nur ausnahmsweise und nur in der Art unterstützt, dass ihnen die Abnahme einer gewissen Anzahl von Fischbrut zu bestimmten Preisen zugesichert wird. Verhältnissmässig nicht unerheblich ist ein Posten von nahezu 7 000 M. Belohnungen etc. für Erlegung von Fischfeinden (1896/97 2 811 M. für 5076 erlegte Fischreiher und 49 zerstörte Reiherhorste und 4 007 M. für 119 erlegte Ottern). Für Anmiethung etc. von Fahrzeugen für Fischereibeamte waren 1896/97 verwendet worden 4 809 M., für biologische und Fischereistationen 3 000 M. u. s. f.

§ 381. Zum Schluss sei noch die Entwickelung der einzelnen Ausgabegruppen übersichtlich zusammengestellt:

Entwickelung der Hauptausgabegruppen des Kap. 105.

	1873	1876	1881/82	1885/86	1891/92	1897/98	1901
Besoldungen (Tit. 1)	9 900	34 905	51 610	51 750	63 000	69 940	81 850
Wohnungsgeldzuschüsse (Tit. 2)	—	3 036	4 320	4 848	5 196	5 016	4 980
Andere persönliche (Tit. 3—4) Ausgaben (Remunerationen etc.)	1 770	4 620	31 320	41 380	68 590	80 202	85 122
Sächliche Ausgaben (Tit. 5, 5a)	3 000	8 910	30 580	34 700	44 840	49 940	53 440
Sonstige Ausgaben (Tit. 6—8) .	9 330	8 040	23 890	94 440	120 819	146 769	170 609
Summe . .	**24 000**	**60 801**	**141 720**	**227 118**	**302 445**	**350 667**	**396 001**
Das Extraordinarium betrug . .	87 000	65 000	60 000	—	8 800	12 500	43 800
	von 1870—1881/82 jährlich durchschnittlich rund 90 000 M.						

Extraordinäre Ausgaben.

§ 382. Im Extraordinarium sind für Fischereizwecke vom Jahre 1867—1901 zusammen 1 593 454 M. bereitgestellt worden, wovon auf die Zeit bis 1882/83 allein 1 170 264 M. entfielen. In der Hauptsache war hierin der extraordinäre Fonds zur Hebung der Fischerei (s. § 380) enthalten. Daneben kamen noch 322 001 M. für die Anlegung des Fischereizufluchthafens an der Greifswalder Oie (1872—1875 u. 1877/79) in Betracht. Endlich noch 15 000 M. jährlich für die wissenschaftliche Kommission in Kiel (s. § 369).

Von 1896/7—1899 wurden 195 000 M. für die Anlegung der Lebamündung behufs Beschaffung einer sicheren Einfahrt für die Schifferboote bewilligt. 1887/88 25 000 M. für einen Fischereiaufsichtsdampfer im Kurischen Haff. 1888/89 wurden ferner 7 500 M., 1889/90 3 500 M., 1891/92 8 800 M., 1893/94 51 600 M., 1897/98 12 500 M., 1898/99 26 350 M., 1899 19 000 M., 1900 40 140 M., 1901 43 800 M. bewilligt, zusammen von 1888/89—1901 179 390 M. hauptsächlich zur Beschaffung von Dienstfahrzeugen und Wohnungen für Oberfischmeister und untere Fischereiaufsichtsbeamte. In der Summe für 1901 waren 30 000 M. Antheil der landwirthschaftlichen Verwaltung für Theilnahme an der internationalen Aufnahme der Nordmeere enthalten (s. § 369).

Die Aufwendungen des Staates für die Fischereihäfen sind seit einer Reihe von Jahren bei dem Etat der allgemeinen Bauverwaltung nachgewiesen.

Siebenter Hauptabschnitt.

Landwirthschaftliche Polizei (einschliesslich Veterinärwesen und Veterinärpolizei).

§ 383. Die Wahrnehmung der landwirthschaftlichen Polizei ist Sache derjenigen Organe, welche die allgemeine Polizei innehaben.

Nach dem Gesetze v. 11. März 1850 über die Polizeiverwaltung (G.-S. S. 265) § 6 h gehört nämlich zu den Gegenständen der ortspolizeilichen Vorschriften auch „der Schutz der Felder, Wiesen, Weiden, Wälder, Baumpflanzungen, Weinberge u. s. w.“

Zur Erleichterung der Ausübung des Forst- und Feldschutzes ist durch das Forst- und Feldpolizeigesetz v. 1. April 1880 (G.-S. S. 230) den Gemeinden und Grundbesitzern das Recht beigelegt worden, Feld- und Forsthüter anzustellen, welche Polizeibeamte sind und wie diese bestätigt werden. Den Gemeinden steht es frei, aus der Zahl ihrer Mitglieder Ehrenfeldhüter zu wählen, die aber bestätigt werden müssen. Feldhüter, Ehrenfeldhüter und Forsthüter müssen ein Dienstabzeichen bei sich führen und bei Ausübung ihres Amtes auf Verlangen vorzeigen.

§ 383a. Die sächlichen Kosten der örtlichen landwirthschaftlichen Polizei liegen ebenso wie diejenigen der örtlichen Polizei überhaupt (§ 2 a. a. O.) den Gemeinden bezw. Gutsbezirken ob.

Nur soweit landespolizeiliche Interessen in Frage kommen, tritt auch bei der landwirthschaftlichen Polizei wie bei der allgemeinen Polizei der Staat mit seinen Mitteln ein. Die Zahl der Gegenstände von landespolizeilichem Interesse auf dem Gebiete der Landwirthschaft ist aber im Allgemeinen eine geringe. Es handelt sich dabei hauptsächlich um die Vertilgung von dem Acker- und Pflanzenbau schädlichen Thieren (A).

Nur in einem einzigen Zweige der polizeilichen Thätigkeit, auf dem Gebiete (B.) des Veterinärwesens, betheiligt sich der Staat auch an den lokalpolizeilichen Kosten, indem er einmal seine Organe (Kreisthierärzte) den Lokalinstanzen als Gutachter zur Verfügung stellt, sodann aber auch zu den sächlichen Polizeikosten beiträgt (§ 403).

A. Allgemeine landwirthschaftliche Polizei.

§ 384. Im Etat werden die dem Staate aus der Allgemeinen landwirthschaftlichen Polizei entstehenden Kosten aus einem besonderen unter der Rubrik „Allgemeine Ausgaben" untergebrachten Fonds (Kap. 107 Tit. 3) gedeckt.

Kap. 107 Tit. 3: Zu landwirthschaftlichen polizeilichen Zwecken — Bedürfnissfonds — 350 000 M.

Die Ausgaben für landwirthschaftlich-polizeiliche Zwecke wurden bis zum Etatsjahr 1880/81 einschl. aus dem Landeskulturfonds (s. § 322 ff.) bestritten. Da sie aber im Laufe der Zeit zu einer bedeutenden Höhe anwuchsen und den Tit. 1 schmälerten, was mit der Zeit unhaltbar war, da auf der Dauer der daraus gewährten Subventionen die ganze Organisation der landwirthschaftlichen Vereine aufgebaut war, so ist im Etat pro 1881/82 ein besonderer Titel unter obiger Bezeichnung eingeschaltet und mit 25 000 M. dotirt, wogegen ein Theilbetrag von 3 180 M. vom Landeskulturfonds abgesetzt wurde. Zu den auf diesen Titel anzuweisenden Ausgaben gehörten insbesondere die Kosten für die Vertilgung der dem Acker- und Pflanzenbau schädlichen Thiere (Wildschwein, Reblaus, Kartoffelkäfer etc.).

Für den Kartoffel- (Kolorado-) Käfer entstanden nur vorübergehend erheblichere Kosten, da derselbe sich bald ausrotten liess.

Nachdem späterhin in Folge der den Bundesstaaten durch die Internationale Reblauskonvention v. 3. Nov. 1881 (R.-G.-Bl. 1882 S. 125), ferner des Reichsgesetzes, betreffend Abwehr und Unterdrückung der Reblauskrankheit v. 3. Juli 1883 (R.-G.-Bl. S. 149) und der Kaiserl. Verordnung v. 4. Juli 1883 (a. a. O. S. 153) auferlegten Verpflichtungen der Fonds mehrere Jahre hindurch erheblich hatte überschritten werden müssen, wurde er 1886/87 auf 100 000 M. erhöht, hauptsächlich, um neben den laufenden Kosten des Aufsichtsdienstes und der sonstigen Schutzmassregeln die Ausgaben zu decken, welche durch die Vernichtung der kleineren, als Ausläufer der Hauptheerde zu betrachtenden Reblausheerde, welche noch aufgedeckt werden möchten, und durch die Desinfektion der betreffenden Terrainstücke möchten veranlasst werden.

Daneben wurden auch die Kosten, welche in Folge des Gesetzes betreffend den Betrieb des Hufbeschlaggewerbes v. 18. Juni 1884 (G.-S. S. 305) und der Polizeiverordnungen über das Körwesen zu den Kosten der Prüfungs- und Körkommissionen staatlich zu leisten sind — soweit nämlich die eigenen Einnahmen nicht reichen —, auf den gedachten Fonds übernommen.

Die Vermehrung des Fonds reichte aber längst nicht aus, um die stets steigenden Staatsleistungen auf Grund des Reichsgesetzes v.

3. Juli 1883 zu decken. Seit Mitte der 90er Jahre musste der Fonds zu diesen Zwecken jährlich um mehr als 350 000 M. überschritten werden. Deshalb wurde der Fonds seit 1900 um 250 000 M., also im Ganzen auf 350 000 M. erhöht.

Reblausbekämpfung.

§ 385. Nach amtlichen Ermittelungen sind in Preussen auf im Ganzen 17 204,3 ha angebauter Weinbaufläche[1]), wovon 11 664,2 ha auf die Rheinprovinz, 3 031,2 ha auf die Provinz Hessen-Nassau, 591,6 ha auf die Provinz Sachsen und 1 917,3 ha auf das übrige Staatsgebiet entfielen, in der Zeit von 1874—1890 auf zusammen 77,1738 ha Grundfläche 2 442 245 M. Gesammt-Bekämpfungskosten aufgewendet worden. Dazu traten noch 13 884 M. für Anpflanzung amerikanischer Reben und für Veredelungsstationen, welche seit 1885/86 (und zwar bis 1888/89 aus dem Fonds Kap. 107 Tit. 2, von da an auch aus Tit. 3) verausgabt wurden.

Von 1891—1899 wurden verausgabt für die

	auf Heerdfläche ha	Gesammtkosten M.	für amerikanische Reben und Veredelungsstationen M.
Rheinprovinz	49,4743	2 088 156	—
Hessen-Nassau	23,5936	912 444	—
Sachsen	26,9514	413 131	—
Sonst	0,0102	15 358	—
Sa. (einschl. der Ausgaben von 1874—1890)	177,2033	5 871 334	209 945

Dank dieser Massnahmen und Ausgaben ist es gelungen, eine erheblichere Weiterverbreitung der Reblaus zu verhindern. Von den rund 20 000 ha Weinbaufläche des Preussischen Staates sind bis Ende 1895/96 nur etwa 130 ha von der Reblaus befallen worden. Die bedeutendsten und werthvollsten Weinbaugebiete im Rheingau, an der Mosel und Saar sind nach dem Ergebniss der bisherigen sorgfältigen Untersuchungen von der Reblaus noch unberührt geblieben und auch in denjenigen Weinbaugebieten, in denen das Auftreten der Reblaus festgestellt ist, ist es immerhin gelungen, deren Verbreitungsgebiet allmählich einzuschränken.

1898 betrug die Zahl der

	Reblaus-Heerde	infizirten Stöcke	gesunden Stöcke
Rheinprovinz	21	1 632	53 869
Hessen-Nassau	26	811	26 795
Sachsen	38	13 611	27 174
Sonst	—	—	—
Sa. . .	85	16 054	107 838

[1]) Nach der Erntestatistik 1892.

B. Veterinärwesen und Veterinärpolizei.

§ 386. Das Veterinärwesen umfasst die Gesammtheit der zur Erkennung, Behandlung und Abwehr von Thierkrankheiten dienenden öffentlichen Einrichtungen.

Wie beim Medizinalwesen übt auch hier der Staat seine Thätigkeit durch besondere Organe zur Unterstützung der allgemeinen Polizeibehörden aus. Bis 1872 war das Veterinärwesen mit dem Medizinalwesen verbunden und die Veterinärbehörden unterstanden dem Kultusministerium. Seit jener Zeit fand eine Trennung beider Verwaltungen und der Uebergang des Veterinärwesens auf das Landwirthschaftsministerium statt (s. auch § 289).

Was die Thätigkeit der Veterinärbehörden anbelangt, so wird die Heilung erkrankter Thiere ebenso wie die Heilung erkrankter Menschen durch heilkundige Personen in Preussen im Allgemeinen der freien Konkurrenz überlassen. Der Staat bezw. das Reich trifft nur dafür Sorge, dass überall im Lande ein gehörig unterrichtetes, thierärztliches Personal vorhanden ist. Zu diesem Zwecke werden Vorschriften über die ärztlichen Prüfungen und das Recht, den thierärztlichen Titel zu führen, gegeben, und die nöthigen Unterrichtsanstalten eingerichtet (Thierärztliche Hochschulen). Ueber thierärztliche Kliniken an den Universitäten § 310.

Nur da, wo Thierkrankheiten ansteckend wirken, viele Thiere zu gleicher Zeit oder in schneller Aufeinanderfolge befallen, und durch diese Ausdehnung eine Gefährdung des Nationalwohlstandes und oft auch Ansteckungsgefahr für die Menschen eintritt, greift die starke Hand des Staates (Reiches) mit direkten Massnahmen zur Vorbeugung oder Beseitigung der Krankheiten ein.

Die Thätigkeit des Staates in letzterer Hinsicht ist die Veterinärpolizei. Zu ihrer Handhabung dienen neben den allgemeinen polizeilichen Behörden die diese unterstützenden besonderen thierärztlich vorgebildeten Beamten.

Während das thierärztliche Unterrichtswesen in den §§ 289 ff. zur Erörterung gekommen ist, werden im vorliegenden Abschnitte nur die Veterinärverwaltung im engeren Sinne, die Veterinärpolizei und die zu ihrer Durchführung bestimmten Behörden behandelt werden.

Einnahmen der Veterinärverwaltung.

(Kap. 32 Tit. 4.)

§ 387. Die Einnahmen beim Veterinärwesen betrugen beim Uebergang desselben auf den landwirthschaftlichen Etat 81 960 M. und enthielten lediglich die eigenen Einnahmen der Thierarzneischulen Berlin und Hannover (75 000 M. und 6960 M.). Bis 1894/95 stieg die Gesammteinnahme auf 171 180 M., wovon 120 000 M. auf die

Berliner, 45 700 M. auf die Hannoversche Hochschule und nur 1950 M. auf die allgemeine Veterinärverwaltung entfielen (850 M. Kreisthierarzt-Prüfungsgebühren und 1100 M. für Abgabe technischer Gutachten durch Mitglieder der Veterinärdeputation, eingestellt seit 1886/87).

Im Jahre 1895/96 trat eine Steigerung des Titels auf 626 780 M., also um 455 000 M., ein, wovon auf die Thierärztlichen Hochschulen 55 000 M. entfielen, während 430 000 M. auf die allgemeine Veterinärverwaltung kamen.

In Folge des Min.-Erl. v. 27. März 1893 und v. 15. Aug. 1894 werden nämlich seit 10. April 1893 zur Deckung der Kosten, welche durch die auf Grund von gesetzlichen und Verwaltungsvorschriften stattfindende thierärztliche Untersuchung des zur Einfuhr oder Durchfuhr gelangenden Viehs an der Landesgrenze entstehen, Gebühren für die Staatskasse erhoben, welche insgesammt in Höhe von 430 000 M. in dem obigen Titel eingestellt sind und in dieser Höhe auch heute noch im Etat stehen. Die Staatskasse muss den betheiligten beamteten Thierärzten für die Ausführung der Untersuchungen die gesetzlichen Tagegelder und Reisekosten zahlen. Da letztere aus Kap. 58 Tit. 11 des Finanzministeriums bestritten werden, so trat mit in Folge der Einstellung obigen Postens nicht eine Ausgabevermehrung beim Etat der Veterinärverwaltung, sondern in Kap. 58 Tit. 11 ein. Die Folge davon ist, dass während im Jahre 1894/95 in der Veterinärverwaltung[1]) einer Ausgabe von 911 484 M. nur 171 780 M. oder 18 Proz. Einnahmen gegenüberstanden; 1895/96 einer Ausgabe von 957 354 M. 626 780 M. oder 65 Proz. Einnahmen und 1901 einer Ausgabe von 1 298 179 M. 653 556 M. gegenüberstanden, sodass es scheinen könnte, als ob nur 644 623 M. oder 0,02 M. auf den Kopf der Bevölkerung für Veterinärzwecke ausgegeben würden. Thatsächlich muss man noch rund 1 Mill. M. Ausgaben aus Kap. 58 Tit. 11 des Finanzministeriums hinzurechnen, um ein richtiges Bild über die Leistungen des Staates für Veterinärzwecke zu erhalten. Es werden darnach etwa 0,05 pro Kopf der Bevölkerung aus allgemeinen Staatsmitteln für Veterinärzwecke ausgegeben.

Ausgaben.

(Kap. 103 des Etats, Tit. 12—17.)

§ 388. Hierbei sind zu unterscheiden die Ausgaben für die zur Ausübung der Veterinärverwaltung bestimmten Behörden (Abschnitt I), diejenigen für Ausbildung etc. der Veterinärärzte, soweit nicht die Ausgaben für thierärztliche Lehranstalten in Frage kommen (Abschnitt II) und die Kosten der Veterinärpolizei (Abschnitt III).

---

[1]) einschl. thierärztliche Hochschulen.

I. Abschnitt.

Thierärztliche Behörden.

(Kap. 103 Tit. 12—15 und 17—17b, Kap. 107 Tit. 4 des Etats.)

Centralbehörden.

§ 389. Im Ministerium werden die thierärztlichen Angelegenheiten in der ersten Abtheilung von Verwaltungsbeamten bearbeitet, welchen ein thierärztlich vorgebildeter ständiger Hülfsarbeiter (Departementsthierarzt) zur Seite steht.

Bis zum Jahre 1875 hatte Preussen keine technische Centralstelle für das Veterinärwesen besessen, welche in wichtigen Organisations- und Verwaltungsfragen dem Minister sachverständigen Beirath hätte ertheilen können. Aushülfsweise wurden bis dahin die Direktionen der Thierarzneischulen zu Berlin und Hannover gutachtlich gehört, die indessen durch eigene Thätigkeit so voll in Anspruch genommen waren, dass sie vor Allem den mit der stetig zunehmenden und mannigfaltiger werdenden wirthschaftlichen Produktion und Verkehr in Verbindung stehenden, das Gebiet des Veterinärwesens stark beeinflussenden wirthschaftlichen Fragen nicht die genügende Aufmerksamkeit widmen konnten.

Das preussische Viehseuchengesetz sah daher in den §§ 4, 28 und 67 eine der wissenschaftlichen Deputation für das Medizinalwesen nachgebildete technische Deputation für das Veterinärwesen vor, welche durch die Allerh. Verord. v. 21. Mai 1875 (G.-S. S. 219) ins Leben gerufen wurde.

Sie ist dem Landwirthschaftsminister unmittelbar untergeordnet und hat den Zweck, ihn in der Leitung des Veterinärwesens durch ihren technischen Beirath zu unterstützen, technische Gutachten auf Ersuchen der Gerichte oder Verwaltungsbehörden abzugeben, die Statistik und das Prüfungswesen[1]) zu bearbeiten, auch bei der Ermittelung und Unterdrückung der Viehseuchen in der gesetzlich vorgeschriebenen Weise mitzuwirken, vor Allem bei dem Erlasse allgemeiner ministerieller Anordnungen und als Obergutachterin über den Krankheitszustand der wegen Rotz und Lungenseuche getödteten Thiere u. s. w. zu befinden.[2])

Damit bei Erledigung der der Deputation überwiesenen Aufgaben die theoretischen und praktischen Gesichtspunkte gleichmässige Berücksichtigung finden, ist sie aus Fach- und Laienkreisen zusammengesetzt. Sie besteht aus einem von dem Könige ernannten Vorsitzenden, z. Zt. Unterstaatssekretär des Ministeriums, und aus nach dem Bedürfnisse vom Minister ernannten ordentlichen und ausserordent-

---

[1]) Vgl. auch Min.-Bl. d. i. V. 1896 S. 159 (Anstellung als beamteter Thierarzt).

[2]) § 21 des Preuss. Ges. v. 2. Mai 1881 (G.-S. S. 128) zur Ausführung des Reichsviehseuchengesetzes.

lichen Mitgliedern, sowie Hülfsarbeitern. Alle werden widerruflich ernannt.

Mindestens die Hälfte der ordentlichen Mitglieder muss die technische Qualifikation für Departementsthierärzte besitzen. Die ausserordentlichen Mitglieder sind grösstentheils Landwirthe. 1875 gab es 6 ordentliche, 11 ausserordentliche Mitglieder und 1 Hülfsarbeiter. Gegenwärtig sind deren 4 angestellt, während es 7 ordentliche und 16 ausserordentliche Mitglieder giebt, von den letzteren sind 11 Landwirthe.

Die laufenden Geschäfte bearbeiten die ordentlichen Mitglieder, die ausserordentlichen Mitglieder werden bei wichtigeren organisatorischen und wirthschaftlichen Fragen vom Minister besonders einberufen. Die gerichtlichen Obergutachten u. s. w. werden von einer besonderen engeren Abtheilung der Deputation erledigt.

Die Zahl der von der technischen Deputation abgegebenen Rechtsgutachten betrug 1880: 64, 1890: 86, 1900: 110, die der Prüfungen von beamteten Thierärzten 1880: 35 schriftliche, 14 mündliche, 1890: 43 schriftliche, 26 mündliche, 1900 (einschliesslich Wiederholungs- und Nachprüfungen): 101 schriftliche und 106 mündliche.

Ausgaben.

§ 390. Die Ausgaben für die technische Deputation (Kap. 103 Tit. 14) für das Veterinärwesen sind geringe, da die Aemter sämmtlich Nebenämter sid. Der Vorsitzende und die ordentlichen Mitglieder erhalten je 900 M. Seit 1875 waren 6300 M. für 1 Vorsitzenden und 6 Mitglieder eingestellt. Seit 1890/91 ist die Summe auf 7800 M. erhöht, hauptsächlich, um den inzwischen angestellten Hülfsarbeitern eine entsprechende Remuneration gewähren zu können (300 M. bezw. 600 M.).

Soweit die Mitglieder der Deputation Mitglieder von Prüfungskommissionen sind, erhalten sie besondere Remunerationen aus Tit. 6 (s. § 308 u. 392). Auch die Gebühren für Abgabe von Rechtsgutachten werden aus diesem Titel gedeckt.

(An Gebühren für Rechtsgutachten wurden aus diesem Tit. 6 an Mitglieder der Deputation gezahlt 1880: 1001 M., 1890: 1730 M., 1900: 2172 M., für Prüfungen 1880: 903 M., 1890: 1191 M., 1900: 4200 M.)

Provinzialbehörden.

§ 391. In der Provinzialinstanz werden die thierärztlichen Angelegenheiten durch die Regierungspräsidenten bearbeitet, denen ständige thierärztlich vorgebildete Hülfsarbeiter beigegeben sind. Als solche sind die Departementsthierärzte thätig.[1]) Sie wurden eingeführt durch Aller-

[1]) Dieselben sind mehrfach auch als Veterinärassessoren an den Medizinalkollegien thätig (s. Bd. II Buch I § 602).

höchste Ordre v. 13. Juni 1817 (Horn S. 182). Ueber die Befähigung zur Anstellung sind mehrfache Vorschriften erlassen, zuerst unterm 7. Febr. 1855, zuletzt am 19. Aug. 1896 (M.-Bl. d. i. V. S. 159). Bis zum Jahre 1875 konnte Departementsthierarzt nur werden ein Kreisthierarzt, der nach einigen Jahren praktischer Thätigkeit sich einer weiteren Prüfung unterzogen hatte. Seit 1875 (M.-Bl. f. d. i. V. 1875 S. 191) wurde für alle beamteten Thierärzte eine einzige, aber höhere Anforderungen als die bisherige Prüfung stellende Prüfung vorgeschrieben, hinsichtlich deren heute die Bestimmungen vom 19. Aug. 1896 (a. a. O. S. 159) gelten. Die Auswahl zu Departementsthierärzten erfolgt in Zukunft frei nach der Bewährung der angestellten Kreisthierärzte in ihrem Amte. (Fürsorge für Fortbildung der Kreisthierärzte s. § 395.)

Die Prüfungskommission setzt sich zusammen aus den vom Landwirthschaftsminister dazu ernannten Mitgliedern oder Hülfsarbeitern der technischen Deputation für das Veterinärwesen und zerfällt in einen 1. schriftlichen, 2. praktischen und 3. mündlichen Abschnitt. Zugelassen werden nur approbirte Thierärzte. Nach Bestehen aller 3 Prüfungen wird das Zeugniss vom Landwirthschaftsminister ertheilt.

Die Prüfungsgebühren betragen in Abschnitt 1 20 M., Abschnitt 2 20 M. und Abschnitt 3 10 M., zusammen 50 M., welche an die Ministerial-Bureaukasse gezahlt werden. Bei jeder Nachprüfung im 1. oder 2. Abschnitt sind je 10 M., im 3. 5 M., bei Wiederholungen der ganzen Abschnitte je 20 M. bezw. 10 M. Gebühren zu entrichten.

Die Einnahmen erscheinen in Kap. 32 Tit. 4, die Ausgaben in Kap 103 Tit. 6. Sie dienen zur Remunerirung der Prüfungskommissionen und zur Deckung der sächlichen Kosten.

§ 392. Was die Gehälter anbetrifft, so erhielten die Departementsthierärzte 1877 nur 900 M. Besoldung (nicht pensionsfähig) und 30 von ihnen daneben noch 600 M. Remuneration für Mitverwaltung von Kreisthierarztstellen (§ 394).

In Folge der gesteigerten Anforderungen, welche vor allem die Durchführung der Viehseuchengesetzgebung an die Kräfte dieser Beamten stellte, wurden allmälig erhebliche, allerdings auch nicht pensionsfähige Stellenzulagen eingeführt. 1896/97 gab es 9 derartige Stellen mit je 2400 M. Zulage. Seitdem ging man dazu über, allmälig an allen Regierungen die Stellen zu vollbesoldeten und pensionsfähigen zu machen. Als Gehalt wurden seit 1897/98 je 3600—4800 M. festgesetzt. Nur der Berliner Departementsthierarzt behielt mit Rücksicht auf die besonderen Verhältnisse 1800 M. pensionsfähiges Gehalt. Ferner blieb der alte Satz von 900 M. nicht pensionsfähiger Besoldung (nebst Stellenzulage bis zu 2000 M., aus Tit. 15) fortbestehen an einigen kleineren Regierungen mit geringerem Geschäftsumfang. Dies sind die

6 Hannoverschen Regierungen, Erfurt, Cöslin und Stralsund. In Hohenzollern ist die alte Organisation beibehalten.

Die Besoldungen werden gezahlt aus Kap. 103 Tit. 12. Die Wohnungsgeldzuschüsse aus Tit. 13.

Kreisthierärzte.[1])

§ 393. Die Allerh. O. v. 13. Juni 1817 (s. o.) ordnete an, dass neben den Departementsthierärzten da, wo es angemessen erscheine, besondere Kreisthierärzte mit 300 M. jährlicher Besoldung angestellt würden. Man hatte die Absicht, in jedem Kreise einen solchen Beamten anzustellen. Doch fehlte es an der erforderlichen Zahl qualifizirter Thierärzte. Zunächst wurde daher für je 2 Kreise ein Kreisthierarzt mit dem ursprünglich normirten Gehalt von 300 M. angestellt, und wenn später für einen Kreis ein besonderer Kreisthierarzt berufen wurde, bewilligte man ihm nur die Hälfte jener Summe. 1848 waren für 325 Kreise 169 Kreisthierärzte angestellt.

Seit 1849 wurden alljährlich 3 000 M., später 1 500 M. zur Vermehrung der Kreisthierarztstellen und zur Erhöhung der Gehälter von 150 M. auf 300 M. durch den Etat bewilligt.

Später wurde das Gehalt der Kreisthierarztstellen auf 600 M., in den östlichen Grenzkreisen auf 900 M. erhöht. 1873 gab es 339 etatsmässige Kreisthierarztstellen. Da alljährlich etwa 3 – 4 neue Kreisthierarztstellen neugegründet wurden, so mehrte sich die Zahl der Kreise, welche einen eigenen Kreisthierarzt haben, von Jahr zu Jahr. Gegenwärtig sind fast in allen Kreisen besondere Kreisthierärzte angestellt (im Ganzen giebt es 489).

Eine Besoldungsaufbesserung aus Anlass der allgemeinen Beamtenbesoldungsverbesserung im Jahre 1897/98 ist nicht eingetreten.

1901 erhielten aus Kap. 103 Tit. 12 449 Kreisthierärzte je 600 und 34 je 900 M. Besoldung, welche aber nicht pensionsfähig ist.[2]) Nur die 6 Berliner Kreisthierärzte erhalten je 1 200 M. pensionsberechtigtes Gehalt und Wohnungsgeldzuschuss.

Ferner sind seit einer Reihe von Jahren 6 600 M., seit 1895/96 10 000 M. zu Stellenzulagen (§ 395) für besonders schwer zu besetzende Stellen (besonders in Gebirgskreisen mit geringer Privatpraxis) ausgeworfen. Endlich wurden 1894/95 in den Etat 5 000 M. eingestellt zu Remunerationen für die Wahrnehmung der veterinärpolizeilichen Grenzcontrole. 1895/96 wurde der Betrag auf 15 000 M., 1896/97 stieg der Betrag auf 25 000 M. mit Rücksicht auf die in Seequarantänanstalten thätigen Kreisthierärzte (§ 392).

---

[1]) Die Kreisthierärzte sind zugleich die beamteten Thierärzte für die Lokalbehörden.

[2]) In Bezug auf Gnadenquartal u. s. w. wird die Besoldung aber wie andere Gehälter behandelt.

Die Etatsfonds der Veterinärverwaltung im Speziellen.

(Kap. 103 Tit. 12—15 und 17—17b.)

§ 394. Zur Ergänzung obiger Zahlenangaben ist bei den einzelnen Fonds noch folgendes nachzutragen:

Besoldungen.

Kap. 103 Tit. 12. Die Steigerung des Fonds seit 1873 war eine ziemlich gleichmässige. 1873 wurden in dem Titel ausgeworfen 267 698 M., 1901: 426 500 M., die jährliche Steigerung betrug also 5000—6000 M.

Aus dem Fonds wurden 1873 besoldet 32 Departementsthierärzte (1901: 44) und 339 Kreisthierärzte (1901: 489). Dazu kommen noch 1 bei der Annexion mitübernommener Veterinärphysikus für Schleswig (5400 M.), sowie 2 Bezirksthierärzte in den Hohenzollernschen Landen (900 bez. 600 M.).

Tit. 13. Wohnungsgeldzuschüsse.

§ 394a. Der Fonds betrug von 1876—1895/96 3000—4000 M. Seitdem ist er hauptsächlich infolge der Einführung vollbesoldeter Departementsthierarztstellen — Räthe V. Klasse — bis 1901 auf 19 980 M. gestiegen. Kreisthierärzte — ausser in Berlin — erhalten keine Wohnungsgeldzuschüsse.

Andere persönliche Ausgaben.

§ 395. *Kap. 103 Tit. 14* s. § 390.

Kap. 103 Tit. 15: 183 100 M.

Aus diesem Fonds werden nach seinem Wortlaut bestritten:

1. Remunerationen und Tagegelder für die beamteten Thierärzte,[1]) Polizeithierärzte (8) und Hülfspolizeithierärzte (7) zu Berlin.

Die Remunerationen werden zum Theil vom Staate und zum Theil von der Stadt aufgebracht. Die Polizeithierärzte in Berlin erhielten bis zum Jahre 1901 monatlich fixirte Tagegelder von 200 M., die Hülfsbeamten Tagegelder von 6,50 M. Seit 1901 erhalten die älteren Hülfspolizeithierärzte 8 M. täglich, während die Polizeithierärzte auf monatlich 275—340 M. gesteigert sind.

2. Zu Remunerationen für die Wahrnehmung der veterinärpolizeilichen Grenzkontrole[2]) 1901: 25 000 M. für Thierärzte (s. § 393). Ferner etwa 60 000 M. für sog. Viehrevisoren, welche auf Grund von Polizeiverordnungen, welche aus Anlass der Rinderpest und zur Unterstützung der Aufsicht über den Schmuggel an der Grenze erlassen sind, Viehregister führen, Transportscheine ausstellen u. s. w.

3. 13 500 M. und 10 000 M. Stellenzulagen siehe §§ 392, 393.

---

[1]) Ueber die Berliner Departements- und Kreisthierärzte siehe auch § 393 u. 394a.

[2]) Begründung siehe Etat 1874 Erläuterungen zu Kap. 108 Tit. 12.

4. — Seit 1901 — zur Abhaltung von Wiederholungskursen für beamtete Thierärzte an den Thierärztlichen Hochschulen zu Berlin und Hannover (1901: 6600 M.). Die Kurse dauern 2—3 Wochen, es wird gewährt Ersatz der Fuhrkosten und erhöhte Tagegelder (9 M. statt 6 M.).

Der Fonds betrug 1876: 26 700 M., 1901: 183 100 M., ist also jährlich im Durchschnitt um etwa 7000 M. gestiegen.

Sächliche Ausgaben.

§ 396. Einen Titel „Sächliche Ausgaben" giebt es bei der Veterinärverwaltung nicht. Während unter diesem Titel bei den meisten Verwaltungszweigen die Ausgaben für Tagegelder und Reisekosten erscheinen, ist dies bei den Veterinärbeamten nicht der Fall, da die dafür erforderlichen Ausgaben bei den Reisefonds der Regierungen, also bei Kap. 58 Tit. 11 des Finanzministeriums verrechnet werden. Der Betrag, welchen die Veterinärverwaltung hier für sich in Anspruch nimmt, ist ein ausserordentlich grosser. Er beträgt 1 bis 1½ Mill. M., also etwa ⅓ des ganzen 3 Mill. M. betragenden Fonds (1878/79 wurden liquidirt 419 737 M.).

Die Departementsthierärzte liquidiren wie Räthe V. Klasse, die Kreisthierärzte liquidiren 6 M. Tagegelder.

Die Reisekosten, Diäten und Gebühren für amtliche Funktionen ausserhalb des Wohnorts liquidiren die beamteten Thierärzte nach den Bestimmungen des Gesetzes vom 9. März 1872, betreffend die den Medizinalbeamten für die Besorgung gerichtsärztlicher, medizinal- oder sanitätspolizeilicher Geschäfte zu gewährenden Vergütungen, und der Allerhöchsten Verordnung vom 17. September 1876.

Eine Abänderung jenes Gesetzes erfolgte unter dem 2. Febr. 1881.

Allgemeine Ausgaben.

§ 397. *Tit. 17, 17a u. 18.* Die Fonds betragen schon seit Anfang der 80er Jahre zusammen 6000 M. Siehe dazu Buch I Bd. I S. 97.

§ 398. Endlich kommt für Wittwen und Waisen von Beamten der Veterinärverwaltung der allgemeine Posten Kap. 107 Tit. 4 des landwirthschaftlichen Etats zur Anwendung (s. diesen).

II. Abschnitt.

Fürsorge für das Vorhandensein genügend vorgebildeten thierärztlichen Personals (Ausbildung der Thierärzte).

(Kap. 103 Tit. 6—11.)

1. Prüfungsvorschriften und thierärztliches Personal.

§ 399. Wie beim Medizinalwesen sind auch hinsichtlich des Veterinärwesens allgemeine Bestimmungen über die thierärztlichen

Prüfungen vom Reiche erlassen worden. Vgl. die Bekanntmachung des Kanzlers des Norddeutschen Bundes v. 25. Sept. 1869 sowie die spätere Bekanntmachung betr. die Prüfung der Thierärzte v. 27. März 1878, mit Abänderungen v. 13. Juli 1889 (C.-Bl. f. d. D. R. S. 421).

Zur Erlangung der Approbation als Thierarzt sind nach diesen Bestimmungen zwei Prüfungen vorgeschrieben: 1. die naturwissenschaftliche und 2. die thierärztliche Fachprüfung an einer deutschen thierärztlichen Lehranstalt — in Preussen nur an thierärztlichen Hochschulen. Zur ersteren ist erforderlich Reifezeugniss für Prima eines Gymnasiums oder Realgymnasiums, sowie 3semestriges Studium auf thierärztlichen Lehranstalten oder auf Universitäten, technischen oder landwirthschaftlichen Hochschulen. Die Prüfung erstreckt sich auf Anatomie der Hausthiere einschliesslich Histologie, Physiologie, Botanik, Chemie, Physik und Zoologie. Die Zulassung zur thierärztlichen Fachprüfung setzt voraus Bestehen der naturwissenschaftlichen Prüfung und darnach mindestens 7semestrigen Besuch thierärztlicher oder höherer wissenschaftlicher deutscher Lehranstalten (davon aber mindestens 3 Semester thierärztlicher Lehranstalten) und Studium bestimmter Fächer auf denselben. Die Fachprüfung zerfällt in drei Abschnitte: I. anatomische, physiologische und pathologisch-anatomische, II. klinische, III. Schlussprüfung.

Die Prüfungsbehörden bestehen aus dem Direktor und dem Lehrerkollegium der betreffenden thierärztlichen Lehranstalt und den vom Minister etwa noch beigeordneten Personen.

Auf Grund bestandener Prüfung werden die Approbationen vom Minister ausgefertigt.

An der thierärztlichen Hochschule zu Berlin wurden 1896: 97, 1897: 63 und 1898: 98 Fachprüfungen mit Erfolg und 18 abgelegt. In Hannover 1897: 26, 1898: 32 mit Erfolg. Ueber die thierärztlichen Hochschulen und Institute selbst siehe V. Hauptabschnitt.

2. Ausgaben für Prüfungskommissionen.

Die Gebühren für die naturwissenschaftliche Prüfung betragen 20 M., für die Wiederholung in einzelnen Fächern 10 M., für die thierärztliche Fachprüfung 60 M., wovon auf jeden der drei Prüfungsabschnitte und auf Verwaltungskosten je 15 M. entfallen. Bei jeder Nachprüfung oder bei Wiederholung des dritten Prüfungsabschnittes sind je 5 M., bei Wiederholung des ersten und zweiten Prüfungsabschnittes je 10 M. auf Verwaltungskosten, ausserdem bei jeder Wiederholung eines ganzen Abschnittes 15 M. Gebühren zu entrichten.

Die Vereinnahmung der Gebühren erfolgt bei Kap. 32 Tit. 4. Die daraus zur Remunerirung der Mitglieder der Prüfungskommissionen gewährten Summen werden bei Kap. 103 Tit. 6 (§ 308) verausgabt. Nach einem Vermerke bei diesem Titel kommt alljährlich nur die wirkliche Einnahme an Gebühren zur Verwendung. Ueberschüsse dürfen zu Beihülfen für nicht beamtete Thierärzte und deren Relikten, sowie zur Unterstützung armer Studirender der Thierheilkunde verwendet werden. Ausgaben aus allgemeinen Staatsmitteln entstehen also für die Prüfungen nicht.

3. Arzneitaxe.

§ 400. Die Bezahlung der approbirten Thierärzte bleibt der privaten Vereinbarung überlassen. Als Norm für streitige Fälle gelten (§ 80 Abs. 2 der R.-Gew.-O.) die alte preussische Medizinaltaxe v. 21. Juni 1815 Nr. VI, dazu Deklaration: Min.-Verf. v. 5. Jan. 1822, 16. Febr. 1824, 17. Aug. 1825, 27. Sept. 1826 und 18. Aug. 1827. Die Taxen schwanken zwischen 40 Pf. und 9 M. Vgl. auch Min.-Bl. d. i. V. 1881 S. 204.

4. Fürsorge für unterstützungsberechtigte Thierärzte und Relikten.

§ 401. Hier kommt nur Tit. 6 des Kap. 103 in Betracht (s. § 308).

5. Statistik.

§ 402. Die Zahl der Thierärzte betrug in Preussen 1822: 387, 1831: 428, 1840: 613, 1849: 848, 1858: 1057, 1874: 1027.

Mitte der 70er Jahre gab es:

	Thierärzte			Ein Thierarzt kam auf		
	Civil-	Militär-	zus.	Pferde	Rindvieh	□Kilometer
1876 . .	1309	372	1681	1358	5140	207
1897 . .	1905	345	2250	1248	4690	155

Verhältnissmässig am meisten Thierärzte giebt es in Berlin, am wenigsten in den Provinzen Ostpreussen, Westpreussen und Posen. Dort kommen auf einen Thierarzt

	Pferde	Rindvieh	□Kilometer
Ostpreussen . . .	4621	9939	446
Westpreussen . .	3752	8423	472
Posen	3301	9777	452

III. Abschnitt.

Ausgaben für veterinärpolizeiliche Zwecke.

(Kap. 103 Tit. 16 und 16a.)

§ 403. Hier kommen zwei Titel in Betracht:

1. *Tit. 16:* Für veterinärpolizeiliche Zwecke 148 857 M.

A. Vor 1871.

Preussen besass schon Anfang des 19. Jahrhunderts gesetzliche Vorschriften wegen Unterdrückung von Viehseuchen in dem Patent

v. 2. April 1803, welches indessen nur die Rinderpest, Lungenseuche, Milzbrand und Tollwuth behandelte. In dem Regulativ v. 8. Aug. 1835 waren sodann Vorschriften über die auf Menschen übertragbaren Thierseuchen enthalten (Milzbrand, Rotz, Wurm und Tollwuth). Ueber Schafpocken und -Räude gab es Sonderverordnungen.

Seit den 60er Jahren entsprachen aber diese Vorschriften weder nach ihrer technischen Seite mehr dem Stande der Veterinärwissenschaft, noch genügten sie nach der administrativen Seite, indem sie einerseits die Entschädigung für das auf polizeiliche Anordnung im Interesse einer Verhinderung der Seuchenverbreitung getötete Vieh, wie andererseits die Vertheilung der Kosten des sonstigen Verfahrens (Desinfektion u. s. w.) im Wesentlichen ungeregelt liessen, obgleich diese Punkte für die sachgemässe Durchführung, und die Mithülfe der Viehbesitzer bei der Unterdrückung der Seuchen von geradezu ausschlaggebender Bedeutung sind.

Da die Kosten hiernach in der Hauptsache von den örtlichen Polizeiverwaltungen und von den Viehbesitzern selbst gedeckt werden mussten, so war es begreiflich, dass der Ausbruch der Seuchen so lange als möglich verheimlicht wurde, wodurch dann natürlich die Ansteckungsgefahr erheblich zunahm. Die seit den 60er Jahren eintretende Steigerung des Werthes des Viehes und andererseits die Vermehrung der Ansteckungsgefahr in Folge der vielfachen Verkehrserleichterungen liessen eine einheitliche gesetzliche Neuregelung der Viehseuchenpolizei immer dringlicher erscheinen.

B. Seit 1871.

§ 404. Die einheitliche Regelung der Viehseuchenpolizei ist durch Art. 4 Ziff. 15 der Reichsverfassung zur Sache des Reiches geworden. Dieses hat bereits eine Reihe wichtiger Gesetze und Ausführungsverordnungen auf dem Gebiete erlassen, welche hier hauptsächlich hinsichtlich der Kostenfrage zu betrachten sind.

§ 405. I. Reichsgesetzlich ist zunächst ein besonderes Reichsgesetz gegen Ausbreitung der Rinderpest erlassen worden (v. 7. April 1869 R.-G.-Bl. S. 105). Wenn hierbei zur Verhütung des Ausbruchs oder der Weiterverbreitung Thiere getödtet oder Sachen vernichtet werden müssen, so leistet das Reich Entschädigung.

Bei den übrigen Viehseuchen, deren Unterdrückung ebenfalls durch R.-G. v. 30. Juni 1880 (R.-G.-Bl. 1881 S. 128), ergänzt durch R.-G. v. 1. Mai 1894 (R.-G.-Bl. S. 405) geregelt wurde, wurde die Regelung der Entschädigungspflicht für getödtete Thiere den Einzelstaaten überlassen. Als Grund für die besondere Behandlung der Rinderpest wird in den Motiven (Aktenstück Nr. 50 des Reichstags 1880) vor allem die ausserordentliche Gefahr dieser Krankheit für das gesammte Nationalvermögen und die Nothwendigkeit eingreifenderer und weit kostspieligerer Massnahmen als bei anderen Viehseuchen hingestellt; bei der Uebertragung der Entschädigungspflicht des Reiches auch auf andere Seuchen fürchtete man eine zu starke Steigerung der Ansprüche und des Aufwandes und damit nicht nur eine zu hohe Belastung der Allgemeinheit, sondern auch eine unwirthschaftliche Verwendung von Mitteln.

In Preussen war die Entschädigungspflicht bei Viehseuchen bereits durch das Ges. v. 25. Juni 1875 (G.-S. S. 306) §§ 57 ff., dahin geregelt worden, dass für die auf polizeiliche Anordnung getödteten Thiere — nach Abzug des Werthes der dem Besitzer verbleibenden Theile — der gemeine Werth aus der Staatskasse zu erstatten war.

Zu den Ausnahmen, in denen der Staat keine Entschädigung leistete, gehört u. A. (z. B. wenn Reich oder Staat Besitzer sind, wenn es sich um eingeführtes krankes Vieh handelt, getödtetes Vieh in Schlachtviehhöfen u. s. w.) vor allem der Fall, dass Thiere mit einer ihrer Art und dem Grade nach unheilbaren und unbedingt tödtlichen Krankheit behaftet gewesen sind. Für diese Fälle wollte die Staatsregierung nach dem Entwurfe von 1875 eine Entschädigungspflicht allgemein ablehnen, weil die Besitzer ihre Thiere auch ohne sie verloren hätten; doch glaubte die Mehrheit des Abgeordnetenhauses, dass, um der so grossen Gefahr der Verheimlichung gerade der wichtigsten unter diese Vorschriften fallenden Seuchen, des Rotzes und der Lungenseuche, bei den Viehbesitzern zu begegnen, eine Entschädigungspflicht nicht entbehrt werden könne.

In Folge eines Amendements aus dem Abgeordnetenhause wurden daher in den Fällen, wo Rotz oder Lungenseuche bei dem getödteten Vieh konstatirt wurde, die Provinzialverbände zur Entschädigung bis zu der Hälfte (seit 1880: $^3/_4$) des Werthes der Thiere bei Rotz und bis zu $^4/_5$ bei Lungenseuche verpflichtet, wobei ihnen allerdings die Untervertheilung auf die Pferde- und Rindviehbesitzer der Provinz nach Massgabe des vorhandenen Viehbestandes mittelst Beitragung, Versicherungsprämien etc. überlassen wurde.

Diese Bestimmungen des Gesetzes von 1875 wurden nach Erlass des Reichsviehseuchengesetzes von 1880 mit einigen Modifikationen in das Preussische Ausführungsgesetz zum Reichsviehseuchengesetze v. 12. März 1881 (G.-S. S. 128) §§ 12 ff. aufgenommen.

§ 405 a. Gegenwärtig ist nunmehr in Preussen Rechtens, dass für die auf polizeiliche Anordnung oder nach dieser an der Seuche gefallenen oder in Folge einer polizeilichen Impfung eingehenden Thiere — vorbehaltlich einiger Ausnahmefälle — eine Entschädigung aus öffentlichen Mitteln gewährt wird, die sich nach dem gemeinen Werth bemisst. Bei Rotz- und Lungenseuche tritt diese Bestimmung nur ein, wenn das verdächtige Thier als seuchenfrei befunden wurde. War es krank, so wird der Werth bei Rotz nur zu $^3/_4$, bei Lungenseuche nur zu $^4/_5$ des gemeinen Werths bemessen. Die

Feststellung erfolgt durch eine aus dem Kreisthierarzte und 2 Schiedsmännern bestehende Kommission.

Die Entschädigung erfolgt aus der Staatskasse, bei Rotz und Lungenseuche aber nur dann, wenn die Thiere seuchenfrei befunden wurden. Wenn die Thiere dagegen mit Rotz oder Lungenseuche behaftet waren oder infolge der polizeilichen Impfung eingingen, so ist die Entschädigung von den Provinzialverbänden zu leisten, welche den Bedarf nach Massgabe besonderer ministeriell zu genehmigender Reglements — in denen auch über etwaige aus den Ueberschüssen zu bildenden Reservefonds Bestimmung zu treffen ist[1]) — auf die Besitzer von Pferden, Eseln, Maulthieren einerseits und Rindvieh andererseits untervertheilen. Nach Beschluss der Provinzialverbände kann ferner eine ähnliche Vergütung auch für Pockenseuche bei den Schafen (§ 22 a. a. O.) und Milzbrand (Rauschbrand) bei Pferden und Rindern gewährt werden (Ges. v. 22. April 1892, G.-S. S. 90). Die Pocken der Schafe sind nach Aufhebung der Pockenimpfung (1880) gänzlich verschwunden. Entschädigung für Milz- und Rauschbrand wird gegenwärtig in allen Provinzen ausser Schleswig-Holstein, Hannover und Sachsen gewährt.

§ 406. II. Was die sonstigen durch die Anordnung, Leitung und Ueberwachung der Massregeln zur Ermittelung und Abwehr der Viehseuchen und die polizeilich-thierärztlichen Amtsverrichtungen entstehenden Kosten, sowie ferner die den Schiedsmännern zu vergütenden Reisekosten und Auslagen anbetrifft, so sind sie bei Rinderpest wie allen anderen Viehseuchen von der Staatskasse zu tragen. Nur gewisse dabei entstehende Kosten, welche zum grossen Theil durch persönliche Mitwirkung der Gemeindeangehörigen vermieden werden können (Absperrung der Ortschaft, Transporteure) sowie Gewährung von Verscharrungsräumen etc. (§ 25 des Ges. v. 1881) sind den Gemeinden, Beaufsichtigungskosten der Viehmärkte, Gast-, Händlerstallungen und sonstiger zum öffentlichen Verkauf erfolgten Zusammenstellungen von Viehbeständen den Unternehmern überlassen (§ 24 a. a. O.), während die Kosten aller sonstigen mehr den Privatinteressen der Viehbesitzer dienenden Schutzmassregeln von diesen zu tragen sind (§ 27 a. a. O.) S. auch § 7 des Ges. v. 18. Juni 1894 (G.-S. S. 115).

In einem Min.-Erl. v. 26. Juli 1898 I G. 3743 sind die Bestimmungen über die Tragung der Kosten des Verfahrens eingehender erläutert, da die Fassung der gesetzlichen Bestimmungen vielfach zu Zweifeln Anlass gegeben hat.

Von Bedeutung sind folgende Bestimmungen des Erlasses:

1. § 23 des Gesetzes vom 12. März 1881 schreibt vor, dass die besonderen Kosten, die durch die auf Veranlassung der Polizeibehörde ausgeführten thierärztlichen Amtsverrichtungen erwachsen, aus der Staatskasse zu bestreiten seien. Im § 68 des Preussischen Seuchengesetzes vom 25. Juni 1875 (G S. S 306), der im übrigen dem § 23 des Ausführungsgesetzes zum Vorbilde gedient hat, war statt der Worte „auf Veranlassung“ „auf Requisition“ gesagt Nach dem älteren Gesetze bestand

[1]) Die Provinzen verfügen zum Theil bereits über recht erhebliche Reservefonds.

daher grundsätzlich die Kostenpflicht der Staatskasse nur für diejenigen thierärztlichen Amtsverrichtungen, die im besonderen Auftrag der Polizeibehörde vorgenommen wurden. Der Ausdruck „auf Veranlassung" geht weiter und legt der Staatskasse grundsätzlich die Kosten in allen Fällen auf, in denen die Polizeibehörden in öffentlichem Interesse, sei es durch einzelne Aufträge, sei es durch allgemeine Anordnungen eine thierärztliche Amtsverrichtung als polizeiliche Handlung vorschreiben.

2. Von diesem Grundsatze trifft § 24 des Gesetzes vom 12. März 1881 im Zusammenhange mit § 7 des Gesetzes vom 18. Juni 1894 eine Reihe von Ausnahmen, die sich auf alle Fälle des § 17 des Reichsgesetzes vom 23 Juni 1880/1 Mai 1894 (R.G.Bl. 1894 S 409) beziehen und in denen die Kosten dem Unternehmer zur Last fallen.

   Zweifel und Verschiedenheiten bei Auslegung dieser Bestimmung sind namentlich in Bezug auf die Kosten der durch beamtete Thierärzte zu führenden Beaufsichtigung „der sonst zusammengebrachten Viehbestände" hervorgetreten. Zur Begründung der Kostenpflicht des Unternehmers genügt nicht, wie vielfach angenommen ist, die Thatsache, dass der beaufsichtigte oder untersuchte Viehbestand „zusammengebracht" ist, sondern der Unternehmer hat die Kosten nur dann zu tragen, wenn es sich um einen „behufs öffentlichen Verkaufs in öffentlichen oder privaten Räumlichkeiten zusammengebrachten Viehbestand" handelt. Diese Einschränkung ergiebt sich daraus, dass in dem § 24 des Gesetzes vom 12. März 1881 ausdrücklich auf § 17 des Reichsgesetzes verwiesen ist, der diesen beschränkenden Wortlaut enthält. Selbstverständlich umfasst aber aus demselben Grunde der Begriff „sonst zusammengebrachte Viehbestände" auch die in § 24 nicht besonders, wohl aber in § 17 des Reichsgesetzes erwähnten „öffentlichen Thierschauen und die auf obrigkeitliche Anordnung veranlassten Zusammenziehungen von Pferden und Viehbeständen" ohne jene Beschränkung. Abgesehen hiervon können, wenn die thierärztliche Ueberwachung von Viehbeständen angeordnet wird, die nicht zu Zwecken des öffentlichen Verkaufes zusammengebracht sind, die Kosten nicht auf Grund des § 24 des Gesetzes vom 12. März 1881 von den Unternehmern gefordert werden, fallen vielmehr grundsätzlich der Staatskasse zur Last . .

3. Der Grundsatz, dass die Staatskasse die Kosten aller auf polizeiliche Veranlassung vorgenommenen, nicht unter § 17 des Reichsgesetzes fallenden Amtsverrichtungen zu tragen hat, findet eine weitere Beschränkung in den Fällen, in denen für diese Amtsverrichtungen bestimmte Orte und Zeiten vorgeschrieben sind und die thierärztliche Amtsthätigkeit von einem Privaten ausserhalb dieser Orte und Zeiten in Anspruch genommen wird. In diesen Fällen liegen keine auf Veranlassung der Polizeibehörden ausgeführten thierärztlichen Amtsverrichtungen vor, sie sind vielmehr durch ein Privatinteresse hervorgerufen und ihre Kosten von denjenigen Personen zu tragen, auf deren Antrag sie vorgenommen werden. Dasselbe gilt für die Kosten der in § 59 Abs. 7 der Bundesrathsinstruktion vom 30. Mai 1895/27. Juni 1895 (R.G.Bl. S. 357) erwähnten thierärztlichen Untersuchungen von Klauenvieh, das aus gesperrten Gehöften zum Zwecke der Abschlachtung ausgeführt werden soll.

4. Die Kostenbestimmungen der preussischen Ausführungsgesetze zu dem Reichsviehseuchengesetze finden überhaupt keine Anwendung auf solche thierärztlichen Amtsverrichtungen, die auf Grund des § 56b Abs. 3 der Gewerbeordnung in der Fassung vom 6. August 1896 (R.G.Bl. S. 685) erforderlich werden. In der dort den Landesregierungen eingeräumten Befugniss, zur Abwehr und Unterdrückung von Seuchen den Handel mit Rindvieh, Schweinen, Schafen, Ziegen oder Geflügel im Umherziehen Beschränkungen zu unterwerfen, ist das durch anderweite gesetzliche Bestimmungen nicht eingeengte Recht enthalten, anzuordnen, dass Hausirervieh von Zeit zu Zeit durch einen beamteten Thierarzt untersucht oder sonst beaufsichtigt

werden müsse und dass die hierdurch entstehenden Kosten vom Händler zu tragen seien. Die Uebernahme von Kosten auf die Staatskasse hat daher in allen diesen Fällen zu unterbleiben.

C. Deckung der Kosten aus Kap. 103, Tit. 16.

§ 407. Für die Deckung der aus obigen Bestimmungen für den Staat folgenden Kosten ist vornehmlich Tit. 16 bestimmt. Der Fonds betrug 1873 38 186 M., 1876 50 000 M., hob sich bis 1889/90 allmählich auf 150 000 M. und ist mit einer kleinen Verminderung (1897/98 auf 148 857 M.) in dieser Höhe geblieben.

Da es sich bei dem Fonds zumeist um gesetzliche Verpflichtungen handelt, so ist der Fonds insoweit kein Dispositionsfonds und können Ueberschreitungen stattfinden, wie dies thatsächlich auch meist geschieht.

Bei den gesetzlichen Kosten sind zu unterscheiden

a) Entschädigungen (s. §§ 404 und 405).

§ 408. Nach Anl. Nr. 15a der Uebersicht über Einnahmen und Ausgaben des Staates (1899) wurden aus Kap. 103 Tit. 16 auf Grund des § 12 des Viehseuchen-Gesetzes v. 12. März 1881 im Rechnungsjahr 1899 an Entschädigungen aus der Staatskasse gezahlt zusammen 242 576,80 M., davon 36 959,47 M. für rotzverdächtige Pferde etc. und 205 617,33 M. für lungenseucheverdächtige Rinder. Es hat also eine erhebliche Ueberschreitung des Fonds stattgefunden.

Bei Weitem der grösste Theil der Beträge entfiel auf Posen (112 076 M.) und Sachsen (107 746 M.). 1898/99 wurden verausgabt 180 671 M., woran Sachsen mit 115 898 M., Posen mit 31 882 M. betheiligt war.

Während Anfang der 90er Jahre die Ausgaben des Staates für Rotzkrankheit der Pferde überwiegen, sind in den letzten Jahren die Ausgaben für Verhütung der Lungenseuche besonders gestiegen, wie nachstehende Tabelle ergiebt.

Es wurden gezahlt auf Grund des § 12 des Gesetzes v. 12. März 1881 aus Kap. 103 Tit. 16 des Staatshaushalts-Etats

	für rotzverdächtige Pferde M.	für lungenseucheverdächtiges Vieh M.	zusammen M.
1888/89	71 867	89 173	161 040
1889/90	113 442	37 812	151 254
1890/91	115 302	16 030	131 333
1891/92	118 273	35 209	151 483
1892/93	90 128	24 769	114 897
1893/94	99 226	25 763	124 989
1894/95	57 887	24 107	81 994
1895/96	68 138	21 153	89 291
1896/97	49 096	21 709	70 805
1897/98	56 679	55 699	112 378
1898/99	30 292	141 379	180 671
1899	36 959	205 617	242 576

§ 408 a. Von den Provinzen wurden im Rechnungsjahr 1898/99 etwa 170 000 M. für Pferde und 650 000 M. für Rindvieh, zusammen 820 000 M. an Entschädigungen gezahlt. Die Provinzen haben vielfach erhebliche Reservefonds gebildet (§ 405).

Nach dem Statistischen Handbuch wurden gezahlt an Entschädigungen bei Rotz und Lungenseuche in den Jahren[1])

	vom Staat M.	von Provinzen bezw. Kommunalverbänden M.
1887	115 999	528 156
1888	95 425	411 765
1889	196 841	532 932
1890	124 550	236 936
1891	151 010	417 957
1892	125 996	453 662
1893	129 612	261 811
1894	88 765	229 672
1895	80 012	366 397
1896	59 104	464 391
Sa.	1 167 314	3 903 679
im Jahresdurchschnitt	116 731	390 367

Der Staat trägt hiernach gegenwärtig fast ein Drittel soviel, wie die Provinzen. In früheren Jahren war das Verhältniss ein für die Staatskasse günstigeres.

Es wurde an Entschädigung für Rotz und Lungenseuche gezahlt aus

	der Staatskasse M.	Provinzialmitteln M.
1878/79	34 513	654 813
1879/80	57 715	743 144
1880/81	64 628	680 819
1881/82	62 900	769 797
1882/83	29 543	855 243
1883/84	123 857	988 367
	373 156	4 692 183

Damals erstattete der Staat also nur etwa $^1/_{12}$ des Betrages, welchen die Provinzen leisten mussten. Dies ist einerseits ein Zeichen dafür, dass energischer in der Beseitigung der Seuchen vorgegangen wird, indem, auch wenn nur einige kranke Thiere vorhanden sind, ganze Bestände vernichtet werden, andererseits lässt sich auch darauf schliessen, dass die Seuchen nicht erst zur Anzeige gelangen, wenn sie schon in einem Bestande weit um sich gegriffen haben.

§ 408b. In Preussen betrug 1899 die Durchschnitts-Entschädigungssumme für polizeilich getödtete oder gefallene

Pferde (Rotz)		Rindvieh (Lungenseuche)	
zum vollen Werth	zu $^3/_4$ Werth	zum vollen Werth	zu $^4/_5$ Werth
284 M.	349 M.	178 M.	216 M.

Milz- und Rauschbrand
für 1 Pferd 352 M, 1 Rind 214 M.

---

[1]) Die Zahlen stimmen nicht genau mit den vorigen überein, da letztere das Etatsjahr, diese das Kalenderjahr betreffen.

b) Ausgaben des Staates hinsichtlich der sonstigen Kosten (s. § 406).

§ 409. Diese Ausgaben auf Grund des Viehseuchen-Gesetzes sind thatsächlich nur von geringer Bedeutung für die Staatskasse.

c) Ausgaben zu weiteren Zwecken.

§ 409a. In Bezug auf seine weiteren Zwecke ist der Fonds ein Dispositionsfonds. Diese Zwecke sind verschiedenartigster Natur, z. B. Beschaffung von Mikroskopen, Instrumenten etc. für Departements- und Kreis-Thierärzte, spielen aber gegenüber dem Hauptzwecke des Fonds nur eine geringfügige Rolle.

§ 410. 2. *Tit. 16a.* Zur wissenschaftlichen Erforschung von Thierkrankheiten und für Versuche zu deren Bekämpfung 80000 M.

Dieser Fonds — in die folgenden Jahre übertragbar — steht erst seit 1899 auf dem Etat und wurde damit begründet, dass bei der stets wachsenden Seuchengefahr die alten Sperrmassregeln vielfach unzureichend erscheinen, neue Schutzmittel aber ohne planmässige wissenschaftliche Forschungen und Sicherstellung der Ergebnisse durch praktische Versuche nicht gefunden werden können. Bei der grossen Bedeutung der Gesunderhaltung des Viehs für die ganze Landwirthschaft und der Kostspieligkeit der Versuche sei staatliche Bereitstellung von Mitteln gerechtfertigt und geboten.

Achter Hauptabschnitt.

Allgemeine Fonds.

(Kap. 107 Tit. 1—7.)

§ 411. Unter der Rubrik Allgemeine Ausgaben (1901: 985000 M.) findet sich im Jahre 1872 nur ein einziger Posten (der jetzige Titel 4) vor, welcher mit 24000 M. ausgestattet war. 1873 kam der jetzige Titel 1 (Landeskulturfonds), 1880/81 Tit. 2 (Obst- und Weinbaufonds), 1881/82 Tit. 3 (Landw. polizeiliche Zwecke), 1885/86 Tit. 5 (Einmalige Unterstützungen etc.), 1886/87 Tit. 6 (Beiträge zur gesetzlichen Krankenversicherung etc.) und Tit. 7 (Messungen der Hochfluthmassen u. s. w.) hinzu.

Von 24000 M. in 1872 stiegen die Schlusssummen des Titels Allgemeine Ausgaben auf:

1873	1883/84	1889/90	1896/97	1901
248153	330142	570700	628700	985000 M.

Wie an dieser ausserordentlichen Steigerung die einzelnen Fonds betheiligt waren, ergeben die folgenden Ausführungen:

§ 412. *Kap. 107 Tit. 1.* Dieser Fonds ist bereits in Hauptabschnitt VI §§ 322 ff. näher behandelt worden.

Auch Tit. 2 und Tit. 3 sind schon erörtert worden in Hauptabschnitt VI §§ 325 ff. und VII §§ 384 ff.

§ 413. *Kap. 107 Tit. 4.* Zu Unterstützungen für ausgeschiedene Beamte und zu Pensionen und Unterstützungen für Wittwen und Waisen von Beamten der landwirthschaftlichen Verwaltung und der Centralverwaltung der Domänen und Forsten 72 000 M. (Die am Jahresschlusse verbleibenden Bestände können zur Verwendung in die folgenden Jahre übertragen werden.)

Im Etat pro 1849 waren zur Unterstützung für ausgeschiedene Beamte und deren Wittwen und Waisen 3 555 M. ausgebracht, welche jedoch im Jahre 1851 auf den Etat des Finanzministeriums übergingen. Erst im Jahre 1864 wurden wieder 8 100 M. in den landwirthschaftlichen Etat eingestellt. 1874 wurde der Fonds, wie viele ähnliche Fonds, um 40 Proz. erhöht, namentlich um denjenigen Beamten, welche vor Eintritt der in den Jahren 1872 und 1873 erfolgten Besoldungsverbesserung pensionirt waren, und den Beamtenrelikten grössere Unterstützungen geben zu können. Er wurde auf 33 600 M. erhöht, und bis 1876 auf 50 000 M. gesteigert. Seitdem hat der Fonds eine allmählige weitere Erhöhung bis auf 72 000 M. (seit 1896/97) erfahren.

§ 414. *Kap. 107 Tit. 5.* Zu einmaligen Unterstützungen für Personen, welche, ohne die Eigenschaft von Beamten oder Hülfsbeamten zu haben, in der landwirthschaftlichen Verwaltung dauernd beschäftigt werden oder beschäftigt gewesen sind, sowie für Hinterbliebene solcher Personen 2000 M.

Dieser kleine Fonds existirt erst seit 1885/86. Auch schon vorher wurden bei Krankheits- oder Todesfällen oder in sonstigen Fällen unverschuldeter Noth den bezeichneten Personen oder ihren Angehörigen einmalige Beihülfen gegeben, doch wurden die Mittel bis dahin aus Kap. 62 Tit. 8 (des Finanzministeriums) entnommen. Da es sich meist um kleine Beiträge handelt, erschien die Mitwirkung des Finanzministers für die Zukunft entbehrlich.

§ 415. *Kap. 107 Tit. 6.* Beiträge zur gesetzlichen Krankenversicherung der Arbeiter, Ausgaben auf Grund der Unfallversicherungsgesetze, sowie Aszendentenrenten, Heilungskosten und Sterbegelder auf Grund des Unfallfürsorgegesetzes, Ausgaben auf Grund des Gesetzes, betreffend die Invaliditäts- und Altersversicherung 6000 M.

1893/94 auf 4700 M., 1898/99 auf 6000 M. festgestellt, in Folge der Mehrausgaben nach dem Alters- und Invaliditätsversicherungsgesetz vom 22. Juni 1889 (R.-G.-Bl. S. 97).

§ 416. Vorübergehend war von 1892/93 bis 1895/96 ein besonderer Titel 6a zu Remunerationen für die Vorsitzenden und stellvertretenden Vorsitzenden der Schiedsgerichte für land- und forstwirthschaftliche Unfallversicherung mit 12 000 M. eingestellt. Seit 1896/97 wurde der Posten nach Kap. 68 Tit. 9 der Handels- und Gewerbeverwaltung übernommen. (Siehe Erläuterungen zu jenem Titel im Etat 1896/97.)

§ 417. *Kap. 107 Tit. 7.* Zur Beobachtung der in den Flüssen vorkommenden Wasserstände und zur Messung der hierbei zum Abfluss gelangenden Wassermengen, sowie zur Feststellung des thatsächlichen Verlaufs der Hochwasserwellen in den Preussischen Stromgebieten 50 000 M. (Die am Jahresschlusse verbleibenden Bestände können zur Verwendung in die folgenden Jahre übertragen werden.)

Da die Kenntniss der Höhe und Dauer der in den Flüssen vorkommenden Wasserstände und der zum Abfluss kommenden Wassermengen als die wichtigste Grundlage für die Aufstellung von Projekten zur Regulirung der Flüsse und Entwässerung von Niederungen zu betrachten ist, wurde nach dem Vorgang anderer Staaten auch für Preussen das Netz der an den schiffbaren Flüssen bereits vorhandenen Pegelstationen auf die nichtschiffbaren Flüsse erweitert und die Kosten aus dem vorstehenden zunächst mit 15 000 M. dotirten, 1889/90 auf 30 000 M. erhöhten Fonds bestritten.

Aus dem Fonds wurde zugleich der preussische Antheil an den Kosten der von den deutschen Rheinuferstaaten eingerichteten gemeinsamen Centralstelle für die Feststellung des Verlaufs der Hochwasserwellen im deutschen Rheingebiet bestritten.

Um die nöthigen Arbeitskräfte zur Herstellung besonderer Wasserbücher (Flussinventarien) bei den Meliorationsämtern zu gewinnen, war von 1896—98 eine weitere Erhöhung des Fonds auf 50 000 M. erforderlich. S. auch § 166.

III. Hauptstück.

Extraordinarium der landwirthschaftlichen Verwaltung.

§ 418. Nach Anl. XLVI ist der Durchschnitt des Extraordinariums bei der landwirthschaftlichen Verwaltung im Vergleich zum Ordinarium mit 25,5 Proz. ein ziemlich hoher. In dem Zeitraum von 1871—1880 betrug er sogar 40,3 Proz. Bei den Ausgaben handelte es sich damals vorwiegend um Meliorations- und Kanalzwecke (Nordemskanal). Von 1880–1890 sank der Prozentsatz auf 12,9 Proz., stieg aber seitdem wieder erheblich, 1890—1899: 18,0 Proz., 1900: 59,2 Proz., 1901: 74,6 Proz.

Dem Extraordinarium seit Mitte der 90er Jahre charakteristisch ist die mit Rücksicht auf die landwirthschaftliche Nothlage erfolgte ausserordentliche Verstärkung extraordinärer Dispositionsfonds zur Förderung des landwirthschaftlichen niederen Unterrichts- und des Versuchswesens, der Vereinszwecke und für Hebung von Pferde- und Viehzucht, endlich für Meliorationen.

Bei dem Vorarbeitskostenfonds (Tit. 10) finden sich extraordinäre Verstärkungen allerdings schon seit dem Jahre 1887/88.[1]) Von diesem Jahre bis 1900 sind im Ganzen 2470000 M. zu diesem Zwecke bewilligt worden.

Bei anderen Fonds (Kap. 102 Tit. 16, Kap. 104 Tit. 2 u. 4, Kap. 107 Tit. 1) finden sich ausserordentliche Verstärkungen aber erst seit 1895/96. Die Verstärkungen betrugen seit jener Zeit bis 1901 bei Kap. 102 Tit. 16 zusammen 2020000 M., Kap. 104 Tit. 2: 531000 M., Tit. 4: 860000 M., Kap. 107 Tit. 1: 1010000 M., für 1901 ist auch Kap. 104 Tit. 1 um 250000 M. und Tit. 3a um 30000 M. verstärkt worden. Kap. 106 Tit. 9 erhielt 1900: 30000 M. und 1901: 50000 M. extraordinären Zuschuss (s. die einzelnen Fonds).

§ 419. Vertheilt man die Ausgaben des Extraordinariums von 1867 bis 1901 auf die einzelnen Hauptzwecke, so ergiebt sich, dass bei Weitem

---

[1]) Hauptsächlich für Moorkanalzwecke (Nordemskanal).

der grösste Theil auf Flussregulirungen, Meliorationen, Deiche, Dünen und Kanäle entfällt, nämlich 46 645 368 M. oder 56 Proz. des Gesammtextraordinariums.

Im Uebrigen entfielen von der Gesammtsumme des Extraordinariums 1867—1901: auf unterrichtliche Zwecke zusammen 12 426 822 M., davon auf thierärztliche Hochschulen 4 133 630 M. (1 303 014 M. auf Berlin, 2 826 616 M. auf Hannover, 4000 M. gemeinsam), auf landwirthschaftliche Hochschulen 5 894 024 M. (5 826 616 M. auf Berlin und 803 529 M. auf Hannover,[1]) auf sonstige landwirthschaftliche höhere Spezial- und Fachschulen 1 379 168 M., auf Dispositionsfonds 102 Tit. 16 1 020 000 M., auf Fischerei kamen 1483 354 M., auf Waldschutzgesetzgebung 371 500 M., auf Eifel-, östliche und westliche Fonds zusammen 10 874 500 M., zur Vermehrung der Dispositionsfonds Kap. 104 Tit. 2 u. 4 und Kap. 107 Tit. 1 zusammen 2 870 000 M., der Fonds Kap. 106 Tit. 9, Kap. 102 Tit. 13 u. 15a zusammen 2 568 059 M., zu Moorbesiedelungszwecken 1 722 000 M., zur Förderung der landwirthschaftlichen Produktion u. s. w. 1 400 000 M., auf sonstiges 2—3 Mill. M.

Die Mehrzahl dieser Ausgaben findet bei den betreffenden Verwaltungszweigen ausführlichere Erörterung.

Hier sind nur einige im Extraordinarium vorgesehene Fonds besonders zu behandeln, deren Verwendung in mehrere Hauptabschnitte, nämlich den III., IV. und VI., hinübergreift, das sind der sogen. Eifel-, der östliche und westliche Fonds.

Ueber diese drei Fonds[2]) ist Folgendes zu bemerken:

Eifelfonds.

§ 420. In dem Eifelgebiete (Reg.-Bez. Coblenz, Cöln, Aachen, vor Allem aber Trier) hauptsächlich da, wo jede bedeutendere Industrie fehlt, stellte sich im Laufe der 70er und 80er Jahre in Folge der Ungunst der klimatischen Verhältnisse, der früheren Verwüstung der Wälder, der übermässigen Zersplitterung des Grundbesitzes, der Ab-

---

[1]) Davon entfielen während der 70er Jahre rund 2½ Mill. M. auf den Neubau der Landwirthschaftlichen Hochschule, 229 000 M. (1889/90) Zuschuss für die Brauerei-Versuchs- und Lehranstalt, 850 000 M. (1896/97) für die Anstalt für Gährungsgewerbe, Stärkefabrikation, Brennerei u. s. w., 744 000 M. (1901) für die Versuchsanstalt für Rübenzuckerindustrie u. s. w.

Von den 803 000 M. extraordinären Ausgaben, welche auf Bonn-Poppelsdorf kommen, fielen rund 260 000 M. in die 80er Jahre zum Bau und zur inneren Einrichtung der Lehr- und Sammlungsräume, 90 000 M. kamen auf den Erwerb von Grundstücken (1891/92), endlich auf den Bau und die innere Einrichtung mehrerer Institute (für Boden- und Pflanzenlehre, Thierphysiologie, Glasvegetationshaus u. s. w.) von 1899—1901 rund 200 000 M.

[2]) welche sämmtlich, um die Mittel voll ausnutzen zu können, in die folgenden Jahre übertragbar sind.

geschnittenheit vom Verkehr ein derartiger Nothstand heraus, die Erträge von Grund und Boden wurden so gering, vor Allem so unsicher, dass die Bevölkerung mehr und mehr verarmte, sich aus eigener Kraft nicht mehr empor arbeiten konnte und beim Fehlschlagen der Kartoffel- oder Hafterernte immer der Eintritt wirklicher Hungersnoth in einzelnen Ortschaften oder ganzen Distrikten drohte.

Die Staatsregierung begann daher mit dem Ausbau von Sekundärbahnlinien vorzugehen, auch wurde durch das Konsolidationsgesetz für die Rheinprovinz von 1885 die Möglichkeit wirthschaftlicher Zusammenlegung der Grundstücke geschaffen.

Aber es erwies sich als nothwendig, auch mit finanziellen Mitteln der Bevölkerung beizuspringen, um die Aufforstung und Urbarmachung von Oedländereien, die Entsumpfung und Drainage von Wiesen und Aeckern, den Anbau von Handelsprodukten, wie Obst, Flachs und Korbweiden und vor Allem die stärkere Betonung der Viehzucht in jenen Kreisen zu fördern.

Der Provinz allein die Aufbringung der Mittel zu diesen aussergewöhnlichen Aufgaben zu überlassen, erschien nicht angängig. In Folge dessen setzte die Staatsregierung seit 1884/85 alljährlich in das Extraordinarium des Etats je 200 000 M. zur Förderung der Land- und Forstwirthschaft im Eifelgebiete ein (vgl. Denkschrift Beil. C des Etats 1884/85). Nachdem sich auch die Provinzvertretung der Rheinprovinz mit dem Gegenstande befasst hatte (vgl. Protokolle des XXIX. Rhein. Prov.-Landtages S. 44), kam eine Vereinbarung zwischen Staat und Provinz zu Stande, wonach der Staat die Ausgaben für Forstzwecke, Anbau von Obst, Flachs u. s. w. und die Vorarbeitskosten der Melioration allein tragen, dagegen zu den Kosten des Einzelunternehmens ein Drittel beitragen sollte, während sich die Provinz mit zwei Dritteln betheiligte.

Der Betrag von 200 000 M. ist bis 1900 einschliesslich alljährlich wieder eingestellt worden, so dass im Ganzen zu diesem Zwecke bis jetzt 3 400 000 M. vom Staate verausgabt sind. Die Provinz hat in der gleichen Zeit zu gleichem Zwecke etwa 1 190 000 M. aufgebracht.

Der Haupttheil, über die Hälfte jener Summen, ist zu Beihülfen an Meliorationsgenossenschaften und Zusammenlegungsinteressenten verwendet worden. Es wurden von 1884/85 bis 1900 im Ganzen 378 Ent- und Bewässerungsgenossenschaften und Drainagegenossenschaften im Eifelgebiete mit zusammen 8668 ha Fläche gebildet, wovon 241 auf Trier, 84 auf Coblenz und 53 auf Aachen entfielen.

Die Ueberzeugung von der Nützlichkeit der Meliorationen hat allmählich dahin geführt, dass die Beiträge der Betheiligten zu den Kosten von einem Zehntel bis zu vier Zehntel gesteigert werden konnten.

Ein Viertel bis ein Drittel des Fonds wurde zu Forstzwecken (Aufforstung und Gemeindeforstwege), der Rest zu den sonstigen

Zwecken verwendet. Bis 1895 waren 1865 ha aufgeforstet, 1026 ha verbessert und 311 900 m Wege in Gemeindeforsten ausgebaut (vgl. Denkschrift Beil. B zum Etat 1896/97). Seit 1901 ist der Eifelfonds fortgefallen. S. auch westlicher Fonds § 422.

Oestlicher Fonds.

§ 421. Die Nothlage der Landwirthe, namentlich in den östlichen Provinzen, machte es nothwendig, neben den ordinären Fonds (insbesondere Kap. 102 Tit. 16, Kap. 104 Tit. 2 u. 4 und Kap. 107 Tit. 1 u. 2) für jene Provinzen seit 1892/93 noch extraordinäre Summen bereit zu stellen, welche vor Allem die Förderung von Drainagen, Nutzbarmachung von Moorflächen und Oedländereien bezweckten, aber auch für landwirthschaftlichen Unterricht (Wanderlehrer), Verbesserung des Futterbaues u. s. w. verwendet werden sollten. Es wurden bewilligt zu diesem Zwecke aus dem sogenannten Ostfonds 1884/85: 150 000 M., in den folgenden drei Jahren 300 000, 400 000, 500 000 M., 1896/97: 650 000 M., 1897/98: 690 000 M., 1898/99 und 1899 je 740 000 M., 1900: 780 000 M., 1901: 840 000 M., zusammen 5 790 000 M. Die Verstärkungen der späteren Jahre dienten vor Allem der Durchführung von Meliorationen, Drainagen und Wiesenverbesserungen, aber auch der Förderung der Rindviehzucht u. s. w.

Ursprünglich wurden nur Ostpreussen, Westpreussen, Posen und Pommern bedacht, später kamen auch Brandenburg und Schlesien dazu. Die Provinzialverwaltungen wurden verpflichtet, ebenfalls Fonds zu gleichen Zwecken in ihre Etats zu stellen, die aber kaum der Hälfte der staatlichen gleichkommen dürften. In den Etatserläuterungen sind bisher über die Ergebnisse der Fondsverwendung keine eingehenderen Angaben gemacht worden. Die segensreiche Wirkung des Fonds zeigt sich aber am besten in der Nothwendigkeit der stetigen Steigerung desselben.

Während bei dem westlichen Fonds der Hauptbetrag für Meliorationen Verwendung findet, entfällt beim östlichen Fonds der grösste Theil der Verwendung auf Zwecke der im IV. und VI. Hauptabschnitt dieses Buches gedachten Art. Es wurden aus dem Fonds verausgabt von 1892/93 bis 1899 einschliesslich Landesmeliorationen 1 431 165 M., dagegen für wissenschaftliche Zwecke 426 694 M., zur Förderung der Pferdezucht 228 606 M., der Viehzucht 472 990 M., zur Unterstützung der Landwirthschaftskammern, landwirthschaftlichen Vereine und zur Förderung der Landeskultur im Allgemeinen 1 518 645 M., zur Beschleunigung geologisch-agronomischer Aufnahmen 40 553 M., insgesammt 4 121 653 M.

Die verschiedenen Provinzen waren bei der Verausgabung des Fonds für 1899 (740 463 M.) wie folgt betheiligt:

Provinzen.	Für wissenschaftliche Zwecke ℳ	Pferdezucht ℳ	Viehzucht ℳ	Für Landwirthschaftskammern, Vereine, allgemeine Landeskultur ℳ	Landesmeliorationen ℳ	Geologisch-agronomische Aufnahmen ℳ	Summa ℳ
Ostpreussen	20 600	26 000	20 500	47 200	150 000	5 400	269 700
Westpreussen . . .	20 500	—	16 500	33 700	40 000	5 145	115 845
Brandenburg	12 000	4 000	26 500	28 700	—	—	71 200
Pommern	11 500	—	4 000	66 871	—	—	82 371
Posen	3 000	1 330	34 000	46 392	40 000	—	124 722
Schlesien	30 650	7 000	3 000	35 975	—	—	76 625
Summa . .	**98 250**	**38 330**	**104 500**	**258 838**	[1]) **230 000**	**10 545**	**740 463**

Westlicher Fonds.

§ 422. Seit 1897/98 trat die Nothwendigkeit hervor, ähnlich wie für den Osten und das Eifelgebiet, auch für gewisse andere wirthschaftlich ungünstig gestellte Gegenden des Westens einen besonderen extraordinären Fonds für Bodenmeliorationen, Aufforstungszwecke, Anbau von Handelsprodukten und Hebung der Viehzucht einzustellen. Vor Allem kamen in Betracht in der Rheinprovinz: Hochwald, Hunsrück, Westerwald, Bönnigsandt und das Bergische Land, in Westfalen: das Sauerland, in Hessen-Nassau: die Rhön, der Vogelsberg, das sogenannte hessische Hinterland und der Kreis Schmalkalden, in Hannover: das Eichsfeld, der Vorharz, der Hümmling und der Solling, in Sachsen: das Eichsfeld, der Vorharz und der Thüringer Wald, endlich die Hohenzollernschen Lande.

Es wurde daher, in der Voraussetzung entsprechender Betheiligung der betreffenden Provinzialverbände, auch ein Fonds zur Förderung der Land- und Forstwirthschaft in den westlichen Provinzen (mit Ausschluss des Eifelgebietes) seit 1897/98 im Extraordinarium des Etats alljährlich bereitgestellt (1897/98 100 000 M., 1898/99 200 000 M., 1899 und 1900 je 260 000 M., 1901 515 000 M.). Die starke Erhöhung für letzteres Jahr ist zum Theil mit Rücksicht darauf erfolgt, dass in diesem Jahre der besondere Eifelfonds fortgefallen ist und nunmehr auch die Eifelgegenden aus dem vorliegenden Fonds mit zu bedenken sind. Zugleich ist nach den Etatserläuterungen eine bestimmte Ver-

[1]) 1900 wurden 290 000 M. (60 000 M. für Posen) zu Meliorationszwecken verausgabt.

theilung des Fonds auf die einzelnen Provinzen festgelegt. Es sollen erhalten die Rheinprovinz 220 000 M., Westfalen 120 000 M., Sachsen 40 000 M., Hannover und Hessen je 60 000 M., Hohenzollern 15 000 M. Für die Verwendung sind im Uebrigen besondere Grundsätze zwischen den Staats- und Provinzialbehörden vereinbart worden, nach denen Staat und Provinz bezw. Kommunalverbände je gleich hohe Summen aufzubringen haben, während die Provinz beim Eifelfonds nur etwa ein Drittel aufbrachte.

Der gemeinsame Fonds soll dabei nicht dazu dienen, öffentlich rechtliche Korporationen bei der Erfüllung der ihnen gesetzlich obliegenden Verpflichtungen, z. B. beim Wegebau oder die bestehenden Staats- und Provinzialfonds bezüglich der bisher zu land- und forstwirthschaftlichen Zwecken gewährten Beihülfen zu entlasten, sondern er soll diesen Zwecken über die bisher gewährten und in Zukunft weiter zu gewährenden Beihülfen hinaus weitere Geldmittel zuführen, insbesondere auch für solche Aufgaben, für deren Unterstützung bisher keine Fonds zur Verfügung standen, die Möglichkeit einer Unterstützung schaffen. Drainagen und sonstige Bodenmeliorationen jeder Art sind in erster Linie zu berücksichtigen. Bevorzugt wird dabei die Bildung von Wassergenossenschaften. An Einzelpersonen sollen Unterstützungen in der Regel nur zu Anlagen gegeben werden, die vorbildlich wirken können. Die Unterstützungen werden als einmalige, ohne Auflage der Rückgewähr, gegeben. Die Vertheilung des Fonds erfolgt alljährlich nach einem vom Minister und dem Ausschusse des Provinzialverbandes (Kommunalverbandes) festgesetzten Vertheilungsplan. Zur Sicherung der richtigen Verwendung, gegebenenfalls auch der ordnungsmässigen Unterhaltung werden Kreiskommissionen gebildet, an deren Spitze der Landrath steht. Auch hat der Ober-Präsident die richtige Verwendung entsprechend zu überwachen.

In den Jahren 1897/98—1900 einschl. sind aus dem Fonds verausgabt worden zu

	Meliorationen M.	Aufforstungen M.	sonstigen Sachen M.	zusammen M.
Rheinprovinz	238 470	6 530	—	245 000
Westfalen	147 525	22 180	40 295	210 000
Sachsen	56 642	23 440	29 918	110 000
Hessen-Nassau . . .	80 934	11 986	17 080	110 000
Hannover	72 995	8 945	28 060	110 000
Hohenzollern	31 200	—	3 800	35 000
	627 766	73 081	119 153	820 000

Anhang I.

Innere Kolonisation und Ansiedelungskommission.

§ 423. Eine umfangreiche innere Kolonisation hat in Preussen schon nach dem 30jährigen Kriege stattgefunden und sich das 18. Jahrhundert hindurch fortgesetzt.[1]) Seit dem Grossen Kurfürsten war „Menschen ins Land zu ziehen der erste Gesichtspunkt der staatlichen Bevölkerungspolitik". Auch Friedrich Wilhelm I. und vor Allem Friedrich der Grosse huldigten dieser Anschauung und zogen zahlreiche städtische wie ländliche Kolonisten ins Land. Unter letzterem König allein sollen 25 Mill. Thaler für die Kolonisation ausgegeben und 900 Kolonistenetablissements gegründet sein. Die Zahl der Einwanderer wird von 1640—1786 auf etwa ½ Million, den 10. Theil der damaligen Bevölkerung Preussens geschätzt. Speziell in den östlichen Provinzen (Preussen, Pommern, Brandenburg, Schlesien) wurde die Grundeigenthumsvertheilung stark durch innere Kolonisation beeinflusst. Die durch das natürliche Schwergewicht der feudalen Klasseninteressen vor sich gehende und nie ganz gehemmte Latifundienbildung ist dadurch wenigstens theilweise korrigirt und eingeschränkt worden.

Auch durch Parzellirung staatlicher Domänen suchte man die innere Kolonisation zu fördern. Aber schon ein Plan des Geheimen Kammerraths von Luben im Anfang des 18. Jahrhunderts, wonach alle Domänen zerschlagen und die einzelnen Parzellen in Erbpacht ausgethan werden sollten, kam nur in kleinstem Umfang zur Ausführung und bewährte sich nicht. Auch spätere Parzellirungsversuche (1767—1806: 350 000—400 000 Morgen) in Neuvorpommern (1835—1849: Parzellirung von 5 Domänen), ferner nach der Allerh. Kab.-O. v. 14. Nov. 1845 und 29. Sept. 1846, welche alle von 1847 ab pachtlos werdende Domänen in den Provinzen Preussen, Posen und Pommern parzellirt wissen wollten, endlich die auf Anregung des Abgeordnetenhauses in den Jahren 1875 und 1876 erfolgte Parzellirung und öffentliche Versteigerung von 4 pachtlos gewordenen Domänen erwiesen sich als unwirksam für die Erfüllung des kolonisatorischen Zweckes und waren auch zum Theil ungünstig für die Staatskasse, sodass schliesslich alle derartigen Versuche eingestellt wurden.

---

[1]) Vgl. Schmoller, Die preussische Kolonisation im 17. und 18. Jahrhundert Schriften des Vereins für Sozialpolitik, Bd. 33 und Meitzen, Bd. VI S. 333 ff.

§ 424. Die Frage der inneren Kolonisation gewann indessen seit den 70er Jahren wieder eine erhöhte Bedeutung in Folge des durch den grossen wirthschaftlichen Aufschwung unterstützten Zuges der ländlichen Arbeitskräfte nach den grossen Verkehrs- und Industriezentren, wodurch sich auf dem Lande ein immer grösserer Arbeitermangel fühlbar machte.

In Theorie und Praxis kam man zu der Ueberzeugung, dass zur Gewinnung eines sesshaften Arbeiterstammes auf dem platten Lande die 1850 beseitigte Erbpacht oder doch ein ihr ähnliches Rechtsverhältniss wieder geschaffen werden musste. Anträge auf entsprechende Gesetzesänderungen wurden 1879 vom Landesökonomiekollegium, 1882 von der Centralmoorkommission gestellt. Auch wurde schon damals eine Denkschrift, welche die Errichtung von Rentengütern für das ganze Land in Aussicht nahm, von der Staatsregierung ausgearbeitet.

Inzwischen gaben die immer stärker auftretenden nationalpolitischen Bestrebungen in den Provinzen Posen und Westpreussen der Regierung willkommene Gelegenheit, zunächst in diesen Gegenden im grossen Massstabe eine innere Kolonisation zur Durchführung zu bringen, welche durch Bevorzugung deutscher Ansiedler bei der Besiedelung mit dem wirthschaftlichen Erfolge zugleich eine planmässige Zurückdrängung des Polenthums zu Gunsten des deutschen Elementes verband. Die Absicht ging dahin, grössere Besitzungen, welche sich in polnischen Händen befinden, zu erwerben, und durch Wiederveräusserung derselben in Theilstücken an Erwerber deutscher Abkunft jenen bedrohlichen polonisirenden Bestrebungen entgegen zu treten.

Schon in der Mitte der 30er Jahre hatte die Preussische Staatsregierung zu demselben Zwecke auf gleichem Wege, nicht ohne Erfolg, vorzugehen versucht.

Wenn aber die damals getroffenen Massregeln nicht die erhoffte volle Wirkung gehabt haben, so lag der Grund theils in der nicht immer zielbewussten Ausführung, ganz vorzugsweise aber darin, dass der Fonds, welcher für diesen Zweck damals zur Verfügung stand, zu gering bemessen war.

Daher wurden nunmehr durch Gesetz v. 26. April 1886 (G.-S. S. 131) auf einmal 100 000 000 M. zu dem Ansiedelungszwecke zur Verfügung gestellt. Durch Gesetz v. 20. April 1898 (G.-S. S. 63) wurde der Fonds auf 200 000 000 M. erhöht.

Aus diesen Mitteln sind nicht nur die zu parzellirenden Grundstücke käuflich zu erwerben, sondern auch, soweit erforderlich, diejenigen Kosten zu bestreiten, welche aus der erstmaligen Einrichtung, sowie aus der erstmaligen Regelung der Gemeinde-, Kirchen- und Schulverhältnisse, neuer Stellen von mittlerem und kleinerem Umfange oder ganzer Landgemeinden entstehen.

Um aber eine zu weitgreifende Belastung der Staatskasse zu vermeiden, sollte bei den Operationen des Staates davon ausgegangen werden, dass der Staat durch die Anzahlungen des Käufers oder durch die von ihm zu leistenden Geldrenten annähernd schadlos gehalten bezw. eine mässige Verzinsung des aufgewendeten Anlagekapitals sichergestellt werde. Auch sollte allen Erwerbungen von Grund und Boden eine sorgfältig geprüfte Rentabilitätsberechnung vorausgehen.

Die Beiträge, welche der Staat als Schadloshaltung gegen Ueberlassung der Ansiedelungsstellen erhält, sowie die Einnahmen von wiederveräusserten Grundstücken und aus Zwischennutzungen sind alljährlich in den Staatshaushaltsetat aufzunehmen und fliessen, soweit sie nicht aus der Veräusserung von Domänen und Forsten herrühren, zu dem Allgemeinen Ansiedelungsfonds.

§ 425. Die Ueberlassung der Stelle kann zu Eigenthum gegen Kapital oder in Zeitpacht und — in Folge einer in dem Regierungsentwurf durch den Landtag vorgenommenen Einschaltung — gegen Rente erfolgen.[1]) Die für letzteren Fall vorgesehenen Vorschriften wurden später durch Gesetz v. 27. Juni 1890 über Rentengüter (G.-S. S. 209) auf das Gebiet der ganzen Monarchie ausgedehnt (s. §§ 60 ff.). Näheres über diesen Theil der Gesetzgebung über innere Kolonisation und ihre Erfolge ist bereits in §§ 61 ff. u. 186 ff. gesagt worden.

Während die Ausführung der Rentengutsgesetzgebung in die Hände der allgemeinen Auseinandersetzungsbehörden gelegt wurde, ist für die Durchführung des Gesetzes v. 26. April 1886 eine besonders geschaffene Ansiedelungskommission gebildet, welche dem Staatsministerium untersteht und ihren Sitz in Posen hat.

§ 426. Die Kommission besteht (Kgl. Ausf.-V. v. 21. Juni 1886)

1. aus den Oberpräsidenten der Provinzen Westpreussen und Posen;
2. aus je einem Kommissarius des Ministerpräsidenten und der Minister für Landwirthschaft, Domänen und Forsten, des Innern, der Finanzen und der geistlichen, Unterrichts- und Medizinal-Angelegenheiten;
3. aus den vom Könige auf je 3 Jahre ernannten sonstigen Mitgliedern.

Der Vorsitzende und der Stellvertreter des Vorsitzenden werden vom Könige aus der Zahl der Mitglieder ernannt.

Auf den Vorsitzenden finden die Bestimmungen in § 87 Nr. 2 des Gesetzes v. 21. Juli 1852 (G.-S. S. 465) Anwendung. Die nicht im Hauptamt angestellten Mitglieder der Kommission bekleiden ein Ehrenamt, für welches eine Besoldung oder Remuneration nicht gewährt wird.

Für einzelne Geschäfte können durch Beschluss der Kommission Subkommissionen oder besondere Kommissarien bestellt werden.

---

[1]) Thatsächlich ist diese Form die üblichste. Es sind 91 Proz. der Fläche zu Rentenstellen vergeben, 7 Proz. verpachtet und 2 Proz. verkauft.

Der Kommission ist die erforderliche Zahl von Beamten und sonstigen Hülfskräften beigegeben, welche zum Theil juristisch, zum Theil technisch vorgebildet sind. Die Entscheidungen werden kollegialisch getroffen. Seit 1. Okt. 1900 sind 11 Verwaltungs- und 4 technische Dezernenten — die beiden an der Zentralstelle wirkenden landwirthschaftlichen Sachverständigen arbeiten als Kodezernenten — in der Kommission thätig.

Für die Geschäftsführung ist das auf Grund § 15 der Kgl. Verord. v. 21. Juni 1886 erlassene Regulativ massgebend. Die bei der Ausführung des Gesetzes zu beobachtenden Verwaltungsgrundsätze sind im ersten Verwaltungsbericht ans Abgeordnetenhaus niedergelegt (Akt.-St. Nr. 20 des A.-H. Drucksachen 1887).

Ueber die Ausführung des Gesetzes, insbesondere über die Ankäufe und Verkäufe, die Ansiedelungen oder deren Vorbereitung und die Verwaltung der angekauften Güter, muss dem Landtage alljährlich in einer Denkschrift Rechenschaft abgelegt werden (§ 11 d. Ges.).

Etat der Ansiedelungskommission für Westpreussen und Posen in den Jahren 1901, 1895/96, 1890/91, 1887/88.

Kap.	Tit.	Einnahme und Ausgabe.	1901 ℳ	1895/96 ℳ	1890/91 ℳ	1887/88 ℳ
25i.		**Einnahme.**				
	1.	Zuschuss zur Deckung der Verwaltungsausgaben der Ansiedelungskommission (§ 1 Ges. v. 26. April 1886 und Ges. v. 20. April 1898)	649 148	412 962	206 639	123 750
	2.	Einnahmen aus der Ueberlassung von Stellen (§ 2 Ges. v. 26. April 1886), sowie aus wiederveräusserten Grundstücken und aus Zwischennutzungen (§ 8 a. a O.), soweit sie nicht aus der Veräusserung von Domänen und Forsten herrühren, einschliesslich der Erlöse für veräusserte Gebäude und alte Baumaterialien, sowie der Brandentschädigungen; Einnahmen aus der Wirthschaftsführung d. Ansiedelungsgüter und aus dem Betriebe der auf denselben befindlichen Ziegeleien, Mühlen u. s. w.; Entschädigungen für die an Ansiedler abgegebenen neuen Baumaterialien	5 500 000	2 280 000	400 000	20 000
	3.	Einnahmen an Rückzahlungen u. Zinsen von Darlehnen und Auslagen, sowie durch Rückgewähr des Geldbetrages für an Ansiedler leihweise verabfolgtes oder verkauftes Saatgetreide und Vieh	200 000	110 000	100	[1]) 619
	4.	Sonstige Einnahmen	7 000	10 000	—	101
		Summe der Einnahmen .	**6 356 148**	**2 812 962**	**606 739**	**144 470**
		(Die Einnahmen unter Tit. 2 bis 4 fliessen zu dem im Tit. 1 bezeichneten Fonds — vgl. Abschnitt B der Ausgabe. —)				

[1]) Andere Titelbezeichnung (Gesetzliche Wittwen- und Waisengeldbeiträge).

Noch: Etat der Ansiedelungskommission für Westpreussen und Posen in den Jahren 1901, 1895/96, 1890/91, 1887/88.

Kap.	Tit.	Einnahme und Ausgabe.	1901 ℳ	1895/96 ℳ	1890/91 ℳ	1887/88 ℳ
54a.		**Ausgabe.**				
		A. Verwaltungsausgaben.				
		Besoldungen.				
	1.	Höhere Beamte	44 500	38 500	25 500	13 800
	2.	Vermessungsbeamte und Zeichner	70 050	35 150	} 39 975	12 450
	3.	Sekretäre, 1 Spezialkassenrendant und Kanzlisten	121 150	68 350		
	4.	Boten	5 580	3 800	2 160	2 160
	5.	Zu Wohnungsgeldzuschüssen für die Beamten	40 368	25 092	11 004	3 840
		Andere persönliche Ausgaben.				
	6.	Zur Remunerirung von Hülfsarbeitern u. Hülfsdienern, einschl. von Ansiedelungsvermittlern und von Sachverständigen, sowie zu künftig wegfallenden, nicht pensionsfähigen Funktionszulag , sowie zu Stellenzulagen, ferner 600 M. zur Wahrnehmung der Aufsichtsthätigkeit in dem Vermessungsbureau	126 200	126 200	50 000	25 000
	7.	Zu ausserordentlichen Remunerationen und Unterstützungen für mittlere, Kanzlei- und Unterbeamte	3 000	2 000	2 000	500
		Sächliche und vermischte Ausgaben.				
	8.	Zu Bureaubedürfnissen aller Art, zur Remunerirung von Rechengehülfen, nicht dauernd beschäftigten Technikern und des Wegebauaufsehers, zur Bestreitung der Abgaben und Lasten und zu sonstig. vermischten Ausgaben	127 000	43 750	16 000	16 000
	9.	Zu Tagegeldern, Fuhr- u. Versetzungskosten	80 000	60 000	50 000	40 000
	10.	Dispositionsfonds des Präsidenten	30 000	10 000	10 000	10 000
	11.	Beiträge zur gesetzlichen Krankenversicherung der Arbeiter, Ausgaben auf Grund d. Unfallversicherungsgesetze, d. Invalidenversicherungsgesetzes etc.	300	120	—	—
	12.	Zu einmaligen Unterstützungen für Personen, welche, ohne die Eigenschaft von Beamten zu haben, im Dienste der Ansiedelungskommission beschäftigt werden oder beschäftigt gewesen sind, sowie für Hinterbliebene solcher Personen	1 000	—	—	—
		Summe A	*649 148*	*412 962*	*206 639*	*123 750*
		B. Ablieferungen				
		an den im § 1 des Gesetzes vom 26. April 1886 und im Gesetze vom 20. April 1898 bezeichneten Fonds (vgl. Tit. 2 bis 4 der Einnahme)	5 707 000	2 400 000	400 100	20 720
		Summe B	*5 707 000*	*2 400 000*	*400 100*	*20 720*
		Dazu: „ *A*	*649 148*	*412 962*	*206 639*	*123 750*
		Summe der Ausgaben	**6 356 148**	**2 812 962**	**606 739**	**144 470**

Etat der Kommission.

§ 427. Ueber die aus der Geschäftsführung der Kommission zu erwartenden Einnahmen und Ausgaben ist für jedes Etatsjahr ein Voranschlag aufzustellen, welcher vom Staatsministerium festzustellen ist. Der festgestellte Voranschlag der Ausgaben darf ohne Genehmigung des Staatsministeriums nicht überschritten werden.

§ 428. Der Etat ist hiernach so eingerichtet, dass die Rückeinnahmen, welche auf Grund der §§ 2 u. 8 des Gesetzes von 1886 (s. oben § 423) entstehen, und welche bestimmungsgemäss an den Fonds abzuführen sind, als durchlaufende Posten sowohl in Einnahme (Kap. 25 i, Tit. 2—4) als auch in Ausgabe (Kap. 54 a unter Abschnitt B) erscheinen.

Dieser Posten macht gegenwärtig den grössten Theil des Ansiedelungskommissions-Etats aus, nämlich von 6 356 148 M. eine Summe von 5 707 000 also fast 90 Proz.

Dass sich die Rückeinnahmen zu dem Fonds mit der Zeit erheblich steigerten, liegt in der Natur der Sache, nach dem ersten Etat von 1887/88 waren sie noch ganz gering (20 720 M.), 1890/91 betrugen sie schon 400 100 M., 1895/96 2,4 Mill., 1901 5,7 Mill. M. Im Ganzen waren von 1886 bis 1900 30½ Mill. M. auf diese Weise an den Fonds abgeführt worden. Ausgegeben hatte der Fonds 151 Mill. Mark, sodass sich die bisherigen Nettoausgaben auf 120½ Mill. M. stellten.

§ 429. Die eigentlichen Verwaltungsausgaben, welche etwa 10 Proz. der Gesammtausgabe darstellen, erscheinen ebenfalls sowohl in Einnahme (Kap. 25 i, Tit. 1), wo sie als Zuschuss aus dem Ansiedelungsfonds gebucht werden und in Ausgabe (Kap. 54 a unter Abschnitt A Tit. 1—12), wo sie im Einzelnen spezialisirt werden.

Auch die Verwaltungskosten haben eine verhältnissmässig sehr erhebliche Steigerung erfahren. Es betrugen in M.:

	Besoldungen u. Wohnungsgeldzuschüsse	Andere persönliche Ausgaben	Sächliche und vermischte Ausgaben	Summa
1887/88 .	32 250	25 500	66 000	123 750
1890/91 .	78 639	52 000	76 000	206 639
1895/96 .	170 892	128 000	113 870	412 962
1901 .	281 648	129 200	238 300	649 148

Die Steigerung beträgt also mehr als das Fünffache.

Am bei weitem stärksten ist die Steigerung bei den Besoldungen und Wohnungsgeldzuschüssen. Dies liegt an der grossen Vermehrung der etatsmässigen Beamtenstellen.

Während 1887 die Behörde nur aus 1 Vorsitzenden, 2 Räthen, 1 technischen Hülfsarbeiter (Bauinspektor), 3 Sekretären, 2 Kanzlisten und 2 Unterbeamten bestand, stellte sich 1901 der Beamtenapparat auf 1 Präsidenten, 1 Ober-Regierungsrath und 4 Regierungsräthe (darunter 1 Regierungs- und Baurath), 40 Sekretäre (darunter 1 Spezialkassenrendant) und 11 Kanzlisten, sowie 5 Unterbeamte. Dazu kamen aber noch 1 Vermessungsinspektor, 15 Vermessungsbeamte und 13 Zeichner. Die Anstellung eines etatsmässigen Vermessungspersonals erwies sich sehr bald als nothwendig; zur Vermeidung unnöthiger Doppelarbeiten und der hiermit verbundenen Vergeudung von Arbeitskraft und Geldmitteln, sowie zur Vereinfachung und Beschleunigung des Vermessungsverfahrens erschien es geboten, die zur Fortschreibung des Katasters und zur Anfertigung der Auflassungsmaterialien erforderlichen Vermessungsarbeiten thunlichst ohne Inanspruchnahme der bereits anderweit voll beschäftigten Organe der Katasterverwaltung durch die Ansiedelungskommission selbst beschaffen zu lassen.

Durch den Etat 1892/93 wurden nicht nur zur Gewinnung geeigneten Vermessungspersonals die Besoldungen der etatsmässigen Vermessungsbeamten der Ansiedelungskommission, an deren Vorbildung und Leistungen dieselben Ansprüche, wie an diejenigen der Generalkommissionen gestellt werden, in gleicher Höhe normirt, wie für letztere Behörden, sondern es wurde auch ähnlich wie bei diesen Behörden ein besonders qualifizirter Vermessungsbeamter, Vermessungsinspektor, mit der Leitung und Beaufsichtigung des Vermessungsbureaus betraut.

Aber auch die Gehälter haben sich erhöht. Der Vorsitzende war anfänglich nur im Nebenamt gegen 5000 M. Funktionszulage angestellt. Seit 1892/93 wurde er hauptamtlich als Präsident der Kommission angestellt, erhielt 9300 M. (seit der Besoldungsaufbesserung 1897/98) 10 000 M.

Die sonstigen Beamten erhielten:

	1887/88	1895/96	1901[2])
	M.	M.	M.
Räthe	i. D. 6000	4200—6000	4200—7200
Bauinspektor	i. D. 3600	—	3600—5700
Vermessungsinspektor	—	3600—6000	4000—6600
Vermessungsbeamte .	—	2400—3900	2400—4500
Zeichner	—	1650—2700	1600—2700
Sekretäre	2100—3600	2100—3600	1800—4200
Assistenten	—	1800—1950	
Kanzlisten[1])	1650—2250	1650—2700	1600—2700
Boten[1])	960—1200	1000—1500	1000—1500

[1]) Bei diesen war die Besoldungsaufbesserung schon 1892/93 durchgeführt.
[2]) Dazwischen lag die allgemeine Besoldungsverbesserung 1897/98.

§ 430. Ueber die sonstigen Etatspositionen ist nichts Besonderes zu sagen. Entsprechend der Geschäfts- und Beamtenvermehrung haben auch sie sich erheblich gesteigert.

Für etwaige Reisen werden den Mitgliedern der Kommission, sofern sie unmittelbare Staatsbeamte sind, nach den für letztere bestehenden Vorschriften, den sonstigen Mitgliedern der Kommission nach den Bestimmungen des Gesetzes vom 24. Juli 1876 (G.-S. S. 345), betreffend die Reisekosten und Diäten der Mitglieder des Hauses der Abgeordneten, Tagegelder und Reisekosten gewährt (Kap. 54a Tit. 9).

Unter Tit. 8 sind auch die Kosten der Miethe für die von der Ansiedelungskommission benutzten Gebäude enthalten.

§ 431. Die Ergebnisse der Wirksamkeit der Ansiedelungskommission von August 1886 bis 1. Jan. 1901 waren folgende:

Angekauft wurden 147 475 ha Grundstücke, zumeist grössere Güter oder Güterkomplexe (241) und 68 Einzelbauerwirthschaften (1,8 Proz. des Gesammterwerbes) für rund 100 Mill. M.

Der Grunderwerb beträgt 2,71 Proz. der Fläche der beiden Ansiedelungsprovinzen, und zwar 3,64 Proz. in Posen und 1,65 Proz. in Westpreussen. Er erstreckt sich über 32 von 42 Kreisen der Provinz Posen und über 15 von 27 Kreisen der Provinz Westpreussen.

Von den gekauften Gütern stammen

aus deutscher Hand:

93 selbständige Gutsbezirke (63 Rittergüter),
21 Güter ohne kommunale Selbständigkeit und
56 bäuerliche Grundstücke
mit insgesammt 64 440 ha = 43,7 Proz. zu einem Gesammtkaufpreise von 41 637 005 M.,

aus polnischer Hand:

118 selbständige Gutsbezirke (93 Rittergüter),
14 Güter ohne kommunale Selbständigkeit und
96 bäuerliche Grundstücke
mit insgesammt 83 035 ha = 56,3 Proz. zu einem Gesammtkaufpreise von 58 549 854 M.

Geregelter Gutsverwaltung unterstanden während des Wirthschaftsjahres 1. Juli 1899/1900 = 151 Güter mit einem Flächeninhalte von 109 529 ha gegen 125 Güter mit 92 663 ha im Vorjahre.

Die bisherigen Gesammtergebnisse der Verwaltung der Ansiedelungsgüter betrugen bis Ende Juni 1900

Gesammtzuschüsse	9 842 568 M.,
Ablieferungen	3 775 267 „
Nettoaufwendungen somit . .	6 067 301 M.

Von diesem Betrage waren 1901 6 130 000 M. durch Aufschläge zu den Ankaufspreisen in den Theilungsplänen gedeckt, sodass die Nettoaufwendungen dadurch mehr als gedeckt wurden.

Auf den übernommenen und zunächst von der Kommission unter Ueberwachung durch die Oberrechnungskammer verwalteten Gütern wurden an Verbesserungen im Ganzen vorgenommen:

1. Drainagen auf 172 Gütern, umfassend 37 300 ha, zum Kostenaufwande von 6,35 Millionen Mark.
2. Moorkulturanlagen, umfassend rund 2000 ha, zum Kostenaufwande von 1,15 Millionen Mark.
3. Wiesenmeliorationen, umfassend rund 60 ha, zum Kostenaufwande von rund 10 000 M.
4. Wegebefestigungen (ohne Beihülfen der Provinzen oder Kreise) in einer Gesammtstrecke von 32,1 km zum Kostenbetrage von 257 000 M. Ausserdem sind Baubeihülfen zu Kreis-Chausseen, die Ansiedelungen berühren, von der Ansiedelungskommission gewährt.

§ 432. Der planmässigen Auftheilung zu Besiedelungszwecken sind bisher unterworfen worden:

a) bis zum Jahre 1900	115 158 ha
Hierzu treten:	
b) die ohne besonderen Besiedelungsplan vergebenen Bauerngüter mit rund	2 062 „
c) 15 in Bearbeitung begriffene Theilungspläne von Gütern, die im Frühjahr 1901 zur Auslegung gelangten, mit	11 210 „
d) an benachbarte Besitzer, Behörden, den Forstfiskus u. s. w. vor Aufstellung des Theilungsplanes abverkaufte Flächen mit	2 654 „
Summe I . .	131 084 ha
e) es verblieben daher im Rest bisher nicht aufgetheilte Liegenschaften in 28 Begüterungen rund .	16 770 „
Zusammen Summe II . .	147 854 ha

Von der Ansiedelungskommission sind seit Beginn ihrer Thätigkeit bis Ende 1900 aufgestellt worden:

a) für Posen 136 Theilungspläne mit zusammen 79 519 ha Fläche und

b) für Westpreussen 53 Theilungspläne mit zusammen 35 639 ha Fläche.

Im Ganzen 189 Theilungspläne.

Die Feststellung der fiskalischen Schadloshaltung ist in diesen Theilungsplänen derart erfolgt, dass von den ermittelten Anrechnungswerthen an Rente oder Pacht entrichtet werden:

3 Proz. in 139 Fällen,		2¼ Proz. in 4 Fällen,	
2¾ „ „ 3 „		2 „ „ 19 „	und
2½ „ „ 23 „		1¾ „ „ 1 Falle.	

§ 433. Die bisher an Ansiedler begebene Gesammtfläche umfasst rund 70 500 ha zum Werthe von rund 50 Millionen Mark; dazu kommen noch die für öffentliche Zwecke (Kirche, Schule, Gemeinde, Wege und für Vorbehalte etc. — vergl. S. 10/11 der Denkschrift für 1898 —) ausgewiesenen Flächen, welche auf rund 22 000 ha zu schätzen sind, so dass von dem rund 147 475 ha betragenden Gesammterwerbe annähernd 92 500 ha (16,5 Quadratmeilen) = 62,7 Proz. Verwendung gefunden haben. Die Zahl der Ansiedlerfamilien ist auf 4 277 gestiegen, ihre Seelenzahl mag auf rund 30 000 zu schätzen sein.

Es wurden besiedelt 1899:	669	Ansiedlerstellen.
" " " 1898:	605	"
" " " 1897:	367	"
" " " 1896:	191	"
" " " 1895:	186	"

Die Zahl der aus den Ansiedelungs-Provinzen stammenden Ansiedler beträgt 165 = 24,9 Proz. und ist im Zurückgehen begriffen.

Die unter den 4 277 Ansiedlerfamilien gezählten 2 715 Familien, die von ausserhalb der Ansiedelungs-Provinzen zugewandert sind, haben ein Kapitalvermögen dorthin importirt, das mit 5 000 M. auf die Familie, also mit 13 Millionen nicht zu hoch veranschlagt sein wird. Der bei Weitem grösste Theil dieses Kapitalimportes ist der Provinz Posen zu gute gekommen, da die fremde Ansiedlereinwanderung nach Westpreussen immer noch sehr gering ist.

An Wohnungen werden durch die Neubauten der Ansiedler neben den fiskalischen Aufbauten in den beiden Ansiedelungs-Provinzen gegen 4 000 neu geschaffen worden sein. Dabei ist Westpreussen mit 25 Proz., Posen mit 75 Proz. betheiligt.

Neu erbaut sind etwa 3 700 Ansiedlergehöfte, — alt übernommene oder aptirte Gebäude sind hier nicht mitgezählt —, und zwar

a) im Eigenaufbau der Ansiedler: 3 400,
b) durch fiskalischen Aufbau: 300.

Der Werth sämmtlicher Gehöfte der Ansiedler ist auf etwa 32 bis 35 Millionen Mark zu schätzen.

Die aus Anlass der Regelung der Gemeinde-. Kirchen- und Schulverhältnisse[1]) errichteten öffentlichen Gebäude haben einen Gesammtschätzungswerth von $3^1/_2$ Millionen Mark.

Die Ansiedler haben bisher an Ergänzungsdarlehnen zur ersten Ausrüstung ihrer Stellen rund 2 Millionen Mark erhalten; ausserdem sind ihnen rund 100 000 Obstbäume geliefert und 719 Stück Kühe und Färsen im Werthe von fast 150 000 M. aus den Heerden der Ansiedelungsgüter verkauft worden.

---

[1]) Bis 1900 sind gebildet 75 Landgemeinden, 30—40 Parochien, 113 Schulgemeinden.

Die Ansiedler haben die Stellen überhaupt etwa zu dem Eigenkaufspreis der Ansiedelungskommission erworben. Letztere zahlte durchschnittlich 662 M. pro ha, die Ansiedler durchschnittlich 690 M.

Genossenschaftswesen in den Ansiedelungen.

Die Thätigkeit der Ansiedelungskommission in Sachen der Gründung von Genossenschaften, Bildungsanstalten u. s. w. zeigt folgende Zusammenstellung:

I. Genossenschaftliche und Vereins-Gründungen in den Ansiedlergemeinden.
- 61 Spar- und Darlehnskassenvereine.
- 4 Kornhausgenossenschaften,
- 4 Ein- und Verkaufsgenossenschaften,
- 15 Molkerei- und 3 Müllereigenossenschaften,
- 2 Brennereigesellschaften mit beschränkter Haftung und 9 Brennereigenossenschaften,
- 21 Drainagegenossenschaften,
- 3 Pferdezuchtgenossenschaften,
- 6 Genossenschaften zum Ankauf und Betrieb eines Dampfdreschsatzes,
- 14 landwirthschaftliche Vereine.

II. Gründungen auf unterrichtlichem Gebiete.
- 2 Winterschulen,
- 1 Mustergärtnerei mit Obstbaumschule,
- 91 Volksschulbüchereien.

III. Wohlthätige Anstalten.
- 3 Waisenhäuser,
- 1 Siechenhaus,
- 2 Diakonissenanstalten und 3 Diakonissenstationen.

§ **434.** Ein sicheres Urtheil über den wirthschaftlichen Gesammterfolg der Ansiedelungsthätigkeit lässt sich bei der Kürze der Zeit noch nicht gewinnen. Nach den bisherigen Ergebnissen sind indessen von allen Ansiedelungsstellen noch nicht einmal 2 Proz. als verfehlt oder unsicher im Hinblick auf die Persönlichkeit und Vermögenslage des Ansiedlers anzusehen. Auch die Verschuldung ist noch eine verhältnissmässig geringe geblieben.

Für die politische Bedeutung beachtenswerth ist nicht allein die Thatsache, dass den Provinzen Westpreussen und Posen eine deutschnational gesinnte Bevölkerung von etwa 30000 Seelen zugeführt ist, sondern auch, dass diese Bevölkerung durch die zweckmässige Vertheilung über das Land in einer ganzen Anzahl von Kreisen das deutsche Element wesentlich zu stärken geeignet ist. Der Antheil der Erwerbungen an der Gesammtfläche der selbstständigen Gutsbezirke betrug über 1–5 Proz. in 17, über 5—10 Proz. in 12, über 10 bis 20 Proz. in 8, über 25—30 Proz. in 2 Kreisen.

Anhang II.

Ländlicher Kredit und Centralgenossenschaftskasse.

§ 435. Unter der alten Agrarverfassung war nicht nur das Eigenthumsrecht des mittleren und kleineren Grundbesitzes, sondern auch die Verschuldungsfreiheit Einschränkungen unterworfen. Die Folge davon war, dass Anfangs des 19. Jahrhunderts diese Kategorie des Grundbesitzes nur wenig verschuldet war. Ein Bedürfniss, Schulden zu machen, lag auch für die Bauern wenig vor, da ein Besitzwechsel unter Lebenden überhaupt nicht oft stattfand, grössere Meliorirungen nicht vorgenommen wurden und da, wo Anerbenrecht galt, die Erbabfindungen verhältnissmässig niedrig waren.

Anders lag es mit dem ritterschaftlichen Grossgrundbesitz, dessen Inhaber besonders seit dem 7jährigen Kriege schon vielfach in Schulden gerathen waren.

Die Aufhebung des alten Agrarrechtes hatte auch die Durchführung der Verschuldungsfreiheit zur Folge. Anfänglich wurde nur beschränkter Gebrauch davon gemacht. Seit den letzten Jahrzehnten hat aber, theils durch den mit den Verkehrserleichterungen zusammenhängenden schnelleren Wechsel des Grundbesitzes, theils in Folge der landwirthschaftlichen Nothlage, die Verschuldung des landwirthschaftlichen Grundbesitzes eine ausserordentliche Höhe erreicht (s. Einleitung § 17).

Diesem Entwickelungsgange folgt im Allgemeinen auch die Entstehung und Entwickelung der Kreditinstitute zur Förderung des Realkredits und späterhin des Personalkredits der ländlichen Grundbesitzer.

Anfang des 19. Jahrhunderts bestanden Realkreditinstitute nur für den Grossgrundbesitz in den seit Mitte des 18. Jahrhunderts gegründeten ritterschaftlichen Kreditinstituten (Landschaften), welche sich aus den ritterschaftlichen Grundbesitzern der grösseren Kommunalverbände bildeten und gewissermassen die Vermittelungsrolle zwischen den Gläubigern und dem einzelnen Grossgrundbesitzer übernahmen.

Späterhin folgten die sog. Provinzialhülfskassen, welche hauptsächlich den Zweck hatten, gemeinnützige Anlagen und Anstalten, Gemeindebauten, Tilgung der Gemeindeschulden, Grundverbesserungen und gewerbliche Unternehmungen von Privatpersonen durch Darlehne zu erleichtern.

Endlich kamen die sog. Tilgungskassen und die öffentlichen Rentenbanken hinzu, welche die Durchführung der Ablösungs- und Gemeinheitstheilungsgesetzgebungen durch Gewährung von Kredit an den Ablösungsberechtigten sichern wollten. Später schlossen sich die Sparkassen, Hypothekenbanken, Landeskultur-Rentenbanken (Ges. v. 13. Mai 1879 (G.-S. S. 367) u. s. w. als weitere Institute zur Förderung des Realkredits an.

Einrichtungen zur Verbesserung des Personalkredits gehören erst der späteren Zeit an; diesen dienten vor allem die Raiffaissenschen und Schulze-Delitzschen Genossenschaften, wie neuerdings die Centralgenossenschaftskasse.

Was die Betheiligung des Staates an diesen Kreditinstituten anbetrifft, so tragen die sog. Landschaften einen an sich privaten Charakter, bei denen der Staat sich nicht pekuniär betheiligte, sondern sich nur ein weitgehendes Aufsichtsrecht gesichert hat (Ernennung eines Kgl. Kommissars u. s. w.).

Dagegen waren sowohl die Provinzialhüfskassen wie die Rentenbanken rein staatliche Einrichtungen, während die späteren Hypothekenbanken wieder einen rein privaten Charakter tragen und die Sparkassen und Landeskulturrentenbanken[1]) Gemeinde- bezw. provinzielle Einrichtungen sind.

Ueber die Rentenbanken, welche auf dem Etat des Finanzministeriums stehen, wird bei jener Verwaltung Näheres gesagt werden. Hier ist kurz einzugehen auf die Provinzialhüfskassen und die Beaufsichtigung der Hypothekenbanken.

Provinzialhülfskassen.

Die früher staatlichen Provinzialhülfskassen sind bei Gelegenheit des Erlasses der Provinzialgesetzgebung im Jahre 1875 den Provinzen übertragen worden.

Die ursprünglichen Fonds zu diesen Kassen waren aus Staatsmitteln zinsfrei unter dem Vorbehalte der Zurückziehung gewährt und die Verwaltung erfolgt unter Oberaufsicht des Oberpräsidenten durch provinzialständische Ausschüsse. Das Verhältniss dieser Hülfskassen zu den Sparkassen ist durch ein besonderes Reglement geordnet. Vgl. die Kgl. Botschaft v. 7. April 1847 und die Denkschrift des Staatsministeriums v. 4. April 1847 über die Errichtung von Provinzialhülfskassen in sämmtlichen Provinzen der Monarchie.

Durch die Bestimmungen der §§ 8 und 9 des Ges. v. 8. Juli 1875 (G.-S. 1875 S. 500) sind die durch die Kgl. Botschaft v. 7. April 1847 und den Landtagsabschied v. 24. Juli 1847 zur Errichtung von Hülfskassen in den Provinzen Preussen, Brandenburg, Pommern, Posen,

[1]) S. auch § 57.

Schlesien, Sachsen, Westfalen und der Rheinprovinz zinsfrei gewährten Fonds von zusammen 6 000 000 M. in Staatsschuldscheinen und 1 500 000 M. baar, unter Aufhebung des Vorbehaltes der Zurückziehung, den betreffenden Provinzialverbänden als ein ihnen gehöriges Vermögen überwiesen worden, dessen Verwaltung den bisher damit beauftragten Kommunal- und Provinzialverbänden verbleiben soll. Diesen Vertretungen soll die freie Verfügung über den Zinsgewinn der Hülfskassen zu gemeinnützigen Zwecken im Interesse dieser Verbände zustehen, während die ursprünglichen Dotationsfonds, sowie die demselben bisher hinzugewachsenen Kapitalbestände, als Kapitalbestand zur Gewährung von Darlehnen zu erhalten sind.

Die von den Provinziallandtagen zu beschliessenden Reglements der Provinzialhülfs- und Darlehnskassen bedürfen der Genehmigung der zuständigen Minister (§ 120 der Prov.-O. v. 20. Juni 1875 [22. März 1881] G.-S. 1875 S. 359 und G.-S. 1881 S. 255).

Die Entwickelung der Kassen in den Händen der Provinzen, welchen zugleich durch verschiedene Allerhöchste Erlasse das Recht eingeräumt ist, bis zu gewissen Grenzen sich die Mittel zu den Darlehnen durch Verkauf von Anleihescheinen zu erwerben, ist im Ganzen eine recht günstige gewesen.[1])

Die Höhe der ausgegebenen Darlehne stellte sich in den Jahren auf:

	1898	1899	1900
Provinzialhülfskasse Ostpreussen .	—	66 527 091	1 967 770
„ Westpreussen .	13 929 150	—	—
3 Hülfskassen[2]) in Brandenburg .	—	—	—
Provinzialhülfskasse Pommern . .	—	1 996 012	—
„ Posen	—	—	36 043 544
„ Schlesien . .	—	72 174 715	—
Kasse des Kommunalstandverbands der Oberlausitz	—	449 227	—
Provinzialhüfskasse Sachsen . . .	2 401 634	—	545 833
Kommunalstandkasse der Altmark .	—	—	—
Landesbank Westfalen	—	12 740 147	—
„ Rheinprovinz	—	186 422 390	—
Summa . .	16 330 784	340 309 582	38 557 147
		395 495 513	

In den im Jahre 1866 mit der Monarchie vereinigten Landestheilen, also in den Provinzen Hannover, Hessen-Nassau und Schleswig-Holstein, bestanden zwar keine Provinzialhülfskassen; es ist jedoch dem provinzialständischen Verbande der Provinz Hannover durch das Gesetz v. 7. März 1868 zu eigener Verwaltung die Summe von jährlich

[1]) Meitzen Bd. VI S. 370 ff.

[2]) Kurmärkische, Neumärkische und Niederlausitzsche.

1 500 000 M. aus den Staatshaushaltseinnahmen, und zwar zu Zwecken überwiesen worden, welche theilweise dieselben sind wie diejenigen, welche in den älteren Provinzen den Provinzialhülfsfonds zugetheilt sind. In dem kommunalständischen Verbande des Regierungsbezirkes Kassel dient der durch den Allerhöchsten Erlass v. 16. Sept. 1867 und das Gesetz v. 25. März 1869 dem gedachten Verbande zur Verwaltung überwiesene zum vormaligen Kurhessischen Staatsschatze gehörige Kapitalienfonds theilweise ähnlichen Zwecken, und in dem kommunalständischen Verbande des Regierungsbezirkes Wiesbaden gilt dasselbe bezüglich der durch das Gesetz v. 25. Dez. 1869 diesem Verbande zur Verwaltung überwiesenen Nassauischen Landesbank in Wiesbaden.

In diesen Provinzen bestanden als ländliche Kreditinstitute in erster Linie die Landeskreditanstalten zu Hannover und Kassel sowie die Landesbank zu Wiesbaden. Sämmtliche 3 Anstalten dienten ursprünglich Ablösungszwecken, gegenwärtig sind sie der Pflege des ländlichen Grundkredites im Allgemeinen gewidmet. Ablösungsdarlehne giebt nur noch die Landesbank Wiesbaden in seltenen Fällen.

Alle 3 Anstalten haben das Recht, sich, soweit ihr Vermögen nicht reicht, die erforderlichen Mittel durch Ausgabe verzinslicher, auf den Inhaber lautender Schuldverschreibungen zu verschaffen.

Die in Hannover seit Anfang der 40er Jahre bestehende Landeskreditanstalt war ebenfalls ursprünglich ein staatliches Institut und wurde nach der Einverleibung Hannovers in die preussische Monarchie reorganisirt und in ein ständisches Institut verwandelt, für dessen Verbindlichkeiten die Provinz bis zur Höhe von 1 500 000 M. haftet (Gesetz v. 28. Dez. 1869 G.-S. S. 1269).

Auch die Landesbank Wiesbaden und die Landeskreditkasse zu Kassel machten nach der Annexion eine gleiche Wandlung durch.

In Wiesbaden wurde ferner durch Gesetz v. 11. März 1872 (G.-S. S. 257) noch eine kommunalständische Hülfskasse gegründet, welche 1898 Darlehne zu 816 643 M. ausgeliehen hatte.

Ferner bestehen im Regierungsbezirk Kassel noch 2 weitere kleinere hessische Prov.-Grundkreditinstitute, das Leih- und Pfandhaus Fulda, welches 1899 1 895 080 M. und die Leihbank zu Hannover, welche 3 589 480 M. ausgeliehen hatte.

Im Ganzen waren hiernach nach den letzten vorliegenden Nachrichten in den provinziellen Hülfskassen- und ähnlichen Instituten jährlich über 400 000 M. als Darlehne ausgeliehen worden, und zwar zum grössten Theil (etwa 3/4) an Gemeinde-Korporationen etc., etwa 1/4 an private ländliche Grundbesitzer.

Hypothekenbanken.

Die (privaten) Hypothekenbanken, meist Aktiengesellschaften, haben sich in den letzten Jahrzehnten sehr schnell entwickelt, kommen allerdings — mit Ausnahme der Centralbodenkreditanstalt — mehr und mehr dem städtischen Beleihungsgeschäfte zu Gute. 1867 bestanden (einschl. der neuen Provinzen) in Preussen 5, 1875: bereits 13, 1895: 15 Hypothekenbanken. Ihr Pfandbriefumlauf stellt sich gegenwärtig auf über 2 Milliarden.

Die Nothwendigkeit einer strengeren einheitlichen Beaufsichtigung und Regelung der Verhältnisse dieser Banken führte im Jahre 1899 zum Erlasse eines Reichshypothekenbankgesetzes v. 13. Juli (R.-G.-Bl. S. 375).

Nach diesem Gesetze sind die zur Deckung der Hypothenpfandbriefe bestimmten Hypotheken von der Bank einzeln in ein Register einzutragen, von welchem eine Abschrift der Aufsichtsbehörde einzureichen ist.

Bei jeder Bank ist ein Treuhänder sowie ein Stellvertreter zu bestellen (§§ 29 ff.). Dieser hat u. A. die in dem Register eingetragene Hypothekenurkunde unter Mitverschluss und ist verpflichtet, darauf zu achten, dass jederzeit die Deckung für die Hypothekenpfandbriefe vorhanden ist und das Register der Hypotheken vorschriftsmässig geführt wird. Die Bestellung erfolgt widerruflich durch die Aufsichtsbehörde. Die Vergütungen zahlen aber die Hypothekenbanken.

Nach § 4 a. a. O. kann die Aufsichtsbehörde auch einen besonderen staatlichen Kommissar bestellen. Die Vergütung für die Thätigkeit desselben hat die Staatsbehörde zu bestimmen. Sie kann verlangen, dass dieselbe von der Bank an die Staatskasse abgeführt wird (§ 4 a. a. O.).

Ueber einen solchen Fall s. § 36 dieses Buches.

Auf Grund des § 4 a. a. O. ist seit dem Jahre 1900 auch die Einstellung des Kap. 101a Tit. 1—3 in den Etat erfolgt.

Zur Beaufsichtigung des Geschäftsbetriebes der Hypothekenbanken und zur wirksamen Unterstützung der damit seither beauftragten Verwaltungsorgane ist nämlich ein banktechnischer Revisor (Bankinspektor) angestellt worden, der, mit fachmännischen, auf dem Gebiete des Hypothekenbankwesens in längerer Praxis erworbenen Kenntnissen ausgestattet, sich einer unausgesetzten Beobachtung aller Vorgänge auf dem Gebiete des Bodenkredites zu widmen und die Geschäftsführung der unter Staatsaufsicht stehenden Banken dauernd zu kontroliren hat. Er erhält ein Einheitsgehalt bis höchstens 6000 M. und den gesetzlichen Wohnungsgeldzuschuss der Tarifklasse III. Der Stationsort ist Berlin. Der Betreffende hat bei den in Betracht kommenden Regierungen (es sind dies diejenigen zu Köln, Wiesbaden, Hildesheim, Breslau, Stettin, Danzig und Königsberg i. Pr.), sowie beim Polizeipräsidium in Berlin, neben dem Verwaltungsdezernenten als technischer Korreferent das Hypothekenbankwesen zu bearbeiten. Die von ihm zu liquidirenden Tagegelder und Reisekosten sind auf jährlich 4000 M. veranschlagt.

Die hiernach erforderliche Gesammtsumme von 10 900 M. wird der Staatskasse von den unter Staatsaufsicht stehenden privaten Grundkreditinstituten erstattet und bei Kap. 32 Tit. 7 der Einnahme nachgewiesen.

Es besteht bei der Staatsregierung die Absicht, für die Zukunft noch mehrere derartige Techniker anzustellen.

Personalkredit und Central-Genossenschaftskasse.

§ 436. Die Central-Genossenschaft stellt eine centrale staatliche Einrichtung zur Förderung des Personalkredites der produktiven Mittelstände in Stadt und Land dar, an der es bis dahin mangelte.

Was zunächst den bäuerlichen Stand betrifft, so war für die aus der durch die Agrargesetzgebung geschaffene freie Entwickelung dieses Standes sich ergebenden Kreditbedürfnisse eine Veranstaltung nach der Seite des Personalkredites nicht getroffen worden. Auch sonst standen dem mittleren und kleineren ländlichen Besitzer geeignete öffentliche Institute für den Personalkredit nicht oder doch nicht in ausreichendem Masse zur Verfügung. Die Sparkassen, welche hierbei hauptsächlich in Betracht kamen, konnten dem Bedürfniss nicht genügen, weil sie sich vorzugsweise dem Realkredit widmeten und ganz ungleichmässig über die Monarchie vertheilt sind, sich namentlich in den wirthschaftlich schwächeren und deshalb einer Fürsorge für den Personalkredit besonders bedürftigen Landestheilen nur in geringer Verbreitung vorfinden. Der bäuerliche Besitzer sah sich deshalb im Wesentlichen auf die privaten Gelddarleiher angewiesen, für welche naturgemäss der Wunsch auf eine möglichst vortheilhafte Ausleihung und nicht die Rücksicht auf das Bedürfniss des ländlichen Besitzers nach billigem Kredit massgebend ist. In grossem Umfange hat sich aus dieser Sachlage ein geradezu wucherischer Kredit entwickelt. Der ländliche Besitzer bedarf aber nach der Eigenart des landwirthschaftlichen Betriebes in besonderem Masse eines soliden und billigen Personalkredites. Denn im Wesentlichen auf die eine Einnahme im Jahre, aus dem Verkaufe der Ernte angewiesen, ist er vielfach genöthigt, für die Zwischenzeit Kredit zur Fortführung seiner Wirthschaft in Anspruch zu nehmen und ebenso rufen die in der Landwirthschaft häufig eintretenden, unerwarteten Kalamitäten, wie Missernten, Viehsterben u. s. w. das Bedürfniss nach vorübergehendem Kredit hervor. Dies Bedürfniss ist in neuerer Zeit bei zunehmend intensiver Wirthschaft um so dringlicher geworden.

Dass es an einer zureichenden Organisation zur Befriedigung dieses Kreditbedürfnisses gebrach, hat einmal zur Folge gehabt, dass auch zur Deckung derartiger vorübergehender Ausgaben oft der Realkredit in Anspruch genommen und der bäuerliche Besitz so zum Schaden seiner Leistungsfähigkeit dauernd belastet wurde. So hatte oft ein vorübergehendes, dem Betrage nach ganz unbedeutendes Geldbedürfniss beim Fehlen solider Kreditquellen zur völligen Vernichtung der wirthschaftlichen Existenz des Beliehenen geführt und zur Folge gehabt, dass im Laufe der Jahrzehnte eine grosse Anzahl mittlerer und kleinerer ländlicher Besitzer ihres Besitzthums verlustig gegangen ist.

Bei den mittleren produktiven Ständen in der Stadt, namentlich dem Handwerkerstande, ist der Wirthschaftsbetrieb zwar ein wesentlich anderer als bei der Landwirthschaft, insbesondere beschränken sich die Einnahmen nicht wie bei dieser in der Hauptsache auf einen Zeitpunkt im Jahre. Doch auch bei den erstbezeichneten Ständen machte sich häufig ein vorübergehendes Kreditbedürfniss geltend. Namentlich bedarf der Handwerkerstand öfters der Mittel zum Ankauf von Rohmaterialien, während ihm die entsprechenden Einnahmen erst später mit dem Verkauf der fertiggestellten Produkte allmählich zufliessen. Der Handwerkerstand ist daher in gleichem Masse einer soliden und billigen Kreditorganisation benöthigt, an die er sich bei Eintritt des gekennzeichneten vorübergehenden Kreditbedürfnisses wenden kann. Auch ihm stand aber wie dem bäuerlichen Stande eine solche Organisation nicht zur Seite, auch er sah sich vielmehr genöthigt, den Privatkredit anzurufen. Alle die Mängel, die diesem anhaften, machten sich daher auch für den Handwerkerstand geltend, ja in erhöhtem Masse, da bei ihm im Allgemeinen kein Grundbesitz als Rückhalt für den Personalkredit diente und die Gelddarleiher daher für die Ausleihungen an Handwerker vielfach noch ungünstigere Bedingungen stellten als für die Kreditgewährung an bäuerliche Besitzer.

In der Erkenntniss dieser Sachlage und der sich daraus ergebenden schweren wirthschaftlichen Schäden haben sich die betheiligten produktiven Stände Deutschlands die fehlenden Organisationen selbst zu schaffen angeschickt, indem sie sich zu Kreditgenossenschaften zusammenschlossen. Anknüpfend an die Namen Schulze-Delitzsch und Raiffeisen, und einsetzend etwa um die Mitte des Jahrhunderts in den mittleren und westlichen Landestheilen, haben sich diese Genossenschaften allmählich über die ganze Monarchie verbreitet und in neuerer Zeit namentlich auch im Osten entwickelt.

Die Genossenschaften beruhen zum grösseren Theil auf dem Grundsatz der unbeschränkten Haftpflicht, zum kleineren Theil sind sie mit beschränkter Haftpflicht bezw. unbeschränkter Nachschusspflicht begründet.

So überaus segensreich diese Organisation gewirkt und so sehr namentlich die Genossenschaftsbildung zur Bekämpfung des Wuchers beigetragen hat, so fehlte der Organisation besonders den ländlichen Genossenschaften, doch noch die Spitze, eine Centralausgleichsstelle, welche im Bedarfsfalle den einzelnen Genossenschaften zu billigen Bedingungen Geldmittel gewährt und auf der anderen Seite die zeitweise überschüssigen Bestände annimmt und möglichst nutzbringend anlegt.

Versuche Seitens der Genossenschaftsvorstände, Institute zu errichten, welche als Vermittler zwischen den Genossenschaften und deren Mitgliedern einerseits und dem allgemeinen Geldmarkte andererseits dienen sollten, führten nicht zum Ziele.

Erst das Genossenschaftsgesetz v. 1. Mai 1889 § 9 schuf für die kleineren ländlichen und Handwerkergenossenschaften die Grundlage für ein zweckmässig einzurichtendes Central-Kreditinstitut, indem es Genossenschaften zuliess, deren Mitglieder selbst wieder Genossenchaften sind, und damit die Gründung leistungsfähiger Verbandsgenossenschaften ermöglichte, welche zwischen dem Kreditinstitut und den kleineren Genossenschaften und dadurch den Genossenschafts-Mitgliedern die Vermittelungsrolle übernehmen konnten, ihrerseits dem Centralinstitut die nöthige Sicherheit bieten und nach unten durch die Genossenschaften die für den Personalkredit unentbehrliche Prüfung der Verhältnisse der Einzelnen erfüllen konnten.

Die Verbandskassen allein konnten der Kreditbedürftigkeit des kleinen Mannes nicht die genügenden Hülfsmittel geben.

Die Vereinigungen und Verbandskassen waren vielfach genöthigt, die für ihre ausgleichende Thätigkeit erforderlichen Mittel sich von Banken oder sonst auf dem privaten Geldmarkt zu verschaffen und hatten dafür schon ihrerseits einen verhältnissmässig hohen Zinssatz zu entrichten, während sie sich andererseits bei der Unterbringung der zeitweise überschüssigen Bestände oft mit einer geringen Verzinsung begnügen mussten. Die Folge war, dass auch die gedachten Verbände häufig nicht den Genossenschaften und diese nicht ihren Mitgliedern die Mittel zu dem billigen Satze überweisen konnten, welcher bei den grossen wirthschaftlichen Schwierigkeiten, mit denen gegenwärtig die Landwirthschaft wie das Handwerk zu kämpfen haben, im Interesse der Erhaltung dieser Berufsstände geboten ist. Von 994 Schulze-Delitzsch'schen Kreditgenossenschaften nahmen 352 bis 5 Proz., 493 5 bis 6 Proz., 107 6 bis 7 Proz. und 29 mehr als 7 Proz. Zinsen für die Darlehne, mithin im Durchschnitt 5 bis 6 Prozent.

§ 437. So wurde die Schaffung eines einheitlichen, die verschiedenen Verbandskassen zusammenfassenden, Kreditinstituts auf gesetzlichem Wege zur Nothwendigkeit. Unterm 31. Juli 1895 wurde die Preussische Central-Genossenschaftskasse auf Grund eines Gesetzes vom gleichen Tage ins Leben gerufen. Sie eröffnete am 1. Oktober 1895 ihre Geschäftsthätigkeit.

Die Nothwendigkeit der Einrichtung einer s t a a t l i c h e n Anstalt ergab sich aus dem gemeinnützigen und gemeinwirthschaftlichen Charakter der Kasse. Um aber dem Staate nicht ein unbeschränktes Risiko aufzubürden, wie es bei einer reinen Staatsbank nothwendig gewesen wäre, errichtete man nach Vorgang des Reiches bei der Reichsbank „die Anstalt als selbstständiges Institut mit eigener juristischer Persönlichkeit unter Aufsicht und Leitung des Staates".

Letzterer betheiligte sich dagegen finanziell insofern an der Anstalt, als er ihr aus seinen Mitteln das erforderliche Betriebsmaterial, zunächst in Höhe von 5 000 000 M., zur Verfügung stellte. Dafür wurde ihm aus dem Reingewinn eine Verzinsung des eingelegten Kapitals bis zu 3 Proz. und wenn der Reservefonds 25 Proz. des Grundkapitals erreicht hat, bis zu 4 Proz. gewährt.

Das Institut an die Reichsbank oder Seehandlung anzugliedern, war nicht angängig, weil beide mit Rücksicht auf ihre Organisation und die ihr gesetzlich gestellten Aufgaben nicht in der Lage sind, die persönliche Haftpflicht der Mitglieder der Genossenschaften in dem Masse bei der Kreditfestsetzung in Rechnung zu ziehen, wie es von den Genossenschaften gewünscht wird. Die jederzeitige Einlösbarkeit ihrer Noten macht für sie die pünktliche Erfüllung der ihr gegenüber übernommenen Zahlungsverbindlichkeiten zur Nothwendigkeit. Dies ist aber bei einem auf persönliche Haftpflicht begründeten Kredit nicht der Fall.

Verfassung.

§ 438. Die Kasse ist also eine eigene juristische Person, für deren Verbindlichkeiten der Staat — abgesehen von der Einlage — mit seinem Gesammtvermögen in keiner Weise haftet. Die Kasse hat ihr Sonderrecht nach den Gesetzen v. 31. Juli 1895, 8. Juni 1896 und 20. April 1898. Ausser diesem Sonderrechte untersteht sie als gewerbsmässige Kredit- also Handelsgeschäfte treibende Anstalt gemäss Art. 5 Abs. 2 des Handelsgesetzbuchs den von Kaufleuten handelnden Bestimmungen desselben. Eigene Zweiganstalten wie die Reichsbank hat sie nicht. Ihre Funktionen üben die Genossenschaftsverbände und Genossenschaften aus.

Die Beamten haben die Rechte und Pflichten unmittelbarer Staatsbeamten (Verord. v. 2. Aug. 1899). Die Leitung der Anstalt ist einem kollegialisch eingerichteten Direktorium übertragen. Ausserdem ist dem Direktorium ein beiräthlicher Ausschuss von mitten im genossenschaftlichen Leben stehenden Männern zur Seite gestellt (§§ 12—14 Gesetz v. 31. Juli 1893 und Kgl. Verord. v. 4. Okt. dess. Js.).

Im Interesse der ordnungsmässigen Geschäftsführung sind endlich die Rechnungen der Anstalt der Revision durch die Oberrechnungskammer unterworfen. Auch ist dem Landtage durch jährliche Vorlegung des Etats der persönlichen und sächlichen Verwaltungsausgaben ein Einblick in die Höhe und Art derselben und in die Geschäftsthätigkeit, sowie ein Mitbestimmungsrecht über die äusseren Verhältnisse der Anstalt gewährt worden. Die Aufsicht steht dem Finanzminister, gegebenenfalls im Einvernehmen mit dem Handels- und Landwirthschaftsminister zu.

Etat der Verwaltungs-Einnahmen und -Ausgaben der Preussischen Central-Genossenschaftskasse für die Etatsjahre 1901 und 1896/97.

Tit.	Einnahme und Ausgabe.	1901 [1]) M	1896/97 M
	Einnahme.		
1.	Verschiedene Einnahmen (Beiträge zu den Kosten der Heizung, des Wasserverbrauchs und der Schornsteinreinigung, Entschädigung für Entnahme von Feuerungsmaterial aus den Beständen der Anstalt, Miethen für Wohnungen im Dienstgebäude, Erlös aus dem Verkaufe des statistischen Werkes und der Bestimmungen für die Verbandskassen etc, Erlös aus dem Verkaufe unbrauchbar gewordener Inventarienstücke etc. und sonstige extraordinäre Einnahmen)	2 400	—
	Summe der Einnahme für sich		
	(Die Einnahmen im Betrage von 2400 M. [1896/97: 0] werden den Erträgnissen der Anstalt zugeführt.)		
	Ausgabe.		
	Besoldungen.		
1.	Höhere Beamte	24 000	25 200
2.	Sekretäre und Kassenbeamte	74 500	9 000
3.	Kassenboten	11 030	1 500
4.	Wohnungsgeldzuschüsse für die Beamten	22 260	3 780
	Andere persönliche Ausgaben.		
5.	Remunerirung von Hülfsarbeitern und Hülfskassenboten	37 950	5 000
6.	Ausserordentliche Remunerationen und Unterstützungen	11 000	4 000
7.	Pensionen und laufende Unterstützungen	—	—
	Sächliche Ausgaben.		
8.	Bureaubedürfnisse; Löhne und Kopialien; öffentliche Abgaben und Lasten und sonstige vermischte Ausgaben	50 000	15 600
9.	Unterhaltung des Dienstgebäudes	1 500	—
10.	Diäten und Fuhrkosten, einschliesslich der Kosten für die Ausschusssitzungen	8 000	6 500
11.	Ausgaben auf Grund des Invalidenversicherungs- und des Krankenversicherungsgesetzes	200	20
	Summe der Ausgabe	**240 440**	**70 600**
	(Die Verwaltungskosten im Betrage von 240440 M. [1896/97: 70 600 M.] werden aus den Erträgnissen der Anstalt bestritten.)		

Beamtenzahl.

Die schnell vermehrte Geschäftsthätigkeit der Kasse hat auch eine starke Zunahme wenn auch nicht der höheren Beamten, so doch des Unterpersonals zur Folge gehabt. Der Etat 1896/97 sah einen Direktor (12 000 M.), 2 Direktionsmitglieder (je 6000 M.) an höheren Beamten, 1 Rendanten (5400 M.) und 2 Bureau- und Kassenbeamte (je 1800 M.) als Subalternbeamte, sowie einen Boten (1500 M.) vor.

[1]) **1902**: 334 600 M. (davon Tit 1—4: 172 150 M., 5—7: 64 250 M., 8—11: 98 200 M.).

Dagegen sind im Etat 1901 enthalten ausser dem Direktor (12000 M.)[1]) und 2 Direktionsmitgliedern[2]) (6000—8000 M.) an Subalternbeamten je 1 Vorsteher der Kassenabtheilung (5400—6000 M.), des Revisionsbureaus (4500—6000 M.), der Buchhalterei (3600—4800 M.), der Abtheilung für Statistik (2400—4800 M.), 6 Kassen- und Sekretariatsbeamte mit 2400—4800 M. und 22 mit 1800—4200 M., 1 mit 1800 bis 3000 M.

An Unterbeamten: 9 Kassenboten (1200—1600 M.). An Stelle von 4 Subaltern- und Unterbeamten sind also 42 getreten; dementsprechend haben sich auch die Gesammtverwaltungskosten von 70600 M. in 1896/97 bis 1901 auf 240440 M. gesteigert, wie des Näheren aus der nebenstehenden Etatsübersicht hervorgeht.

Aufgaben.

§ 439. Eine der Hauptaufgaben der Kasse ist die Zurückdrängung der hochgestiegenen ländlichen Immobiliarverschuldung. Alle Immobiliarkreditgeschäfte sind daher der Kasse untersagt, nur Mobilien-Realkredit (Faustpfand) kann sie gewähren. Sie soll nicht dazu dienen, Kredit zur Errichtung von Gebäuden zu geben oder im Wege langjähriger Darlehne Anlage- und dauernd mangelndes Betriebskapital vorzuschiessen, sondern soll lediglich vorübergehende Schwierigkeiten in der Wirthschaftsführung durch Kreditgewährung beseitigen. Sie soll nur relativ kurzfristigen personellen Betriebskredit gewähren.

Da gerade die mittleren und kleineren Genossenschaften bei Aufnahme von Darlehnen ein marktgängiges Unterpfand nicht stellen oder ohne weiteres bankfähige Wechsel nicht diskontiren können, so muss ihnen der Kredit ohne Stellung besonderer Sicherheit durch Vermittelung der Verbandskassen zugänglich gemacht werden. Da hierbei eine Prüfung der Kreditanträge im einzelnen Falle nicht möglich ist, so findet für jede einzelne Verbandskasse die Normirung der Höchstgrenze des ihr zu gewährenden Kredits im Voraus statt. Soweit diese Kassen nicht Aktiengesellschaften etc. sind, sondern Genossenschaften mit Haftpflicht, so wird die Grenze nach den Haftsummen, aber zugleich auch — bei unbeschränkter Haftpflicht oder Nachschusspflicht lediglich — unter Berücksichtigung des Gesammtvermögens und Gesammteinkommens der in den Untergenossenschaften vereinigten Genossen, wie es bei der Ergänzungs- und Einkommensteuerveranlagung ermittelt ist, also nach der gesammten Kreditfähigkeit der Mitglieder bemessen.

Ausser den für die mittleren und Kleinbetriebe eingerichteten Genossenschaften sind auch die zur Förderung des Personalkredits

---

[1]) Der Direktor hat Dienstwohnung. Er hat den Titel Präsident mit dem Range der Räthe 2. Klasse.

[2]) Der Etat für 1902 sieht ein drittes Direktionsmitglied vor.

unter den Grossgrundbesitzern bestimmten landschaftlichen (ritterschaftlichen) Darlehnskassen, sowie von Provinzen und Landeskommunalverbänden errichteten ähnlichen Institute zur Theilnahme an der Darlehnsgewährung der Kasse zugelassen. Die Zulassung öffentlicher Sparkassen wurde im Gesetze Königl. Verordnung vorbehalten.

Da die Kreditgewährung mit im Voraus fest bestimmten Kreditfristen, wie sie bei der Reichsbank und anderen grossen Handelsbanken üblich ist, für die ländlichen Kreise, welche in ihren Einnahmen von ausserhalb ihrer Macht liegenden Witterungs- u. s. w. Einflüssen abhängig sind, grosse Nachtheile im Gefolge hat, so wird der Kredit der Central-Genossenschaftskasse zum Theil in Form des „offenen Kontos“, der „laufenden Rechnung“ gewährt, wobei natürlich die Kasse sich das Recht wahren muss, solchen Kreditnehmern, die dauernd keine Einlagen machen, ihre Konten zu kündigen und aufzulösen. Daneben wird aber besonders Verbandskassen mehr städtischen Charakters auch Kredit im Wechselverkehr gewährt.

Da jede Veränderung des Zinssatzes bei dem geringen Ertrage, welchen die Landwirthschaft abwirft, auf sie viel schärfer drückt, als auf Handel und Grossgewerbe, so wird der Zinsfuss für den Verkehr in laufender Rechnung semesterweise festgesetzt, um für den Kunden eine gewisse Stabilität des Zinsfusses zu erhalten. Nur für das Wechseldiskontgeschäft ist der zeitweise und plötzlich wechselnde Zinsfuss der Reichsbank massgebend. Provision und Gebühren bei Zinsgeschäften werden nicht erhoben, um auch die Einlegung kleinster Beträge und für kurze Zeit und damit den Kapitalausgleich in weitestem Masse zu fördern.

§ 440. Neben diesem vollen Geschäftsverkehr, zu dem nur genossenschaftliche Verbands-landschaftliche Darlehns- etc. Kassen zugelassen sind, ist der Centralkasse in beschränktem Umfange ein Geschäftsverkehr mit Jedermann gestattet, wobei jedoch die Gewährung von Blancokredit vollständig ausgeschlossen ist. Nur im Wege des Lombard- und Wechselverkehrs kann Einzelpersonen und Einzelgenossenschaften gedeckter Kredit gewährt werden, wobei für Verzinsung, Provision u. s. w. die im Bankverkehr allgemein üblichen Grundsätze und Geschäftsbedingungen zur Anwendung gelangen. Die Freigabe dieses Geschäftsverkehrs ist nicht zu dem Zwecke erfolgt, damit die Kasse in Konkurrenz mit Privatinstituten trete, sondern lediglich, um sie bei Erfüllung ihrer Hauptaufgabe, die Bedürfnisse der Verbandskassen zu befriedigen, zu unterstützen. Diese Neben-Geschäfte sind:

sonstige Gelder im Depositen- und Checkverkehr anzunehmen;
Spareinlagen anzunehmen;
Kassenbestände im Wechsel-, Lombard- und Effektengeschäft nutzbar zu machen;

Wechsel zu verkaufen und zu acceptiren;
Darlehne aufzunehmen;
für fremde Rechnung Effekten zu kaufen und zu verkaufen.

Als Passivgeschäfte sind der Kasse hiernach gestattet: der passive Darlehnsverkehr, die Rediskontirung von Wechseln, die Verwerthung eigener Accepte und eigener Werthpapiere, der Betrieb des Depositengeschäfts, die Annahme von Spareinlagen, als Aktivgeschäfte das Diskontogeschäft, der Ankauf von Effekten und das Lombardgeschäft.

Sehr bald hat die Kasse dem Depositen-, Check- und Lombardverkehr mit öffentlichen Sparkassen ihre Aufmerksamkeit zugewendet. Hierbei wurde sie in erster Linie von der Absicht geleitet, durch diesen Verkehr Depositengelder in grösserem Umfange zur Erfüllung ihrer Hauptaufgabe zuzuführen. Dafür kam sie den vorübergehenden Kreditbedürfnissen der Sparkassen dadurch entgegen, dass sie ihnen Darlehne gegen Verpfändung kurshabender Inhaberpapiere gewährt.

Seit dem 1. Jan. 1900 ist der durch Ges. v. 31. Juli 1895 festgelegte Geschäftskreis der Preussischen Central-Genossenschaftskasse dadurch erweitert worden, dass auf Grund des Art. 76 des Ausführungsgesetzes zum Bürgerlichen Gesetzbuche v. 20. Sept. 1899 (G.-S. S. 177) die Anlegung von Mündelgeld bei ihr erfolgen kann. Ferner ist sie mittelst gemeinschaftlichen Erlasses der Minister der Finanzen, für Landwirthschaft, Domänen und Forsten, der Justiz und des Innern v. 17. Dez. 1899 auf Grund des Art. 85 des Ausführungsgesetzes zum Bürgerlichen Gesetzbuche für die Hinterlegung von Werthpapieren in den Fällen der §§ 1082, 1392, 1667, 1814, 1818, 2116 des Bürgerlichen Gesetzbuches als Hinterlegungsstelle bestimmt worden.

Bisherige Erfolge der Kasse.

Der günstige Einfluss der Kasse auf die Entwickelung des Genossenschaftswesens ergiebt sich aus Folgendem.

Als die Kasse ins Leben trat (1. Okt. 1895) gab es in Preussen etwa 5000 Genossenschaften. Ende 1896 stieg ihre Zahl auf 6694, 1900 betrug sie 7125, 1902 10 993 (im ganzen Reich rund 20 000).

Die neugegründeten Genossenschaften sind weit überwiegend ländliche oder Handwerker-Genossenschaften, die sich fast ausschliesslich Verbandskassen angeschlossen haben, die mit der Preussischen Central-Genossenschaftskasse in Verbindung stehen. Alle diese Kassen haben somit, von wenigen Ausnahmen abgesehen, in der Preussischen Central-Genossenschaftskasse den Mittelpunkt ihres Geldverkehrs gefunden.

Die Zahl der dadurch an den Credit der Centralkasse betheiligten Mitglieder wuchs von 1895—1901 von 83 000 Personen auf rund

750 000. Ueber 65 Proz. aller Genossenschaften und über 12 Proz. aller die Landwirthschaft als Haupt- und Nebenberuf treibenden Personen haben gegenwärtig durch eine Genossenschaft Anschluss an die Central-Genossenschaftskasse gefunden.

Der halbjährlich im Voraus festgesetzte Zinsfuss für die den Verbänden gegebenen Darlehen betrug anfänglich 3 Proz., gegenwärtig ist er mit Rücksicht auf die Lage des Geldmarktes auf 3 $^1/_2$ Proz. erhöht. Durch die Spannung, mit der die Verbände und Genossenschaften arbeiten müssen, erfährt dieser Zinsfuss noch eine Erhöhung um 1 bis 1 $^1/_2$ Proz., bis er an das einzelne Mitglied der Genossenschaften gelangt. Immerhin erhält dieses gegenwärtig Personalkredit zu 4 $^1/_2$ bis 5 Proz.

§ **440a.** Der Gesammtumsatz der Kasse im Jahre betrug vom 1. Okt. 1895 bis 30. Sept. 1896 rund 470 Mill. M., vom 1. April 1899/1900 3 361 478 343 M., hat sich also in dieser Zeit versiebenfacht.

Von dem Gesammtumsatz entfallen auf:

	1899/1900 M.	1900/1901 M.
Kassenverkehr	1 251 494 381,06	1 347 123 158,46
Verkehr in Zinsscheinen	6 455 534,21	8 032 267,82
Wechselverkehr	164 225 497,79	259 287 110,64
Verkehr in Werthpapieren (einschliesslich der eigenen)	50 873 125,75	254 571 020,24
Lombardverkehr	45 612 550,26	33 235 378,77
Verkehr in „Laufender Rechnung“	429 312 629,68	520 386 881,77
Depositen- und Check-Verkehr	206 125 672,66	249 794 214,13
Sonstigen Verkehr	1 207 378 952,01	1 337 815 328,27
	3 361 478 343,42	4 010 245 360,10

Die Steigerung des Umsatzes beruht in der Hauptsache auf den der Kasse als Hauptaufgabe zugewiesenen Geschäften, nämlich dem Kredit- und Einlageverkehr mit den Verbands-Landschaftlichen Darlehns- und Provinzialhülfskassen, welche die überwiegende Menge aller Umsätze ausmachen.

Den genossenschaftlichen Verbandskassen wurden bei der letzten allgemeinen Kreditfestsetzung für das Halbjahr 1. Okt. 1899 bis 31. März 1900 eingeräumt 31,2 Mill. M. Kredit in „Laufender Rechnung“ also ohne Deckung, und 25,6 Mill. M. Diskontkredit, zusammen 56,8 Mill. M. Im Jahre 1899/1900 betrug die Summe der ihnen thatsächlich gewährten Darlehne 170,3 Mill. M., die Summe der Rückzahlungen oder Einzahlungen der Verbände 145,4 Mill. M. oder 85,3 Proz. der Darlehne. Von dem Diskontkredit machten nur 35 Verbandskassen von im Ganzen 50 Gebrauch. Unter den gesammten Wechselerwerbungen in 1899/1900 von 75,5 Mill. M. wurden von den Verbandskassen 55,6 Mill. M., also über $^2/_3$ erworben.

Die Höhe der Wechselverbindlichkeiten betrug Ende 1899/1901 11,9 Mill. M. Wechsel der Verbandskassen, bei im Ganzen 18,6 Mill. M.

Den landschaftlichen Darlehnskassen und ähnlichen Provinzialinstituten wurden 1899/1900 8,4 Mill. M. Kredit in Laufender Rechnung eingeräumt. Die Summen der Rück- und Einzahlungen überwogen hier mit 61,6 Mill. M. die Summen der gewährten Darlehne (59,1 Mill. M.). Der Zinsfuss richtete sich hier nach dem Geldmarkt.

Der Verkehr mit Spar- und Kommunalkassen, einzelnen Personen und Genossenschaften etc., der fortwährend zunimmt, beschränkte sich in der Hauptsache auf das Depositen- und Lombardgeschäft. An Zinsen wurden in den letzten Jahren 2—2 1/2 Proz. für täglich fällige und für an Kündigung gebundene Depositen bis 3 Proz. gewährt. 1899/1900 wurden von Spar- und Kommunalkassen 65,4 Mill. M. Depositen eingezahlt und 64 Mill. M. abgehoben (etwa 2/3 des gesammten Depositenverkehrs [98,9 Einzahlungen und 97,6 Abholungen]). Von den Seitens der Inhaber von Depositenkonten auf die Centralkasse gezogenen Checks (2699 mit 29,4 Mill. M.) wurden 11,4 Mill. M. durch Vermittelung der Generalstaatskasse und 8,1 Mill. M. durch Vermittelung der Reichsbank eingelöst. Die Kosten trug die Centralkasse.

Für Lombarddarlehne an Inhaber von Depositenkonten wurde in der Regel der Lombardzinssatz der Reichsbank berechnet. Spar- und Kommunalkassen ist bis zu 1/2 Proz. darunter berechnet worden, wenn der Preussischen Central-Genossenschaftskasse das Recht der vorübergehenden Weiterlombardirung der hinterlegten Werthpapiere im Bedarfsfalle eingeräumt wurde.

Von dem gesammten Lombardverkehr im Jahre 1899/1900 (22,3 Mill. M. Darlehne und 21,2 Mill. M. Rückzahlungen) entfielen 16,7 Mill. M. Darlehne und 15,9 Mill. M. Rückzahlungen, also etwa 3/4 auf die Spar- und Kommunalkassen.

Die Rücklagen in den Reservefonds betrugen 1895/96: 22 339 M., 1896/97: 46 781 M., 1897/98: 149 432 M., 1898/99: 45 395 M., 1899/1900: 152 427 M., zusammen 416 374 M., dazu 1900/1901: 804 526 M. (s. S. 944).

Gewinnverrechnung.

Der Geschäftsgewinn ergiebt sich in der Hauptsache aus dem Zins- und Diskontgewinn.

Provisionen wurden im Allgemeinen nur für die Ausführung von Börsenaufträgen berechnet. Die Umsätze in „Laufender Rechnung“, sowie im Wechsel-, Lombard-, Depositen- und Checkverkehr blieben für die Betheiligten wie bisher provisionsfrei.

(Fortsetzung des Textes auf S. 945.)

Soll. **Gewinn- und Verl…**

	M.	Pf.	M.
Besoldungen und Wohnungsgeldzuschüsse für die Beamten, Tit. 1—4 des Etats	101 650	—	
Remuneration von Hülfsarbeitern, Tit. 5 des Etats	29 005	08	
Ausserordentliche Remunerationen und Unterstützungen, Tit. 6 des Etats	8 500	—	139 155
Handlungs-Unkosten, Tit. 8 des Etats	47 590	11	
Unterhaltung des Dienstgebäudes, Tit. 9 des Etats	102	76	
Diäten und Fuhrkosten, einschliesslich der Kosten für die Ausschusssitzungen, Tit. 10 des Etats	3 411	61	
Ausgaben auf Grund des Invalidenversicherungsgesetzes sowie des Krankenversicherungsgesetzes, Tit. 11 des Etats	93	77	51 198
Ausseretatsmässige Geschäftsunkosten (Spesen und Gebühren)	—	—	9 991
Kursverlust auf die eigenen Werthpapiere, entsprechend den Kursen vom 31. März 1900	—	—	1 302 549
Geschäftsgewinn	—	—	762 135
			2 265 030

Aktiva. **Bilanz v…**

	M.	Pf.	M.
Baarbestand sowie Guthaben bei der Reichshauptbank und der Bank des Berliner Kassenvereins	—	—	165 279
Fällige Zinsscheine	—	—	3 306
Guthaben bei Banken und Bankiers (gegen Unterpfand börsengängiger Werthpapiere)	—	—	17 009 662
Wechsel:			
a) an der Börse gekaufte sogenannte Privatdiskonten	5 134 558	84	
b) von Verbandskassen und sonstigen Kunden	13 002 376	85	
	18 136 935	69	
abzüglich der dem Geschäftsjahr 1900 zufallenden Zinsen zu 5 1/2 Proz.	114 881	57	18 022 054
Werthpapiere (zum Kurswerth vom 31. März 1900)	—	—	21 423 636
Lombard-Forderungen:			
a) an Verbandskassen	493 115	83	
b) an andere Kunden	160 874	49	
c) an Spar- und Kommunalkassen	2 396 868	06	3 050 858
Forderungen in „Laufender Rechnung":			
a) an Verbandskassen (Ges v. 31. Juli 1895 § 2 Ziff. 1a)	24 209 249	05	
b) an landschaftliche Darlehnskassen und ähnliche Institute (Ges. v. 31. Juli 1895 § 2 Ziff. 1b und 1c)	2 528 109	10	26 737 358
Avalkredite (an Verbandskassen)	—	—	156 500
Für fremde Rechnung verkaufte, noch nicht zur Ablieferung gelangte Werthpapiere und sonstige schwebende Abrechnungen	—	—	97 581
Dienstgebäude (bisherige Ausgaben für den Grunderwerb und den Neubau)	—	—	978 453
			87 644 690

nnung 1899/1900. Haben.

	M.	Pf.	M.	Pf.
inn aus dem Diskontgeschäft	—	—	506 636	85
gewinn:				
vereinnahmte Zinsen	2 535 697	80		
verausgabte Zinsen	787 913	76	1 747 784	04
inn aus Börsenaufträgen (Provisionen)	—	—	8 462	52
inn auf Zinsscheine	—	—	157	60
ot-Gebühren	—	—	42	75
ickerstattete Verwaltungskosten, Tit. 1 des Etats (Einnahme)	—	—	1 946	53
			2 265 030	**29**

März 1900. Passiva.

	M.	Pf.	M	Pf.
ndkapital (Ges. v. 31. Juli 1895 § 3, Ges. v. 8. Juni 1896 § 1, es. v. 20. April 1898 § 1)	--	—	50 000 000	—
klagen (Ges. v. 31. Juli 1895 § 6 Ziff. 1, Ges. v. 8. Juni 1896 § 2)	—	—	263 946	69
lehne von Banken und Bankiers	—	—	20 800 500	—
haben in „Laufender Rechnung“:				
a) der Verbandskassen (Ges. v. 31. Juli 1895 § 2 Ziff. 1a)	417	30		
b) der landschaftlichen Darlehnskassen u. ähnlicher Institute (Ges v. 31. Juli 1895 § 2 Ziff. 1b und 1c)	4 990 265	15	4 990 682	45
ositen:				
a) täglich fällige	9 014 762	69		
b) an Kündigung gebundene	1 610 208	33	10 624 971	02
le	—	—	156 500	—
ückgestellte Beträge für schwebende Geschäfte (Abnahme gekaufter Werthpapiere etc.)	—	—	45 954	55
chäftsgewinn	—	—	762 135	75
			87 644 690	**46**

Geschäftsjahr und Grundkapital.	Zinsgewinn M.	Pf.	Diskontgewinn M.	Pf.	Gewinn auf Zinsscheine M.	Pf.	Gewinn aus Börsenaufträgen (Provisionen) und Depotgebühren M.	Pf.	Bruttogewinn ohne Berücksichtigung des nur buchmässigen Gewinnes oder Verlustes auf die eigenen Werthpapiere M.	Pf.	% vom Grundkapital	Geschäftsunkosten M.	Pf.	% vom Grundkapital	Nettogewinn ohne Berücksichtigung des nur buchmässigen Gewinnes oder Verlustes auf die eigenen Werthpapiere. M.	Pf.	% vom Grundkapital
1895/96 5 000 000 M.	99 416	62	4 781	56	5	03	1 959	25	106 162	46	4,25	41 483	96	1,66	64 678	50	2,59
1896/97 20 000 000 M.[1])	491 412	07	72 475	95	804	14	19 971	15	584 663	31	3,66	118 749	19	0,74	465 914	12	2,92
1897/98 20 000 000 M.	530 578	32	310 921	16	212	51	4 852	47	846 564	46	4,23	142 097	67	0,71	704 466	79	3,52
1898/99 40 000 000 M.[2])	1 041 477	26	458 749	72	124	46	9 850	71	1 510 202	15	4,06	204 132	22	0,55	1 306 069	93	3,51
1899/1900 50 000 000 M.	1 747 784	04	506 636	85	157	60	8 505	27	2 265 030	29	4,53	198 398	51	0,40	2 064 685	25	4,13
1900/1901 50 000 000 M.	1 235 588	60	1 053 966	76	239	24	271 782	40	2 316 977	05	4,63	223 688	47	0,45	2 093 288	58	4,18

Geschäftsjahr und Grundkapital.	Buchmässiger Kursverlust auf eigene Werthpapiere M.	Pf.	Buchmässiger Kursgewinn auf eigene Werthpapiere M.	Pf.	Vertheilter Gewinn M.	Pf.	% des Grundkapitals	Von dem Gewinn wurden zu Rücklagen verwendet M.	Pf.	% des Grundkapitals	Von dem Gewinn wurden an den Staat abgeführt M.	Pf.	% des Grundkapitals	Zur 3%igen Verzinsung des Grundkapitals sind erforderlich M.	Pf.	Es fehlen an der 3%igen Verzinsung des Grundkapitals M.	Pf.	% des Grundkapitals
1895/96 5 000 000 M.	20 000	—	—	—	44 678	50	1,79	22 339	25	0,89	22 339	25	0,89	75 000	—	52 660	75	2,11
1896/97 20 000 000 M.[1])	232 010	75	—	—	233 903	37	1,46	46 780	67	0,29	187 122	70	1,17	478 750	—	291 627	30	1,83
1897/98 20 000 000 M.	—	—	42 691	75	747 158	54	3,73	149 431	70	0,75	597 726	84	2,98	600 000	—	2 273	16	0,02
1898/99 40 000 000 M.[2])	1 079 094	60	—	—	226 975	33	0,61	45 395	07	0,12	181 580	26	0,49	1 116 666	67	935 086	41	2,51
1899/1900 50 000 000 M.	1 302 549	50	—	—	762 135	75	1,52	152 427	15	0,30	609 708	60	1,22	1 500 000	—	890 291	40	1,78
1900/1901 50 000 000 M.	—	—	211 237	44	2 304 526	02	4,61	804 526	02	1,61	1 500 000	—	3,00	1 500 000	—	—	—	—

Von dem Gesammtgewinn für 1899/1900[1]) im Betrage von		2 265 030,29 M.	= 4,53 Proz.
waren zu decken:			
die Verwaltungskosten mit	200 345,04 M.		= 0,40 „
und der buchmässige Kursverlust auf die eigenen Werthpapiere mit	1 302 549,50 M.	1 502 894,54 M.	
so dass ein Nettogewinn von		762 135,75 M.	= 1,52 „
verbleibt, von welchem $^1/_5$ mit . . .		152 427,15 „	= 0,30 „
zur Rücklage verwendet und $^4/_5$ mit .		609 708,60 M.	= 1,22 „
an den Staat entrichtet sind.			

(Prozentangaben: des Grundkapitals von 50 Mill. M.)

§ 441. Ueber den Vermögensstand der Anstalt giebt die Bilanz auf S. 942 u. 943 Aufschluss, ausserdem ist eine übersichtliche Zusammenstellung der Geschäftsergebnisse der Preussischen Centralgenossenschaftskasse in den verflossenen 6 Geschäftsjahren beigefügt.

---

[1]) für 1900/1901 ergab sich folgender Gesammtgewinn: 2 530 136,30 = 5,06 Proz. von 50 000 000 M. Davon waren zu decken:

die Verwaltungskosten mit	M.	225 610,28	= 0,45 Proz.
so dass ein Nettogewinn von	„	2 304 526,02	= 4,61 „
verbleibt, von welchem	„	1 500 000,—	= 3,00 „
an den Staat zu entrichten und die restlichen	M.	804 526,02	= 1,61 Proz.
zur Rücklage zu verwenden sind.			

Drittes Buch.

Gestütsverwaltung.

Einleitung.

§ 442. Das staatliche Gestütswesen in Preussen ist erheblich älter, als der Begriff der eigentlichen Landespferdezucht.[1])

Die Heimath beider ist die Provinz Ostpreussen. Schon die alten Deutschritter verfügten über eine grosse Anzahl Stutereien (Preussisch Holland, Balga, Brandenburg, Königsberg, Grünhof, Tapiau, Ragnit, Georgenburg u. s. w.). Später entwickelte sich eine grosse Anzahl Privatstutereien.

Es wurde viel gutes Zuchtmaterial vom Auslande angekauft, doch wurden auch schon viele Pferde gezüchtet, die im Auslande gern gesucht und sehr geschätzt wurden.

Der dreissigjährige Krieg schlug auch diesem blühenden Erwerbszweige tiefe Wunden.

Einen neuen Aufschwung erhielt das Gestütswesen erst Anfang des 18. Jahrhunderts.

Friedrich Wilhelm I., der so viel für die Provinz Ostpreussen gethan, war es auch, welcher aus den zahlreichen grösstentheils vom Deutschorden überkommenen kleineren und wenig lebensfähigen Gestütsanlagen ein einziges grösseres Gestüt in Trakehnen errichtete (1732) und damit den Grund zu der heutigen Gestütsverwaltung legte.

Aber eine Landespferdezucht war damit noch nicht geschaffen. Trakehnen lieferte zunächst nur die Pferde für den königl. Marstall und wurde bis zum Tode Friedrichs des Grossen lediglich als Einnahmequelle für die Krone betrachtet. Auch die Privatstutereien hatten einen sachlich und räumlich sehr beschränkten Wirkungskreis. Wenn auch einzelne Exemplare der im Besitze des Landadels befindlichen Stutereien Ostpreussens im Anfange des 18. Jahrhunderts in aller Welt bekannt und berühmt waren, so unterschied sich doch das Pferd des ostpreussischen Bauern in nichts von dem kleinen, zwar ausdauernden aber unedlen lithauischen und polnischen Pferde, das auch heute noch

---

[1]) C. M. Stöckel. Die Preuss. Gestütverwaltung und Landespferdezucht. Paul Parey, Berlin, 1890.

aus Russland eingeführt und z. B. vielfach in Bergwerken verwendet wird. Während die Gestüte die Pferde für Luxuszwecke lieferten, waren eben die Pferde der Landschläge lediglich gewöhnliche Kläpper und Arbeitspferde und zu unglaublich billigen Preisen zu kaufen.

Eine Landespferdezucht konnte erst entstehen, nachdem der König von Preussen (Friedrich Wilhelm II.) Trakehnen und das 1788 neugegründete Friedrich Wilhelms-Gestüt zu Neustadt a./D. dem ganzen Lande zugänglich gemacht, indem die dort gezüchteten Vaterthiere als sog. Landbeschäler überall im Lande aufgestellt und gegen Erlegung eines Deckgeldes zur Belegung von im Privatbesitz befindlichen Stuten zur Verfügung gestellt wurden.

Erst auf diesen Massnahmen fusst die sog. allgemeine Landespferdezucht, welche sich im Laufe des 19. Jahrhunderts dahin entwickelt hat, dass sie nunmehr ihren Schwerpunkt nicht mehr in den grossen Gestüten, sondern in den bäuerlichen Zuchten des Landes besitzt.

Das eigentlich treibende Moment, eine solche Landespferdezucht zu schaffen, ist dabei stets das Bedürfniss eines edlen und starken Soldatenpferdes gewesen, und diese Richtung ist für die eigene Züchtung des Staates und die Verwaltung seiner Gestütsanstalten bis heute im wesentlichen die massgebende geblieben und rechtfertigt bei ihrer grossen Wichtigkeit auch noch fortgesetzt die erheblichen Staatsmittel für die Staatsgestütsanstalten.

§ 443. Die weitere Entwickelung des Gestütswesens seit Anfang des 19. Jahrhunderts war folgende: In Folge Allerhöchsten Erlasses v. 11. Aug. 1848 ging das Trakehner Gestüt mit der Gesammtleitung des Gestütswesens vom königl. Ober-Marstallamte auf die Staatsverwaltung über, und demgemäss wurde seine ursprüngliche Bestimmung, der Befriedigung des königl. Marstalles, durch Allerhöchste Kabinets-Ordre v. 30. März 1849 dahin geändert, dass die Ansprüche des königl. Ober-Marstalls auf die Beziehung von jährlich 40 Remonten beschränkt blieben.

Einen weiteren Zuwachs erhielten die Zuchtanstalten des Staates durch das im Jahre 1815 mit dem Herzogthum Sachsen an die Krone Preussen übergegangene Zuchtgestüt Graditz bei Torgau.

Das Friedrich Wilhelms-Gestüt bei Neustadt wurde im Jahre 1875 in Rücksicht auf die wenig befriedigenden Leistungen der letzten Jahre aufgelöst, und das dort aufgestellte Zuchtmaterial theils zu einer Verstärkung des Graditzer Gestüts benutzt, theils, nachdem das ehemals zum kurfürstlich hessischen Fideikommissvermögen gehörige Leibgestüt Beberbeck im Regierungsbezirk Kassel für die preussische Staatsverwaltung disponibel geworden war, dorthin zu einem neuen Zuchtgestüt übergeführt.

Hiernach beschränkte sich 1875 die staatliche Pferdezucht im engeren Sinne auf die 3 Hauptgestüte Trakehnen, Graditz und Beberbeck, und zwar ausschliesslich auf diese, nachdem das kleine mit dem Landgestüt Zirke früher verbunden gewesene Percheron-Zuchtgestüt inzwischen wieder aufgehoben war.

Gestützt auf diese 3 Hauptgestüte waren allmählig 15 Landgestüte (Hengstdepots) entstanden, welche sich auf die einzelnen Provinzen wie folgt vertheilten:

auf die Provinz Ostpreussen mit den 3 Depots
in Insterburg (gegr. 1787),
„ Rastenburg (1876 u. 1877 neu erbaut),
„ Gudwallen (1824 von Oletzko dorthin verlegt);
„ „ „ Westpreussen mit dem Depot Marienwerder (gegr. 1788)
„ „ „ Brandenburg mit dem Depot in den Räumen des ehemaligen Friedrich Wilhelms-Gestüts bei Neustadt a./D. (1788);
„ „ „ Pommern mit dem Depot Labes (1876);
„ „ „ Posen mit dem Depot Zirke (1829);
„ „ „ Schlesien mit den 2 Depots
für Oberschlesien in Kosel (1877),
„ Niederschlesien in Leubus (1817);
„ „ „ Sachsen mit dem Depot in den ehemals vom Brandenburgischen Landgestüt benutzten Räumen in Lindenau bei Neustadt a./D. (1877 von Döhlen dorthin verlegt);
„ „ „ Schleswig-Holstein mit dem Depot Traventhal (1874);
„ „ „ Hannover mit dem Depot Celle (1735);
„ „ „ Westfalen mit dem Depot Warendorf (1826);
„ „ „ Hessen-Nassau mit dem Depot Dillenburg (1870 von Kassel dahin verlegt);
„ „ „ Rheinprovinz mit dem Depot Wickrath (1839).

Bei dem grossen Aufschwunge, welchen die Provinz Posen nahm, und bei der Unthunlichkeit einer ferneren Vergrösserung des Zirker Beschälerdepots, erfolgte die Etablirung eines zweiten posenschen Landgestüts in Gnesen (1885).

Das bisher äusserst beschränkt und ungeeignet gelegene Landgestüt Warendorf wurde Mitte der 80er Jahre umgebaut und erweitert.

Ende der 80er Jahre kam für Ostpreussen ein viertes Depot (Landgestüt) hinzu in Braunsberg; das sächsische wurde von Lindenau nach Kreuz in Sachsen verlegt. Ende der 90er Jahre wurde für Westpreussen ein zweites Landgestüt zu Preussisch Stargard eingerichtet, so dass gegenwärtig die Zahl der Depots oder Landgestüte auf 18 gestiegen ist.

Aber auch die Zahl der Zucht- (Haupt-)gestüte hat sich im Laufe des letzten Jahrzehnts um 2 vermehrt. 1895/96 wurde das 1875 aufgelöste Zuchtgestüt in Neustadt a./D. wieder eingerichtet, und im Jahre 1900 wurde aus Privatbesitz das Zuchtgestüt Zwion-Georgenburg angekauft.

Seit 1866 ist nur noch 1 der Hauptgestüte der Vollblutzucht gewidmet: Graditz (s. § 450). Die übrigen Gestüte befassen sich nur noch mit der Zucht edlen Halbblutes.

§ 443a. Entsprechend der Vermehrung der Gestütsanstalten seit Mitte des 19. Jahrhunderts haben sich auch die Staatsausgaben für Gestütszwecke seit jener Zeit erheblich gesteigert. Nach Anl. XLVII betrugen die ordentlichen Ausgaben im Jahre 1849 1 038 689 M., 1876 3 184 190 M., 1888/89 4 083 960 M.. 1901 6 078 250 M. Will man indessen die aus allgemeinen Staatsmitteln verausgabten Beträge für Gestütszwecke erkennen, so muss man noch die eigenen Einnahmen der Gestüte von diesen Beträgen abziehen. Dann ergeben sich folgende Ziffern: 1849 553 369 M., 1876 1 488 950 M., 1888/89 1 881 120 M., 1901 2 981 241 M., also fast der 6fache Betrag der Ausgaben vom Jahre 1849. Dabei ist ferner noch zu berücksichtigen, dass im Jahre 1849 gar keine extraordinären Ausgaben eingestellt waren, während in den 70er Jahren durchschnittlich 600 000 M., in den 80er und 90er Jahren durchschnittlich 400 000 - 600 000 M. jährlich an extraordinären Ausgaben aus allgemeinen Staatsmitteln für Gestütszwecke verwendet wurden.

Im ganz gleichen Verhältniss wie die Ausgaben hat sich der Pferdebestand der Gestüte allerdings nicht vermehrt; aber auch hier finden wir im Laufe der zweiten Hälfte des 19. Jahrhunderts sehr erhebliche Steigerungsziffern. An den Hauptgestüten waren nach Anl. XLIX etatsmässig vorhanden: 1850 25 Hauptbeschäler, 540 Mutterstuten, 1581 junge Hengste und Stuten, 1880/81 28 Hauptbeschäler, 590 Mutterstuten, 1797 junge Hengste und Stuten, 1901 33 Hauptbeschäler. 730 Mutterstuten, 2240 junge Hengste und Stuten. Bei den Landgestüten: 1850 1070 Landbeschäler, 1880/81 1882 Landbeschäler, 1901 2965 Landbeschäler. Der Bestand hat sich also seit 1850 etwa verdreifacht. Auch die Leistungsfähigkeit des Pferdebestandes hat besonders seit den 70er Jahren nach Anl. LI erheblich zugenommen. Es wurden von den Mutterstuten an den Hauptgestüten im Jahre 1870 an lebenden Fohlen geboren 185 Hengste und 183 Stuten, 1899 245 Hengste und 234 Stuten. Von den Landgestüten waren Deckstationen besetzt im Jahre 1870 546, im Jahre 1899 974. Gedeckt wurden von den Landbeschälern an Privatstuten im Jahre 1870 61 500,

1899 162 931. An lebenden Füllen wurden geboren im Jahre 1870 31 305, 1899 87 774. Es sind sonach gedeckt worden von einem Landbeschäler durchschnittlich im Jahre 1870 37, 1899 58 Stuten. An lebenden Füllen wurden durchschnittlich gezeugt von einem Hengste 1870 18, 1899 31. Nach den Untersuchungen im Heft 49 der Arbeiten der Deutschen Landwirthschafts-Gesellschaft über die Verbreitung der Pferdeschläge in Deutschland wurden in Preussen im Jahre 1898 auf dem platten Lande und in den kleineren Städten (bis zu 10 000 Einwohnern) an Privatstuten gedeckt von staatlichen Hauptbeschälern 171, von staatlichen Landbeschälern 156 702, zusammen 156 873. Dagegen von angekörten, d. h. zur Zucht tauglich befundenen Privathengsten 66 361. Von den 223 234 gedeckten Privatstuten, welche etwa 7—8 Proz. des gesammten Pferdebestandes ausmachten, sind hiernach etwa $^{2}/_{3}$ durch Hengste aus staatlichen Gestüten gedeckt worden.

§ 443b. Das Gestütswesen und die Landes-Pferdezucht Preussens haben in ihrer ersten Entwickelungszeit natürlich mancherlei Krankheiten durchgemacht.

Einer zu starken Bevorzugung orientalischer Hengste folgte die Zeit rücksichts- und urtheilsloser Verwendung des englischen Vollblutes auf Stutenmaterial jeder Art, wodurch vielfach die alten, im dreissigjährigen Krieg schon geschwächten Schläge völlig zerstört wurden. Der starke wirthschaftliche und industrielle Aufschwung seit Mitte der 50er Jahre führte sodann zu dem oft planlosen Versuche, feines Stutenmaterial durch die schwersten kaltblütigen Hengste zu verbessern, wodurch wiederum grosses züchterisches Unheil angerichtet wurde.

Erst neuerdings fängt man, aufmerksam geworden durch die Erfahrungen auf anderen Zuchtgebieten, vor Allem der Rindviehzucht, an, eine zielbewusste Zucht verschiedener Schläge in bestimmten Gegenden durchzuführen.

Seit 1887 stellt die Gestütsverwaltung starke kaltblütige Hengste zur Zucht starker Arbeitspferde nicht mehr planlos, sondern nur in bestimmten Gebieten auf, um so mit der Zeit Regionen für die Zuchten verschiedener Gebrauchstypen zu schaffen.

Von den auf dem platten Lande und in den kleineren Städten (bis 10 000 Einwohner) verwendeten Landbeschälern des Staates waren 1899 2 469 warmblütige Hengste und nur 396 Kaltblüter. Bei den Privathengsten wird demgegenüber — vielfach mit Unterstützung des Staates (s. § 334 ff.) — dem Bedürfniss nach kaltblütigen Pferden um so mehr Rechnung getragen. Von den im Jahre 1898 angekörten, d. h. zur Zucht für tauglich befundenen Hengsten waren 904 Warmblüter und 886 Kaltblüter. Rechnet man dazu noch 115 nicht angekörte warmblütige und 100 kaltblütige, zum Decken benutzte Hengste, so war im Jahr 1898 die Gesammtzahl der deckenden warmblütigen Hengste auf dem Lande etc. 3 488, der kaltblütigen 1 382. Die Zahl der warmblütigen Pferde überhaupt auf dem platten Lande und in den kleineren Städten betrug im Jahre 1898 1 868 220, denen 610 560 kaltblütige Pferde und 80 368 Ponnis gegenüberstanden.

Im Ganzen stehen also anscheinend auch für den kaltblütigen Pferdebedarf genügend kaltblütige Deckhengste zur Verfügung. In den einzelnen Provinzen zeigen sich hierbei allerdings grosse Verschiedenheiten. So kamen 1898 auf 10 000 warmblütige Pferde an warmblütigen (bezw. auf 10000 kaltblütige Pferde an kaltblütigen) Deckhengsten im Jahre 1898[1]) in Ostpreussen 22 (45), Westpreussen 17 (37), Posen 21 (54), Schlesien 14 (17), Brandenburg 16 (12), Pommern 17 (23), Schleswig-Holstein mit Hamburg 23 (111), Hannover mit Braunschweig 25 (6), Hessen-Nassau mit Waldeck 19 (25), Westfalen mit Lippe 13 (15), Rheinland 11 (20).

Die Vertheilung der warm- und kaltblütigen Hengste auf dem Lande und in den kleineren Städten (bis 10 000 Einwohner) auf die Provinzen war 1898 folgende:

Provinzen.	1		2		3		4		5	
	Hof-, Haupt-, Zucht-, Stamm-Gestüte		Land-, Gestüt-Hengste		Angekörte Hengste		Nicht angekörte Hengste		Hengste im Ganzen	
	Zucht-Hengste	Zucht-Stuten	Warmblut	Kaltblut	Warmblut	Kaltblut	Warmblut	Kaltblut	Warmblut	Kaltblut
1. Ostpreussen	71	550	638	—	65	66	68	34	842	100
2. Westpreussen	—	—	236	—	138	43	3	—	377	43
3. Brandenburg	2	30	219	—	47	49	16	25	284	74
4. Pommern	—	—	158	6	86	55	18	11	262	72
5. Posen	—	—	359	—	119	41	2	2	480	43
6. Schlesien	—	—	246	57	34	74	1	5	281	136
7. Sachsen	12	159	13	106	21	136	4	4	50	246
8. Schlesw.-Holst.	—	—	111	7	216	216	—	—	327	223
9. Hannover	—	—	254	—	119	21	—	—	373	21
10. Westfalen	—	—	64	45	37	32	2	15	103	92
11. Hessen-Nassau	8	103	69	65	—	4	—	4	77	73
12. Rheinland	—	—	9	110	14	138	1	—	24	248
13. Hohenzollern	—	—	—	—	8	11	—	—	8	11
Summa	**93**	**842**	**2 376**	**396**	**904**	**886**	**115**	**100**	**3 488**	**1 382**

Kaltblütige Hengste sind hiernach nur in den Gestüten der Provinzen Pommern, Schlesien, Sachsen, Schleswig-Holstein, Westfalen, Hessen-Nassau, Rheinland aufgestellt. Diese Bevorzugung der westlichen Provinzen mit der Aufstellung kaltblütiger Hengste ent-

[1]) Arbeiten der Deutschen Landwirthschafts-Gesellschaft Heft 49.

spricht der Thatsache, dass im Allgemeinen das Warmblut stärker im Osten, das Kaltblut stärker im Westen vertreten ist. Im Jahre 1898 waren über 90 Proz Warmblüter in Posen, Ost- und Westpreussen, über 80 Proz. in Pommern und Schleswig-Holstein, über 70 Proz. in Brandenburg und Schlesien, über 60 Proz. in Hannover, über 50 Proz. in Westfalen und Hessen-Nassau. Dagegen waren über 60 Proz. Kaltblut in der Provinz Sachsen und 81 Proz. aller Pferde gehörten dem Kaltblutschlag in der Rheinprovinz an.

Eintheilung des Gestütsetats im Allgemeinen.

§ 444. Die laufenden Einnahmen und Ausgaben des Gestütsetats (das Ordinarium s. Anl. XLVII) zerfallen in 3 grosse Hauptgruppen, diejenigen der Hauptgestüte, der Landgestüte und der Centralverwaltung. Die beiden ersteren Gruppen entsprechen den Spezialetats dieser Institute. Die Centralverwaltungsbeträge werden in der Ministerialinstanz vereinnahmt bezw. verausgabt und kommen sowohl den Haupt- wie Landgestüten zu Gute, ohne in deren Etats verrechnet zu werden.

Die Centralverwaltungseinnahmen sind geringe und betrugen 1901 nur 45 000 M. bei 2 132 470 M. Gesammteinnahmen. Die Ausgaben der Centralverwaltung machen dagegen einen sehr erheblichen Betrag aus, 1901: 1 334 582 M. bei 6 078 250 M. Gesammtausgaben.

Unter diesem Gesichtspunkt sind auch die in Anl. XLIX u. LI über die Einnahme- und Ausgabeentwickelung bei Haupt- und Landgestüten enthaltenen Angaben zu verstehen. Die dort gegebenen Schlusszahlen beziehen sich nur auf die Spezialverwaltung der Haupt- und Landgestüte und decken sich nicht mit den Schlusssummen des Gestütsetats überhaupt. Den dort angegebenen Schlusszahlen für Ausgaben der Haupt- und Landgestüte zusammen (s. Sp. 12 auf S. 211 der Anlagen) treten vielmehr an Centralverwaltungsausgaben etc. noch hinzu:

	Haupt- und Landgestüte M.	Central-verwaltung M.	Summa M.
1860:	1 281 270	669 572	1 950 842
1890/91:	3 157 745	1 141 125	4 298 870
1901:	4 743 668	1 334 582	6 078 250

Der ausschlaggebende Posten der Centralverwaltungsausgaben ist dabei der sogenannte Pferdeankaufsfonds (s. § 486 Näheres), welcher 1860: 102 900 M., 1890/91: 1 Mill. M., 1901: 1 100 000 M. betrug und sowohl den Haupt- wie Landgestüten zu Gute kommt. Im Laufe der letzten Jahrzehnte ist allerdings der Antheil der letzteren an diesem Fonds erheblich gewachsen, da die Landbeschälerbestände mehr wie früher durch Ankäufe als durch Abgabe von den Hauptgestüten ergänzt sind.

Auch im Uebrigen sind die Ausgaben für die Landgestüte seit 1850 ganz erheblich stärker gestiegen, als diejenigen der Hauptgestüte:

Nach Anl. XLIX ergeben sich folgende Steigerungsziffern der Ausgaben:

	Hauptgestüte M.	Landgestüte M.
1850:	682 146	564 275
1870:	724 155	1 042 605
1890/91:	1 072 495	2 085 250
1901:	1 761 764	2 981 904.

Während sich die Ausgaben bei den Hauptgestüten noch nicht auf das 3fache steigerten, betrug hiernach die Vermehrung derselben bei den Landgestüten fast das 6fache.

Wenn man freilich die eigenen Einnahmen der Gestüte in Abzug bringt, ergiebt sich ein durchaus anderes Bild. Der Nettozuschuss aus allgemeinen Staatsmitteln stellt sich dann

	bei den Hauptgestüten M.	bei den Landgestüten M.
1850:	101 733	312 015
1870:	266 190	533 340
1890/91:	456 443	613 840
1901:	815 241	876 418.

Da die Haupteinnahmequelle der Landgestüte die Sprung- und Füllengelder sind, so zeigt sich daraus, wie sehr die Vermehrung der Landgestüte dem Bedürfniss entspricht und in wie starkem Masse die staatlichen Landbeschäler vom Privatpublikum in Anspruch genommen werden.

Der Eintheilung des Etats folgend werden auch hier zunächst die Hauptgestüte, sodann die Landgestüte und danach die Einnahmen und Ausgaben der Centralverwaltung behandelt werden.

Zuvor ist jedoch noch hier zu erörtern die

Allgemeine Organisation der Verwaltung des Gestütwesens.

§ 445. Die Oberleitung der Gestütangelegenheiten ruhte in Preussen bis zum Jahre 1849 in der Hand eines Königl. Oberstallmeisters, bei dem alle Angelegenheiten der Königl. Marstallverwaltung, Ober-Marstall, Gestütwesen und sonstige die allgemeine Landespferdezucht betreffenden Angelegenheiten vereinigt waren.

Nach Errichtung des landwirthschaftlichen Ministeriums (1848) wurden diesem im Jahre 1849 auch die Gestütverwaltung und die Förderung der Landespferdezucht unterstellt. Seitdem bildet die Gestütverwaltung ein besonderes in sich abgeschlossenes Ressort mit eigenem Etat, unter der technischen Leitung des Oberlandstallmeisters im Ministerium, welcher den Rang der Räthe I. Klasse hat. Die Angelegenheiten, welche sich auf Förderung der Allgemeinen Landespferdezucht (Prämiirungen etc.) beziehen, gehören dagegen seit 1850 nicht mehr zu dem Etat der Gestütsverwaltung, sondern zum Ressort der Förderung der Landeskultur im landwirthschaftlichen Ministerium (s. § 334).

Unter dem dem Minister für Landwirthschaft unmittelbar unterstellten und im Ministerium fungirenden Oberlandstallmeister stehen die in Rang und Gehalt bevorzugten Dirigenten der Hauptgestüte, Landstallmeister mit dem Rang der Oberregierungsräthe und die Direktoren der Landgestüte.

Die natürliche enge Verbindung der Hauptgestüte mit den Landgestüten, das Festhalten der Hauptaufgabe der Hauptgestüte, in erster Reihe für die Bedürfnisse der Landgestüte zu züchten, führte folgerichtig zu der organischen Verbindung beider Institutionen in der Weise, dass die Leiter der Landgestüte den Leitern der Hauptgestüte unterstellt waren, und dass letztere, die Landstallmeister, Vorgesetzte der Leiter der Landgestüte waren und die ganze Thätigkeit derselben überwachten. Wo die Landgestüte in nicht zu grosser Entfernung von den Hauptgestüten lagen, wie z. B. in Ostpreussen, hat sich diese organische Verbindung hinreichend bewährt, während es für die anderen Theile der Monarchie bei weiten Entfernungen und bei der Vermehrung der Landgestüte immer schwieriger wurde, diese Verbindung aufrecht zu erhalten. Die Trennung der Landgestüte von den Hauptgestüten trat dann auch im Jahre 1876 ein, und seit dieser Zeit unterstehen die Landgestüte direkt dem Oberlandstallmeister und haben die Leiter der Hauptgestüte keine dienstlichen Beziehungen zu den Landgestüten.

Durch diese Trennung wurde zugleich erreicht, dass nunmehr die Hauptgestüte lediglich Zuchtgestüte im wahren Sinne des Wortes wurden, indem ihre Dirigenten ihre gesammte Thätigkeit lediglich der Züchtung der Thiere zuwenden konnten.

Hatten hierdurch die Landgestütdirigenten den Hauptgestüten gegenüber eine unabhängige Stellung erhalten, so blieben sie doch unter sich noch in zwei Kategorien getrennt, von denen eine höhere den Dirigentenposten gewisser grösserer Landgestüte anhaftete und dem Inhaber einer dieser Stellen ausser höheren Gehaltsbezügen und Titulatur den Rang der Räthe 4. Klasse gewährte. Dieser Unterschied ist durch die Allerhöchste Kabinetsordre vom 15. Sept. 1881 abgestellt, und demgemäss auch seit der Etataufstellung pro 1882/83 dort nicht mehr zum Ausdruck gelangt. Seitdem führen die Vorsteher der Landgestüte den Titel eines Gestütsdirektors (Rath V. Klasse) und rücken gleichmässig bei Gehaltsaufbesserungen in den etatsmässig zulässigen

Grenzen auf. Dagegen ist die Ertheilung des Ranges als Rath 4. Klasse auf 9 derartige Auszeichnungen beschränkt und der Charakter als Landstallmeister als besondere Gnadenbewilligung der Königlichen Verleihung vorbehalten.

Die Gestütdirektoren haben die besondere Aufgabe, die Pferdezucht innerhalb ihres provinziellen Geschäftsbezirks zu fördern und in jeder Richtung zu unterstützen. Sie betheiligen sich an den Körungen der Privathengste, an den Pferdeschauen und Prämiirungen, sie assistiren dem Oberlandstallmeister bei der Auswahl der aus der Zucht der Hauptgestüte in die Landgestüte einzustellenden Beschäler und bei dem Ankauf von Hengsten der Privatzucht im In- und Auslande.

Die Dirigenten der Haupt- und Landgestüte werden aus der Zahl besonders sachkundiger Offiziere und Veterinäre ausgewählt. Die Anstellungsfähigkeit der Offiziere beschränkt sich nach den Allerhöchsten Kabinets-Ordres vom 8. April 1847 und 18. April 1861 auf solche aktive Offiziere der Kavallerie und Artillerie, welche sich in hippologischer Sachkenntniss hervorgethan, einen Kursus bei den thierärztlichen Hochschulen absolvirt und einen praktischen Probedienst bei einem Hauptgestüt durchgemacht haben.

Die Veterinäre der Gestütverwaltung müssen das Examen als Kreisthierarzt ablegen und gelangen erst nach vorläufig kommissarischer Probedienstzeit zur definitiven Anstellung im Gestütdienst, bei dem sie zunächst mit den Funktionen der Rossärzte eintreten.

Unter den Gestütdirigenten fungiren die den verschiedenen Dienstzweigen angehörigen Beamten höherer und niederer Qualität, als: Gestütinspektoren (Oberrossärzte und Marstallvorsteher), Gestüthofsaufseher (Rossärzte, Bereiter), Kassenrendanten, Rechnungsführer und Sekretäre, Stut-, Sattel- und Futtermeister.

Den Stalldienst übt das theils ständig engagirte Wärterpersonal, theils das nur vorübergehend für die Deckzeit angenommene Hülfswärterpersonal.

Das Dienstverhältniss der ständigen Wärter beruht auf einem kontraktlichen Engagement ohne Beamtenqualität.

A. Hauptgestüte.

Das älteste der Hauptgestüte ist dasjenige zu

I. Trakehnen.

§ 446. Im Jahre 1732 von dem Könige Friedrich Wilhelm I. durch Vereinigung einer Anzahl in Litthauen belegener königlicher Gestütabtheilungen aus königlichen Chatullkosten errichtet, diente das Hauptgestüt Trakehnen zunächst den Zwecken des königlichen Marstalles;

weiterhin wurde es geraume Zeit als Finanzquelle behandelt und erfuhr in seiner Zweckbestimmung eine grundlegende — der jetzigen Richtung entsprechende — Umwandlung erst durch Friedrich den Grossen, der anlässlich der Schwierigkeiten, welche die Remontirung der Kavallerie geboten hatte, zu der Erkenntniss gelangt war, dass nur die Gründung einer eigenen Landespferdezucht die Wehrkraft der Armee dauernd sicherstellen könne.

Es wurden demgemäss im Jahre 1773 durch die Trakehner Hengste auch Landstuten, d. h. Stuten im Besitze von Privatpersonen, gedeckt. Aus dieser Einrichtung heraus haben sich dann später unter der Regierung Friedrich Wilhelm II die ersten wirklichen Landgestüte entwickelt, deren Beschäler ausschliesslich der Bedeckung von Privatstuten dienen. Die Besetzung der neuen Landgestüte erfolgte damals — wie dies auch in den östlichen Provinzen, soweit das Material reicht, noch heute geschieht — aus den Beständen des Hauptgestütes Trakehnen, das damit auf seinen segensreichen Zweck, in erster Linie für die Verbesserung der Landespferdezucht zu wirken, hingeführt wurde. Freilich erfüllten sich die hieran geknüpften Hoffnungen nicht so rasch, denn in den Kriegsjahren 1806 bis 1813 wurde der Pferdebestand zum grössten Theile vernichtet. Das Pferdematerial wurde zwar 1806 und 1812 durch Flucht nach Russland und Schlesien gerettet, immerhin war der Schaden, welchen die eigentliche Zucht erlitt, ein unermesslicher. Erst in den darauf folgenden langen Friedensjahren vermochte die Pferdezucht Ostpreussens sich wieder empor zu arbeiten und dem erstrebten Ziele näher zu kommen. Die geschlossene einheitliche Richtung, welche dabei befolgt wurde und welche die ostpreussische Pferdezucht auf ihre jetzige unbestreitbare Höhe gebracht hat, ist in erster Linie auf das Vorbild und die Einwirkung Trakehnens zurückzuführen, das nicht nur durch die fortgesetzte Erzeugung der erforderlichen Beschäler, sondern auch durch den jährlichen Verkauf von ausrangirtem, zur Privatzucht aber noch brauchbarem Stutenmateriale die Grundlage für diese Entwickelung geliefert hat. Ungeachtet dieser Unterstützung ist die Pferdezucht Ostpreussens erst nach längerer Zeit dahin gelangt, die Preussische Armee hinsichtlich der Deckung des Perdebedarfes vom Auslande unabhängig zu machen. Erst vom Jahre 1831 ab konnte die Remontirung der Kavallerie aus den östlichen Gebietstheilen als sichergestellt angesehen werden. Seit dieser Zeit hat die Pferdezucht Ostpreussens den fortgesetzt wachsenden Bedürfnissen der Armee zu folgen vermocht und demgemäss eine stetige Erweiterung erfahren. Ostpreussen allein hat in den letzten Jahren im Durchschnitt jährlich 5 450 Kavallerie- und Artillerie-Remonten und ausserdem fast die gesammten Kavallerie-Remonten für Bayern und Sachsen geliefert, abgesehen von vielen für Vermehrung der Artillerie erforderlichen volljährigen Pferden (s. auch § 470).

Die angrenzenden Provinzen Westpreussen und Posen haben ebenfalls angefangen, sich in fortschreitendem Masse — der ostpreussischen Zuchtrichtung folgend — der Züchtung von Kavallerie- und Artilleriepferden zuzuwenden und dementsprechend hat der Rahmen, innerhalb dessen das Hauptgestüt Trakehnen vorbildliches Zuchtmaterial zu liefern hat, eine erhebliche Erweiterung erfahren.

Welch hohen Werth das aus der ostpreussischen Zuchtrichtung hervorgegangene Pferd für Kriegszwecke besitzt, haben die Kriegserfahrungen in den Jahren 1866 und 1870/71 erwiesen.

Zu dem Hauptgestüt Trakehnen gehören 12 Vorwerke, von denen 8 im Kreise Stallupönen, 4 im Kreise Gumbinnen liegen. Die Gesammtfläche beträgt 4206 ha, davon 2716 ha Aecker, 1111 ha Wiesen, 93 ha Weiden, 75 ha Gärten, 54 ha Wald, 37 ha Hof und Baustellen, 120 ha Wege, Kanäle, Gräben u. s. w. Die grösste Ausdehnung von Westen nach Osten ist 13 km, von Süden nach Norden 6 km.

Bei der Gründung betrug der Pferdebestand 1 101 Köpfe, darunter 513 Mutterstuten.

1787 unterzog Graf Lindenau Trakehnen einer gründlichen Musterung, wobei von 38 Hauptbeschälern 16, von 356 Mutterstuten 144 ausrangirt wurden. Gleichzeitig wurden in Bezug auf Zucht und Eintheilung der Heerden Anordnungen getroffen, welche in ihren Grundzügen noch heute bestehen. Gegenwärtig ist etatsmässiger Bestand in Trakehnen 1473 Köpfe, und zwar: 15 Hauptbeschäler, 350 Mutterstuten und 1108 junge Hengste und Stuten.

Der Futteretat (1899/1901) wies nach im Ganzen: 41 948 Ctr. Hafer, 63 176 Ctr. Heu, 76 100 Ctr. Stroh, 1 200 Ctr. Rapskuchen (einschl. für Ackerpferde und Ochsen).

Die zu dem Hauptgestüt gehörige Landwirthschaft hat den Zweck, für die Bedürfnisse des Gestüts so ausreichend als möglich zu sorgen, namentlich das nöthige Futter für die Pferdebestände zu liefern. Bis in die neueste Zeit wurde der ganze landwirthschaftliche Betrieb durch einen etatsmässigen Wirthschaftsdirigenten geleitet. Unter diesem standen auf den 12 Vorwerken 11 Vorwerksvorsteher, die in der Regel aus dem Militärstande (Kavallerie-Wachtmeister) hervorgingen, die zugleich pferdezüchterische Beamte (Gestütshofaufseher, Stutmeister etc.) und als solche ebenfalls etatsmässig waren. Auf den grösseren Vorwerken standen ihnen je 2, auf 4 anderen je 1 Kämmerer (Vogt) zur Beaufsichtigung der Arbeiter etc. zur Verfügung. Während diese Beamten nach der pferdezüchterischen Seite durchaus auf ihrem Platze waren, hatte ihre ungenügende landwirthschaftliche Vorbildung mit der zunehmenden Entwickelung und Intensität des landwirthschaftlichen Betriebes immer grössere Nachtheile im Gefolge. Die Erträge der Landwirthschaft gingen fortgesetzt zurück.

Im Jahre 1898/99 wurde deshalb unter gleichzeitiger Reorganisation des ganzen landwirthschaftlichen Betriebes (Verbesserung der Fruchtfolge, der Düngung, der Wiesenbesamung, der Gutsviehhaltung, der Maschinen und Geräthe, Neu- und Umbauten) auch eine Aenderung der Wirthschaftsleitung herbeigeführt.

Die pferdezüchterischen Beamten wurden ihrer Vorbildung entsprechend, grundsätzlich im eigentlichen Gestütsbetriebe verwendet, während die Wirthschaftsführung unter Oberleitung des Wirthschaftsdirigenten in die Hände landwirthschaftlich vorgebildeter und erprobter, nicht als Staatsbeamte, sondern auf Vertrag anzustellender Gutsinspektoren gelegt wurde. Auch der Dirigent wird nicht mehr etatsmässig, sondern auf Kündigung angestellt (5000 M.).

Es wurden 4 Wirthschaftsinspektionen von 3 Vorwerken eingerichtet, deren Inspektoren direkt dem Wirthschaftsdirigenten unterstehen, unbeschadet der Oberaufsicht des Landstallmeisters. Hofverwalter werden auf allen Vorwerken, auf den grösseren 2 angestellt.

Den Dirigenten vertritt der Inspektor der ersten Inspektion, zu der das Vorwerk Trakehnen gehört.[1])

Das gesammte Personal besteht gegenwärtig aus: 1 Landstallmeister, 1 Rendanten, 1 Gestütsekretär, 1 Gestütarzt, 2 Gestütinspektoren, 1 Gestütrossarzt, 2 Gestüthofaufsehern, 1 Wiesenbauwart, 9 Stut-, Futter- und Sattelmeistern und 8 Schullehrern.

Wirthschaftsbeamte: 1 Wirthschaftsdirigent, 3 Wirthschaftsinspektoren.

Wärterpersonal: 49 etatsmässige Gestütwärter (einschliesslich 12 Oberwärter).

Die Ernteerträge beziffern sich durchschnittlich auf: 12 192 Ctr. Roggen, 2750 Ctr. Winterweizen, 1112 Ctr. Sommerweizen, 8517 Ctr. Gerste, 12 750 Ctr. Hafer, 1050 Ctr. Erbsen, 598 Ctr. Sommerwicken, 765 Ctr. Bohnen, 63 176 Ctr. Klee- und Wiesenheu, 76 153 Ctr. Stroh.

Zur Bewirthschaftung des Gesammtareals sind vorhanden 250 Ochsen, exkl. einiger Reserveochsen auf jedem Vorwerk und 270 Ackerpferde (einschliesslich der Dienstpferde des Wirthschaftspersonals). Bei den Ackerpferden ist eine durchschnittliche Dienstzeit von 10 bis 12 Jahren vorgesehen.

Zuchtziele.

In Trakehnen wurde früher Vollblut und edles Halbblut, heute wird nur noch letzteres gezogen (s. § 450). In den ersten Zeiten unterschied man englisches und orientalisches Vollblut. Ersteres muss auf das General Stud Book und dessen Fortsetzungen zurückgeführt werden können. Letzteres kommt in den preussischen Hauptgestüten nur noch als mit englischem Vollblut „Gemischtes Vollblut" vor. Halbblut ist jedes edel gezogene Pferd, das nicht Vollblut ist, gleichviel, wie viel Vollblut es in seinen Adern hat.

Der vorhandene Pferdebestand wird auf die verschiedenen Vorwerke vertheilt. In Trakehnen selbst stehen die Hauptbeschäler, welche jedoch während der Deckzeit nach Bedarf auf den Vorwerken, wo die Mutterheerden stehen, stationirt werden.

Die Hauptaufgabe Trakehnens ist die Produktion edler Halbblutbeschäler für die Haupt- und Landgestüte. Die jungen Hengste werden im Alter von $3\frac{1}{2}$ Jahren von einer Kommission (Oberlandstallmeister, 2 Landgestütdirektoren, 1 Präses einer Remonte-Ankaufskommission, 1 Delegirten eines — litthauischen — Centralvereins) auf ihre Brauchbarkeit als Haupt- und Landbeschäler geprüft. Auch aus den jungen Stuten werden zunächst die jungen Zuchtstuten ausgeschieden. Von den Ueberbleibenden nimmt der Kgl. Obermarstall seinen Bedarf (bis zu 30 Stück),[2]) der Rest wird im Mai jeden Jahres zur Auktion gestellt. Auf diesen Auktionen wird das noch werthvolle Zuchtmaterial, namentlich auch ältere nachträglich ausrangirte Mutterstuten früherer

---

[1]) S. Denkschrift Beil. B des Etats der Gestütverwaltung 1898/99.

[2]) früher bis zu 40, s. § 443.

Jahre von Privatzüchtern angekauft, das Gebrauchsmaterial geht in alle Länder.

Im Sommer sind sämmtliche Heerden Tag und Nacht auf der Weide. Zuchterfolge s. die Anlage LI.

II. Neustadt.

§ 447. Das zweitälteste preussische Hauptgestüt war das Friedrich-Wilhelms-Gestüt zu Neustadt a./D. Es bestand bereits im 18. Jahrhundert, wurde reorganisirt, zum Hauptgestüt erst 1787 erhoben und im Uebrigen nach denselben Zuchtprinzipien geleitet wie Trakehnen.

Das Gestüt war von vornherein im Umfange kleiner angelegt als Trakehnen, aber auch die Leistungen des Stalles konnten sich auf die Dauer nicht auf der Höhe Trakehnens halten, sodass der Kostenaufwand ein unverhältnissmässig hoher blieb. Daran schuld war vor Allem die der Pferdezucht ungünstige Lage und Beschaffenheit der Gestütländereien; letztere bestehen vorherrschend aus einem kalkarmen, Nässe haltenden Sandboden, welcher nur die Züchtung eines leichten, auch aus der Privatzucht reichlich hervorgehenden Pferdeschlages gestattet und zur Erzielung einigermassen genügender Zuchtresultate kostspielige Aufwendungen von Kraftfutter erfordert. Wenn auch die Durchfürung eines im Jahre 1867 entworfenen neuen Kulturplanes und die sachverständige Leitung des derzeitigen Gestütdirigenten die Leistungsfähigkeit des Gestüts möglichst gefördert haben, so war doch immerhin ein mit den Resultaten der beiden anderen Hauptgestüte des Staates in gleicher Höhe stehender Erfolg des Zuchtbetriebes nicht zu erwarten.

Nachdem daher in Folge des Ablebens des ehemaligen Kurfürsten von Hessen die Generalverwaltung des ehemaligen Kurfürstlichen Hausfideikommisses mit Beginn des Jahres 1876 aufgelöst war und Einnahmen und Ausgaben, welche auf deren Etat standen, auf die Etats der betreffenden Staatsressorts übertragen wurden, die Einnahmen und Ausgaben des dazu gehörigen Leibgestüts Beberbeck in dem Etat der Gestütverwaltung ihre Stelle gefunden hatten und die Verwaltung jenes Gestüts von der Gestütverwaltung fortgeführt wurde, beschloss die Staatsregierung, zugleich mehrfachen Anregungen aus dem Abgeordnetenhause folgend, das Friedrich-Wilhelms-Gestüt eingehen zu lassen, den Pferdebestand mit $^2/_5$ nach Graditz und mit $^3/_5$ nach Beberbeck überführen und das Gestüt Neustadt nur noch als Landgestüt fortbestehen zu lassen.

Die bei dem Friedrich-Wilhelms-Gestüt zur Zeit genutzten Ländereien wurden bis auf einen geringen, für die Zwecke der beiden Landgestüte zu reservirenden Theil der Domänenverwaltung zurückgewährt und für die Staatskasse anderweit nutzbar gemacht.

Die Verlegung nach Beberbeck erfolgte vor Allem, weil die Bodenverhältnisse in Beberbeck ungleich günstiger, die Gräser futterhaltiger und kräftiger sind, als in Neustadt, ausserdem die Gebirgsluft, Bergweide und die Eigenschaft des Wassers dort günstiger auf die Thiere einwirken.

Erst 1895/96 ist das Gestüt als Hauptgestüt (Zuchtgestüt) von Neuem eingerichtet worden, nachdem die landwirthschaftlichen Vereine Brandenburgs und der Niederlausitz lebhaft darum petitionirt hatten. Es wurde demgemäss in dem Etat 1895/96 die Errichtung eines Zuchtgestüts bei Neustadt a. D. vorgesehen, und zwar mit 1 Hauptbeschäler und einem Bestande von 15 Stuten, welcher letztere dem verfügbaren Stutenmateriale der Hauptgestüte — vorzugsweise des Graditzer Gestütes — entnommen und in den folgenden Jahren allmählich bis auf 50 Kopf erhöht worden ist. Die zur Unterbringung des Zuchtgestütes benöthigten Baulichkeiten waren auf dem zum Friedrich-Wilhelm-Gestüte gehörigen Gehöfte Lindenau vorhanden, während die erforderlichen Ländereien durch Ueberweisung von rund 380 ha forst- und domainenfiskalischen Areals beschafft werden konnten.

Die Leitung des Zuchtgestütes wird von dem Dirigenten des Brandenburgischen Landgestütes neben seinem jetzigen Hauptamte wahrgenommen; desgleichen die rechnerischen und thierärztlichen Geschäfte von dem Rendanten des vorgenannten Landgestütes. Den vorbezeichneten Beamten werden hierfür Remunerationen, und zwar dem Dirigenten in Höhe von 600 M., dem Rendanten in Höhe von 300 M. gewährt.

An weiteren Beamten sind vorhanden: 1 Gestütsinspektor, 1 Futtermeister. Wirthschaftsbeamte: 1 Administrator. 3 Gestütswärter. Der Pferdebestand beträgt gegenwärtig: 2 Hauptbeschäler, 50 Mutterstuten, 97 junge Hengste und Stuten.

Verfuttert werden gegenwärtig nach dem Futterungsetat: Hafer 3 683 Ctr., Heu 4 048 Ctr., Stroh 4 235 Ctr., Rüben 1 436 Ctr., Hintergetreide 57 Ctr.

III. Beberbeck.

§ 448. Als mit Ablauf des Jahres 1875 das zum ehemaligen kurfürstlich hessischen Hausfideikommiss gehörige Leibgestüt Beberbeck in den Besitz des preussischen Fiskus überging, wurde es nach Auflösung des Friedrich-Wilhelm-Gestüts zu Neustadt a. D. als preussisches Hauptgestüt eingerichtet und mit $^3/_5$ des dortigen Zuchtmaterials vervollständigt (s. § 447). 15 Mutterstuten wurden übernommen, 75 kamen von Neustadt und 16 wurden aus dem altbewährten Sennergestüt Lopshorn zuerworben. Beberbeck liegt bei Hofgeismar, rings umgeben vom Reinhardtswalde, 250 m hoch, mit genügender Vorfluth, feuchtem und kühlem Klima. Der Boden gehört zur Buntsandstein-Formation und ist im Durchschnitt ein sandiger Lehmboden mit Thon und eisenhaltigem, undurchlässigem Untergrund ohne Kalkgehalt. Die Ackerflächen und die Koppeln sind grösstentheils drainirt.

Zu Beberbeck gehört das Vorwerk Sababurg. Das Gesammtareal beträgt 828 ha, davon 179 ha Acker, 597 ha Wiese und Weide, 52 ha Forst- und Baumpflanzungen. Das Vorwerk Sababurg besteht zum grössten Theil aus einem 100 ha grossen Mauerpark, welcher früher Wildpark war und der mit Bäumen und Holz und dazwischen liegenden Weideflächen als Sommerweide für die jungen Hengste benutzt wird und wo letztere auch während der Nacht verbleiben. Der übrige Theil des Vorwerks dient hauptsächlich zur Kultur von Weideschlägen. Die Wirthschaftsleitung besorgt ein Wirthschafts-Administrator.

Für den landwirthschaftlichen Betrieb werden 22 Ackerpferde gehalten. 20 Milchkühe werden im Frühjahr angekauft und im Herbst wieder verkauft. Die Milch dieser Kühe erhalten die jungen Fohlen während und nach der Absatzperiode.

Die Erträge stellen sich im Durchschnitt auf 1550 kg Raps, 2000 bis 3500 kg Weizen, 1900–3000 kg Roggen, 2000—2500 kg Hafer, 4500 kg Kleegrasheu, 14000 kg Kartoffeln und 40000 kg Runkelrüben pro Hektar.

Das Beamtenpersonal besteht aus: 1 Landstallmeister, 1 Rendanten, 1 Gestüts-Inspektor, 1 Rossarzt, 1 Wirthschafts-Administrator, 1 Stutmeister, 2 Futtermeistern und 28 etatsmässigen Gestütswärtern.

Hülfswärter werden nur zum Zweck der Wartung der zu den Beberbecker Hauptbeschälern gebrachten fremden Stuten nach Bedarf angenommen.

Auswahl der jungen Pferde, Auktionen etc. wie in Trakehnen.

Etatsmässiger Bestand 411 Köpfe: 5 Hauptbeschäler, 100 Mutterstuten, 306 junge Hengste und Stuten.

Fütterungsetat: Hafer 12114 Ctr., Heu 10960 Ctr., Stroh 11903 Ctr, Runkelrüben 1406 Ctr., Kraftfutter 245 Ctr.

IV. Graditz.

§ 449. Graditz ist 1686—1691 unter Kurfürst Georg III. von Sachsen als Hauptgestüt erbaut und diente bereits im 18. Jahrhundert der Landespferdezucht. Bei seinem Uebergang auf Preussen 1815 wurden als Bestand 8 Hauptbeschäler und 186 Mutterstuten übergeben.

Zu dem Gestüt gehören 3 Vorwerke, welche in 3 gesonderten Komplexen liegen, ca. je 1 Meile von einander entfernt. Die Wiesen aller 3 Vorwerke liegen im Ueberschwemmungsgebiete der Elbaue; die Gestüte und die eingezäunten Koppeln sind durch Dämme geschützt. In nassen Jahren sind Aecker und Wiesen sehr ertragreich. Das Klima ist warm und trocken. Der Boden besteht aus durchlässigem Sand, auf welchem sich eine bis zu 3 Meter starke Schicht von Lehmschlick abgelagert hat. Das Gesammtareal beträgt 1354 ha (456 ha 30 ar Wiesen, 510 ha Acker, 222 ha 15 ar eingezäunte Höhenweiden — Paddocks —).

Der Landwirthschaftsbetrieb wird wie in Trakehnen und Beberbeck in eigener Regie durch einen besonderen landwirthschaftlichen Administrationsbeamten unter Oberaufsicht des Landstallmeisters geführt. Das reiche Wiesenverhältniss gestattet sogar noch einen Verkauf von Grummet und geringeren Gräserarten.

Die Haltung der Pferde ist die gleiche wie in Trakehnen und Beberbeck, im Sommer Weidegang, bis zum späten Herbst.

Beamte.

Die Beamten des Hauptgestüts sind: 1 Landstallmeister. Dies Amt ist zur Zeit unbesetzt, da der Oberlandstallmeister Graf G. Lehndorff die Direktion von Graditz beibehalten hat, als er das Amt des Oberlandstallmeisters übernahm. 1 Oberrossarzt, 1 Gestütinspektor, 1 Gestütrendant, 1 Gestütsekretär, 1 Rossarzt, 3 Stutmeister, 1 Sattelmeister, 1 Futtermeister, 2 Schullehrer.

Die Zahl der etatsmässigen Gestütwärter beträgt 35, während des Winters werden nach Bedarf einige Miethswärter gegen Tagelohn zur Aushilfe herangezogen.

Der Trainierstall steht unter Leitung eines Trainers, welchem 1 Futtermeister, 1 Jockey und 20 Trainierburschen beigegeben sind.

Den landwirthschaftlichen Betrieb leitet ein Administrator.

Bestand des Hauptgestüts.

Etatsmässiger Bestand: 10 Hauptbeschäler, 190, davon 50 Vollblut-Mutterstuten, 509 junge Hengste und Stuten.

Die Blutbildung der Halbblutzucht ist im Grossen und Ganzen dieselbe wie in Trakehnen und Beberbeck, jedoch ist der Stutenbestand nicht so einheitlich und oft aus den anderen Hauptgestüten ergänzt. 1877 wurden von Neustadt 50 Stuten übernommen.

Spezielles Vorrecht des Hauptgestüts Graditz ist die

Vollblutzucht.

§ 450. Früher wurden in allen 3 preussischen Hauptgestüten einzelne Vollblutpferde gezogen. Die Hauptgestüte liessen auch ihre Vollblutnachzucht trainiren und laufen. Bei den für diese Zwecke knapp bemessenen Mitteln, ungenügenden Einrichtungen und Mangel an technisch-fachmännischer Leitung sind wesentliche Erfolge aus diesen einzelnen Vollblutzuchten aber nicht erzielt worden.

Im Jahre 1866 wurde daher aus dem Material der 3 Hauptgestüte ein einziges Vollblutgestüt in Graditz gegründet. Trakehnen gab 24, Neustadt 20 und Graditz selbst 14 Vollblutstuten ab. Für diese 58 Stuten standen die 3 Hengste Fazzoletto, The Wizard und The Mountain Deer zur Verfügung. Das Stutenmaterial war sehr mangelhaft, sodass schon nach 3 Jahren nur noch 20 Stuten davon vorhanden waren. Von dem heutigen Bestand geht kein Individuum auf jene alten Stuten von 1866 zurück. Von besonderem Einfluss auf die Vollblutzucht in Graditz waren namentlich die in England gekauften Hengste Savernake, The Palmer, Chamant und Flageolet, letztere beide in Frankreich gezogen. Die Summe der Gewinne, welche Graditzer Pferde auf Rennen gewannen, betrug von 1880—1884 bei 108 Siegen 390 135 M., von 1885—1889 bei 181 Siegen 897 857 M.

Alle im In- und Ausland gewonnenen Renngelder werden — nach Abzug der Einsätze, Reugelder, Reithonorare, Trainertantièmen — im nächsten Jahre zu Rennpreisen ausgesetzt, um welche nur inländische Pferde im Besitz von Privaten konkurriren dürfen (von 1880—89 784 803 M.). Bei den im März jeden Jahres stattfindenden Auktionen dürfen weibliche Vollblutthiere nur von Inländern erworben werden.

Der Landespferdezucht hat Graditz von 1880—90 4 Vollbluthengste als Hauptbeschäler und 31 Vollbluthengste als Landbeschäler geliefert.

Der Fütterungs- und Fouragebedarf schloss (1899/1901) mit (in Centnern) 1650 Schrot, 20 195,40 Hafer, 14 259,85 Heu, 24 529 Stroh, 200 Oelkuchen, 4300 Rüben (einschl. Ackerpferde u. s. w.).

V. Zwion-Georgenburg-Zuchtgestüt.

§ 451. Nachdem im Jahre 1900 das im Besitze der Familie von Simpson befindliche Privatgestüt Georgenburg vom Staate angekauft war, welches aus 3 Gütern, Georgenburg, Nettinen und Zwion bestand, ist die Verlegung des Landgestütes Insterburg nach G. vorgesehen, während das bisher auf 3 Güter vertheilte Zuchtgestüt vereinigt und als Hauptgestüt in Zwion mit seinen vortrefflichen Wiesenställen und den ausreichend vorhandenen Pferdeställen am 1. April 1901 eingerichtet wurde und zwar mit einem Hauptbeschäler und 50 Mutterstuten nebst zugehörigen Fohlen, den werthvollsten aus den beim Ankauf übernommenen Gestütsbeständen.

Die Leitung des Zuchtgestütes wird von dem Dirigenten des Landgestütes zu Insterburg bezw. später zu Georgenburg, neben seinen jetzigen Hauptgeschäften, noch wahrgenommen; desgleichen die Kassengeschäfte von dem Rechnungsführer des Landgestütes. Den vorbezeichneten Beamten sollen hierfür Remunerationen, und zwar dem Dirigenten in Höhe von 600 M. und dem Rechnungsführer in Höhe von 300 M. jährlich aus Kap. 108 Tit. 3 des Etats gewährt werden. Zur Bewältigung der sonstigen Bureaugeschäfte ist die Annahme eines ständigen Bureauhülfsarbeiters erforderlich, für welchen bei dem in den Etat neu eingefügten Ausgabe-Tit. 3 a eine Anfangsremuneration von 1350 M. vorgesehen ist.

Die thierärztlichen Geschäfte auf dem Zuchtgestüte sowie gleichzeitig auf dem Landgestüte Insterburg bezw. Georgenburg sind einem Gestütinspektor übertragen.

Die Leitung des Zuchtgestüts wird vom Landgestütdirektor zu Insterburg wahrgenommen.

Beamte:

1 Gestütinspektor, 1 Bureaudiätar, 6 Gestütwärter.

Bestand des Zuchtgestüts:

1 Hauptbeschäler, 50 Mutterstuten, 220 junge Hengste und Stuten.

Fütterungsetat (in Centnern): 7600 Hafer, 12 819 Heu, 15 783 Stroh, 155 Raps, 6000 Rüben, 936 Kraftfutter (einschliesslich für Ackerpferde und Ochsen).

Was den landwirthschaftlichen Betrieb anbetrifft, so wurden die zu dem Gute gehörige Forstflächen dem Forstfiskus abgetreten, das Gut Nettinen als Domäne verpachtet, während Zwion und das Restgut Georgenburg als landwirthschaftlicher Betrieb in eigener Regie weiterbetrieben wird, wie dies bei den übrigen Hauptgestüten und dem Landgestüt Gudwallen der Fall ist.[1]) 2 Administratoren verwalten den landwirthschaftlichen Betrieb.

Vermögensverhältnisse der Hauptgestüte und Etatsaufstellung.

§ 452. Die Aufstellung des Etats erfolgt jedesmal für drei Jahre und bedarf der Festsetzung durch den Landwirthschafts- und Finanzminister. Alljährlich erfolgen dann, wie bei allen reinen Staatsinstituten, Etatsdeklarationen.

Die Einstellung der Etatsposten erfolgte früher nach dreijährigem und geschieht neuerdings nach zweijährigem Durchschnitte. Neben den Etats werden besondere Nachweise der Wirthschaftserträge, der Emolumente, des Fütterungs- und Fouragebedarfs geführt.

Mit sämmtlichen Hauptgestüten ist ein umfassender Grundbesitz verbunden, der vom Staate in eigener Regie durch besondere Administrationsbeamte bewirthschaftet wird. Die Erträgnisse werden in erster Linie für die Gestütpferde verwandt, ein Theil dient ferner zu Emolumenten für die Beamten. Nur die letzteren Erträgnisse gehen durch den Etat, die ersteren werden nicht in Geldwerth berechnet. Die in Kap. 33 Tit. 3 der Einnahme aufgeführten Erträge sind nur die Geldbeträge für verkauftes, also nicht zu Gestüt- noch Emolumentenzwecken verwendetes Getreide, junges Vieh u. s. w.

Die Erträge der Gutswirthschaften reichen, abgesehen vom Heu, für die Fourage nicht aus. Vor Allem muss Hafer, ferner aber auch Stroh hinzugekauft werden; die hierfür entstehenden Kosten erscheinen in Kap. 108 Tit. 12 der Ausgabe.

---

[1]) Vgl. Denkschrift Beil. B zum Etat für 1901.

Die Wirthschaftskosten werden, soweit sie nicht Beamtenbesoldungen u. s. w. enthalten, in Kap. 108 Tit. 13 der Ausgabe nachgewiesen.

Ein Bild über die Rentabilität und den Werth der mit den Hauptgestüten verbundenen Gutswirthschaften lässt sich hiernach aus dem Etat nicht gewinnen. Da die Wirthschaften keinen rein landwirthschaftlichen Zwecken zu dienen bestimmt sind, sondern hauptsächlich die Pflege und Ernährung der Thiere auf die vollkommenste Art erreichen sollen, so wird man auch an sie nicht den allgemeinen Massstab in der Beurtheilung des Betriebes landwirthschaftlicher Güter legen dürfen.

Vorbemerkungen über Einnahmen und Ausgaben der Hauptgestüte.

(s. Anl. XLIX.)

§ 453. An der Gesammteinnahme der Hauptgestüte für 1901 von 946 523 M. sind die Hauptgestüte zu Trakehnen und Graditz mit etwa $^2/_3$ betheiligt, Trakehnen mit 384 393 M. und Graditz mit 251 640 M., $^1/_5$ etwa (185 840 M.) entfällt auf Zwion-Georgenburg, $^1/_{10}$ auf Beberbeck (98 930 M.), nur etwa $^1/_{40}$ (25 720 M.) auf Neustadt a./D. Von den Gesammtausgaben 1 761 764 M. fallen ebenfalls etwa $^2/_3$ auf Trakehnen und Graditz (Trakehnen 756 244 M., Graditz 491 828 M.), Zwion-Georgenburg ist aber nur mit $^1/_{10}$ betheiligt (177 700 M.), Beberbeck dagegen mit etwa $^1/_7$ (266 840 M.), Neustadt mit etwa $^1/_{25}$ (69 152 M.). Der Antheilnahme der Hauptgestüte Trakehnen und Graditz an Gesammteinnahme und Gesammtausgabe entsprechend nehmen dieselben auch an dem nach Abzug der eigenen Einnahmen von den Gesammtausgaben erforderlichen Zuschuss aus allgemeinen Staatsmitteln rund $^2/_3$ für sich in Anspruch. Trakehnen 371 851 M., Graditz 240 188 M., $^1/_5$ (167 110 M.) entfällt auf Beberbeck, $^1/_{20}$ (43 432 M.) auf Neustadt. Das einzige Hauptgestüt, welches zunächst noch mit Ueberschuss arbeitet (8140 M.) ist Zwion-Georgenburg. Während in Beberbeck sich die Verhältnisszahl der Einnahme zu den Ausgaben gegen frühere Jahrzehnte nicht wesentlich verschoben hat und etwa $^1/_3$ aus eigenen Einnahmen gedeckt werden, war in Trakehnen und Graditz der Betrag der durch eigene Einnahmen gedeckten Ausgaben in früheren Jahrzehnten, besonders vor den 70er Jahren, ein verhältnissmässig wesentlich höherer wie heutzutage.

Während bei beiden Hauptgestüten gegenwärtig nur wenig über die Hälfte der Ausgaben in eigener Einnahme ihre Deckung findet, brauchten bis zu den 70er Jahren in Trakehnen nur etwa $^1/_4$, in Graditz nur etwa $^1/_3$ aus allgemeinen Staatsmitteln zugeschossen zu werden. Seitdem hat sich die Rentabilität dieser Anstalten fortgesetzt verringert, was durch in Folge der Vermehrung des Pferdebestandes erforderte Mehrentnahme von Futterkosten aus den Gestütswirthschaften nur in beschränktem Umfange Erklärung findet.

Einnahmen der Hauptgestüte.

(Kap. 33 der Einnahmen Tit. 1—5.)

§ 454. Die beiden Haupteinnahmeposten der Hauptgestüte (Kap. 33 Tit. 1—5) sind 1. Erlös für verkaufte Pferde und Wirthschaftsvieh (Tit. 1) und 2. Ertrag der Grundstücke und Gutswirthschaften (Tit. 3), doch hat sich das Antheilverhältniss beider Ausgabegruppen im Laufe der Zeit erheblich verschoben (s. Anl. XLIX).

1849 wurden von 293 931 M. Gesammteinnahmen nur 93 492 M. aus ersterer Ausgabengruppe, dagegen 191 552 M. aus landwirthschaftlichen Gutseinnahmen gedeckt. Bis Ende der 70er Jahre stiegen beide Posten ziemlich gleichmässig. 1879/80 entfielen von 613 090 M. Gesammteinnahmen 251 850 M. auf Erlös verkaufter Thiere und 250 620 M. auf Erträge der Wirthschaften. Seitdem sind die Einnahmen ersterer Art bedeutend stärker gestiegen, nämlich von 1879/80—1900 auf 324 925 M., während die Gutswirthschaften nur auf 276 670 M. stiegen. Die Ursache der geringen Steigerungen der Gutswirthschaftserträge ist zum grössten Theil in der allgemeinen Lage der Landwirthschaft, zum Theil allerdings auch in der vermehrten Verwendung von Fütterungsmaterial für die erhöhten Pferdebestände zu suchen. Von 1900 auf 1901 stieg der Erlös für verkaufte Gestütspferde und Wirthschaftsvieh allerdings nur auf 369 025 M., während der Ertrag der Gutswirthschaften auf 387 877 M. sich erhob. Beide Vermehrungen hatten ihren Grund aber lediglich in der Neueinrichtung des Zuchtgestüts Zwion-Georgenburg, mit dem ein ausgedehnter Grundbesitz verbunden ist (s. § 451). Der nächst grössere Einnahmeposten bei den Hauptgestüten ist enthalten in Tit. 4 (Werth der Emolumente, Unterbedienten und Wärter), welcher für 1901 mit 113 752 M. 12,1 Proz. der Gesammteinnahme ausmacht (1876: 8,6 Proz.). Auf Sprung- und Füllengeld (Tit. 2) entfielen 1901: 35 780 M., auf sonstige Einnahmen (Tit. 5) 40 089 M.

Ueber die Natur und Art dieser einzelnen Einnahmequellen ist Folgendes zu sagen:

§ 455. *Tit. 1.* Bei dem Verkauf von Gestütspferden handelt es sich um das weder zur Weiterzucht in den Haupt- oder Landgestüten noch für den Königl. Marstall verwendete Material (s. Seite 961). Die Veräusserung erfolgt auf Auktionen. Unter diesem Posten ist auch der Erlös für den Verkauf von ausrangirten Landbeschälern bei den Landgestüten enthalten, soweit dieselben früher vom Hauptgestüt dorthin abgegeben waren (soweit sie angekauft waren s. Tit. 11). Wie der Titel besagt, wird aber auch der Erlös für verkauftes Wirthschaftsvieh (Ackerpferde und Pflugochsen) in Tit. 1 gebucht, doch bildet dieser nur den kleineren Theil der Einnahme. Im Jahre 1901 (Gesammtsumme 369 025 M.) kamen nach den Etats auf

<table>
<tr><td></td><td colspan="2">Ausrangirte Gestütspferde der</td><td rowspan="2">Ackerpferde</td><td rowspan="2">Ochsen</td></tr>
<tr><td></td><td>Hauptgestüte</td><td>Landgestüte</td></tr>
<tr><td></td><td>M.</td><td>M.</td><td>M.</td><td>M.</td></tr>
<tr><td>in Trakehnen . . . .</td><td>102 000</td><td>11 000</td><td>2 345</td><td>24 400</td></tr>
<tr><td>„ Graditz . . . .</td><td>100 000</td><td>5 900</td><td>—</td><td>7 300</td></tr>
<tr><td>„ Beberbeck . . . .</td><td>60 000</td><td>—</td><td colspan="2">6 900</td></tr>
<tr><td>„ Neustadt . . . .</td><td>2 100</td><td>—</td><td colspan="2">2 980</td></tr>
<tr><td>„ Zwion-Georgenburg . .</td><td>25 000</td><td>100</td><td colspan="2">19 000</td></tr>
<tr><td>Sa. . .</td><td>289 100</td><td>17 000</td><td>2 345</td><td>31 700</td></tr>
<tr><td></td><td></td><td></td><td colspan="2">28 880</td></tr>
</table>

Im Jahre 1897/98 waren die entsprechende Zahlen folgende:

	Für verkaufte Gestütspferde M.	Für verkaufte Ackerpferde und Wirthschaftsvieh M.
Trakehnen . . .	123 920	13 900
Graditz	70 400	7 100
Beberbeck . . .	26 200	—
Sa. . .	220 520	21 000

Trakehnen ist hiernach gegenüber Graditz und Beberbeck im Verhältniss etwas zurückgeblieben.

Die Gestütspferde werden vom Ober-Landstallmeister, Ackerpferde vom Gestütsdirigenten, Pflugochsen vom Wirthschaftsdirigenten ausrangirt.

§ 456. *Kap. 33 Tit. 2.* Sprung- und Füllengeld 35 780 M.

Dieser Posten ist verhältnissmässig unbedeutend, da die Beschäler der Hauptgestüte nur verhältnissmässig selten zum Beschälen von Stuten, die Privatpersonen gehören, zugelassen werden. Das Sprunggeld ist erheblich höher, als bei den Landgestüten und beträgt etwa 50 - 300 M., sodass nur grössere Rennstallbesitzer Deckungen vornehmen zu lassen pflegen. Die Entwickelung dieses Einnahmepostens s. aus Anl. XLVII. Seit den 70er Jahren hat hiernach das Privatpublikum in steigendem Masse die Hengste der Hauptgestüte zur Deckung benutzt. Eine weitere Steigerung ist ohne Vermehrung der Hauptbeschäler möglich, da diese (nach Anl. LI) im Durchschnitt nur 20—24 Stuten der Hauptgestüte zu decken haben, während die Landbeschäler je 60—70 Stuten decken müssen.

§ 457. *Tit. 3.* Ertrag von Grundstücken und Gutswirthschaften 387 877 M.

Aus den hier angegebenen Beträgen bekommt man kein genaues Bild über die Rentabilität der einzelnen Gutswirthschaften, da hierin nur die Geldbeträge enthalten sind, welche in den Gutswirthschaften aus nicht verwendetem Getreide, aus Verpachtungen etc. enthalten sind, während der Werth aller für die Pferde verfutterten Wirthschaftserträge überhaupt nicht im Staatshaushaltsetat gebucht wird. Der Werth derjenigen Gutserträge, welche den Beamten als Emolumente zufliessen, erscheint in Tit. 4.

Vergleicht man die Entwickelung dieses Einnahmepostens seit 1850 (nach Anl. XLIX), so fällt zunächst auf der starke Rückgang von 1850 auf 1870, nämlich von 486 125 M. auf 177 833 M. im Jahre 1860 und 210 049 im Jahre 1870. Der Rückgang war in diesem Zeitraum indessen zunächst nur ein scheinbarer, weil bei letzterem Posten die Einnahmen aus den besonderen mit den Gestüten verbundenen, aber nur in einem loseren Zusammenhang mit ihnen stehenden Wirthschaften, nicht mehr wie 1850 berücksichtigt waren, sondern in einer besonderen Nachweisung in den Etatsanlagen erschienen. Es waren dies die Gutswirthschaften zu Gudwallen mit Vorwerk Asteckersberg, 1 915 Morgen gross, Krischau mit den Vorwerken Sorge, Graditz, Döhlen, Döbrichau, Görnewitz, Repitz, Bleesern mit zusammen 5 835 Morgen, Zirke mit den Vorwerken Grobia, Sprezno und Klossowitz mit zusammen 4682 Morgen. 1860 betrugen die Einnahmen 532 200 M. und die Ausgaben 487 170 M.

Von diesen Wirthschaften wurde Gudwallen vom Jahre 1862 ab verpachtet, während die Gutswirthschaften von Krischau und Zirke (Grobia) zu Johannis 1862 aufgelöst und die von dem Domänenfiskus verpachteten Grundstücke, mit Ausschluss derjenigen, welche nicht ohne Nachtheil für die Gestüte zu entbehren waren und von nun an mit denselben gemeinschaftlich bewirthschaftet wurden (beim Hauptgestüt Graditz ein Theil des Vorwerks Graditz und das Vorwerk Döhlen, beim Landgestüt Zirke die Ländereien des Vorwerks Zirke), der Domänenverwaltung übergeben wurden.

Seit 1863 erscheinen daher diese besonderen Landwirthschaften nicht mehr auf dem Etat, wodurch sich der Rückgang der Einnahmen in Spalte 9 der Anl. XLIX auf 210 049 M. im Jahre 1870 im Wesentlichen erklärt. 1880 stieg der Ertrag auf 272 645 M., sank aber 1890/91 wieder auf 235 260 M. zurück. Grund der neuesten Steigerung s. § 451.

Die umfangreichste Gutswirthschaft hat Trakehnen, dann folgt Zwion-Georgenburg, hiernach Graditz, die Wirthschaften in Beberbeck und Neustadt sind erheblich unbedeutender.

Der Erlös betrug für

	verkauftes Vieh, Getreide, Heu etc.		Pacht und Miethe		Aus gewerbl. Betrieb. (Ziegelei, Mühlen, Torfbruch etc.)	
	1901	1877/78	1901	1877/78	1901	1877/78
	M.	M.	M.	M.	M.	M.
Trakehnen . . .	125 000	102 700	5 838	2 704	25 860	—
Graditz	70 413	110 260	6 756	3 196	—	22 500
Beberbeck	23 185	15 300	4 209	1 729	—	—
Neustadt	6 904		8 506		—	
Zwion-Georgenburg	87 187		4 919		19 100	
Summa . .	312 689	228 260	30 228	7 629	44 960	22 500

(1902: 402 196 M.) 1901: 387 877 M. 1877/78: 258 389 M.

§ 458. *Tit. 4.* Werth der Emolumente der Beamten, Unterbedienten und Wärter 113 752 M.

Von jeher wird ein Theil der Besoldungen der im Gestütswesen thätigen Beamten in Naturalien entrichtet. Bei den Hauptgestüten haben zunächst fast alle Beamte und Wärter Dienstwohnungen. Ferner erhalten sie theilweise Weiden und Winterfutter für einige Kühe, die niederen Beamten, Gestütswärter auch Getreide- und Brennholzlieferung. Da alle diese Emolumente den Reinertrag der Wirthschaft mindern, so mussten sie in Einnahme nachgewiesen werden, erscheinen natürlich aber auch im Ausgabeetat wieder (Kap. 108 Tit. 1 und 3).

An den obigen 113 752 M. für 1901 waren betheiligt Trakehnen mit 71 714 M., welches damit erheblich über die Hälfte des Fonds beansprucht. Das liegt einmal an der grossen Zahl von Beamten und Wärtern, im Uebrigen ist aber die Naturalwirthschaft auch hier besonders ausgedehnt. Ueber 9 Proz. aller Ausgaben sind derartige Emolumente. In Graditz sind es (8 405 M. von 491 828 M.) noch nicht einmal 2 Proz., in Zwion-Georgenburg ist allerdings der Prozentsatz noch stärker (29 692 M. von 177 700 M.), fast 17 Proz. In Trakehnen stieg dieser Etatsposten allein von 1890/91 bis 1901 von 40 183 M. auf 75 450 M., was hauptsächlich darin seinen Grund hatte, dass bis Anfang der 90er Jahre der Werth der Emolumente noch nach den Preissätzen der 50er Jahre in Anrechnung gebracht wurde.

Die Vermehrung des Personals hat wenig an der Erhöhung beigetragen. Allerdings ist z. B. die Zahl der Kämmerer in Trakehnen von 10 auf 15 gestiegen, wogegen die Zahl der Gestütwärter ziemlich dieselbe geblieben ist (46 und 49), auch die Zahl des Wirthschaftsgesindes blieb dieselbe (117 Gärtner, 50 Ackerknechte, 12 Kuhhirten). Ferner erhielten 1877/78 noch einige Stut- und Sattelmeister u. s. w., sowie die Schullehrer Emolumente.

Dagegen wurde der Werth der Emolumente z. B. der Kämmerer 1877/78 zu 192 M., 1901 zu 345 M.; von den Gärtnern 1877/78 zu 17 046 M., 1901 zu 29 301 M.; der Ackerknechte zu 7 529 M. bezw. 15 193 M. in Ansatz gebracht, obgleich die gewährten Beträge an Getreide etc. dieselben blieben.

Es entfielen

auf	1901 M.	1877/78 M.
Trakehnen	71 714	40 502
Graditz	8 405	4 833
Beberbeck	2 014	322
Neustadt	1 926	
Zwion-Georgenburg . .	29 692	
Summa . .	113 751	45 657

§ 459. *Tit. 5.* Sonstige Einnahmen, einschliesslich der Renngewinne bei dem Hauptgestüt Graditz, 40 089 M.

Die sonstigen Einnahmen bestehen hauptsächlich in den Renngewinnen des Hauptgestüts Graditz (1901 24 000 M.). S. § 450.

Wie schon Seite 965 angedeutet, laufen gegenwärtig nur noch Pferde des Graditzer Vollblutzuchtgestütes auf Pferderennen.

Dauernde Ausgaben der Hauptgestüte.

(Kap. 108 Tit. 1—5, 10—15 u. 22.)

§ 460. Während die Einnahmen bei den Hauptgestüten in Beil. A des Staatshaushaltsetats alljährlich in den einzelnen Hauptgruppen näher spezialisirt werden, ist dies bei den Ausgaben in den letzten Jahren zur Vereinfachung der Etatsanlagen nicht mehr geschehen. In der Anlage L b ist indessen eine den Ministerialakten entnommene Spezialübersicht der Ausgaben für 1901 gegeben und zugleich mit den Zahlen des Jahres 1877/78 in Vergleich gestellt.

Unter diesen Ausgaben sind nur diejenigen enthalten, welche auf die einzelnen Gestütsetats vertheilt sind, nicht diejenigen Ausgaben, welche zur Disposition der Centralverwaltung stehen und den Hauptgestüten nur zum Theil zukommen (s. § 444).

Die Gesammtausgaben für die 3 genannten älteren Hauptgestüte betrugen darnach im Jahre 1877/78 zusammen 951 940 M., 1901: 1 514 912 M. Dabei sind die Besoldungen (und Emolumente) für das etatsmässige Beamtenpersonal (Tit. 1) nur wenig gestiegen, von 97 117 M. auf 104 950 M., während die Dienstbezüge des nicht beamteten Gestüts- und Wirthschaftspersonals (Tit. 3) eine sehr bedeutende Steigerung, von 129 238 auf 336 985 M. aufweisen, an welcher Steigerung alle 3 Hauptgestüte ziemlich gleichmässig betheiligt sind. Die Steigerung findet einmal in der Vermehrung des nicht beamteten Personals seine Begründung, dann aber auch in der höheren Bewerthung der Natural-Emolumente im Jahre 1899 (um rund 37 000 M.) und in der Erhöhung unzureichender Lohnsätze (1899 in Graditz und Trakehnen um 13 540 M.). Die nächstgrosse Steigerung zeigt sich bei den Wirthschaftskosten (Tit. 13), welche bei jenen 3 Hauptgestüten von 1877/78 – 1901 von 180 025 M. auf 374 175 M. gestiegen sind. Hierbei fällt die Haupt-Ausgabesteigerung auf Trakehnen, welches 1877/78 95 325 M. und 1901 206 780 M. Wirthschaftskosten erforderte, während diejenigen von Graditz von 72 000 M. nur auf 105 965 M., diejenigen von Beberbeck von 12 700 M. auf 61 430 M. stiegen.

Der Grund der starken Steigerung der Wirthschaftskosten in Trakehnen liegt hauptsächlich in 2 Posten, einmal in der Steigerung der Tagelöhne, von 20 000 M. in 1877/78 auf 47 000 M. in 1901, und dann der Ausgaben für Meliorationen, Wegebesserungen und Beschaffung künstlicher Düngemittel von 3 600 M. auf 55 000 M. Auch die Kosten für Ankauf von Sämereien und sonstige Wirthschaftsbedürfnisse stiegen von 7 000 M. auf 18 300 M. Zum Betriebe der Ziegelei waren 1877/78 13 400 M., 1901 15 000 M. erforderlich.

Auch bei Graditz stiegen die Wirthschaftskosten, für Meliorationen und Tagelöhne von 46 800 M. auf 66 000 M., ferner die Kosten für Unterhaltung und Anschaffung der Inventarienstücke, Wagen und Hufbeschlag von 15 000 M. auf 24 322 M. Bei Beberbeck die gleichen Posten von 5 250 M. auf 27 530 M. bezw. von 5 000 M. auf 11 300 M., ausserdem die Kosten für künstliche Düngemittel von 500 M. auf 12 000 M.

In Neustadt und Zwion stellten sich 1901

<table>
<tr><th></th><th>die</th><th colspan="3">davon</th></tr>
<tr><th></th><th>Wirthschafts-kosten
M.</th><th>Ankauf von Ackerpferden
M.</th><th>Tagelohn
M.</th><th>Meliorationen und künstl. Düngemittel
M.</th></tr>
<tr><td>Neustadt . . . . .</td><td>22 675</td><td>2 100</td><td colspan="2">17 550</td></tr>
<tr><td>Zwion . . . . . .</td><td>56 000</td><td>15 000</td><td>10 000</td><td>19 000</td></tr>
</table>

§ 461. Einen noch höheren Posten der Ausgabe als die Wirthschaftskosten bildet Tit. 12, zur Beschaffung der Fourage, welcher bei den fraglichen 3 Gestüten 1877/78 386 110 M. ausmachte und 1901 auf zusammen 499 860 M., also um 113 000 M. stieg. Daran waren betheiligt Graditz mit rund 20 000 M., Trakehnen mit rund 56 000 M. und Beberbeck mit rund 37 000 M.

Diese Steigerung ist um so bemerkenswerther, als der Haferpreis seit 1877/78 ebenso wie der Raps-, Rübkuchen- und Strohpreis erheblich gefallen sind. In Trakehnen mussten zugekauft werden 1877/78 21 250 Ctr. Hafer und 1000 Ctr. Rapskuchen, 1901 31 000 Ctr. Hafer und 1 200 Ctr. Rübkuchen, in Graditz 1877/78 15 640 Ctr. Hafer und 12 300 Ctr. Stroh, 1901 18 276 Ctr. Hafer und der gleiche Betrag Stroh, in Beberbeck 1877/78 6 325 Ctr. Hafer und 6 210 Ctr. Stroh, 1901 10 236 Ctr. Hafer und 7 435 Ctr. Stroh.

Die Wirthschaftserträgnisse reichten also in erheblich geringerem Masse zur Fütterung aus, wie früher, obgleich fast überall mehr geerntet wurde als 1877/78. Der Wirthschaftsertrag stellte sich nach 6jährigem Durchschnitt (in Centnern)

	1877/78		1901	
	Hafer	Stroh	Hafer	Stroh
in Trakehnen . . .	9 983	69 623	12 750	76 154
„ Graditz	2 447	10 000	2 992	12 229
„ Beberbeck . . .	792	5 140	1 274	4 468

Dabei hatten sich die bewirthschafteten Flächen wenig verändert.

Es umfasste in Hektar (rund)

	Trakehnen		Graditz		Beberbeck	
	1901	1877/78	1901	1877/78	1901	1879/80
Acker	2 079	2 563	506	474	206	179
davon a) Winterung	450	465	244	216	76	67
davon b) Sommerung	606	618	125	129	36	28
Wiesen	1 028	1 077	686	704	578	646
Weide	758	91				
Gärten	75	75	?	?	?	?
Holznutzung	54	54	—	—	52	52
Hof und Baustellen	37	36	?	?	?	?
Wege, Wässer, Gräben	120	115	?	?	6	?
Insgesammt	4 151	4 011	1 192	1 178	842	877

Die besonders starke Steigerung des Bedarfs bei Trakehnen findet ihren Grund zum Theil in der Vermehrung der Mutterstuten um 50. In Graditz stieg die Beschälerzahl um 2, sonst sind Veränderungen in der Zahl der Beschäler und Stuten seit jener Zeit in den genannten 3 Hauptgestüten nicht eingetreten, wogegen allerdings die jungen Hengste und Stuten ausser in Graditz zugenommen haben 1877/78: in Trakehnen 942, in Graditz 550, in Beberbeck 125, 1901: in Trakehnen 1 108, in Graditz 509, in Beberbeck 306.

In den beiden Zuchtgestüten Neustadt und Zwion waren 1901 an zuzukaufender Fourage[1]) vorgesehen: Neustadt 3 150 Ctr. Hafer, 887 Ctr. Stroh, Zwion 1 802 Ctr. Hafer, 1 091 Ctr. Rapskuchen und Kraftfutter.

§ 462. Anlangend die übrigen Titel, so ist der Antheil der Hauptgestüte an Tit. 1 (Besoldungen) für 1877/78 und 1901 ebenfalls aus Anl. Lb zu ersehen. Die Steigerung in diesem Zeitraum, von 97 117 auf 112 210 M., ist keine übermässige. Ueber die Besoldungen[2]) ist im Einzelnen zu bemerken: Bis 1872 erhielten die (3) Landstallmeister der Hauptgestüte, welche zugleich die Landgestüte in Trakehnen, Graditz und Neustadt mitverwalteten, je 6000—7200 M., 5 Landgestütdirektoren 3300—4800 M. und je 600 M. zur Disposition, 2 Landgestütvorsteher (Wickrath und Warendorf) 3000 bezw. 2700 M.

1872 wurden die Gehälter dieser Beamten erhöht auf 6600 bis 7800 M., 4200—5100 M., 3600 M. und 3000 M. 1882/83 gab es 7 Gestütdirektoren und 7 Gestütvorsteher für die 14 Landgestüte, von denen letztere Klasse niedriger besoldet war, obgleich die ihnen unterstellten Hengstbestände oft grösser waren als diejenigen einzelner Gestütdirektoren. Um diese Ungerechtigkeit zu beseitigen und auch das Verlangen nach einer besser dotirten Stelle und dem dadurch im dienstlichen Interesse nachtheiligen häufigen Stellenwechsel zu steuern,

---

[1]) einschl. Ackerpferde und Ochsen.

[2]) Die Besoldungen der Beamten der Haupt- und Landgestüte werden hier entsprechend dem Etat gemeinsam behandelt.

wurde in dem genannten Jahre eine einzige Klasse von Landgestütdirektoren gebildet mit einem Durchschnittssatze von 3975 M. und einem Höchstsatze von 4800 M. (s. auch § 445).

Bei der allgemeinen Besoldungsverbesserung 1897/98 wurden die 3 Dirigenten der Hauptgestüte im Gehalt auf 6600—8700 M., die 18 Dirigenten der Landgestüte auf 3600—6000 M. gesteigert. An der Spitze der neugebildeten Zuchtgestüte Neustadt und Zwion-Georgenburg stehen die Landgestütdirigenten der Landgestüte zu Neustadt und Insterburg, welche dafür (aus Tit. 3) je 600 M. Remuneration und je 600 M. Entschädigung für baare Auslagen beziehen.

Unter den Gestütdirigenten sind thätig 8 Gestütinspektoren — (Oberrossärzte und Marstallvorsteher). Davon kommen je 2 Inspektoren auf Trakehnen und Graditz, je 1 auf Beberbeck, Georgenburg und Neustadt und 1 Marstallvorsteher — Offizier — auf Celle. Dieselben erhalten seit 1897/98 3000—4200 M. Bis 1890/91 erhielten sie nur 2400—3000 M., wurden sodann aber auf 3000—3600 M. aufgebessert, weil sie keine Privatveterinärpraxis ausüben durften und die Stellen bei dem niedrigen Gehalt nicht zu besetzen waren. Die Gestüthofaufseher und Rossärzte erhielten bis 1892/93 1650—2400 M. und wurden dann auf 1800—2600 M. erhöht, 1897/98 fand eine weitere Erhöhung auf 1800—3000 M. statt.

Die Gestütunterbeamten (Stut-, Sattel-, Futtermeister u. s. w.) bezogen bis 1890/91 840—1200 M. und wurden damals auf 1000—1500 M. erhöht, welchen Betrag sie noch heute beziehen.

Die (3) Rendanten der Hauptgestüte stehen in ihrem Gehalte den Kassirern und Oberbuchhaltern bei den Regierungshauptkassen gleich (3000—4200 M.), die (20) Rechnungsführer und Sekretäre den Kassirer-Assistenten bei den Regierungshauptkassen (1800—3000 M.). Die Gehälter beider Beamtenkategorien entsprechen zugleich denen der Gestütinspektoren bezw. Gestüthofaufseher und Rossärzte.

Ein praktischer Arzt in Trakehnen bezieht 3000 M. im Nebenamt, 1 Wiesenbauwart in Trakehnen 1650—3000 M., wie in der allgemeinen landwirthschaftlichen Verwaltung (Kap. 101 Tit. 1 und Kap. 106 Tit. 2), mit denen sich seine Stelle auch überträgt.

Die 11 Schullehrer, welche in Tit. 1 des Etats aufgeführt sind, befinden sich sämmtlich auf den Hauptgestüten (1 in Beberbeck, 2 in Graditz, 8 in Trakehnen). Bei einem Lehrer in Gudwallen ist der Staat mit einem Besoldungsantheil als Träger der Schullast betheiligt. Die Besoldungen entsprechen den allgemeinen Sätzen für Lehrergehälter.

§ 463. *Tit. 2.* Die Wohnungsgeldzuschüsse (1901 1350 M.) sind minimal, da alle in Tit. 1 aufgeführten Beamten Dienstwohnung haben mit Ausnahme des Rossarztes in Gnesen und der Rechnungsführer in Insterburg, Cosel und Gnesen.

§ 464. *Tit. 3 der Ausgabe.* In den Gestüten wird auch eine grosse Anzahl nicht beamteter Personen beschäftigt, vor Allem das Wirthschaftspersonal (Administratoren, Handwerker, Schreiber, Techniker, Knechte), ferner die Gestütwärter.

Von letzteren ist ein Theil etatsmässig mit bestimmten Lohnsätzen, während für einen anderen Theil den Gestütverwaltungen gewisse Dispositionsfonds zugetheilt werden (Stiefelgelder 15 M. u. s. w.).

Einheitliche Grundsätze über die Remunerirung all dieser Beamten bestehen nicht; die Remunerirung richtet sich nach den jeweiligen besonderen Verhältnissen. Auch Trainer und Jockeys von Graditz befinden sich neuerdings in Tit. 3.

Die Steigerung der Ausgaben bei Tit. 3 für die Hauptgestüte, wie sie aus Anl. Lb für 1877/78—1901 ersichtlich ist (von 129 238 M. auf 406 474 M.), ist eine wesentlich höhere, als diejenige der Gesammtausgaben (von 951 940 auf 1 761 764 M.) und der etatsmässigen Besoldungen (Tit. 1: von 97 117 auf 122 210 M.).

§ 465. Von untergeordneter Bedeutung sind die Tit. 4 und 5 (Stellenzulagen für Unterbeamte bis 200 M., im Jahre 1901: 1750 M. und Tit. 5, Montirungsgelder für Gestütwärter, 1901: 9312 M.). Tit. 4 ist in den Etat eingestellt im Jahre 1891/92 in Folge der Neuregelung der Besoldungsverhältnisse der staatlichen Unterbeamten überhaupt. Tit. 5 steht seit dem Jahre 1873 auf dem Etat und weist gegen die früheren Jahre keine wesentlichen Veränderungen auf. Die jährlichen Montirungsgelder betragen gegenwärtig 66 M. für jeden Gestütwärter. Ausserdem werden aus dem Titel die erstmaligen vollständigen Montirungen (Garderobe ausser Stiefel und Wäsche) bestritten.

§ 466. Zu Tit. 10 unter den sächlichen Ausgaben (im Jahre 1901: 19 530 M.) ist zu bemerken, dass aus diesem Titel ausser den Diäten und Fuhrkosten auch die jährlichen Entschädigungen gezahlt werden, welche den Hauptgestütdirigenten für Aufnahme und Bewirthung von das Gestüt besuchenden Fremden gewährt werden. Der Titel weist seit 1877/78 eine stetige Steigerung von 6490 M. auf 19 530 M. nach.

§ 467. Die Steigerung der Ausgaben für Tit. 11 (Amtsbedürfnisse u. s. w.) ist seit 1877/78 eine langsame gewesen, nämlich von 47 968 auf 61 114 M.

§ 468. Eine fortgesetzte nicht unerhebliche Steigerung weist *Tit. 14* (Unterhaltung der Gebäude u. s. w.) auf, nämlich von 25 680 M. im Jahre 1849, 56 985 M. im Jahre 1867, 65 926 M. im Jahre 1877/78 auf 102 100 M. im Jahre 1901, was zum Theil durch die Vermehrung der Hauptgestüte hinreichende Erklärung findet.

Der *Tit. 15* (Pächte und Abgaben und Lasten, einschl Ortsarmenlasten) betrug im Jahre 1901 mit 28 315 M. ungefähr ebensoviel wie im Jahre 1877/78 (28 689 M.), nachdem sich der Fonds bis 1899 allmählich auf 53 159 M. erhoben hatte. Der Grund der Fondsverminderung seit 1900 lag darin, dass die Pächte für einige Domänen und forstfiskalische Grundstücke (1900: 32 556 M.) in Beberbeck, Trakehnen und Graditz nach Vereinbarung mit der Domänen- und Forstverwaltung in Abgang gestellt wurden, da die Grundstücke doch für absehbare Zeit der Gestütverwaltung nicht entzogen werden können (vgl. Erläuterungen zum Etat 1900).

B. Landgestüte.

Allgemeines.

§ 469. Ueber die Entwickelung der Landgestüte im Allgemeinen und ihre Bedeutung ist bereits im § 444 das Nähere gesagt worden.

Im Einzelnen ist über die Entwickelung der Landgestüte und ihr gegenwärtiges Beamtenpersonal folgendes zu bemerken.

1. Litthauisches Landgestüt zu Rastenburg.

Lage. Das Gestüt-Etablissement wurde 1876 und 1877 neu erbaut und am 1. Juni 1877 bezogen. Das Etablissement liegt in unmittelbarer Nähe der Kreisstadt Rastenburg im Regierungsbezirk Königsberg. Rastenburg ist Eisenbahnstation der ostpreussischen Südbahn.

Das Gestüt-Etablissement bildet mit dem an der Bartener Chaussee belegenen Direktorialgebäude ein quadratisches Viereck, welches in der Längsrichtung von Westen nach Norden durch den Beschälerstall, in der Richtung von Norden nach Osten durch die Reitbahn und in der Richtung von Westen nach Süden durch die Wärterkaserne (mit den Beamtenwohnungen) und den unter einem Dache gebauten Krankenstall nebst Wagenremise, Klepperstall und der Schmiede begrenzt wird Sämmtliche Gebäude sind aus gelben Mauerziegeln unter Schieferdach auf Schalung hergestellt

Der Beschälerstall, ursprünglich für 132 Hengste eingerichtet, wurde im Jahre 1885 durch einen in westnördlicher Richtung fortgesetzten Erweiterungsbau für 30 Hengste vergrössert und resp. im darauffolgenden Jahre bezogen.

Bezirk. Den Bezirk des Landgestüts bilden die landräthlichen Kreise Friedland, Gerdauen, Rössel, Wehlau, Rastenburg, Ortelsburg, des Regierungsbezirks Königsberg und die Kreise Angerburg, Johannisburg, Loetzen, Lyck, Oletzko und Sensburg im Regierungsbezirk Gumbinnen.

Beamte. 1 Gestütdirektor, 1 Rechnungsführer und Sekretär, 1 Sattelmeister, 51 Gestütwärter.

Bestand. Zahl der Beschäler 160 und zwar sämmtlich Halbbluthengste Dieselben rangiren: 130 Reitschlag, 30 Wagenschlag. Nach ihrer Herkunft sind unter diesen Hengsten: 75 Trakehner, 3 Graditzer, 1 Beberbecker, 2 Georgenburger, 79 Ankaufshengste.

Deckgeld Für die Benutzung der Hengste wird ein Deckgeld von 4 bis 19 M., je nach Qualität des Hengstes, erhoben.

2. Litthauisches Landgestüt zu Insterburg.

Lage. Das Landgestüt liegt unmittelbar an der Kreisstadt Insterburg und ist das einzige der drei ostpreussischen Ställe, welches noch an dem Orte besteht, an welchem es 1787 begründet wurde Insterburg ist Knotenpunkt der Königlichen Ostbahn und hat nach fünf Seiten Eisenbahnverbindung. Die Baulichkeiten bestehen: 1. aus dem Wohnhaus des

Direktors, 2. aus fünf Ställen, Reitbahn und Wagenremise. Ein Theil der Pferde ist in angemietheten Privatstallungen untergebracht.

Bezirk. Den Bezirk des Landgestütes bilden die Kreise Heydekrug, Tilsit, Ragnit, Niederung und Insterburg im Regierungsbezirk Gumbinnen und die Kreise Memel, Labiau im Regierungsbezirk Königsberg.

Beamte. 1 Gestütdirektor, 1 Sekretär und Kassenführer, 1 Sattelmeister, 1 Futtermeister, 64 etatsmässige Gestütwärter.

Bestand. Die Gesammtzahl der Beschäler beträgt 200 Stück: 5 Vollbluthengste, 195 Halbbluthengste. Von letzteren rangiren: 46 Reitschlag, 149 Wagenschlag. Nach ihrer Herkunft sind unter diesen Hengsten: 69 Trakehner, 11 Beberbecker, 5 Georgenburger und 115 Ankaufshengste.

Deckgeld. Das Deckgeld beträgt 9 bis 19 M. je nach der Qualität des Hengstes.

3. Litthauisches Landgestüt zu Gudwallen.

Lage. Das Landgestüt liegt hart an der Chaussee von Darkehmen nach Angerburg ca. 5 km vom Bahnhof Darkehmen, $3\frac{1}{4}$ km von der Kreisstadt gleichen Namens. Darkehmen ist Eisenbahnstation der Strecke Insterburg—Lyck der Königlichen Ostbahn. Das Landgestüt ist 1824 von Oletzko nach Gudwallen verlegt. Zur Einrichtung desselben wurde im Jahre 1823 das Erbpachtgut Gudwallen mit dem Vorwerk Asteckersberg angekauft. Die eigentliche Gutswirthschaft liefert dem Landgestüt Fourage. Eine gedeckte Reitbahn, Beamtenwohnungen u. dgl. m. umschliessen das Etablissement (s. auch § 471).

Bezirk Der Bezirk des Landgestütes umfasst nur die 5 landräthlichen Kreise Darkehmen, Goldap, Gumbinnen, Pillkallen und Stallupönen.

Der Bezirk des Landgestütes ist an Umfang der kleinste von allen Landgestüten des Staates, gleichzeitig jedoch derjenige, in welchem der Schwerpunkt der edelsten ostpreussischen Pferdezucht konzentrirt ist.

Beamte 1 Gestütdirektor, 1 Rossarzt, 1 Rechnungsführer und Gestütsekretär, 1 Sattelmeister und 66 etatsmässige Gestütwärter.

Bestand der Beschäler 200 Stück und zwar: 24 Vollbluthengste, darunter 13 Inländer, 5 Ausländer, 176 Halbbluthengste. Von letzteren rangiren: 117 Reitschlag, 59 Wagenschlag. Nach Herkunft sind von diesen Hengsten: 61 aus Trakehnen, 7 aus Graditz, 7 aus Beberbeck, 3 aus Georgenburg, 122 Ankaufshengste.

Deckgeld. Das Deckgeld beträgt je nach Qualität des Hengstes 5 bis 20 M.

4. Landgestüt Braunsberg

(mit den Kreisen Braunsberg, Königsberg, Fischhausen, Allenstein, Pr. Eylau, Heiligenbeil, Heilsberg, Pr. Holland, Mohrungen, Neidenburg und Osterode).

Lage Das Gestüt liegt dicht bei Braunsberg und ist in den Jahren 1889—1890 neu erbaut worden. Bezogen wurde es am 1. April 1891.

Beamte. 1 Direktor, 1 Gestütsekretär, 1 Sattelmeister, 43 etatsmässige Wärter.

Bestand. 125 Beschäler. Davon 2 Vollblut, 123 Halbblut. Von letzteren 7 Reitschlag, 116 Wagenschlag. Nach Herkunft: 47 aus Trakehnen, 11 aus Graditz, 1 aus Beberbeck, 66 Ankaufshengste.

Deckgeld. 6 bis 19 M.

5. Westpreussisches Landgestüt in Marienwerder.

Lage. Das Landgestüt liegt in der Kreis- und Regierungshauptstadt Marienwerder in einem Viereck mit den Regierungsgebäuden. Das Etablissement hat 5 Stallgebäude zur Aufnahme von Pferden und Wohnungen für alle Beamte und unverheirathete Wärter. Das Westpreussische Landgestüt wurde 1788 mit den vier Ställen Marienwerder, Münsterwalde, Bromberg und Schneidemühl errichtet. Nach 13 Jahren gingen die Ställe Bromberg und Schneidemühl ein. 1807 wurde das Westpreussische Gestüt in Folge des Krieges aufgelöst und 1810 nur der Stall in Marienwerder wieder errichtet.

Bezirk. Der Bezirk des Landgestüts ist der Regierungsbezirk Marienwerder

Beamte. 1 Gestütdirektor, 1 Rechnungsführer und Sekretär, 1 Sattelmeister, 43 etatsmässige Gestütwärter.

Bestand. Das Landgestüt zählt z. Z. 125 Landbeschäler und zwar 1 Vollbluthengst, 124 Halbbluthengste. Von letzteren rangiren 50 Reitschlag, 74 Wagenschlag. Der Herkunft nach sind unter diesen Hengsten: 25 Trakehner, 15 aus Georgenburg, 1 aus Beberbeck, 4 aus Graditz, 80 Ankaufshengste.

Deckgeld. Das Deckgeld beträgt 6 bis 15 M. je nach der Qualität der Hengste.

6. Westpreussisches Landgestüt zu Pr. Stargard
(mit Regierungsbezirk Danzig).

Lage. Das Gestüt wurde 1895—1897 erbaut und 1. April 1898 bezogen. Es liegt etwa 3 km von der Stadt Pr. Stardard entfernt und bildet einen einzelnen Gutsbezirk.

Beamte. 1 Direktor, 1 Rechnungsführer und Sekretär, 1 Sattelmeister, 43 etatsmässige Wärter.

Bestand. 125 Beschäler. Davon 3 Vollblut- und 122 Halbbluthengste. Von letzteren 14 Reitschlag, 108 Wagenschlag. Nach Herkunft: 31 aus Trakehnen, 10 aus Graditz, 1 aus Beberbeck, 10 aus Georgenburg, 70 Ankaufshengste.

Deckgeld. 6 bis 15 M.

7. Brandenburgisches Landgestüt zu Neustadt a./D.

Lage. S. Hauptgestüt gleichen Namens.

Bezirk. Der Bezirk des Brandenburgischen Landgestütes ist die Provinz Brandenburg.

Beamte. 1 Gestütdirektor, 1 Gestütinspektor, 1 Rechnungsführer. Diese 3 Beamte fungiren gleichzeitig für das Zuchtgestüt Neustadt a./D. 1 Sattelmeister, 75 etatsmässige Gestütwärter.

Bestand. Der Bestand beträgt 217 Hengste und zwar 3 Vollbluthengste, 190 Halbbluthengste und 24 Kaltbluthengste. Unter den Halbblütern 80 Reitschlag, 110 Wagenschlag. Nach Herkunft 3 aus Trakehnen, 27 aus Graditz, 11 aus Beberbeck, 5 aus Neustadt, Rest Ankaufshengste.

Deckgeld. Das Deckgeld beträgt 9 bis 18 M., je nach der Qualität der Beschäler.

8. Das pommersche Landgestüt zu Labes.

Lage. Das Landgestüt liegt 2 km südlich von der Stadt Labes. Labes, im Kreis Regenwalde des Regierungsbezirks Stettin, ist Eisenbahnstation.

Bezirk. Den Bezirk des Landgestütes bildet die Provinz Pommern.

Beamte. 1 Gestütdirektor, 1 Rossarzt, 1 Rechnungsführer, 1 Sattelmeister, 1 Futtermeister, 54 etatsmässige Gestütwärter.

Bestand. Der Bestand des Landgestütes besteht aus 162 Hengsten und zwar aus: 4 Vollblut-, 123 Halbbluthengsten und 35 Hengsten des Arbeitsschlages (Kaltblüter). Von den Halbbluthengsten: 16 Reitschlag, 107 Wagenschlag. Ihrer Herkunft nach sind von diesen Hengsten 15 aus Graditz, 2 aus Beberbeck, 1 aus Georgenburg, 144 Ankaufshengste

Deckgeld. Das Deckgeld beträgt 9—15 M. je nach der Qualität der Hengste.

9. Posensches Landgestüt in Zirke.

Lage. Das Landgestüt liegt nahe an der Stadt Zirke an der Warthe im Kreise Birnbaum, Regierungsbezirk und Provinz Posen. Zirke liegt ca. 12 km von der Eisenbahnstation Kwiltsch. Das Landgestüt wurde auf dem Vorwerk Zirke im Jahre 1829 errichtet Das zur Verfügung stehende Terrain gab Veranlassung, gleichzeitig ein Königl. Hauptgestüt zu errichten, über dessen Betrieb das deutsche Gestütbuch von Schwarz und Krocker nähere Auskunft giebt. Zur Zeit ist Zirke lediglich Landgestüt (s. auch S. 951).

Bezirk. Den Bezirk des Landgestüts in Zirke bilden der Regierungsbezirk Posen und die Kreise Czarnikau, Filehne und Kolmar des Regierungsbezirks Bromberg.

Beamte. 1 Gestütdirektor, 1 Rossarzt, 1 Rechnungsführer, 1 Futtermeister, 56 etatsmässige Gestütwärter.

Bestand. Den Gesammtbestand bilden zur Zeit 184 Hengste Von denselben sind: 12 Vollblut, 172 Halblut. Von letzteren gehören: 129 Reitschlag, 43 Wagenschlag. Nach ihrer Herkunft sind unter diesen Hengsten: 17 aus Trakehnen, 7 aus Beberbeck, 34 aus Graditz, 126 Ankaufshengste.

Deckgeld. Die Deckgelder betragen 6—15 M. je nach der Qualität des Hengstes.

10. Posensches Landgestüt zu Gnesen.

Lage. Das Gestüt ist in den Jahren 1883 und 1884 neu erbaut und 1. April 1885 bezogen. Es liegt nahe bei der Stadt Gnesen.

Bezirk. Der Bezirk des Landgestüts Gnesen erstreckt sich im Regierungsbezirk Bromberg auf die Kreise Wirsitz, Bromberg, Schubin, Inowrazlaw, Strelno, Wongrowitz, Znin, Mogilno, Witkowo und Gnesen, im Regierungsbezirk Posen auf die Kreise Schroda, Wreschen, Jarotschin, Pleschen, Koschmin, Krotoschin, Ostrowo, Adelnau, Schildberg und Kempen.

Beamte. 1 Gestütdirektor, 1 Gestüt-Rossarzt, 1 Rechnungsführer, 1 Futtermeister, 1 Oberwärter, 60 etatsmässige Gestütwärter.

Bestand. Den Bestand bilden zur Zeit 188 Hengste, von denen sind: 8 Vollbluthengste, 180 Halbbluthengste. Von letzteren gehören: 132 Reitschlag, 48 Wagenschlag. Nach ihrer Herkunft sind unter diesen Hengsten: 22 aus Trakehnen, 21 aus Graditz, 8 aus Beberbeck, 137 Ankaufshengste.

Deckgeld. Das Deckgeld beträgt 5—20 M. je nach Qualität des Hengstes.

11. Niederschlesisches Landgestüt zu Leubus.

Lage. Das Landgestüt befindet sich im ehemaligen Kloster Leubus, Regierungsbezirk Breslau, Kreis Wohlau. Leubus liegt 16 km von der Kreisstadt Wohlau, 9 km von der Eisenbahnstation Maltsch, am rechten Ufer der Oder. Der Gestüthof war bis 1810 im Besitz des damaligen Klosters, der jetzigen Provinzial-Irrenanstalt.

Das Landgestüt wurde 1817 errichtet. Das Etablissement besteht aus der Direktorialwohnung, 6 anderen Wohngebäuden, sowie 6 Hengstställen, welche durchweg mit Wasserleitung versehen sind.

Bezirk. Den Bezirk bilden die sämmtlichen Kreise der Regierungsbezirke Breslau und Liegnitz.

Beamte. 1 Gestütdirektor, 1 Rechnungsführer, 1 Rossarzt, 1 Futtermeister, 55 etatsmässige Gestütswärter.

Bestand. Die Gesammtzahl der Beschäler beträgt 162 Stück, davon sind: 13 Vollblut, 116 Halbblut, 33 Hengste des Arbeitsschlages (Kaltblüter). Von den 116 Halbbluthengsten gehören: 24 Reitschlag, 92 Wagenschlag. Ihrer Herkunft nach sind: 10 aus Graditz, 2 aus Beberbeck, 1 aus Georgenburg, 149 Ankaufshengste.

Deckgeld. Die Deckgelder betragen 6—15 M. je nach der Qualität des Hengstes.

12. Oberschlesisches Landgestüt zu Cosel.

Lage. Das Landgestüt liegt unmittelbar an der Kreisstadt Cosel, Regierungsbezirk Oppeln, von dieser nur getrennt durch den Oderstrom, über welchen eine massive Brücke führt. Cosel ist Eisenbahnstation.

Bezirk. Den Bezirk des Landgestüts bildet der Regierungsbezirk Oppeln

Beamte. 1 Gestütdirektor, 1 Rechnungsführer, 1 Futtermeister, 59 etatsmässige Gestütwärter.

Bestand. Die Gesammtzahl der Beschäler beträgt 175. Von diesen sind: 7 Vollblut, 126 Halbblut und 42 Hengste des Arbeitsschlages (Kaltblüter). Von den 126 Halbbluthengsten gehören: 66 Reitschlag, 60 Wagenschlag. Nach ihrer Herkunft sind von diesen Hengsten: 8 aus Graditz, 7 aus Beberbeck, 2 aus Georgenburg, 158 Ankaufshengste.

Deckgeld. Für die Benutzung der Hengste wird ein Deckgeld von 6—20 M je nach der Qualität des Hengstes erhoben.

13. Sächsisches Landgestüt zu Kreuz-Halle a./S.

Lage. Das Gestüt ist in den Jahren 1888 und 1890 neu erbaut und 1. April 1891 bezogen. Kreuz gehört zum Stadtbezirk Halle a./S.

Bezirk. Den Bezirk des sächsischen Landgestüts bildet die Provinz Sachsen.

Beamte. 1 Gestütdirektor, 1 Rechnungsführer und Sekretär, 1 Sattelmeister, 45 etatsmässige Gestütwärter.

Bestand. Die Gesammtzahl der Beschäler beträgt 135, von denen 15 Halbbluthengste, 120 Hengste des Arbeitsschlages (Kaltblüter) sind Von den Halbbluthengsten gehören: 2 Reitschlag, 13 Wagenschlag. Bis auf 2 aus Graditz stammende Hengste besteht der ganze Bestand aus Ankaufspferden.

Deckgeld. Das Deckgeld beträgt 6—18 M.

14. Schleswig-Holsteinisches Landgestüt zu Traventhal.

Lage. Traventhal liegt bei Segeberg, Regierungsbezirk Schleswig-Holstein, Kreis Segeberg. Die Kreisstadt Segeberg ist gleichzeitig Bahnstation. Das Landgestüt selbst liegt 5,6 km südlich der Stadt auf einer Anhöhe an der Trave im Dorfe Traventhal.

1863 wurden seitens des Herzogthums Schleswig in der Stadt Schleswig 10 Hengste zum öffentlichen Gebrauch aufgestellt, welche beim Ausbruch des Krieges nach Dänemark geschafft und nach dem Frieden zurückgegeben wurden. Die Hengste blieben bis 1867 in Schleswig, kamen dann auf kurze Zeit nach Glücksburg, 1868 nach Ploen und von da 1874 nach Traventhal. Hier wurden auf dem fiskalischen Hof, dem früheren Amtshof, die nöthigen Gebäude hergestellt, um 120 Hengste unterzubringen.

Das Etablissement enthält genügende Räume zur Unterbringung des gesammten Personals und Pferdebestandes; es sind ausserdem eine gedeckte Reitbahn und die nöthigen Wirthschaftsgebäude vorhanden.

Bezirk. Den Bezirk des Landgestüts bildet die Provinz Schleswig-Holstein, ausserdem besetzt das Landgestüt noch eine Station in Lübeck auf Grund besonderer Vereinbarung.

Beamte. 1 Gestütdirektor, 1 Rechnungsführer, 1 Futtermeister, 41 etatsmässige Gestütwärter.

Bestand. Die Gesammtzahl der Hengste beträgt 120, welche bis auf 1 Hengst aus Beberbeck sämmtlich Ankaufshengste sind Von denselben gehören: 12 Reitschlag, 103 Wagenschlag, 5 Arbeitsschlag (Kaltblüter), Vollblut nicht vorhanden.

Deckgeld. Das Deckgeld beträgt 12—25 M.

15. Hannoversches Landgestüt in Celle.

Lage. Das Landgestüt liegt innerhalb des Stadtgebietes der Kreisstadt und Eisenbahnstation Celle im Regierungsbezirk Lüneburg auf beiden Ufern der Fuhse, welche das Etablissement in zwei Hälften theilt. Diese sind durch eine eiserne Brücke verbunden. Im Anschluss an den Gebäude- und Höfekomplex nach Süden liegt der sogenannte Kamp, eine offene, mit Hecken umgebene Reitbahn Im Westen am Flusse liegt die sogenannte Gestütwiese. Das Ganze umfasst ein Areal von 6 ha.

Das hannoversche Landgestüt ist das älteste in der Reihe der preussischen Landgestüte, und muss man in demselben und in seiner ein und einhalbhundertjährigen Thätigkeit den Grundpfeiler der heutigen blühenden hannoverschen Pferdezucht erblicken.

Es ist von grosser Wichtigkeit zu konstatiren, dass die grossen Erfolge dieses Landgestüts ausschliesslich der sorgsamen kritischen Verwendung des edelsten Blutes zu verdanken sind. Einzelne Theile von Hannover, z. B. Ostfriesland, haben sich lange Zeit der Benutzung der Landbeschäler enthalten und ihre Zuchten auf Privathengste basirt

Nur in einem kleinen Massstabe wird das ehemalige königliche Gestüt zn Herrenhausen fortgeführt. Ausser der Zucht einiger Isabellen dient es hauptsächlich der Zucht und Aufzucht von Hengsten, welche dem Celler Landgestüte zur Auswahl gestellt werden. Zu diesem Zweck kauft die Gestüt-Inspektion den Produkten der 12 Gestütstuten Saughengstfüllen im Lande hinzu. Die Einrichtungen des Gestütes sind vorzüglich.

Bezirk. Den Bezirk des hannoverschen Landgestüts bildet die Provinz Hannover.

Beamte. 1 Gestütdirektor, 1 Marstallvorsteher, 1 Rechnungsführer, 1 Rossarzt, 2 Futtermeister, 1 Magazinverwalter, 93 etatsmässige Gestütwärter.

Bestand. Den Bestand bilden zur Zeit 275 Hengste. Dem Blut nach sind von denselben: 8 Vollblut, 267 Halbbluthengste. Von den Halbbluthengsten gehören: 91 Reitschlag, 176 Wagenschlag. Von den Hengsten stammen: 1 aus Graditz, 12 aus Beberbeck, 262 Ankaufshengste.

Deckgeld. Deckgelder 6—12 M. für Halbblut, 15—30 M. für Vollblut.

Ausserdem sind für jedes Füllen, welches eine von einem königlichen Landbeschäler bedeckte Stute wirft und welches 24 Stunden alt geworden ist, 10 M. Füllengeld, und zwar an den betreffenden Beschäl-Stationsvorsteher, nach dessen Wiedereintreffen auf Station, im nächsten Jahre zu zahlen (vgl. auch § 474).

16. Westfälisches Landgestüt zu Warendorf.

Lage. Das westfälische Landgestüt Warendorf liegt, durch die Ems von der gleichnamigen Kreisstadt getrennt, im Regierungsbezirk Münster an der im Jahre 1887 eröffneten Sekundärbahn Münster-Warendorf-Rheda-Lippstadt.

Die Gebäude, im Jahre 1885 vollendet, sind in gelbem Sandstein mit grauen Pfannendächern aufgeführt und liegen im Nordosten der Stadt Warendorf.

Bezirk. Den Bezirk des Landgestüts bildet die Provinz Westfalen.

Bestand. Der Bestand von 130 Hengsten vertheilt sich dem Blute nach auf: 2 Vollbluthengste, 64 Halbbluthengste und 64 Hengste des Arbeitsschlages (Kaltblüter). Von den 64 Halbbluthengsten gehören: 46 Reitschlag, 18 Wagenschlag, der Herkunft nach 1 Hengst aus Graditz, alle übrigen angekauft.

Deckgeld. Das Deckgeld beträgt 9 bis 15 M. je nach der Qualität der Hengste, für Vollblüter 20 bis 50 M.

17. Hessen-Nassauisches Landgestüt zu Dillenburg.

Lage. Das Landgestüt liegt in der Kreisstadt Dillenburg im Regierungsbezirk Wiesbaden, Provinz Hessen-Nassau. Dillenburg ist Eisenbahnstation.

1870 wurde das Hessische Landgestüt von Cassel nach Dillenburg verlegt und mit dem früher Nassauischen Beschälerdepot, welches sich seit 1866 in Warendorf befand, und mit dem Waldeckerdepot, bisher in Corbach, vereinigt Das Etablissement liegt in zwei Höfen getheilt und besitzt ausser den nöthigen Wohngebäuden und Stallungen eine offene und eine gedeckte Reitbahn und Wohnungen für Wärterfamilien nebst den nöthigen Wirthschaftsgebäuden. Beide Höfe sind mit Wasserleitung versehen.

Bezirk. Den Bezirk des Landgestüts bilden die Provinzen Hessen-Nassau, der Kreis Wetzlar des Regierungsbezirks Coblenz und das Fürstenthum Waldeck.

Beamte. 1 Gestütdirektor, 1 Rossarzt, 1 Sekretär und Rechnungsführer, 1 Futtermeister, 48 etatsmässige Gestütwärter.

Bestand. Die 142 Hengste, welche den Bestand bilden, gruppiren sich nach Blut folgendermassen: 56 Halbbluthengste, 86 Hengste des Arbeitsschlages (Kaltblüter) Von den Halbbluthengsten gehören: 32 Reitschlag, 24 Wagenschlag. Ihrer Herkunft nach stammen 2 aus Graditz, während 140 Ankaufshengste sind

Deckgeld. Das Deckgeld beträgt 5 bis 10 M.

Diejenigen Stutenbesitzer, welche bei der Bedeckung 5 M. Deckgeld entrichtet haben, sind verpflichtet, wenn die betreffende Stute aus dieser Bedeckung ein lebendes Füllen geworfen hat und dasselbe vier Wochen alt geworden ist, an den Gestütwärter der betreffenden Station ein Füllengeld von 10 M. behufs Abführung an die Gestütkasse zu entrichten (s. auch § 474).

Die Wärter erheben Deck- und Füllengelder und bekommen für Erhebung der letzteren 3 Proz. Die nicht an die Wärter gezahlten Füllengelder werden auf Requisition durch die betreffenden Steuerkassen eingezogen.

18. Rheinisches Landgestüt in Wickrath.

Lage. Das Rheinische Landgestüt liegt dicht bei dem Flecken Wickrath, Kreis Grevenbroich im Regierungsbezirk Düsseldorf. Wickrath ist Eisenbahnstation.

Das Rheinische Landgestüt ist 1839 errichtet und hat sich den Bedürfnissen der Provinz entsprechend mehr und mehr der Förderung der Zucht des starken Arbeitspferdes zugewendet.

Das Landgestüt ist in den Resten des früher Gräflich von Quadtschen Schlosses eingerichtet, nachdem dieselben von 1819 bis 1834 als Kasernement für zwei Husarenschwadronen gedient hatten. 1883 brannte ein Theil des Etablissements ab und wurde im folgenden Jahre neu erbaut.

Das ganze Etablissement hat ein Areal von ca. 20 Morgen.

Bezirk. Den Bezirk des Landgestüts bildet die Rheinprovinz.

Beamte. 1 Gestütdirektor, 1 Sekretär, 48 etatsmässige Gestütwärter.

Bestand. Den Bestand des Landgestüts bilden 140 Hengste, von denen 1 Vollbluthengst, 7 Halbbluthengste und 132 Hengste des Arbeitsschlages sind, darunter 1 Vollbluthengst aus Graditz, der Rest Ankaufshengste.

Deckgeld. Die Deckgelder betragen 7 bis 25 M. je nach der Qualität der Hengste, für Vollbluthengste 30 bis 60 M.

Vorbemerkungen zu Einnahmen und Ausgaben der Landgestüte.

§ 470. Bereits im § 444 ist darauf hingewiesen worden, dass trotz der ausserordentlichen Steigerung der Ausgaben in Folge einer noch stärkeren Vermehrung der Einnahmen der erforderliche Zuschuss aus allgemeinen Staatsmitteln nicht entfernt im gleichen Masse gestiegen ist, wie die Ausgaben. Während in den 50er bis 70er Jahren noch nicht einmal ganz die Hälfte der Ausgaben in eignen Einnahmen Deckung fand, steigerte sich von da bis 1901 das Verhältniss der eignen Einnahmen zu den Ausgaben sogar bis über $^{2}/_{3}$ (vgl. Anl. XLIX Sp. 11 u. 12). Auch der Grund dieser Erscheinungen hat bereits im § 444 Erwähnung gefunden. Er liegt wesentlich in der verstärkten Benutzung zur Stutendeckung der Landbeschäler durch das Privatpublikum. 1868—70 deckte 1 Hengst durchschnittlich jährlich 37, 1897—99 57 Stuten.

Geht man (nach Anl. LI Sp. 23—31 S. 218 d. Anl.) auf die einzelnen Landgestüte ein, so zeigt sich, dass am stärksten benutzt werden die Landbeschäler der beiden litthauischen Gestüte (Insterburg und Gudwallen). Während im Jahre 1899 jeder Landbeschäler in der Monarchie durchschnittlich 58 Stuten deckte, stieg die Zahl der von einem Hengst gedeckten Stuten in diesen beiden Gestüten bis auf 76 bezw. 72. Stark in Anspruch genommen waren ferner die Gestüte in Rastenburg, ferner die beiden Posenschen Gestüte (Zirke und Gnesen), die beiden Schlesischen (Leubus und Cosel) und das Rheinische (Wickrath), in welchen Gestüten der Hengst 60 und mehr Stuten deckte.

Verhältnissmässig besonders gering war die Stutendeckung dagegen (ca. 50 auf den Hengst) in dem Brandenburgischen (Friedrich-Wilhelm-Gestüt), im Pommerschen (Labes), im Schleswig-Holsteinischen (Traventhal) und im Westfälischen (Warendorf). Die meisten lebenden Füllen von einem Hengst wurden ebenfalls in Insterburg und Gudwallen gezeugt (46 bezw. 48 bei einem Durchschnitt für die Monarchie von 31). Besonders niedrig war hier die Zahl (22—26 auf den Hengst) in den beiden Westpreussischen Gestüten (Marienwerder und Pr. Stargard), sowie in dem Brandenburgischen, Pommerschen, Schleswig-Holsteinischen und Westfälischen Landgestüte.

Entsprechend der verschieden starken Benutzung der Hengste, wie auch der Zahl der Landbeschäler an den einzelnen Gestüten überhaupt und endlich der verschieden bemessenen Höhe des Deckgeldes nehmen an der Haupteinnahmequelle der Landgestüte (Deckgelder [Sp. 8 der Anl. XLIX]) die einzelnen Landgestüte sehr verschiedenartigen Antheil. Voran steht das grösste der Landgestüte, das Hannoversche zu Celle, welches bei einem Bestande von 275 Landbeschälern im Jahre 1901 273 750 M. an Deckgeldern einnahm. Dann folgen Gudwallen und Insterburg, welche mit je 200 Hengsten an Deckgeldern 200 000 M. bezw. 175 000 M. einnahmen, während das Friedrich-Wilhelm-Gestüt bei Neustadt bei 217 Hengsten nur 100 000 M. Deckgeld vereinnahmte. Ueber 100 000 M. Einnahmen fanden sich noch bei Rastenburg, Zirke, Gnesen und Cosel, während bei den übrigen Gestüten die Einnahme zwischen 70- und 90 000 M. schwankt.

Man erhält hiernach auch ein sehr verschiedenes Bild, wenn man berechnet, wieviel an vereinnahmten Deckgeldern im Durchschnitt auf den Landbeschäler der einzelnen Institute kommt. Es steht dann voran Gudwallen mit 1 000 M., Celle 995 M., Insterburg 875 M., Zirke 676 M., Traventhal 664 M., Marienwerder 654 M., Rastenburg und Kreutz je 652 M., Gnesen 638 M., Pr. Stargard 635 M., Wickrath 607 M., Cosel 600 M., Leubus 580 M., Warendorf 574 M., Braunsberg 568 M., Dillenburg 512 M., Labes 505 M., Neustadt a./D. 460 M.

Auch bei den Ausgaben (Anl. XLIX Sp. 12) ist Celle mit 325 310 M. am stärksten betheiligt, dann folgt Gudwallen 217 177 M., Neustadt a./D. mit 206 030 M., bei den übrigen Gestüten schwanken die Ausgaben meist zwischen 130- bis 170 000 M., nur in dem Anfang der 90er Jahre gegründeten Braunsberg bleiben sie unter 110 000 M.

Ein sehr verschiedenes Bild ergiebt sich auch, wenn man berechnet, wie sich der nach Abzug der eigenen Einnahmen von den Ausgaben erforderliche Zuschussbedarf aus allgemeinen Staatsmitteln (Anl. XLIX Sp. 13) an den einzelnen Landgestüten im Verhältniss zu der Zahl der vorhandenen Landbeschäler stellt. Es zeigt sich dann, dass der Staatszuschuss an den Landgestüten im Westen der Monarchie verhältnissmässig erheblich bedeutender ist als im Osten. Es entfiel auf einen Landbeschäler an Zuschuss aus allgemeinen Staatsmitteln

(1901) in Dillenburg 679 M., in Wickrath 628 M., Warendorf 584 M., Labes 520 M., Kreutz 516 M., Neustadt a./D. 408 M., Leubus 367 M., Traventhal 361 M., Pr. Stargard 340 M., Cosel 321 M., Marienwerder 290 M., Braunsberg 270 M., Zirke 190 M., Celle 172 M., Gnesen 167, Rastenburg 150 M., Insterburg und Gudwallen bringen dagegen einen Ueberschuss von 40 M. bezw. von 145 M. auf den Landbeschäler ein.

Einnahmen bei den Landgestüten.

(Kap. 33 Tit. 6—10.)

§ 471. Bei den Landgestüten spielt der Ertrag aus Grundstücken und Gutswirthschaften (Tit. 8) nur eine geringe Rolle. Von 2105486 M. Gesammteinnahmen entfielen 1901 auf Tit. 3 nur 33 167 M. Hiervon kamen 31 228 M. auf die einzige mit einem Landgestüt verbundene Gutswirthschaft zu Gudwallen in Ostpreussen. Die Gutswirthschaft ist hervorgegangen aus dem alten 1823 angekauften Erbpachtsgut gleichen Namens mit dem Vorwerk Asteckersberg, 1915 Morgen gross. Die Gutswirthschaft war von 1861—1897 verpachtet und liefert dem Landgestüt Fourage. Der Pachtertrag war 7182 M. Seit 1897 wurde der Pachtvertrag gekündigt und die Wirthschaft in eigene Verwaltung übernommen, wobei 68 270 M. an Uebernahmekosten etc. aus dem Extraordinarium des Etats bereitgestellt wurden (vgl. Erläuterungen zu Kap. 12 Tit. 13 des Gestütsetats 1897/98).

§ 472. Bis Anfang der 60er Jahre war auch mit dem Landgestüt Zirke (Grobia) eine erhebliche Gutswirthschaft verbunden. 1867 wurde aber diese der Domänenverwaltung übergeben (Zirke mit 3 Vorwerken, zusammen 4682 Morgen gross, s. § 457).

Bei Gudwallen findet daher auch allein von allen Landgestüten ein Verkauf von Ackerpferden und Zugochsen statt, der in Tit. 6 mit 6000 M. (1901) nachgewiesen ist.

Der Tit. 9 (Emolumente der Beamten, Unterbedienten und Wärter) vertheilt sich ziemlich gleichmässig auf sämmtliche Landgestüte (s. Anl. La). Wohnungen haben diese Beamten nur zum kleineren Theil. Unverheirathete sind meist kasernirt. Auch an Tit. 10 sind alle Landgestüte entsprechend betheiligt.

§ 473. Der bei weitem wichtigste Einnahmeposten bei den Landgestüten ist Tit. 7: Sprung- und Füllengeld 2 000 750 M.

Dieser Posten macht gegenwärtig 95 Proz. der Gesammteinnahmen aus. In früheren Jahren war das Antheilsverhältniss nicht so stark.

	1. Gesammteinnahme	2. Deckgelder	3. 2 an Proz. von 1.
1850:	252 260	166 134	65
1870:	509 265	455 805	89
1880/81:	1 069 300	1 008 045	94
1901:	2 105 486	2 000 750	95

Der Grund dieser Steigerung ist weniger in einer Erhöhung der Deckgebühren, als in einer Vermehrung der Benutzung der Landbeschäler seitens des Privatpublikums zu suchen (s. § 470).

Die Deckgelder sind verschieden bemessen für die einzelnen Gestüte und je nach dem Werthe des deckenden Beschälers, schwanken aber in der Regel zwischen 5 und 20 M. Neuerdings haben sie stellenweise ermässigt werden müssen wegen der Konkurrenz kaltblütiger Hengste von Privatgestüten (die gegenwärtige Höhe an den einzelnen Gestüten s. in § 469).

§ 474. Wenn man die Entwickelung des Tit. 7 bis in die 70er Jahre verfolgt, so findet sich von 1875 zu 1876 die enorme Steigerung des Fonds von 787 930 M. auf 1 083 670 M. vor, also um 295 740 M. Der Hauptgrund war folgender.

Seit längerer Zeit war von dem pferdezüchtenden Publikum vielseitig gewünscht worden, dass für die Benutzung der Königl. Landbeschäler an Stelle des bisherigen höheren Sprunggeldes fortan neben einem verhältnissmässig niedriger zu normirenden Deckgelde ein sogenanntes Füllengeld für jedes lebend geborene Fohlen vom Stutenbesitzer erhoben werde. Auch die im Jahre 1874 zusammenberufene Kommission zur Förderung der Landespferdezucht hatte dieses Verfahren, welches in ähnlicher Weise bei dem Hannoverschen und dem Hessen-Nassauischen Landgestüt schon vor der Preussischen Besitzzeit bestanden hat und noch besteht, lebhaft befürwortet. Es war deshalb für die übrigen Landgestüte des Staates, mit Ausnahme des Litthauischen und des Posenschen Depots, mit Beginn der Deckperiode eine entsprechende Einrichtung der Art getroffen, dass neben einem nach der Qualität des benutzten Hengstes verschieden bemessenen Deckgelde ein Füllengeld von 10 M. vom Stutenbesitzer erhoben und dem Letzteren wieder zurückgewährt wurde, sofern aus der Bedeckung ein lebendes Fohlen nicht hervorging. Während der Tit. 7 der Einnahme das einzuziehende Deck- und Füllengeld nachwies, wurde das auf nicht lebend geborene Füllen zurückzuzahlende Füllengeld unter Tit. 23 „Vermischte Ausgaben" mit berücksichtigt (s. § 482).

Die Erfolge dieses Verfahrens waren indessen so ungünstige, dass nach einigen Jahren 1878/79 und 1879/80 die Massnahme des sogenannten Füllengeldes in den Geschäftsbezirken mehrerer Landgestüte, namentlich des Westpreussischen, des Sächsischen, des Nieder- und Oberschlesischen, sowie des Schleswig-Holsteinschen, Pommerschen, Brandenburgischen und des Rheinischen Depots wieder hat rückgängig gemacht werden müssen, weil dieselbe dort bei der ländlichen Bevölkerung keinen Anklang gefunden hat, und auch für die Zukunft eine Besserung nicht zu erwarten stand. Bei den bezeichneten Landgestüten ist daher zu der früher üblichen Methode, wie solche dort bis zum Jahre 1876 in Geltung war, zurückgekehrt worden. Nur in Hannover und Hessen-Nassau blieb das bisherige Verfahren in Geltung.

In Folge dessen trat bis 1879/80 wieder eine Verminderung des Einnahmefonds Tit. 7 auf 996 530 M. trotz Hinzutretens zweier neuer Gestüte (Labes und Cosel) ein.

Ordentliche Ausgaben.

(Kap. 108 Tit. 1—2, 6—9, 16—21, 23.)

§ 475. Bei den Landgestüten spielen ebenso wie bei den Hauptgestüten unter den Ausgaben die Hauptrolle die Kosten der Fourage, Kap. 108 Tit. 18. Die ausserordentliche Steigerung dieses Postens 1849 bis 1901 von 246 737 bis 1 540 892 M. erklärt sich ebensowohl aus der Zahl der Vermehrung der Landgestüte und der Hengstbestände, als zum Theil durch Preiserhöhungen der Fourage. Die nähere Vertheilung des Fonds auf die einzelnen Landgestüte und die Steigerung bei diesem von 1877/78 bis 1901 geht aus Anlage Lb, S. 214 u. 215 der Anlagen, des Näheren hervor. (Aus diesem Etatstitel werden auch die Ausgaben für Unterhaltung der Hengste auf den Deckstationen in der Zeit vom 1. Febr. bis Ende Juni bestritten. Das Gleiche gilt von Tit. 17 und Tit. 19.) Bei Weitem nicht so bedeutend wie bei den Hauptgestüten sind die Ausgaben an Wirthschaftskosten (Tit. 19), weil grössere Gutswirthschaften gegenwärtig nur noch mit Gudwallen verbunden sind. Auf dieses Gestüt entfällt denn auch von der Gesammtsumme in Höhe von 160 150 M. der Betrag von 31 369 M.

Im Uebrigen enthalten die Wirthschaftskosten die Ausgaben für Anschaffung und Unterhaltung des Inventars, für Hufbeschlag, ärztliche Behandlung der Wärter sowie der Thiere auf den Stationen, Tagelöhne u. s. w.

§ 476. Ueber Kap. 108 Tit. 1 u. 2, wo die etatsmässigen Besoldungen und die Wohnungsgeldzuschüsse der Beamten der Landgestüte aufgeführt sind, ist bereits im § 462 das Nähere mitgetheilt worden.

§ 477. An anderen persönlichen Ausgaben kommt znnächst der dem Kap. 108 Tit. 3 (Hauptgestüte) entsprechende Tit. 6 dieses Kapitels (Diensteinkommen nicht zur Pension berechtigter Gestütbediensteter, einschl. der Löhnungen und Stiefelgelder der Gestütwärter und Dienstleute; zu Miethsentschädigungen für erstere, sowie zur Remunerirung des sonstigen Hülfspersonals) in Betracht. Auch dieser Titel zeigt ebenso wie Tit. 3 eine ausserordentliche, die Steigerung bei den etatsmässigen Besoldungen weit übertreffende Vermehrung der Ausgaben. Während letztere (nach Anl. Lb) von 1877/78—1901 von 133 838 M. auf 179 685 M. stiegen, vermehrten sich erstere auf über das Doppelte, nämlich von 394 396 M. auf 815 574 M. Der Grund hiervon liegt einmal in der Vermehrung des Wärterpersonals (während früher etwa 4 Hengste auf einen Wärter kamen, ist gegenwärtig die Zahl auf 3 reduzirt), wie auch darin, dass besonders seit Mitte der 90er Jahre die aus älteren Zeiten herrührenden Preisansätze für die dem betreffenden Personal gewährten Naturalemolumente erhöht worden sind, weil sie mit den jetzt üblichen Marktpreisen nicht im Verhältniss standen (s. § 458).

§ 478. *Kap. 108 Tit. 7.* Dieser verhältnissmässig unbedeutende Titel (2150 M.) besteht seit dem Jahre 1891/92 (s. § 465) und enthält ausser Stellenzulagen für Unterbeamte seit 1898/99 noch 1200 M. nicht pensionsberechtigte persönliche Zulage für den Dirigenten des Landgestüts Celle, der an sich für eine Verleihung an die Hauptgestüt-Dirigentenstelle ausersehen, aber in Folge der Seitens der Provinzialbehörden und der pferdezüchterischen Kreise ausgesprochenen dringenden Wünsche auf seinem jetzigen Posten belassen worden ist.

§ 479. *Kap. 108 Tit. 8 u. 9* bieten Besonderheiten nicht dar. Ersterer Titel, welcher die Kosten der den Gestütwärtern bei ihrer Einstellung einmal zu gewährenden vollständigen Montirung und die jährlichen Montirungsgelder (66 M.) enthält, hat sich seit 1877/78 der Vermehrung der Gestütsbeamten u. s. w. entsprechend von 444666 M. auf 66612 M. gesteigert.

§ 480. *Kap. 108 Tit. 9.* Pensionen und Unterstützungen an invalide Stallbediente des hannoverschen Landgestüts und deren Hinterbliebene ist ein bei der Einverleibung Hannovers an Preussen übernommener Fonds, dessen Beträge der Natur der Sache nach von Jahr zu Jahr geringer werden; während 1876 noch 5589 M. aus dem Fonds gezahlt wurden, ist er gegenwärtig bereits auf 258 M. herabgeschmolzen.

§ 481. Unter den sächlichen Ausgaben (Kap. 108 Tit. 16—21) kommen ausser den schon behandelten Tit. 18 und 19 (§ 475) in Betracht Tit. 16, Diäten, Fuhrkosten und Ersatz baarer Auslagen (1877/78 22380 M., 1901 34455 M.); Tit. 17 für Amtsbedürfnisse, Beleuchtung etc. (1877/78 78147 M., 1901 106119 M.); Tit. 20, Unterhaltung der Gebäude (1877/78 38763 M., 1901 60600 M.); Tit. 21, Pächterabgaben und Lasten einschl. Ortsarmenlasten (1877/78 13342 M., 1901 12436 M.). Alle diese Titel entsprechen den in §§ 466 und 467 behandelten ähnlich lautenden Titeln der Hauptgestüte, sie haben sich, abgesehen von Tit. 21, der sogar etwas zurückgegangen ist, entsprechend der Vermehrung der Landgestüte und des Beamtenpersonals allmählich auf die jetzige Höhe gesteigert, ohne dass dabei besonders grosse Sprünge in den einzelnen Jahren zu verzeichnen sind.

§ 482. *Kap. 108 Tit. 23* (vermischte Ausgaben) ist gegenwärtig von geringerer Bedeutung. Er betrug 1901 nur 1387 M., bis Ende der 70er Jahre standen auf diesem Titel sehr erhebliche Beträge (1876 204244 M., 1877/78 203537 M.). Es waren diejenigen Beträge, welche in Folge der in den 70er Jahren vorübergehend vereinnahmten Füllengelder für güstgebliebene Stuten als Entschädigung zurückgezahlt werden mussten. Mit dem Wegfall des Füllengeldes (s. § 474) fielen auch diese Ausgaben wieder fort.

C. Einnahmen und Ausgaben der Centralverwaltung und sonstige Ausgaben.

(Kap. 33 Tit. 11 der Einnahmen und Kap. 108 Tit. 24—33 der Ausgaben)

§ 483. Unter der Rubrik persönliche Ausgaben[1]) sind zunächst die Titel Kap. 108 Tit. 24, 24a, 24b und 24c mit zusammen 9925 M. enthalten, welche Unterstützungen und Remunerationen enthalten. S. hierzu Bd. I, Buch I S. 97. Der Fonds Tit. 25 (1876 2770 M., 1877/78 2770 M., 1901 4000 M.) enthält Unterstützungen für ausgeschiedene Beamte sowie Unterstützungen von Relikten der Beamten. Tit. 26 (1876 18 375 M., 1901 50 000 M.) enthält Unterstützungen für invalide Gestütwärter, Dienstleute und andere ständige Arbeiter der Gestüte sowie für Hinterbliebene solcher Personen. Gesetzliche Armenlasten sind aber darunter nicht einbegriffen (vgl. Staatshaushaltsetat 1884/85 Erläuterungen zu Tit. 41). Tit. 27, welcher Beiträge zur gesetzlichen Kranken-, Unfall-, Invaliditäts- und Altersversicherung enthält, ist im Jahre 1890/91 auf den Etat gekommen mit 1 500 M. und seit 1892/93 auf 12 500 M. erhöht worden. Unter den sächlichen Ausgaben kommen in Betracht Diäten- und Reisekosten für die in der Centralverwaltung thätigen Beamten (Tit. 28). Der Fonds betrug 1876 9000 M., seit Anfang der 80er Jahre 15 800 M. und wurde 1895/96 auf 20 000 M. erhöht, u. a. um im Interesse der grösseren Sicherheit der Staatskasse alljährlich unvermuthete Revisionen der Haupt- und Landgestütskassen durch einen Ministerialbeamten ausführen zu lassen. Der Fonds Tit. 29 (zu Neubauten und grösseren Reparaturen einschl. der Elbuferbauten bei Graditz) betrug 1870 76 000 M. und hat sich allmählich in Folge Vermehrung der Gestütbauten und der Zunahme des Gestütbetriebes bis 1901 fast auf den doppelten Betrag (120 000 M.) gesteigert.

§ 484. Unter den sonstigen Ausgaben (Kap. 108 Tit. 30—33) ist der bei weitem wichtigste Fonds der Centralverwaltung der Tit. 31 zum Ankauf von Pferden und zu den Kosten grösserer Pferdetransporte, ein Fonds, aus dem das zur Pferdezucht erforderliche Material, soweit es nicht in den staatlichen Gestüten selbst gezogen wird, durch Ankauf im In- und Auslande zu beschaffen ist. Der Fonds bestand schon im Jahre 1849 und betrug damals 51 078 M., 1860 war er bereits auf 102 900 M. gestiegen, seit Anfang der 70er Jahre wurde er alljährlich extraordinär mit durchschnittlich 350 000 M. gestärkt und seit 1876 auch im Ordinarium auf 453 000 M. gesteigert, seit Anfang der 60er Jahre stieg er auf 800 000 M. im Ordinarium, seit Anfang der 90 er Jahre auf 1 000 000 M. und seit 1890/01 auf 1 100 000 M. Daneben ist er seit Ende der 80er Jahre bis 1896/97 alljährlich mit etwa 60 000

[1]) Der Einnahmetitel Kap. 33 Tit. 11 beträgt schon seit über 20 Jahren 45 000 M. und besteht seinem Wortlaute nach wesentlich aus dem Erlöse für ausrangirte Pferde, soweit sie früher aus Staatsfonds angeschafft worden sind.

bis 70 000 M. jährlich extraordinär gespeist worden, 1897 betrug das Extraordinarium sogar 200 000 M., 1898/99 250 000 M., 1899 200 000 M., 1900 325 000 M., 1901 176 100 M. Im ganzen wurden extraordinär eingestellt von 1871—1882 2 877 600 M. und von 1887—1901 1 577 100 M., zusammen von 1871 an 4 454 700 M. Das Ordinarium stellte in derselben Zeit bereit 23 502 210 M., zusammen wurden also seit 1871 zu Pferdeankaufzwecken bereit gestellt beinahe 28 000 000 M.

Der Grund dieser starken Steigerung des Pferdeankauffonds lag einmal in der Steigerung der Pferdepreise. Während im Jahre 1873 für einen anzukaufenden Hauptbeschäler I. Klasse durchschnittlich 60 000 M. angesetzt wurden, reichen gegenwärtig 120 000 M. nicht einmal aus. Die anzukaufenden Landbeschäler wurden damals mit 3 000 M., werden aber jetzt mit 3 300 M., Kaltblüter sogar mit 4000 M. in Ansatz gebracht. Mutterstuten für das Vollblutgestüt Graditz wurden damals mit 7 500 M. und werden jetzt mit 15 000 M. in Ansatz gebracht.

§ 485. Vor Allem liegt der Grund der Fondserhöhung aber in der Vermehrung der Zahl der anzukaufenden Pferde. Die Ursache dessen ist nicht allein die Vermehrung des Pferdebestandes überhaupt, sondern auch der Umstand, dass die Hauptgestüte nicht mehr so viel Landbeschäler für die Landgestüte liefern wie früher, da der Drang nach Verbesserung der Zucht eine rigorosere Auswahl bedingt. Nach der Denkschrift, Beilage D des Etats 1889/90, wurden vor dieser Zeit von den Hauptgestüten jährlich durchschnittlich 75 Remontebeschäler geliefert. In jenem Jahre ging die Zahl auf 55 zurück, wobei die Regierung aber annahm, dass dieser Rückgang nur eine vorübergehende Folge der in Trakehnen aufgetretenen Pferdeinfluenza sein würde. Thatsächlich hat sich indessen gegenwärtig nach Anlage LI, S. 216 der Anlagen, die Zahl sogar auf 50 im Jahre vermindert. Bei dem Ansatze des Fonds geht man davon aus, dass sich die warmblütigen Hengste um 12 Proz., die kaltblütigen um 15 Proz. abnutzen. Die aus Anlage XLIX hervorgehende ausserordentliche Vermehrung des Pferdebestandes in den Haupt- und vor Allem in den Landgestüten musste hiernach eine fortgesetzte starke Steigerung des Ankauffonds zur Folge haben, so dass in dem letzten Jahrzehnt neben dem Ordinären Fonds behufs Vermehrung der Landbeschäler noch erhebliche extraordinäre Zuschüsse nothwendig wurden (s. oben).

§ 486. Der Pferdeankaufsfonds ist aber nicht blos zum Ankauf von Zuchtmaterial für die Staatsgestüte bestimmt, sondern soll, nach wie vor, auch die Pferdezuchtvereine, welche sich nach den massgebenden Bestimmungen vom 13. April 1870/30. Jan. 1898 konstituiren, beim Ankauf der aufzustellenden Vereinshengste durch Gewährung zinsfreier und in spätestens 6 Jahren rückzahlbarer Vorschüsse unterstützen. Solche Vorschüsse werden bis zur Höhe von 3300 M. pro Hengst gewährt. Der jährliche Gesammtbetrag ist durchschnittlich

40000 M. Bei der zinsfreien Hergabe der Darlehne wird die Mitwirkung der Gestütbeamten bei der Auswahl der Vereinsbeschäler und eine staatliche Kontrolle über ihre pflegliche Behandlung und Benutzung auf Grund massgebender Normativbestimmungen vorbehalten.

Es existiren zur Zeit 57 staatlich subventionirte Zuchtvereine, welche ihre Vorschüsse noch abzulösen haben. Diese Vorschüsse betragen in Summa 116056 M. Von den 57 Vereinen gehören an:

der Provinz:	Ostpreussen	1	der Provinz:	Sachsen	4
	Westpreussen	10		Schleswig-Holstein	12
	Brandenburg	5		Hannover	2
	Posen	1		Hessen-Nassau	1
	Schlesien	1		Rheinland	20

Von Hengsthaltungsgenossenschaften waren aufgestellt (1898):

Provinzen:	Warmblütige Hengste	Kaltblütige Hengste	Aus einer Mischung beider Schläge hervorgegangen
Ostpreussen	70	64	17
Westpreussen	115	33	9
Brandenburg	35	52	18
Pommern	76	47	7
Posen	111	59	—
Schlesien	21	75	23
Sachsen	7	69	1
Schleswig-Holstein	217	165	1
Hannover	102	20	—
Westfalen	42	23	—
Hessen-Nassau	Das Halten von Privatzuchthengsten ist verboten.		
Rheinland	8	144	—
Hohenzollern	7	5	6
Summa	**811**	**756**	**82**

§ 487. Der *Tit. 30*, zur Ausbildung von Gestüteleven, betrug bis 1873 nur 1800 M. und wurde damals auf den jetzigen Betrag von 6600 M. gesteigert, damit es möglich wurde, Persönlichkeiten zu remuneriren, die zur Ausbildung für die höheren Gestütbeamtenstellen qualifizirt erscheinen. Hierbei kommen namentlich Offiziere in Betracht, die aus Liebe zur Sache in die Gestütverwaltung überzutreten geneigt sind, sich aber vorher einer längeren gründlichen Ausbildung und Vorbereitung in der Verwaltung unterziehen müssen, wenn anders sie die für den Gestütdienst erforderliche Fachkenntniss erlangen sollen. Da nun den Offizieren, welche zum Vorbereitungsdienst in der Gestütverwaltung zugelassen werden, nur während eines Jahres ihre Kompetenzen seitens der Militärverwaltung belassen werden, so kehrten dieselben in der Regel nach Ablauf dieses Zeitraumes, der für die vorgedachte Ausbildung aber keinesfalls ausreicht, zum Militärdienst zurück, indem die Gestütverwaltung seither nicht in der Lage war, ihnen für die bei längerem Urlaub aus dem Militärdienst fortfallenden Militärkompetenzen ein Aequivalent zu bieten.

Eine genügende, zweckentsprechende Vorbildung können die betreffenden Offiziere aber nur bei längerer fortgesetzter Dienstleistung in der Gestütverwaltung erlangen.

§ 488. Zu *Tit. 32.* Nachdem die Gestüte von der Marstallverwaltung abgetrennt und zu reinen Staatsinstituten bestimmt worden waren, wurde nach einer Kab.-O. v. 30. März 1849 verfügt, dass jährlich 40 Stück Pferde aus den Haupt- und Landgestüten an den Obermarstall abgeliefert werden müssen. Für jedes nicht gelieferte Pferd sind 1700 M. aus der Generalstaatskasse aus obigem Titel zu zahlen. Der Titel hat sich in seinen Beträgen seit den 70er Jahren nicht wesentlich verändert. Gegenwärtig werden bis zu 30 Pferden abgeliefert.

§ 489. Zu *Tit. 33,* Stellvertretungskosten und vermischte Ausgaben, seit den 70er Jahren mit 3000 M. bemessen, ist nur zu bemerken, dass in den 50er und 60er Jahren noch die Armenlasten dort verrechnet wurden, die jetzt auf den Tit. 15 u. 21 stehen.

D. Extra-Ordinarium.

§ 490. Nach Anl. XLVIII, in welcher die ordentlichen und ausserordentlichen Ausgaben der Gestütverwaltung für die Jahre 1849 bis 1901 einander gegenübergestellt sind, betrug der Prozentsatz des Extra-Ordinariums im Verhältniss zum Ordinarium in dem gesammten Zeitraume durchschnittlich jährlich 9,2 Proz. Während aber bis zu den 70er Jahren das Extra-Ordinarium ein verhältnissmässig sehr geringes war und kaum bis 4 Proz. des Ordinariums stieg, wurden besonders in der ersten Hälfte der 70er Jahre ausserordentlich hohe Beträge im Extra-Ordinarium ausgeworfen, und zwar hauptsächlich in Folge der Neueinrichtung von grösseren und Verlegung von Landgestüten, sowie der Verlegung des Hauptgestüts Neustadt a. D. nach Beberbeck. Daneben wurden aber auch erhebliche Beträge ins Extra-Ordinarium zur Verstärkung des ausserordentlichen Pferdeankaufsfonds eingestellt (von 1873—1878 allein jährlich etwa 350 000 M. und im Jahre 1878/79, 1880/81 und 1881/82 jährlich rund 300 000 M., im ganzen Zeitraum von 1872/82 rund 2 840 000 M.).

In Folge dessen stieg das Extra-Ordinarium in den Jahren 1873 auf 33, 1874 auf 26, 1875 auf 39, 1876 auf 21 Proz. und in dem Zeitraum von 1872--1882 betrug der Prozentsatz des Extra-Ordinariums im Durchschnitt jährlich fast 20 Proz. Der Durchschnit des Extra-Ordinariums vom Jahre 1882—1892 und 1892—1901 stellte sich auf 10,7 bezw. 10,6 Proz. des Ordinariums. Dabei ist zu bemerken, dass von 1892—1897 das Extra-Ordinarium nicht über 7,3 Proz. des Ordinariums ausmachte, von 1897/98 aber den Durchschnittssatz von 10,6 Proz. ganz erheblich überstieg und von da bis 1901 zwischen rund 11 und 20 Proz. schwankte. Auch hier lag die Ursache zum grossen Theil in der Neueinrichtung von Haupt- und Landgestüten. Ein sehr erheblicher Betrag, nämlich rund 1 150 000 M. entfielen aber auch hier wieder auf extraordinäre Zuschüsse zum Pferdeankaufsfonds (in den Jahren 1897/98 200 000 M., 1898/99 250 000 M., 1899 200 000 M., 1900 325 000 M., 1901 nur 176 100 M.).

Der bei Weitem grösste Theil der Gesammt-Extraordinären Ausgaben entfällt auf Gestüt- und Wirthschaftsgebäude, sowie auf Wohngebäude. So wurden verausgabt von 1871—80 für Gestüt-, Wirthschafts- und Wohngebäude zusammen 2 530 445 M., von 1881—1890: 3 109 705 M., von 1891 – 1900: 3 249 333 M., im Ganzen von 1871 bis 1900: 8 881 483 M., wovon etwa $2^1/_2$—3 Mill. M. auf Wohngebäude zu rechnen sind. Auf den Pferdeankaufsfonds entfielen von 1871—1900 rund etwa 4,2 Mill. M. Der Rest waren hauptsächlich 578 825 M. für Drainagezwecke, 24 365 M. für Landankäufe, 235 995 M. für Wirthschaftsinventar.

Remonteankäufe.

§ 491. Zum Schluss seien noch einige Notizen über die Theilnahme der einzelnen Provinzen an den Remontegestellungen mitgetheilt, deren Einstellung an der gehörigen Stelle unterbleiben musste, da sie erst nach der Drucklegung in dem Kriegsministerium zusammengestellt werden konnten. Darnach fiel die Provinz Rheinland, in welcher (zu Wickrath) fast nur Hengste des Arbeitsschlages (Kaltblüter) aufgestellt sind, und Westfalen, wo (in Warendorf) etwa 50 Proz. der Hengste Kaltblüter sind, ganz aus. Sachsen mit ebenfalls meist kaltblütigen Hengsten (in Kreuz) lieferte nur sehr wenig Remonten. Im Uebrigen ergiebt sich die Theilnahme der einzelnen Provinzen an den Remontegestellungen im Jahre 1901 aus folgender Tabelle:

Provinz	Vorgestellt	Angekauft	Von Hundert der vorgestellten Pferde
Ostpreussen	11 897	5 676	48
Westpreussen	1 347	369	27
Posen	2 097	661	31
Schlesien	535	134	25
Brandenburg	846	195	23
Pommern	672	168	25
Hannover	3 159	1 000	32
Schleswig-Holstein . .	1 786	438[1])	25
Hessen-Nassau . . .	130	101	78
Sachsen (Altmark) . .	8	5	63
	22 477	8 747	

Immerhin konnte der Gesammtbestand der Remonten nicht aus Preussen allein beschafft werden. Derselbe betrug 1901 9 443, sodass noch 696 anderen deutschen Staaten entnommen werden mussten. (467 aus Mecklenburg-Schwerin, 137 aus Mecklenburg-Strelitz, 49 aus Oldenburg, der Rest aus Braunschweig, Lübeck, Baden, Elsass-Lothringen.) Der Durchschnittspreis betrug für 1 Remontepferd 1901: 909 M. 60 Pf.

[1]) einschl. 36 schwere kaltblütigen Schlages.

Anlage XXIX.

Einnahmen und Ausgaben
der
landwirthschaftlichen Verwaltung einschliesslich der Centralverwaltung des Ministeriums für Landwirthschaft, Domänen und Forsten für die Etatsjahre **1849, 1859, 1867, 1873, 1876, 1879/80, 1883/84, 1887/88, 1890/91 1892/93** bis **1901.**

Anlage XXIX.

Einnahmen und Ausgaben der landwirthschaftlichen Verwaltung Domänen und Forsten für die Etatsjahre 1849, 1859, 1867, 1873,

1	2	3	4	5
Etatsstelle 1901		Etatspositionen.		
Kap.	Titel		1901 ℳ	1900 ℳ
		Einnahme.		
32.	1.	Kosten und andere Einnahmen bei den Generalkommissionen	495 700	495 700
	2.	Beiträge fremder Regierungen zu den Generalkosten der Auseinandersetzungsbehörden	54 043	54 043
	3.	Einnahmen bei den landwirthschaftlichen Lehranstalten	250 482	226 012
	4.	Einnahmen bei d. thierärztl. Hochschulen u. Veterinärverwaltung	653 556	653 556
	5.	Rückzahlungen und Zinsen von den aus den früheren Meliorationsfonds gewährten Darlehen	268 184	278 514
	6.	Einnahmen bei der Deichverwaltung	12 560	12 560
	6a.	Einnahmen aus fiskalischen Mooren	51 670	—
	7.	Sonstige Einnahmen, einschliesslich aus besonderen Fonds	64 241	71 391
		Summe der Einnahmen	**1 850 436**	**1 791 776**
		A. Dauernde Ausgaben.		
99.		**Ministerium.**		
		Besoldungen.		
	1.	Der Minister (ausserdem freie Dienstwohnung)	36 000	36 000
	2.	Höhere Beamte	334 000	332 000
	3.	Subalternbeamte	281 200	268 700
	4.	Kanzleisekretäre	74 700	71 700
	5.	Unterbeamte	49 740	47 880
	6.	Zu Wohnungsgeldzuschüssen für die Beamten	117 360	113 880
		Andere persönliche Ausgaben.		
	7.	Vergütungen für Hülfsarbeiter sowie für den Treuhänder der Preussischen Central-Bodenkredit-Aktiengesellschaft	118 800	86 500
	8.	Zu ausserordentlichen Remunerationen und Unterstützungen für Kanzlei- und Unterbeamte	5 200	5 200
	8a.	Zu ausserordentlichen Remunerationen für mittlere Beamte	500	500
	8b.	Zu ausserordentl. Unterstützungen f. höhere u. mittlere Beamte	800	800
		Sächliche Ausgaben.		
	9.	Zu Büreaubedürfnissen, Kopialien, Prozesskosten u. s. w.	150 000	120 000
	10.	Zu Tagegeldern, Fuhr- und Versetzungskosten	83 000	80 000
	11.	Zur Unterhaltung der Dienstgebäude und Gärten	18 820	18 820
		Summe Kap. 99	**1 270 120**	**1 181 980**
100.		**Ober-Landeskulturgericht.**		
		Besoldungen.		
	1.	Höhere Beamte	97 200	94 800
	2.	Sekretäre und Kanzlisten	13 350	14 050
	3.	Unterbeamte	3 050	2 950
	4.	Zu Wohnungsgeldzuschüssen für die Beamten	15 060	15 060
		Andere persönliche Ausgaben.		
	5.	Zur Remunerirung von Hülfsarbeitern in Rathsgeschäften	14 000	14 000
	6.	Zur Remun. v. Hülfsarbeitern im Büreau- u. Unterbeamtendienste	2 600	2 600
	7.	Zu ausserordentlichen Remunerationen und Unterstützungen für Büreau-, Kanzlei- und Unterbeamte	600	600
		Sächliche Ausgaben.		
	8.	Zu Büreaubedürfniss., Tagegeld., Fuhr- u. Versetzungskost. u. s.w.	13 400	13 400
		Summe Kap. 100	**159 260**	**157 460**

...einschl. der Centralverwaltung des Ministeriums für Landwirthschaft,
...1876, 1879/80, 1883/84, 1887/88, 1890/91, 1892/93 bis 1901.

6	7	8	9	10	11	12	13	Etatsstelle 1901	
Etatsjahr									
1899	1898/99	1897/98	1896/97	1895/96	1894/95	1893/94	1892/93	Kap.	Titel
ℳ	ℳ	ℳ	ℳ	ℳ	ℳ	ℳ	ℳ		
687 700	687 700	687 700	687 700	687 700	701 100	701 100	739 100	32.	1.
54 043	47 808	48 108	49 208	46 036	55 361	57 780	57 980		2.
223 455	219 765	209 594	187 693	187 693	179 731	131 025	126 385		3.
633 160	633 160	630 560	626 880	626 780	171 780	168 650	168 650		4.
273 046	245 724	254 755	256 189	326 919	313 541	295 170	310 389		5.
12 560	12 629	12 629	12 629	12 629	12 629	10 029	10 436		6.
—	—	—	—	—	—	—	—		6a.
48 200	48 200	48 200	47 800	47 800	45 150	45 150	59 500		7.
1 932 164	**1 894 986**	**1 891 546**	**1 868 099**	**1 935 557**	**1 479 292**	**1 408 904**	**1 472 440**		
								99.	
36 000	36 000	36 000	36 000	36 000	36 000	36 000	36 000		1.
306 700	295 000	277 200	275 100	266 100	256 800	256 800	110 700		2.
259 200	260 700	238 600	239 400	235 400	231 800	215 400	86 400		3.
72 700	69 100	65 500	64 900	64 600	64 100	61 400	30 800		4.
44 600	43 160	41 860	41 260	37 340	35 880	33 180	19 200		5.
108 540	103 620	99 540	98 640	94 620	93 420	91 140	40 080		6.
94 000	56 500	56 500	56 500	60 600	60 600	62 800	38 950		7.
4 800	4 800	} 6 500	6 500	6 500	6 500	6 500	3 200		8.
500	500								8a.
1 200	1 200								8b.
120 000	76 467	75 770	75 770	71 670	71 670	77 400	49 200		9.
80 000	62 000	62 000	62 000	62 000	62 000	62 000	37 000		10.
18 820	18 820	16 700	16 700	16 700	16 700	16 700	10 000		11.
1 147 060	**1 027 867**	**976 170**	**927 770**	**951 530**	**935 470**	**919 320**	**461 530**		
								100.	
94 800	96 000	78 900	80 700	80 400	80 400	80 400	80 400		1.
13 650	13 350	15 150	15 550	15 300	15 100	14 700	14 700		2.
2 810	2 810	2 760	2 760	2 760	2 710	2 710	2 600		3.
15 060	15 060	15 600	15 600	15 600	15 600	15 600	15 600		4.
14 000	14 000	14 000	14 000	14 000	14 000	14 000	14 000		5.
2 600	2 600	2 600	2 600	3 000	3 000	3 000	3 000		6.
600	600	600	600	600	600	600	600		7.
13 400	7 400	7 400	7 400	7 000	7 000	7 405	7 405		8.
156 920	**151 820**	**137 010**	**139 210**	**138 660**	**138 410**	**138 415**	**138 305**		

Noch: Anlage XXIX.

Noch: Einnahmen und Ausgaben der landwirthschaftlichen Verwaltung einschliesslich der Etatsjahre 1849, 1859, 1867, 1873, 1876, 1879/80,

1	2	3	14	15
Etatsstelle 1901 Kap.	Titel	Etatspositionen.	1890/91 ℳ	1887/88 ℳ
		Einnahme.		
32.	1.	Kosten und andere Einnahmen bei den Generalkommissionen	710 100	1 161 230
	2.	Beiträge fremder Regierungen zu den Generalkosten der Auseinandersetzungsbehörden	57 880	49 330
	3.	Einnahmen bei den landwirthschaftlichen Lehranstalten	104 156	103 410
	4.	Einnahmen bei d. thierärztl Hochschulen u. Veterinärverwaltung	138 110	126 671
	5.	Rückzahlungen und Zinsen von den aus den früheren Meliorationsfonds gewährten Darlehen	372 138	334 482
	6.	Einnahmen bei der Deichverwaltung	12 436	13 021
	[1]) 6a.			[1]) 75 065
	7.	Sonstige Einnahmen, einschliesslich aus besonderen Fonds	56 000	36 795
		Summe der Einnahmen	**1 450 720**	**1 900 004**
			[2]) *150*	[2]) *9 540*
		A. Dauernde Ausgaben.		
99.		**Ministerium.**		
		Besoldungen.		
	1.	Der Minister (ausserdem freie Dienstwohnung)	36 000	36 000
	2.	Höhere Beamte	100 500	91 500
	3.	Subalternbeamte	81 000	76 800
	4.	Kanzleisekretäre	22 950	22 950
	5.	Unterbeamte	16 500	16 500
	6.	Zu Wohnungsgeldzuschüssen für die Beamten	36 660	34 320
		Andere persönliche Ausgaben.		
	7.	Vergütungen für Hülfsarbeiter sowie für den Treuhänder der Preussischen Central-Bodenkredit-Aktiengesellschaft	42 250	42 250
	8.	Zu ausserordentlichen Remunerationen und Unterstützungen für Kanzlei- und Unterbeamte	3 200	2 100
	8a.	Zu ausserordentlichen Remunerationen für mittlere Beamte		
	8b.	Zu ausserordentl. Unterstützungen f. höhere u. mittlere Beamte		
		Sächliche Ausgaben.		
	9.	Zu Büreaubedürfnissen, Kopialien, Prozesskosten u. s. w.	49 200	42 200
	10.	Zu Tagegeldern, Fuhr- und Versetzungskosten	37 000	45 750
	11.	Zur Unterhaltung der Dienstgebäude und Gärten	8 400	8 400
		Summe Kap. 99	**433 660**	**418 770**
100.		**Ober-Landeskulturgericht.**		
		Besoldungen.		
	1.	Höhere Beamte	80 400	80 400
	2.	Sekretäre und Kanzlisten	14 100	14 100
	3.	Unterbeamte	2 400	2 400
	4.	Zu Wohnungsgeldzuschüssen für die Beamten	15 600	15 600
		Andere persönliche Ausgaben.		
	5.	Zur Remunerirung von Hülfsarbeitern in Rathsgeschäften	14 000	14 000
	6.	Zur Remun. v. Hülfsarbeitern im Büreau- u. Unterbeamtendienste	3 000	3 000
	7.	Zu ausserordentlichen Remunerationen und Unterstützungen für Büreau-, Kanzlei- und Unterbeamte	600	600
		Sächliche Ausgaben.		
	8.	Zu Büreaubedürfniss., Tagegeld., Fuhr- u. Versetzungskost. u. s. w.	7 405	7 405
		Summe Kap. 100	**137 505**	**137 505**

[1]) Der Titel 6a dieser Jahre bezog sich auf Einnahmen, welche nur vorübergehend auf dem bis Anfang der 90er Jahre bestehenden Spezialetats der Centralverwaltung der Domänen u. Forsten. — [4]) Darunter — später weggefallene — 12 000 ℳ Diäten und Reisekosten für das Landesökonomie-

Centralverwaltung des Ministeriums für Landwirthschaft, Domänen und Forsten für die 1883/84, 1887/88, 1890/91, 1892/93 bis 1901.

16	17	18	19	20	21	22	23	Etatsstelle 1901	
Etatsjahr									
1883/84	1879/80	1876	1873	1867 alte Prov.	1867 neue Prov.	1859	1849	Kap.	Titel
M	*M*	*M*	*M*	*M*	*M*	*M*	*M*		
1 714 385	1 685 185	1 706 925	1 699 509	1 850 145	—	3 124 164	2 759 067 (Tit. 1–2)	32.	1.
21 500	19 500	16 500	10 500	6 000	—	7 800			2.
105 057	336 788	101 236	108 381	—	—	—	—		3.
114 500	100 300	96 897	81 960	—	—	—	—		4.
328 530	330 000	210 000	180 000	1 040	—	—	—		5.
11 225	11 833	8 724	—	—	—	590	—		6.
1) 69 472		1) 618	1) 2 195						1) 6a.
39 331	14 394	3 100	1 856	—	—	18 029	—		7.
2 404 000	**2 498 000**	**2 155 000**	**2 084 401**	**1 857 185**	—	**3 150 583**	**2 759 067**		
2) *9 440*	3) —	3) —	3) —	3) —	3) —	2) *5 651*	2) *5 289*		
								99.	
36 000	36 000	36 000	36 000	138 000 (Tit. 1–6)	—	30 000	83 820 (Tit. 1–6)		1.
90 900	84 600	83 400	88 300			35 877			2.
72 600	67 200	62 400	58 200			31 200			3.
22 950	20 400	17 850	19 500			6 300			4.
15 150	13 800	12 450	12 300			5 100			5.
33 180	30 600	29 760	—			—			6.
41 650	25 000	19 650	20 700	14 400 (Tit. 7–8b)	—	6 720	3 000 (Tit. 7–8b)		7.
2 100	2 100	2 100	2 100			1 500 (Tit. 8–8b)			8. 8a. 8b.
40 000	22 200	22 200	18 600	26 100 (Tit. 9–11)	1 410	9 600	19 200		9.
45 750	45 750	45 750	36 600			6 000	9 000		10.
10 600	8 400	8 400	6 000			1 500	31 200		11.
410 880	**356 050**	**339 960**	**288 300**	**178 500**	**1 410**	5) **161 922**	6) **145 845**		
				4) **191 910**					
								100.	
80 400	80 400	80 400	73 500	**87 120** (Tit. 1–8)	**4 500**	53 700	**73 500** (Tit. 1–8)		1.
14 100	14 100	14 100	13 500			5 400			2.
2 400	2 400	2 400	2 400			3 300			3.
16 380	16 380	16 380	—			1 800			4.
14 000	6 000	6 000	10 200			8 400			5.
3 000	3 000	3 000	3 210			3 600			6.
600	600	600	600			300			7.
5 550	4 420	6 240	6 720			3 780			8.
136 430	**127 300**	**129 120**	**110 130**	**91 620**		**80 280**			

landw. Etat gestanden haben und welche später weggefallen sind. — 2) Dies sind die Zahlen des
3) In diesen Jahren stand die Centralverw. d. Domänen u. Forsten auf d. Etat d. Finanzministeriums. —
Kollegium. — 5) Darunter 28 125 *M* Kosten für das Landesökonomie-Kolleg. — 6) Desgl. 30 825 *M*

Noch: Anlage XXIX.

Noch: Einnahmen und Ausgaben der landwirthschaftlichen Verwaltung einschliesslich der Etatsjahre 1849, 1859, 1867, 1873, 1876, 1879/80,

1	2	3	4	5
Etatsstelle 1901				
Kap.	Titel	Etatspositionen.	1901 ℳ	1900 ℳ
101.		**Generalkommissionen.**		
		Besoldungen.		
	1.	Höhere Beamte	514 500	510 300
	2.	Sekretäre und Kanzlisten	914 750	901 350
	2a.	Vermessungsinspektoren	64 700	58 100
	3.	Unterbeamte	34 980	34 140
	4.	Spezial- (Oekonomie-) Kommissare	294 000	266 700
	5.	Vermessungsbeamte, Wiesenbaumeister bezw. Meliorationstechniker, Zeichner	1 807 250	1 719 300
	6.	Spezialkommissare a. d. Klasse d. Regierungsräthe u. Assessoren	242 800	235 700
	7.	Zu Wohnungsgeldzuschüssen für die Beamten	467 076	456 756
		Andere persönliche Ausgaben.		
	8.	Zur Remunerirung von ausseretatsmässigen Mitgliedern und Hülfsarbeitern der Kollegien	42 000	42 000
	9.	Zur Remunerirung von nicht dauernd beschäftigten Spezialkommissaren, von Assessoren und Landwirthen u. s. w., welche sich für die Funktionen eines Spezialkommissars vorbereiten, von Vermessungsbeamten, von Hülfszeichnern bezw. Meliorationstechnikern und Wiesenbaumeistern, sowie von Sachverständigen, ferner 31 000 ℳ zur Wahrnehmung der Aufsichtsthätigkeit in den Vermessungsbüreaus	1 332 515	947 320
	10.	Zur Remunerirung von Hülfsarbeitern im Büreau-, Kanzlei- und Unterbeamtendienste, zu Remunerationen für die mit der unmittelbaren Einziehung der Auseinandersetzungskosten beauftragten Rentmeister und Vollziehungsbeamten und zu sonstigen Entschädigungen	233 250	233 250
	11.	Zu ausserordentlichen Remunerationen und Unterstützungen für Zeichner bezw. Meliorations- und Wiesenbautechniker und für Kanzlei- und Unterbeamte	9 000	9 000
	11a	Zu ausserord Remun. f. Spezialkommissare u mittlere Beamte	14 800	14 800
	11b	Zu ausserordentl Unterstützungen f. höhere u. mittlere Beamte	23 500	23 500
	11c.	Landmesserunterstützungsfonds der Generalkomm. in Merseburg	3 000	3 000
		Sächliche Ausgaben.		
	12.	Zu Büreaubedürfnissen und zu Kopialien, ferner zur Remunerirung von Rechengehülfen und nicht dauernd beschäftigten Technikern und zu Stellvertretungskosten für erkrankte Unterbeamte der Generalkommissionen, zu Rechengehülfen-, Schreib- u. Botengebühren, Packetträgerlohn u. Emballagekosten der Spezialkommissare und Vermessungsbeamten, welche eine fixirte Büreau- bezw. Amtskosten-Entschädigung nicht beziehen, und der Sachverständigen, sowie zu sonstigen im Interesse der Geschäfte erforderl. baaren Auslagen etc.	463 400	500 000
	12a.	Zu fixirten Büreaukostenentschädigungen d. Spezialkommissare	399 600	353 800
	12b.	Zu fixirten Amtskostenentschädigungen d. Vermessungsbeamten	330 750	270 000
	12c.	Zur Unterhaltung der Gebäude und Gärten	5 800	5 800
	13	Zu Tagegeldern, Fuhr- und Versetzungskosten; zu Reisezulagen und Reisekosten	1 200 000	1 200 000
	13a.	Zu Tagegeldern, Fuhrkosten und zur Erstattung baarer Auslagen der Spezialkommissare u. s. w. in den im Herzogthum Anhalt anhängigen Auseinandersetzungen	3 000	3 000
	14	Zu vermischten Ausgaben	20 174	20 174

Centralverwaltung des Ministeriums für Landwirthschaft, Domänen und Forsten für die 1883/84, 1887/88, 1890/91, 1892/93 bis 1901.

6	7	8	9	10	11	12	13	Etatsstelle 1901	
Etatsjahr									
1899 ℳ	1898/99 ℳ	1897/98 ℳ	1896/97 ℳ	1895/96 ℳ	1894/95 ℳ	1893/94 ℳ	1892/93 ℳ	Kap.	Titel
								101.	
503 700	491 100	423 300	423 300	423 300	408 900	397 800	382 500		1.
893 750	837 600	702 425	689 500	668 750	661 675	642 375	535 725		2.
52 100	48 300	43 800	43 200	43 200	43 200	43 200	38 400		2a.
33 640	32 120	32 680	29 560	29 020	27 780	28 120	27 500		3.
272 100	274 200	242 300	245 300	255 750	307 050	307 050	307 050		4.
1 621 150	1 601 650	1 398 700	1 378 100	1 380 500	1 373 900	1 378 650	1 185 150		5.
249 000	209 100	164 400	168 000	169 800	132 000	132 000	132 000		6.
437 936	420 742	400 992	400 452	400 452	396 552	389 510	324 070		7.
42 000	42 000	42 000	42 000	42 000	42 000	32 220	32 220		8.
947 320	948 760	378 760	378 760	353 760	353 760	353 760	533 160		9.
158 463	188 563	369 763	371 663	383 343	355 193	315 993	361 649		10.
9 000	9 000								11.
14 800	14 800	47 300	47 300	47 300	47 300	47 300	47 300		11a.
23 500	23 500								11b.
—	—	—	—	—	—	—	—		11c.
461 180	461 180	291 380	266 380	237 000	231 000	250 800	794 000		12.
353 800	329 400	312 320	312 320	312 320	312 320	358 400	—		12a.
270 000	270 000	190 800	190 800	190 800	190 800	190 800	—		12b.
5 800	5 800	4 800	4 800	4 800	4 800	4 800	4 800		12c.
1 000 000	1 000 000	879 500	879 500	879 500	879 500	855 400	852 400		13.
3 000	3 000	3 000	3 000	3 000	3 000	3 000	3 000		13a.
20 174	20 174	20 174	20 174	20 174	20 174	20 174	20 174		14.

Noch: Anlage XXIX.

Noch: Einnahmen und Ausgaben der landwirthschaftlichen Verwaltung einschliesslich der Etatsjahre 1849, 1859, 1867, 1873, 1876, 1879/80,

Etatsstelle 1901 Kap. (1)	Titel (2)	Etatspositionen. (3)	1890/91 ℳ (14)	1887/88 ℳ (15)
101.		**Generalkommissionen.**		
		Besoldungen.		
	1.	Höhere Beamte	382 500	382 500
	2.	Sekretäre und Kanzlisten	447 375	292 200
	2a	Vermessungsinspektoren	25 200	16 800
	3.	Unterbeamte	23 760	22 680
	4	Spezial- (Oekonomie-) Kommissare	307 050	307 050
	5.	Vermessungsbeamte, Wiesenbaumeister bezw. Meliorationstechniker, Zeichner	320 000	320 000
	6.	Spezialkommissare a. d. Klasse d. Regierungsräthe u. Assessoren	132 000	132 000
	7.	Zu Wohnungsgeldzuschüssen für die Beamten	254 628	219 276
		Andere persönliche Ausgaben.		
	8.	Zur Remunerirung von ausseretatsmässigen Mitgliedern und Hülfsarbeitern der Kollegien	32 220	47 220
	9.	Zur Remunerirung von nicht dauernd beschäftigten Spezialkommissaren, von Assessoren und Landwirthen u. s. w., welche sich für die Funktionen eines Spezialkommissars vorbereiten, von Vermessungsbeamten, von Hülfszeichnern bezw Meliorationstechnikern und Wiesenbaumeistern, sowie von Sachverständigen, ferner 31 000 ℳ zur Wahrnehmung der Aufsichtsthätigkeit in den Vermessungsbüreaus	1 294 230	1 229 450
	10.	Zur Remunerirung von Hülfsarbeitern im Büreau-, Kanzlei- und Unterbeamtendienste, zu Remunerationen für die mit der unmittelbaren Einziehung der Auseinandersetzungskosten beauftragten Rentmeister und Vollziehungsbeamten und zu sonstigen Entschädigungen	256 300	260 800
	11.	Zu ausserordentlichen Remunerationen und Unterstützungen für Zeichner bezw. Meliorations- und Wiesenbautechniker und für Kanzlei- und Unterbeamte	} 47 300	47 300
	11a.	Zu ausserord. Remun. f. Spezialkommissare u. mittlere Beamte		
	11b.	Zu ausserordentl. Unterstützungen f. höhere u. mittlere Beamte		
	11c.	Landmesserunterstützungsfonds der Generalkomm. in Merseburg	—	—
		Sächliche Ausgaben.		
	12.	Zu Büreaubedürfnissen und zu Kopialien, ferner zur Remunerirung von Rechengehülfen und nicht dauernd beschäftigten Technikern und zu Stellvertretungskosten für erkrankte Unterbeamte der Generalkommissionen, zu Rechengehülfen-, Schreib- u. Botengebühren, Packetträgerlohn u. Emballagekosten der Spezialkommissare und Vermessungsbeamten, welche eine fixirte Büreau- bezw. Amtskosten-Entschädigung nicht beziehen, und der Sachverständigen, sowie zu sonstigen im Interesse der Geschäfte erforderl. baaren Auslagen etc	571 092	552 850
	12a.	Zu fixirten Büreaukostenentschädigungen d. Spezialkommissare	—	—
	12b.	Zu fixirten Amtskostenentschädigungen d. Vermessungsbeamten	—	—
	12c.	Zur Unterhaltung der Gebäude und Gärten	4 800	4 800
	13.	Zu Tagegeldern, Fuhr- und Versetzungskosten; zu Reisezulagen und Reisekosten	777 940	737 500
	13a.	Zu Tagegeldern, Fuhrkosten und zur Erstattung baarer Auslagen der Spezialkommissare u. s. w. in den im Herzogthum Anhalt anhängigen Auseinandersetzungen	3 000	3 000
	14.	Zu vermischten Ausgaben	20 174	20 174

[1]) Von 1873 an und zurück waren die Besoldungsverhältnisse der Beamten an den Spezial- Gegenüberstellung der einzelnen Titel des Kap. 101 nicht möglich ist. — [2]) Die General- Ausgaben an dieser Stelle um 87 900 ℳ erhöhten. — [3]) Fixirte Diäten der Spezialkommissionen

Centralverwaltung des Ministeriums für Landwirthschaft, Domänen und Forsten für die 1883/84, 1887/88, 1890/91, 1892/93 bis 1901.

16	17	18	19	20	21	22	23	Etatsstelle 1901	
Etatsjahr									
1883/84	1879/80	1876	1873 [1])	1867 alte Prov.	1867 neue Prov.	1859	1849	Kap.	Titel
ℳ	ℳ	ℳ	ℳ	ℳ	ℳ	ℳ	ℳ		
								101.	
355 800	350 700	350 700	356 100	[2]) 510 765	—	243 600	—		1.
271 350	256 200	260 625	226 575		—	194 775	—		2.
8 400	—	—	—		—	—	—		2a.
20 265	19 185	20 010	21 915	—	—	10 860	—		3.
345 000	220 800	220 800	170 364	[3]) 161 794	[3]) 113 847	[3]) 221 648	—		4.
41 950	102 900	102 900	106 923	s. Tit. 9.	s. Tit. 9	s. Tit. 9.	—		5.
102 300	102 300	97 650	—				—		6.
169 512	159 024	164 568	—				—		7.
45 480	45 480	61 200	55 380				—		8.
983 029	910 549	862 120					—		9.
				142 215	14 787	243 677			
155 155	120 100	119 260	180 645				—		10.
							—		11.
45 500	44 000	44 000					—		11a.
							—		11b.
—	—	—					—		11c.
494 480	406 936	415 050	71 168	79 500	851	72 480	—		12.
—	—	—				—	—		12a.
—	—	—				—	—		12b.
—	—	—				—	—		12c.
643 974	639 374	591 344	1 632 027	1 512 506		2 633 247 [4]) 20 100	—		13.
17 000	—	—					—		13a.
20 850	20 910	19 910	5 370		—	915	—		14.

kommissionen u. s w. so verschiedenartig von dem späteren Zustand geregelt, dass eine zutreffende kommissionen zu Hannover und Cassel wurden erst 1868 errichtet, wodurch sich für 1868 die u. s. w. — [4]) Diäten und Reisekosten für die Departementsräthe.

Noch: Anlage XXIX.

Noch: Einnahmen und Ausgaben der landwirthschaftlichen Verwaltung einschliesslich de[r]
Etatsjahre 1849, 1859, 1867, 1873, 1876, 1879/80,

1	2	3	4	5
Etatsstelle 1901		Etatspositionen.	1901	1900
Kap.	Titel		*M*	*M*
(101.)		Sonstige Ausgaben.		
	15.	Zur Gewährung von Beihülfen zu den Folge-Einrichtungskosten bei den Auseinandersetzungsgeschäften	380 000	380 000
	15a.	Zur Gewährung von Beihülfen zu den Folge-Einrichtungskosten bei den Rentengutsbildungen und zu Entschädigungen für die bei der Beaufsichtigung mitwirkenden Vertrauensmänner	198 000	198 000
	15b.	Zur Verhütung v. Verlusten der Rentenbanken bei Rentengütern	20 000	20 000
	16.	Zur Disposition der Präsidenten der Generalkommissionen	950	950
		Summe Kap. 101	**9 019 795**	**8 406 040**
101a		**Banktechnischer Revisor.**		
	1.	1 Bankinspektor mit einem Einheitsgehalte bis höchstens 6000 *M*	6 000	6 000
	2.	Wohnungsgeldzuschuss für den Beamten Tit. 1	900	900
	3	Zu Tagegeldern und Fuhrkosten	4 000	4 000
		Summe Kap. 101a	**10 900**	**10 900**
102.		**Landwirthschaftliche Lehranstalten und sonstige wissenschaftliche und Lehrzwecke.**		
		Besoldungen		
	1.	Landwirthschaftliche Hochschule in Berlin	137 440	129 380
	2.	Fällt aus		
	3	Landwirthschaftliche Akademie zu Poppelsdorf	73 120	72 060
	4.	Pomologische Institute in Proskau und Geisenheim u. Landesbaumschule in Engers	56 700	56 000
	5	Fällt aus		
	6.	Zu Wohnungsgeldzuschüssen für Lehrer und Beamte	25 632	24 132
		Andere persönliche Ausgaben		
	7.	Antheile der Dozenten an den Kollegiengeldern, Antheil des Rektors der landw Hochschule in Berlin an den Einschreibegebühren, ferner zur Zahlung von Tantièmen an die Techniker u.s w der Versuchsstationen in Geisenheim für Abhaltung v. Spezialkursen u. für Untersuchung auf Antrag Privater u s.w.	38 020	38 020
	8	Zur Remunerirung von Hülfslehrern und Hülfsbeamten u. s. w.	93 590	83 690
	9	Fällt aus.		
	9a	Zur Remun. der Mitglieder der Ober-Prüfungs- u. der Prüfungskommissionen für Landmesser u. Kulturtechniker, Landwirthschaftslehrer u. für Landwirthe u. zu Entschädigungen für die bei diesen Prüfungen thätig gewesenen Beamten	5 980	5 980
	10.	Zu ausserord. Remun. f. mittl. u. untere Beamte u zu Unterstütz.	3 150	3 150
		Sächliche Ausgaben.		
	11.	Zu Lehrmitteln und zur Vermehrung der Sammlungen u s. w.	80 270	74 550
	12.	Zu den Kosten der Feuerung und Beleuchtung u s w., zu Wirthschafts- und Betriebskosten u. s. w.	194 067	167 427
	13.	Zur Unterhaltung der Gebäude und Gärten	29 450	27 000
		Sonstige Ausgaben		
	14.	Vermischte Ausg., einschl. zu Tagegeld., Fuhr- u Versetzungsk.	23 310	21 910
	15.	Zu Beihülf. zur Erricht u. Unterhalt. von landw. Mittelschulen	432 800	432 800
	15a.	Zur Regelung d. Versorg. d. Hinterbl v. Lehrern etc. dies Schul.	12 000	12 000
	15b.	Zur Gewährung von Zuschüssen für ländliche Fortbildungsschulen und zu ländlichen Fortbildungskursen	90 000	90 000
	16.	Dispositionsfonds zu wissenschaftlichen und Lehrzwecken	333 000	333 000
		Summe Kap. 102	**1 628 529**	**1 571 009**

[1]) Agrikultur-chemische Station Wiesbaden.

Centralverwaltung des Ministeriums für Landwirthschaft, Domänen und Forsten für die 1883/84, 1887/88, 1890/91, 1892/93 bis 1901.

6	7	8	9	10	11	12	13	Etatsstelle 1901	
Etatsjahr									
1899 ℳ	1898/99 ℳ	1897/98 ℳ	1896/97 ℳ	1895/96 ℳ	1894/95 ℳ	1893/94 ℳ	1892/93 ℳ	Kap.	Titel
								(101.)	
380 000	355 000	325 000	300 000	250 000	280 000	250 000	250 000		15.
190 000	200 000	180 000	150 000	120 000	—	—	—		15a.
20 000	—	—	—	—	—	—	—		15b.
950	950	950	950	950	925	925	925		16.
7 963 363	**7 786 939**	**6 454 344**	**6 345 059**	**6 215 719**	**6 071 829**	**6 002 277**	**5 832 023**		
								101a	
—	—	—	—	—	—	—	—		1.
—	—	—	—	—	—	—	—		2.
—	—	—	—	—	—	—	—		3.
—	—	—	—	—	—	—	—		
								102.	
127 740	127 560	118 360	115 880	114 500	113 300	109 500	109 080		1.
									2.
70 600	71 000	64 400	63 100	62 700	62 600	56 650	57 990		3.
56 720	53 320	45 570	45 890	43 290	42 790	39 610	36 070		4.
							¹) 3 600		
									5.
24 132	23 952	23 952	23 364	22 848	22 716	21 228	21 228		6.
37 920	37 060	33 660	28 335	28 335	28 335	1 880	1 650		7.
79 940	77 940	80 330	77 890	76 840	76 340	78 280	78 280		8.
									9.
5 980	5 980	4 980	3 600	3 600	3 050	2 150	2 150		9a.
3 150	3 150	3 150	3 150	3 150	3 150	3 150	3 150		10.
72 950	68 550	65 350	64 590	64 590	64 050	64 050	64 050		11.
160 800	156 200	149 842	146 492	145 892	139 500	133 511	129 686		12.
26 820	26 820	26 820	26 820	24 320	24 320	24 320	22 320		13.
20 925	20 925	18 290	17 640	17 865	16 300	15 118	14 893		14.
432 800	411 100	341 100	338 300	332 300	332 300	322 300	277 300		15.
12 000	12 000	12 000	12 000	12 000	12 000	—	—		15a.
90 000	50 000	50 000	36 000	36 000	—	—	—		15b.
288 000	278 000	278 000	278 000	278 000	278 000	278 000	278 000		16.
1 510 477	**1 423 557**	**1 315 804**	**1 281 051**	**1 266 230**	**1 218 751**	**1 149 747**	**1 099 447**		

Noch: Anlage XXIX.

Noch: Einnahmen und Ausgaben der landwirthschaftlichen Verwaltung einschliesslich der
Etatsjahre 1849, 1859, 1867, 1873, 1876, 1879/80,

1	2	3	14	15
Etatsstelle 1901		Etatspositionen.	1890/91	1887/88
Kap.	Titel		ℳ	ℳ
(101.)		Sonstige Ausgaben.		
	15.	Zur Gewährung von Beihülfen zu den Folge-Einrichtungskosten bei den Auseinandersetzungsgeschäften	250 000	150 000
	15a.	Zur Gewährung von Beihülfen zu den Folge-Einrichtungskosten bei den Rentengutsbildungen und zu Entschädigungen für die bei der Beaufsichtigung mitwirkenden Vertrauensmänner	—	—
	15b.	Zur Verhütung v. Verlusten der Rentenbanken bei Rentengütern	—	—
	16.	Zur Disposition der Präsidenten der Generalkommissionen . .	925	925
		Summe Kap. 101 . . .	**5 150 494**	**4 746 525**
101a.		**Banktechnischer Revisor.**		
	1.	1 Bankinspektor mit einem Einheitsgehalte bis höchstens 6000 ℳ	—	—
	2.	Wohnungsgeldzuschuss für den Beamten Tit. 1	—	—
	3.	Zu Tagegeldern und Fuhrkosten	—	—
		Summe Kap. 101a . . .	—	—
102.		**Landwirthschaftliche Lehranstalten und sonstige wissenschaftliche und Lehrzwecke.**		
		Besoldungen.		
	1.	Landwirthschaftliche Hochschule in Berlin	96 150	89 550
	2.	Fällt aus.		
	3.	Landwirthschaftliche Akademie zu Poppelsdorf	52 365	50 025
	4.	Pomologische Institute in Proskau und Geisenheim u. Landesbaumschule in Engers	28 780	27 050
	5.	Fällt aus.	⁹) 3 600	⁹) 3 600
	6.	Zu Wohnungsgeldzuschüssen für Lehrer und Beamte	18 732	16 428
		Andere persönliche Ausgaben.		
	7.	Antheile der Dozenten an den Kollegiengeldern, Antheil des Rektors der landw. Hochschule in Berlin an den Einschreibegebühren, ferner zur Zahlung von Tantièmen an die Techniker u s w der Versuchsstationen in Geisenheim für Abhaltung v. Spezialkursen u. für Untersuchung. auf Antrag Privater u.s.w.	1 000	1 050
	8	Zur Remunerirung von Hülfslehrern und Hülfsbeamten u s w.	87 130	{ 60 520
	9.	Fällt aus.		33 435
	9a.	Zur Remun der Mitglieder der Ober-Prüfungs- u der Prüfungskommissionen für Landmesser u. Kulturtechniker, Landwirthschaftslehrer u für Landwirthe u. zu Entschädigungen für die bei diesen Prüfungen thätig gewesenen Beamten	660	450
	10.	Zu ausserord. Remun. f. mittl u. untere Beamte u. zu Unterstütz.	3 150	3 150
		Sächliche Ausgaben.		
	11.	Zu Lehrmitteln und zur Vermehrung der Sammlungen u. s. w.	59 050	58 140
	12.	Zu den Kosten der Feuerung und Beleuchtung u. s. w., zu Wirthschafts- und Betriebskosten u s w.	108 887	107 776
	13.	Zur Unterhaltung der Gebäude und Gärten	21 520	18 800
		Sonstige Ausgaben.		
	14.	Vermischt. Ausg., einschl zu Tagegeld, Fuhr- u. Versetzungsk.	14 893	14 593
	15.	Zu Beihülf. zur Erricht. u. Unterhalt. von landw. Mittelschulen	277 300	267 300
	15a.	Zur Regelung d. Versorg d Hinterbl v. Lehrern etc dies Schul	—	—
	15b.	Zur Gewährung von Zuschüssen für ländliche Fortbildungsschulen und zu ländlichen Fortbildungskursen	—	—
	16.	Dispositionsfonds zu wissenschaftlichen und Lehrzwecken . .	278 000	237 800
		Summe Kap. 102 . . .	**1 051 217**	**989 667**

¹) von 1873—1883 andere Titelbezeichnung. — ²) s. Anm. 2 auf S. 166 u. 167. — ³) andere Titelbezeichnung. —
(Institut) u. 6 300 ℳ (Museum). — ⁶) Hofgeisberg. — ⁷) Hofgeisberg u. Ebstorf. — ⁸) von 1879/80 u. zurück andere
allgemeine wissenschaftliche und gemeinnützige Vereine und Zwecke u. s. w.

Centralverwaltung des Ministeriums für Landwirthschaft, Domänen und Forsten für die 1883/84, 1887/88, 1890/91, 1892/93 bis 1901.

16	17	18	19	20	21	22	23	Etatsstelle 1901	
Etatsjahr									
1883/84	1879/80	1876	1873	1867 alte Prov.	1867 neue Prov.	1859	1840	Kap.	Titel
ℳ	ℳ	ℳ	ℳ	ℳ	ℳ	ℳ	ℳ		
								(101.)	
1) 9 000	24 000	21 000	21 000	—	—	—	—		15.
—	—	—	—	—	—	—	—		15a.
—	—	—	—	—	—	—	—		15b.
830	750	750	750	—	—	—	—		16.
3 729 875	**3 423 208**	**3 351 887**	**2 848 247**	**2 406 780**	**129 485**	**2)4 132 449**	**3 143 564**		
								101a.	
—	—	—	—	—	—	—	—		1.
—	—	—	—	—	—	—	—		2.
—	—	—	—	—	—	—	—		3.
				landwirthschaftl. Akademien (einschl. pomologische Institute u. s. w.)				102.	
86 400	3) 23 775	4) 52 998	5) 45 540						1.
Akad. Proskau	58 225	57 150	57 450						2.
51 150	32 475	31 875	31 425						3.
		6) 1 880	7) 21 480						
23 925	21 750	19 365	8) 18 423						4.
9) 3 600	9) 3 600	9) 3 600	9) 3 600						5.
14 988	8 280	9 804	—						6.
750	4 700	5 488	6 438	110 913	—	77 223	30 000		7.
57 820	50 000	55 505	43 605						8.
33 105	24 000	29 045	20 235						9.
—	—	—	—						9a.
3 000	3 000	3 000	1 590						10.
50 640	46 195	55 120	48 600						11.
94 712	318 380	60 141	43 434						12.
20 384	24 800	33 672	34 704						13.
20 343	12 449	30 863	27 867						14.
267 300	252 300	172 000	178 050	niedere landw. Lehranstalten					15.
—	—	—	—						15a.
				—	—	60 000	60 000		
—	—	—	—	79 500	26 529	10) 17 325	10) 30 000		15b.
197 800	180 000	165 000	85 395	11)167175	11)135 132	11)107 775	11)107 775		16.
925 917	**1 063 929**	**796 503**	**674 136**	**357 588**	**161 661**	**262 323**	**227 775**		

4) davon Eldena 30 120 ℳ, Berlin 16 575 ℳ (Institut) u. 6 300 ℳ (Museum). — 5) davon Eldena 29 220 ℳ, Berlin 16 320 ℳ Titelbezeichnung. — 9) Agrikultur-chemisches Institut Wiesbaden. — 10) Für bäuerliche Musteranstalten. — 11) Für

Noch: Anlage XXIX.

Noch: Einnahmen und Ausgaben der landwirthschaftlichen Verwaltung einschliesslich der Etatsjahre 1849, 1859, 1867, 1873, 1876, 1879/80,

1	2	3	4	5
Etatsstelle 1901 Kap.	Titel	Etatspositionen.	1901 M	1900 M
103.		**Thierärztliche Hochschulen und Veterinärwesen.**		
		A. Thierärztliche Hochschulen.		
		Besoldungen		
	1.	Thierärztliche Hochschule in Berlin	84 600	83 060
	2.	Thierärztliche Hochschule in Hannover	58 650	56 280
		Zu Tit. 1 und 2. Die Lehrer beider thierärztl. Hochschulen beziehen ausserdem 1/4 der Studienhonorare, jedoch nicht über 1500 M.		
	3.	Zu Wohnungsgeldzuschüssen für Lehrer und Beamte	6 612	7 152
		Andere persönliche Ausgaben.		
	4.	Zur Remunerirung von Hülfslehrern und Hülfsbeamten u. s. w.	27 250	27 700
	5.	Fällt aus.		
	6.	Antheile der Lehrer der thierärztlichen Hochschulen in Berlin und Hannover an den Studienhonoraren, zur Remunerirung der Mitglieder der Kommissionen für die Staatsprüfungen, der Mitglieder der technischen Deputation für das Veterinärwesen und der Lehrer an den thierärztl. Hochschulen für die Abgabe technisch. Gutachten in Rechtsangelegenheiten u s w.	40 940	40 940
		Sächliche Ausgaben.		
	7.	Zu Lehrmitteln und zur Vermehrung der Sammlungen	26 660	25 660
	8.	Zu Betriebs- u. Unterhaltungskost., einschl. der Abgaben u. Lasten	140 380	138 530
	9.	Zur Unterhaltung der Gebäude und Gärten	17 800	17 800
		Sonstige Ausgaben.		
	10.	Zu vermischten Ausgaben, einschliesslich der Tagegelder, Fuhr- und Versetzungskosten	7 350	7 150
	11.	Zu Stipendien	15 700	15 200
		Summe A. Für thierärztliche Hochschulen	*425 942*	*419 472*
		B. Veterinärwesen.		
		Besoldungen.		
	12.	Departementsthierärzte, Kreisthierärzte u s w.	426 500	422 500
	13.	Zu Wohnungsgeldzuschüssen für Veterinärbeamte	19 980	19 440
		Andere persönliche Ausgaben.		
	14.	Zur Remunerirung der techn. Deputation für das Veterinärwesen	7 800	7 800
	15.	Zu Remunerationen und Tagegeldern für die beamteten Thierärzte, die Polizeithierärzte und Hülfspolizeithierärzte in Berlin, zu Remunerationen für die Wahrnehmung der veterinärpolizeilichen Grenzkontrole, zu Stellenzulagen	183 100	160 500
		Sonstige Ausgaben.		
	16.	Für veterinärpolizeiliche Zwecke	148 857	148 857
	16a.	Zur wissenschaftlichen Erforschung von Thierkrankheiten und für Versuche zu deren Bekämpfung	80 000	80 000
		Summe B. Veterinärwesen	*866 237*	*839 097*
		C. Allgemeine Ausgaben.		
	17.	Zu ausserordentl. Remuneration. u Unterstützung. f. Unterbeamte	800	800
	17a.	Zu ausserordentlichen Remunerationen für nicht vollbesoldete Departementsthierärzte und mittlere Beamte	2 500	2 500
	17b.	Zu ausserordentl. Unterstützungen für höhere u. mittlere Beamte	2 700	2 700
		Summe C. Allgemeine Ausgaben	*6 000*	*6 000*
		Summe Kap. 103	**1 298 179**	**1 264 569**

Centralverwaltung des Ministeriums für Landwirthschaft, Domänen und Forsten für die 1883/84, 1887/88, 1890/91, 1892/93 bis 1901.

6	7	8	9	10	11	12	13	Etatsstelle 1901	
Etatsjahr									
1899	1898/99	1897/98	1896/97	1895/96	1894/95	1893/94	1892/93	Kap.	Titel
ℳ	ℳ	ℳ	ℳ	ℳ	ℳ	ℳ	ℳ		
								104.	
79 500	74 900	56 820	56 160	55 960	55 760	53 700	53 580		1.
50 990	48 820	40 250	39 750	39 750	37 460	37 760	35 480		2.
7 218	7 284	7 284	7 284	7 284	6 624	6 624	6 192		3.
23 500	21 250	21 065	19 215	18 615	18 915	19 215	19 215		4.
									5.
40 940	40 940	40 440	37 580	37 580	19 560	17 130	17 130		6.
25 360	23 360	23 360	22 400	21 100	20 600	17 600	17 600		7.
130 922	126 750	127 335	126 245	124 775	120 875	119 595	119 595		8.
17 800	17 800	17 800	17 300	17 300	17 300	17 300	17 300		9.
7 150	7 150	7 150	5 830	5 830	5 830	4 370	4 370		10.
15 050	14 900	14 900	13 500	13 500	13 500	10 500	10 500		11.
398 430	*383 154*	*355 004*	*345 264*	*341 694*	*316 424*	*303 794*	*300 962*		
418 900	405 800	370 500	350 400	320 100	317 700	315 300	312 985		12.
19 320	18 000	13 740	9 540	3 960	3 960	3 960	3 960		13.
7 800	7 800	7 800	7 800	7 800	7 800	7 500	7 500		14.
141 000	141 000	121 000	111 000	127 800	109 600	104 600	99 800		15.
148 857	148 857	148 857	150 000	150 000	150 000	150 000	150 000		16.
80 000	—	—	—	—	—	—	—		16a.
815 877	*721 457*	*661 897*	*628 740*	*609 660*	*589 060*	*581 360*	*574 245*		
800	800								17.
2 500	2 500	6 000	6 000	6 000	6 000	6 000	6 000		17a.
2 700	2 700								17b.
6 000	*6 000*	*6 000*	*6 000*	*6 000*	*6 000*	*6 000*	*6 000*		
1 220 307	**1 110 611**	**1 022 901**	**980 004**	**957 354**	**911 484**	**891 154**	**881 207**		

Noch: Anlage XXIX.

Noch: Einnahmen und Ausgaben der landwirthschaftlichen Verwaltung einschliesslich der Etatsjahre 1849, 1859, 1867, 1873, 1876, 1879/80,

1	2	3	14	15
Etatsstelle 1901		Etatspositionen.	1890/91	1887/88
Kap.	Titel		ℳ	ℳ
103.		**Thierärztliche Hochschulen und Veterinärwesen.**		
		A. Thierärztliche Hochschulen.		
		Besoldungen.		
	1.	Thierärztliche Hochschule in Berlin	44 935	47 845
	2.	Thierärztliche Hochschule in Hannover	34 355	33 435
		Zu Tit. 1 und 2. Die Lehrer beider thierärztl. Hochschulen beziehen ausserdem 1/4 der Studienhonorare, jedoch nicht über 1500 ℳ.		
	3.	Zu Wohnungsgeldzuschüssen für Lehrer und Beamte	5 292	6 192
		Andere persönliche Ausgaben.		
	4.	Zur Remunerirung von Hülfslehrern und Hülfsbeamten u. s. w.	17 015	13 625
	5.	Fällt aus.		
	6.	Antheile der Lehrer der thierärztlichen Hochschulen in Berlin und Hannover an den Studienhonoraren, zur Remunerirung der Mitglieder der Kommissionen für die Staatsprüfungen, der Mitglieder der technischen Deputation für das Veterinärwesen und der Lehrer an den thierärztl. Hochschulen für die Abgabe technisch. Gutachten in Rechtsangelegenheiten u s. w	11 600	10 000
		Sächliche Ausgaben.		
	7.	Zu Lehrmitteln und zur Vermehrung der Sammlungen	17 600	17 600
	8.	Zu Betriebs- u. Unterhaltungskost., einschl. der Abgaben u. Lasten	108 422	104 362
	9.	Zur Unterhaltung der Gebäude und Gärten	15 350	15 100
		Sonstige Ausgaben.		
	10.	Zu vermischten Ausgaben, einschliesslich der Tagegelder, Fuhr- und Versetzungskosten	4 640	3 640
	11.	Zu Stipendien	9 000	9 000
		Summe A. Für thierärztliche Hochschulen . . .	*268 209*	*262 799*
		B. Veterinärwesen.		
		Besoldungen.		
	12.	Departementsthierärzte, Kreisthierärzte u. s. w.	308 491	301 291
	13.	Zu Wohnungsgeldzuschüssen für Veterinärbeamte	3 960	3 960
		Andere persönliche Ausgaben.		
	14.	Zur Remunerirung der techn. Deputation für das Veterinärwesen	7 500	6 300
	15.	Zu Remunerationen und Tagegeldern für die beamteten Thierärzte, die Polizeithierärzte und Hülfspolizeithierärzte in Berlin, zu Remunerationen für die Wahrnehmung der veterinärpolizeilichen Grenzkontrole, zu Stellenzulagen . . .	82 400	53 000
		Sonstige Ausgaben.		
	16.	Für veterinärpolizeiliche Zwecke	150 000	128 785
	16a.	Zur wissenschaftlichen Erforschung von Thierkrankheiten und für Versuche zu deren Bekämpfung	—	—
		Summe B. Veterinärwesen . . .	*552 351*	*493 336*
		C. Allgemeine Ausgaben.		
	17.	Zu ausserordentl. Remuneration. u. Unterstützung. f. Unterbeamte		
	17a.	Zu ausserordentlichen Remunerationen für nicht vollbesoldete Departementsthierärzte und mittlere Beamte	6 000	6 000
	17b.	Zu ausserordentl. Unterstützungen für höhere u. mittlere Beamte	Tit.	18 jetzt in
		Summe C. Allgemeine Ausgaben . . .	*6 000*	*6 000*
		Summe Kap. 103 . . .	**826 560**	**762 135**

[1]) Departements- und Kreisthierärzte (persönliche und sächliche Ausgaben im Ganzen).

Centralverwaltung des Ministeriums für Landwirthschaft, Domänen und Forsten für die 1883/84, 1887/88, 1890/91, 1892/93 bis 1901.

16	17	18	19	20	21	22	23	Etatsstelle 1901	
Etatsjahr									
1883/84	1879/80	1876	1873	1867 alte Prov.	1867 neue Prov.	1859	1849	Kap.	Titel
ℳ	ℳ	ℳ	ℳ	ℳ	ℳ	ℳ	ℳ		
								103.	
44 395	44 395	44 145	44 145						1.
30 285	26 535	23 535	20 205						2.
4 632	4 452	4 452	—						3.
12 375	6 625	6 600	2 700						4.
Tit. 5:	1 110	1 100	1 110						5.
				Berlin: 46 718	Hannover: 13 800	Berlin: 46 719	Berlin: 45 969		
3 426	5 233	5 247	3 540						6.
15 000	10 750	2 950	2 250						7.
95 729	97 405	94 075	65 169						8.
15 600	10 400	10 460	9 518						9.
4 130	3 462	3 373	2 442						10.
11 000	11 800	6 000	—						11.
239 172	*222 167*	*201 947*	*151 080*	*46 718*	*13 800*	*46 719*	*45 969*		
				60 518					
289 591	280 498	272 998	267 698						12.
3 960	3 420	3 420	—						13.
6 300	6 300	6 300	—						14.
				[1]) 93 773	[1]) 40 205	[1]) 83 700	[1]) 65 700		
33 000	28 000	26 700	—						15.
129 826	50 000	50 000	38 186						16.
—	—	—	—						16a.
462 677	*368 218*	*359 418*	*305 884*	*93 773*	*40 205*	*83 700*	*65 700*		
									17.
6 000	6 000	4 950	4 950	in A und B enthalten.					17a.
Kap. 107 Tit. 4:	6 000	6 000	3 246						17b.
6 000	*12 000*	*10 950*	*8 196*	—	—	—	—		
707 849	**602 385**	**572 315**	**465 160**	**140 491**	**54 005**	**130 419**	**111 669**		

Noch: Anlage XXIX.

Noch: Einnahmen und Ausgaben der landwirthschaftlichen Verwaltung einschliesslich der Etatsjahre 1849, 1859, 1867, 1873, 1876, 1879/80,

1	2	3	4	5
Etatsstelle 1901 Kap.	Titel	Etatspositionen.	1901 ℳ	1900 ℳ
104.		**Förderung der Viehzucht.**		
	1.	Dispositionsfonds zu Prämien bei Pferderennen	231 000	210 000
	2.	Dispositionsfonds zu Prämien für die Zucht von Hengsten und Stuten im Besitz von Vereinen und Privaten, zu Prämien für den Import von Vollblut-Zuchtpferden, zu Leistungsprüfungen für Halbblutpferde u s. w.	225 000	225 000
	3.	Für Fohlenweiden	3 420	3 420
	3a.	Zur Unterstützung und Förderung der Geflügelzucht	70 000	70 000
	4.	Dispositionsfonds zur Förderung der Zucht anderer landwirthschaftlicher Thiergattungen	340 000	340 000
		Summe Kap. 104	**869 420**	**848 420**
105.		**Förderung der Fischerei.**		
	1.	Besoldungen der etatsmässigen Ober- und Fischmeister	81 850	81 540
	2.	Zu Wohnungsgeldzuschüssen für die Beamten	4 980	4 920
		Andere persönliche Ausgaben.		
	3.	Zur Remun. von Oberfischmeistern im Nebenamte, Fischerei- u. Schonrevieraufsehern, Aufsehern für die im Interesse der Fischerei erricht. Sturmsignalstationen, Bootsleuten, Matrosen und sonst. Dienstpersonal, sowie zu Stellvertretungskosten	82 722	82 497
	4.	Zu ausserordentlichen Remunerationen und Unterstützungen	2 400	2 400
		Sächliche Ausgaben.		
	5.	Zu Dienstaufwands-Entschädigungen für die Fischereibeamten	40 640	39 740
	5a.	Zu Reise- und Versetzungskosten und zu Nachtgeldern	12 800	12 800
		Sonstige Ausgaben		
	6.	Zu vermischten Ausgaben	37 109	33 109
	7.	Für die wissenschaftliche Kommission in Kiel	15 000	15 000
	8.	Zur Hebung der Fischerei überhaupt	118 500	118 500
		Summe Kap. 105	**396 001**	**390 506**
106.		**Landesmeliorationen, Moor-, Deich-, Ufer- u. Dünenwesen.**		
		Besoldungen.		
	1.	Regierungs- und Bauräthe und Meliorations-Bauinspektoren	170 200	153 100
	2.	Wiesenbaumeister, Moor- und Deichvögte, Strom-, Wehr- und Dünenmeister	152 700	132 750
	3.	Zu Wohnungsgeldzuschüssen für die Beamten	47 436	42 096
		Andere persönliche Ausgaben.		
	4.	Zu Stellvertretungskosten, zu Stellenzulagen f. Deichvögte u.s w.	3 375	3 175
	4a.	Zur Remunerirung von Regierungsbaumeistern, welche den Meliorations-Baubeamten als ständige Hülfsarbeiter zugeordnet oder in Behinderungsfällen mit der Vertretung ders. betraut werden, sowie v. Landmessern u. Wiesenbaumeistern	201 060	184 500
	5.	Zu ausserordentl. Remun. für die unmittelbaren u. mittelbaren mittleren und unteren Beamten, sowie zu ausserordentlich. Unterstützungen für diese und für die höheren Beamten	5 500	5 500
		Sächliche Ausgaben.		
	6.	Zu Reise- und Büreaukosten-Entschädigungen, ferner zu Tagegeldern, Reise- und Versetzungskosten der Meliorations-Baubeamten und der ihnen beigegebenen technischen Hülfsarbeiter, zu Tagegeldern für die Deichvögte, Strommeister u s. w., zu Lasten und Abgaben	230 256	210 876
	7.	Zur baul. Unterhalt. von Dienstwohnungen d. Deichvögte u. s. w.	720	720

Centralverwaltung des Ministeriums für Landwirthschaft, Domänen und Forsten für die 1883/84, 1887/88, 1890/91, 1892/93 bis 1901.

6	7	8	9	10	11	12	13	Etatsstelle 1901	
Etatsjahr									
1899	1898/99	1897/98	1896/97	1895/96	1894/95	1893/94	1892/93	Kap.	Titel
ℳ	ℳ	ℳ	ℳ	ℳ	ℳ	ℳ	ℳ		
								104.	
210 000	210 000	210 000	210 000	210 000	210 000	210 000	210 000		1.
205 000	180 000	180 000	180 000	180 000	180 000	180 000	180 000		2.
3 420	3 420	3 420	3 420	3 420	3 420	3 420	3 420		3.
50 000	30 000	—	—	—	—	—	—		3a.
320 000	310 000	310 000	310 000	310 000	310 000	310 000	310 000		4.
788 420	**733 420**	**703 420**	**703 420**	**703 420**	**703 420**	**703 420**	**703 420**		
								105.	
73 280	73 280	69 940	68 400	68 160	65 360	65 220	64 000		1.
4 860	4 860	5 016	5 016	5 016	4 884	5 256	5 256		2.
81 072	80 572	77 802	74 752	69 110	69 010	66 510	66 510		3.
2 400	2 400	2 400	2 400	2 400	2 400	2 400	2 400		4.
39 140	39 140	37 940	37 340	37 040	35 840	35 840	34 840		5.
10 800	10 800	10 800	10 300	10 300	10 300	10 300	10 300		5a.
31 309	26 909	25 769	25 519	21 819	21 819	20 819	20 819		6.
15 000	15 000	15 000	15 000	15 000	15 000	15 000	15 000		7.
117 000	112 000	106 000	94 000	88 000	88 000	85 000	85 000		8.
374 861	**364 961**	**350 667**	**332 727**	**316 845**	**312 613**	**306 345**	**304 125**		
								106.	
142 900	132 700	116 300	105 300	96 900	88 800	78 000	65 400		1.
115 130	105 350	88 060	75 816	69 086	60 986	54 050	48 300		2.
38 616	35 052	30 996	26 676	23 496	20 976	18 036	15 456		3.
3 175	3 175	27 364	27 364	33 148	33 148	33 148	33 148		4.
170 100	154 980	124 740	89 460	67 140	64 260	52 290	59 490		4a.
5 500	5 500	5 500	5 500	4 500	4 500	4 500	4 500		5.
198 836	189 432	140 800	119 780	105 320	98 120	87 060	77 500		6.
720	720	720	720	980	980	830	830		7.

Noch: Anlage XXIX.

Noch: Einnahmen und Ausgaben der landwirthschaftlichen Verwaltung einschliesslich der Etatsjahre 1849, 1859, 1867, 1873, 1876, 1879/80,

1	2	3	14	15
Etatsstelle 1901		Etatspositionen.	1890/91	1887/88
Kap.	Titel		ℳ	ℳ
104.		**Förderung der Viehzucht.**		
	1.	Dispositionsfonds zu Prämien bei Pferderennen	210 000	210 000
	2.	Dispositionsfonds zu Prämien für die Zucht von Hengsten und Stuten im Besitz von Vereinen und Privaten, zu Prämien für den Import von Vollblut-Zuchtpferden, zu Leistungsprüfungen für Halbblutpferde u. s. w.	180 000	155 000
	3.	Für Fohlenweiden	3 420	3 420
	3a.	Zur Unterstützung und Förderung der Geflügelzucht	—	—
	4.	Dispositionsfonds zur Förderung der Zucht anderer landwirthschaftlicher Thiergattungen	310 000	280 000
		Summe Kap. 104 . . .	**703 420**	**648 420**
105.		**Förderung der Fischerei.**		
	1	Besoldungen der etatsmässigen Ober- und Fischmeister . .	55 800	52 800
	2.	Zu Wohnungsgeldzuschüssen für die Beamten	5 100	4 728
		Andere persönliche Ausgaben.		
	3.	Zur Remun. von Oberfischmeistern im Nebenamte, Fischerei- u. Schonrevieraufsehern, Aufsehern für die im Interesse der Fischerei erricht. Sturmsignalstationen, Bootsleuten, Matrosen und sonst. Dienstpersonal, sowie zu Stellvertretungskosten	59 240	41 090
	4.	Zu ausserordentlichen Remunerationen und Unterstützungen .	2 400	2 400
		Sächliche Ausgaben.		
	5.	Zu Dienstaufwands-Entschädigungen für die Fischereibeamten	34 540	32 700
	5a.	Zu Reise- und Versetzungskosten und zu Nachtgeldern	10 300	9 000
		Sonstige Ausgaben.		
	6.	Zu vermischten Ausgaben	20 219	14 840
	7.	Für die wissenschaftliche Kommission in Kiel	15 000	15 000
	8.	Zur Hebung der Fischerei überhaupt	80 000	69 000
		Summe Kap. 105 . . .	**282 599**	**241 558**
106.		**Landesmeliorationen, Moor-, Deich-, Ufer- u. Dünenwesen.**		
		Besoldungen.		
	1.	Regierungs- und Bauräthe und Meliorations-Bauinspektoren .	62 400	53 700
	2.	Wiesenbaumeister, Moor- und Deichvögte, Strom-, Wehr- und Dünenmeister	19 154	19 154
	3.	Zu Wohnungsgeldzuschüssen für die Beamten	11 820	10 620
		Andere persönliche Ausgaben.		
	4.	Zu Stellvertretungskosten, zu Stellenzulagen f Deichvögte u.s.w.	27 815	27 053
	4a.	Zur Remunerirung von Regierungsbaumeistern, welche den Meliorations-Baubeamten als ständige Hülfsarbeiter zugeordnet oder in Behinderungsfällen mit der Vertretung ders. betraut werden, sowie v. Landmessern u. Wiesenbaumeistern	36 450	10 800
	5.	Zu ausserordentl. Remun. für die unmittelbaren u. mittelbaren mittleren und unteren Beamten, sowie zu ausserordentlich. Unterstützungen für diese und für die höheren Beamten . .	4 500	4 500
		Sächliche Ausgaben.		
	6.	Zu Reise- und Büreaukosten-Entschädigungen, ferner zu Tagegeldern, Reise- und Versetzungskosten der Meliorations-Baubeamten und der ihnen beigegebenen technischen Hülfsarbeiter, zu Tagegeldern für die Deichvögte, Strommeister u. s. w., zu Lasten und Abgaben	64 800	56 000
	7.	Zur baul. Unterhalt. von Dienstwohnungen d. Deichvögte u. s. w.	830	570

[1]) Bauernrennen. — [2]) Verein in Ostpreussen. — [3]) bis 1882/83 im Extraordinarium. —

Centralverwaltung des Ministeriums für Landwirthschaft, Domänen und Forsten für die 1883/84, 1887/88, 1890/91, 1892/93 bis 1901.

16	17	18	19	20	21	22	23	Etatsstelle 1901	
Etatsjahr									
1883/84	1879/80	1876	1873	1867 alte Prov.	1867 neue Prov.	1859	1849	Kap.	Titel
ℳ	ℳ	ℳ	ℳ	ℳ	ℳ	ℳ	ℳ		
								104.	
210 000	210 000	210 000	153 000	78 000	—	53 400	72 600		1.
140 000	140 000	140 000	37 650	15 000	12 150	15 000			2.
3 420	3 762	3 162	3 163	—	1 620	1) 3 000			3.
—	—	—	—	—	—	2) 1 200			3a.
265 000	265 000	265 000	—	—	—	—			4.
618 420	**618 762**	**618 162**	**103 812**	**93 000**	**13 770**	**72 600**			
								105.	
51 420	49 250	34 905	9 900	—	—	—	—		1.
4 644	4 152	3 036	—	—	—	—	—		2.
				persönliche Ausgaben					
32 230	4 710	3 195	1 560						3.
1 600	1 600	1 425	210						4.
30 620	17 250	8 910	3 000						5.
—	—	—	—						5a.
8 890	8 040	9 330	9 330						6.
15 000	—	—	—						7.
3) 70 000	—	—	—						8.
214 404	**85 002**	**60 801**	**24 000**						
								106.	
42 600	39 000	40 200	37 350						1.
18 284	17 034	16 209	4) 19 785						2.
10 284	9 384	9 204	—	36 921	3 798	40 234	—		3.
21 870	23 622	23 800	14 843						4.
—	—	—	—						4a.
4 500	4 500	4 500	4 500						5.
44 793	32 693	31 443	20 793						6.
650	543	543	—						7.

4) Andere Titelbezeichnung.

Noch: Anlage XXIX.

Noch: Einnahmen und Ausgaben der landwirthschaftlichen Verwaltung einschliesslich der Etatsjahre 1849, 1859, 1867, 1873, 1876, 1879/80,

1	2	3	4	5
Etatsstelle 1901 Kap.	Titel	Etatspositionen.	1901 ℳ	1900 ℳ
(106.)		Sonstige Ausgaben.		
	8.	Unterhaltung von Deichen, Dämmen, Ufern und fiskalischen Entwässerungsanlagen, sowie von nicht schiffbaren Flüssen	120 510	120 510
	8a.	Unterhaltung der Meliorationsanlagen im Gebiete der Elbumfluth bei Magdeburg	19 480	19 480
	9.	Für das Dünenwesen an der Ostseeküste	189 191	159 191
	10.	Zu Vorarbeits- und Verwaltungskosten in Landesmeliorations- und Deichbauangelegenheiten und zu Subventionen für Wiesenbautechniker; ferner für das Moorwesen	454 400	382 400
	11.	Zur Ausführung des Gesetzes, betr. Schutzwaldungen u. Waldgenossenschaften, sowie zur Förder. d. Wald- u. Wiesenkultur	195 000	170 000
	11a.	Zur Ausführung des Gesetzes vom 16. Sept. 1899 (G S S. 169)	15 000	—
	12.	Zur Förderung genossenschaftl. u kommun. Flussregulirungen	700 000	700 000
		Summe Kap. 106	**2 504 828**	**2 284 298**
107.		**Allgemeine Ausgaben.**		
	1.	Dispositionsfonds z. Unterstützung d. landwirthschaftl. Vereine u zur Förderung der Landkultur im Allgemeinen, soweit für dieselbe nicht bereits in den vorangegangenen Kapiteln des Etats d landwirthschaftl Verwaltung Fürsorge getroffen ist	350 000	350 000
	2.	Zur Förderung des Obst-, Wein- und Gartenbaues	155 000	155 000
	3.	Zu landwirthschaftlich-polizeilichen Zwecken	350 000	350 000
	4.	Zu Unterstützungen für ausgeschiedene Beamte und zu Pensionen und Unterstützungen für Wittwen und Waisen von Beamten der landwirthschaftlichen Verwaltung und der Centralverwaltung der Domänen und Forsten	72 000	72 000
	5.	Zu einmaligen Unterstützungen und Reliktengeldern für nicht beamtete Personen	2 000	2 000
	6.	Beiträge zur Kranken- und Unfallversicherung u. s. w.	6 000	6 000
	7.	Zur Beobachtung der in d. Flüssen vorkommenden Wasserstände	50 000	50 000
		Summe Kap. 107	**985 000**	**985 000**
		Zusammenstellung der Ausgaben.		
99.		Ministerium	1 270 120	1 181 980
100.		Ober-Landeskulturgericht	159 260	157 460
101.		Generalkommissionen	9 019 795	8 406 940
101a.		Banktechnischer Revisor	10 900	10 900
102.		Landwirthschaftliche Lehranstalten und sonstige wissenschaftliche und Lehrzwecke	1 628 529	1 571 099
103.		Thierärztliche Hochschulen und Veterinärwesen	1 298 179	1 264 569
104.		Förderung der Viehzucht	869 420	848 420
105.		Förderung der Fischerei	396 001	390 506
106.		Landesmeliorationen, Moor-, Deich-, Ufer- und Dünenwesen	2 504 828	2 284 298
107.		Allgemeine Ausgaben	985 000	985 000
		Summe A. Dauernde Ausgaben	**18 142 032**	**17 101 172**
		Summe B. Einmalige u. ausserord. Ausgaben	**13 533 907**	**10 128 440**
		Ueberhaupt	**31 675 939**	**27 229 612**

Centralverwaltung des Ministeriums für Landwirthschaft, Domänen und Forsten für die 1883/84, 1887/88, 1890/91, 1892/93 bis 1901.

6	7	8	9	10	11	12	13	Etatsstelle 1901	
Etatsjahr									
1899	1898/99	1897/98	1896/97	1895/96	1894/95	1893/94	1892/93		
ℳ	ℳ	ℳ	ℳ	ℳ	ℳ	ℳ	ℳ	Kap.	Titel
								(106.)	
120 510	119 410	111 060	111 060	111 059	111 059	111 059	111 059		8.
20 200	20 200	20 200	20 200	20 200	20 200	20 200	20 200		8a.
158 800	158 800	158 800	128 800	160 000	147 000	147 000	136 200		9.
323 000	323 000	323 000	323 000	323 000	323 000	323 000	323 000		10.
170 000	150 000	150 000	150 000	150 000	150 000	150 000	150 000		11.
—	—	—	—	—	—	—	—		11a.
700 000	700 000	600 000	500 000	500 000	500 000	500 000	500 000		12.
2 167 487	**2 098 319**	**1 897 540**	**1 683 676**	**1 664 830**	**1 623 030**	**1 579 174**	**1 545 084**		
								107.	
320 000	300 000	300 000	310 000	310 000	310 000	310 000	310 000		1.
140 000	130 000	130 000	100 000	100 000	68 000	68 000	68 000		2.
100 000	100 000	100 000	100 000	100 000	100 000	100 000	100 000		3.
72 000	72 000	72 000	72 000	65 200	65 200	65 200	57 200		4.
2 000	2 000	2 000	2 000	2 000	2 000	2 000	2 000		5.
6 000	6 000	4 700	4 700	4 700	4 700	4 700	1 500		6.
			Tit. 6a:	12 000	12 000	12 000	12 000		
50 000	50 000	50 000	40 000	30 000	30 000	30 000	30 000		7.
690 000	**660 000**	**648 700**	**628 700**	**623 900**	**591 900**	**591 900**	**580 700**		
1 147 060	1 027 867	976 170	972 770	951 530	935 470	919 320	461 530	99.	
156 920	151 820	137 010	139 210	138 660	138 410	138 415	138 305	100.	
7 963 363	7 786 939	6 454 344	6 345 059	6 215 719	6 071 829	6 002 277	5 832 023	101.	
—	—	—	—	—	—	—	—	101a.	
1 510 477	1 423 557	1 315 804	1 281 051	1 266 230	1 218 751	1 149 747	1 099 447	102.	
1 220 307	1 100 611	1 022 901	980 004	957 354	911 484	891 154	881 207	103.	
788 420	733 420	703 420	703 420	703 420	703 420	703 420	703 420	104.	
374 861	364 961	350 667	332 727	316 845	312 613	306 345	305 125	105.	
2 167 487	2 098 319	1 897 540	1 683 676	1 664 830	1 623 030	1 579 174	1 545 084	106.	
690 000	660 000	648 700	628 700	623 900	591 900	591 900	580 700	107.	
16 018 895	**15 357 494**	**13 506 556**	**13 066 617**	**12 838 488**	**12 506 907**	**12 281 752**	**11 545 842**		
4 340 250	**3 695 485**	**3 463 020**	**3 585 190**	**2 155 320**	**1 807 959**	**1 203 600**	**1 043 245**		
20 359 145	**19 052 979**	**16 969 576**	**16 651 807**	**14 993 808**	**14 314 866**	**13 485 352**	**12 589 087**		

Noch: Anlage XXIX.

Noch: Einnahmen und Ausgaben der landwirthschaftlichen Verwaltung einschliesslich der Etatsjahre 1849, 1859, 1867, 1873, 1876, 1879/80,

1	2	3	14	15
Etatsstelle 1901 Kap.	Titel	Etatspositionen.	1890/91 ℳ	1887/88 ℳ
(106.)		**Sonstige Ausgaben.**		
	8.	Unterhaltung von Deichen, Dämmen, Ufern und fiskalischen Entwässerungsanlagen, sowie von nicht schiffbaren Flüssen	111 059	110 059
	8a.	Unterhaltung der Meliorationsanlagen im Gebiete der Elbumfluth bei Magdeburg	20 200	20 200
			Tit. 8b:	45 000
	9.	Für das Dünenwesen an der Ostseeküste	136 200	75 000
	10.	Zu Vorarbeits- und Verwaltungskosten in Landesmeliorations- und Deichbauangelegenheiten und zu Subventionen für Wiesenbautechniker; ferner für das Moorwesen	Tit. 9a: / Tit 9b: / 344 000	73 000 / 1 200 / 344 000
	11.	Zur Ausführung des Gesetzes, betr Schutzwaldungen u. Waldgenossenschaften, u zur Förderung d. Wald- u. Wiesenkultur	100 000	100 000
	11a.	Zur Ausführung des Gesetzes vom 16. Sept. 1899 (G.S. S. 169)	—	—
	12.	Zur Förderung genossenschaftl. u. kommun. Flussregulirungen	500 000	—
		Summe Kap. 106	**1 439 229**	**951 857**
107.		**Allgemeine Ausgaben.**		
	1	Dispositionsfonds z. Unterstützung d. landwirthschaftl. Vereine u. zur Förderung der Landkultur im Allgemeinen, soweit für dieselbe nicht bereits in den vorangegangenen Kapiteln des Etats d. landwirthschaftl. Verwaltung Fürsorge getroffen ist	310 000	260 000
	2.	Zur Förderung des Obst-, Wein- und Gartenbaues	70 000	50 000
	3.	Zu landwirthschaftlich-polizeilichen Zwecken	100 000	100 000
	4.	Zu Unterstützungen für ausgeschiedene Beamte und zu Pensionen und Unterstützungen für Wittwen und Waisen von Beamten der landwirthschaftlichen Verwaltung und der Centralverwaltung der Domänen und Forsten	Tit. 3a: / 57 200	30 800 / 57 200
	5	Zu einmaligen Unterstützungen und Reliktengeldern für nicht beamtete Personen	2 000	2 000
	6.	Beiträge zur Kranken- und Unfallversicherung u. s. w.	1 500	1 500
	7.	Zur Beobachtung der in d. Flüssen vorkommenden Wasserstände	30 000	15 000
		Summe Kap. 107	**570 700**	**516 500**
		Zusammenstellung der Ausgaben.		
99.		Ministerium	433 660	418 770
100.		Ober-Landeskulturgericht	137 505	137 505
101.		Generalkommissionen	5 150 494	4 746 525
101a.		Banktechnischer Revisor	—	—
102.		Landwirthschaftliche Lehranstalten und sonstige wissenschaftliche und Lehrzwecke	1 051 217	989 667
103.		Thierärztliche Hochschulen und Veterinärwesen	826 560	762 135
104.		Förderung der Viehzucht	703 420	648 420
105.		Förderung der Fischerei	282 599	241 558
106.		Landesmeliorationen, Moor-, Deich-, Ufer- und Dünenwesen	1 439 229	951 857
107.		Allgemeine Ausgaben	570 700	516 500
		Summe A. Dauernde Ausgaben	**10 595 385**	**9 412 938**
		Dazu Centralverwaltung der Domänen u. Forsten	*445 860*	*439 688*
		Summe B. Einmalige u. ausserordentl. Ausgaben	**618 860**	**1 061 500**
		Ueberhaupt (einschl. Centralverw. d. Domänen u. Forsten)	**11 660 105**	**10 914 126**

¹) Andere Titelbezeichn. — ²) Darunter sind 489 147 ℳ Ausgaben für Rentenbanken sind noch 450 000 ℳ enthalten „zu grösseren Landesmeliorat. u. Deichbauten". — ⁴) Darunter

Centralverwaltung des Ministeriums für Landwirthschaft, Domänen und Forsten für die 1883/84, 1887/88, 1890/91, 1892/93 bis 1901.

16	17	18	19	20	21	22	23	Etatsstelle 1901	
Etatsjahr									
1883/84	1879/80	1876	1873	1867 alte Prov.	1867 neue Prov.	1859	1849	Kap.	Titel
ℳ	ℳ	ℳ	ℳ	ℳ	ℳ	ℳ	ℳ		
				Unterhaltung der Deichanlagen				(106.)	
111 059	102 558	124 008	109 350						8.
22 000	—	—	—						8a.
45 000	—	—	—						
60 000	40 000	36 360	36 360						9.
73 000	—	—	—	100 350	41 229	95 116	—		
1 200	—	—	—						
262 358	210 000	210 000	1) 727 044						10.
72 000	—	—	—						11.
—	—	—	—						11a.
—	—	—	—						12.
789 599	**479 334**	**496 267**	**970 025**	**137 271**	**45 027**	**135 350**	—		
								107.	
225 642	237 500	237 500	224 153						1.
16 511	—	—	—						2.
25 000	—	—	—						3.
5 789	—	—	—						
57 200	51 200	50 000	24 000	**32 612**	**22 376**	**23 696**	**13 736**		4.
—	—	—	—						5.
—	—	—	—						6.
—	—	—	—						7.
330 142	**288 700**	**287 500**	**248 153**						
410 880	356 050	339 960	288 300	190 500	1 410	161 922	145 845	99.	
136 430	127 300	129 120	110 130	87 120	4 500	80 280	73 500	100.	
3 729 875	3 423 208	3 351 887	2 848 217	2 406 780	129 485	2)4 132 449	3 143 564	101.	
—	—	—	—	—	—	—	—	101a.	
925 917	1 063 929	796 503	674 136	357 588	161 661	262 323	227 779	102.	
707 849	602 386	572 316	465 160	140 491	54 005	130 419	111 669	103.	
618 420	618 763	618 163	193 812	93 000	13 770	72 600	72 600	104.	
214 404	85 002	60 801	24 000	—	—	—	—	105.	
789 599	479 334	496 267	970 025	137 271	45 027	135 350	—	106.	
330 142	288 700	287 500	248 153	32 612	22 376	23 696	13 734	107.	
7 863 517	**7 044 672**	**6 652 517**	**5 821 933**	**3 895 362**	3) **528 805**	4)**4 999 039**	**3 788 689**		
422 690	*384 680*	5) ?	5) ?	5) ?	5) ?	*239 820*	*259 050*		
2 018 597	**2 363 010**	**2 263 160**	**1 728 768**	**424 590**	**64 200**	**1 080 000**	**380 658**		
10 304 804	**9 792 362**	**8 915 677**	**7 550 701**	**4 319 952**	**593 005**	**6 318 859**	**4 428 397**		

enthalten, welche später auf den Etat des Finanzministeriums übernommen sind. — 3) Darunter noch 96 570 ℳ zu gleichem Zwecke. — 5) s. S 146 Anm. 3.

Anlage XXX.

Generalkommissionen.

Uebersicht derjenigen Geschäfte, welche i. J. 1899 ausserhalb eines eigentlichen Auseinandersetzungs-Verfahrens anhängig gewesen sind.

1	2	3	4	5	6	7	8	9	10	11	12	13	14	15		16	17		18
	Erled. v. Vorbehalten nach Rezessbestätig. bezw. Eintragung d. Adjudik.-Vermerk.	Zahl der beaufsichtigten Rentengüter	Regulirung gemeinschaftlicher Angelegenheiten	Zinsvertheilungen (Osten)	Hypothekenbereinigungen (Posen)	Schulzendienstland-Auseinandersetzung.	Eintragungen in die Höfe- u. Güterrolle	Zahl der Unschädlichkeitsbescheinigungen	Zahl der Verwendungsbescheinigungen	Flussregulirungen mit Bildung von Wassergenossenschaften	Landeskultur-Rentenbank-Sachen	Zahl der errichteten Spar- u. Darlehnskassen, sowie sonstigen Kreditanstalten	Zahl der Beschlüsse in Anerbengutssachen	Wassergenossenschaften (Acker-Drainage u. s. w.)		Oedlands-Erwerbungen	Moorsachen		Sonstige besondere Aufträge
														Zahl der Sachen	Fläche ha	Fläche ha	Zahl der Sachen	Fläche ha	
a) Aus früh. Jahren waren anhängig	368	7 702	324	1	—	10	—	208	16	97	18	37	17	76	8 215	25 641	13	8 421	2
b) Im Jahre **1899** wurden anhängig	141	689	468	3	10	8	—	3 431	118	7	3	6	164	25	2 156	1 571	13	182	11
zus. a) + b)	**509**	**8 391**	**792**	**4**	**10**	**18**	—	**3 639**	**134**	**104**	**21**	**43**	**181**	**101**	**10 371**	**27 212**	**26**	**8 603**	**13**
c) davon wurden erledigt	152	14	519	2	7	6	—	3 299	112	3	7	4	165	16	1 419	6 591	2	89	8
d) Es blieben **1899** anhängig bei den Generalkommissionen zu:																			
1. Breslau	6	1 145	3	2	1	—	—	1	8	17	9	—	—	10	1 012	—	—	—	2
2. Bromberg	176	4 333	13	—	2	3	—	—	—	1	5	—	16	3	960	16 981	—	—	—
3. Cassel	14	—	1	—	—	—	—	7	1	10	—	—	—	17	1 330	—	—	—	1
4. Düsseldorf . . .	1	—	—	—	—	—	—	—	4	6	—	—	—	3	186	—	—	—	—
5. Frankfurt a./O. .	95	1 335	87	—	—	9	—	155	—	4	—	39	—	13	573	—	14	187	—
6. Hannover	—	119	38	—	—	—	—	85	—	—	—	—	—	—	—	—	2	2 913	1
7. Königsberg i. Pr.	6	1 151	37	—	—	—	—	65	1	1	—	—	—	3	2 658	3 640	5	5 242	—
8. Merseburg. . . .	27	—	35	—	—	—	—	27	8	1	—	—	—	—	—	—	—	—	1
9. Münster i. W. .	32	294	59	—	—	—	—	—	—	61	—	—	—	36	2 233	—	3	172	—
zus. . . .	**357**	**8 377**	**273**	**2**	**3**	**12**	—	**340**	**22**	**101**	**14**	**39**	**16**	**85**	**8 952**	**20 621**	**24**	**8 514**	**5**

Anlage XXXI.

Zusammenstellung der am Schlusse des Jahres 1899 in Preussen bestehenden Meliorationsverbände.

Provinzen.	Ent- und Bewässerungs-, Drainage- und Meliorations-Genossenschaften	Deichverbände	Genossenschaften zur Regulirung von Wassserlaufen	Flächengrösse ha	Anschlagsmässige Kosten ℳ
I. Ostpreussen .	255	17	30	463 962,61	22 454 254,36
II. Westpreussen	149	37	12	314 279,98	10 971 345,42
III. Brandenburg .	44	21	7	262 239,87	8 641 995,00
IV. Pommern. . .	38	2	14	19 109,36	2 034 173,03
V. Posen	191	8	15	182 250,85	17 592 170,00
VI. Schlesien . . .	308	45	42	171 644,03	22 254 045,45
VII. Sachsen. . . .	15	35	7	329 445,51	12 428 374,00
VIII. Westfalen . .	125	4	5	41 975,79	5 308 263,00
IX. Rheinland . .	670	90	10	113 775,07	9 209 599,62
X. Hannover. . .	210	63	13	486 662,33	30 141 221,52
XI. Schles.-Holst.	169	98	—	458 935,48	7 659 391,54
XII. Hess.-Nassau	83	—	1	4 715,52	1 327 832,57
XIII. Hohenzollern.	47	—	11	1 968,11	306 922,55
Summe . .	**2 304**	**420**	**167**	**2 850 964,51**	**150 329 588,06**
	2 891 (Spalten 2–4 zusammen)				

Anlage XXXII.

Zusammenstellung

der auf Grund des § 4 Nr. 2 des Dotationsgesetzes vom 8. Juli 1875 — G.-S. S. 497 — von den Provinzialverbänden zur Beförderung von Landesmeliorationen in den Jahren 1883/84 bis 1899 aufgewendeten Mittel und der in demselben Zeitraum aus dem staatlichen Flussregulirungsfonds bereit gestellten Summen.

I. In den alten Provinzen.

1	2	3	4	5	6	7	8	9	10	11	12
Provinzen. (*Die schräg gedruckten Zahlen geben den Jahresdurchschnitt an.*)	Aus dem staatlich. Flussregulirungsfonds sind überwiesen	Aufwendungen aus Provinzialfonds für Landesmeliorationen: Darlehen	geschenkweise Beihülfen	zusammen	Aus dem staatlich. Flussregulirungsfonds sind überwiesen	Aufwendungen aus Provinzialfonds für Landesmeliorationen: Darlehen	geschenkweise Beihülfen	zusammen	Aufwendungen für Landesmeliorationen: aus dem staatlich. Flussregulirungsfonds	aus Provinzial-fonds	Der Antheil der Provinzen an der Jahresrente von 749 922 ℳ aus Dotationsfonds für Landesmeliorationen
	ℳ	ℳ	ℳ	ℳ	ℳ	ℳ	ℳ	ℳ	ℳ	ℳ	ℳ
	in den *10* Jahren **1883/84** bis **1892/93**				in den 7 Jahren **1893/94** bis **1899**				i. d. Jahr. **1883/84—1899**		jährlich
I. Ostpreussen	186 605	4 716 944	181 933	4 898 877	406 271	121 420	838 980	960 400	592 876	5 859 277	80 227
	18 660	*471 694*	*18 193*	*489 887*	*58 039*	*17 346*	*119 854*	*137 200*	*34 875*	*344 663*	
II. Westpreussen	531 000	2 599 700	162 890	2 762 590	346 059	333 700	449 843	783 543	877 059	3 546 133	55 554
	53 100	*259 970*	*16 289*	*276 259*	*49 437*	*47 671*	*64 263*	*111 934*	*51 592*	*208 596*	
III. Brandenburg	344 000	1 947 207	113 698	2 060 905	421 161	1 078 408	60 401	1 138 809	765 161	3 199 714	86 355
	34 400	*194 720*	*11 369*	*206 090*	*60 166*	*154 058*	*8 629*	*162 687*	*45 009*	*188 218*	
IV. Pommern	190 875	—	117 000	117 000	93 130	228 930	442 300	671 230	284 005	788 230	64 469
	19 087		*11 700*	*11 700*	*13 304*	*32 704*	*63 186*	*95 890*	*16 706*	*46 366*	
V. Posen	439 511	—	558 548	558 548	102 502	—	576 197	576 197	542 013	1 134 745	63 533
	43 951		*55 854*	*55 854*	*14 643*		*82 314*	*82 314*	*31 883*	*66 750*	
VI. Schlesien	481 306	566 220	716 957	1 283 177	685 458	59 362	1 768 800	1 828 162	1 166 764	3 111 339	115 400
	48 130	*56 622*	*71 695*	*128 317*	*97 923*	*8 480*	*252 686*	*261 166*	*68 633*	*183 020*	
VII. Sachsen	142 902	255 495	249 514	505 009	230 975	478 743	215 988	694 731	373 877	1 199 740	68 211
	14 290	*25 549*	*24 951*	*50 500*	*32 996*	*68 392*	*30 855*	*99 247*	*21 993*	*70 573*	
VIII. Schleswig-Holstein	306 975	265 000	97 009	362 009	57 290	—	555 536	555 536	364 265	917 545	38 893
	30 697	*26 500*	*9 700*	*36 200*	*8 184*		*79 362*	*79 362*	*21 427*	*53 973*	
IX. Westfalen	624 355	554 935	459 525	1 014 460	760 652	50 000	1 110 706	1 160 706	1 385 007	2 175 166	57 613
	62 435	*55 493*	*45 952*	*101 446*	*108 665*	*7 143*	*158 672*	*165 815*	*81 471*	*127 951*	
X. Rheinprovinz	441 974	865 350	1 276 750	2 142 100	488 325	897 909	991 498	1 889 407	930 299	4 031 507	97 931
	43 197	*86 535*	*127 675*	*214 210*	*69 761*	*128 273*	*141 642*	*269 915*	*54 723*	*237 147*	
XI. Hohenzollern	81 000	.	45 191	45 191	9 860	.	57 731	57 731	90 860	102 922	2 566
	8 100		*4 519*	*4 519*	*1 409*		*8 247*	*8 247*	*5 345*	*6 054*	
Insgesammt	**3 770 503**	**11 770 851**	**3 979 015**	**15 749 866**	**3 601 683**	**3 248 472**	**7 067 980**	**10 316 452**	**7 372 186**	[1]) **26 066 318**	[2]) **730 752**
Für das Jahr	*377 050*	*1 177 085*	*397 901*	*1 574 986*	*514 526*	*464 067*	*1 009 712*	*1 473 779*	*433 658*	[3]) *1 533 313*	

[1]) Davon geschenkweise Beihülfen: 11 046 995 ℳ. — [2]) Jährlich. Der überschiessende Betrag von der Gesammtsumme der Dotation für Landesmeliorationen entfällt auf Frankfurt a. M., Berlin und das Jadegebiet. — [3]) Davon geschenkweise Beihülfen: 649 823 ℳ.

Noch: Anlage XXXII.

Noch: Zusammenstellung der auf Grund des § 4 Nr. 2 des Dotationsgesetzes vom 8. Juli 1875 — G.-S. S. 497 — von den Provinzialverbänden zur Beförderung von Landesmeliorationen in den Jahren 1883/84 bis 1899 aufgewendeten Mittel und der in demselben Zeitraum aus dem staatlichen Flussregulirungsfonds bereit gestellten Summen.

II. In den neuen Provinzen bezw. Kommunalverbänden.

1	2	3	4	5	6	7	8	9
	A.				*B.*			
Provinzial- bezw. **Kommunal-Verband.** (*Die schräg gedruckten Zahlen geben den Jahresdurchschnitt an.*)	Erhielt aus dem Flussregulirungsfonds in den *10* Jahren **1883/84** bis **1892/93** ℳ	Die Aufwendungen aus Provinzialfonds für Landesmeliorationen beliefen sich in den Jahren **1883/84** bis **1892/93** auf: Darlehen ℳ	geschenkweise Beihülfen ℳ	zusammen ℳ	Erhielt aus dem Flussregulirungsfonds in den *7* Jahren **1893/94** bis **1899** ℳ	Die Aufwendungen aus Provinzialfonds für Landesmeliorationen beliefen sich in den Jahren **1893/94** bis **1899** auf: Darlehen ℳ	geschenkweise Beihülfen ℳ	zusammen ℳ
Hannover	769 550 *76 955*	715 000 *71 500*	—	715 000 *71 500*	339 800 *48 543*	936 250 *133 750*	—	936 250 *133 750*
Hierzu *B*	339 800 *48 543*	936 250 *133 750*	—					
Mithin in **17** Jahren	**1 109 350** *65 256*	**1 651 250** *97 132*						
Cassel	218 829 *21 882*	131 500 *13 150*	69 908 *6 990*	201 408 *20 140*	141 091 *20 156*	319 536 *45 648*	186 521 *26 646*	506 057 *72 294*
Hierzu *B*	141 091 *20 156*	319 536 *45 648*	186 521 *26 646*	506 057 *72 294*				
Mithin in **17** Jahren	**359 920** *21 172*	**451 036** *26 532*	**256 429** *15 084*	**707 465** *41 616*				
Wiesbaden	223 445 *22 344*	265 736 *26 573*	102 724 *10 272*	368 460 *36 845*	26 469 *3 781*	196 199 *28 028*	195 217 *27 888*	391 416 *55 916*
Hierzu *B*	26 469 *3 781*	196 199 *28 028*	195 217 *27 888*	391 416 *55 916*				
Mithin in **17** Jahren	**249 914** *14 701*	**461 935** *27 173*	**297 941** *17 526*	**759 876** *44 699*				

Bemerkungen zu I. und II.

Provinz Ostpreussen. Ausser den in den Spalten 7 und 8 der Zusammenstellung I nachgewiesenen Beihulfen hat die Provinz das Kreditbedürfniss der Meliorationsverbände durch Gewährung von Darlehnen zur Gesammthohe von 11 995 872 ℳ in den Jahren 1893/94 bis 1899 befriedigt.

Provinz Brandenburg. Unter welchen Bedingungen die in Spalte 7 aufgeführten Darlehne gewährt sind, ist aus den beigebrachten Unterlagen nicht ersichtlich. In der Regel sind günstigere Bedingungen, als sonst üblich, zugebilligt worden. Nach dem Beschlusse des Provinzial-Landtages vom 22. Februar 1896 kann der Zinsfuss für Amortisationsdarlehne bis auf 2 ½ % herabgesetzt werden.

Provinz Pommern. Die Darlehne (Spalte 7 der Zusammenstellung) sind mit 1 % zu verzinsen und mit 1 % zu tilgen.

Provinz Hannover. Die Darlehnsbedingungen sind aus den eingereichten Nachweisen nicht zu ersehen. Nach dem Beschlusse des Provinzial-Landtages vom 9. Februar 1897 können die Zins- und Tilgungsquoten auf 1 % herabgesetzt, auch kann unter besonderen Verhältnissen ein Erlass der Zahlung bis auf die Dauer von fünf Jahren gestattet werden.

Anlage XXXIII. Einnahmen und Ausgaben der landwirthschaftlichen Hochschulen (nach den Etats).

a) Landwirthschaftliche Hochschule Berlin.

1	2	3	4	5	6	7	8	9	10	11	12	13	14	15	16	17	18	19	20	21
	Einnahmen									Ausgaben										
										Tit. 1–4	Tit. 6	Tit. 7	Tit. 8	Tit. 9a	Tit. 10	Tit. 11	Tit. 12	Tit. 13	Tit. 14	
Jahre.	Honorare und Einschreibegebühren etc.	Gebühren für Prüfung der Kandidaten der Landmesskunst und der Kulturtechnik	Einnahmen aus der Gutswirthschaft	Ertrag der Gartennutzung	Erträge der Versuchsfeldwirthschaft	Werth der Emolumente der Lehrer und Beamten	Verschiedene Einnahmen	Summa	Zuschuss aus der Staatskasse	Besoldungen	Wohnungsgeldzuschüsse der Lehrer und Beamten	Antheil der Lehrer an den aufkommenden Honoraren etc.	Remunerirung von Hülfslehrern und Hülfsbeamten	Remunerirung d. Mitglieder und Beamten der Staats-Prüfungskommissionen	Ausserordentliche Remunerationen u. Unterstützungen	Lehrmittel u. Vermehrung der Sammlungen	Wirthschafts- und Betriebskosten	Unterhaltung der Gebäude und Gärten	Vermischte Ausgaben	Summa
	ℳ	ℳ	ℳ	ℳ	ℳ	ℳ	ℳ	ℳ	ℳ	ℳ	ℳ	ℳ	ℳ	ℳ	ℳ	ℳ	ℳ	ℳ	ℳ	ℳ
1849	—	—	—	—	—	—	—	—	—	—	—	—	—	—	—	—	—	—	—	—
1859	—	—	—	—	—	—	—	—	—	—	—	—	—	—	—	—	—	—	—	—
1868	—	—	—	—	—	—	—	—	—	—	—	—	—	—	—	—	—	—	—	—
1875 Institut	423	—	—	—	—	—	—	423	75 489	16 575	2 940	—	8 850	—	—	2 340	450	12 720	537	44 412
1875 Museum										6 300	—	—	1 680	—	—	8 460	2 130	12 000	930	31 500
1880/81 (vereinigt)	423	—	—	—	—	—	—	423	123 182	[1]) 32 850	6 060	—	26 595	—	—	19 800	20 000	10 000	8 300	123 605
1883/84	36 100	—	—	—	—	—	—	36 600	174 350	86 400	10 980	500	44 770	—	—	28 000	20 000	10 000	10 300	210 950
1886/87	36 600	150	—	—	—	—	504	37 254	187 716	89 550	12 420	500	48 550	150	—	29 500	25 900	8 100	10 300	224 970
1888/89	37 100	360	—	—	—	—	904	38 364	186 866	89 550	12 420	750	47 350	360	—	36 500	25 900	8 100	4 300	225 230
1890/91	41 900	500	—	—	—	—	1 002	43 402	178 728	89 550	12 420	750	43 750	360	—	36 500	25 900	8 100	4 800	222 130
1891/92	41 900	500	—	—	—	—	1 002	43 402	199 028	102 100	14 580	1 400	41 650	500	—	36 500	32 800	8 100	4 800	242 430
1892/93	41 900	500	—	—	—	—	1 002	43 402	207 328	109 500	15 480	1 400	41 650	500	—	36 500	32 800	8 100	4 800	250 730
1893/94	41 900	500	—	—	—	—	1 002	43 402	207 328	109 500	15 480	1 400	41 650	500	—	36 500	32 800	8 100	4 800	250 730
1894/95	78 590	1 400	—	—	—	—	1 039	81 029	195 826	113 300	15 960	22 005	38 290	1 400	—	36 500	34 500	8 100	6 800	276 855
1895/96	78 590	1 400	—	—	—	—	1 039	81 029	195 826	113 300	15 960	22 005	38 290	1 400	—	36 500	34 500	8 100	6 800	276 855
1896/97	78 590	1 400	—	—	—	—	1 039	81 029	200 836	115 880	16 440	22 005	40 240	1 400	—	36 500	34 500	8 100	6 800	281 865
1897/98	99 390	2 780	—	—	—	—	1 081	103 251	189 669	118 360	16 920	27 330	41 230	2 780	—	36 500	34 500	8 100	7 200	292 920
1898/99	99 390	2 780	—	—	—	—	1 081	103 251	203 519	127 560	16 920	26 830	42 180	2 780	—	39 400	35 400	8 100	7 600	306 770
1899	99 390	2 780	—	—	—	—	1 081	103 251	203 519	127 560	16 920	26 830	42 180	2 780	—	39 400	35 400	8 100	7 600	306 770
1900	99 390	2 780	—	—	—	—	1 081	103 251	205 789	129 380	16 920	26 630	41 430	2 780	—	40 800	35 400	8 100	7 600	309 040
1901	99 390	2 780	—	—	—	—	1 081	103 251	220 689	137 440	18 060	26 630	43 430	2 780	—	43 700	35 400	8 100	7 800	323 340

[1]) Vereinigtes landwirthschaftliches Lehrinstitut und Museum.

Noch: Anlage XXXIII.

Noch: Einnahmen und Ausgaben der land-
b) Landwirthschaftliche Akademie und

1	2	3	4	5	6	7	8	9	10
	Einnnahmen								
Jahre. A. = Akademie. G. = Gutswirthschaft.	Honorare und Einschreibegebühren etc. ℳ	Gebühren für Prüfung der Kandidaten der Landmesskunst und der Kulturtechnik ℳ	Einnahmen aus der Gutswirthschaft ℳ	Ertrag der Gartennutzung ℳ	Erträge der Versuchsfeldwirthschaft ℳ	Werth der Emolumente der Lehrer und Beamten ℳ	Verschiedene Einnahmen ℳ	Summa ℳ	Zuschuss aus der Staatskasse ℳ
1849 . . . . A.	2 550	—	—	—	—	—	—	2 550	15 000
G.	—	—	4 575	225	—	—	—	4 800	
1859 . . . . A.	8 070	—	—	—	1 200	—	300	9 570	20 853
G.	—	—	10 347	—	—	—	—	10 347	—
1868 . . . . A.	12 600	—	—	—	—	—	765	13 365	28 920
G.	—	—	6 789	—	—	—	—	6 789	—
1875 . . . . A.	5 772	—	—	—	2 700	63	15	8 550	65 130
G.	—	—	13 800	—	—	—	—	13 800	—
1880/81 . . A.	5 900	—	—	100	2 700	63	37	8 800	88 337
G.	—	—	16 300	—	—	—	—	16 300	+ 300
1883/84 . . A.	8 180	—	—	70	2 850	48	52	11 200	92 212
G.	—	—	16 000	—	—	—	—	16 000	+ 1 000
1886/87 . . A.	13 800	300	—	100	2 700	30	200	17 130	86 647
G.	—	—	15 400	—	—	—	—	15 400	—
1888/89 . . A.	13 800	300	—	100	2 700	30	200	17 130	84 760
G.	—	—	15 400	—	—	—	—	15 400	—
1890/91 . . A.	13 800	300	—	300	2 700	30	50	17 180	82 025
G.	—	—	16 531	—	—	—	—	16 531	—
1891/92 . . A.	13 800	300	—	300	2 700	30	50	17 180	87 746
G.	—	—	16 531	—	—	—	—	16 531	—
1892/93 . . A.	15 600	450	—	800	2 700	136	44	19 730	90 576
G.	—	—	24 500	—	—	—	—	24 500	—
1893/94 . . A.	15 600	450	—	800	2 700	136	44	19 730	90 576
G.	—	—	24 500	—	—	—	—	24 500	—
1894/95 . . A.	26 000	450	—	800	2 700	136	44	30 130	93 164
G.	—	—	24 500	—	—	—	—	24 500	—
1895/96 . . A.	26 000	450	—	800	2 700	136	44	30 130	99 083
G.	—	—	24 500	—	—	—	—	24 500	3 320
1896/97 . . A.	29 800	1 000	—	800	2 700	265	27	34 592	95 096
G.	—	—	28 000	—	—	—	—	28 000	+ 180
1897/98 . . A.	30 550	1 000	—	800	2 700	265	27	35 342	96 054
G.	—	—	28 000	—	—	—	—	28 000	+ 180
1898/99 . . A.	41 050	2 000	—	700	2 000	335	128	46 213	101 004
G.	—	—	28 800	—	—	—	—	28 800	+ 586
1899 . . . . A.	41 050	2 000	—	700	2 000	335	128	46 213	101 004
G.	—	—	28 800	—	—	—	—	28 000	214
1900 . . . . A.	41 050	2 000	—	700	2 000	335	128	46 213	108 733
G.	—	—	33 957	—	—	—	—	33 957	—
1901 . . . . A.	41 050	2 000	—	700	2 000	335	128	46 213	119 673
G.	—	—	33 957	—	—	—	—	33 957	—

wirthschaftlichen Hochschulen (nach den Etats).

akademische Gutswirthschaft in Poppelsdorf.

11	12	13	14	15	16	17	18	19	20	21
Ausgaben										
Tit. 1—4	Tit. 6	Tit. 7	Tit. 8	Tit. 9a	Tit. 10	Tit. 11	Tit. 12	Tit. 13	Tit. 14	
Besoldungen	Wohnungsgeld-zuschüsse der Lehrer und Beamten	Antheil der Lehrer an den aufkommenden Honoraren etc.	Remunerirung von Hülfslehrern und Hülfsbeamten	Remunerirung der Mitglieder und Beamten der Staats-Prüfungskommissionen	Ausserordentliche Remunerationen und Unterstützungen	Lehrmittel und Vermehrung der Sammlungen	Wirthschafts- und Betriebskosten	Unterhaltung der Gebäude und Gärten	Vermischte Ausgaben	Summa
ℳ	ℳ	ℳ	ℳ	ℳ	ℳ	ℳ	ℳ	ℳ	ℳ	ℳ
15 000						810	—	540	1 200	17 550
—	—	—	—	—	—	—	4 800	—	—	4 800
21 660						4 500	3 735	360	168	30 425
—	—	—	—	—	—	—	10 347	—	—	10 347
19 200	—	2 730	11 340	—	—	2 925	4 650	1 350	90	42 285
—	—	—	—	—	—	—	6 789	—	—	6 789
31 875	1 980	1 260	17 610	—	—	9 750	6 150	2 820	2 235	73 680
—	—	—	—	—	—	—	13 800	—	—	13 800
48 375	3 156	250	19 430	—	—	9 650	6 720	6 986	2 370	97 137
—	—	—	—	—	—	—	16 000	—	—	16 000
51 150	3 372	250	21 055	—	—	10 550	7 321	6 814	2 900	103 412
—	—	—	—	—	—	—	15 000	—	—	15 000
50 550	3 372	550	20 755	300	—	10 550	8 600	6 200	2 900	103 777
—	—	—	—	—	—	—	14 680	720	—	15 400
47 775	3 660	250	21 655	300	—	10 550	8 600	6 200	2 900	101 890
—	—	—	—	—	—	—	14 680	720	—	15 400
47 775	3 660	250	18 970	300	—	10 550	8 600	6 200	2 900	99 205
—	—	—	—	—	—	—	15 811	720	—	16 531
55 650	4 656	250	15 820	300	—	10 550	8 600	6 200	2 900	104 926
—	—	—	—	—	—	—	15 811	720	—	16 531
56 650	4 656	250	15 820	450	—	11 050	11 730	6 800	2 900	110 306
—	—	—	—	—	—	—	23 780	720	—	24 500
56 650	4 656	250	15 820	450	—	11 050	11 730	6 800	2 900	110 306
—	—	—	—	—	—	—	23 780	720	—	24 500
62 600	5 244	6 100	16 420	450	—	11 050	11 730	6 800	2 900	123 294
—	—	—	—	—	—	—	23 780	720	—	24 500
62 700	5 136	6 100	16 620	1 000	—	11 590	14 802	6 800	4 465	129 213
—	—	—	—	—	—	—	27 100	720	—	27 820
63 100	5 136	6 100	16 920	1 000	—	11 590	14 802	6 800	4 240	129 688
—	—	—	—	—	—	—	27 100	720	—	27 820
64 400	5 244	6 100	16 720	1 000	—	12 090	14 802	6 800	4 240	131 396
—	—	—	—	—	—	—	27 100	720	—	27 820
71 000	5 244	10 000	17 020	2 000	—	12 390	16 373	6 800	6 390	147 217
—	—	—	—	—	—	—	27 409	720	85	28 214
71 000	5 244	10 000	17 020	2 000	—	12 390	16 373	6 800	6 390	147 217
—	—	—	—	—	—	—	27 409	720	85	28 214
71 000	5 244	10 150	20 620	2 000	—	14 790	17 002	6 800	7 340	154 946
—	—	—	—	—	—	—	32 937	900	120	33 957
73 120	5 244	10 150	24 220	2 000	—	17 910	17 002	6 800	7 340	165 886
—	—	—	—	—	—	—	32 937	900	120	33 957

Anlage XXXIV.

Landwirthschaftliche Institute an den Universitäten.

(Nach den neuesten Etats.)

I. Königsberg

(Landwirthschaftliche Lehranstalt, Thierklinik und Agrikultur-chemisches Laboratorium).

	ℳ
a) **Einnahmen**, welche den Instituten verbleiben:	
Aus der Behandlung von Thieren in der Thierklinik	4 199,50
b) Einnahmen, welche den allgemeinen Universitätsfonds zufliessen: An Institutsgebühren — antheiliger Betrag nicht bekannt — „ Praktikantenbeiträgen 108 ℳ, aus Erzeugnissen des Gartens 67 ℳ, Entschädigungen von Wohnungsinhabern 169,17 ℳ. Sa. 344,17 ℳ	
(Die Bewirthschaftung des Versuchsfeldes ist der Landwirthschaftskammer für Ostpreussen übertragen, welcher auch die Erlöse aus Früchten u.s.w. verbleiben.)	
Ausgaben (einschl. 7 000 ℳ pauschaler Zuschuss an die Landwirthschaftskammer zu den Kosten der Bewirthschaftung des Versuchsfeldes)	38 598,—
Mithin Staatszuschuss . . .	34 398,50

II. Breslau (Landwirthschaftliches Institut u. s. w., Landw.-botanischer Garten, Landw.-technol. Institut, Agrikultur-chemisches Institut).

	ℳ
a) **Einnahmen**, welche den Instituten verbleiben: Aus der Land- u. Viehwirthschaft (in der Thierklinik nur polikl. Behandlung, keine Verabfolgung von Arzneien).	2 200,—
b) Einnahmen, welche den allgemeinen Universitätsfonds zufliessen: Institutsgebühren — antheiliger Betrag nicht bekannt —, Praktikantenbeiträge 80 ℳ, Entsch. von Wohnungsinhabern 240,05 ℳ. Sa. 320,05 ℳ	
Ausgaben	46 496,—
Mithin Staatszuschuss . . .	44 296,—

III. Halle

(Landwirthsch. Institut mit Thiergarten, Oekonom.-botan. Garten, Thierklinik).

	ℳ
Einnahmen, welche den Instituten verbleiben:	
Aus Erzeugnissen des Versuchsfeldes (23 860 ℳ), d. Thiergartens (17 610 ℳ) und des Oekonom.-botan. Gartens (10 ℳ)	41 480,—
Aus der Behandlung von Thieren in der Thierklinik	2 025,—
„ dem Molkereibetrieb	55,—
Sonstige Einnahmen aus der Wirthschaft	1 250,—
Anth. an Immatrikulationsgeb. (1 320 ℳ) u. Praktikantenbeiträgen (420 ℳ)	1 740,—
Entschädigungen von Wohnungsinhabern und sonstige Einnahmen . . .	821,—
	47 371,—
Ausgaben	170 110,—
Mithin Staatszuschuss . . .	122 739,—

IV. Göttingen (Landwirthschaftliches Institut, Milchwirthsch. und bakteriologisches Laboratorium, Agrikultur-chem. Laboratorium, Thierarznei-Institut).

	ℳ
a) **Einnahmen**, welche den Instituten verbleiben:	
Aus Erzeugnissen des Versuchsfeldes (3 202 ℳ) und des Gartens (45 ℳ) .	3 247,—
b) Einnahmen, welche den allgemeinen Universitätsfonds zufliessen: Immatrikulationsgebühren — antheiliger Betrag nicht bekannt —, Praktikantenbeiträge 530 ℳ, Vergütungen u. s. w. 255,50 ℳ. Sa. 785,50	
Ausgaben	34 656,—
Mithin Staatszuschuss . . .	31 409,—

V. Kiel (Landwirthschaftliches Institut).

	ℳ
Einnahmen — nichts. — **Ausgaben** und **Staatszuschuss**	4 740,—
Sa. Staatszuschuss I—V . . .	**237 582,50**

1	2	3	4	5	6	7	8	9	10	11	12	13	14	15
Anstalten.			Zahl der Lehrer incl. Dirigenten	Zahl der Schüler	Ausgebildete Schüler seit Bestehen der Anstalt	Höhe des Schulgelds für ein Halbjahr ℳ	Einnahmen im Jahre 1900 (in Mark)							Ausgaben 1900 im Ganzen ℳ
							eigene aus Schulgeld	Zuschüsse				Sonstige Einnahme	überhaupt (Spalte 9—13)	
Provinz bezw. Kommunalverband	Zahl	Unternehmer						vom Staate	der Provinz	der Kreisverbände und Gemeinden	der Landw.-Kammern u. Vereine			
a. Ackerbauschulen.														
I. Ostpreussen	1	privat	3	37	465	90	1 350	—	4 785	—	—	915	5 700	7 050
II. Westpreussen	1	privat	3	6	31	—	—	—	1 800	—	—	—	1 800	1 800
III. Brandenburg	3	Landw.-K. 1, Provinz 1, priv. 1	30	152	1 823	20—40	3 804	—	15 200	2 000	9 032	—	26 232	32 100
IV. Pommern	1	Landwirthschaftskammer	7	10	—	50	500	—	3 600	—	—	10 500	14 100	14 600
V. Posen	—	—	—	—	—	—	—	—	—	—	—	—	—	—
VI. Schlesien	1	privat	12	46	1 071	—	—	—	4 800	—	—	—	4 800	4 800
VII. Sachsen	1	privat	7	83	1 781	400, volle Pens.	33 200	—	15 000	—	—	—	15 000	48 200
VIII. Hannover	5	Prov. 1, Landw.-K. 1, Städte 3	35	234	4 803	45—60	12 090	—	3 000	1 380	4 082	20 588	29 050	41 140
IX. Schles.-Holst.	2	Kommunen	12	155	2 241	60—90	13 545	900	12 000	1 420	—	300	14 620	29 025
X. Westfalen	2	Kreis 1, privat 1	17	55	92	40—60	2 600	4 300	1 000	1 400	—	—	6 700	8 240
XI. Cassel	—	—	—	—	—	—	—	—	—	—	—	—	—	—
XII. Wiesbaden	—	—	—	—	—	—	—	—	—	—	—	—	—	—
XIII. Rheinprovinz	2	Städte	9	10	388	30	180	1 500	—	—	—	—	1 500	1 680
XIV. Hohenzollern	—	—	—	—	—	—	—	—	—	—	—	—	—	—
Summe	**19**		**135**	**788**	**12 695**		**67 269**	**6 700**	**61 185**	**6 200**	**13 114**	**32 303**	**119 502**	**188 635**
b. Winterschulen.														
I. Ostpreussen	8	Landwirthschaftliche Vereine	60	233	2 182	[1]) meist 30	6 675	[2])26 450	10 650	2 610	1 740	696	42 146	48 264
II. Westpreussen	3	Kreis 1, Landw.-Kammern 2	22	85	993	20-30, 25-50	2 865	.	6 400	2 428	600	—	9 428	12 245
III. Brandenburg	3	Städte 1, Landw.-Kammern 2	34	89	823	20—40	2 640	16 227	10 800	2 550	10 495	907	40 979	43 049
IV. Pommern	4	Landwirthschaftskammern	38	121	532	50	6 000	11 000	6 000	4 400	4 000	250	25 650	33 690
V. Posen	4	Prov. 2[3]), Ansiedelungskomm. 2	47	124	204	24—40	3 858	6 000	12 750	—	—	—	18 750	22 608
VI. Schlesien	6	Landwirthschaftskammern	[4])65	368	5 708	I. 50, II. 35	12 540	25 000	13 000	8 250	12 872	3 452	62 574	75 114
VII. Sachsen	8	Kreise 2, Städte 2, Vereine 4	70	418	4 088	meist 60	[5])20 750	4 500	27 532	4 360	3 500	100	39 992	60 759
VIII. Hannover	21	Kreise 15, Gemeind. 5, Vereine 1	139	868	3 693	m. 30—40	30 975	10 500	32 200	37 719	3 391	2 454	86 264	125 907
IX. Schles.-Holst.	6	Kreise 1, Vereine 6	29	219	644	meist 50	8 970	3 900	9 000	20 150	9 250	600	42 900	50 375
X. Westfalen	16	Kr. 10, Komm. 4, Ver. 1, priv. 1	103	657	6 235	meist 30	19 415	8 025	7 900	51 382	5 500	6 063	78 870	99 949
XI. Cassel	6	Kreise 5, Landw.-Kammern 1	41	190	1 080	[6]) meist 30	5 903	1 200	19 500	16 510	—	1 410	38 620	45 044
XII. Wiesbaden	2	Stadt 1, privat 1	15	32	984	50	1 680	—	1 600	800	2 000	—	4 400	5 030
XIII. Rheinprovinz	29	Landw. Verein Rheinpreussen	148	693	5 949	20	11 710	31 030	72 500	45 500	—	—	149 030	160 740
XIV. Hohenzollern	1	Kommunalverband	6	17	257	30	450	[7]) .	.	.	.	.	.	.
Summe	**117**		**817**	**4 114**	**33 372**		**134 431**	**143 832**	**229 832**	**196 659**	**53 348**	**15 932**	**639 603**	**782 774**

[1]) in Angerburg 15 ℳ, in Johannisburg 10 ℳ. — [2]) davon 17 450 ℳ an den Ostpreussischen Centralverein und 9 000 ℳ an den landwirthschaftlichen Centralverein f. Litthauen u. Masuren. — [3]) Die Prov.-Schulen gehen vom 1. 4. 01 auf die Landwirthschaftskammer über. — [4]) davon 50 Hilfslehrer. — [5]) Kreis Worbis 30 ℳ. — [6]) Landwirthschaftskammer-Schule 45 ℳ. — [7]) mit der Ackerbauschule vereinigt.

Anlage XXXVI.

Uebersicht, betreffend die Verhältnisse der Landwirthschafts-

1	2	3	4	5	6	7	8	9
Der Landwirthschaftsschule		Jahr	Zahl der Lehrer ohne Direktor	Zahl der Schüler		Seit Bestehen d. Anstalt mit dem Reifezeugniss entlassene Schüler	Höhe des Schulgeldes (1900)	
Sitz	Unternehmer			der Fachschule	der Vorschule		der Fachschulklassen ℳ	der Vorschulklassen ℳ
1. Heiligenbeil . .	Kreis Heiligenbeil . . .	1880/81	5	10	40	—	100	80
		1900/01	7	50	50	180	120	100
2. Marggrabowa . n. d. Etat f. 1881	„ Oletzko	1881	5	—	40	—	—	80
		1900/01	7	46	44	142	120	100
	Ostpreussen	1880/81	**10**	**10**	**80**	—	—	—
		1900/01	**14**	**96**	**94**	—	—	—
3. Marienburg . .	Stadt Marienburg . . .	1880/81	10	150	40	37	120	120
		1900/01	11	106	68	471	120	120
	Westpreussen		**Summe für sich.**					
4. Dahme	Kreis Jüterbog-Luckenwalde	1880/81	7	25	21	10	72	72
		1900/01	[1]) 8	81	40	259	120	80–100
	Brandenburg		**Summe für sich.**					
5. Schivelbein . .	Stadt Schivelbein . . .	1880/81	8	75	100	—	80	48
		1900/01	8	100	80	405	100	60
6 Eldena	Baltischer landwirthschaftl. Centralverein	1880/81	6	40	11	12	100	80
		1900/01	[2]) 7	54	20	213	100	80
	Pommern	1880/81	**14**	**115**	**111**	**12**	—	—
		1900/01	**15**	**154**	**100**	**618**	—	—
7. Samter	Stadt Samter	1880/81	6	19	45	2	72	72
		1900/01	7	72	63	225	90 110	90–110
	Posen		**Summe für sich.**					
8. Brieg	Landwirthsch. Centralverein für Schlesien .	1880/81	6	55	25	24	84	75
		1900/01	[3]) 7	75	50	375	100–120	85–100
9. Liegnitz	Landwirthsch. Centralverein für Schlesien .	1880/81	6	60	30	20	84	75
		1900/01	[4]) 8	105	90	362	100 120	85–100
	Schlesien	1880/81	**12**	**115**	**55**	**44**	—	—
		1900/01	**15**	**180**	**140**	**737**	—	—
10. Flensburg . . .	Stadt Flensburg	1880/81	7	28	28	10	100	60–80
		1900/01	7	50	10	137	120	90
	Schleswig-Holstein . .		**Summe für sich.**					
11. Hildesheim . .	Kgl. Landwirthschafts-Gesellsch zu Hannover	1880/81	10	195		—	100 200	100–200
		1900/01	[5]) 11	115	110	420	100 200	100–200
	Hannover		**Summe für sich.**					
12. Lüdinghausen .	Stadt Lüdinghausen . .	1880/81	8	70	37	271	80–100	60 80
		1900/01	9	115	52	518	120	100
13. Herford	Kreis u. Stadt Herford	1880/81	9	61	44	205	90 120	60–72
		1900/01	9	51	37	596	120	100
	Westfalen	1880/81	**17**	**131**	**81**	**476**	—	—
		1900/01	**18**	**166**	**89**	**596**	—	—
14. Weilburg . . .	Stadt Weilburg	1880/81	7	33	22	6	80	80
		1900/01	7	31	11	213	120	100
	Hessen-Nassau		**Summe für sich.**					
15. Cleve	Stadt Cleve	1880/81	7	30	40	119	90	75
		1900/01	8	98	51	301	120	100
16. Bitburg	Stadt Bitburg	1880/81	6	75	25	36	90	60
		1900/01	8	102	20	618	120	100
	Rheinprovinz	1880/81	**13**	**105**	**65**	**155**	—	—
		1900/01	**16**	**200**	**71**	**919**	—	—
	Insgesammt	1880/81	**113**	**926**	**548**	**752**	—	—
		1900/01	**129**	**1 251**	**796**	**5 435**	—	—

[1]) Jetzt Stadtgemeinde. — [2]) Jetzt Landwirthschaftskammer für die Provinz Pommern. —

schulen in den Schuljahren **1880/81** und **1900/01**.

10	11	12	13	14	15	16	17	18	19
Einnahmen							Ausgaben		
	Zuschüsse								
eigene, aus Schulgeld	des Staates	der Provinz	der Kreisverbände und Gemeinden	d. Landwirthschaftskammern u. Vereine	Sonstige Einnahmen	im Ganzen Spalte 10—15	persönliche	sächliche	im Ganzen Spalte 17 und 18
ℳ	ℳ	ℳ	ℳ	ℳ	ℳ	ℳ	ℳ	ℳ	ℳ
4 200	15 000	—	—	—	202	19 402	13 650	2 350	16 000
11 000	28 300	—	660	—	306	40 266	38 724	1 541	40 265
3 200	15 000	—	—	—	—	18 200	16 090	2 110	18 200
9 920	29 550	—	4 085	—	1 000	44 555	40 199	4 356	44 555
7 400	**30 000**	—	—	—	**202**	**37 602**	**29 740**	**4 460**	**34 200**
20 920	**57 850**	—	**4 745**	—	**1 306**	**84 821**	**78 923**	**5 897**	**84 820**
19 920	15 000	—	2 700	—	—	37 620	29 130	8 433	37 563
21 480	31 794	4 500	4 450	300	830	63 354	53 072	10 282	63 354
4 047	15 000	1 800	750	—	607	22 204	19 230	2 729	21 959
13 713	22 450	1 800	600	3 360	908	42 831	38 986	3 845	42 831
10 800	15 000	1 500	—	—	3 150	30 450	22 350	8 100	30 450
14 504	25 150	4 500	1 160	—	1 212	46 526	44 835	1 691	46 526
5 210	17 000	1 500	3 225	—	1 797	28 732	23 081	5 651	28 732
6 520	26 650	4 000	3 000	—	1 770	41 940	37 630	4 310	41 940
16 010	**32 000**	**3 000**	**3 225**	—	**4 947**	**59 182**	**45 431**	**13 751**	**59 182**
21 024	**51 800**	**8 500**	**4 160**	—	**2 982**	**88 466**	**82 465**	**6 001**	**88 466**
4 887	18 000	—	4 413	—	130	27 430	23 030	4 400	27 430
12 290	28 950	—	2 810	—	260	44 310	38 682	5 628	44 310
6 970	15 000	—	—	2 160	79	24 209	20 804	3 405	24 209
13 444	24 900	3 900	—	3 913	590	46 747	39 086	7 661	46 747
8 000	15 000	3 000	1 000	2 260	464	29 724	19 588	10 136	29 724
20 920	23 125	3 000	—	4 076	838	51 959	41 466	10 493	51 959
14 970	**30 000**	**3 000**	**1 000**	**4 420**	**543**	**53 933**	**40 392**	**13 541**	**53 933**
34 364	**48 025**	**6 900**	—	**7 989**	**1 428**	**98 706**	**80 552**	**18 154**	**98 706**
4 800	18 000	—	4 570	—	800	28 170	23 600	4 570	28 170
6 900	21 500	—	6 400	2 000	50	36 850	32 000	3 600	35 600
26 146	15 000	4 500	—	—	506	46 152	34 700	11 452	46 152
34 640	25 950	4 500	1 380	350	1 174	67 994	57 924	10 070	67 994
10 900	15 000	4 500	2 250	—	481	33 131	30 532	2 599	33 131
19 300	24 950	9 500	3 050	200	220	57 220	52 716	4 504	57 220
11 466	15 000	4 500	1 650	—	1 200	33 816	27 865	5 951	33 816
10 810	24 100	9 500	9 900	100	3 404	57 814	51 505	6 309	57 814
22 366	**30 000**	**9 000**	**3 900**	—	**1 681**	**66 947**	**58 397**	**8 550**	**66 947**
30 110	**49 050**	**19 000**	**12 950**	**300**	**3 624**	**115 034**	**104 221**	**10 813**	**115 034**
5 000	18 000	2 100	3 470	850	926	30 346	24 469	5 877	30 346
5 120	28 450	2 900	9 800	1 550	290	48 110	42 226	5 884	48 110
6 150	18 000	4 500	1 815	—	1 122	31 587	22 450	6 889	29 339
17 100	24 700	4 500	2 885	—	2 102	51 287	43 730	7 557	51 287
8 610	15 000	4 500	1 400	—	187	29 697	23 760	5 780	29 540
14 240	23 700	4 500	1 200	600	5 120	49 360	42 492	6 868	49 360
14 760	**33 000**	**9 000**	**3 215**	—	**1 309**	**61 284**	**46 210**	**12 669**	**58 879**
31 340	**48 400**	**9 000**	**4 085**	**600**	**7 222**	**100 647**	**86 222**	**14 425**	**100 647**
140 306	**254 000**	**32 400**	**27 243**	**5 270**	**11 651**	**470 870**	**374 329**	**90 432**	**464 761**
231 901	**414 219**	**57 100**	**51 380**	**16 449**	**20 074**	**791 123**	**695 273**	**94 509**	**789 872**

[3]) [4]) [5]) Jetzt Landwirthschaftskammer.

Anlage XXXVII.

Einnahmen bei den

1	2	3	4	5	6
Jahre	Thierarzneischulen	Honorare und Einschreibegebühren ℳ	Prüfungsgebühren ℳ	Gebühren für Abgabe technischer Gutachten in Rechtsangelegenheiten ℳ	Beträge aus anderen Verwaltungsressorts ℳ
1849	Thierarzneischule in Berlin				
1859	Thierarzneischule in Berlin				
1868 ...	Thierarzneischule in Berlin	5 295	—	—	—
	„ „ Hannover				
	Summe ...				
1875 ...	Thierarzneischule in Berlin	3 114	4 527	—	1 260
	„ „ Hannover	3 537	720	—	—
	Summe ...	**6 651**	**5 247**	—	**1 260**
1) 1882/83..	Thierarzneischule in Berlin	6 459	2 026	—	1 760
	„ „ Hannover	3 590	800	—	—
	Summe ...	**10 049**	**2 826**	—	**1 760**
2) 1886/87..	Thierarzneischule in Berlin	7 338	4 450	2 000	1 760
	„ „ Hannover	10 650	1 500	100	—
	Summe ...	**17 988**	**5 950**	**2 100**	**1 760**
3) 1890/91..	Thierärztliche Hochschule in Berlin ...	17 500	4 500	2 000	1 760
	„ „ „ Hannover .	15 670	3 000	150	—
	Summe ...	**33 170**	**7 500**	**2 150**	**1 760**
3) 1894/95..	Thierärztliche Hochschule in Berlin ...	28 340	9 590	3 840	1 760
	„ „ „ Hannover .	22 227	4 000	180	—
	Summe ...	**50 567**	**13 590**	**4 020**	**1 760**
4) 1898/99..	Thierärztliche Hochschule in Berlin ...	44 620	9 590	3 840	1 760
	„ „ „ Hannover .	30 266	4 000	200	—
	Summe ...	**74 886**	**13 590**	**4 040**	**1 760**
5) 1900 ...	Thierärztliche Hochschule in Berlin ...	56 206	11 230	5 060	1 760
	„ „ „ Hannover .	30 266	4 000	700	—
	Summe ...	**86 472**	**15 230**	**5 760**	**1 760**
6) 1901 ...	Thierärztliche Hochschule in Berlin ...	56 206	11 230	5 060	1 760
	„ „ „ Hannover .	30 266	4 000	700	—
	Summe ...	**86 472**	**15 230**	**5 760**	**1 760**

1) Ausserdem kamen ein zu Centralfonds 8 500 ℳ. — 2) Desgl. 1 000 ℳ. — 3) Desgl.

Thierärztlichen Hochschulen.

7	8	9	10	11	12	13	14	15
Verpflegungs- und Arzneikosten	Einnahmen aus der Apotheke	Einnahmen aus den Schmieden	Für Dünger etc.	Einnahmen aus der Viehwirthschaft	Wohnungsmiethe und Pachtzins für verpachtete Pertinenzien	Verschiedene Einnahmen	Summe	Höhe des Staatszuschusses
M	*M*	*M*	*M*	*M*	*M*	*M*	*M*	*M*
34 113						750	34 863	45 968
45 004						210	45 214	46 718
28 248	--	2 400	813	19 227	5 883	1 456	63 622	47 978
5 100						450	5 550	17 400
							69 172	**95 378**
55 590	—	1 407	400	18 970	5 011	1 491	91 770	38 949
855	—	—	—	—	—	15	5 127	35 490
56 445	—	**1 407**	**400**	**18 970**	**5 011**	**1 506**	**96 897**	**74 439**
51 148	1 020	2 051	1 503	17 749	5 869	2 415	92 000	68 015
14 000	—	—	500	—	—	110	19 000	46 507
65 148	**1 020**	**2 051**	**2 003**	**17 749**	**5 869**	**2 525**	**111 000**	**114 522**
56 627	1 611	2 785	1 234	12 017	4 038	2 411	96 271	72 979
15 100	500	—	500	—	—	100	28 450	41 057
71 727	**2 111**	**2 785**	**1 734**	**12 017**	**4 038**	**2 511**	**124 721**	**114 036**
59 000	1 600	1 600	900	8 000	1 300	2 300	100 460	78 722
15 130	600	—	1 050	—	—	100	35 700	42 017
74 130	**2 200**	**1 600**	**1 950**	**8 000**	**1 300**	**2 400**	**136 160**	**120 739**
61 030	3 640	2 240	760	8 750	640	3 540	124 130	88 950
17 500	600	—	1 050	—	—	143	45 700	42 194
78 530	**4 240**	**2 240**	**1 810**	**8 750**	**640**	**3 683**	**169 830**	**131 144**
62 700	3 640	2 240	760	8 850	640	3 540	144 190	109 585
20 750	600	—	1 050	—	—	154	57 020	55 329
83 450	**4 240**	**2 240**	**1 810**	**8 850**	**640**	**3 694**	**201 210**	**164 914**
62 700	6 400	2 330	870	8 070	—	3 960	158 586	113 284
20 150	700	—	1 050	—	—	154	57 020	72 802
82 850	**7 100**	**2 330**	**1 920**	**8 070**	—	**4 114**	**215 606**	**186 086**
62 700	6 400	2 330	870	8 070	—	3 960	158 586	116 654
20 150	700	—	1 050	—	—	154	57 020	76 252
82 850	**7 100**	**2 330**	**1 920**	**8 070**	—	**4 114**	**215 606**	**192 906**

9 360 *M*. — 4) Desgl. 14 900 *M*. — 5) Desgl. 15 650 *M*. — 6) Desgl. 15 300 *M*.

Anlage XXXVIII.

Ausgaben bei den

1	2	3	4
		Tit. 1 u. 2	Tit. 3
Jahre	Thierarzneischulen	Besoldungen	Wohnungsgeldzuschüsse
		M	M
1849	Thierarzneischule in Berlin		
1859	Thierarzneischule in Berlin		
1868	Thierarzneischule in Berlin		
	„ „ Hannover		
	Summe		
1875	Thierarzneischule in Berlin	44 145	540
	„ „ Hannover	23 535	3 912
	Summe	**67 680**	**4 452**
[1]) 1882/83	Thierarzneischule in Berlin	44 395	540
	„ „ Hannover	30 285	4 092
	Summe	**74 680**	**4 632**
[2]) 1886/87	Thierarzneischule in Berlin	44 395	540
	„ „ Hannover	31 185	4 092
	Summe	**75 580**	**4 632**
[3]) 1890/91	Thierärztliche Hochschule in Berlin	44 695	540
	„ „ „ Hannover	34 235	4 752
	Summe	**78 930**	**5 292**
[4]) 1894/95	Thierärztliche Hochschule in Berlin	55 760	1 440
	„ „ „ Hannover	37 460	5 184
	Summe	**93 220**	**6 624**
[5]) 1898/99	Thierärztliche Hochschule in Berlin	74 900	1 440
	„ „ „ Hannover	48 820	5 844
	Summe	**123 720**	**7 284**
[6]) 1900	Thierärztliche Hochschule in Berlin	83 060	1 440
	„ „ „ Hannover	56 280	5 712
	Summe	**139 340**	**7 152**
[7]) 1901	Thierärztliche Hochschule in Berlin	84 600	900
	„ „ „ Hannover	58 650	5 712
	Summe	**143 250**	**6 612**

[1]) Ausserdem wurden für beide Hochschulen noch aus Centralfonds bereitgestellt 9500 M. — 15 200 M. — [7]) Desgl. 15 300 M.

Thierärztlichen Hochschulen.

5		6	7	8	9	10	11	12
Tit. 4		Tit. 6	Tit. 7	Tit. 8	Tit. 9	Tit. 10	Tit. 11	
Remunerirung von Hülfslehrern und Hülfsbeamten		Antheil der Lehrer an den Studien-Honoraren, Remunerirung der Mitglieder und Beamten d. Staatsprüfungskommissionen und der Mitglieder der techn. Deputation f. das Veterinärwes., sowie d. Lehrer an d. thierärztl. Hochschulen f. Abgabe techn. Gutachten	Lehrmittel und Vermehrung der Sammlungen	Betriebs- und Unterhaltungskosten	Unterhaltung der Gebäude und Gärten	Vermischte Ausgaben	Stipendien für wissenschaftliche Assistenten etc.	Summe
ℳ		ℳ	ℳ	ℳ	ℳ	ℳ	ℳ	ℳ
39 000			41 831					80 831
31 740			60 192					91 932
36 060			75 540					111 600
15 720			7 230					22 950
51 780			**82 770**					**134 550**
Hülfslehrer	Hülfsbeamte							
2 400	810	3 000	1 350	68 409	8 070	1 995	—	130 719
1 200	300	720	1 350	6 795	1 800	1 005	—	40 617
6 600	**1 110**	**3 720**	**2 700**	**75 204**	**9 870**	**3 000**	—	**171 336**
5 100	810	2 026	10 300	79 994	13 100	2 750	1 000	160 015
5 475	890	800	2 850	15 735	2 500	1 380	1 500	65 507
10 575	**1 700**	**2 826**	**13 150**	**95 729**	**15 600**	**4 130**	**2 500**	**225 522**
6 900	810	4 468	12 000	85 227	12 950	1 960	—	169 250
5 475	890	800	5 000	18 235	2 150	1 680	—	69 507
12 375	**1 700**	**5 268**	**17 000**	**103 462**	**15 100**	**3 640**	—	**238 757**
11 100		6 500	12 600	87 837	12 950	2 960	—	179 182
5 915		3 100	5 000	20 585	2 400	1 680	—	77 717
17 015		**9 650**	**17 600**	**108 422**	**15 350**	**4 640**	—	**256 899**
13 300		13 430	14 600	95 650	14 300	4 600	—	213 080
5 615		4 180	6 000	25 225	3 000	1 230	—	87 894
18 915		**17 610**	**20 600**	**120 875**	**17 300**	**5 830**	—	**300 974**
16 600		26 910	16 360	96 845	14 800	5 920	—	253 775
4 650		11 900	7 000	29 905	3 000	1 230	—	112 349
21 250		**38 810**	**23 360**	**126 750**	**17 800**	**7 150**	—	**366 124**
18 100 } + 450		26 910	18 660	102 980	14 800	5 920	—	271 870
9 150 }		11 900	7 000	35 550	3 000	1 230	—	129 822
27 700		**38 810**	**25 660**	**138 530**	**17 800**	**7 150**	—	**402 142**
17 950		26 910	17 660	103 980	14 800	6 040	1 400	275 240
9 300		11 900	7 000	36 400	3 000	1 310	—	133 272
27 250		**38 810**	**25 660**	**140 380**	**17 800**	**7 350**	**1 400**	**408 512**

[2]) Desgl. 11 000 ℳ. — [3]) Desgl. 9 360 ℳ. — [4]) Desgl. 13 500 ℳ. — [5]) Desgl. 14 900 ℳ. — [6]) Desgl.

Anlage XXXIX.

Statistik der Thierärztlichen Hochschulen.

1	2	3	4	5	6	7	8	9	10
Jahre.	Zahl der Lehrer incl. Direktor	Zahl der Studirenden überhaupt	Zahl der Studirenden davon Ausländer	Zahl der Studirenden davon Hospitanten	Fachprüfungen mit Erfolg	Fachprüfungen ohne Erfolg	Einnahmen nach der Rechnung (Statistisches Handbuch) ℳ	Ausgaben nach der Rechnung (Statistisches Handbuch) ℳ	Staatszuschuss nach der Rechnung (Statistisches Handbuch) ℳ
a. Thierärztliche Hochschule in Berlin.									
1875	9						95 212	174 596	79 384
1876	10	85					96 673	166 551	69 877
1877	10	125		32			87 984	143 340	55 356
1878	10	153		40			92 405	157 914	65 508
1879	11	172		44			92 476	166 819	74 343
1880	11	217		40			91 780	188 605	96 824
1881	11	232		30			94 675	172 023	[1]) 78 023
1882	10	247		30			96 317	174 085	[2]) 77 768
1883	10	225		34			97 482	166 752	69 270
1884	11	306		35			100 962	177 792	76 830
1885	11	330		42			103 210	178 358	75 148
1886	13	402		53			110 156	196 080	85 924
1887	14	433		62			116 769	202 516	85 747
1888	14	442		85			121 114	200 578	79 464
1889	14	473		77			132 092	213 982	81 889
1890	15	453		72			124 302	225 251	100 948
1891	16	444		94			127 764	216 968	89 204
1892	18	446		108			124 313	220 952	96 639
1893	18	423		122			124 368	230 962	106 594
1894	18	415		59			123 516	225 793	102 277
1895	18	415		56			153 008	242 572	89 564
1896	19	470		68	97	18	157 489	251 486	93 997
1897	20	506		83	63	52	157 604	273 508	115 904
1898	21	528	81	67	98	58	161 220	304 928	143 708
b. Thierärztliche Hochschule in Hannover.									
1875	9	38	—	5			6 881	42 327	35 445
1876	8	38	—	11			6 632	42 120	35 488
1877	9	42	—	11			8 550	47 507	38 957
1878	9	60	—	10			5 300	45 967	40 667
1879	10	64	—	9			8 342	47 170	38 827
1880	11	64	3	8			9 423	53 028	43 605
1881	11	76	—	3			17 436	64 865	47 425
1882	11	82	—	9			29 258	91 379	62 120
1883	11	116	—	6			33 275	74 208	40 932
1884	11	143	—	7			34 246	80 333	46 087
1885	11	164	—	12			41 866	83 922	42 056
1886	12	167	1	16			43 020	82 744	39 724
1887	12	194	2	10			42 907	87 237	44 330
1888	13	201	—	19			45 762	92 502	46 740
1889	13	211	—	15			48 699	92 484	43 785
1890	13	203	2	18			46 762	94 639	47 877
1891	13	204	2	17			47 311	95 765	48 454
1892	13	169	—	26			44 089	100 949	56 860
1893	13	152	1	37			44 036	99 886	55 850
1894	13	155	2	26			44 783	95 644	50 861
1895	14	160	1	25			55 418	108 742	53 324
1896	14	171	2	22			56 432	110 980	54 547
1897	13	205	2	15	26		62 478	122 226	54 788
1898	13	234	3	12	32		65 998	121 221	55 223

[1]) ausserdem 31 684 ℳ Extraordinarium. — [2]) ausserdem 4 509 ℳ Extraordinarium.

Anlage XLa.

Einnahmen der Pomologischen Institute.

1	2	3	4	5	6	7	8
Jahre.	Honorare und Einschreibegebühren etc.	Einnahmen aus der Gutswirthschaft	Ertrag der Gartennutzung	Werth der Emolumente der Lehrer und Beamten	Verschiedene Einnahmen	Summa	Zuschuss aus allgem. Staatsmitteln
	ℳ	ℳ	ℳ	ℳ	ℳ	ℳ	ℳ
a) Pomologisches Institut zu Proskau.							
1849 . . .	—	—	—	—	—	—	—
1859 . . .	—	—	—	—	—	—	—
1868 . . .	—	—	—	—	—	—	—
1875 . . .	5 850	—	4 000	270	415	10 535	31 576
1879/80 .	5 850	240	3 000	180	900	10 170	34 695
1882/83 .	7 800	240	4 000	741	354	13 135	34 356
1886/87 .	10 600	240	4 000	741	200	15 781	35 795
1888/89 .	10 600	240	4 000	741	200	15 781	37 280
1890/91 .	10 600	240	4 000	741	200	15 781	37 280
1891/92 .	10 600	240	4 000	753	200	16 253	38 407
1892/93 .	11 600	200	4 500	753	200	17 253	37 507
1893/94 .	11 600	200	4 500	753	200	17 253	37 667
1894/95 .	12 000	200	4 500	1 032	200	17 932	37 868
1895/96 .	12 000	200	4 500	1 032	200	17 932	38 868
1896/97 .	12 000	200	4 500	1 032	200	17 932	43 568
1897/98 .	10 500	200	4 500	1 311	350	16 861	44 639
1898/99 .	10 500	200	4 500	1 311	350	16 861	48 989
1899 . . .	10 500	200	4 500	1 311	350	16 861	48 989
1900 . . .	9 600	200	4 500	1 311	350	15 961	55 369
1901 . . .	9 600	200	4 500	1 311	350	15 961	61 129
b) Lehranstalt für Obst- und Weinbau in Geisenheim.							
1849 . . .	—	—	—	—	—	—	—
1859 . . .	—	—	—	—	—	—	—
1868 . . .	—	—	—	—	—	—	—
1875 . . .	2 700	—	2 400	15	—	5 115	35 640
1879/80 .	2 700	—	2 415	—	—	5 115	39 115
1882/83	8 160	—	3 540	—	—	11 700	45 135
1886/87 .	11 100	—	3 540	—	—	14 640	47 771
1888/89 .	11 760	—	4 540	—	—	16 300	46 411
1890/91 .	11 760	—	4 540	—	—	16 300	46 411
1891/92 .	11 760	—	5 540	—	—	17 300	48 632
1892/93 .	11 760	—	5 540	—	—	17 300	49 532
1893/94 .	11 760	—	9 540	—	640	21 940	48 592
1894/95 .	11 760	—	9 540	—	640	21 940	43 832
1895/96 .	11 760	—	9 540	—	640	21 940	53 832
1896/97 .	11 760	—	9 540	—	640	21 940	57 348
1897/98 .	11 760	—	9 540	—	640	21 940	61 418
1898/99 .	11 760	—	9 540	—	640	21 940	65 788
1899 . . .	11 760	—	9 540	—	640	21 940	65 788
1900 . . .	13 510	—	9 540	—	640	23 690	73 258
1901 . . .	32 820	—	15 200	—	640	48 660	73 258
c) Landesbaumschule Engers (bestand schon 1849, näheres im Text).							
1892/93 .	—	—	3 000	—	1 200	4 200	2 150
1893/94 .	—	—	3 000	—	1 200	4 200	2 150
1894/95 .	—	—	3 000	—	1 200	4 200	2 150
1895/96 .	—	—	3 000	—	1 200	4 200	2 550
1896/97 .	—	—	3 000	—	1 200	4 200	2 850
1897/98 .	—	—	3 000	—	1 200	4 200	2 850
1898/99 .	—	—	1 500	—	1 200	2 700	2 450
1899 . . .	—	—	1 500	—	1 200	2 700	2 450
1900 . . .	—	—	1 500	—	1 200	2 700	2 450
1901 . . .	—	—	1 000	—	1 200	2 200	2 450

Anlage XLb.

Ausgaben der staatlichen Pomologischen und Weinbau-Institute.

1	2	3	4	5	6	7	8	9	10	11	12
Jahre.	Tit. 1—4. Besoldungen ℳ	Tit. 6. Wohnungsgeldzuschüsse der Lehrer und Beamten ℳ	Tit. 7. Antheil d. Lehrer an den aufkommenden Honoraren u. s. w. ℳ	Tit. 8. Renumerirung von Hülfslehrern und Hülfsbeamten ℳ	Tit. 9a. Renumerirung der Mitglieder und Beamten der Staats-Prüfungskommissionen ℳ	Tit. 10. Aussorordentliche Renumerationen und Unterstützungen ℳ	Tit. 11. Lehrmittel und Vermehrung der Sammlungen ℳ	Tit. 12. Wirthschafts- und Betriebskosten ℳ	Tit. 13. Unterhaltung der Gebäude und Gärten ℳ	Tit. 14 Vermischte Ausgaben ℳ	Summa ℳ
					a) Proskau.						
1849 . . .	—	—	—	—	—	—	—	—	—	—	—
1859 . . .	—	—	—	—	—	—	—	—	—	—	—
1868 . . .	—	—	—	—	—	—	—	—	—	—	—
1875 . . .	9 390	—	—	11 740	—	—	2 400	17 196	600	780	42 111
1879/80 .	11 850	—	—	11 325	—	—	2 400	17 410	900	980	44 865
1882/83 .	12 025	—	—	10 040	—	—	2 400	20 266	1 500	1 260	47 491
1886/87 .	12 525	—	—	10 040	—	—	2 400	23 351	2 000	1 260	51 576
1888/89 .	13 500	—	—	10 040	—	—	2 400	23 861	2 000	1 260	53 061
1890/91 .	13 500	—	—	10 040	—	—	2 400	23 861	2 000	1 260	53 061
1891/92 .	16 100	—	—	8 440	—	—	2 400	24 410	2 000	1 310	54 660
1892/93 .	16 200	—	—	8 440	—	—	2 400	24 410	2 000	1 310	54 760
1893/94 .	16 360	—	—	8 440	—	—	2 400	24 410	2 000	1 310	54 920
1894/95 .	17 240	—	—	7 340	—	—	2 400	25 610	2 000	1 210	55 800
1895/96 .	17 240	—	—	7 340	—	—	2 400	25 610	3 000	1 210	56 800
1896/97 .	18 120	—	—	9 090	—	—	2 660	27 370	3 000	1 260	61 500
1897/98 .	18 120	—	—	9 090	—	—	2 660	27 370	3 000	1 260	61 500
1898/99 .	21 520	—	—	7 300	—	—	2 660	30 110	3 000	1 260	65 850
1899 . . .	21 520	—	—	7 300	—	—	2 660	30 110	3 000	1 260	65 850
1900 . . .	24 300	180	—	7 750	—	—	3 660	31 180	3 000	1 260	71 330
1901 . . .	26 100	540	—	7 750	—	—	3 660	34 780	3 000	1 260	77 090
					b) Geisenheim.						
1859 . . .	—	—	—	—	—	—	—	—	—	—	—
1868 . . .	—	—	—	—	—	—	—	—	—	—	—
1875 . . .	9 975	360	—	13 410	—	—	2 550	13 290	600	570	40 755
1879/80 .	9 900	360	—	14 910	—	—	2 550	15 340	600	570	44 230
1882/83 .	11 900	216	—	12 810	—	—	2 850	27 315	600	1 144	56 835
1886/87 .	13 600	636	—	11 810	—	—	3 600	29 715	1 500	1 550	62 411
1888/89 .	13 900	636	—	11 810	—	—	3 600	29 715	1 500	1 550	62 711
1890/91 .	13 900	636	—	11 810	—	—	3 600	29 715	1 500	1 550	62 711
1891/92 .	16 400	852	—	9 810	—	—	3 600	31 720	1 500	2 050	65 932
1892/93 .	17 300	852	—	9 810	—	—	3 600	31 720	1 500	2 050	66 832
1893/94 .	21 000	852	—	9 810	—	—	3 600	31 720	1 500	2 050	70 532
1894/95 .	23 600	1 272	—	8 730	—	—	3 600	34 820	2 000	1 750	75 772
1895/96 .	23 600	1 272	—	8 730	—	—	3 600	34 820	2 000	1 750	75 772
1896/97 .	25 400	1 488	—	8 730	—	—	3 600	34 820	3 500	1 750	79 288
1897/98 .	25 200	1 488	230	8 730	—	—	3 600	38 660	3 500	1 950	83 358
1898/99 .	29 500	1 488	230	6 380	—	—	3 600	41 080	3 500	1 950	87 728
1899 . . .	29 500	1 488	230	6 380	—	—	3 600	41 080	3 500	1 950	87 728
1900 . . .	29 100	1 488	1 240	10 590	—	—	4 300	44 780	3 500	1 950	96 948
1901 . . .	27 700	1 488	1 240	12 590	—	—	4 500	62 870	3 800	3 150	122 338
					c) Landesbaumschule Engers.						
1892/93 .	1 950	—	—	—	—	—	—	4 200	200	—	6 350
1893/94 .	1 950	—	—	—	—	—	—	4 200	200	—	6 350
1894/95 .	1 950	—	—	—	—	—	—	4 200	200	—	6 350
1895/96 .	2 250	—	—	—	—	—	—	4 200	200	100	6 750
1896/97 .	2 250	300	—	—	—	—	—	4 200	200	100	7 050
1897/98 .	2 250	300	—	—	—	—	—	4 200	200	—	7 050
1898/99 .	2 300	300	—	900	—	—	50	3 300	200	100	7 150
1899 . . .	2 300	300	—	900	—	—	50	3 300	200	100	7 150
1900 . . .	2 300	300	—	900	—	—	50	3 300	200	100	7 150
1901 . . .	2 600	300	—	1 200	—	—	50	3 250	250	100	7 150

Anlage XLI.

Gärtner-Lehranstalt in Wildpark.

1	2	3	4	5	6	7	8	9	10	11	12	13	14	15
	Einnahme						Ausgabe							
Jahr	Zuschüsse vom Staat und von der Krone	Zinsen	Honorar-zahlungen	Für verkaufte Erzeugnisse	Verschiedenes	Gesammtbetrag	Besoldungen	Kostgeld für Alumnen, ferner für Krankenpflege	Zinsen, Abgaben und Lasten	Wirthschafts- und Betriebskosten	Für Excursionen	Insgemein	Dispositionsfonds des Curatoriums	Gesammtbetrag
	ℳ	ℳ	ℳ	ℳ	ℳ	ℳ	ℳ	ℳ	ℳ	ℳ	ℳ	ℳ	ℳ	ℳ
1870	7 884	411	2 475	.	.	1) 10 770	3 850	255	.	2 613	43	.	.	8) 6 761
1873	2) 11 488	208	2 287	.	117	14 097	9) 8 981	1 365	4 050	3 849	.	704	.	18 949
1876	3) 12 684	107	2 100	.	430	15 321	4 800	792	4 050	5 533	.	1 226	.	16 401
1880/81 . . .	15 284	.	4 050	.	59	19 393	5 112	1 261	10) 4 050	5 851	.	1 608	.	17 883
1890/91 . . .	20 284	.	4 888	.	.	4) 25 172	8 925	1 053	11) 2 550	17 970	228	.	.	30 726
1892/93 . . .	20 543	.	4 480	.	.	5) 25 025	8 000	695	11) 2 550	13 057	472	250	.	25 025
1894/95 . . .	20 884	2 154	6 650	614	61 739	6) 92 041	10 748	788	12) 50	14 643	456	253	1 184	28 124
1895/96 . . .	28 614	2 154	6 310	1 317	128	4) 38 523	11 500	514	50	27 339	280	334	300	13) 40 317
1896/97 . . .	23 203	2 154	6 160	1 321	83	4) 32 921	10 800	977	50	18 912	318	426	1 260	32 743
1897/98 . . .	21 084	2 136	4 740	612	64	4) 28 636	11 367	1 194	50	16 946	489	1 054	1 080	32 180
1898/99 . . .	23 884	2 092	4 680	1 736	198	32 590	11 867	861	50	14 559	451	566	1 280	29 634
1899/1900 . .	23 984	2 092	7 550	479	43	7) 34 148	13 927	1 145	50	17 430	182	208	1 230	34 173

Anmerkungen zur Einnahme. 1) Excl. der Bestände aus den Vorjahren u. des Stipendienfonds. — 2) Die Summe setzt sich zusammen aus 4 860 ℳ älteren, 3600 ℳ neueren Zuschuss und 3 024 ℳ Zuschuss von der Krone. — 3) Zu den älteren Zuschüssen von 11 484 ℳ treten hinzu: 900 ℳ Pflanzen-Conto und 300 ℳ Lauche-Zulage. — 4) Excl. Bestand aus dem Vorjahr. — 5) Honorar von 180 ℳ auf 200 ℳ erhöht. — 6) Excl Bestand aus dem Vorjahr. Bei Auflösung der Landesbaumschule sind der Gärtner-Lehranstalt 61 700 ℳ in Werthpapieren zugeflossen. — 7) Honorar von 200 ℳ auf 250 ℳ erhöht. Excl. Bestand aus dem Vorjahr.

Anmerkungen zur Ausgabe. 8) 1870—1880 etc. excl. Stipendienfonds. — 9) darunter 3 600 ℳ Tantième an Baumschulbeamte. — 10) 2 550 ℳ Zinsen für von der Baumschule hergegebene Baugelder, 1 500 ℳ an die Baumschule als Beitrag zur Unterhaltung der Anlagen. — 11) Zinsen für ein von der Landesbaumschule hergegebenes Kapital von 51 000 ℳ. — 12) Bei Auflösung der Landesbaumschule fiel das von derselben gewährte Darlehn der Gärtner-Lehranstalt zu und deshalb die Zinszahlung fort. — 13) Bei den Betriebskosten mehr, wegen Herstellung eiserner Spaliere und einer Warmwasserheizung.

Anlage XLII.

Garten-Obstbau- (Weinbau-) Schulen und

1		2	3	4	5	6	7	8	9
Provinzen. — **Staat.** A. = Schulen. B = praktische Lehrkurse.		Zahl der Anstalten	Zahl der Berufsschüler	Zahl der an besonderen Kursen Betheiligten	Zusammen Spalten 3 und 4	Von den in Spalte 4 Genannten waren Elementarlehrer	Gärtner	Wege- und Baumwärter	praktische Land- und Forstwirthe und Andere
I. Ostpreussen	A.	1	24	8	32	—	5	—	3
	B.	3	94	815	909	238	14	4	559
Summe ...		*4*	*118*	*823*	*941*	*238*	*19*	*4*	*562*
II. Westpreussen ...	A.	—	—	—	—	—	—	—	—
	B.	—	—	—	—	—	—	—	—
Summe ...		—	—	—	—	—	—	—	—
III. Brandenburg	A.	3	95	—	95	—	—	—	—
	B.	2	—	51	51	17	3	12	9
Summe ...		*5*	*95*	*51*	*146*	*17*	*3*	*12*	*9*
IV. Pommern	A.	3) 1	5	28	33	10	—	2	16
	B.	10	—	200	200	31	19	1	149
Summe ...		*11*	*5*	*228*	*233*	*41*	*19*	*3*	*165*
V. Posen	A.	4) 2	23	26	49	—	—	—	26
	B.	5) 1	—	19	19	14	—	—	—
Summe ...		*3*	*23*	*45*	*68*	*14*	—	—	*26*
VI. Schlesien	A.	—	—	—	—	—	—	—	—
	B.	6) 5	—	50—100	—	—	—	—	—
Summe ...		*5*	—	*75*	—	—	—	—	—
VII. Sachsen	A. B.	7) 1	11	82	93	13	8	23	49
Summe ...		*1*	*11*	*82*	*93*	*13*	*8*	*23*	*49*
VIII. Schleswig-Holstein	A.	1	15	—	15	—	—	—	—
	B.	32	—	388	388	22	1	—	365
Summe ...		*33*	*15*	*388*	*403*	*22*	*1*	—	*365*
IX. Hannover	A.	—	—	—	—	—	—	—	—
	B.	—	—	—	—	—	—	—	—
Summe ...		—	—	—	—	—	—	—	—
X. Westfalen	A.	8) 1	19	—	19	—	19	—	—
	B.	6	—	178	178	11	4	69	94
Summe ...		*7*	*19*	*178*	*197*	*11*	*23*	*69*	*94*
XI. Cassel	A.	—	—	—	—	—	—	—	—
	B.	9) 5	—	94	94	12	—	33	13
Summe ...		*5*	—	*94*	*94*	*12*	—	*33*	*13*
XII. Wiesbaden	A.	—	—	—	—	—	—	—	—
	B.	—	—	88	88	22	4	44	18
Summe ...		—	—	*88*	*88*	*22*	*4*	*44*	*18*
XIII. Rheinland	A.	—	—	—	—	—	—	—	—
	B.	10) 29	72	430	502	49	9	3	416
Summe ...		*29*	*72*	*430*	*502*	*49*	*9*	*3*	*416*
XIV. Hohenzollern ...	A.	—	—	—	—	—	—	—	—
	B.	1	—	8	8	—	—	—	—
Summe ...		*1*	—	*8*	*8*	—	—	—	—
Staat überhaupt	A.	**10**	**192**	**144**	**336**	**23**	**32**	**25**	**94**
	B.	**94**	**166**	**2 346**	**2 512**	**416**	**54**	**171**	**1 623**
Summe ..		**104**	**358**	**2 490**	**2 848**	**439**	**86**	**196**	**1 717**

*) Die hoheren Lehranstalten (Proskau, Geisenheim) sind hier nicht aufgenommen. — 1) Aus dem Anstalts-
werden nur zum Theil zu Unterrichtszwecken verwendet — 3) Eldena. — 4) Darunter Koschmin, Provinzial-Gärtner-
6) Weinbaukurse. — 7) Diemitz. — 8) Der Unterricht wird unentgeltlich durch die Lehrer der Winterschule in
Rheinischen Bauernvereins an 11 Orten, Kosten 5260 ℳ, davon 1200 ℳ Staatszuschuss.

›raktische Obstbau- (Weinbau-) Kurse (1900).*)

10	11	12	13	14	15	16	17	18	19	
Zahl der seit Errichtung der Anstalten ausgebildeten Personen als			Von den in Spalte 11 Genannten waren				Die Ausgaben für das Etatsjahr 1900 werden gedeckt in der unten angegebenen Höhe aus			Wiederholung der Spalte I.
Berufsschüler	an besonderen Kursen Betheiligte	überhaupt	Elementarlehrer	Gärtner	Wege- und Baumwärter	praktische Land- und Forstwirthe und Andere	Staatsmitteln ℳ	Provinzialmitteln ℳ	sonstigen Mitteln (Landw.-kammern u. s. w.) ℳ	
53	21	74	10	7	—	4	3 000	9 350	1) 16 515	A. I.
559	3 256	3 815	441	24	6	2 785	5 000	—	6 354	B.
612	*3 277*	*3 889*	*451*	*31*	*6*	*2 789*	*8 000*	*9 350*	2) *22 869*	
—	—	—	—	—	—	—	—	—	—	A. II.
—	—	—	—	—	—	—	—	—	—	B.
—	—	—	—	—	—	—	—	—	2) *7 109*	
255	—	255	—	—	—	—	2 000	7 500	9 960	A. III.
—	405	405	170	40	136	65	450	—	—	B.
255	*405*	*660*	*170*	*40*	*136*	*65*	*2 450*	*7 500*	*9 960*	
82	623	705	213	—	35	375	539	450	—	A. IV.
—	478	478	140	23	2	314	7 042	—	—	B.
82	*1 101*	*1 183*	*353*	*23*	*37*	*689*	*7 581*	*450*	2) *7 822*	
165	—	165	—	—	—	26	80	7 950	—	A. V.
—	393	393	195	—	198	—	95	580	—	B.
165	*393*	*558*	*195*	—	*198*	*26*	*175*	*8 530*	2) *1 357*	
—	—	—	—	—	—	—	—	—	—	A. VI
—	—	—	—	—	—	—	150	—	—	B.
—	—	—	—	—	—	—	*150*	—	2) *1 599*	
22	979	1 001	130	74	191	606	2 500	9 970	4 200	A. B. VII.
22	*979*	*1 001*	*130*	*74*	*191*	*606*	*2 500*	*9 970*	*4 200*	
48	—	48	—	—	—	—	1 500	—	3 460	A. VIII.
—	1 045	1 045	399	9	14	623	850	1 683	1 760	B.
48	*1 045*	*1 093*	*399*	*9*	*14*	*623*	*2 350*	*1 683*	*5 220*	
—	—	—	—	—	—	—	—	—	—	A. IX.
—	—	—	—	—	—	—	—	—	—	B.
—	—	—	—	—	—	—	—	—	2) *2 500*	
43	—	43	—	43	—	—	—	—	—	A. X
—	1 304	1 304	269	38	379	618	2 661	1 069	461	B.
43	*1 304*	*1 347*	*269*	*81*	*379*	*618*	*2 661*	*1 069*	*461*	
—	—	—	—	—	—	—	—	—	—	A. XI.
—	—	938	—	—	—	—	3 300	—	—	B.
—	—	*938*	—	—	—	—	*3 300*	—	—	
—	—	—	—	—	—	—	—	—	—	A. XII.
—	1 746	1 746	616	52	671	407	—	—	—	B.
—	*1 746*	*1 746*	*616*	*52*	*671*	*407*	—	—	2) *1 000*	
—	—	—	—	—	—	—	—	—	—	A. XIII.
1 142	4 253	5 395	509	34	38	4 201	—	—	—	B.
1 142	*4 253*	*5 395*	*509*	*34*	*38*	*4 201*	—	—	2) *17 281*	
—	—	—	—	—	—	—	—	—	—	A. XIV.
—	189	189	130	—	59	—	532	300	—	B.
—	*189*	*189*	*130*	—	*59*	—	*532*	*300*	—	
668	**1 623**	**2 291**	**353**	**124**	**226**	**1 011**	**9 619**	**35 220**	**34 135**	A. Sa.
1 701	**13 069**	**15 708**	**2 869**	**220**	**1 503**	**9 213**	**20 080**	**3 632**	**8 575**	B.
2 369	**14 692**	**17 999**	**3 222**	**344**	**1 729**	**10 224**	**29 699**	**38 852**	**81 378**	

›etrieb. — 3) Diese von den Landwirthschaftskammern zu Obst- und Weinbauzwecken aufgebrachten Summen
›ehranstalt. — 5) Der Unterricht erfolgt an die Schuler der landwirthschaftlichen Winterschule Janowitz. —
›agen ertheilt. — 9) Es handelt sich um das pomologische Institut Cassel. — 10) Ausserdem Obstbaumkurse des

Anlage XLIII.

Einnahmen der landwirthschaftlichen Ve

1	2	3		4	5	6	7	8	9
				Staat			Provinz		
Lauf. Nummer	Gründungsjahr	Sitz und Name der Versuchsstationen		1877	1887/88	1898	1877	1887/88[1]	1898
					ℳ			ℳ	
1	1879	Arendsee	Samen-Kontroll-Station	—	—	—	—	—	—
2	1894	Berlin	Vers.-Stat. der D. L. G.						
3	1874 und 1889	Berlin	Institut für Gärungsgew.	s. Näheres im Text.					
4	1866	Berlin	Chem. Lab. des Vereins für Rübenzucker-Industrie d. Deutschen Reiches						
5	1856	Bonn	Landwirthsch. Vers.-Stat.	2 640	4 140	5 000	—	1 000	3 00
6	1877	Bremen	Moor-Versuchs-Station	22 687	21 600	53 750	—	400	—
7	1876	Bremervörde	Samen-Kontroll-Station	—	—	—	—	—	—
8	1857	Breslau	Agr.-chem. Versuchs-Station	7 500	7 500	6 500	—	—	—
9	1875	Breslau	Agr.-bot. u. Samen-Kontroll-Station	—	—	—	—	—	—
10	1857	Dahme	Agr.-chem. Versuchs-Station	10 200	10 200	10 200	—	1 875	1 20
11	1876	Danzig	Landwirthsch. Vers.-Stat.	4 300	4 300	8 300	—	4 300	4 30
12	1871	Ebstorf	Agr.-chem. Kontroll-Station	—	—	—	—	—	—
13	1878	Eldena	Kontroll-Station	—	—	500	—	500	—
14a	1872	Geisenheim	Königl. Lehranstalt f. Obst- und Weinbau. Pflanzenphysiologie. Vers.-Stat.	—	8 850	7 354	—	—	—
14b	1872	Geisenheim	Desgl. Oenochem. Vers.-Stat.	—	—	8 572	—	—	—
15	1876	Göttingen	Kontroll-Station	9 000	9 000	—	—	500	—
16	1855	Halle a./S.	Agr.-chem. Versuchs-Station	5 000	3 600	13 000	3 000	1 000	15 00
17	1889	Halle a./S.	Vers.-Stat. f. Pflanzenschutz	—	—	3 100	—	—	4 00
18	1893	Hameln	Milchwirthsch. Vers.-Stat.	—	—	9 500	—	—	—
19	1870	Hildesheim	Landwirthsch. Vers.-Stat.	4 500	4 500	4 500	—	210	—
20	1858	Insterburg	Landwirthsch. Vers.-Stat.	3 000	3 000	4 500	—	1 100	1 00
21	1883	Kempen a. Rh.	Landwirthsch. Vers.-Stat.	—	—	—	—	—	3 00
22a	1870	Kiel	Agr.-chem. Versuchs-Station	5 000	6 000	3 000	3 000	6 000	3 00
22b	1877 und 1889	Kiel	Versuchs-Station f. Molkereiwesen	—	—	6 000	—	—	3 00
23	1874	Kiel	Samen-Kontroll-Station	—	—	—	—	—	—
24	1896	Kleinhof-Tapiau	Versuchs-Station und Lehranstalt für Molkereiwesen	—	—	7 550	—	—	2 05
25	1875	Königsberg i. Pr.	Landwirthsch. Vers.-Stat.	3 000	4 500	5 000	—	—	1 00
26	1863	Koeslin[3])	Agr.-chem. Versuchs-Station u. Samen-Kontroll-Station	4 200	4 200	5 700	1 200	3 050	1 20
27	1857	Marburg[4])	Agr.-chem. Versuchs-Station	3 900	3 900	17 400	—	6 050	3 90
28	1871	Münster i. W.	Landwirthsch. Vers.-Stat.	4 200	4 200	10 300	—	6 360	10 30
29	1861	Posen-Jersitz	Landwirthsch. Vers.-Stat.	11 400	11 400	11 400	—	3 815	1 50
30	1873	Proskau	Milchwirthsch. Institut	—	1 500	4 900	—	—	6 20
31	1878	Proskau	Versuchs-Station des Königl. Pomologischen Instituts	—	—	—	—	—	—
32	1868	Wiesbaden	Agr.-chem. Versuchs-Station	6 600	2 400	2 400	—	—	—
			Zusammen	**107 187**	**114 790**	**208 427**	**7 200**	**36 660**	**63 65**
In Prozenten der Gesammteinnahme 1898					25,2			7,7	
„ „ „ „ 1887/88					37			12	
„ „ „ „ 1877					50			3	

[1]) Für 1887/88 sind Provinz- und Vereinszuschüsse vereinigt angegeben in der Rubrik „Provinz"

…chsstationen (nach den verschiedenen Quellen).

10	11	12	13	14	14	15	16	17	18	19	20	21	22	23
Vereine			Private			Besondere Einnahmen			Insgemein			Zusammen		
1877	1887/88[1])	1898	1877	1887/88	1898	1877	1887/88	1898	1877	1887/88	1898	1877	1887/88	1898
ℳ			ℳ			ℳ			ℳ			ℳ		
—	—	—	—	—	—	—	—	—	—	—	—	—	—	—
—	—	—	—	—	—	7 500	26 500	40 236	—	—	22	10 140	31 640	48 259
…400	—	400	—	—	—	—	5 000	11 000	—	100	100	25 087	27 100	65 250
—	—	—	—	—	—	—	—	127	—	—	—	—	—	127
—	—	407	—	—	—	2 700	8 000	30 324	—	—	3	10 200	15 500	37 234
—	—	—	—	—	—	—	—	8 102	—	—	686	—	—	8 788
…350	—	—	150	—	—	900	3 235	9 425	—	—	105	12 600	15 310	20 931
…2 650	—	4 150	4 300	—	—	1 726	4 000	6 393	—	²)8 590	—	12 976	21 190	23 143
—	—	100	—	—	—	—	—	47	—	—	—	—	—	147
—	—	—	—	2 700	—	—	1 040	²)15350	—	45	—	—	4 285	15 850
—	—	—	—	—	—	—	—	—	—	251	—	—	9 101	7 354
—	—	—	—	—	—	—	—	1 914	—	—	—	—	—	10 486
400	—	927	—	—	—	—	—	6 177	—	319	13	9 400	9 819	7 118
—	—	2 000	—	—	—	22 000	19 300	71 077	—	1 734	2 347	30 000	25 634	103 424
—	—	5 800	—	—	—	—	—	200	—	—	—	—	—	13 100
—	—	1 600	—	—	—	—	—	4 382	—	—	—	—	—	15 482
1 920	—	210	3 180	6 000	2 496	3 720	5 900	27 394	—	2 390	1 473	13 320	19 000	36 073
750	—	750	—	—	275	2 000	4 480	8 866	—	—	—	5 750	8 580	15 391
—	—	—	—	—	70	—	—	29 134	—	—	183	—	—	32 387
2 600	—	—	—	5 120	—	6 500	6 620	23 000	—	—	—	17 100	32 240	29 000
—	—	—	—	—	—	—	—	87 355	—	—	—	—	—	96 355
—	—	300	—	—	—	—	—	4 086	—	—	—	—	—	4 386
—	—	3 300	—	—	—	—	—	4 538	—	—	—	—	—	17 438
—	—	1 050	—	—	6 605	—	—	11 792	—	—	—	6 647	11 700	25 447
1 500	—	2 000	—	—	100	800	2 500	15 544	—	350	281	7 700	10 100	24 825
210	—	5 000	2 892	—	—	672	3 500	17 000	—	440	730	7 674	13 890	44 030
1 940	—	1 910	—	—	500	6 800	14 935	23 100	—	1 250	150	12 940	26 745	46 260
1 465	—	4 000	8 175	—	—	1 450	2 600	32 766	—	—	4 858	22 490	17 815	54 525
—	—	—	—	—	—	—	—	9 350	—	—	70	—	—	20 520
—	—	—	—	—	—	—	—	—	—	—	—	—	—	—
—	—	—	—	1 606	—	3 253	—	2 185	—	200	—	9 913	4 206	4 585
…7 185	—	**33 905**	**19 944**	**18 076**	**10 046**	**62 421**	**111 911**	**500 870**	—	**23 918**	**11 025**	**213 937**	**303 855**	**827 923**
						(einschl. Insgemein)								
	4,1			1,2			61,8			—			100	
	8			6			37			—			100	
	8			9			30			—			100	

– ²) Meist aus dem Vorjahr stammend. — ³) Früher Regenwalde. — ⁴) Früher Altmorschen.

Anlage XLIV.

Einnahmen und Ausgaben der Landwirthschaftskammern etc. für das Rechnungsjahr 1899.

1		2	3	4	5	6	7	8
Bezeichnung der Provinzen und Landwirthschaftskammern etc.		Einnahme		Ausgabe				
		Staatsbeihülfen	Eigene Einnahmen der Kammer etc.	Für Zwecke der Pferdezucht	Für Zwecke der Zucht sämmtl. übrigen der Landwirthsch. dienstbaren Thiergattungen	Für wissenschaftliche Unternehmungen	Zeitschriften	Alle übrigen Kammer- etc. Angelegenheiten
		ℳ	ℳ	ℳ	ℳ	ℳ	ℳ	ℳ
1. **Ostpreussen:**	a) Landwirthschaftl. Centralverein Königsberg	121 450	77 781	27 567	36 849	73 140	11 474	34 972
	b) „ „ Insterburg [1])	.	.	.	.	.	.	.
2. **Westpreussen:**	Landwirthschaftskammer Danzig	122 450	111 912	29 780	57 392	67 526	2 728	[2]) 68 012
3. **Brandenburg:**	„ Berlin	157 338	243 302	19 194	67 296	166 651	5 000	113 525
4. **Pommern:**	„ Stettin	191 107	355 766	40 336	98 025	117 005	4 014	217 465
5 **Posen:**	„ Posen	179 775	195 845	41 819	125 090	60 683	.	144 920
6. **Schlesien:**	„ Breslau	206 015	389 310	19 709	105 335	273 604	38 898	167 603
7. **Sachsen:**	„ Halle a./S.	138 167	299 287	58 577	73 562	20 116	34 980	216 188
8 **Schleswig-Holstein:**	„ Kiel	108 700	317 654	17 200	135 057	101 629	17 214	141 498
9. **Hessen-Nassau:**	„ Cassel	62 020	102 634	14 139	13 975	85 061	5 478	47 429
	„ Wiesbaden	51 667	55 436	4 100	38 330	17 220	10 421	37 433
10. **Hannover:**	„ Hannover	137 907	242 548	23 596	64 270	82 902	1 822	223 411
11. **Westfalen:**	„ Münster i. W.	78 125	189 383	6 500	21 608	126 142	11 605	127 421
11. **Rheinprovinz:**	„ Bonn	105 000	223 512	16 910	40 103	200 665	7 948	[2]) 66 494
13. **Hohenzollern'schen Lande:**	Centralstelle zur Beförderung der Landwirthschaft etc. Sigmaringen	11 589	17 017	2 368	3 227	2 713	2 557	2 860
	Zusammen	**1 671 310**	**2 822 437**	**321 795**	**860 119**	**1 395 157**	**154 139**	**1 609 231**
		4 493 747		**4 340 441**				

[1]) Angaben fehlen. Im Rechnungsjahr 1900 wurden ausgegeben zu Zwecken der Spalte 5 ℳ 18 518 und der Spalte 6 ℳ 41 180. — [2]) Die Angaben beziehen sich auf das Etatsjahr 1898/99.

Anlage XLV.

Aufwendungen aus Mitteln der Provinzialverbände zu den gleichen Zwecken, zu welchen die allgemeinen Dispositionsfonds*) der landwirthschaftl. Verwaltung Verwendung finden, für das Etatsjahr 1900.

1	2	3	4	5	6	7	8
Verwendungszwecke.	Ost-preussen	West-preussen	Branden-burg	Pommern	Posen	Schlesien	Sachsen
I. Für wissenschaftliche Zwecke.	*M*	*M*	*M*	*M*	*M*	*M*	*M*
a) Landwirthschaftsschulen	—	4 500	23 700	8 500	—	6 900	—
b) Winter- und Ackerbauschulen	23 950	8 900	7 500	9 600	12 750	17 800	41 532
c) Ländl. Fortbildungs- u. Haushaltungsschulen	—	—	—	—	—	—	—
d) Wiesenbauschulen	7 500	—	—	—	—	—	3 000
e) Landwirthschaftliche Wanderlehrer	—	—	—	6 000	6 180	1 000	—
f) Versuchsstationen und Versuchswesen	5 750	4 691	—	1 200	1 500	—	3 000
g) Stipendien an Schüler	—	—	—	—	—	—	s. b. III 6)
h) Andere nicht besonders genannte Zwecke	—	4 500	—	1) 3 500	—	2) 17 000	—
Summe I	**37 200**	**22 591**	**31 200**	**28 800**	**20 430**	**42 700**	**47 532**
Dazu einmalige bezw. vorübergehende Ausgaben	—	—	—	3) *10 000*	—	—	*1 000*
II. Förderung der Viehzucht.							
a) Prämiirung und Ausstellung von Pferden	—	—	—	21 000	—	—	—
b) Prämiirung und Ausstellung von Rindvieh	—	—	—	24 000	—	—	—
c) Prämiirung v. Schweinen, Schafen u. Ziegen	—	—	—	200	—	—	—
d) Prämiirung von Geflügel	—	—	—	4 300	—	—	—
e) Bullenstationen	—	—	—	—	—	2 150	—
f) Eberstationen	—	—	—	5 000	—	5 900	—
g) Molkereischulen	1 200	—	3 000	3 000	—	—	s. b. III 6)
h) Molkerei-Genossenschaften	—	—	—	—	—	—	—
i) Viehzucht-Instruktoren und -Wanderlehrer	—	—	—	—	—	—	—
k) Andere nicht besonders genannte Gewerbe	—	10 000	—	—	16 000	756	—
Summe II	**1 200**	**10 000**	**3 000**	**57 500**	**16 000**	**8 806**	—
Dazu einmalige bezw. vorübergehende Ausgaben	—	*1 000*	—	—	—	—	4) *10 000*
III. Förderung der allgemeinen Landeskulturzwecke (ausschl. der Meliorationen).							
a) Anwendung verbesserten Saatgutes	—	—	—	—	—	—	
b) Anwendung verbessert. Düngungsmethoden					—	—	
und von Kunstdünger	—	—	—	—	—	—	
c) Verbesserung in der Anlage v. Dungstätten	—	—	—	2 000	—	—	5) 2 000
d) Förderung des Feldgrasbaues	—	—	—	—	—	—	
e) Prämiirung bäuerlicher Wirthschaften	—	—	—	—	—	—	
f) Allgemeine Zwecke	—	800	—	—	—	—	
Summe III	—	**800**	—	**2 000**	—	—	**2 000**
Dazu einmalige bezw. vorübergehende Ausgaben	—	—	—	—	—	—	6) *40 000*
IV. Für Obst- und Gartenbauzwecke.							
a) Obstmuttergärten und Baumschulen	9 840 *M* Zuschuss zur Gartenlehranstalt Tapiau	—	—	—	—	1 500	7) 9 970
b) Garten-, Obst- und Weinbau-Lehranstalten		—	—	—	7 950	—	—
c) Lehr- u. Ausbildungskurse im Obst- u. Weinbau		—	—	450	—	—	—
d) Obstverwerthungs- und Absatzgenossenschaften und Einrichtungen		—	—	—	—	—	s. b. III 6)
e) Unterstützungen bei Obstpflanzungen		2 000	—	—	—	—	
f) Gärtnerisches Wanderlehrwesen		—	—	—	—	500	—
g) Obst- und Gartenbauausstellungen		—	—	—	—	—	—
h) Andere nicht genannte Zwecke		—	—	—	—	500	—
Summe IV	**9 340**	**2 000**	—	**450**	**7 950**	**2 500**	**9 970**
Dazu einmalige bezw. vorübergehende Ausgaben	*5 000*	—	—	—	—	—	8) *9 500*

*) Kap. 102 Tit. 16, Kap. 104, Kap. 105 Tit. 8, Kap. 107 Tit. 1, 2. — 1) Bienenzucht 1500 *M*, Fischzucht 2000 *M*. — 2) Davon 5000 *M* f. Fischzucht. — 3) Haushaltungsschuleinrichtung. — 4) Für jedes der Jahre 1900 u. 1901 Beihülfe z. Organ. des Viehversicherungswesens. — 5) Aus dem Landesmel.-fonds zu Prämien an tüchtige Düngerwirthe etc. — 6) Für die Zwecke des Westfonds (auch für die Zweke I g, II h und IV d u. e). — 7) Zuschuss an den Obstgarten in Diemitz. Der Spezialetat dieses Provinzialobstgartens schliesst in Einnahme und Ausgabe mit 14 170 *M*. Unter den Ausgaben sind 1640 *M* Kosten der Unterrichtskurse. — 8) An eine Obstverwerthungsgenossenschaft als Darlehen.

Noch: Anlage XLV.

Noch: Aufwendungen aus Mitteln der Provinzialverbände zu den gleichen Zwecken, zu welchen die allgemeinen Dispositionsfonds der landwirthschaftlichen Verwaltung Verwendung finden, für das Etatsjahr 1900.

1	9	10	11	12	13	14	15
Verwendungszwecke	Schleswig-Holstein	Hannover	Westfalen	Cassel	Wiesbaden	Rheinprovinz	Hohenzollern
I. Für wissenschaftliche Zwecke.	ℳ	ℳ	ℳ	ℳ	ℳ	ℳ	ℳ
a) Landwirthschaftsschulen	12 000	4 500	19 000	—	4 500	18 444	—
b) Winter- und Ackerbauschulen	9 000	72 593	15 000	19 500	4 000	80 200	—
c) Ländl. Fortbildungs- u. Haushaltungsschulen	—	2 400	—	—	{ 300 [1]) 4 000 }	1 680	—
d) Wiesenbauschulen	—	2 400	4 000	—	1 700	—	—
e) Landwirthschaftliche Wanderlehrer	—	—	—	—	8 000	[2]) 5 500	—
f) Versuchsstationen und Versuchswesen	10 000	500	7 300	3 900	—	6 000	—
g) Stipendien an Schüler	—	—	—	—	—	—	—
h) Andere nicht besonders genannte Zwecke	1 500	4 509	12 500	—	—	4 987	—
Summe I	**32 500**	**86 902**	**57 800**	**23 400**	**19 500**	**116 811**	—
Dazu einmalige bezw. vorübergehende Ausgaben	—	—	—	*640*	—	—	—
II. Förderung der Viehzucht.							
a) Prämiirung und Ausstellung von Pferden	—	—	—	—	3 000	10 000	—
b) Prämiirung und Ausstellung von Rindvieh	—	—	—	—	5 000	33 017	—
c) Prämiirung v. Schweinen, Schafen u. Ziegen	—	—	—	—	—	6 435	—
d) Prämiirung von Geflügel	—	—	—	—	—	—	—
e) Bullenstationen	—	—	—	—	s. zu b	—	—
f) Eberstationen	—	—	—	—	—	—	—
g) Molkereischulen	—	—	—	2 000	4 000	—	—
h) Molkerei-Genossenschaften	—	—	—	—	—	19 600	—
i) Viehzucht-Instruktoren und -Wanderlehrer	—	—	—	—	—	—	—
k) Andere nicht besonders genannte Gewerbe	—	7 800	—	[3]) 1 000	[4]) 1 350	2 715	—
Summe II	—	**7 800**	—	**3 000**	**16 350**	**71 767**	—
Dazu einmalige bezw. vorübergehende Ausgaben	*1 000*	—	[5]) *14 685*	*260*	—	—	—
III. Förderung der allgemeinen Landeskulturzwecke (ausschl. der Meliorationen).							
a) Anwendung verbesserten Saatgutes	—	—	—	—	—	1 000	—
b) Anwendung verbesserter Düngungsmethoden und von Kunstdünger	—	—	—	—	—	5 000	—
c) Verbesserung in der Anlage v. Dungstätten	—	1 500	—	—	1 000	10 445	—
d) Förderung des Feldgrasbaues	—	—	—	—	—	9 903	—
e) Prämiirung bäuerlicher Wirthschaften	—	—	—	—	—	—	—
f) Allgemeine Zwecke	[6]) 4 000	17 975	—	—	—	1 550	—
Summe III	**4 000**	**19 475**	—	—	**1 000**	**27 808**	—
Dazu einmalige bezw. vorübergehende Ausgaben	—	—	[7]) *6 680*	—	—	—	—
IV. Für Obst- und Gartenbauzwecke.							
a) Obstmuttergärten und Baumschulen	1 200	—	—	—	—	—	—
b) Garten-, Obst- und Weinbau-Lehranstalten	—	—	—	—	—	19 510	—
c) Lehr- u. Ausbildungskurse im Obst- u. Weinbau	—	1 620	—	—	—	}	—
d) Obstverwerthungs- und Absatzgenossenschaften und Einrichtungen	—	—	—	—	—	}	—
e) Unterstützungen bei Obstpflanzungen	} 5 600	—	3 000	—	—	} 13 672	—
f) Gärtnerisches Wanderlehrwesen	}	1 500	—	—	—	}	—
g) Obst- und Gartenbau-Ausstellungen	—	880	—	—	—	}	—
h) Andere nicht genannte Zwecke	—	4 250	—	—	—	}	—
Summe IV	**6 800**	**8 250**	**3 000**	—	—	**33 182**	—
Dazu einmalige bezw. vorübergehende Ausgaben	—	—	[8]) *2 546*	*100*	—	—	—

[1]) Davon 1000 ℳ für Ausbildung von Haushaltslehrerinnen. — [2]) Für Weinbau. — [3]) Fischerei. — [4]) 850 ℳ Bienenzucht, 500 ℳ Fischerei. — [5]) Davon 12 085 ℳ aus dem Westfonds. — [6]) Förderung der Forst- und Heidekultur. — [7]) Aus dem Westfonds. — [8]) Davon 1546 ℳ aus dem Westfonds.

Noch: Anlage XLV.

Noch: Aufwendungen aus Mitteln der Provinzialverbände zu den gleichen Zwecken, zu welchen die allgemeinen Dispositionsfonds der landwirthschaftlichen Verwaltung Verwendung finden, für das Etatsjahr 1900.

1	2	3	4	5	6	7	8	9	10	11	12	13	14	15
Verwendungszwecke	Ost-preussen ℳ	West-preussen ℳ	Branden-burg ℳ	Pommern ℳ	Posen ℳ	Schlesien ℳ	Sachsen ℳ	Schles-wig-Holstein ℳ	Hannover ℳ	Westfalen ℳ	Cassel ℳ	Wies-baden ℳ	Rhein-provinz ℳ	Hohen-zollern ℳ
Wiederholung:														
Summe I . . .	**37 200**	**22 591**	**31 200**	**28 800**	**20 430**	**42 700**	**47 532**	**32 500**	**86 902**	**57 800**	**23 400**	**19 500**	**116 811**	—
„ **II** . . .	**1 200**	**10 000**	**3 000**	**57 500**	**16 000**	**8 806**	—	—	**7 800**	—	**3 000**	**16 350**	**71 767**	—
„ **III** . . .	—	**800**	—	**2 000**	—	—	**2 000**	**4 000**	**19 475**	—	—	**1 000**	**27 898**	—
„ **IV** . . .	**9 340**	**2 000**	—	**450**	**7 950**	**2 500**	**9 970**	**6 800**	**8 250**	**3 000**	—	—	**35 182**	—
Ueberhaupt . . .	**47 740**	**31 395**	**34 200**	**88 750**	**44 380**	**54 006**	**59 502**	**43 300**	**122 427**	**60 800**	**26 400**	**36 850**	**249 658**	—
Dazu einmalige bezw. vorübergehende Ausgaben	*5 000*	*1 000*	—	*10 000*	—	—	*60 500*	*1 000*	—	*23 911*	*1 000*	—	—	—
Summe . . .	**52 740**	**36 391**	**34 200**	**98 750**	**44 380**	**54 006**	**120 002**	**44 300**	**122 427**	**84 711**	**27 400**	**36 850**	**249 658**	—

Anlage XLVI.

Höhe der einmaligen und ausserordentlichen Ausgaben in der landwirthschaftlichen Verwaltung seit 1867.

1	2	3	1	2	3	1	2	3	1	2	3	1	2	3
Jahre	Extra-ordi-narium ℳ	In Proz der ordent-lichen Aus-gaben	Jahre	Extra-ordi-narium ℳ	In Proz. der ordent-lichen Aus-gaben	Jahre	Extra-ordi-narium ℳ	In Proz. der ordent-lichen Aus-gaben	Jahre	Extra-ordi-narium ℳ	In Proz. der ordent-lichen Aus-gaben	Jahre	Extra-ordi-narium ℳ	In Proz. der ordent-lichen Aus-gaben
			1871	307 500	6,3	1880/81	1 234 902	16,9	1890/91	618 860	5,8			
			1872	971 553	19,3	1881/82	812 300	11,3	1891/92	1 358 800	12,3	**1900**	**10 128 440**	59,2
			1873	1 728 768	32,7	1882/83	1 260 175	16,9	1892/93	1 043 245	9,0	**1901**	**13 533 907**	74,6
			1874	2 435 772	40,5	1883/84	2 018 597	25,6	1893/94	1 203 600	9,8			
			1875	5 339 130	75,3	1884/85	1 148 132	14,1	1894/95	1 807 959	14,4	**Sa. I**	**1 636 620**	9,1
			1876	2 263 160	32,1	1885/86	1 287 210	15,3	1895/96	2 155 320	16,8			
1867	424 590	[1]) 10,9	1./1. 77—1./4. 77	272 125	16,4	1886/87	952 200	10,4	1896/97	3 585 190	27,3	**Sa. II**	**23 301 816**	40,2
1868	491 550	10,8	1 /4. 77—78 . . .	1 749 798	24,9	1887/88	1 061 500	11,2	1897/98	3 463 020	25,7	**Sa. III**	**11 185 516**	12,9
1869	420 672	8,9	1878/79	5 871 000	83,3	1888/89	706 500	7,1	1898/99	3 695 485	24,0	**Sa. IV**	**23 271 729**	18,0
1870	299 808	5,9	1879/80	2 363 010	33,5	1889/90	904 000	8,6	1899 . .	4 340 250	27,9			
Sa. I	**1 636 620**		**Sa. II**	**23 301 816**		**Sa. III**	**11 185 516**		**Sa. IV**	**23 271 729**		**1867—1901**	**83 258 028**	25,5

[1]) alte Provinzen; neue Provinzen 64 200 ℳ = 12,1 % der ordentlichen Ausgaben.

Anlage XLVII.

Einnahmen und Ausgaben der Gestütsverwaltung 1883/84, 1886/87, 1888/89,

1	2	3	4	5
Etatsstelle 1901 Kap.	Titel	Etatspositionen.	1901 ℳ	1900 ℳ
		Einnahme.		
		Hauptgestüte.		
33.	1.	Erlös für verkaufte Pferde und Wirthschaftsvieh	369 025	324 925
	2.	Sprung- und Füllengeld	35 780	35 280
	3.	Ertrag von Grundstücken und Gutswirthschaften	387 877	276 671
	4.	Werth der Emolumente der Beamten, Unterbedienten u. Wärter	113 752	84 059
	5.	Sonstige Einnahmen, einschliesslich der Renngewinne bei dem Hauptgestüt Graditz	40 089	39 748
		Summe bei den Hauptgestüten	*946 523*	*760 683*
		Landgestüte.		
	6.	Erlös für verkaufte Pferde und Wirthschaftsvieh	6 000	6 000
	7.	Sprung- und Füllengeld aus der Deckperiode des Jahres 1900	2 000 750	1 960 960
	8.	Ertrag von Grundstücken und Gutswirthschaften	33 167	33 177
	9.	Werth der Emolumente der Beamten, Unterbedienten u. Wärter	30 027	29 082
	10.	Sonstige Einnahmen	35 542	35 674
		Summe bei den Landgestüten	*2 105 486*	*2 064 893*
		Centralverwaltung.		
	11.	Erlös für ausrangirte, früher aus Staatsfonds angekaufte Beschäler und sonstige Einnahmen	45 000	45 000
		Summe der Einnahmen	**3 097 009**	**2 870 576**
108.		**A. Dauernde Ausgaben.**		
	1.	Besoldungen der Beamten der Haupt- und Landgestüte	291 894	282 854
	2.	Wohnungsgeldzuschüsse für die Beamten	1 380	1 380
		Andere persönliche Ausgaben.		
		Hauptgestüte.		
	3.	Diensteinkommen nicht zur Pension berechtigter Gestütbediensteter, einschl. der Löhnungen und Stiefelgelder der Gestütwärter und Dienstleute, sowie zur Remunerirung des sonstigen Hülfspersonals	406 474	349 179
	4.	Stellenzulagen für Unterbeamte (bis 200 ℳ)	1 750	1 750
	5.	Zur Beschaffung der den Gestütwärtern zu gewährenden Montirungen	9 312	8 526
		Landgestüte.		
	6.	Diensteinkommen nicht zur Pension berechtigter Gestütbediensteter, einschl. der Löhnungen und Stiefelgelder der Gestütwärter u. Dienstleute; zu Miethsentschädigungen für erstere, sowie zur Remunerirung des sonst. Hülfspersonals	815 574	761 990
	7.	Persönliche Zulage für den Dirigenten des Landgestüts Celle sowie Stellenzulagen für Unterbeamte (bis 200 ℳ)	2 150	2 150
	8.	Zur Beschaffung der den Gestütwärtern zu gewährenden Montirungen	66 612	66 672
	9.	Pensionen und Unterstützungen an invalide Stallbediente des Hannover. Landgestütes und deren Hinterbliebene (künftig wegfallend)	258	258

für die Etatsjahre **1849, 1860, 1867, 1876, 1879/80, 1890/91, 1892/93** bis **1901.**

6	7	8	9	10	11	12	13	Etatsstelle 1901	
Etatsjahr									
1899	1898/99	1897/98	1896/97	1895/96	1894/95	1893/94	1892/93	Kap.	Titel
ℳ	ℳ	ℳ	ℳ	ℳ	ℳ	ℳ	ℳ		
323 945	325 250	324 250	308 750	298 450	298 050	297 920	274 610	33.	1.
36 940	35 440	33 040	37 400	30 810	30 210	27 910	27 660		2.
277 534	301 959	284 328	289 924	291 488	272 860	257 915	257 085		3.
84 153	47 242	47 184	47 117	47 067	46 047	45 838	45 802		4.
43 270	35 167	35 167	42 835	42 324	42 121	38 406	38 381		5.
765 842	*745 060*	*723 970*	*726 028*	*710 140*	*689 290*	*667 990*	*643 540*		
6 000	6 000	6 000	—	—	—	—	—		6.
1 852 500	1 809 800	1 736 400	1 654 090	1 628 788	1 589 408	1 479 348	1 439 520		7.
35 173	36 276	36 246	12 483	12 058	16 878	15 922	15 836		8.
20 417	14 382	13 973	9 848	9 767	9 767	9 861	9 473		9.
26 470	26 540	25 850	26 538	26 016	25 876	28 707	29 141		10.
1 940 560	*1 893 000*	*1 818 470*	*1 702 960*	*1 676 630*	*1 641 930*	*1 533 840*	*1 493 520*		
45 000	45 000	45 000	45 000	45 000	45 000	45 000	45 000		11.
2 751 402	**2 683 060**	**2 587 440**	**2 473 988**	**2 431 770**	**2 376 220**	**2 246 830**	**2 182 060**		
								108.	
285 114	281 790	255 535	257 435	257 145	256 650	257 950	254 850		1.
1 380	1 380	1 680	1 980	1 980	1 980	2 040	2 040		2.
344 543	291 592	279 550	235 764	231 126	223 180	209 985	199 635		3.
1 300	1 300	1 300	1 300	1 300	1 300	1 300	1 300		4.
8 382	8 460	8 316	8 316	9 408	8 976	7 470	7 470		5.
702 054	674 552	651 302	614 719	601 901	592 238	580 471	564 823		6.
1 400	1 400	200	200	200	200	200	200		7.
64 116	61 980	59 976	57 168	57 702	56 454	56 220	56 082		8.
258	258	258	258	258	258	258	258		9.

Noch: Anlage XLVII.

Noch: Einnahmen und Ausgaben der Gestütsverwaltung 1883/84, 1886/87, 1888/89,

1	2	3	14	15
Etatsstelle 1901		Etatspositionen.	1890/91	1888/89
Kap.	Titel		ℳ	ℳ
		Einnahme.		
		Hauptgestüte.		
33.	1.	Erlös für verkaufte Pferde und Wirthschaftsvieh	270 570	277 490
	2.	Sprung- und Füllengeld	27 500	22 700
	3.	Ertrag von Grundstücken und Gutswirthschaften	235 259	226 261
	4.	Werth der Emolumente der Beamten, Unterbedienten u. Wärter	45 929	45 929
	5.	Sonstige Einnahmen, einschliesslich der Renngewinne bei dem Hauptgestüt Graditz	36 793	37 283
		Summe bei den Hauptgestüten . . .	*616 052*	*609 664*
		Landgestüte.		
	6.	Erlös für verkaufte Pferde und Wirthschaftsvieh	—	—
	7.	Sprung- und Füllengeld aus der Deckperiode des Jahres 1900	1 419 708	1 396 170
	8.	Ertrag von Grundstücken und Gutswirthschaften	12 977	12 606
	9.	Werth der Emolumente der Beamten, Unterbedienten u. Wärter	9 789	9 825
	10.	Sonstige Einnahmen	28 935	29 578
		Summe bei den Landgestüten . . .	*1 471 410*	*1 448 176*
		Centralverwaltung.		
	11.	Erlös für ausrangirte, früher aus Staatsfonds angekaufte Beschäler und sonstige Einnahmen	45 008	45 000
		Summe der Einnahmen . . .	**2 132 470**	**2 102 840**
108.		**A. Dauernde Ausgaben.**		
	1.	Besoldungen der Beamten der Haupt- und Landgestüte . .	240 295	233 815
	2.	Wohnungsgeldzuschüsse für die Beamten	2 184	2 484
		Andere persönliche Ausgaben.		
		Hauptgestüte.		
	3.	Diensteinkommen nicht zur Pension berechtigter Gestütbediensteter, einschl der Löhnungen und Stiefelgelder der Gestütwärter und Dienstleute, sowie zur Remunerirung des sonstigen Hülfspersonals	174 669	173 416
	4.	Stellenzulagen für Unterbeamte (bis 200 ℳ)	—	—
	5.	Zur Beschaffung der den Gestütwärtern zu gewährenden Montirungen	7 326	7 326
		Landgestüte.		
	6.	Diensteinkommen nicht zur Pension berechtigter Gestütbediensteter, einschl. der Löhnungen und Stiefelgelder der Gestütwärter u Dienstleute; zu Miethsentschädigungen für erstere, sowie zur Remunerirung des sonst. Hülfspersonals	508 757	502 654
	7.	Persönliche Zulage für den Dirigenten des Landgestüts Celle sowie Stellenzulagen für Unterbeamte (bis 200 ℳ)	—	—
	8.	Zur Beschaffung der den Gestütwärtern zu gewährenden Montirungen	52 512	54 420
	9.	Pensionen und Unterstützungen an invalide Stallbediente des Hannover. Landgestütes und deren Hinterbliebene (künftig wegfallend)	258	888

[1]) Hannover. — [2]) Ertrag aus der besonderen Landwirthschaft der Gestütswirthschaften

für die Etatsjahre 1849, 1860, 1867, 1876, 1879/80, 1890/91, 1892/93 bis 1901.

16	17	18	19	20	21	22	23	Etatsstelle 1901	
Etatsjahr									
1886/87	1883/84	1879/80	1876	1867 alte Prov.	1867 neue Prov.	1860	1849	Kap.	Titel
M	*M*	*M*	*M*	*M*	*M*	*M*	*M*		
277 420	249 640	251 850	212 660	163 410	—	156 900	93 492	33.	1.
24 700	22 100	12 100	5 260	4 230	—	3 690	2 274		2.
266 280	252 473	272 554	250 620	196 260	—	177 833	191 552		3.
45 677	45 828	45 660	47 019	50 400	—	49 433	5 744		4.
37 071	35 086	30 925	27 860	17 010	—	16 844	869		5.
651 149	*605 128*	*613 090*	*543 420*	*431 310*	—	*404 700*	*293 931*		
—	—	6 830	4 460	3 750	—	—	—		6.
1 303 870	1 139 855	996 530	1 083 670	336 000	31 256	300 000	162 270		7.
12 941	11 593	32 320	30 127	25 316	75	—	17 817		8.
9 129	8 484	8 184	6 229	6 790	—	6 456	8 041		9.
27 321	23 929	18 195	13 833	6 413	3 088	9 624	3 261		10.
1 353 261	*1 183 862*	*1 062 060*	*1 138 320*	*378 270*	*34 419*	*316 080*	*191 389*		
45 000	45 000	40 000	13 500	8 250	1 260	—	—		11.
2 409 411	**1 833 990**	**1 715 150**	**1 695 240**	**817 830**	**35 679**	**720 780**	**485 320**		
					1) 44 000	2) 532 200			
					79 679	**1 252 980**			
								108.	
239 515	235 421	235 575	211 140	129 222	27 725	120 050	106 126		1.
2 304	2 004	2 400	804	—	—	—	—		2.
				Tit. 3 u. 5 zus.					
156 349	144 478	138 996	127 382	102 524	—	89 721	44 354		3.
—	—	—	—	—	—	—	—		4.
7 194	8 004	8 232	9 363	s. oben		—	—		5.
				Tit. 6 u. 8 u. 9 zus.					
480 942	441 634	409 140	359 725	132 426	89 695	127 499	122 249		6.
—	—	—	—	—	—	—	—		7.
52 950	47 610	40 986	37 733	s. oben		—	—		8.
888	1 564	3 928	5 589	s. oben		—	—		9.

Gudwallen, Kreischau und Zirke. Näheres im Text.

Noch: Anlage XLVII.

Noch: Einnahmen und Ausgaben der Gestütsverwaltung 1883/84, 1886/87, 1888/89,

1	2	3	4	5
Etatsstelle 1901		Etatspositionen.	1901	1900
Kap.	Titel		ℳ	ℳ
(108.)		**Sächliche Ausgaben.**		
		Hauptgestüte.		
	10.	Diäten und Fuhrkosten und Ersatz baarer Auslagen	19 530	18 730
	11.	Für Amtsbedürfnisse, Heizung, Erleuchtung, Botenlohn u. s. w. sowie zu Rennpreisen des Hauptgestüts Graditz	61 114	60 028
	12.	Zur Beschaffung der Fourage	541 252	525 360
	13.	Wirthschaftskosten	475 910	385 370
	14.	Unterhaltung der Gebäude, Unterhaltung und Ergänzung des Mobiliars in den Repräsentationsräumen d. Dienstwohnungen der Hauptgestüt-Dirigenten, sowie zur Unterhaltung von das Hauptgestüt Trakehnen durchschneidenden Landstrassen . .	102 100	91 100
	15.	Pächte, Abgaben und Lasten, einschliesslich der gesetzlichen Ortsarmenpflege	28 315	21 365
		Landgestüte.		
	16.	Diäten und Fuhrkosten und Ersatz baarer Auslagen	34 455	31 835
	17.	Für Amtsbedürfnisse, Heizung, Erleuchtung, Botenlohn u dergl. . . } einschliessl des Bedarfs der Beschälstationen während d Deckperiode des laufenden Jahres	106 919	102 069
	18.	Zur Beschaffung der Fourage . . . } (ditto)	1 540 298	1 519 599
	19.	Wirthschaftskosten .... } (ditto)	160 150	147 960
	20.	Unterhaltung der Gebäude	60 600	58 015
	21.	Pächte, Abgaben und Lasten, einschliesslich der gesetzlichen Ortsarmenpflege	12 437	11 895
		Sonstige Ausgaben.		
		Hauptgestüte.		
	22.	Vermischte Ausgaben	2 446	2 343
		Landgestüte.		
	23.	Vermischte Ausgaben	1 387	1 302
		Kosten der Centralverwaltung und sonstige Ausgaben.		
		Persönliche Ausgaben.		
	24.	Ausserordentliche Remunerationen und Unterstützungen für Unterbeamte	925	925
	24a.	Ausserordentliche Remunerationen für mittlere Beamte und Lehrer	400	400
	24b.	Unterstützungen für mittlere Beamte und Lehrer	2 600	2 600
	24c.	Ausserordentliche Remunerationen für Gestütwärter u. Dienstleute der Gestüte	6 000	3 000
	25.	Unterstützungen für ausgeschiedene Beamte, sowie Unterstützungen für Wittwen und Waisen von Beamten der Gestütverwaltung	4 000	4 000
	26.	Unterstützungen für invalide Gestütwärter, Dienstleute und andere ständige Arbeiter der Gestüte, sowie für Hinterbliebene solcher Personen	50 000	50 000
	27.	Beiträge zur gesetzlichen Kranken-, Unfall-, Invaliditäts- und Altersversicherung	12 500	12 500

für die Etatsjahre 1849, 1860, 1867, 1876, 1879/80, 1890/91, 1892/93 bis 1901.

6	7	8	9	10	11	12	13	Etatsstelle 1901	
Etatsjahr									
1899	1898/99	1897/98	1896/97	1895/96	1894/95	1893/94	1892/93	Kap.	Titel
ℳ	ℳ	ℳ	ℳ	ℳ	ℳ	ℳ	ℳ		
								(108.)	
18 580	19 080	19 080	19 050	16 490	16 490	15 940	15 940		10.
59 783	53 446	53 366	53 178	51 182	50 636	52 270	51 785		11.
517 444	486 930	451 760	450 080	429 710	426 590	408 630	400 450		12.
373 900	435 505	362 005	307 285	300 425	285 790	278 150	271 500		13.
90 600	88 250	79 250	78 950	75 350	74 550	71 470	71 470		14.
53 159	47 693	47 693	46 341	55 512	45 799	45 420	43 708		15.
29 600	28 100	28 000	24 920	23 540	23 510	23 360	22 835		16.
98 614	96 017	95 448	93 020	91 668	90 981	88 501	87 292		17.
1 471 041	1 428 932	1 392 712	1 319 294	1 277 354	1 232 680	1 174 570	1 135 710		18.
140 484	141 118	133 467	107 981	106 727	106 926	110 882	109 369		19.
52 685	51 385	50 585	45 905	44 905	43 905	42 135	41 230		20.
12 908	12 393	11 643	7 379	6 819	9 270	9 042	8 714		21.
2 341	2 249	2 251	2 489	2 498	2 471	2 993	2 995		22.
858	856	836	667	730	623	889	889		23.
1 725	1 725								24.
400	400	6 925	6 925	6 925	6 925	6 925	6 925		24.a
1 800	1 800								24b.
3 000	3 000								24c.
2 770	2 770	2 770	2 770	2 770	2 770	2 770	2 770		25.
50 000	44 500	44 500	44 500	34 500	34 500	34 500	34 500		26.
12 500	12 500	12 500	12 500	12 500	12 500	12 500	12 500		27.

Noch: Anlage XLVII.

Noch: Einnahmen und Ausgaben der Gestütsverwaltung 1883/84, 1886/87, 1888/89,

1	2	3	14	15
Etatsstelle 1901		Etatspositionen.	1890/91	1888/89
Kap.	Titel		*M*	*M*
(108.)		**Sächliche Ausgaben.**		
		Hauptgestüte.		
	10.	Diäten und Fuhrkosten und Ersatz baarer Auslagen	12 690	12 690
	11.	Für Amtsbedürfnisse, Heizung, Erleuchtung, Botenlohn u. s. w. sowie zu Rennpreisen des Hauptgestüts Graditz	51 575	51 335
	12.	Zur Beschaffung der Fourage	360 920	359 710
	13.	Wirthschaftskosten	259 275	249 645
	14.	Unterhaltung der Gebäude, Unterhaltung und Ergänzung des Mobiliars in den Repräsentationsräumen d. Dienstwohnungen der Hauptgestüt-Dirigenten, sowie zur Unterhaltung von das Hauptgestüt Trakehnen durchschneidenden Landstrassen . .	69 010	66 175
	15.	Pächte, Abgaben und Lasten, einschliesslich der gesetzlichen Ortsarmenpflege	41 411	51 078
		Landgestüte.		
	16.	Diäten und Fuhrkosten und Ersatz baarer Auslagen	22 425	22 000
	17.	Für Amtsbedürfnisse, Heizung, Erleuchtung, Botenlohn u. dergl. . . } einschliessl. des Bedarfs der Beschälstationen während d. Deckperiode des laufenden Jahres	85 315	84 391
	18.	Zur Beschaffung der Fourage . . . . }	1 120 270	1 123 075
	19.	Wirthschaftskosten . . . . }	102 648	99 058
	20.	Unterhaltung der Gebäude	40 635	38 895
	21.	Pächte, Abgaben und Lasten, einschliesslich der gesetzlichen Ortsarmenpflege	8 482	11 374
		Sonstige Ausgaben.		
		Hauptgestüte.		
	22.	Vermischte Ausgaben	2 645	2 646
		Landgestüte.		
	23.	Vermischte Ausgaben	919	931
		Kosten der Centralverwaltung und sonstige Ausgaben.		
		Persönliche Ausgaben.		
	24.	Ausserordentliche Remunerationen und Unterstützungen für Unterbeamte . . . . }		
	24a.	Ausserordentliche Remunerationen für mittlere Beamte und Lehrer . . . . }	6 925	6 925
	24b.	Unterstützungen für mittlere Beamte und Lehrer . . . . }		2 800
	24c.	Ausserordentliche Remunerationen für Gestütwärter u. Dienstleute der Gestüte . . . . }		
	25.	Unterstützungen für ausgeschiedene Beamte, sowie Unterstützungen für Wittwen und Waisen von Beamten der Gestütverwaltung	2 770	2 770
	26.	Unterstützungen für invalide Gestütwärter, Dienstleute und andere ständige Arbeiter der Gestüte, sowie für Hinterbliebene solcher Personen	29 500	29 500
	27.	Beiträge zur gesetzlichen Kranken-, Unfall-, Invaliditäts- und Altersversicherung	1 500	—

[1]) Darunter 18 071 *M* Ablieferung aus dem Ertrage der Domäne Kreischau. — [2]) 11 582 *M*

für die Etatsjahre 1849, 1860, 1867, 1876, 1879/80, 1890/91, 1892/93 bis 1901.

16	17	18	19	20	21	22	23	Etatsstelle 1901	
Etatsjahr									
1886/87	1883/84	1879/80	1876	1867 alte Prov.	1867 neue Prov.	1860	1849	Kap.	Titel
ℳ	ℳ	ℳ	ℳ	ℳ	ℳ	ℳ	ℳ		
								(108.)	
9 690	7 440	7 240	5 610	4 980	—	4 110	3 534		10.
53 093	51 048	48 270	49 206	25 147	—	18 541	6 311		11.
383 730	381 875	405 430	375 719	254 862	—	300 131	238 934		12.
242 850	208 085	217 385	165 077	121 655	—	75 467	[1]) 31 422		13.
66 560	74 940	72 636	70 390	56 985	—	37 440	25 680		14.
48 615	38 425	38 045	30 057	27 991	—	13 935	3 090		15.
21 815	20 755	21 840	21 410	12 060	6 128	12 060	14 514		16.
83 894	75 855	86 483	64 240	26 160	14 319	23 847	14 921		17.
1 095 355	1 029 577	983 659	776 111	376 922	161 294	419 115	246 737		18.
94 345	86 576	73 981	60 582	29 129	16 069	23 773	[2]) 30 975		19.
38 176	37 822	36 291	29 621	15 376	4 731	12 020	10 157		20.
11 247	8 462	10 565	8 026	5 939	3 870	862	4 251		21
17 415	17 297	2 143	2 077	—	—	—	—		22.
1 063	7 538	26 592	204 442	—	4 320	—	—		23.
									24.
6 925	6 925	6 925	8 000						24a.
2 000	630						Besoldung u. s. w.		24b.
									24c.
2 770	2 770	2 770	2 770	24 000 + 1 500	—	6 000	16 050 + 3 000		25.
29 500	18 375	18 375	18 375						26.
—	—	—	—						27.

Reinertrag aus der Wirthschaft Zirke.

Noch: Anlage XLVII.

Noch: Einnahmen und Ausgaben der Gestütsverwaltung 1883/84, 1886/87, 1888/89,

1 Etatsstelle 1901 Kap.	2 Titel	3 Etatspositionen.	4 1901 ℳ	5 1900 ℳ
(108.)		Sächliche Ausgaben.		
	28.	Diäten und Reisekosten	20 000	20 000
	29.	Zu Neubauten und grösseren Reparaturen, einschliesslich der Elbuferbauten bei Graditz	120 000	100 000
		Sonstige Ausgaben.		
	30.	Zur Ausbildung von Gestüt-Eleven	6 600	6 600
	31.	Zum Ankauf von Pferden und zu den Kosten grösserer Pferdetransporte	1 100 000	1 100 000
	32.	Zur Entschädigung des Königlichen Ober-Marstalls für nicht gelieferte Ober-Marstall-Remonten	8 557	8 553
	33.	Stellvertretungskosten und vermischte Ausgaben	3 000	3 000
		Summe der Ausgabe A	**6 078 250**	**5 763 310**
		Dazu B: Einmalige u. ausserordentl. Ausgaben	**1 196 810**	**918 900**
		Insgesammt	**7 275 060**	**6 682 210**

1 Etatsstelle 1901 Kap.	2 Titel	3 Etatspositionen.	14 1890/91 ℳ	15 1888/89 ℳ
(108.)		Sächliche Ausgaben.		
	28.	Diäten und Reisekosten	15 800	15 800
	29.	Zu Neubauten und grösseren Reparaturen, einschliesslich der Elbuferbauten bei Graditz	60 000	60 000
		Sonstige Ausgaben.		
	30.	Zur Ausbildung von Gestüt-Eleven	6 600	6 600
	31.	Zum Ankauf von Pferden und zu den Kosten grösserer Pferdetransporte	1 000 000	800 000
	32.	Zur Entschädigung des Königlichen Ober-Marstalls für nicht gelieferte Ober-Marstall-Remonten	8 550	8 555
	33.	Stellvertretungskosten und vermischte Ausgaben	3 000	3 000
		Summe der Ausgabe A	**4 298 870**	**4 083 960**
		Dazu B: Einmalige u. ausserordentl. Ausgaben	**631 185**	**341 635**
		Insgesammt	**4 930 055**	**4 425 595**

[1]) Der Titel besteht seit 1866. — [2]) darunter 15 000 ℳ Armenlasten. — [3]) 12 000 ℳ Armenlasten.

für die Etatsjahre 1849, 1860, 1867, 1876, 1879/80, 1890/91, 1892/93 bis 1901.

6	7	8	9	10	11	12	13	Etatsstelle 1901	
Etatsjahr									
1899	1898/98	1897/98	1896/97	1895/96	1894/95	1893/94	1892/93	Kap.	Titel
ℳ	ℳ	ℳ	ℳ	ℳ	ℳ	ℳ	ℳ		
								(108.)	
20 000	·20 000	20 000	20 000	20 000	15 800	15 800	15 800		28.
100 000	100 000	100 000	100 000	80 000	80 000	80 000	80 000		29.
6 600	6 600	6 600	6 600	6 600	6 600	6 600	6 600		30.
1 100 000	1 100 000	1 000 000	1 000 000	1 000 000	1 000 000	1 000 000	1 000 000		31.
8 550	8 556	8 558	8 552	8 551	8 546	8 546	8 548		32.
3 000	3 000	3 000	3 000	3 000	3 000	3 000	3 000		33.
5 640 890	**5 519 520**	**5 191 070**	**4 938 530**	**4 818 780**	**4 722 100**	**4 610 790**	**4 510 190**		
610 660	**712 000**	**778 440**	**321 450**	**351 930**	**162 400**	**243 400**	**230 980**		
6 251 550	**6 231 520**	**5 969 510**	**5 259 980**	**5 170 710**	**4 884 500**	**4 854 190**	**4 741 170**		

16	17	18	19	20	21	22	23	Etatsstelle 1901	
Etatsjahr									
1886/87	1883/84	1879/80	1876	1867 alte Prov.	1867 neue Prov.	1860	1849	Kap.	Titel
ℳ	ℳ	ℳ	ℳ	ℳ	ℳ	ℳ	ℳ		
								(108.)	
15 800	15 800	9 000	9 000	6 000	—	6 000	—		28.
60 000	60 000	60 000	60 000	47 100	—	47 100	46 995		29.
6 600	6 600	6 600	6 600	1 800	—	2 400	3 300		30.
800 000	800 000	453 600	453 600	183 600	65 010	102 900	51 078		31.
8 550	8 545	8 538	8 535	8 505	[1]) —	—	—		32.
3 000	3 000	3 000	3 000	3 000	—	[2]) 18 000	[3]) 15 011		33.
4 043 140	**3 849 060**	**3 438 630**	**3 184 190**	**1 596 883**	**393 161**	**1 950 842**	**1 038 689**		
230 570	**771 590**	**384 780**	**668 310**	**92 610**	—	**84 000**	—		
4 273 710	**4 620 650**	**3 423 410**	**982 500**	**1 689 493**	—	**2 034 842**	**1 038 689**		

Anlage XLVIII.

Ordinarium und Extraordinarium des Gestütsetats in den Jahren 1849—1901.

1	2	3	4	1	2	3	4
Jahre.	Ordinarium ℳ	Extraordinarium ℳ	Prozent des Ordinariums	Jahre.	Ordinarium ℳ	Extraordinarium ℳ	Prozent des Ordinariums
				1871	2 152 380	63 000	
1901	6 078 250	1 196 810	19,6	1870	2 123 625	61 200	
1900	5 763 310	918 900	15,9	1869	2 103 300	85 380	
1899	5 640 890	610 660	10,8	1868	2 033 925	142 494	
1898/99	5 519 520	712 000	12,9	1867: alte Prov.	1 596 885	92 610	
1897/98	5 191 070	778 440	14,9	neue „	393 162	—	
1896/97	4 938 530	321 450	6,1	1866	1 616 325	3 000	
1895/96	4 818 780	351 930	7,3	1865	1 588 995	67 791	
1894/95	4 722 100	162 400	3,4	1864	1 563 750	63 084	
1893/94	4 610 790	243 400	5,2	1863	1 542 780	66 000	
1892/93	4 510 190	230 980	5,1	1862	1 787 520	45 000	
Summe I	**51 703 430**	**5 526 970**	**10,6**	**Summe IV**	**18 502 647**	**680 559**	**3,7**

1891/92	4 469 730	579 790	
1890/91	4 298 870	631 185	
1889/90	4 284 680	544 850	
1888/89	4 083 960	341 635	
1887/88	4 059 470	225 545	
1886/87	4 043 140	230 570	
1885/86	4 011 515	235 450	
1884/85	3 942 450	719 570	
1883/84	3 849 060	771 540	
1882/83	3 875 070	128 910	
Summe II	**40 917 945**	**4 409 075**	**10,7**
1881/82	3 431 910	364 900	
1880/81	3 443 250	380 200	
1879/80	3 438 630	384 780	
1878/79	3 432 090	600 000	
1877/78	3 430 550	584 990	
1877 (1./1.—1./3.)	796 047	80 000	
1876	3 184 190	668 310	21,0
1875	2 804 320	1 101 790	39,2
1874	2 726 460	713 610	26,1
1873	2 566 170	852 600	33,2
1872	2 211 255	373 650	
Summe III	**31 464 872**	**6 104 830**	**19,4**

1861	1 787 520	45 000	
1860	1 950 840	84 000	
1859	1 916 379	[1]) 228 000	
1858	1 914 429	234 000	
1857	1 355 754	60 000	
1856	1 355 754	150 000	
1855	1 355 754	—	
1854	1 355 754	—	
1853	1 273 590	—	
1852	1 274 296	—	
1851	1 274 369	—	
1850	1 038 690	—	
1849	1 100 694	—	
Summe V	**16 598 069**	**801 000**	**0,5**

Wiederholung.

Summe I . .	**51 793 430**	**5 526 970**	**10,6**
„ **II** . .	**40 917 945**	**4 409 075**	**10,7**
„ **III** . .	**31 463 872**	**6 104 830**	**19,4**
„ **IV** . .	**18 502 647**	**689 559**	**3,7**
„ **V** . .	**16 598 069**	**801 000**	**0,5**
Insgesammt 1849—1901 .	**159 275 963**	**17 531 434**	**9,2**

[1]) 150 000 ℳ Einnahmeausfälle und schlechte Ernten.

Entwickelung der ordentlichen Einnahmen u. Ausgaben im Bereiche

1	2	3	4	5	6	7	8
		Auf den Gestüten waren nach dem Etat vorhanden					
Bezeichnung der Landgestüte.	Jahre	Hauptbeschäler	Mutterstuten	junge Hengste und Stuten	Landbeschäler	Erlös für verkaufte Pferde u. Wirthschaftsvieh ℳ	Sprung- und Füllengeld ℳ
							a) Land-
1. Rastenburg (jetzt 1. ostpr., früher masurisches auch litthauisches genannt)	1877/78	—	—	—	135	—	83 000
	1880/81	—	—	—	132	—	83 000
	1890/91	—	—	—	168	—	104 000
	1901	—	—	—	160	—	104 400
2. Braunsberg (2. ostpreuss.)	1892/93	—	—	—	85	—	51 150
	1901	—	—	—	125	—	71 000
3. Insterburg (1. litthauisches, früher in Trakehnen)	1850	—	—	—	300	—	46 920
	1860	—	—	—	300	—	87 000
	1870	—	—	—	300	—	100 320
	1880/81	—	—	—	135	—	88 500
	1890/91	—	—	—	160	—	114 210
	1901	—	—	—	200	—	175 000
4. Gudwallen (2. litthauisches)	1880/81	—	—	—	98	—	73 000
	1890/91	—	—	—	178	—	128 240
	1901	—	—	—	200	6 000	200 000
5. Marienwerder (1. westpreuss.)	1850	—	—	—	100	—	15 180
	1860	—	—	—	100	—	27 000
	1870	—	—	—	105	—	31 050
	1880/81	—	—	—	105	—	56 370
	1890/91	—	—	—	125	—	70 000
	1901	—	—	—	125	—	78 000
6. Pr. Stargard (2. westpreuss.)	1898/99	—	—	—	100	—	64 350
	1901	—	—	—	125	—	79 350
7. Labes (pommersches)	1876	—	—	—	140	—	93 850
	1880/81	—	—	—	140	—	60 480
	1890/91	—	—	—	190	—	105 840
	1901	—	—	—	162	—	81 800
8. Friedrich Wilhelms-Gestüt zu Neustadt a./D. (brandenburgisches, früher Lindenau)	1850	—	—	—	140	—	24 024
	1860	—	—	—	140	—	45 000
	1870	—	—	—	160	—	49 500
	1880/81	—	—	—	140	—	66 480
	1890/91	—	—	—	165	—	92 600
	1901	—	—	—	217	—	100 000
9. Zirke (1. posensches)	1850	—	—	—	140	—	22 770
	1860	—	—	—	140	—	36 000
	1870	—	20	—	140	4 350	45 855
	1880/81	—	20	—	210	6 830	85 100
	1890/91	—	—	—	155	—	88 510
	1901	—	—	—	184	—	118 400
10. Gnesen (2. posensches)	1885/86	—	—	—	130	—	76 500
	1890/91	—	—	—	169	—	99 700
	1900	—	—	—	188	—	120 000
11. Leubus (niederschlesisches)	1850	—	—	—	150	—	23 460
	1860	—	—	—	150	—	45 000
	1870	—	—	—	160	—	58 500
	1880/81	—	—	—	110	—	49 410
	1890/91	—	—	—	142	—	81 810
	1901	—	—	—	162	—	94 000

der Gestütverwaltung (nebst dem etatsmässigen Pferdebestand).

9	10	11	12	13	14
Einnahme			Ausgabe	Es ergiebt sich hiernach	
Ertrag aus Grundstücken und Gutswirthschaften	Sonstige Einnahmen	Gesammtsumme der Einnahme	Gesammtsumme	ein Zuschussbedarf von	ein Ueberschuss von
ℳ	ℳ	ℳ	ℳ	ℳ	ℳ
gestüte.					
23	1 207	84 230	91 080	6 850	—
23	1 207	84 230	89 351	5 121	—
99	1 907	106 056	118 185	12 129	—
99	971	105 470	129 513	24 043	—
25	925	52 100	70 888	18 788	—
27	1 823	72 850	106 656	33 806	—
22 627	2 662	72 209	119 849	47 640	—
—	5 250	92 250	155 520	63 270	—
—	3 717	116 820	153 810	36 990	—
—	1 250	89 750	96 335	6 585	—
—	2 479	116 689	111 495	—	5 194
—	2 230	177 230	169 222	—	8 008
7 918	1 002	81 920	72 451	—	9 469
7 980	1 457	137 677	112 740	—	24 937
31 228	9 052	246 280	217 177	—	29 103
—	865	16 045	47 830	31 785	—
—	1 740	28 740	20 980	—	7 760
—	1 590	32 640	68 790	36 150	—
—	1 490	57 860	96 860	39 000	—
—	3 810	73 810	104 080	30 270	—
—	1 920	79 920	116 390	36 470	—
40	1 540	65 930	96 780	30 850	—
30	1 640	81 020	123 540	42 520	—
33	2 137	96 020	154 010	57 990	—
33	2 137	62 650	132 910	70 260	—
33	1 627	107 500	165 360	57 860	—
35	2 195	84 030	168 191	84 161	—
—	1 035	25 059	74 559	49 500	—
—	1 050	46 050	97 800	51 750	—
—	870	50 370	110 010	59 640	—
1 056	2 654	70 190	134 165	63 975	—
2 361	5 127	100 088	148 510	48 422	—
134	16 312	116 446	206 030	89 584	—
51 826	907	75 502	107 002	31 500	—
—	960	48 960	93 180	44 220	—
13 809	1 656	65 670	113 025	57 355	—
16 256	814	109 000	208 505	99 505	—
560	1 430	90 500	122 310	31 810	—
149	2 251	120 800	155 921	35 121	—
20	1 320	77 840	104 020	21 180	—
12	1 798	101 510	122 970	21 460	—
60	3 000	123 060	154 590	31 530	—
—	1 238	24 698	70 688	45 990	—
—	1 440	46 440	101 880	55 440	—
—	1 605	60 105	100 575	40 470	—
—	1 190	50 600	103 080	52 480	—
173	1 259	83 242	124 310	41 068	—
170	2 060	96 230	155 664	59 434	—

Noch: Entwickelung der ordentlichen Einnahmen und Ausgaben im

1	2	3	4	5	6	7	8
		Auf den Gestüten sind nach dem Etat vorhanden					
Bezeichnung der Landgestüte.	Jahre	Hauptbeschäler	Mutterstuten	junge Hengste und Stuten	Landbeschäler	Erlös für verkaufte Pferde u. Wirthschaftsvieh ℳ	Sprung- und Füllengeld ℳ
							Noch: a) Land-
12. Cosel (oberschlesisches) . . .	1877/78 .	—	—	—	100	—	64 985
	1880/81 .	—	—	—	100	—	40 635
	1890/91 .	—	—	—	135	—	74 470
	1901 . . .	—	—	—	175	—	105 000
13. Kreutz (sächsisches), erst in Repitz, dann Lindenau, seit Anfang der 90er Jahre in Kreutz	1850 . . .	—	—	—	110	—	16 380
	1860 . . .	—	—	—	110	—	30 000
	1870 . . .	—	—	—	85	—	21 900
	1880/81 .	—	—	—	85	—	30 345
	1890/91 .	—	—	—	95	—	46 500
	1901 . . .	—	—	—	135	—	88 000
14. Traventhal (schleswig-holsteinsches)	1870 . . .	—	—	—	35	—	12 600
	1880/81 .	—	—	—	120	—	82 350
	1890/91 .	—	—	—	120	—	79 728
	1901 . . .	—	—	—	120	—	79 750
15. Celle (hannoversches)	1870 . . .	—	—	—	228	—	87 300
	1880/81 .	—	—	—	225	—	175 015
	1890/91 .	—	—	—	220	—	182 890
	1901 . . .	—	—	—	275	—	273 750
16. Warendorf (westfälisches) .	1850 . . .	—	—	—	80	—	10 800
	1860 . . .	—	—	—	80	—	16 500
	1870 . . .	—	—	—	75	—	12 150
	1880/81 .	—	—	—	100	—	42 000
	1890/91 .	—	—	—	100	—	44 230
	1901 . . .	—	—	—	130	—	74 600
17. Dillenburg (hessen-nassau.)	1870 . . .	—	—	—	90	—	23 400
	1880/81 .	—	—	—	122	—	48 960
	1890/91 .	—	—	—	132	—	62 080
	1901 . . .	—	—	—	142	—	72 700
18. Wickrath (rheinisches) . . .	1850 . . .	—	—	—	50	—	6 600
	1860 . . .	—	—	—	50	—	13 500
	1870 . . .	—	—	—	70	—	13 230
	1880/81 .	—	—	—	60	—	26 400
	1890/91 .	—	—	—	90	—	44 850
	1901 . . .	—	—	—	140	—	85 000
Summe . . .	1850 . . .	—	—	—	*1 070*	—	*166 134*
	1860 . . .	—	—	—	*1 070*	—	*300 000*
	1870 . . .	—	*20*	—	*1 440*	*4 350*	*455 805*
	1880/81 .	—	*20*	—	*1 882*	*6 830*	*1 008 045*
	1890/91 .	—	—	—	*2 344*	—	*1 419 708*
	1901 . . .	—	—	—	*2 965*	*6 000*	*2 000 750*

[1]) 6 480 ℳ für Gehaltsaufbesserungen sind noch dazu zu rechnen.

Bereiche der Gestütverwaltung (nebst dem etatsmässigen Pferdebestand).

9	10	11	12	13	14
Einnahme			Ausgabe	Es ergiebt sich hiernach	
Ertrag aus Grundstücken und Gutswirthschaften	Sonstige Einnahmen	Gesammtsumme der Einnahme	Gesammtsumme	ein Zuschussbedarf von	ein Ueberschuss von
ℳ	ℳ	ℳ	ℳ	ℳ	ℳ
gestüte.					
60	1 065	66 110	113 070	46 960	—
60	1 065	41 760	87 035	45 275	—
300	1 696	76 466	111 490	35 024	—
153	3 307	108 460	164 704	56 244	—
—	1 842	20 222	55 722	37 500	—
—	2 340	32 340	71 340	39 000	—
—	570	22 470	61 065	38 595	—
300	475	31 120	91 930	60 810	—
300	2 684	49 484	98 550	49 066	—
20	3 180	91 200	160 856	69 656	—
—	330	12 930	32 430	19 500	—
465	2 375	85 190	123 190	38 000	—
340	3 162	83 230	123 300	40 070	—
181	3 049	82 980	126 350	43 370	—
150	5 520	92 970	201 900	108 930	—
8	5 787	180 810	271 760	90 950	—
72	4 298	187 360	263 210	75 850	—
143	4 217	278 110	325 510	47 400	—
—	1 900	12 700	45 460	32 760	—
—	1 890	18 390	58 590	40 200	—
—	2 040	14 190	55 320	41 130	—
—	3 150	45 150	105 830	60 680	—
21	2 459	46 710	103 330	56 620	—
24	2 466	77 090	153 000	75 910	—
75	2 415	25 890	83 280	57 390	—
530	1 360	50 850	152 208	101 358	—
530	1 668	64 278	156 910	92 632	—
531	2 429	75 660	171 900	96 240	—
—	1 224	7 824	31 584	23 760	—
—	1 410	14 910	42 030	27 120	—
—	1 980	15 210	62 400	47 190	—
252	1 568	28 220	68 150	39 930	—
196	1 764	46 810	98 500	51 690	—
183	3 467	88 650	176 690	88 040	—
74 453	*11 673*	*252 260*	*564 275*	*312 015*	—
—	*16 080*	*316 080*	*683 280*	*367 200*	—
26 817	*22 293*	*509 265*	*1 042 605*	*533 340*	—
26 901	*27 524*	*1 069 300*	*1 833 760*	*773 929*	*9 469*
				764 460	
12 978	*38 724*	*1 471 410*	[1]) *2 085 250*	*643 971*	*30 131*
				613 840	
33 167	*65 569*	*2 105 486*	*2 981 904*	*918 529*	*37 111*
				876 418	

Noch: Anlage XLIX.

Noch: Entwickelung der ordentlichen Einnahmen und Ausgaben im

1	2	3	4	5	6	7	8
		Auf den Gestüten sind nach dem Etat vorhanden					
Bezeichnung der Hauptgestüte.	Jahre	Hauptbeschäler	Mutterstuten	junge Hengste und Stuten	Landbeschäler	Erlös für verkaufte Pferde und Wirthschaftsvieh ℳ	Sprung- und Füllengeld ℳ
							b) Haupt-
1. Trakehnen	1850	12	300	915	—	42 120	300
	1860	12	300	984	—	82 200	1 800
	1870	15	300	805	—	89 100	2 925
	1880/81	15	300	1 007	—	145 850	8 000
	1890/91	15	350	1 039	—	148 000	10 000
	1901	15	350	1 108	—	139 745	12 500
2. Graditz	1850	8	160	447	—	24 750	396
	1860	8	170	442	—	36 900	690
	1870	8	150	419	—	46 320	1 350
	1880/81	8	190	550	—	77 500	3 500
	1890/91	8	190	547	—	81 240	12 000
	1901	10	190	509	—	113 200	18 840
3. Beberbeck	1870	2	30	60	—	13 500	400
	1880/81	5	100	240	—	28 500	600
	1890/91	5	100	283	—	41 330	5 500
	1901	5	100	306	—	66 900	840
4. Neustadt a./D., Fr. Wilhelms-Gestüt, Zuchtgestüt	1850	5	80	219	—	19 620	1 302
	1860	5	80	253	—	34 800	1 200
	1870	5	120	300	—	26 775	825
	1880/81	—	—	—	—	—	—
	1890/91	—	—	—	—	—	—
	1901	2	40	97	—	5 080	3 100
5. Zwien-Georgenburg, Zuchtgst.	1901	1	50	220	—	44 100	500
Summe 1—5	1850	*25*	*540*	*1 581*	—	*86 490*	*1 998*
	1860	*25*	*550*	*1 679*	—	*156 900*	*3 690*
	1870	*28*	*570*	*1 524*	—	*162 195*	*5 100*
	1880/81	*28*	*590*	*1 797*	—	*251 850*	*12 100*
	1890/91	*28*	*640*	*1 869*	—	*270 570*	*27 500*
	1901	*33*	*730*	*2 240*	—	*369 025*	*35 780*
Summe der Land- und Hauptgestüte	1850	**25**	**540**	**1 581**	**1 070**	**86 490**	**168 132**
	1860	**25**	**550**	**1 679**	**1 070**	**156 900**	**303 690**
	1870	**28**	**590**	**1 524**	**1 440**	**166 545**	**460 905**
	1880/81	**28**	**610**	**1 797**	**1 882**	**258 680**	**1 020 145**
	1890/91	**28**	**640**	**1 869**	**2 344**	**270 570**	**1 447 208**
	1901	**33**	**730**	**2 240**	**2 965**	**375 025**	**2 036 530**

1) Daneben kommen noch die Einnahmen der besonderen Gestütswirthschaften mit 532 200 ℳ. Gestütsverwaltung gehörigen besonderen Landwirthschaften in Betracht. Näheres im Text. —

Bereiche der Gestütsverwaltung (nebst dem etatmässigen Pferdebestand).

9	10	11	12	13	14
Einnahme			Ausgabe	Es ergiebt sich hiernach	
Ertrag aus Grundstücken und Gutswirthschaften	Sonstige Einnahmen	Gesammtsumme der Einnahme	Gesammtsumme	ein Zuschussbedarf von	ein Ueberschuss von
ℳ	ℳ	ℳ	ℳ	ℳ	ℳ
gestüte.					
208 848	2 828	254 096	273 209	19 113	—
68 381	47 419	199 800	279 600	79 800	—
87 532	45 323	224 880	299 715	74 435	—
115 124	46 226	315 200	438 455	123 255	—
109 231	42 808	310 040	465 685	155 645	—
156 698	75 450	384 393	756 244	371 851	—
244 233	1 739	271 118	287 249	16 130	—
[1] 90 298	4 712	132 600	193 200	60 600	—
102 636	30 264	180 570	291 255	110 685	—
113 456	29 134	223 590	383 795	160 205	—
102 848	30 052	226 140	387 350	161 210	—
77 169	42 431	251 640	491 828	240 188	—
1 950	70	15 920	71 140	55 220	—
44 064	1 226	74 390	218 530	144 140	—
23 180	9 862	79 872	219 460	139 588	—
27 394	3 796	98 930	266 840	167 910	—
33 043	962	54 927	91 347	36 420	—
19 155	14 145	69 300	125 190	43 320	—
19 881	5 034	52 515	133 185	80 670	—
—	—	—	—	—	—
—	—	—	—	—	—
15 410	2 130	25 720	69 152	43 432	—
111 206	30 034	185 840	177 700	—	8 140
486 125	*5 800*	*580 413*	*682 146*	*101 733*	—
[1] *177 833*	*66 277*	*404 700*	[2] *597 990*	*193 290*	—
210 049	*80 621*	*457 965*	*724 155*	*266 190*	—
272 645	*76 585*	*613 180*	*1 040 780*	*427 600*	—
235 260	*82 722*	*616 052*	*1 072 495*	*456 443*	—
387 877	*153 841*	*946 523*	*1 761 764*	*823 381*	*8 140*
				815 241	
560 578	**17 473**	**832 673**	**1 246 421**	**413 748**	—
[1] **177 833**	**82 357**	**720 780**	**1 281 270**	**560 490**	—
236 866	**102 914**	**967 230**	**1 766 760**	**799 530**	—
299 546	**104 109**	**1 682 480**	**2 874 540**	**1 192 060**	—
248 237	**121 447**	**2 087 462**	[3] **3 157 745**	**1 070 283**	—
421 044	**219 410**	**3 052 009**	**4 743 668**	**1 691 659**	—

in Betracht. Näheres im Text. — [2]) Daneben kommen noch 487 170 ℳ Ausgaben für die zur
[3]) s. Anm. 1 auf S. 208.

Anlage La.

Special-Uebersicht der ordentlichen Einnahmen im Bereiche der Gestütsverwaltung, gegenübergestellt für die Etatsjahre **1901** und **1877/78.**

	2	3	4	5	6	7	8	9	10	11
	Auf den Gestüten sind nach dem Etat vorhanden				Einnahmen aus der Verwaltung der Gestüte und der bei denselben bewirthschafteten Grundstücke					
Bezeichnung des Gestüts. (Die *schräggedruckten* Zahlen gelten für 1877/78)	Hauptbeschäler	Mutterstuten	Junge Hengste und Stuten	Landbeschäler	Erlös für verkaufte Pferde und Wirthschaftsvieh ℳ	Sprung- und Füllengeld ℳ	Ertrag aus Grundstücken und Gutswirthschaften ℳ	Werth der Emolumente der Beamten, Unterbedienten und Wärter ℳ	Sonstige Einnahmen, einschl. der Rennpreise bei dem Hauptgestüt Graditz ℳ	Gesammt-Summe ℳ
A. Hauptgestüte.					Tit. 1	Tit. 2	Tit 3	Tit. 4	Tit. 5	
1. Trakehnen	15	350	1 108	—	139 745	12 500	156 698	71 714	3 736	384 393
	15	*300*	*942*	—	*137 820*	*6 500*	*127 404*	*40 502*	*7 924*	*320 650*
2. Graditz	10	190	509	—	113 200	18 840	77 169	8 405	34 026	251 640
	8	*190*	*550*	—	*77 000*	*3 500*	*113 456*	*4 833*	*24 301*	*223 590*
3 Beberbeck	5	100	306	—	66 900	840	27 394	2 014	1 782	98 930
	5	*100*	*165*	—	*26 200*	*600*	*17 029*	*323*	*148*	*44 300*
4 Neustadt a./D. (Zuchtgestüt)	2	40	97	—	5 080	3 100	15 410	1 926	204	25 720
	—	—	—	—	—	—	—	—	—	—
5. Georgenburg (Zuchtgestüt)	1	50	220	—	44 100	500	111 206	29 692	342	185 840
	—	—	—	—	—	—	—	—	—	—
Summe A	**33**	**730**	**2 240**	—	**369 025**	**35 780**	**387 877**	**113 751**	**40 090**	**946 523**
	28	*590*	*1 657*	—	*241 020*	*10 600*	*257 889*	*45 658*	*32 373*	*598 540*
B. Landgestüte.					Tit 6	Tit. 7	Tit. 8	Tit. 9	Tit. 10	
1. Ostpreussisches zu Rastenburg	—	—	—	160	—	104 400	99	518	453	105 470
	—	—	—	*132*	—	*83 000*	*23*	*595*	*612*	*84 230*

2. Ostpreussisches zu Braunsberg . .	—	—	—	125	—	71 000	27	1 200	623	72 850
	—	—	—	—	—	—	—	—	—	—
3. Litthauisches zu Insterburg	—	—	—	200	—	175 000	—	1 424	806	177 230
	—	—	—	*135*	—	*88 500*	—	*626*	*624*	*89 750*
4. „ „ Gudwallen	—	—	—	200	6 000	200 000	31 228	8 991	60	246 280
	—	—	—	*98*	—	*73 000*	*13 383*	*569*	*387*	*87 340*
5. Westpreussisches zu Marienwerder	—	—	—	125	—	78 000	—	342	1 577	79 920
	—	—	—	*105*	—	*88 550*	—	*182*	*1 267*	*90 000*
6. „ „ Pr. Stargard .	—	—	—	125	—	79 350	30	1 432	208	81 020
	—	—	—	—	—	—	—	—	—	—
7. Brandenburgisches	—	—	—	217	—	100 000	134	1 940	14 372	116 446
	—	—	—	*130*	*2 525*	*80 100*	*45 093*	*1 606*	*206*	*129 530*
8. Pommersches	—	—	—	162	—	81 800	35	1 768	427	84 030
	—	—	—	*140*	—	*93 850*	*33*	*900*	*1 237*	*96 020*
9. Posensches zu Zirke	—	—	—	184	—	118 400	149	1 660	591	120 800
	—	*20*	—	*200*	*4 460*	*81 820*	*15 577*	*528*	*745*	*103 130*
10. „ „ Gnesen	—	—	—	188	—	120 000	60	1 540	1 460	123 060
	—	—	—	—	—	—	—	—	—	—
11. Niederschlesisches	—	—	—	162	—	94 000	170	1 180	880	96 230
	—	—	—	*110*	—	*96 730*	—	*405*	*775*	*97 910*
12. Oberschlesisches	—	—	—	175	—	105 000	153	1 680	1 627	108 460
	—	—	—	*100*	—	*64 985*	*59*	*510*	*555*	*66 110*
13. Sächsisches	—	—	—	135	—	88 000	19	1 261	1 919	91 200
	—	—	—	*85*	—	*55 870*	—	*441*	*29*	*56 340*
14. Schleswig-Holsteinisches	—	—	—	120	—	79 750	181	1 120	1 929	82 980
	—	—	—	*90*	—	*90 350*	*353*	*660*	*666*	*92 030*
15. Hannoversches	—	—	—	275	—	273 750	143	835	3 382	278 100
	—	—	—	*225*	—	*164 550*	*8*	*112*	*5 239*	*169 910*
16. Westfälisches	—	—	—	130	—	74 600	24	580	1 886	77 090
	—	—	—	*90*	—	*48 955*	—	*270*	*2 005*	*51 230*
17. Hessen-Nassauisches	—	—	—	142	—	72 700	531	1 215	1 214	75 660
	—	—	—	*110*	—	*42 000*	*530*	*570*	*660*	*43 760*
18. Rheinisches	—	—	—	140	—	85 000	183	1 340	2 127	88 650
	—	—	—	*50*	—	*23 220*	*206*	*255*	*1 258*	*24 940*
Summe B . . .	—	—	—	**2 965**	**6 000**	**2 000 750**	**33 167**	**30 027**	**35 541**	**2 105 486**
	—	*20*	—	*1 800*	—	*1 175 480*	*75 266*	*8 231*	*16 267*	*1 282 230*
Ueberhaupt . . .	**33**	**730**	**2 240**	**2 965**	**375 025**	**2 036 530**	**421 043**	**143 779**	**75 631**	**3 052 009**
	28	*610*	*1 657*	*1 800*	*248 005*	*1 186 080*	*333 155*	*53 889*	*48 640*	*1 880 770*

Anlage Lb.

Spezial-Uebersicht der ordentlichen Ausgaben im Bereiche der Gestütsverwaltung, gegenübergestellt für die Etatsjahre **1901** und **1877/78.**

1	2	3	4	5	6	7	8	9	10	11	12	13	14	15	16	17	18
Bezeichnung des Gestüts. (Die *schräggedruckten* Zahlen gelten für 1877/78)	Ausgaben für das Gestütswesen und die damit verbundenen Landwirthschaften: Besoldungen und Emolumente der Beamten und Unterbedienten	Zu Wohnungsgeldzuschüssen der Beamten	Diensteinkommen nicht zur Pension berechtigter Gestütsbediensteter einschl. Löhnung und Stiefelgelder der Gestütswärter und Dienstleute, sowie zur Remunerirung des sonstigen Hilfspersonals	Zur Remunerirung von Hülfsarbeitern	Stellenzulagen	Zur Beschaffung der den Gestütswärtern zu gewährenden Montirungen	Zu Pensionen und Unterstützungen für invalide Stallbediente des Hannoverschen Landgestüts	Zu Diäten und Fuhrkosten und Ersatz baarer Auslagen	Für Amtsbedürfnisse, Heizung, Beleuchtung, Botenlohn, sowie zu Rennpreisen des Hauptgestüts Graditz	Zur Beschaffung der Fourage	Wirthschaftskosten	Zur Unterhaltung der Gebäude	Pächte, Abgaben und Lasten	Vermischte Ausgaben	Gesammt-Summe	Bei Berechnung der vorseitig nachgewiesenen Gesammt-Einnahme gegen nebenstehende Gesammt-Ausgabe ergiebt sich mithin ein Zuschussbedarf von	ein Ueberschuss von
	ℳ	ℳ	ℳ	ℳ	ℳ	ℳ	ℳ	ℳ	ℳ	ℳ	ℳ	ℳ	ℳ	ℳ	ℳ	ℳ	ℳ
A. Hauptgestüte.	Tit. 1		Tit. 3	Tit. 3a	Tit. 4	Tit. 5		Tit. 10	Tit. 11	Tit. 12	Tit. 13	Tit. 14	Tit. 15	Tit. 22			
1. Trakehnen . . .	54 740	—	195 431	—	1 250	3 960	—	7 800	8 690	213 998	206 780	50 000	12 193	1 402	756 244	371 851	—
	47 437	—	*78 102*	—	—	*3 762*	—	*1 600*	*3 216*	*156 750*	*95 325*	*43 680*	*8 782*	*1 275*	*439 930*	*119 280*	—
2. Graditz	29 470	—	94 575	—	300	2 310	—	7 950	48 216	174 590	105 965	21 900	5 899	652	491 828	240 188	—
	34 515	—	*37 215*	—	—	*3 282*	—	*3 690*	*43 027*	*154 960*	*72 000*	*17 230*	*16 643*	*728*	*383 290*	*159 700*	—
3. Beberbeck . . .	20 740	—	46 879	—	100	1 848	—	2 350	2 336	111 272	61 430	17 600	2 008	277	266 840	167 910	—
	15 165	—	*13 920*	—	—	*1 188*	—	*1 200*	*1 725*	*74 400*	*12 700*	*5 016*	*3 264*	*142*	*128 720*	*84 420*	—
4. Neustadt a./D. (Zuchtgestüt)	4 260	—	11 994	—	100	330	—	630	786	25 500	22 675	1 600	1 265	12	69 152	43 432	—
	—	—	—	—	—	—	—	—	—	—	—	—	—	—	—	—	—
5. Georgenburg (Zuchtgestüt)	3 000	—	57 595	1 350	—	864	—	800	1 086	15 892	79 060	11 000	6 950	103	177 700	—	8 140
	—	—	—	—	—	—	—	—	—	—	—	—	—	—	—	—	—
Summe A . .	**112 210**	—	**406 474**	**1 350**	**1 750**	**9 312**	—	**19 530**	**61 114**	**541 252**	**475 910**	**102 100**	**28 315**	**2 446**	**1 761 764**	**823 381**	**8 140**
																815 241	
	97 117	—	*129 238*	—	—	*8 232*	—	*6 490*	*47 968*	*386 110*	*180 025*	*65 926*	*28 689*	*2 145*	*951 940*	—	—

1. Ostpreuss. zu	8 600	—	32 563	—	—	3 366	—	2 400	5 296	68 700	5 685	2 400	480	23	129 513	24 043	—
Rastenburg . .	*6 450*	*432*	*22 940*	—	—	*4 218*	—	*1 800*	*3 058*	*48 280*	*3 255*	*600*	—	*67*	*91 080*	*6 850*	—
2. Ostpreuss. zu	6 720	—	28 308	—	—	2 838	—	1 500	3 523	56 538	5 368	1 400	365	96	106 656	33 806	—
Braunsberg . .	—	—	—	—	—	—	—	—	—	—	—	—	—	—	—	—	—
3. Litthauisches z.	9 700	360	42 010	—	—	4 224	—	1 900	4 495	93 433	7 014	3 000	3 053	33	169 222	—	8 008
Insterburg . . .	*7 365*	*360*	*24 161*	—	—	*4 596*	—	*1 300*	*2 238*	*52 640*	*3 430*	*1 182*	*45*	*63*	*97 380*	*7 630*	—
4. Litthauisches z.	9 984	—	55 996	—	150	4 356	—	2 150	3 908	98 600	31 369	6 800	3 714	149	217 177	—	29 103
Gudwallen . . .	*6 638*	*180*	*16 295*	—	—	*2 412*	—	*1 200*	*1 473*	*38 587*	*3 121*	*1 000*	*2 270*	*143*	*73 320*	—	*14 020*
5. Westpreuss. zu	11 320	—	34 817	—	100	2 838	—	1 300	4 346	52 870	6 140	2 300	315	44	116 390	36 470	—
Marienwerder .	*9 090*	—	*23 082*	—	—	*2 376*	—	*1 600*	*4 340*	*42 974*	*2 900*	*2 041*	*15*	*29 261*	*117 680*	*27 680*	—
6. Westpreuss zu	9 300	—	37 627	—	—	2 838	—	1 900	5 551	57 380	5 844	2 500	500	100	123 540	42 520	—
Pr. Stargard .	—	—	—	—	—	—	—	—	—	—	—	—	—	—	—	—	—
7. Brandenburg. .	8 400	—	53 016	—	80	4 950	—	2 035	9 539	107 912	10 182	8 880	1 006	30	206 030	89 584	—
	9 225	—	*27 413*	—	—	*3 192*	—	*1 320*	*7 440*	*63 790*	*23 050*	*10 350*	*5 074*	*22 544*	*173 400*	*43 870*	—
8. Pommersches .	13 000	—	42 870	—	—	3 564	—	1 700	6 993	89 590	7 425	3 000	—	49	168 191	84 161	—
	10 350	—	*28 584*	—	—	*3 168*	—	*2 100*	*5 316*	*66 513*	*4 500*	*1 200*	—	*29 495*	*151 226*	*55 206*	—
9. Posensches zu	11 000	—	40 996	—	100	3 696	—	2 160	5 245	82 660	6 475	3 500	80	9	155 921	35 121	—
Zirke	*13 125*	—	*32 143*	—	—	*3 696*	—	*2 500*	*6 409*	*103 867*	*10 820*	*3 370*	*3 244*	*209*	*179 385*	*76 255*	—
10. Posensches zu	11 380	720	44 605	—	100	3 960	—	1 850	4 914	79 675	5 500	1 700	160	26	154 590	31 530	—
Gnesen	—	—	—	—	—	—	—	—	—	—	—	—	—	—	—	—	—
11. Niederschles. .	8 640	—	39 704	—	100	3 630	—	1 800	6 057	82 831	8 501	4 000	294	107	155 664	59 434	—
	10 500	—	*20 421*	—	—	*2 508*	—	*1 630*	*5 020*	*52 895*	*3 345*	*3 000*	*441*	*30 980*	*130 740*	*32 830*	—
12. Oberschles. . .	8 380	3 000	44 107	—	100	3 894	—	1 640	5 154	91 842	7 070	1 500	696	21	164 704	56 244	—
	8 370	*900*	*16 622*	—	—	*3 570*	—	*780*	*4 594*	*51 050*	*5 050*	*600*	—	*21 534*	*113 070*	*46 960*	—
13. Sächsisches . .	8 980	—	38 163	—	100	2 970	—	1 400	5 377	93 120	8 491	2 000	250	5	160 856	69 656	—
	8 640	—	*18 921*	—	—	*1 914*	—	*1 100*	*5 613*	*42 835*	*2 445*	*4 200*	*100*	*16 331*	*102 100*	*45 760*	—
14. Schleswig-	10 300	—	35 199	—	—	2 706	—	1 350	3 231	63 217	7 126	3 090	199	21	126 350	43 370	—
Holsteinisches .	*5 385*	—	*21 465*	—	—	*2 046*	—	*1 200*	*5 700*	*44 320*	*4 140*	*1 125*	*1 334*	*22 633*	*109 350*	*17 320*	—
15. Hannoversches	16 480	—	106 131	—	1 320	6 528	258	3 700	13 296	158 330	12 820	5 800	232	615	325 510	47 400	—
	14 775	*504*	*74 022*	—	—	*4 950*	*3 928*	*2 200*	*10 236*	*133 730*	*11 000*	*5 250*	*90*	*7 144*	*267 830*	*97 920*	—
16. Westfälisches .	7 700	—	42 640	—	—	3 450	—	1 800	3 678	82 600	8 410	2 550	163	9	153 000	75 910	—
	7 050	*300*	*23 985*	—	—	*2 436*	—	*1 150*	*3 185*	*46 890*	*3 465*	*6 000*	—	*16 199*	*105 260*	*54 030*	—
17. Hessen-	12 700	—	50 402	—	—	3 402	—	1 670	11 333	78 650	8 870	4 270	576	27	171 900	96 240	—
Nassauisches .	*12 075*	*300*	*31 381*	—	—	*2 442*	—	*1 900*	*11 180*	*63 198*	*6 355*	*3 270*	*616*	*82*	*132 800*	*89 040*	—
18. Rheinisches . .	7 100	—	46 420	—	—	3 402	—	2 200	4 983	102 350	7 860	2 000	353	22	176 690	88 040	—
	4 800	—	*12 960*	—	—	*1 122*	—	*6 000*	*2 365*	*32 880*	*1 450*	*975*	*110*	*6 848*	*64 110*	*39 170*	—
Summe B . .	**179 685**	**1 380**	**815 574**	—	**2 150**	**66 612**	**258**	**34 455**	**106 919**	**1 540 298**	**160 150**	**60 600**	**12 436**	**1 386**	**2 981 904**	**913 529**	**37 111**
																876 418	
	133 838	*2 976*	*394 396*	—	—	*44 646*	*3 928*	*22 380*	*78 147*	*884 449*	*88 326*	*38 763*	*13 342*	*203 537*	*1 908 731*	*640 521*	*14 020*
Ueberhaupt . .	**291 895**	**1 380**	**1 222 048**	**1 350**	**3 900**	**75 924**	**258**	**53 985**	**168 033**	**2 081 550**	**636 060**	**162 700**	**40 751**	**3 832**	**4 743 668**	**1 691 659**	—
	230 955	*2 976*	*523 634*	—	—	*52 878*	*3 928*	*28 870*	*126 115*	*1 270 559*	*268 341*	*104 689*	*42 031*	*205 672*	*2 860 671*	*1 003 921*	—

Anlage LI.

Betriebs-Resultate der Gestüte des Staates in den Jahren 1868—70, 1877—79, 1887—89, 1897—99.

1	2	3	4	5	6	7	8	9	10	11	12	13	14	15	16	17	18	19	20	21	22	23	24	25	26	27	28	29	30	31
Bezeichnung der Hauptgestüte / Jahre	Hauptbeschäler waren vorhanden (Stück)			Mutterstuten waren vorhanden (Stück)			Von diesen wurden an lebenden Fohlen geboren						Von den Mutterstuten haben verworfen aus der vorjährig. Bedeckung (Stück)			Aus der Aufzucht des Gestüts wurden als Landbeschäler eingestellt (Stück)			Mutterstuten eingestellt (Stück)			Obermarstallremonten abgegeben (Stück)			Ausgemustert und deshalb verkauft wurden					
							Hengste	Stuten	Hengste	Stuten	Hengste	Stuten													alte Pferde	junge Pferde	alte Pferde	junge Pferde	alte Pferde	junge Pferde
a) Hauptgestüte.																														
Trakehnen:																														
1868, 1869, 1870[1]) .	15	14	13	295	296	295	131	111	93	97	111	94	22	9	9	32	22	18	35	38	30	13	11	9	49	75	34	62	43	77
1877, 1878, 1879 . .	15	16	14	294	301	298	105	117	105	125	110	93	24	18	34	29	37	37	28	36	37	27	33	29	15	105	22	92	28	63
1887, 1888, 1889 . .	18	16	15	343	342	343	118	119	130	119	121	120	20	23	27	34	25	38	49	36	42	18	24	10	38	82	39	92	25	101
1897, 1898, 1899 . .	15	16	18	347	351	353	123	138	145	136	126	108	30	19	99	36	28	25	48	42	47	19	20	27	37	104	37	106	31	114
Graditz:																														
1868, 1869, 1870 . .	8	8	8	137	149	143	43	45	49	52	46	62	4	5	5	28	29	21	8	10	8	2	2	4	10	37	18	73	15	50
1877, 1878, 1879 . .	8	8	8	165	161	158	64	62	49	64	65	54	8	10	15	24	29	25	16	19	13	4	6	2	34	36	12	29	9	45
1887, 1888, 1889 . .	11	9	10	153	155	149	53	61	56	62	46	58	5	3	11	27	23	19	15	25	20	—	1	5	18	36	18	48	16	72
1897, 1898, 1899 . .	10	10	10	174	153	164	52	57	45	62	67	67	12	4	6	9	18	18	17	20	24	5	3	2	26	53	23	60	15	56
Beberbeck:																														
1877, 1878, 1879 . .	5	6	6	88	77	98	22	34	22	28	29	29	4	3	1	2	14	7	11	9	9	2	1	2	9	14	5	27	4	25
1887, 1888, 1889 . .	5	5	7	99	105	108	27	47	44	34	50	40	6	2	1	7	10	11	7	25	12	11	8	7	6	29	23	21	8	22
1897, 1898, 1899 . .	5	5	5	100	100	100	40	31	40	45	37	47	8	2	3	5	4	7	8	6	4	11	8	4	7	28	14	36	5	26
Neustadt (Zuchtgestüt):																														
1868, 1869, 1870 . .	5	5	5	111	104	107	43	35	36	47	28	27	10	9	11	9	13	12	12	9	12	4	1	2	15	16	18	28	18	29
1897, 1898, 1899 . .	2	2	2	30	29	29	4	7	11	6	15	12	2	2	—	—	—	—	—	—	—	—	—	—	3	4	4	2	5	1
Summe:																														
1868, 1869, 1870 . .	*28*	*27*	*26*	*543*	*549*	*545*	*217*	*191*	*178*	*196*	*185*	*183*	*36*	*23*	*25*	*69*	*64*	*51*	*55*	*57*	*50*	*19*	*14*	*15*	*74*	*128*	*70*	*163*	*76*	*156*
1877, 1878, 1879 . .	*28*	*30*	*28*	*547*	*539*	*554*	*191*	*213*	*176*	*217*	*204*	*176*	*36*	*31*	*50*	*55*	*80*	*69*	*55*	*64*	*59*	*33*	*40*	*33*	*58*	*155*	*39*	*148*	*41*	*133*
1887, 1888, 1889 . .	*34*	*30*	*32*	*595*	*602*	*600*	*198*	*227*	*230*	*215*	*217*	*218*	*31*	*28*	*39*	*68*	*58*	*68*	*71*	*86*	*74*	*29*	*33*	*22*	*62*	*147*	*80*	*161*	*49*	*195*
1897, 1898, 1899 . .	*32*	*33*	*35*	*651*	*633*	*646*	*219*	*233*	*241*	*249*	*245*	*234*	*52*	*27*	*108*	*50*	*50*	*50*	*73*	*68*	*75*	*35*	*31*	*33*	*73*	*189*	*78*	*204*	*56*	*197*

[1]) Infolge der voraufgegangenen Nothstandsjahre ist die Zahl der an die Landgestüte abgegebenen Pferde aussergewöhnlich gering gewesen.

Noch: Anlage LI.

Noch: Betriebs-Resultate der Gestüte des Staates.

1	2	3	4	5	6	7	8	9	10	11	12	13
Bezeichnung der Landgestüte	Zahl der vorhandenen Beschäler im Jahre			Zahl der vom Landgestüt besetzten Deckstationen im Jahre			Von den Landbeschälern sind gedeckt worden im Jahre			Von den gedeckten Stuten sind tragend geworden aus der Bedeckung des Vorjahres		
	1897	**1898**	**1899**	**1897**	**1898**	**1899**	**1897**	**1898**	**1899**	**1897**	**1898**	**1899**
	Stück			Stück			Stuten			Stuten		
b) Landgestüte.												
1. Ostpreussisches in Rastenburg	152	155	162	53	54	55	10 359	10 671	10 782	7 993	7 819	7 409
2. Ostpreussisches in Braunsberg	114	116	120	48	48	49	6 180	7 493	7 039	4 877	4 476	4 872
3. Litthauisches in Insterburg	172	176	181	45	46	46	13 016	13 928	13 754	10 176	10 588	10 819
4. Litthauisches in Gudwallen	179	187	187	44	44	44	12 995	13 931	13 539	9 140	9 573	10 255
5. Westpreussisches in Marienwerder	83	111	119	32	44	48	4 425	4 927	6 144	5 224	2 612	3 345
6. Westpreussisches in Pr. Stargard	82	108	121	27	34	38	4 507	4 619	6 029	—	2 474	2 999
7. Brandenburgisches in Lindenau	210	211	210	85	88	89	9 358	9 219	9 452	7 569	6 177	6 043
8. Pommersches in Labes	188	164	162	80	69	67	7 414	6 807	7 732	5 788	5 232	4 653
9. Posensches zu Zirke	179	176	176	54	54	55	10 329	10 233	10 892	7 226	7 150	7 139
10. Posensches zu Gnesen	182	181	183	59	58	58	11 198	9 324	11 564	7 892	7 876	6 798
11. Niederschlesisches	147	148	148	52	54	55	7 637	7 776	8 222	4 892	4 662	4 696
12. Oberschlesisches	150	152	159	50	51	54	9 307	9 758	10 386	5 299	5 016	5 221
13. Sächsisches	108	113	121	53	51	57	5 744	5 660	6 224	3 462	3 564	3 437
14. Schleswig-Holsteinsches	113	119	117	43	43	43	5 143	5 300	5 626	3 588	3 438	3 499
15. Hannoversches	244	255	251	64	66	65	14 241	14 300	14 471	9 976	10 117	10 138
16. Westfälisches	107	108	110	51	51	53	4 991	5 148	5 108	3 058	2 839	3 034
17. Hessen-Nassauisches	132	132	134	45	44	44	7 162	7 483	7 722	3 957	3 908	4 254
18. Rheinisches	115	118	130	46	48	54	7 326	7 701	8 245	4 007	3 862	4 073
Zusammen	**2 657**	**2 730**	**2 791**	**931**	**947**	**974**	**151 332**	**154 278**	**162 931**	**104 124**	**101 383**	**102 684**
Zusammen in den Jahren 1887, 88, 89	*2 340*	*2 321*	*2 295*	*816*	*817*	*816*	*121 562*	*119 053*	*115 550*	*79 968*	*84 356*	*81 541*
„ „ „ „ 1877, 78, 79	*1 823*	*1 872*	*1 915*	*681*	*697*	*715*	*78 811*	*88 346*	*96 526*	*52 634*	*54 272*	*60 336*
„ „ „ „ 1868, 69, 70	*1 355*	*1 369*	*1 356*	*550*	*560*	*546*	*56 288*	*59 588*	*61 500*	*36 334*	*38 809*	*41 825*

Noch: Anlage LI.

Noch: Betriebs-Resultate der Gestüte des Staates.

1	14	15	16	17	18	19	20	21	22	23	24	25	26	27	28	29	30	31
	Von den tragend gewordenen Stuten									Es hat sonach jeder Hengst durchschnittlich								
Bezeichnung der Landgestüte	haben verworfen aus der Bedeckung des Vorjahres			sind lebende Füllen geboren aus der Bedeckung des Vorjahres			sind bezw. gestorben, verkauft, oder sonst nicht nachgewiesen			gedeckt im Jahre			befruchtet aus der Bedeckung des Vorjahres			lebende Füllen gezeugt aus der Bedeckung des Vorjahres		
	1897	**1898**	**1899**	**1897**	**1898**	**1899**	**1897**	**1898**	**1899**	**1897**	**1898**	**1899**	**1897**	**1898**	**1899**	**1897**	**1898**	**1899**
	Stück			Stück			Stück			Stuten			Stuten			Stück		
Noch: b) Landgestüte.																		
1. Ostpreussisches in Rastenburg	576	536	512	5 811	5 425	5 045	1 612	1 861	1 863	68	69	67	55	51	48	41	36	33
2. Ostpreussisches in Braunsberg	616	495	544	4 274	3 983	4 317	328	317	687	54	65	59	43	39	42	37	35	37
3. Litthauisches in Insterburg	1 529	1 560	1 582	7 680	8 052	8 156	1 377	1 336	1 551	76	79	76	63	62	61	48	47	46
4. Litthauisches in Gudwallen	1 119	1 096	1 217	8 021	8 477	9 053	1 256	1 032	1 295	73	74	72	50	53	55	44	47	48
5. Westpreussisches in Marienwerder	497	178	300	4 216	2 030	2 455	849	711	937	54	44	52	33	31	30	27	24	22
6. Westpreussisches in Pr. Stargard	—	325	384	—	1 755	2 394	—	853	367	55	43	50	—	30	28	—	21	22
7. Brandenburgisches in Lindenau	591	456	583	6 591	5 404	5 264	406	334	120	45	44	45	35	29	29	31	26	25
8. Pommersches in Labes	514	479	349	4 991	4 452	4 088	298	308	229	39	42	48	32	28	28	28	24	25
9. Posensches zu Zirke	684	624	489	6 163	6 200	6 402	611	509	392	58	58	62	41	40	41	35	35	36
10. Posensches zu Gnesen	649	656	539	7 333	7 220	6 259	670	611	515	62	52	63	44	43	38	41	40	35
11. Niederschlesisches	360	422	455	4 346	4 051	4 029	351	355	366	52	53	60	34	32	32	30	28	27
12. Oberschlesisches	378	338	301	4 935	4 693	4 937	540	526	520	62	64	65	37	33	34	34	31	32
13. Sächsisches	327	383	320	3 073	3 103	3 065	122	146	110	53	50	51	34	33	30	30	29	27
14. Schleswig-Holsteinsches	220	224	226	3 184	3 003	3 104	203	343	299	46	45	48	31	30	29	27	27	26
15. Hannoversches	799	818	870	8 939	9 018	9 022	357	422	365	58	56	58	42	41	40	37	37	35
16. Westfälisches	180	133	144	2 725	2 574	2 768	235	205	187	47	48	46	30	27	28	27	24	26
17. Hessen-Nassauisches	294	319	304	3 500	3 419	3 822	319	325	232	54	57	58	30	30	32	27	26	29
18. Rheinisches	401	345	332	3 459	3 370	3 594	316	317	319	64	65	63	37	34	35	32	29	30
Zusammen	**9 734**	**9 387**	**9 451**	**89 241**	**86 229**	**87 774**	**9 850**	**10511**	**10354**	**57**	**56**	**58**	**39**	**37**	**37**	**34**	**31**	**31**
Zusammen in den Jahren 1887, 88, 89	*5 579*	*5 785*	*6 317*	*69 659*	*74 371*	*70 481*	*5 413*	*5 238*	*6 635*	*52*	*51*	*50*	*35*	*36*	*35*	*30*	*32*	*30*
„ „ „ „ 1877, 78, 79	*3 997*	*3 936*	*5 157*	*42 675*	*44 989*	*49 036*	*6 348*	*5 600*	*6 421*	*41*	*46*	*50*	*28*	*28*	*23*	*23*	*23*	*26*
„ „ „ „ 1868, 69, 70	*2 703*	*2 551*	*2 737*	*28 097*	*30 839*	*31 305*	*5 569*	*5 420*	*8 733*	*36*	*38*	*37*	*22*	*24*	*23*	*18*	*20*	*18*

Kolibri 360 GmbH
Ferdinand-Jühlke-Straße 7
99095 Erfurt, Deutschland
produktsicherheit@kolibri360.de